中财传媒版 2020年注册会计师全国统一考试辅导系列丛书

审计通关题库

财政部中财传媒 注册会计师考试辅导丛书编写组 编

中国财经出版传媒集团
中国财政经济出版社

图书在版编目（CIP）数据

审计通关题库/财政部中财传媒 注册会计师考试辅导丛书编写组编．-- 北京：中国财政经济出版社，2020.3

（中财传媒版 2020 年注册会计师全国统一考试辅导系列丛书）

ISBN 978 - 7 - 5095 - 9607 - 4

Ⅰ.①审…　Ⅱ.①财…　Ⅲ.①审计 - 资格考试 - 习题集　Ⅳ.①F239 - 44

中国版本图书馆 CIP 数据核字（2020）第 029386 号

责任编辑：葛　新　　　　　　　　责任校对：张　凡

中国财政经济出版社 出版

URL：http：//www. cfeac. com

社址：北京市海淀区阜成路甲 28 号　邮政编码：100142

营销中心电话：010 - 88191522

天猫网店：中国财政经济出版社旗舰店

网址：https：//zgczjjcbs. tmall. com

北京时捷印刷有限公司印刷　各地新华书店经销

787 × 1092 毫米　16 开　32 印张　862 000 字

2020 年 3 月第 1 版　2020 年 3 月北京第 1 次印刷

定价：78. 00 元

ISBN 978 - 7 - 5095 - 9607 - 4

（图书出现印装问题，本社负责调换）

本社质量投诉电话：010 - 88190744

打击盗版举报热线：010 - 88191661，QQ：2242791300

前言 Preface

为帮助广大考生全面理解2020年注册会计师考试大纲和考试教材内容，在有限的复习时间内掌握教材的重、难点知识，顺利通过考试。中国财经出版传媒集团组织常年从事注册会计师考试辅导的名师、专家编写了“中财传媒版2020年注册会计师全国统一考试辅导系列丛书”。该系列丛书包括“应试指导”“要点随身记”“通关题库”和“全真模拟试题”四个系列，涵盖了专业阶段考试的六个科目，即会计、审计、财务成本管理、经济法、税法和公司战略与风险管理。

1.“应试指导”系列：紧扣2020年考试大纲和考试教材内容，考点精炼、结构合理，对考试有极强的指导性，帮助考生全面掌握教材精髓。在编写结构的设计上，根据考生的学习特点和备考要求，分为“命题规律及考试趋势预测”“各章考点精讲精练”“跨章节综合题演练”三个部分。

2.“要点随身记”系列：根据每章重要考点整理而成的备考“红宝书”，涵盖知识点全面，易于携带，旨在帮助考生更便捷地预习、复习和记忆考点内容，合理利用碎片化的时间，积少成多，掌握记忆教材核心知识点。

3.“通关题库”系列：包含大量针对性极强的练习题和对应的答案解析，帮助考生通过习题演练巩固理解知识点，更熟练地应用教材知识点解决实际题目中的问题。

4.“全真模拟试题”系列：在对历年考试试题进行分析归纳和命题趋势总结的基础上，由多名具备注册会计师资格的辅导专家精心设计了八套全真模拟试题，考生可以在充分复习教材内容的基础上，按照模拟考试时间及要求，进行热身训练，积累实战经验。

注册会计师考试辅导书市场品种繁多，但质量良莠不齐。考生在选择教辅时常常陷入盲目。该系列丛书利用作为教材出版单位的独特优势，在第一时间邀请注册会计师考试辅导专家编写，秉承“应试”“精练”的核心思想，力求帮助考生以最少的精力取得最大的效果，实现高效学习、顺利通关，是考生学习备考的第一选择。

最后，衷心祝愿各位考生顺利通过2020年注册会计师考试。

编写组

2020年3月

Contents

目录

第三编 各类交易和账户余额的审计

第四编 对特殊事项的考虑

第一部分

各章重难点列示及通关习题演练

第一编　审计基本原理

第一章　审计概述

本章考情分析

本章为重点章，涉及中国注册会计师鉴证业务基本准则，重点介绍审计入门知识。本章主要内容为审计基本理论和概念，涉及审计基本定义、审计的保证程度、审计要素、审计目标、审计基本要求、审计风险等。考点主要围绕审计定义、保证程度、审计要素、认定、审计目标、审计基本要求和审计风险的相关理论。主观题一般考察审计目标的理论与财务报表审计实务的结合，近年考题主要围绕注册会计师识别的被审计单位重大错报风险特征与特定认定的关系，进而将认定、目标与实质性程序结合。近年本章试题所占区间 4 分至 6 分，题型以客观题为主。

要求考生：

1. 理解审计要素。
2. 理解审计工作前提。
3. 理解财务报表审计总体目标。
4. 掌握认定、具体审计目标及其关系。
5. 理解审计基本要求。
6. 掌握审计风险模型。

本章教材变化

本章对认定的解释进行了完善，并对部分内容表述进行了修改，无实质性变化。

基本内容框架

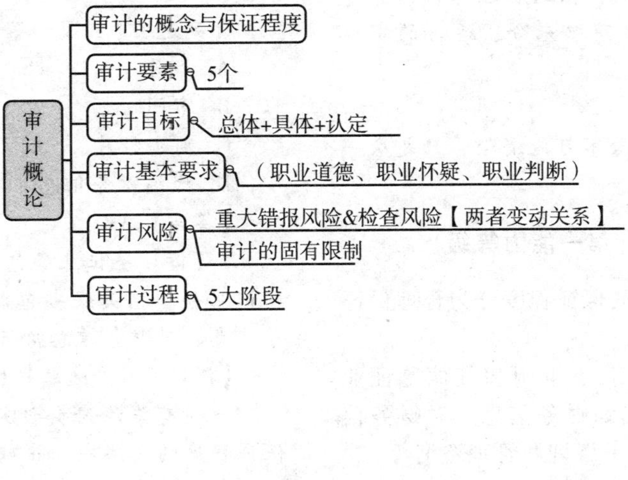

通关重难点例题解析

第一节 审计的概念与保证程度

一、审计的定义（第一能力等级）

【例题 1·单选题】（2019 年试题）

下列有关财务报表审计的说法中，错误的是（ ）。

A. 审计不涉及为如何利用信息提供建议

B. 审计的目的是增强预期使用者对财务报告的信赖程度

C. 审计只提供合理保证，不提供绝对保证

D. 审计的最终产品是审计报告和已审计财务报表

【答案】D

【解析】审计的最终产品是审计报告。

【例题 2·单选题】（2018 年试题）

下列有关财务报表审计的说法中，错误的是（ ）。

A. 财务报表审计的目的是改善财务报表的质量或内涵

B. 财务报表审计的基础是独立性和专业性

C. 财务报表审计可以有效满足财务报表预期使用者的需求

D. 财务报表审计提供的合理保证意味着注册会计师可以通过获取充分、适当的审计证据消除审计风险

【答案】D

【解析】审计风险不可能消除，只是从一定程度上降低。

二、保证程度（第一能力等级）

（一）鉴证业务的保证程度分为合理保证和有限保证

鉴证业务包括审计、审阅和其他鉴证业务；相关服务包括代编财务信息、对财务信息执行商定程序、税务咨询和管理咨询等。

1. 审计属于合理保证的鉴证业务。

2. 审阅属于有限保证的鉴证业务。

（二）合理保证和有限保证区别

【例题 3·多选题】（2019 年试题）

下列各项中，不属于鉴证业务的有（ ）。

A. 财务报表审阅

B. 财务报表审计

C. 对财务信息执行商定程序

D. 代编财务信息

【答案】CD

【解析】鉴证业务包括审计、审阅和其他鉴证业务；相关服务包括税务代理、代编财务信息、对财务信息执行商定程序等。

【例题 4·多选题】（2018 年试题）

下列有关鉴证业务保证程度的说法中，正确的有（ ）。

A. 合理保证是高水平的保证，有限保证是中等水平的保证

B. 审计提供合理保证，审阅和其他鉴证业务提供有限保证

C. 合理保证所需证据的数量较多，有限保证所需证据的数量较少

D. 合理保证以积极方式提出结论，有限保证以消极方式提出结论

【答案】CD

【解析】选项 B，依据《中国注册会计师其他鉴证业务准则第 3101 号——历史财务信息审计或审阅以外的鉴证业务》第四条的规定，其他鉴证业务的保证程度分为合理保证和有限保证；选项 D，有限保证提供的是有意义水平的保证。

【例题 5·多选题】（2018 年试题）

下列选项中，属于鉴证业务的有（ ）。

A. 审计

B. 审阅

C. 商定程序

D. 代编财务信息

【答案】AB

【解析】鉴证业务包括审计、审阅和其他鉴证业务。相关服务包括税务代理、代编财务信息、对财务信息执行商定程序等。

【例题 6·单选题】（2015 年试题）

下列有关注册会计师执行的业务提供的保证程度的说法中，正确的是（ ）。

A. 鉴证业务提供高水平保证

B. 代编财务信息提供合理保证

C. 财务报表审阅提供有限保证

D. 对财务信息执行商定程序提供低水平保证

【答案】C

【解析】选项A，鉴证业务包括审计业务和审阅业务，审阅提供的是有限保证，选项B、D不属于鉴证业务，没有保证程度这一说法。

三、注册会计师审计和政府审计（第一能力等级）

四、职业责任和期望差距（第一能力等级）

五、审计报告和信息差距（第一能力等级）

财务报表使用者作出明智投资和信托决策需要的信息，与他们从审计报告和已审计财务报表中得到的信息之间存在着较大的差距。这种“信息差距”会影响资本市场的效率和资本的成本。

信息差距是由审计报告标准化所带来的审计报告信息含量低、相关性差的缺陷而产生的，它可以通过审计报告改革，即提高审计报告的相关性和决策有用性来缩小。

【例题7·单选题】

审计报告的标准化具有格式单一、要素一致、内容简洁、意见明确等优点，但也存在信息含量低、相关性差等缺陷，这种缺陷会导致公众产生（　　）。

A. 信息差距　　B. 信息误受

C. 判断差距　　D. 信息误解

【答案】A

【解析】审计报告的标准化具有格式单一、要素一致、内容简洁、意见明确等优点，但也存在信息含量低、相关性差等缺陷，这种缺陷会导致公众产生信息差距。

第二节　审计要素

审计要素包括：

审计业务的三方关系人、财务报表、财务报表编制基础、审计证据和审计报告。

【例题8·多选题】（2019年试题）

下列各项中，属于审计业务要素的有（　　）。

A. 审计证据

B. 财务报表编制基础

C. 审计业务的三方关系人

D. 审计报告

【答案】ABCD

【解析】审计业务要素包括审计业务的三方关系人、财务报表、财务报表编制基础、审计证据和审计报告。

一、审计业务的三方关系人（第一能力等级）

三方关系人分别是注册会计师、被审计单位管理层、财务报表预期使用者。

（一）注册会计师

注册会计师是指取得注册会计师证书并在会计师事务所执业的人员，通常是指项目合伙人或项目组其他成员，有时也指其所在的会计师事务所。

【提示】按照审计准则的规定，对财务报表发表审计意见是注册会计师的责任。

（二）被审计单位管理层

管理层是指对被审计单位经营活动的执行负有经营管理责任的人员，对财务报表编制负责。

与管理层和治理层责任相关的执行审计工作的前提（以下简称执行审计工作的前提），是指管理层和治理层（如适用）认可并理解其应当承担下列责任，这些责任构成注册会计师按照审计准则的规定执行审计工作的基础：

（1）按照适用的财务报告编制基础编制财务报表，并使其实现公允反映（如适用）；

（2）设计、执行和维护必要的内部控制，以使财务报表不存在由于舞弊或错误导致的重大错报；

（3）向注册会计师提供必要的工作条件，包括：允许注册会计师接触与编制财务报表相关的所有信息（如记录、文件和其他事项），向注册会计师提供审计所需的其他信息，允许注册会计师在获取审计证据时不受限制地接触其认为必要的内部人员和其他相关人员。

【提示】财务报表审计并不减轻管理层或治理层的责任。

【例题9·多选题】（2014年试题）

为了确定审计的前提条件是否存在，注

册会计师应当就管理层认可并理解其责任与管理层达成一致意见。下列有关管理层责任的说法中，正确的有（　　）。

A. 管理层应当按照适用的财务报告编制基础编制财务报表，并使其实现公允反映

B. 管理层应当设计、执行和维护必要的内部控制，以使财务报表不存在由于舞弊或错误导致的重大错报

C. 管理层应当向注册会计师提供必要的工作条件，包括允许注册会计师接触与编制财务报表相关的所有信息

D. 管理层应当允许注册会计师在获取审计证据时不受限制地接触其认为必要的内部人员和其他相关人员

【答案】ABCD

【解析】管理层的责任包括：(1) 按照适用的财务报告编制基础编制财务报表，并使其实现公允反映（如适用）；(2) 设计、执行和维护必要的内部控制，以使财务报表不存在由于舞弊或错误导致的重大错报；(3) 向注册会计师提供必要的工作条件，包括允许注册会计师接触与编制财务报表相关的所有信息，向注册会计师提供审计所需的其他信息，允许注册会计师在获取审计证据时不受限制地接触其认为必要的内部人员和其他相关人员。

（三）预期使用者

预期使用者是指预期使用审计报告和财务报表的组织或人员。

【例题10·单选题】（2018年试题）

下列各项中，通常不属于财务报表预期使用者的是（　　）。

A. 被审计单位的管理层

B. 被审计单位的股东

C. 为被审计单位提供贷款的银行

D. 对被审计单位财务报表执行审计的注册会计师

【答案】D

【解析】管理层、股东以及为被审计单位提供贷款的银行都属于财务报表的预期使用者。

【例题11·单选题】（2014年试题）

下列有关财务报表审计业务三方关系的说法中，错误的是（　　）。

A. 审计业务的三方关系人分别是注册会计师、被审计单位管理层和财务报表预期使用者

B. 如果注册会计师无法识别出使用审计报告的所有组织或人员，则预期使用者主要是指那些与财务报表有重要和共同利益的主要利益相关者

C. 委托人通常是财务报表预期使用者之一，也可能由责任方担任

D. 如果责任方和财务报表预期使用者来自于同一企业，则两者是同一方

【答案】D

【解析】审计业务具有三方关系人是审计业务的要素之一，如果责任方和财务报表预期使用者为同一方，则该业务就不构成审计业务。

二、财务报表（第一能力等级）

在财务报表审计中，审计对象是历史的财务状况、经营业绩和现金流量，审计对象的载体是财务报表。财务报表通常指一整套财务报表，有时也指单一财务报表。披露包括适用的财务报告编制基础所要求的、明确允许的或通过其他形式允许作出的解释性或描述性信息。披露是财务报表不可分割的组成部分，主要在财务报表附注中反映，也可能在财务报表表内反映，或通过财务报表中的交叉索引予以提及。

三、财务报表编制基础（第一能力等级）

在财务报表审计中，财务报告编制基础即是标准。财务报告编制基础分为通用目的编制基础和特殊目的的编制基础。

【提示】适用的财务报告编制基础——指法律法规要求采用的财务报告编制基础；或者管理层和治理层（如适用）在编制财务报表时，就被审计单位性质和财务报表目标而言，采用的可接受的财务报告编制基础。

四、审计证据（第一能力等级）

【提示】审计证据的充分性和适当性。

（1）充分性是对审计证据数量的衡量。

①评估的重大错报风险越高，需要的审计证据可能越多；

②审计证据质量越高，需要的审计证据可能越少。然而，注册会计师仅靠获取更多的审计证据可能无法弥补其质量上的缺陷。

（2）审计证据的适当性是对审计证据质量的衡量，即审计证据在支持审计意见所依

据的结论方面具有的相关性和可靠性。

审计证据的可靠性受其来源和性质的影响，并取决于获取审计证据的具体环境。

由于不同来源或不同性质的证据可以证明同一项认定，注册会计师可以考虑获取证据的成本与所获取信息有用性之间的关系，但不应仅以获取证据的困难和成本为由减少不可替代的程序。

五、审计报告（第一能力等级）

【提示】如果存在下列情形之一时，注册会计师应当对财务报表清楚地发表恰当的非无保留意见：

（1）根据获取的审计证据，得出财务报表整体存在重大错报的结论；

（2）无法获取充分、适当的审计证据，不能得出财务报表整体不存在重大错报的结论。

第三节 审计目标

一、审计的总体目标（第一能力等级）

在执行财务报表审计工作时，注册会计师的总体目标是：

（1）对财务报表整体是否不存在由于舞弊或错误导致的重大错报获取合理保证，使得注册会计师能够对财务报表是否在所有重大方面按照适用的财务报告编制基础编制发表审计意见；

（2）按照审计准则的规定，根据审计结果对财务报表出具审计报告，并与管理层和治理层沟通。

【例题12·多选题】（2012年试题）

关于注册会计师执行财务报表审计工作的总体目标，下列说法中，正确的有（　　）。

A. 对财务报表整体是否不存在重大错报获取合理保证，使得注册会计师能够对财务报表是否在所有重大方面按照适用的财务报告编制基础编制发表审计意见

B. 对被审计单位的持续经营能力提供合理保证

C. 对被审计单位内部控制是否存在值得关注的缺陷提供合理保证

D. 按照审计准则的规定，根据审计结果对财务报表出具审计报告，并与管理层和治理层沟通

【答案】AD

【解析】执行财务报表审计工作时，注册会计师的总体目标：对财务报表整体是否不存在由于舞弊或错误导致的重大错报获取合理保证，使得注册会计师能够对财务报表是否在所有重大方面按照适用的财务报告编制基础编制发表审计意见；按照审计准则的规定，根据审计结果对财务报表出具审计报告，并与管理层和治理层沟通。

二、认定（第一能力等级）

1. 关于所审计期间各类交易、事项及相关披露的认定。

即：发生；完整性；准确性；截止；分类；列报。

2. 关于期末账户余额及相关披露的认定。

即：存在；权利和义务；完整性；准确性、计价和分摊；分类；列报。

认定	对应的具体审计目标	审计程序	考虑
1. 发生——记录或披露的交易和事项已发生，且这些交易和事项与被审计单位有关	已记录或披露的交易和事项是真实的	从明细账→原始凭证（从账到证）	是否多列、是否虚列（高估）
2. 完整性——所有应当记录的交易和事项均已记录，所有应当包括在财务报表中的相关披露均已包括	已发生的交易和事项均已记录，应当包括在财务报表中的相关披露均已披露	从原始凭证→明细账（从证到账）	是否漏记、是否少记（低估）
3. 准确性——与交易和事项有关的金额及其他数据已恰当记录，相关披露已得到恰当计量和描述	已记录的交易和事项是按照正确的金额反映的，相关披露已得到恰当计量和描述	检查、重新计算	定性判断之后的定量判断，是否存在错误记录的情形

续表

认定	对应的具体审计目标	审计程序	考虑
4. 截止——交易和事项已记录于正确的会计期间	接近于资产负债表的交易记录于恰当的期间	截止测试： ①资产负债表日前后从明细账→原始凭证； ②资产负债表日前后从原始凭证→明细账（资产负债表日前后证、账、表）	提前或延迟确认收入或费用的情形；是否记录在正确的会计及期间（结合第九章营业收入的截止测试）
5. 分类——交易和事项已记录于恰当的账户	被审计单位记录的交易经过适当分类	抽查	收入或费用是否记录在恰当的账户，如营业外收入计入营业收入
6. 列报——交易和事项已被恰当地汇总或分解且表述清楚，相关披露在适用的财务报告编制基础下是相关的、可理解的	交易和事项已被恰当地汇总或分解且表述清楚，相关披露在适用的财务报告编制基础下是相关的、可理解的	—	—

管理层认定	对应的具体审计目标	审计程序	考虑
1. 存在——记录的资产、负债和所有者权益是存在的	记录的金额确实存在	检查、函证、从明细账→原始凭证（从账到证）	是否多列、是否虚列
2. 权利和义务——记录的资产由被审计单位拥有或控制，记录的负债是被审计单位应当履行的偿还义务	资产归属于被审计单位，负债属于被审计单位的义务	查阅所有权证书、购货合同、结算单和保险单等	产权
3. 完整性——所有应当记录的资产、负债和所有者权益均已记录，所有应当包括在财务报表中的相关披露均已包括	已存在的金额均已记录	从原始凭证→明细账（从证到账）	是否漏记、是否少记
4. 准确性、计价和分摊——资产、负债和所有者权益以恰当的金额包括在财务报表中，与之相关的计价或分摊调整已恰当记录，相关披露已得到恰当计量和描述	按照正确的金额反映在财务报表中，与之相关的计价或分摊调整已恰当记录，相关披露已得到恰当计量和描述	—	资产减值损失计提充分、折旧摊销计算合理等
5. 分类——资产、负债和所有者权益已记录于恰当的账户	资产、负债和所有者权益已记录于恰当的账户	—	如将一年内到期的长期负债列为流动负债
6. 列报——资产、负债和所有者权益已被恰当地汇总或分解且表述清楚，相关披露在适用的财务报告编制基础下是相关的、可理解的	资产、负债和所有者权益等被恰当地汇总或分解且表述清楚资产、负债和所有者权益已记录于恰当的账户	—	如对存货的主要类别进行恰当披露

三、具体审计目标（第一能力等级）

1. 与所审计期间各类交易、事项及相关披露相关的审计目标。

2. 与期末账户余额及相关披露相关的审计目标。

【提示】结合第九章至第十二章各交易循环，考虑：

（1）认定、审计目标和审计程序之间的关系；

（2）财务信息与非财务信息→分析程序→识别是否存在重大错报风险→报表项

目→认定；

（3）内部控制设计、执行中缺陷→理由→改进→认定。

【例题13·单选题】

下列有关认定及具体审计目标的说法中，正确的是（　　）。

A. 如果本期交易推到下期或下期交易提到本期，则违反了发生目标

B. 如果将出售经营性固定资产所得的收入记录为营业收入，则违背了列报目标

C. 如果存在某客户的应收账款，但应收账款明细表中却没有列入，则违反了完整性目标

D. 与两类认定均相关的认定只有完整性

【答案】C

【解析】选项A违反了截止目标；选项B违反了分类目标；D选项中与两类认定均相关的认定有完整性、分类和列报等。

第四节　审计基本要求

一、遵守审计准则（第一能力等级）

【例题14·多选题】（2018年试题）

下列选项中，属于审计基本要求的有（　　）。

A. 遵守审计准则

B. 遵守职业道德守则

C. 保持职业怀疑

D. 合理运用职业判断

【答案】ABCD

【解析】审计基本要求包括：遵守审计准则、遵守职业道德守则、保持职业怀疑、合理运用职业判断。

二、遵守职业道德守则（第一能力等级）

三、保持职业怀疑（第一能力等级）

（一）职业怀疑

职业怀疑——指注册会计师执行审计业务的一种态度，包括采取质疑的思维方式，对可能表明由于舞弊或错误导致错报的情况保持警觉，以及对审计证据进行审慎评价。

（1）职业怀疑在本质上要求秉持一种质疑的理念；

（2）职业怀疑要求对引起疑虑的情形保持警觉；

（3）职业怀疑要求审慎评价审计证据；

（4）职业怀疑要求客观评价管理层和治理层。

（二）保持职业怀疑的作用

（1）在识别和评估重大错报风险时，保持职业怀疑有助于注册会计师涉及恰当的风险评估程序，有针对性地了解被审计单位及其环境；有助于使注册会计师对引起疑虑的情形保持警觉，充分考虑错报发生的可能性和重大程度，有效识别和评估重大错报风险。

（2）在设计和实施进一步审计程序应对重大错报风险时，保持职业怀疑有助于注册会计师针对评估出的重大错报风险，恰当设计进一步审计程序的性质、时间安排和范围，降低选取不适当的审计程序的风险；有助于注册会计师对已获取的审计证据表明可能存在未识别的重大错报风险的情形保持警觉，并作出进一步调查。

（3）在评价审计证据时，保持职业怀疑有助于注册会计师评价是否已获取充分、适当的审计证据以及是否还需执行更多的工作；有助于注册会计师审慎评价审计证据，纠正仅获取最容易获取的审计证据，忽视存在相互矛盾的审计证据的偏向。

（4）保持职业怀疑对于注册会计师发现舞弊、防止审计失败至关重要。

【例题15·单选题】（2018年试题）

下列有关职业怀疑的说法中，错误的是（　　）。

A. 注册会计师应当在整个审计过程中保持职业怀疑

B. 保持职业怀疑是注册会计师的必备技能

C. 保持职业怀疑可以使注册会计师发现所有用于舞弊导致的错报

D. 保持职业怀疑是保持审计质量的关键要素

【答案】C

【解析】保持职业怀疑有利于注册会计师发现错报，但是并非发现所有的错报。

【例题16·多选题】（2012年试题）

关于注册会计师在计划和执行审计工作时保持职业怀疑的作用，下列说法中，正确的有（　　）。

A. 降低检查风险

B. 降低审计成本

C. 避免过度依赖管理层提供的书面声明

D. 恰当识别、评估和应对重大错报风险

【答案】ACD

【解析】职业怀疑——指注册会计师执行审计业务的一种态度，包括采取质疑的思维方式，对可能表明由于错误或舞弊导致错报的迹象保持警觉，以及对审计证据进行审慎评价。

四、合理运用职业判断（第一能力等级）

1. 职业判断。

2. 职业判断对于作出下列决策尤为必要：

（1）确定重要性，识别和评估重大错报风险；

（2）为满足审计准则的要求和收集审计证据的需要，确定所需要执行的审计程序的性质、时间安排和范围；

（3）为实现审计准则规定的目标和注册会计的总体目标，评价是否已获取充分、适当的审计证据以及是否还需执行更多的工作；

（4）评价管理层在运用适用的财务报告编制基础时作出的判断；

（5）根据已获取的审计证据得出结论，如评估管理层在编制财务报表时作出的估计的合理性。

（6）运用职业道德概念框架识别，评价和应对对职业道德基本原则不利的影响。

3. 职业判断的决策过程。

（1）确定职业判断的问题和目标；

（2）收集和评价相关信息；

（3）识别可能采取的解决方案；

（4）评价可供选择的方案；

（5）得出职业判断结论并作出书面记录。

4. 注册会计师具有下列特征可能有助于提高职业判断质量：

（1）丰富的知识、经验和良好的专业技能；

（2）独立、客观和公正；

（3）保持适当的职业怀疑。

5. 衡量职业判断质量可以基于下列三个方面：

（1）准确性或意见一致性；

（2）决策一贯性和稳定性；

（3）可辩护性。

【提示】注册会计师需要对职业判断作出适当的书面记录，对下列事项进行书面记录，有利于提高职业判断的可辩护性：

（1）对职业判断问题和目标的描述；

（2）解决职业判断相关问题的思路；

（3）收集到的相关信息；

（4）得出的结论以及得出结论的理由；

（5）就决策结论与被审计单位进行沟通的方式和时间。

【例题17·多选题】（2018年试题）

注册会计师要对职业判断作出适当的书面记录，下列各项记录内容中，有利于提高职业判断的可辩护性的有（　　）。

A. 注册会计师解决职业判断相关问题的思路

B. 注册会计师得出的结论及理由

C. 注册会计师就决策结论与被审计单位进行沟通的方式和时间

D. 注册会计师收集到的相关信息

【答案】ABCD

【解析】注册会计师需要对职业判断作出适当的书面记录，对下列事项进行书面记录，有利于提高职业判断的可辩护性：（1）对职业判断问题和目标的描述；（2）解决职业判断相关问题的思路；（3）收集到的相关信息；（4）得出的结论以及得出结论的理由；（5）就决策结论与被审计单位进行沟通的方式和时间。

【例题18·单选题】（2016年试题）

下列有关职业判断的说法中，错误的是（　　）。

A. 如果有关决策不被该业务的具体事实和情况所支持，职业判断并不能作为注册会计师作出不恰当决策的理由

B. 注册会计师恰当记录与被审计单位就相关决策结论进行沟通的方式和时间，有利于提高职业判断的可辩护性

C. 保持职业怀疑有助于注册会计师提高职业判断质量

D. 职业判断涉及与具体会计处理和审计程序相关的决策，但不涉及与遵守职业道德要求相关的决策

【答案】D

【解析】职业判断涉及与具体会计处理和审计程序相关的决策，涉及与遵守职业道德

要求相关的决策。

第五节　审计风险

审计风险——指财务报表存在重大错报而注册会计师发表不恰当审计意见的可能性。

审计风险 = 重大错报风险 × 检查风险

一、重大错报风险（第一能力等级）

重大错报风险——指财务报表在审计前存在重大错报的可能性。

在设计审计程序以确定财务报表整体是否存在重大错报时，注册会计师应当从财务报表层次和各类交易、账户余额、披露认定层次方面考虑重大错报风险。

1. 两个层次的重大错报风险。

（1）考虑财务报表层次重大错报风险。财务报表层次重大错报风险通常与控制环境有关。

（2）考虑各类交易、账户余额、披露认定层次的重大错报风险。考虑的结果直接有助于注册会计师确定认定层次上实施的进一步审计程序的性质、时间和范围。

2. 固有风险和控制风险。

认定层次的重大错报风险又可以进一步细分为固有风险和控制风险。

（1）固有风险——指考虑相关的内部控制之前，某类交易、账户余额或披露的某一认定易于发生错报的可能性（该错报单独考虑或连同其他错报可能是重大的）。

（2）控制风险——指某类交易、账户余额或披露的某一认定发生错报，该错报单独或连同其他错报是重大的，但没有被内部控制及时防止或发现并纠正的可能性。

控制风险取决于与财务报表编制有关的内部控制的设计和运行的有效性。

【提示】由于固有风险和控制风险不可分割地交织在一起，有时无法单独进行评估，审计准则通常不再单独提到固有风险和控制风险，而只是将两者合并称为“重大错报风险”。

【例题 19 · 单选题】（2019 年试题）

下列有关重大错报风险的说法中，错误的是（　　）。

A. 注册会计师应当从财务报表层次和各类交易、账户余额和披露认定层次考虑重大错报风险

B. 重大错报风险指财务报表在审计前存在重大错报的可能性

C. 重大错报风险可进一步区分为固有风险和检查风险

D. 注册会计师可以定性或定量评估重大错报风险

【答案】C

【解析】认定层次的重大错报风险又可以进一步细分为固有风险和控制风险，因此选项 C 错误。

【例题 20 · 单选题】（2018 年试题）

下列有关固有风险和控制风险的说法中，正确的是（　　）。

A. 固有风险和控制风险与被审计单位的风险相关，独立财务报表审计而存在

B. 财务报表层次和认定层次的重大错报风险可以细分为固有风险和控制风险

C. 注册会计师无法单独对固有风险和控制风险进行评估

D. 固有风险始终存在，而运行有效的内部控制可以消除控制风险

【答案】A

【解析】认定层次的重大错报风险可以进一步细分为固有风险和控制风险，所以选项 B 错误；注册会计师既可以对固有风险和控制风险进行单独评估，也可以进行合并评估，所以选项 C 错误；由于控制的固有局限性，某种程度的控制风险始终存在，所以选项 D 错误。

【例题 21 · 单选题】（2012 年试题）

下列关于重大错报风险的说法中，错误的是（　　）。

A. 重大错报风险是指如果存在某一错报，该错报单独或连同其他错报可能是重大的，注册会计师为将审计风险降至可接受的低水平而实施程序后没有发现这种错报的风险

B. 重大错报风险包括财务报表层次和各类交易、账户余额以及列报和披露认定层次的重大错报风险

C. 财务报表层次的重大错报风险可能影响多项认定，此类风险通常与控制环境有关，但也可能与其他因素有关

D. 认定层次的重大错报风险可以进一步

细分为固有风险和控制风险

【答案】A

【解析】重大错报风险——指财务报表在审计前存在重大错报的可能性。在设计审计程序以确定财务报表整体是否存在重大错报时，注册会计师应当从财务报表层次和各类交易、账户余额、披露认定层次方面考虑重大错报风险。

二、检查风险（第一能力等级）

检查风险——指如果存在某一错报，该错报单独或连同其他错报是重大的，注册会计师为将审计风险降至可接受的低水平而实施程序后没有发现这种错报的风险。

检查风险取决于审计程序设计的合理性和执行的有效性。

三、检查风险与重大错报风险的反向关系（第一能力等级）

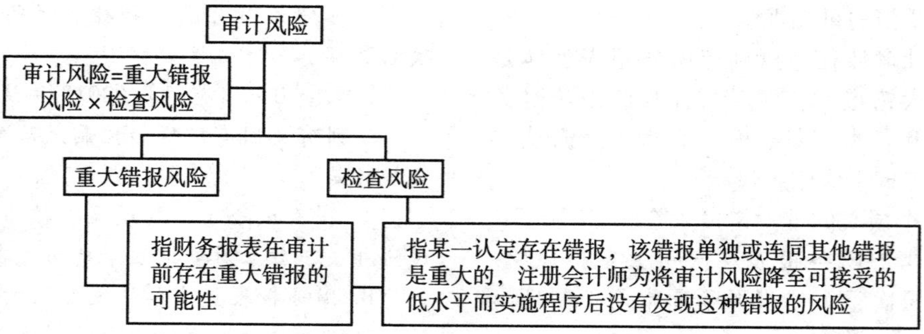

【提示】在既定的审计风险水平下，可接受的检查风险水平与认定层次重大错报风险的评估结果呈反向关系。

评估的重大错报风险越高，可接受的检查风险越低；评估的重大错报风险越低，可接受的检查风险越高。

审计风险 = 重大错报风险 × 检查风险

注册会计师应当合理设计审计程序的性质、时间安排和范围，并有效执行审计程序，以控制检查风险。

【例题 22 · 单选题】（2012 年试题）

关于可接受的检查风险水平与评估的认定层次重大错报风险之间的关系，下列说法中，正确的是（　　）。

A. 在既定的审计风险水平下，两者存在反向变动关系

B. 在既定的审计风险水平下，两者存在正向变动关系

C. 在既定的审计风险水平下，两者之和等于 100%

D. 在既定的审计风险水平下，两者没有关系

【答案】A

【解析】在既定的审计风险水平下，可接受的检查风险水平与认定层次重大错报风险的评估结果呈反向关系。评估的重大错报风险越高，可接受的检查风险越低；评估的重大错报风险越低，可接受的检查风险越高。

四、审计的固有限制（第一能力等级）

【提示】审计的固有限制源于财务报告的性质、审计程序的性质及财务报告的及时性和成本效益的权衡。

（一）财务报告的性质

企业财务报告的主体和核心是财务报表。管理层编制财务报表，需要根据被审计单位的事实和情况运用适用的财务报告编制基础的规定，在这一过程中需要作出判断。

（二）审计程序的性质

注册会计师获取审计证据的能力受到实务和法律上的限制。

（1）管理层或其他人员可能有意或无意地不提供与财务报表编制相关的或注册会计师要求的全部信息；

（2）舞弊可能涉及精心策划和蓄意实施以进行隐瞒；

（3）审计不是对涉嫌违法行为的官方调查。

（三）财务报告的及时性和成本效益的权衡

为了在合理的时间内以合理的成本对财务报表形成审计意见，注册会计师有必要：

（1）计划审计工作，以使审计工作以有效的方式得到执行；

（2）将审计资源投向最可能存在重大错报风险的领域，并相应地在其他领域减少审计资源；

（3）运用测试和其他方法检查总体中存在的错报。

【例题23·单选题】（2019年试题）

下列各项中，不属于审计固有限制来源的是（　　）。

A. 注册会计师获取审计证据的能力受到法律上的限制

B. 注册会计师可能满足于说服力不足的审计证据

C. 管理层可能不提供编制财务报表相关的全部信息

D. 管理层在编制财务报表的过程中可能运用到判断

【答案】B

【解析】审计的固有限制源于：（1）财务报告的性质；（2）审计程序的性质；（3）在合理的时间内以合理的成本完成审计的需要。选项A、C属于审计程序的性质导致的固有限制；选项D属于财务报告的性质。

【例题24·多选题】（2018年试题）

下列选项中，属于审计的固有限制的有（　　）。

A. 许多财务报表项目涉及主观决策、评估或一定程度的不确定性，并且可能存在一系列可接受的解释或判断

B. 被审计单位管理层可能拒绝提供注册会计师要求的某些信息

C. 注册会计师没有被授予调查被审计单位涉嫌违法行为所必要的特定法律权力

D. 注册会计师将审计资源投向最可能存在重大错报风险的领域，并且应减少其他领域的审计资源

【答案】ABCD

【解析】审计的固有限制源于：（1）财务报告的性质；（2）审计程序的性质；（3）在合理的时间内以合理的成本完成审计的需要。选项A属于审计报告的性质，选项B、C属于审计程序的性质，选项D属于财务报告的及时性和成本效益的权衡。

【例题25·多选题】（2011年试题）

在向甲公司管理层解释审计的固有限制时，下列有关审计固有限制的说法中，A注册会计师认为正确的有（　　）。

A. 审计工作可能因高级管理人员的舞弊行为而受到限制

B. 审计工作可能因审计收费过低而受到限制

C. 审计工作可能因项目组成员素质和能力的不足而受到限制

D. 审计工作可能因财务报表项目涉及主观决策而受到限制

【答案】AD

【解析】审计的固有限制源于财务报告的性质、审计程序的性质和在合理的时间内以合理的成本完成审计的需要。

第六节　审计过程

审计过程
一、接受业务委托（第一能力等级）
二、计划审计工作（第一能力等级）
三、识别和评估重大错报风险（第一能力等级）
四、应对重大错报风险（第一能力等级）
五、编制审计报告（第一能力等级）

通关演练

一、单项选择题

1. 注册会计师在审查应收账款时，发现账上某笔记录“借：应收账款——A公司800 000，贷：主营业务收入800 000”，通过函证A公司检查该笔销货记录，证实A公司实际欠款50万元。那么，注册会计师首先认为管理层对营业收入账户的（　　）认定存在问题。

A. 发生

B. 完整性

C. 准确性

D. 权利和义务

2. 管理层对财务报表的下列认定中，注册会计师通过分析存货周转率最有可能证实的是（　　）。

A. 存在或发生

B. 权利和义务

C. 列报

D. 准确性、计价和分摊

3. 关于注册会计师在计划和执行审计工作时保持职业怀疑的作用，下列说法中，不正确的是（　　）。

A. 降低检查风险

B. 降低审计成本

C. 避免过度依赖管理层提供的书面声明

D. 恰当识别、评估和应对重大错报风险

4. 下列有关职业判断的说法中，错误的是（　　）。

A. 如果有关决策不该被该业务的具体实施的情况所支持，职业判断并不能作为注册会计师作出不恰当决策的理由

B. 注册会计师恰当记录与被审计单位的相关决策结论进行沟通的方式与时间，有利于提高职业判断的可辩护性

C. 保持职业怀疑有助于注册会计师提高职业判断质量

D. 职业判断涉及与具体会计处理和审计程序相关的决策，但不涉及与遵守职业道德要求相关的决策

5. 关于注册会计师执行财务报表审计工作的总体目标，下列说法中，不正确的是（　　）。

A. 对被审计单位内部控制是否不存在重大缺陷提供合理保证

B. 对财务报表是否在所有重大方面按照适用的财务报告编制基础编制发表审计意见

C. 对财务报表整体是否不存在重大错报获取合理保证

D. 按照审计准则的规定，根据审计结果对财务报表出具审计报告，并与管理层和治理层沟通

6. 下列有关财务报表审计的说法中，错误的是（　　）。

A. 财务报表审计的目的是改善财务报表的质量或内涵

B. 独立性是审计的基础之一，注册会计师应当独立于被审计单位和预期使用者

C. 由于审计存在固有限制，审计只能提供合理保证

D. 财务报表审计提供的合理保证意味着注册会计师可以通过获取充分、适当的审计证据消除审计风险

7. 在既定的审计风险水平下，可接受的检查风险水平与认定层次重大错报风险的评估结果呈反向关系。注册会计师需要获取的审计证据的数量受错报风险的影响。下列表述中，正确的是（　　）。

A. 评估的错报风险越高，则可接受的检查风险越低，需要的审计证据可能越多

B. 评估的错报风险越高，则可接受的检查风险越高，需要的审计证据可能越少

C. 评估的错报风险越低，则可接受的检查风险越低，需要的审计证据可能越少

D. 评估的错报风险越低，则可接受的检查风险越高，需要的审计证据可能越多

8. 下列关于审计要素的说法中，正确的是（　　）。

A. 审计要素包括三方关系人、财务报表、财务报表编制基础、审计证据和审计报告五个方面

B. 如某项业务不存在除责任方之外的其他预期使用者，该业务也构成审计业务

C. 注册会计师也是财务报表的预期使用者

D. 注册会计师基于自身的预期、判断和个人经验对鉴证对象进行的评价和计量，构成适当的标准

9. 下列各项中，属于认定层次重大错报风险的是（　　）。

A. 被审计单位治理层和管理层不重视内部控制

B. 被审计单位管理层凌驾于内部控制之上

C. 被审计单位大额应收账款可收回性具有高度不确定性

D. 被审计单位所处行业陷入严重衰退

10. 下列有关重大错报风险的说法中，错误的是（　　）。

A. 注册会计师应当从财务报表层次和各类交易、账户余额和披露认定层次考虑重大错报风险

B. 重大错报风险指财务报表在审计前存在重大错报的可能性

C. 认定层次的重大错报风险可进一步区分为固有风险和检查风险

D. 财务报表层次的重大错报风险可能影响多项认定，此类风险通常与控制环境有关，但也可能与其他因素有关

11. 下列有关合理保证和有限保证的说法中，不正确的是（　　）。

A. 无论合理保证还是有限保证的鉴证业务，如果注意到某事项可能导致对财务报表是否需要作出重大修改产生疑问，注册会计师都应当执行其他足够的程序，追踪这一事项，以支持鉴证结论

B. 与有限保证的鉴证业务相比，合理保证的鉴证业务由于保证程度高，因此在制定重要性水平时会选择更低的金额

C. 有限保证鉴证业务的检查风险水平高于合理保证鉴证业务的检查风险水平

D. 在合理保证鉴证业务中注册会计师可接受的风险水平低于有限保证鉴证业务中可接受的风险水平

12. 下列关于销售与收款业务流程中，批准赊销信用的控制活动与认定的说法中，错误的是（　　）。

A. 赊销审批经集体决策签字后的销售单与应收账款“准确性、计价和分摊”认定相关

B. 信用管理部门与销售部门的职责分离与应收账款“准确性、计价和分摊”认定相关

C. 信用部门经理签字后的销售单与应收账款“存在”认定直接相关

D. 信用部门经理签字后的销售单与应收账款“准确性、计价和分摊”认定相关

二、多项选择题

1. 下列对信息差距的说法中，正确的有（　　）。

A. 信息差距是指财务报表使用者作出明智投资和信托决策需要的信息，与他们从审计报告和已审计财务报表中得到的信息之间存在着较大的差距

B. 审计报告标准化缺陷造成了信息差距

C. 信息差距会影响资本市场的效率和资本的成本

D. 信息差距可以通过审计报告模式的改革来缩小

2. 下列有关固有风险和控制风险的说法中，不正确的有（　　）。

A. 固有风险和控制风险与被审计单位的风险相关，独立财务报表审计而存在

B. 财务报表层次和认定层次的重大错报风险可以细分为固有风险和控制风险

C. 注册会计师无法单独对固有风险和控制风险进行评估

D. 固有风险始终存在，而运行有效的内部控制可以消除控制风险

3. 注册会计师在审计时，应保持一定的职业怀疑态度是指（　　）。

A. 不能假设管理层是完全诚信的

B. 完全不能相信获得的证据

C. 不能完全相信管理层所作的认定

D. 不应将审计中发现的舞弊视为孤立发生的事项

4. 关于注册会计师在计划和执行审计工作时保持职业怀疑的作用，下列说法中，正确的有（　　）。

A. 降低检查风险

B. 降低审计成本

C. 避免过度依赖管理层提供的书面声明

D. 恰当识别、评估和应对重大错报风险

5. 下列各项中，属于构成审计固有限制来源的有（　　）。

A. 注册会计师获取审计证据的能力受到法律上的限制

B. 注册会计师可能满足于说服力不足的审计证据

C. 管理层可能不提供编制财务报表相关的全部信息

D. 管理层在编制财务报表的过程中可能运用到判断

6. 下列与注册会计师审计有关的说法中，正确的有（　　）。

A. 财务报表审计的基础是注册会计师的独立性和专业性

B. 注册会计师审计与政府审计所依据的标准是一致的

C. 审计的存在和发展应归结于企业所有权和经营权的分离

D. 注册会计师应了解公众期望并尽可能缩小公众期望差

7. 在向被审计单位管理层解释审计的固有限制时，下列有关审计的固有限制的说法

中，注册会计师认为正确的有（　　）。

A. 审计工作可能因高级管理人员的舞弊行为而受到限制

B. 审计工作可能因审计收费过低而受到限制

C. 审计工作可能因项目组成员素质和能力的不足而受到限制

D. 审计工作可能因财务报表项目涉及主观决策而受到限制

8. 下列各项中，不属于鉴证业务的有（　　）。

A. 财务报表审阅

B. 财务报表审计

C. 对财务信息执行商定程序

D. 代编财务信息

9. 关于注册会计师执行财务报表审计工作的总体目标，下列说法中，正确的有（　　）。

A. 对财务报表整体是否不存在重大错报获取合理保证，使得注册会计师能够对财务报表是否在所有重大方面按照适用的财务报告编制基础编制发表审计意见

B. 对被审计单位的持续经营能力提供合理保证

C. 对被审计单位内部控制是否存在值得关注的缺陷提供合理保证

D. 按照审计准则的规定，根据审计结果对财务报表出具审计报告，并与管理层和治理层沟通

10. 注册会计师需要对职业判断作出适当的书面记录。下列各项记录内容中，有利于提高职业判断的可辩护性的有（　　）。

A. 注册会计师得出的结论及理由

B. 注册会计师解决职业判断相关问题的思路

C. 注册会计师收集到的相关信息

D. 注册会计师就决策结论与被审计单位进行沟通的方式和时间

11. 下列各种做法中，能够降低检查风险的有（　　）。

A. 恰当设计审计程序的性质、时间安排和范围

B. 限制审计报告用途

C. 审慎评价审计证据

D. 加强对已执行审计工作的监督和复核

12. A注册会计师针对甲公司管理层提供的2019年财务报表，对固定资产账户余额运用的认定进行分类。其中“准确性、计价或分摊”认定是明示（　　）。

A. 财务报表中的固定资产的账户余额金额正确

B. 财务报表的编制遵守企业会计准则和一般的会计政策

C. 财务报表中对固定资产相关数值的计价处理合理准确

D. 与固定资产的相关计价或分摊调整已恰当记录

13. 下列有关财务报表审计的说法中，正确的有（　　）。

A. 独立性是审计的基础之一，注册会计师应当独立于被审计单位和预期使用者

B. 审计可以有效满足财务报表预期使用者的需求

C. 由于审计存在固有限制，审计只能提供合理保证

D. 注册会计师对由被审计单位管理层负责的财务报表发表审计意见，以增强管理层对财务报表的信赖程度

三、简答题

1. ABC会计师事务所接受委托，承办某公司2017年度财务报表审计业务。A和B注册会计师负责确定与交易类别、账户余额、列报与披露相关的实质性程序。

要求：

针对下表列示的各项认定，请代A和B注册会计师列示出为实现各认定的审计目标应当实施的最常用的实质性程序。请将答案直接填入下方表格内。

认定	最常用的实质性程序
1. 外购固定资产权利和义务认定	
2. 存货存在认定	
3. 原材料转让业务截止认定	
4. 销售业务计价认定	

2. 注册会计师通常依据各类交易、账户余额和列报的相关认定确定审计目标，根据审计目标设计审计程序。下表给出了应收账款的相关认定：

应收账款的相关认定	审计目标	审计程序
存在		(1) (2)
权利和义务		(1) (2)
完整性		(1) (2)
准确性、计价和分摊		(1) (2)

要求：

请根据表中给出的应收账款的相关认定确定审计目标，并针对每一审计目标简要设计两项审计程序。

3. 注册会计师通常依据各类交易、事项及相关披露的认定确定审计目标，根据审计目标设计审计程序。以下给出了采购交易的审计目标，并列举了部分实质性程序：

(1) 审计目标。

A. 所记录的采购交易已发生，且与被审计单位有关。

B. 所有应当记录的采购交易均已记录。

C. 与采购交易有关的金额及其他数据已恰当记录。

D. 采购交易已记录于恰当的账户。

E. 采购交易已记录于正确的会计期间。

(2) 实质性程序。

F. 将采购明细账中记录的交易同购货发票、验收单和其他证明文件比较。

G. 根据购货发票反映的内容，比较会计科目表上的分类。

H. 从购货发票追查至采购明细账。

I. 从验收单追查至采购明细账。

J. 将验收单和购货发票上的日期与采购明细账中的日期进行比较。

K. 检查购货发票、验收单、订货单和请购单的合理性和真实性。

L. 追查存货的采购至存货永续盘存记录。

要求：

请根据下表中的相关认定，将题目中给出的审计目标相关联；针对每一审计目标，选择相应的实质性程序（一项实质性程序可能对应一项或多项审计目标，每一审计目标可能选择一项或多项实质性程序）。请将财务报表相关认定及选择的实质性程序字母序号填入表格中。

相关认定	审计目标	实质性程序
发生		
完整性		
准确性		
分类		
截止		

4. XYZ公司是一家专营商品零售的股份公司。ABC会计师事务所在接受其审计委托后，委派L注册会计师担任项目合伙人，并将签署审计报告。经过审计预备调查，L注册会计师确定存货项目为重点审计领域，同时决定根据财务报表认定确定存货项目的具体审计目标，并选择相应的具体审计程序以保证审计目标的实现。

要求：

假定下表中的具体审计目标已经被L注册会计师选定，L注册会计师应当确定的与各具体审计目标最相关的财务报表认定和最恰当的审计程序分别是什么？（根据表后列示的财务报表认定及审计程序，分别选择一项，并将选择结果的编号填入表格中。对每项财务报表认定和审计程序，可以选择一次、多次或不选）

财务报表认定	具体审计目标	审计程序
	公司对存货均拥有所有权	
	记录的存货数量包括了公司所有的在库存货	
	已按成本与可变现净值孰低法调整期末存货的价值	
	存货成本计算准确	
	存货主要类别和计价基础被恰当地分解且表述清楚	

财务报表认定	审计程序
（1）完整性	（6）检查现行销售价目表
（2）存在	（7）检查财务报表附注
（3）列报	（8）在监盘存货时，选择一定样本，确定其是否包括在盘点表内
（4）权利和义务	（9）选择一定样本量的存货会计记录，检查支持记录的购货合同和发票
（5）准确性、计价和分摊	（10）在监盘存货时，选择盘点表内一定样本量的存货记录，确定存货是否在库
	（11）测试直接人工费用的合理性

答案及解析

一、单项选择题

1.【答案】C

【解析】该项经济业务涉及营业收入金额记录的准确性。

2.【答案】D

【解析】存货周转率＝主营业务成本/平均存货，主要是衡量企业的“销售能力”和“存货是否积压”，这些均为准确性、计价和分摊所设计的方面。

3.【答案】B

【解析】选项B不正确，保持职业怀疑是为了确保审计质量，不会降低成本，反而会增加审计成本。

4.【答案】D

【解析】职业判断涉及注册会计师执业中的各类决策，包括与具体会计处理相关的决策、与审计程序相关的决策以及与遵守职业道德要求相关的决策。

5.【答案】A

【解析】财务报表审计总体目标是：一是对财务报表整体是否不存在重大错报获取合理保证，使得注册会计师能够对财务报表是否在所有重大方面按照适用的财务报告编制基础编制发表审计意见；二是按照审计准则的规定，根据审计结果对财务报表出具审计报告，并与管理层和治理层沟通。

6.【答案】D

【解析】审计风险不可能消除，只能从一定程度上降低。

7.【答案】A

【解析】审计风险一定的情况下，重大错报风险与检查风险是反向关系；重大错报风险与审计证据是正向关系。（注意：这里的重大错报风险是认定层次的）

8.【答案】A

【解析】当三方关系变成两方关系时，该业务不构成审计业务，所以选项B不正确；注册会计师通常不作为预期使用者，所以选项C不正确；标准应当具备相关性、完整性、可靠性、中立性和可理解性，注册会计师基于自身的预期、判断和个人经验对鉴证对象进行的评价和计量，不构成适当的标准，所以选项D不正确。

9.【答案】C

【解析】在设计审计程序以确定财务报表整体是否存在重大错报时，注册会计师应当从财务报表层次和各类交易、账户余额、披露认定层次方面考虑重大错报风险。选项A、B、D均属于财务报表层次重大错报风险，选项C属于认定层次重大错报风险。

10.【答案】C

【解析】认定层次的重大错报风险又可以进一步细分为固有风险和控制风险，因此选项C错误。

11.【答案】B

【解析】重要性水平的判断依据是错报是否影响到信息使用者所作出的决策，而不是所提供的保证程度。

12. 【答案】C

【解析】对于企业的赊销业务，负责信用审批的信用部门经理按照本单位赊销政策进行信用批准，复核顾客订购单，并在销售单上签字的控制过程能够有效降低坏账风险，主要与应收账款“准确性、计价和分摊”认定相关。

二、多项选择题

1. 【答案】ABCD

【解析】四个选项均正确。

2. 【答案】BCD

【解析】认定层次的重大错报风险又可以进一步细分为固有风险和控制风险，所以选项B错误。注册会计师既可以对固有风险和控制风险进行单独评估，也可以对其进行合并评估，所以选项C错误。固有风险是指在考虑相关的内部控制之前，某类交易、账户余额或披露的某一认定易于发生错报（该错报单独或连同其他错报可能是重大的）的可能性，所以选项D错误。

3. 【答案】ACD

【解析】注册会计师在审计时，应保持一定的职业怀疑态度，不能完全相信获得的证据，而不是完全不能相信获得的证据。

4. 【答案】ACD

【解析】保持职业怀疑与降低审计成本之间并没有关联。

5. 【答案】ACD

【解析】审计的固有限制源于：(1) 财务报告的性质；(2) 审计程序的性质；(3) 在合理的时间内以合理的成本完成审计的需要。选项A、C属于审计程序的性质导致的固有限制；选项D属于财务报告的性质。

6. 【答案】ACD

【解析】政府审计的依据是《中华人民共和国审计法》和审计署制定的《国家审计准则》，注册会计师审计的依据是《中华人民共和国注册会计师法》和财政部批准发布的注册会计师审计准则。

7. 【答案】AD

【解析】审计的固有限制源于财务报告的性质、审计程序的性质和在合理的时间内以合理的成本完成审计的需要。选项B和C不是固有限制的原因。

8. 【答案】CD

【解析】鉴证业务包括审计、审阅和其他鉴证业务；相关服务包括税务代理、代编财务信息、对财务信息执行商定程序等。

9. 【答案】AD

【解析】执行财务报表审计工作时，注册会计师的总体目标：对财务报表整体是否不存在由于舞弊或错误导致的重大错报获取合理保证，使得注册会计师能够对财务报表是否在所有重大方面按照适用的财务报告编制基础编制发表审计意见；按照审计准则的规定，根据审计结果对财务报表出具审计报告，并与管理层和治理层沟通。

10. 【答案】ABCD

【解析】注册会计师需要对职业判断作出适当的书面记录，对下列事项进行书面记录，有利于提高职业判断的可辩护性：(1) 对职业判断问题和目标的描述；(2) 解决职业判断相关问题的思路；(3) 收集到的相关信息；(4) 得出的结论以及得出结论的理由；(5) 就决策结论与被审计单位进行沟通的方式和时间。选项A、B、C、D均正确。

11. 【答案】ACD

【解析】限制审计报告用途与降低检查风险无关。

12. 【答案】AD

【解析】本题的考点为固定资产认定。注册会计师对期末账户余额运用的认定包括存在、权利和义务、完整性、准确性、计价或分摊。“准确性、计价或分摊”认定表明资产、负债和所有者权益以恰当的金额包括在财务报表中，与之相关的计价或分摊调整已恰当记录。

13. 【答案】ABC

【解析】注册会计师对由被审计单位管理层负责的财务报表发表审计意见，以增强除管理层之外的预期使用者对财务报表的信赖程度，而不是为了增强管理层对财务报表的信赖程度。

三、简答题

1. 【答案】

认定	最常用的实质性程序
1. 外购固定资产权利和义务认定	(1) 检查购货合同、购货发票、保险单、发运凭证、所有权证等; (2) 复核相关抵押合同
2. 存货存在认定	(1) 存货监盘; (2) 从存货明细账、存货盘点记录中选取项目追查至存货实物，以测试存货明细账和存货盘点记录的正确性
3. 原材料转让业务截止认定	(1) 从资产负债表日前后若干天的账簿记录追查至记账凭证，检查发票存根与发运凭证，证实已入账收入是否在同一期间已开具发票并发货，有无多计收入; (2) 从资产负债表日前后若干天的发票存根追查发运凭证与账簿记录，确定已开具发票的货物是否已发货，并于同一会计期间确认收入。或从资产负债表日前后若干天的发运凭证追查至发票与账簿记录。确定相关业务收入是否已计入恰当的会计期间
4. 销售业务计价认定	(1) 以主营业务收入明细账中的会计分录为起点，将所选择的交易业务的合计数与应收账款明细账和销售发票存根进行比较核对; (2) 销售发票存根上所列的单价，通常还要与经过批准的商品价目表进行比较核对，其金额小计和合计数也要进行验算与核对; (3) 发票中列出的商品的规格、数量和顾客代号等，应与发运凭证进行核对; (4) 审核顾客订货单和销售单中的同类数据

【解析】本题的考点为认定、销售、固定资产审计、存货审计。

【提示】结合各交易循环，考虑：认定→审计程序。

2. 【答案】

应收账款的相关认定	审计目标	审计程序
存在	确认记录的金额确实存在	(1) 向客户函证; (2) 检查销售合同、销售发票和发运凭证。 (结合教材第九章第五节应收账款审计)
权利和义务	确认资产归属于被审计单位，负债属于被审计单位的义务	(1) 检查销售合同、销售发票和发运凭证; (2) 以应收账款明细账为起点，检查合同，确定是否已贴现、出售或质押。 (结合教材第九章第五节应收账款审计)
完整性	确认已存在的金额均已记录	(1) 选取发运凭证，追查至发票和银行日记账、应收账款明细账; (2) 选取发票，追查至发运凭证和银行日记账、应收账款明细账。 (结合教材第九章第五节销售审计)
准确性、计价和分摊	资产、负债和所有者权益以恰当的金额包括在财务报表中，与之相关的计价或分摊调整已恰当记录	(1) 检查期后已收回应收账款情况; (2) 分析应收账款账龄，确定坏账准备计提是否适当。 (结合教材第九章第五节应收账款、坏账准备审计)

3.【答案】

相关认定	审计目标	实质性程序
发生	所记录的采购交易已发生，且与被审计单位有关	F、K、L
完整性	所有应当记录的采购交易均已记录	H、I
准确性	与采购交易有关的金额及其他数据已恰当记录	F
分类	采购交易已记录于恰当的账户	G
截止	采购交易已记录于正确的会计期间	J

【解析】本题的考点为审计目标、应收账款审计、固定资产审计。

【提示】结合各交易循环，考虑：审计目标→审计程序。

4.【答案】

财务报表认定	具体审计目标	审计程序
(4)	公司对存货均拥有所有权	(9)
(1)	记录的存货数量包括了公司所有的在库存货	(8)
(5)	已按成本与可变现净值孰低法调整期末存货的价值	(6)
(5)	存货成本计算准确	(11)
(3)	存货主要类别和计价基础被恰当地分解且表述清楚	(7)

【解析】结合教材第十一章第五节存货审计。

第二章　审计计划

本章考情分析

本章为重点章与难点章，属于审计基本理论与方法。本章涉及中国注册会计师审计准则——就审计业务约定条款达成一致意见、计划审计工作、计划和执行审计工作时的重要性。本章考点围绕审计业务约定书、审计计划、重要性相关内容，其均属于第二能力等级内容。考生掌握审计重要性及其运用，掌握审计报告的综合题中运用重要性确定审计报告意见类型。考生应予以关注审计业务约定书、审计计划、重要性准则。近年本章试题所占区间 6 分至 8 分，题型会涉及客观题、简答题和综合题。

要求考生：

1. 理解审计业务约定书。
2. 理解审计计划。
3. 掌握审计重要性及其运用。

本章教材变化

本章对审计业务约定书的特殊考虑中考虑特定需要内容、总体审计策略中审计方向的具体内容、具体审计计划中计划实施的进一步审计程序进行了修改，增加了有关错报来源内容，修订了判断错报的定义，对重要性内容中的相关内容进行了部分修订。

基本内容框架

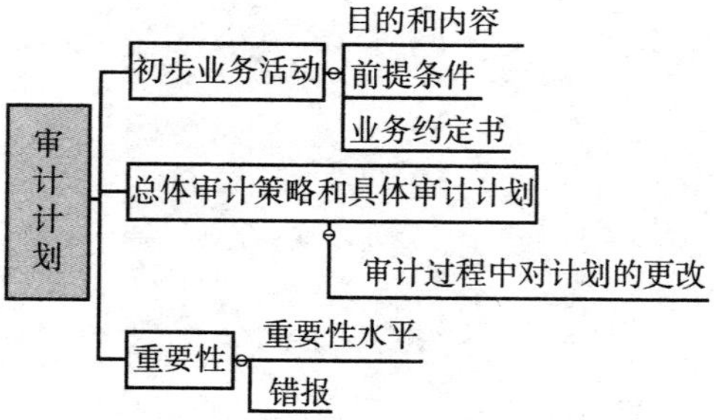

通关重难点例题解析

第一节　初步业务活动

一、初步业务活动的目的和内容（第二能力等级）

（一）初步业务活动的目的

（1）确保注册会计师已具备执行业务所需的独立性和能力；

（2）确定不存在因管理层诚信问题而影响注册会计师保持该项业务意愿的事项；

（3）确保与被审计单位不存在对业务约定条款的误解。

（二）初步业务活动的内容

（1）针对保持客户关系和具体审计业务实施相应的质量控制程序；

（2）评价遵守职业道德规范的情况；

（3）就审计业务约定条款达成一致意见。

【例题 1 · 多选题】（2019 年试题）

下列各项中，属于注册会计师应当进行的初步业务活动的有（　　）。

A. 评价遵守相关职业道德要求的情况

B. 确定审计范围和项目组成员

C. 就审计业务约定条款与被审计单位达成一致

D. 针对接受或保持客户关系实施相应质量控制程序

【答案】ACD

【解析】注册会计师应当在开展下列初步业务活动时，遵守相关的职业道德要求：(1) 针对保持客户关系和具体审计业务实施相应的质量控制程序；(2) 评价遵守相关职业道德要求的情况；(3) 就审计业务约定条款达成一致意见。

【例题2·单选题】(2018年试题)

下列选项中，不属于财务报表审计的前提条件的是（　　）。

A. 管理层设计、执行和维护必要的内部控制，以使财务报表不存在由于舞弊或错误导致的重大错报

B. 管理层向注册会计师提供必要的工作条件

C. 管理层按照适用的财务报表编制基础编制财务报表，并使其实现公允反映

D. 管理层承诺将更正注册会计师在审计过程中识别出的所有重大错报

【答案】D

【解析】审计工作的前提条件包括：(1) 按照适用的财务报告编制基础编制财务报表，并使其实现公允反映（如适用）；(2) 设计、执行和维护必要的内部控制，以使财务报表不存在由于舞弊或错误导致的重大错报；(3) 向注册会计师提供必要的工作条件，包括允许注册会计师接触与编制财务报表相关的所有信息（如记录、文件和其他事项），向注册会计师提供审计所需要的其他信息，允许注册会计师在获取审计证据时不受限制地接触其认为必要的内部人员和其他相关人员。选项D不属于审计的前提条件的内容。

【例题3·单选题】(2014年试题)

注册会计师应当在审计业务开始时开展初步业务活动。下列各项中，不属于初步业务活动的是（　　）。

A. 针对保持客户关系和具体审计业务实施相应的质量控制程序

B. 评价遵守相关职业道德要求的情况

C. 在执行首次审计业务时，查阅前任注册会计师的审计工作底稿

D. 就审计业务约定条款与被审计单位达成一致意见

【答案】C

【解析】查阅前任注册会计师的审计工作底稿是在接受委托后才会涉及的，初步业务活动的目的是确定是否接受委托，因此该环节不涉及查阅前任注册会计师审计工作底稿的情况。

二、审计业务约定书（第二能力等级）

（一）审计业务约定书的基本内容

（1）财务报表审计的目标与范围（结合教材第一章第一节）；

（2）注册会计师的责任（结合教材第一章第一节）；

（3）管理层的责任（结合教材第一章第一节）；

【提示】财务报表审计并不减轻管理层或治理层的责任。

（4）指出用于编制财务报表所适用的财务报告编制基础；

（5）提及注册会计师拟出具的审计报告的预期形式和内容，以及对在特定情况下出具的审计报告可能不同于预期形式和内容的说明。

（二）审计业务约定书的特殊考虑

特殊考虑	具体内容
1. 考虑特定需要	（1）详细说明审计工作范围； （2）对审计业务结果的其他沟通方式； （3）关于注册会计师按照《中国注册会计师审计准则第1504号——在审计报告中沟通关键审计事项》的规定，在审计报告中沟通关键审计事项的要求； （4）说明由于审计和内部控制的固有限制，即使审计工作按照审计准则的规定得到恰当的计划和执行，仍不可避免地存在某些重大错报未被发现的风险；（结合教材第一章第一节；第七章第四节） （5）计划和执行审计工作的安排，包括审计项目组的构成；

续表

特殊考虑	具体内容
1. 考虑特定需要	(6) 预期管理层将提供书面声明；(结合教材第十八章第三节)； (7) 预期管理层将允许注册会计师接触管理层知悉的与财务报表编制相关的所有信息（包括与披露相关的所有信息)； (8) 管理层同意向注册会计师及时提供财务报表草稿（包括与财务报表及披露的编制相关的所有信息）和其他所有附带信息（如有)，以使注册会计师能够按照预定的时间表完成审计工作； (9) 管理层同意告知注册会计师在审计报告日至财务报表报出日之间注意到的可能影响财务报表的事实；(结合教材第十八章第二节) (10) 收费的计算基础和收费安排； (11) 管理层确认收到审计业务约定书并同意其中的条款； (12) 在某些方面对利用其他注册会计师和专家工作的安排； (13) 对审计涉及的内部审计人员和被审计单位其他员工工作的安排； (14) 在首次审计的情况下，与前任注册会计师（如存在）沟通的安排；(结合教材第十四章第二节) (15) 说明对注册会计师责任可能存在的限制； (16) 注册会计师与被审计单位之间需要达成进一步协议的事项； (17) 向其他机构或人员提供审计工作底稿的义务
2. 组成部分的审计	如果母公司的注册会计师同时也是组成部分注册会计师，注册会计师应当考虑下列因素，决定是否向各组成部分单独致送审计业务约定书： (1) 组成部分注册会计师的委托人； (2) 是否对组成部分单独出具审计报告； (3) 与审计委托相关的法律法规规定； (4) 母公司占组成部分的所有权份额； (5) 组成部分管理层相对于母公司的独立程度
3. 连续审计	【提示】导致注册会计师修改审计业务约定条款或提醒被审计单位注意现有的业务约定条款的因素： (1) 有迹象表明被审计单位误解审计目标和范围； (2) 需要修改约定条款或增加特别条款； (3) 被审计单位高级管理人员近期发生变动； (4) 被审计单位所有权发生重大变动； (5) 被审计单位业务的性质或规模发生重大变化； (6) 法律法规的规定发生变化； (7) 编制财务报表采用的财务报告编制基础发生变更； (8) 其他报告要求发生变化
4. 审计业务约定条款的变更	(1) 变更审计业务约定条款的要求。 【提示】导致被审计单位要求变更业务的原因： ①环境变化对审计需求产生影响； ②对原来要求的审计业务的性质存在误解； ③无论是管理层施加的还是其他情况引起的审计范围受到限制。 上述第①和第②项通常被认为是变更业务的合理理由，但如果有迹象表明该变更要求与错误的、不完整的或者不能令人满意的信息有关，注册会计师不应认为该变更是合理的。 【提示】如果没有合理的理由，注册会计师不应同意变更业务。 (2) 变更为审阅业务或相关服务业务的要求

【例题4·单选题】(2019年试题) 通常无须包含在审计业务约定书中的是（　）。

A. 财务报表审计的目标与范围

B. 出具审计报告的日期

C. 用于编制财务报表所适用的财务报告编制基础

D. 管理层和治理层的责任

【答案】B

【解析】审计业务约定书的具体内容和格

式可能因被审计单位的不同而不同，但应当包括以下主要内容：（1）财务报表审计的目标与范围；（2）注册会计师的责任；（3）管理层的责任；（4）指出用于编制财务报表所适用的财务报告编制基础；（5）提及注册会计师拟出具的审计报告的预期形式和内容，以及对在特定情况下出具的审计报告可能不同于预期形式和内容的说明。

【例题5·单选题】（2015年试题）

下列有关审计业务约定书的说法中，错误的是（　　）。

A. 审计业务约定书应当包括注册会计师的责任和管理层的责任

B. 如果集团公司的注册会计师同时也是组成部分注册会计师，则无须向组成部分单独致送审计业务约定书

C. 对于连续审计，注册会计师可能不需要每期都向被审计单位致送新的审计业务约定书

D. 注册会计师应当在签订审计业务约定书之前确定审计的前提条件是否存在

【答案】B

【解析】如果母公司的注册会计师同时也是组成部分注册会计师，注册会计师应当考虑是否向各组成部分单独致送审计业务约定书。

第二节　总体审计策略和具体审计计划

一、总体审计策略——范围；时间；方向；资源（第二能力等级）

1. 审计范围。

2. 报告目标、时间安排及所需沟通性质。

3. 审计方向。

（1）重要性方面。具体包括：

①为计划目的确定重要性；

②为组成部分确定重要性且与组成部分的注册会计师沟通；

③在审计过程中重新考虑重要性；

④识别重要的组成部分和账户余额。

（2）重大错报风险较高的审计领域。

（3）评估的财务报表层次的重大错报风险对指导、监督及复核的影响。

（4）项目组人员的选择（在必要时包括项目质量控制复核人员）和工作分工，包括向重大错报风险较高的审计领域分派具备适当经验的人员。

（5）项目预算，包括考虑为重大错报风险可能较高的审计领域分配适当的工作时间。

（6）如何向项目组成员强调在收集和评价审计证据过程中保持职业怀疑必要性的方式。

（7）以往审计中对内部控制运行有效性评价的结果，包括所识别的控制缺陷的性质及应对措施。

（8）管理层重视设计和实施健全的内部控制的相关证据，包括这些内部控制得以适当记录的证据。

（9）业务交易量规模，以基于审计效率的考虑确定是否依赖内部控制。

（10）对内部控制重要性的重视程度。

（11）管理层用于识别和编制适用的财务报告编制基础所要求的披露（包括从总账和明细账之外的其他途径获取的信息）的流程。

（12）影响被审计单位经营的重大发展变化，包括信息技术和业务流程的变化，关键管理人员变化，以及收购、兼并和分立。

（13）重大的行业发展情况，如行业法规变化和新的报告规定。

（14）会计准则及会计制度的变化，该变化可能涉及作出重大的新披露或对现有披露作出重大修改。

（15）其他重大变化，如影响被审计单位的法律环境的变化。

4. 审计资源。

【例题6·多选题】（2013年试题）

下列有关采用总体审计方案的说法中，错误的有（　　）。

A. 注册会计师可以针对不同认定采用不同的审计方案

B. 注册会计师可以采用综合性方案或实质性方案应对重大错报风险

C. 注册会计师应当采用实质性方案应对特别风险

D. 注册会计师应当采用与前期审计一致的审计方案，除非评估的重大错报风险发生重大变化

【答案】CD

【解析】注册会计师应当针对特别风险实施实质性程序，并不是实质性方案，所以选项C错误；注册会计师评估的财务报表层次重大错报风险以及采取的总体应对措施，对

拟实施进一步审计程序的总体审计方案具有重大影响，无须考虑要与前期的审计方案一致，所以选项D错误。

二、具体审计计划——风险评估程序、计划实施的进一步审计程序和计划其他审计程序（第二能力等级）

（一）风险评估程序（结合教材第七章）

具体审计计划应当包括为了充分识别和评估财务报表重大错报风险，注册会计师计划实施的风险评估程序的性质、时间安排和范围。

（二）计划实施的进一步审计程序——控制测试和实质性程序（结合教材第八章）

进一步审计程序包括控制测试和实质性程序。

（三）计划其他审计程序

【提示】某些披露可能包含从总账和明细账之外的其他途径获取的信息，这也可能影响风险评估的结果以及为应对该风险实施的审计程序的性质、时间安排和范围。

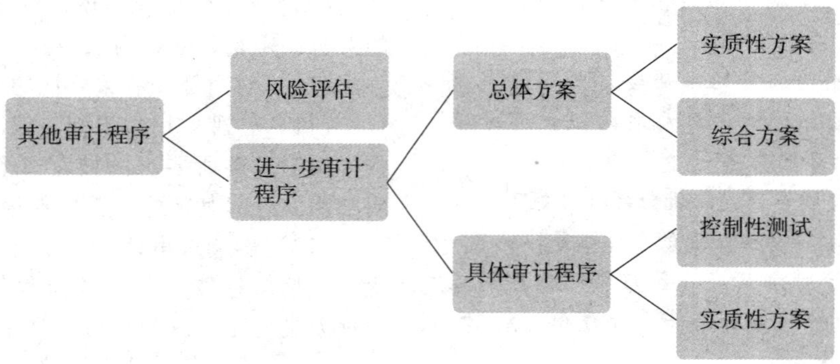

【例题7·多选题】（2016年试题）

下列各项中，属于具体审计计划活动的有（　　）。

A. 确定重要性

B. 确定是否需要实施项目质量控制复核

C. 确定风险评估程序的性质、时间安排和范围

D. 确定进一步审计程序的性质、时间安排和范围

【答案】CD

【解析】（1）为了充分识别和评估财务报表重大错报风险，注册会计师应确定计划实施的风险评估程序的性质、时间安排和范围；（2）计划实施的进一步审计程序——控制测试和实质性程序。

三、审计过程中对计划的更改（第二能力等级）

四、指导、监督与复核（质量控制准则的要求，结合教材第二十一章第五节）（第二能力等级）

【例题8·单选题】（2019年试题）

确定项目组内部的复核的性质、时间安排和范围时，注册会计师不应当考虑的是（　　）。

A. 被审计单位的规模

B. 评估的重大错报风险

C. 项目质量控制复核人员的经验和能力

D. 项目组成员的专业素质和胜任能力

【答案】C

【解析】注册会计师应当制定计划，确定对项目组成员的指导、监督以及对其工作进行复核的性质、时间安排和范围。对项目组成员指导、监督和复核时应当考虑的因素：（1）被审计单位的规模和复杂程度；（2）审计领域；（3）评估的重大错报风险；（4）执行审计工作的项目组成员的专业素质和胜任能力。

【例题9·单选题】（2015年试题）

下列有关审计计划的说法中，正确的是（　　）。

A. 制定总体审计策略的过程通常在具体审计计划之前

B. 总体审计策略不受具体审计计划的影响

C. 具体审计计划的核心是确定审计的范围和审计方案

D. 制定审计计划的工作应当在实施进一步审计程序之前完成

【答案】A

【解析】虽然制定总体审计策略的过程通常在具体审计计划之前，但这两项计划具有内在联系，所以选项B错误；具体审计计划的核心是确定进一步审计程序的性质、范围和时间安排，所以选项C错误；制定审计计划的工作可能会受到进一步审计程序获取的审计证据的影响，反过来修改审计计划，所以选项D错误。

第三节　重要性

一、重要性的含义（第二能力等级）

重要性概念可从下列方面进行理解：

（1）如果合理预期错报（包括漏报）单独或汇总起来可能影响财务报表使用者依据财务报表作出的经济决策，则通常认为错报是重大的；

（2）对重要性的判断是根据具体环境作出的，并受错报的金额或性质的影响，或受两者共同作用的影响；

（3）判断一个事项对财务报告使用者是否重大，是在考虑财务报表使用者整体共同的财务信息需求的基础上作出的。

【例题10·单选题】

下列关于对重要性概念理解中的表述中，错误的是（　　）。

A. 重要性取决于在具体环境下对错报金额和性质的判断

B. 如果一项错报单独或连同其他错报可能影响财务报表使用者依据财务报表作出的经济决策，则该项错报是重大的

C. 判断一项错报对财务报表是否重大，应当考虑对个别特定财务报表使用者产生的影响

D. 较小金额错报的累计结果，可能对财务报表产生重大影响

【答案】C

【解析】本题考核对重要性概念的理解。根据准则的规定，判断一个事项对财务报表使用者是否重大，是将使用者作为一个群体对共同性的财务信息的需求来考虑的。不考虑错报对个别特定使用者可能产生的影响，是因为个别特定使用者的需求可能极其不同，所以选项C不正确。

【提示】注册会计师使用整体重要性水平（将财务报表作为整体）的目的有：

（1）决定风险评估程序的性质、时间安排和范围；

（2）识别和评估重大错报风险；

（3）确定进一步审计程序的性质、时间安排和范围。

【提示】在形成审计结论阶段，要使用整体重要性水平和为了特定类别交易、账户余额和披露而制定的较低金额的重要性水平来评价已识别的错报对财务报表的影响和对审计报告中审计意见的影响。

【例题11·单选题】

使用重要性水平，可能无助于实现下列目的的是（　　）。

A. 确定风险评估程序的性质、时间和范围

B. 识别和评估重大错报风险

C. 确定进一步审计程序的性质、时间和范围

D. 确定重大不确定事项发生的可能性

【答案】D

【解析】本题考核重要性水平的目的。注册会计师使用整体重要性水平（将财务报表作为整体）的目的有：决定风险评估程序的性质、时间和范围；识别和评估重大错报风险；确定进一步审计程序的性质、时间和范围。所以选项A、B、C均为正确答案，选项D不是使用重要性水平的目的。

二、重要性水平的确定（第二能力等级）

（一）财务报表整体的重要性

确定重要性需要运用职业判断。通常先选定一个基准，再乘以某一百分比作为财务报表整体的重要性。

选择基准时，考虑因素包括：

（1）财务报表的要素（如资产、负债、所有者权益、收入和费用）；

（2）是否存在特定会计主体的财务报表使用者特别关注的报表项目；

（3）被审计单位的性质、所处的生命周期以及所处行业和经济环境；

（4）被审计单位的所有权结构和融资

方式；

（5）基准的相对波动性。

【提示】常用的基准如下：

表 2－1　常用的基准

被审计单位的情况	可能选择的基准
1. 企业的盈利水平保持稳定	经常性业务的税前利润
2. 企业近年来经营状况大幅度波动，盈利和亏损交替发生，或者由正常盈利变为微利或微亏，或者本年度税前利润因情况变化而出现意外增加或减少	过去3～5年经常性业务的平均税前利润或亏损（取绝对值），或其他基准，如营业收入
3. 企业为新设企业，处于开办期，尚未开始经营，目前正在建造厂房及购买机器设备	总资产
4. 企业处于新兴行业，目前侧重于抢占市场份额、扩大企业知名度和影响力	营业收入

【提示】在确定百分比时，除了考虑被审计单位是否为上市公司或公众利益实体外，其他因素也会影响注册会计师对百分比的选择，这些因素包括但不限于：

（1）财务报表使用者的范围；

（2）被审计单位是否由集团内部关联方提供融资或是否有大额对外融资（如债券或银行贷款）；

（3）财务报表使用者是否对基准数据特别敏感（如抱有特殊目的财务报表的使用者）。

【例题12·多选题】（2019年试题）

下列各项因素中，注册会计师在确定财务报表整体重要性时通常需考虑的有（　　）。

A. 被审计单位所处行业和经济环境

B. 被审计单位所处的生命周期

C. 以前年度是否存在审计难度

D. 财务报表预期使用者的范围

【答案】ABD

【解析】注册会计师在选择基准时，会考虑被审计单位的性质、所处的生命周期以及所处行业和经济环境；在为选定的基准确定百分比时，要考虑财务报表使用者的范围。注册会计师在确定财务报表整体重要性时无须考虑以前年度的审计情况。

【例题13·单选题】（2019年试题）

下列各项中，不属于注册会计师使用财务报表整体重要性的目的的是（　　）。

A. 识别和评估重大错报风险

B. 决定风险评估程序的性质、时间安排和范围

C. 确定审计中识别出的错报是否需要累积

D. 评价已识别的错报对审计意见的影响

【答案】C

【解析】注册会计师使用整体重要性水平（将财务报表作为整体）的目的有：（1）决定风险评估程序的性质、时间安排和范围；（2）识别和评估重大错报风险；（3）确定进一步审计程序的性质、时间安排和范围。选项C，根据明显微小错报临界值来确定审计中识别出的错报是否需要累积。

（二）特定类别交易、账户余额或披露的重要性水平

（1）法律法规或适用的财务报告编制基础是否影响财务报表使用者对特定项目（如关联方交易、管理层和治理层的薪酬及对具有较高估计不确定性的公允价值会计估计的敏感性分析）计量或披露的预期；

（2）与被审计单位所处行业相关的关键性披露；

（3）财务报表使用者是否特别关注财务报表中单独披露的业务的特定方面（如关于分部或重大企业合并的披露）。

【例题14·单选题】（2012年试题）

下列关于特定类别交易、账户余额或披露的重要性水平的说法中，错误的是（　　）。

A. 只有在适用的情况下，才需确定特定类别交易、账户余额或披露的重要性水平

B. 确定特定类别交易、账户余额或披露的重要性水平时，可将与被审计单位所处行业相关的关键性披露作为一项考虑因素

C. 特定类别交易、账户余额或披露的重要性水平应低于财务报表整体的重要性

D. 不需确定特定类别交易、账户余额或披露的实际执行的重要性

【答案】D

【解析】实际执行的重要性——指注册会计师确定的低于财务报表整体重要性的一个或多个金额，旨在将未更正和未发现错报的汇总数超过财务报表整体的重要性的可能性

降至适当的低水平。如果适用，实际执行的重要性还指注册会计师确定的低于特定类别的交易、账户余额或披露的重要性水平的一个或多个金额。

【例题15·单选题】（2016年试题）

下列有关在确定财务报表整体的重要性时选择基准的说法中，正确的是（　　）。

A. 注册会计师应当充分考虑被审计单位的性质和重大错报风险，选取适当的基准

B. 对于以营利为目的的被审计单位，注册会计师应当选取税前利润作为基准

C. 基准一经选定，需在各年度中保持一致

D. 基准可以是本期财务数据的预算和预测结果

【答案】D

【解析】在选择基准时，需要考虑的因素包括：（1）财务报表要素（如资产、负债、所有者权益、收入和费用）；（2）是否存在特定会计主体的财务报表使用者特别关注的项目（如为了评价财务业绩，使用者可能更关注利润、收入或净资产）；（3）被审计单位的性质、所处的生命周期阶段以及所处行业和经济环境；（4）被审计单位的所有权结构和融资方式；（5）基准的相对波动性。

（三）实际执行的重要性

实际执行的重要性——指注册会计师确定的低于财务报表整体重要性的一个或多个金额，旨在将未更正和未发现错报的汇总数超过财务报表整体的重要性的可能性降至适当的低水平。如果适用，实际执行的重要性还指注册会计师确定的低于特定类别的交易、账户余额或披露的重要性水平的一个或多个金额。

【提示】实际执行的重要性——财务报表整体重要性的50%～75%。

【例题16·单选题】（2012年试题）

关于财务报表整体的重要性与实际执行的重要性之间的关系，下列说法中，正确的是（　　）。

A. 实际执行的重要性总是小于财务报表整体的重要性

B. 实际执行的重要性可以等于财务报表整体的重要性

C. 实际执行的重要性应当等于财务报表整体的重要性的50%

D. 实际执行的重要性应当等于财务报表整体的重要性的75%

【答案】A

【解析】实际执行的重要性——指注册会计师确定的低于财务报表整体重要性的一个或多个金额，旨在将未更正和未发现错报的汇总数超过财务报表整体的重要性的可能性降至适当的低水平。实际执行的重要性通常为财务报表整体重要性的50%～75%，因此总是小于财务报表整体的重要性。

【提示】确定实际执行的重要性应考虑的因素：

（1）对被审计单位的了解；

（2）前期审计工作中识别出的错报的性质和范围；

（3）根据前期识别出的错报对本期错报作出的预期。

【例题17·单选题】（2019年试题）

下列因素中，注册会计师在确定实际执行的重要性时无须考虑的是（　　）。

A. 是否为首次接受委托的审计项目

B. 是否存在财务报表使用者特别关注的项目

C. 是否存在值得关注的内部控制缺陷

D. 前期审计中识别出的错报的数量和性质

【答案】B

【解析】通常而言，实际执行的重要性通常为财务报表整体重要性的50%～75%。

如果存在下列情况，注册会计师可能考虑选择较低的百分比来确定实际执行的重要性：①首次接受委托的审计项目；②连续审计项目，以前年度审计调整较多；③项目总体风险较高，例如处于高风险行业、管理层能力欠缺、面临较大市场竞争压力或业绩压力等；④存在或预期存在值得关注的内部控制缺陷。

【例题18·单选题】（2018年试题）

下列情形中，注册会计师通常采用较高的百分比确定实际执行的重要性的是（　　）。

A. 以前期间的审计经验表明被审计单位的内部控制运行有效

B. 被审计单位面临较大的市场竞争压力

C. 注册会计师首次接受委托

D. 被审计单位管理层能力欠缺

【答案】A

【解析】如果存在下列情况，注册会计师可能考虑选择较高的百分比来确定实际执行的重要性：(1) 连续审计项目，以前年度审计调整较少；(2) 项目总体风险为低到中等，例如，处于非高风险行业、管理层有足够能力、面临较低的市场竞争压力和业绩压力等；(3) 以前期间的审计经验表明内部控制运行有效。

【例题 19 · 多选题】(2011 年试题)

在确定实际执行的重要性时，下列各项因素中，A 注册会计师认为应当考虑的有(　　)。

A. 财务报表整体的重要性

B. 前期审计工作中识别出的错报的性质和范围

C. 实施风险评估程序的结果

D. 甲公司管理层和治理层的期望值

【答案】ABC

【解析】确定实际执行的重要性并非简单机械的计算，需要注册会计师运用职业判断，并考虑下列因素的影响：(1) 对被审计单位的了解（这些了解在实施风险评估程序的过程中得到更新）；(2) 前期审计工作中识别出的错报的性质和范围；(3) 根据前期识别出的错报对本期错报作出的预期。

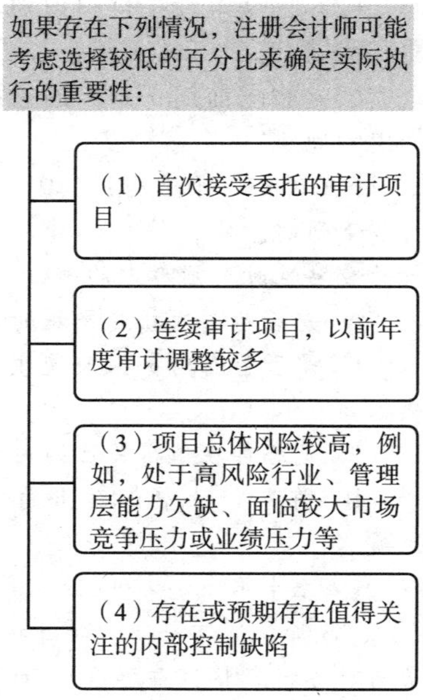

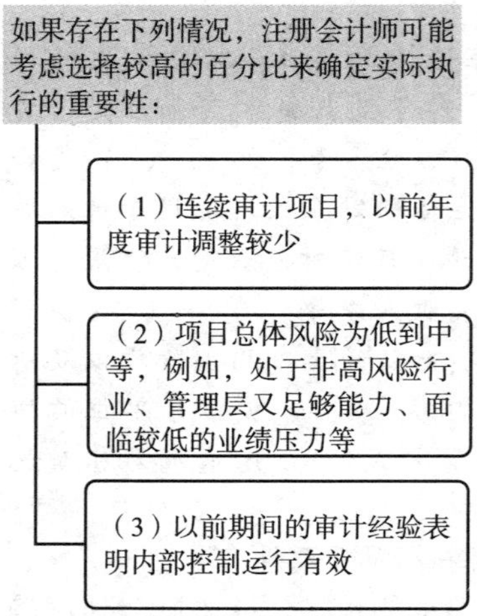

【例题 20 · 单选题】(2012 年试题)

下列关于实际执行的重要性的说法中，错误的是(　　)。

A. 实际执行的重要性是指注册会计师确定的低于财务报表整体重要性的一个或多个金额

B. 注册会计师应当确定实际执行的重要性，以评估重大错报风险并确定进一步审计程序的性质、时间安排和范围

C. 确定实际执行的重要性，旨在将未更正和未发现错报的汇总数超过财务报表整体重要性的可能性降至适当的低水平

D. 以前年度审计调整越多，评估的项目总体风险越高，实际执行的重要性越接近财务报表整体的重要性

【答案】D

【解析】财务报表整体重要性接近 50%：(1) 经常性审计；(2) 以前年度审计调整较多项目总体风险较高。

（四）审计过程中修改重要性

【提示】修改原因如下：

（1）审计过程中情况发生重大变化；

（2）获取新信息；

（3）通过实施进一步审计程序，注册会计师对被审计单位及其经营所了解的情况发生变化。

（五）在审计中运用实际执行的重要性

1. 注册会计师在计划审计工作时可能根

据实际执行的重要性确定需要对哪些类型的交易、账户余额和披露实施进一步审计程序，即通常选取金额超过实际执行的重要性的财务报表项目，因为这些财务报表项目有可能导致财务报表出现重大错报。

考虑：

（1）单个金额低于实际执行的重要性的财务报表项目汇总起来可能金额重大（可能远超过财务报表整体的重要性），注册会计师需要考虑汇总后的潜在错报风险；

（2）对于存在低估风险的财务报表项目，不能仅仅因为其金额低于实际执行的重要性而不实施进一步审计程序；

（3）对于识别出存在舞弊风险的财务报表项目，不能因为其金额低于实际执行的重要性而不实施进一步审计程序。

2. 运用实际执行的重要性确定进一步审计程序的性质、时间安排和范围。

【例题 21 · 多选题】（2018 年试题）

下列各项工作中，注册会计师通常需要运用实际执行的重要性的有（　　）。

A. 确实需要对哪些类型的交易、账户余额或披露实施进一步审计程序

B. 运用实质性分析程序时，确实已记录金额与预期值之间的可接受差异额

C. 确定未更正错报对财务报表整体的影响是否重大

D. 运用审计抽样实施细节测试时，确定可容忍错报

【答案】ABD

【解析】确定未更正错报对财务报表整体的影响是否重大，运用的是财务报表整体的重要性。

【例题 22 · 多选题】（2013 年试题）

如果注册会计师在审计过程中调低了最初确定的财务报表整体的重要性，下列各项中，正确的有（　　）。

A. 注册会计师应当调高可接受的检查风险

B. 注册会计师应当确定是否有必要修改实际执行的重要性

C. 注册会计师应当确定进一步审计程序的性质、时间安排和范围是否仍然适当

D. 注册会计师在评估未更正错报对财务报表的影响时应当使用调整后的财务报表整体的重要性

【答案】BCD

【解析】如果注册会计师在审计过程中调低了最初确定的财务报表整体的重要性，那么评估的重大错报风险上升，在审计风险模型中重大错报风险与可接受检查风险呈反向变动关系，所以注册会计师应当调低可接受的检查风险。

三、错报（第二能力等级）

（一）错报的定义

错报——指某一财务报表项目的金额、分类、列报或披露，与按照适用的财务报告编制基础应当列示的金额、分类、列报或披露之间存在的差异；或根据注册会计师的判断，为使财务报表在所有重大方面实现公允反映，需要对金额、分类、列报或披露作出的必要调整。

错报可能由下列事项导致：

（1）收集或处理用以编制财务报表的数据时出现错误；

（2）遗漏某项金额或披露，包括不充分或不完整的披露以及为满足特定财务报告编制基础的披露目标而被要求作出的披露（如适用）；

（3）由于疏忽或明显误解有关事实导致作出不正确的会计估计；

（4）注册会计师认为管理层对会计估计作出不合理的判断或对会计政策作出不恰当的选择和运用；

（5）信息的分类、汇总或分解不恰当。

【例题 23 · 单选题】（2012 年试题）

下列关于错报的说法中，错误的是（　　）。

A. 明显微小的错报不需要累积

B. 错报可能是由于错误或舞弊导致的

C. 错报仅指某一财务报表项目金额与按照企业会计准则应当列示的金额之间的差异

D. 判断错报是指由于管理层对会计估计作出不合理的判断或不恰当地选择和运用会计政策而导致的差异

【答案】C

【解析】错报——指某一财务报表项目的金额、分类、列报或披露，与按照适用的财务报告编制基础应当列示的金额、分类、列报或披露之间存在的差异；或根据注册会计

师的判断，为使财务报表在所有重大方面实现公允反映，需要对金额、分类、列报或披露作出的必要调整。

（二）累计识别出的错报

注册会计师可能将低于某一金额的错报界定为明显微小的错报，对这类错报不需要累积，因为注册会计师认为这些错报的汇总数明显不会对财务报表产生重大影响。

（1）在确定明显微小错报的临界值时，注册会计师应考虑以下因素：

①以前年度审计中识别出的错报（包括已更正和未更正错报）的数量和金额；

②重大错报风险的评估结果；

③被审计单位治理层和管理层对注册会计师与其沟通错报的期望；

④被审计单位的财务指标是否勉强达到监管机构的要求或投资者的期望。

【例题24·单选题】（2018年试题）

下列有关明显微小错报的说法中，错误的是（　　）。

A. 明显微小错报是指对财务报表整体没有重大影响的错报

B. 注册会计师无须累积明显微小的错报

C. 如果无法确定某错报是否明显微小，则不能认定为明显微小

D. 金额低于明显微小错报临界值的错报是明显微小错报

【答案】A

【解析】明显微小错报的汇总数是明显不会对财务报表整体产生重大影响的，选项A的描述过于宽泛。

【例题25·单选题】（2016年试题）

下列各项因素中，注册会计师在确定明显微小错报临界值时，通常无须考虑的是（　　）。

A. 重大错报风险的评估结果

B. 以前年度审计中识别出的错报

C. 被审计单位的财务报表是否分发给广大范围的使用者

D. 被审计单位治理层和管理层对注册会计师与其沟通错报的期望

【答案】C

【解析】在确定明显微小错报的临界值时，注册会计师应考虑以下因素：(1) 以前年度审计中识别出的错报（包括已更正和未更正错报）的数量和金额；(2) 重大错报风险的评估结果；(3) 被审计单位治理层和管理层对注册会计师与其沟通错报的期望；(4) 被审计单位的财务指标是否勉强达到监管机构的要求或投资者的期望。

【提示】注册会计师的目标是要确保不累积的错报（即低于临界值的错报）连同累积的未更正错报不会汇总成为重大错报。

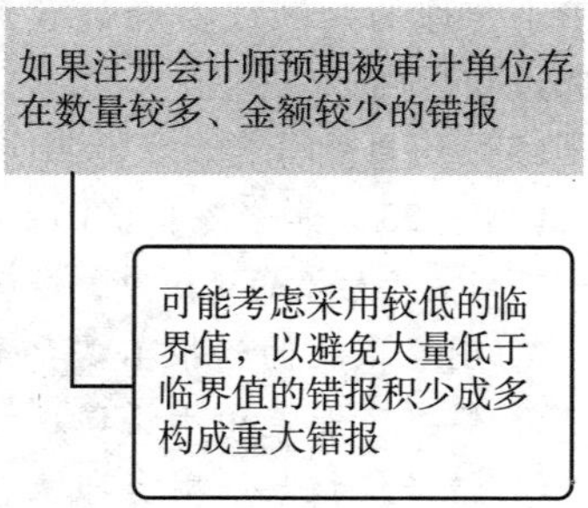

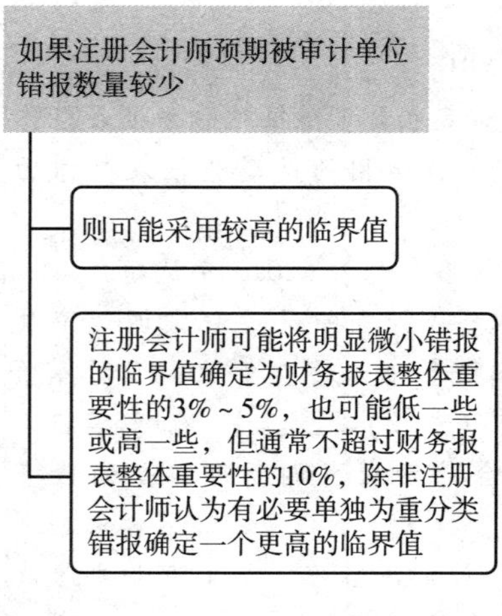

（2）将错报区分为事实错报、判断错报和推断错报。

【提示】判断错报。由于注册会计师认为管理层对财务报表中的确认、计量和列报（包括对会计政策的选择或运用）作出不合理或不恰当的判断而导致的差异。

（三）对审计过程识别出的错报的考虑

【提示】注册会计师应特别考虑：

（1）审计过程中累计错报的汇总数接近确定的重要性，则表明存在比可接受的低风险水平更大的风险，即可能未被发现的错报连同审计过程中累计错报的汇总数，可能超过重要性；

（2）注册会计师可能要求管理层检查某类交易、账户余额或披露，以使管理层了解注册会计师识别出的错报的产生原因，并要求管理层采取措施以确定这些交易、账户余额或披露实际发生错报的金额，以及对财务报表作出适当的调整。

【例题26·单选题】（2013年试题）

对于审计过程中累积的错报，下列做法中，正确的是（　　）。

A. 如果错报单独或汇总起来未超过财务报表整体的重要性，注册会计师可以不要求管理层更正

B. 如果错报单独或汇总起来未超过实际执行的重要性，注册会计师可以不要求管理层更正

C. 如果错报不影响确定财务报表整体的重要性时选定的基准，注册会计师可以不要求管理层更正

D. 注册会计师应当要求管理层更正审计过程中累积的所有错报

【答案】D

【解析】除非法律法规禁止，注册会计师应当及时将审计过程中累积的所有错报与适当层级的管理层进行沟通。注册会计师还应当要求管理层更正这些错报。

【例题27·简答题】（2014年试题）

上市公司甲公司是ABC会计师事务所的常年审计客户，A注册会计师负责审计甲公司2013年度财务报表。审计工作底稿中与确定重要性和评估错报相关的部分内容摘录如下：

金额单位：万元

项目	2013年	2012年	备注
营业收入	16 000（未审数）	15 000（已审数）	2013年，竞争对手推出新产品抢占市场，甲公司通过降价和增加广告投放促销
税前利润	50（未审数）	2 000（已审数）	2013年，降价及销售费用增长导致盈利大幅下降
财务报表整体的重要性	80	100	
实际执行的重要性	60	75	

（1）2012年度财务报表整体的重要性以税前利润的5%计算。2013年，由于甲公司处于盈亏临界点，A注册会计师以过去3年税前利润的平均值作为基准确定财务报表整体的重要性。

（2）由于2012年度审计中提出的多项审计调整建议金额均不重大，A注册会计师确定2013年度实际执行的重要性为财务报表整体重要性的75%，与2012年度保持一致。

（3）2013年，治理层提出希望知悉审计过程中发现的所有错报，因此，A注册会计师确定2013年度明显微小错报的临界值为0。

（4）甲公司2013年末非流动负债余额中包括一年内到期的长期借款2 500万元，占非流动负债总额的50%。A注册会计师认为，该错报对利润表没有影响，不属于重大错报，同意管理层不予调整。

（5）A注册会计师仅发现1笔影响利润表的错报，即管理费用少计60万元。A注册会计师认为，该错报金额小于财务报表整体的重要性，不属于重大错报，同意管理层不予调整。

要求：

针对上述第（1）至（5）项，假定不考虑其他条件，逐项指出A注册会计师的做法是否恰当。如不恰当，简要说明理由。

【答案】

第（1）项恰当。

第（2）项不恰当。2012年度有多项审计调整，甲公司在2013年面临较大市场压力，显示项目总体风险较高，将实际执行的重要性确定为财务报表整体重要性的75%不恰当。

第（3）项恰当。

第（4）项不恰当。该分类错报对其所影响的账户重大，很可能影响关键财务指标

（如营运资金），应作为重大错报。

第（5）项不恰当。该错报虽然小于财务报表整体的重要性，但会使甲公司税前利润由盈利转为亏损，属于重大错报。

通关演练

一、单项选择题

1. 在签订审计业务约定书时，不需要包含在审计业务约定书中的是（　　）。

A. 说明审计工作范围

B. 存货监盘、现金盘点程序执行的具体时间

C. 首次接受委托，与前任注册会计师沟通

D. 审计收费的计算基础

2. 如果是连续审计业务，在下列情况下，需要注册会计师提醒甲公司管理层关注或修改现有业务的约定条款的是（　　）。

A. 注册会计师对上期财务报表出具了非标准审计报告

B. 注册会计师更换两名审计助理人员

C. 甲公司对上期财务报表作出重述

D. 甲公司高级管理人员近期发生变动

3. 下列各项中，不属于具体审计计划的是（　　）。

A. 向高风险领域分派有经验的项目组成员

B. 确定风险评估程序的性质、时间安排和范围

C. 确定实质性程序的性质

D. 确定内部控制测试的时间

4. 下列有关在确定财务报表整体的重要性时选择基准的说法中，正确的是（　　）。

A. 注册会计师应充分考虑基准的重大错报风险，选取适当的基准

B. 对于以营利为目的的被审计单位，注册会计师应选取税前利润作为基准

C. 基准一经选定，需在各年度保持一致

D. 基准可以是本期财务数据的预算和预测结果

5. 注册会计师在确定重要性时通常选定一个基准。下列因素中，注册会计师在选择基准时不需要考虑的是（　　）。

A. 被审计单位的性质

B. 以前年度审计调整的金额

C. 基准的相对波动性

D. 是否存在财务报表使用者特别关注的项目

6. 注册会计师应当在审计业务开始时开展初步业务活动。下列各项中，不属于初步业务活动的是（　　）。

A. 针对保持客户关系和具体审计业务实施相应的质量控制程序

B. 评价遵守相关职业道德要求的情况

C. 在执行首次审计业务时，查阅前任注册会计师的审计工作底稿

D. 就审计业务约定条款与被审计单位达成一致意见

7. 下列有关重要性水平的说法中，不恰当的是（　　）。

A. 选择确定重要性的基准时，通常无须考虑财务报表个别使用者对财务信息的特殊需求

B. 即使一项错报必须连同其他错报才影响财务报表使用者的经济决策，该错报也是重大的

C. 实际执行的重要性是指注册会计师确定的低于财务报表整体重要性的一个或多个金额

D. 制定具体审计计划后，注册会计师应当着手确定财务报表整体的重要性水平

8. 使用重要性水平，可能无助于实现下列目的的是（　　）。

A. 确定风险评估程序的性质、时间和范围

B. 识别和评估重大错报风险

C. 确定进一步审计程序的性质、时间和范围

D. 确定重大不确定事项发生的可能性

9. 关于特定类别交易、账户余额或披露的重要性水平，下列说法中，错误的是（　　）。

A. 只有在适用的情况下，才需确定特定类别交易、账户余额或披露的重要性水平

B. 确定特定类别交易、账户余额或披露的重要性水平时，可将与被审计单位所处行业相关的关键性披露作为一项考虑因素

C. 特定类别交易、账户余额或披露的重

要性水平应低于财务报表整体的重要性

D. 不需确定特定类别交易、账户余额或披露的实际执行的重要性

10. 下列关于错报的说法中，正确的是（ ）。

A. 不重大错报即为明显微小的错报

B. 错报都是管理层精心设计的

C. 注册会计师应当要求管理层更正审计过程中累积的所有错报

D. 推断错报是指由于管理层对会计估计作出不合理的判断或不恰当地选择和运用会计政策而导致的差异

11. 对于审计过程中累积的错报，下列做法中，正确的是（ ）。

A. 如果错报单独或汇总起来未超过财务报表整体的重要性，注册会计师可以不要求管理层更正

B. 如果错报单独或汇总起来未超过实际执行的重要性，注册会计师可以不要求管理层更正

C. 如果错报不影响确定财务报表整体的重要性时选定的基准，注册会计师可以不要求管理层更正

D. 注册会计师应当要求管理层更正审计过程中累积的所有错报

二、多项选择题

1. 如果会计师事务所决定接受或保持客户关系和具体业务，下列事项中，属于会计师事务所接下来要做的事项的有（ ）。

A. 与客户就相关问题达成一致理解

B. 与客户形成书面的业务约定书

C. 考虑是否具备执行业务的必要素质

D. 与客户的管理层、治理层沟通

2. 下列关于管理层责任的说法中，正确的有（ ）。

A. 管理层已认可并理解其承担的责任，是注册会计师执行审计工作的前提

B. 按照适用的财务报告编制基础编制财务报表，并使其实现公允反映属于管理层的责任

C. 设计、执行和维护必要的内部控制，向注册会计师提供必要的工作条件属于管理层的责任

D. 如果管理层不认可其责任，注册会计师不能将该业务作为审计业务承接，可以作为审阅业务承接

3. 下列有关审计计划的说法中，不正确的有（ ）。

A. 制定总体审计策略的过程通常在具体审计计划之前

B. 总体审计策略不受具体审计计划的影响

C. 具体审计计划的核心是确定审计的范围和审计方案

D. 制定审计计划的工作应当在实施进一步审计程序之前完成

4. 下列各项中，注册会计师通常需要运用财务报表整体重要性水平的有（ ）

A. 确定未更正错报对财务报表的影响是否重大

B. 运用实质性分析程序时，确定已记录的金额与预期值之间可接受的差异额

C. 通过执行审计工作对财务报表发表审计意见

D. 运用审计抽样实施细节测试时，确定可容忍错报

5. 下列关于能够导致交易、账户余额及其相关认定存在重大错报风险的说法中，正确的有（ ）。

A. 技术进步可能导致某项产品陈旧，进而导致存货易于发生高估错报（计价认定）

B. 对高价值的、易转移的存货缺乏实物安全控制，可能导致存货的存在性认定出错

C. 管理层缺乏诚信、治理层形同虚设，可能导致多项认定存在重大错报

D. 会计计量过程受重大计量不确定性影响，可能导致相关项目的准确性认定出错

6. 在确定实际执行的重要性时，下列各项因素中，注册会计师认为应当考虑的有（ ）。

A. 财务报表整体的重要性

B. 前期审计工作中识别出的错报的性质和范围

C. 实施风险评估程序的结果

D. 被审计单位管理层和治理层的期望值

7. 如果注册会计师在审计过程中调低了最初确定的财务报表整体的重要性，下列各项中，正确的有（ ）。

A. 注册会计师应当调高可接受的检查

风险

B. 注册会计师应当确定是否有必要修改实际执行的重要性

C. 注册会计师应当确定进一步审计程序的性质、时间安排和范围是否仍然适当

D. 注册会计师在评估未更正错报对财务报表的影响时应当使用调整后的财务报表整体的重要性

8. 在注册会计师完成审计业务前，被审计单位提出将审计业务变更为保证程度较低的业务。下列各项变更理由中，注册会计师通常认为合理的有（　　）。

A. 环境变化对审计服务的需求产生影响

B. 对原来要求的审计业务的性质存在误解

C. 管理层对审计范围施加限制

D. 由于超出被审计单位控制的情形导致审计范围受到限制

9. 注册会计师常常根据被审计单位的情况选择恰当的基准。下列情形中，选择的基准恰当的有（　　）。

A. 对于公益性质的基金会的被审计单位，则以捐赠收入总额为基准

B. 对于国际企业集团设立的研发中心，主要为集团下属各企业提供研发服务，并以成本加成的方式向相关企业收取费用的被审计单位，则以净资产为基准

C. 对于开放式基金，致力于优化投资组合、提高基金净值的被审计单位，则以总资产为基准

D. 对于处于新兴行业，目前侧重于抢占市场份额、扩大企业知名度和影响力的被审计单位，则以营业收入为基准

10. 下列情形中，注册会计师通常考虑采用较高的百分比来确定实际执行的重要性的有（　　）。

A. 首次接受委托执行审计

B. 以前年度审计调整较少

C. 本年被审计单位面临较大的市场竞争压力

D. 预期本年被审计单位存在值得关注的内部控制缺陷

三、简答题

1. A注册会计师负责对常年审计客户甲公司2017年度财务报表进行审计，撰写了总体审计策略和具体审计计划，部分内容摘录如下：

（1）初步了解2017年度甲公司及其环境未发生重大变化，拟信赖以往审计中对管理层、治理层诚信形成的判断。

（2）因对甲公司内部审计人员的客观性和专业胜任能力存有疑虑，拟不利用内部审计的工作。

（3）如对计划的重要性水平作出修正，拟通过修改计划实施的实质性程序的性质、时间和范围降低重大错报风险。

（4）假定甲公司在收入确认方面存在舞弊风险，拟将销售交易及其认定的重大错报风险评估为高水平，不再了解和评估相关控制设计的合理性并确定其是否已得到执行，直接实施细节测试。

（5）因甲公司于2017年9月关闭某地办事处并注销其银行账户，拟不再函证该银行账户。

（6）因审计工作时间安排紧张，拟不函证应收账款，直接实施替代审计程序。

（7）2017年度甲公司购入股票作为可供出售的金融资产核算。除实施询问程序外，预期无法获取有关管理层持有意图的其他充分、适当的审计证据，拟就询问结果获取管理层书面声明。

要求：

针对上述事项（1）至（7），逐项指出A注册会计师拟定的计划是否存在不当之处。如有不当之处，简要说明理由。

2. 审计人员受委托对W有限公司20×8年12月的财务报表进行审计。

（1）公司会计报表显示，20×8年全年实现利润800万元，资产总额4 000万元。

（2）审计人员在审查和阅读该公司会计报表时，发现下列问题：

①该公司10月份虚报冒领工资1 900元，被会计人员占为己有。

②11月15日收到业务咨询费3 900元，列入小金库。

③资产负债表中的存货低估16万元，原因尚待查明。

上述问题尚未调整。

要求：

（1）根据上述问题，作出重要性的初步判断，即计算财务报表层次的重要性水平，

并简要说明理由。（假定资产为基准的百分比为0.5%，利润为基准的百分比为5%）

（2）分别说明上述发现的三个问题是否重要，并简单解释注册会计师的处理建议。

答案及解析

一、单项选择题

1.【答案】B

【解析】审计业务约定书不需要约定具体执行过程中的具体审计程序的相关事项，选项B不正确。

2.【答案】D

【解析】在连续审计业务中，可能导致修改或需要提醒被审计单位注意业务约定条款的是：（1）有迹象表明被审计单位误解审计目标和范围；（2）需要修改约定条款或者增加特别条款；（3）被审计单位高级管理人员近期发生变动；（4）被审计单位所有权发生重大变化；（5）被审计单位业务的性质或规模发生重大变化；（6）法律法规的规定发生变化；（7）编制财务报表采用的会计准则和相关会计制度发生变更；（8）其他报告要求发生变化。

3.【答案】A

【解析】确定审计程序的性质、时间安排和范围是具体审计计划的核心，选项B、C、D均属于具体审计计划中的内容。选项A属于总体审计策略的内容。

4.【答案】D

【解析】基准的重大错报风险不属于注册会计师在选取基准时需要考虑的因素，所以选项A错误；注册会计师可能选取经常性业务的税前利润作为基准，所以选项B错误。根据被审计单位的经营情况的变化，重要性水平的基准可以根据实际来变化，并不是一成不变的，所以选项C错误。

5.【答案】B

【解析】在选择基准时，需要考虑的因素包括：（1）财务报表要素；（2）是否存在特定会计主体的财务报表使用者特别关注的项目；（3）被审计单位的性质、所处的生命周期阶段以及所处行业和经济环境；（4）被审计单位的所有权结构和融资方式；（5）基准的相对波动性。以前年度审计调整的金额并不影响基准的确定。

6.【答案】C

【解析】查阅前任注册会计师的审计工作底稿是在接受委托后才会涉及的，初步业务活动的目的是确定是否接受委托，因此该环节不涉及查阅前任注册会计师审计工作底稿的情况。

7.【答案】D

【解析】选项A、C正确，为教材原文。选项B正确，如果一项错报单独或连同其他错报可能影响财务报表使用者依据财务报表作出的经济决策，则该项错报是重大的。选项D不正确，注册会计师在制定总体审计策略时应当确定财务报表整体重要性水平。

8.【答案】D

【解析】本题考核重要性水平的目的。注册会计师使用整体重要性水平（将财务报表作为整体）的目的有：决定风险评估程序的性质、时间和范围；识别和评估重大错报风险；确定进一步审计程序的性质、时间和范围。所以选项A、B、C均为正确答案，选项D不是使用重要性水平的目的。

9.【答案】D

【解析】实际执行的重要性是指注册会计师确定的低于财务报表整体重要性的一个或多个金额，旨在将未更正和未发现错报的汇总数超过财务报表整体的重要性的可能性降至适当的低水平。如果适用，实际执行的重要性还指注册会计师确定的低于特定类别的交易，账户余额或披露的重要性水平的一个或多个金额。

10.【答案】C

【解析】不重大错报不等于明显微小错报，错报是由错误或舞弊造成的，推断错报是注册会计师对总体存在的错报作出的最佳估计数，涉及根据在审计样本中识别出的错报来推断总体的错报。

11.【答案】D

【解析】除非法律法规禁止，注册会计师应当及时将审计过程中累积的所有错报与适当层级的管理层进行沟通。注册会计师还应当要求管理层更正这些错报。

二、多项选择题

1.【答案】ABD

【解析】考虑是否具备执行业务所必要的素质是作出接受或保持客户关系之前要做的事项。如果决定接受或保持客户关系和具体业务，会计师事务所应当与客户就相关问题达成一致理解，并形成书面业务约定书，将对业务的性质、范围和局限性产生的误解的风险降至最低。

2.【答案】ABC

【解析】选项D不正确，如果管理层不认可其责任，不能承接该业务。

3.【答案】BCD

【解析】审计计划包括总体审计策略和具体审计计划。虽然制定总体审计策略的过程通常在具体审计计划之前，但是两项计划具有内在紧密联系，对其中一项的决定可能会影响甚至改变另外一项的决定，所以选项A正确，选项B错误。具体审计计划的核心是确定审计程序的性质、时间安排和范围的决策，所以选项C错误。在实务中，如果对某类交易、账户余额或披露已经作出计划，则可以安排先行开展工作，与此同时再制定其他交易、账户余额和披露的进一步审计程序，所以选项D错误。

4.【答案】AC

【解析】选项B、D属于实际执行重要性水平的应用。

5.【答案】ABCD

【解析】四个选项的说法全部合理。

6.【答案】ABC

【解析】确定实际执行的重要性并非简单机械的计算，需要注册会计师运用职业判断，并考虑下列因素的影响：（1）对被审计单位的了解（这些了解在实施风险评估程序的过程中得到更新）；（2）前期审计工作中识别出的错报的性质和范围；（3）根据前期识别出的错报对本期错报作出的预期。

7.【答案】BCD

【解析】如果注册会计师在审计过程中调低了最初确定的财务报表整体的重要性，那么评估的重大错报风险上升，在审计风险模型中重大错报风险与可接受检查风险呈反向变动关系，注册会计师应当调低可接受的检查风险。

8.【答案】AB

【解析】变更审计业务的合理理由包括：（1）环境变化对审计服务的需求产生影响；（2）对原来要求的审计业务的性质存在误解。选项C、D，无论是管理层施加的还是其他情况引起的审计范围受到限制，均为非合理理由。

9.【答案】AD

【解析】选项B不恰当，对于国际企业集团设立的研发中心，主要为集团下属各企业提供研发服务，并以成本加成的方式向相关企业收取费用的被审计单位，则以成本与营业费用总额为基准。选项C不恰当，对于开放式基金，致力于优化投资组合、提高基金净值的被审计单位，则以净资产为基准。

10.【答案】B

【解析】如果存在下列情况，注册会计师可能考虑选择较高的百分比来确定实际执行的重要性：（1）连续审计项目，以前年度审计调整较少；（2）项目总体风险为低到中等，例如，处于非高风险行业、管理层有足够能力、面临较低的市场竞争压力和业绩压力等；（3）以前期间的审计经验表明内部控制运行有效。

三、简答题

1.【答案】

事项（1）不适当。A注册会计师不应依赖以往审计对管理层、治理层诚信形成的判断。

【解析】注册会计师不能仅仅根据被审计单位及其环境没有发生重大变化而直接信赖管理层、治理层的诚信，注册会计师还应该考虑被审计单位相关的战略、目标等的影响以及本年度的具体情况来考虑管理层、治理层的诚信问题。（结合教材第二十一章第三节）

事项（2）适当。（结合教材第十五章第一节利用内部审计工作）

事项（3）不适当。重大错报风险是客观存在的，不可以通过修改计划实施的实质性程序的性质、时间和范围给予降低。

【解析】重大错报风险是客观存在的，并不能够降低，可以通过控制测试，降低评估的重大错报风险；通过修改计划实施的实质

性程序的性质、时间和范围降低检查风险，并不是重大错报风险。(结合教材第一章第五节审计风险)

事项（4）不适当。对于舞弊导致的财务报表重大错报风险，A注册会计师应评价甲公司相关控制的设计情况，并确定是否得到执行。

【解析】对内部控制的了解是必须的，并不是可选择，判断收入确认方面存在舞弊风险，可以不执行控制测试，但是了解内部控制程序是必须的，可以在了解内部控制程序后，根据评估的结果，直接执行细节测试。

【提示】了解内部控制——初步评价（设计、执行）——控制测试（执行的有效性）。(结合教材第七章第四节)

事项（5）不适当。A注册会计师应对所有银行存款账户（包含本期内注销的账户）实施函证。

【解析】注册会计师对银行存款的函证，应当选择在财务报表涵盖期间所有存过款的银行，包括零账户和账户已结清的账户。不能由于账户已经注销，就不进行银行存款函证。(结合教材第十二章第四节)

事项（6）不适当。A注册会计师应对应收账款实施函证程序，除非有充分证据表明应收账款对财务报表不重要，或函证很可能无效。

【解析】除非有充分证据表明应收账款对财务报表而言是不重要的，或函证很可能是无效的，否则注册会计师应当对应收账款实施函证。注册会计师不能够由于时间、成本等原因，减少必要的审计程序。(结合教材第九章第五节)

事项（7）适当。

2.【答案】

（1）财务报表层次的重要性水平。

根据资产负债表计算的重要性水平 $= 4\ 000 \times 0.5\% = 20$（万元）

根据利润表计算的重要性水平 $= 800 \times 5\% = 40$（万元）

根据稳健性原则，财务报表层次的重要性水平确定为20万元。

（2）问题①、②涉及违反会计准则与会计制度的问题，性质严重，尽管金额不大，但属于重大错报；问题③，存货低估16万元，达到财务报表层次重要性水平的80%，超过了存货的可容忍误差，属于存货项目的重大错报。

因所发现问题的性质重要或金额重大，因此，应当在审计实施过程中实施追加审计程序，或提请被审计单位调整会计报表，并基于相关调整结果考虑对审计意见的影响。

第三章 审计证据

本章考情分析

本章为重点章，属于审计基本理论与方法。本章涉及中国注册会计师审计准则——审计证据、函证、分析程序。按照考试大纲的要求，函证属于第三能力等级内容。考点主要围绕审计证据的特性、获取审计证据的审计程序、函证、分析程序等内容，考生应予以关注。近年本章试题所占区间 4 分至 6 分，题型会涉及客观题和简答题。

要求考生：

1. 掌握审计证据特性。
2. 掌握取证方法。
3. 掌握函证及其应用。
4. 掌握分析程序及其应用。

本章教材变化

本章内容无变化。

基本内容框架

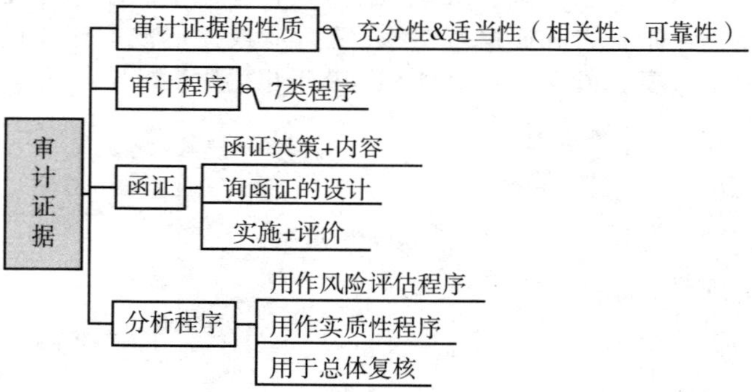

通关重难点例题解析

第一节 审计证据的性质

一、审计证据的含义（第二能力等级）

（一）会计记录中含有的信息

会计记录主要包括原始凭证、记账凭证、总分类账和明细分类账、未在记账凭证中反映的对财务报表的其他调整，以及支持成本分配、计算、调节和披露的手工计算表和电子数据表。

（二）其他信息

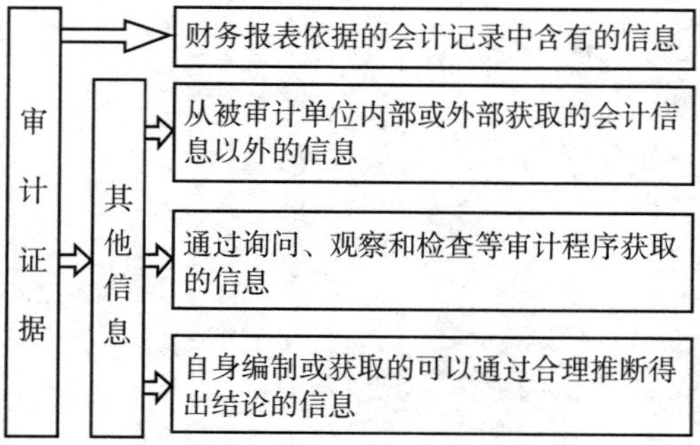

【例题 1 · 单选题】（2014 年试题）

下列有关审计证据的说法中，错误的是（　　）。

A. 审计证据包括会计师事务所接受与保持客户或业务时实施质量控制程序获取的信息

B. 审计证据包括从公开渠道获取的与管理层认定相矛盾的信息

C. 审计证据包括被审计单位聘请的专家编制的信息

D. 信息的缺乏本身不构成审计证据

【答案】D

【解析】信息的缺乏从一定程度上可以说明被审计单位存在的问题，如内部控制运行的无效性，构成审计证据。

二、审计证据的特性——充分性和适当性（第二能力等级）

（一）充分性

审计证据的充分性是对审计证据数量的衡量，主要与注册会计师确定的样本量有关。

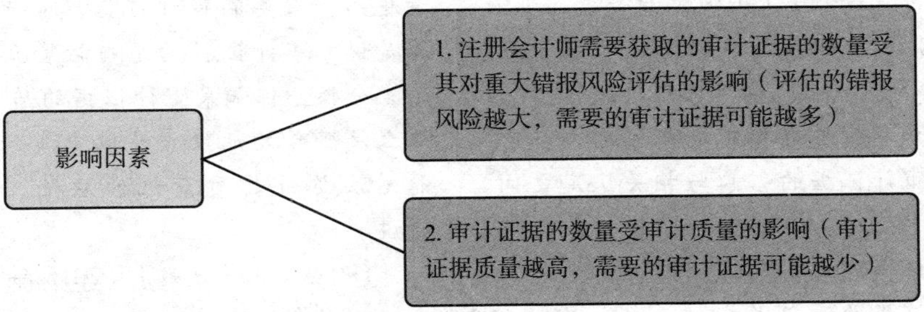

【提示】注册会计师仅靠获取更多的审计证据可能无法弥补其质量上的缺陷。

【例题 2 · 单选题】（2015 年试题）

下列有关审计证据充分性的说法中，错误的是（　　）。

A. 初步评估的控制风险越低，需要通过控制测试获取的审计证据可能越少

B. 计划从实质性程序中获取的保证程度越高，需要的审计证据可能越多

C. 评估的重大错报风险越高，需要的审计证据可能越多

D. 审计证据质量越高，需要的审计证据可能越少

【答案】A

【解析】评估的控制风险越低，说明预期信赖内部控制，则通过实施控制测试获取的审计证据可能越多。

（二）适当性

1. 相关性

相关性——指用作审计证据的信息与审计程序的目的和所考虑的相关认定之间的逻辑联系。

（1）特定的审计程序可能只为某些认定提供相关的审计证据，而与其他认定无关。有关某一特定认定的审计证据，不能替代与其他认定相关的审计证据。不同来源或不同性质的审计证据可能与同一认定相关。

（2）控制测试旨在评价内部控制在防止或发现并纠正认定层次重大错报方面的运行有效性。

（3）实质性程序旨在发现认层次重大错报，包括细节测试和实质性分析程序。

【例题 3 · 单选题】（2018 年试题）

下列有关审计证据适当性的说法中，错误的是（　　）。

A. 审计证据的适当性不受审计证据充分性的影响

B. 审计证据的适当性包括相关性和可靠性

C. 审计证据的适当性影响审计证据的充分性

D. 审计证据的适当性是对审计证据的质量和数量的衡量

【答案】D

【解析】审计证据的适当性是对审计证据质量的衡量，审计证据的充分性是对审计证据数量的衡量。

2. 可靠性

（1）从外部独立来源获取的比从其他来

源获取的审计证据更可靠。

（2）内部控制有效时内部生成的比内部控制薄弱时内部生成的审计证据更可靠。

（3）直接获取的比间接获取的或推论得出的审计证据更可靠。

（4）以文件、记录形式（无论是纸质、电子或其他介质）存在的比口头形式的审计证据更可靠。

（5）从原件获取的比从传真件或复印件获取的审计证据更可靠。

【例题4·单选题】（2019年试题）

下列各项中，不影响审计证据可靠性的是（　　）。

A. 被审计单位内部控制是否有效

B. 用作审计证据的信息与相关认定之间的关系

C. 审计证据的来源

D. 审计证据的存在形式

【答案】B

【解析】用作审计证据的信息与相关认定之间的关系，是指审计证据的相关性，不影响可靠性。

（三）充分性和适当性的关系

审计证据的数量受质量的影响，审计证据的质量越高，需要的审计证据数量可能越少，也就是说，审计证据的适当性会影响审计证据的充分性。

尽管审计证据的充分性和适当性相关，但如果审计证据的质量存在缺陷，那么注册会计师仅靠获取更多的审计证据可能无法弥补其质量上的缺陷。

（四）评价充分性和适当性时的特殊考虑

特殊考虑	（1）对文件记录可靠性的考虑
	（2）使用被审计单位生成信息时的考虑
	（3）证据相互矛盾时的考虑
	（4）获取审计证据时对成本的考虑

【例题5·单选题】（2019年试题考生回忆版）

下列有关审计证据的充分性和适当性的说法中，错误的是（　　）。

A. 只有充分且适当的审计证据才有证明力

B. 审计证据的充分性和适当性分别是对审计证据数量和质量的衡量

C. 审计证据的充分性会影响审计证据的适当性

D. 审计证据的适当性会影响审计证据的充分性

【答案】C

【解析】注册会计师需要获取的审计证据的数量受审计证据质量的影响。审计证据质量越高，需要的审计证据数量可能越少。也就是说，审计证据的适当性会影响审计证据的充分性。但如果审计证据的质量存在缺陷，那么注册会计师仅靠获取更多的审计证据可能无法弥补其质量上的缺陷。因此选项C错误。

【例题6·单选题】（2015年试题）

下列有关审计证据的说法中，正确的是（　　）。

A. 外部证据与内部证据矛盾时，注册会计师应当采用外部证据

B. 审计证据不包括会计师事务所接受与保持客户或业务时实施质量控制程序获取的信息

C. 注册会计师无须鉴定作为审计证据的文件记录的真伪

D. 注册会计师可以考虑获取审计证据的成本与所获取的信息的有用性之间的关系

【答案】D

【解析】选项A，产生矛盾时，首先应查明原因，之后再确定采用哪个审计证据。选项B，审计证据包括会计师事务所接受与保持客户或业务时实施质量控制程序获取的信息。选项C，审计工作通常不涉及鉴定文件记录的真伪，注册会计师也不是鉴定文件记录真伪的专家，但应当考虑用作审计证据的信息的可靠性。

第二节　获取审计证据的审计程序

一、审计程序的作用（第一能力等级）

二、审计程序的种类（第一能力等级）

种类	含义
1. 检查	（1）对被审计单位内部或外部生成的，以纸质、电子或其他介质形式存在的记录和文件进行审查； （2）对资产进行实物审查
2. 观察	察看相关人员正在从事的活动或实施的程序
3. 询问	以书面或口头方式，向被审计单位内部或外部的知情人员获取财务信息和非财务信息，并对答复进行评价的过程
4. 函证	直接从第三方（被询证者）获取书面答复以作为审计证据的过程，书面答复可以采用纸质、电子或其他介质等形式
5. 重新计算	对记录或文件中的数据计算的准确性进行核对，可通过手工方式或电子方式进行
6. 重新执行	独立执行原本作为被审计单位内部控制组成部分的程序或控制
7. 分析程序	注册会计师通过分析不同财务数据之间以及财务数据与非财务数据之间的内在关系，对财务信息作出评价。分析程序还包括在必要时对识别出的、与其他信息不一致或与预期值差异重大的波动或关系进行调查

【提示】检查、观察、询问可以用在控制测试和实质性程序中，重新执行一般用在控制测试中，而函证、分析程序和重新计算通常运用在实质性程序中。

【例题7·单选题】（2019年试题）

下列审计程序中，不适用于细节测试的是（　　）。

A. 函证

B. 检查

C. 询问

D. 重新执行

【答案】D

【解析】重新执行适用于控制测试。

【例题8·单选题】（2018年试题）

下列有关询问程序的说法中，错误的是（　　）。

A. 询问适用于风险评估、控制测试和实质性程序

B. 询问可以以口头或书面方式进行

C. 注册会计师应当就管理层对询问作出的口头答复获取书面声明

D. 询问是指注册会计师向被审计单位内部或外部的知情人员获取财务信息和非财务信息，并对答复进行评价的过程

【答案】C

【解析】针对某些事项，注册会计师可能认为有必要向管理层和治理层（如适用）获取书面声明，以证实对口头询问的答复。

【提示】获取审计证据的审计程序：

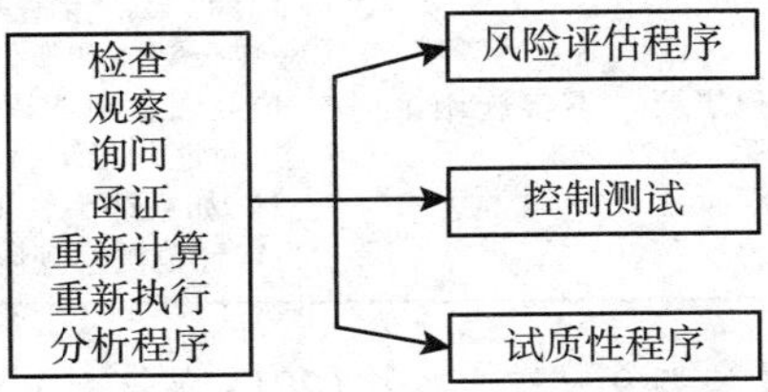

第三节　函证

一、函证决策（第三能力等级）

（一）评估的认定层次重大错报风险

（二）函证程序所审计的认定

（三）实施除函证以外的其他审计程序

（四）考虑相关因素以确定是否选择函证程序作为实质性程序

1. 被询证者对函证事项的了解	如果被询证者对所函证的信息具有必要的了解，其提供的回复可靠性更高
2. 预期被询证者回复询证函的能力或意愿	在下列情况下，被询证者可能不会回复，也可能只是随意回复或可能试图限制对其回复的依赖程度： （1）被询证者可能不愿承担回复询证函的责任； （2）被询证者可能认为回复询证函成本太高或消耗太多时间； （3）被询证者可能对因回复询证函而可能承担的法律责任有所担心； （4）被询证者可能以不同币种核算交易； （5）回复询证函不是被询证者日常经营的重要部分
3. 预期被询证者的客观性	如果被询证者是被审计单位的关联方，则其回复的可靠性会降低

二、函证的内容（第三能力等级）

内容	要求
1. 银行存款、借款及与金融机构往来的其他重要信息（结合教材第十二章第五节）	注册会计师应当对银行存款（包括零余额账户和在本期内注销的账户）、借款及与金融机构往来的其他重要信息实施函证程序，除非有充分证据表明某一银行存款、借款及与金融机构往来的其他重要信息对财务报表不重要且与之相关的重大错报风险很低
2. 应收账款（结合教材第九章第五节）	注册会计师应当对应收账款实施函证程序，除非有充分证据表明应收账款对财务报表不重要，或函证很可能无效。如果认为函证很可能无效，注册会计师应当实施替代审计程序，获取相关、可靠的审计证据
3. 函证的其他内容	交易性金融资产；应收票据；其他应收款；预付账款；由其他单位代为保管、加工或销售的存货；长期股权投资；应付账款；预收账款；保证、抵押或质押；或有事项；重大或异常的交易
4. 函证范围	选取的特定项目： （1）金额较大的项目； （2）账龄较长的项目； （3）交易频繁但期末余额较小的项目； （4）重大关联方交易； （5）重大或异常的交易； （6）可能存在争议以及产生重大舞弊或错误的交易
5. 函证时间	注册会计师通常以资产负债表日为截止日，在资产负债表日后适当时间内实施函证，如果重大错报风险评估为低水平，注册会计师可选择资产负债表日前适当日期为截止日实施函证，并对所函证项目自该截止日起至资产负债表日止发生的变动实施实质性程序
6. 管理层要求不实施函证时的处理	（1）如果认为管理层的要求合理，注册会计师应当实施替代审计程序，以获取与这些账户余额或其他信息相关的充分、适当的审计证据。 （应收账款函证替代审计程序——结合教材第九章第五节） （应付账款函证替代审计程序——结合教材第十章第五节） （2）如果认为管理层的要求不合理，且被其阻挠而无法实施函证，注册会计师应当视为审计范围受到限制，并考虑对审计报告可能产生的影响

【例题9·单选题】（2013年试题）

下列有提示注册会计师是否实施应收账款函证程序的说法中，正确的是（　　）。

A. 对上市公司财务报表执行审计时，注册会计师应当实施应收账款函证程序

B. 对小型企业财务报表执行审计时，注册会计师可以不实施应收账款函证程序

C. 如果有充分证据表明函证很可能无效，注册会计师可以不实施应收账款函证程序

D. 如果在收入确认方面不存在由于舞弊导致的重大错报风险，注册会计师可以不实施应收账款函证程序

【答案】C

【解析】注册会计师应当对应收账款实施函证程序，除非有充分证据表明应收账款对财务报表不重要，或函证很可能无效。

三、询证函的设计（第三能力等级）

（一）询证函设计的总体要求

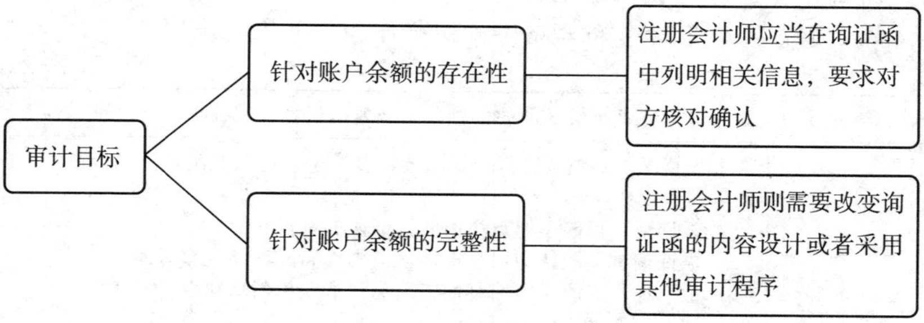

（二）设计询证函需要考虑的因素

1. 函证的方式：积极式函证和消极式函证。

2. 以往审计或类似业务的经验。

3. 拟函证信息的性质。

4. 选择被询证者的适当性。

5. 被询证者易于回函的信息类型。

（三）积极与消极的函证方式

1. 积极的函证方式。

（1）如果采用积极的函证方式，注册会计师应当要求被询证者在所有情况下必须回函，确认询证函所列示信息是否正确，或填列询证函要求的信息。

（2）积极的函证方式分为两种。

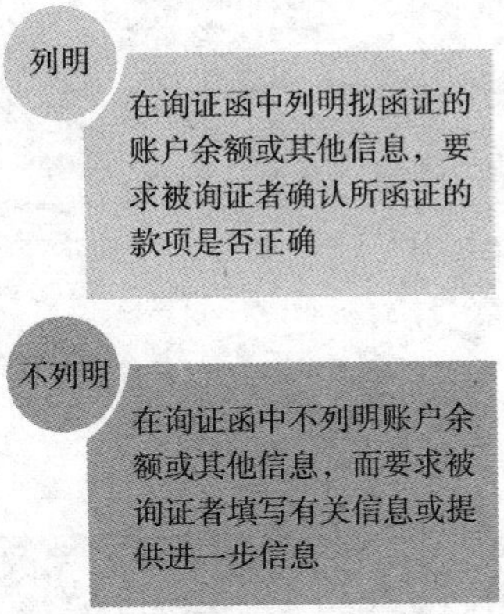

（结合教材第九章第五节）

（3）在采用积极的函证方式时，只有注册会计师收到回函，才能为财务报表认定提供审计证据。

2. 消极的函证方式。

（1）如果采用消极的函证方式，注册会计师只要求被询证者仅在不同意询证函列示信息的情况下才予以回函。

（2）未收到消极式询证函的回函提供的审计证据，远不如积极询证函的回函提供的审计证据有说服力。

（3）当同时存在下列情况时，注册会计师可考虑采用消极的函证方式：

四、函证的实施与评价（第三能力等级）

（一）对函证过程的控制

1. 函证发出前的控制措施。

询证函经被审计单位盖章后，应当由注册会计师直接发出。

【提示】应注意的可能事项：

（1）询证函中填列的需要被询证者确认的信息是否与被审计单位账簿中的有关记录保持一致；

（2）考虑选择的被询证者是否适当，包括被询证者对被函证信息是否知情、是否具有客观性、是否拥有回函的授权等；

（3）是否已在询证函中正确填列被询证者直接向注册会计师回函的地址；

（4）是否已将被询证者的名称、地址与被审计单位有关记录进行核对，以确保询证函中的名称、地址等内容的准确性。

可以执行的程序包括但不限于：

①通过拨打公共查询电话核实被询证者的名称和地址；

②通过被询证者的网站或其他公开网站核对被询证者的名称和地址；

③将被询证者的名称和地址信息与被审计单位持有的相关合同等文件核对；

④对于供应商或客户，可以将被询证者的名称、地址与被审计单位收到或开具的增值税专用发票中的对方单位名称、地址进行核对。

2. 通过不同方式发出询证函时的控制措施。

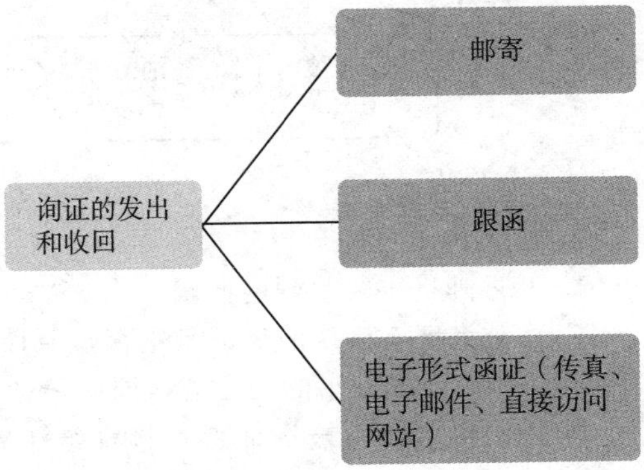

（1）通过邮寄方式发出询证函时采取的控制措施	为避免询证函被拦截、篡改等舞弊风险，在邮寄询证函时，注册会计师可以在核实由被审计单位提供的被询证者的联系方式后，不使用被审计单位本身的邮寄设施，而是独立寄发询证函（例如，直接在邮局投递）
（2）通过跟函的方式发出询证函时采取的控制措施	①如果注册会计师认为跟函的方式（即注册会计师独自或在被审计单位员工的陪伴下亲自将询证函送至被询证者，在被询证者核对并确认回函后，亲自将回函带回的方式）能够获取可靠信息，可以采取该方式发送并收回询证函；②如果被询证者同意注册会计师独自前往被询证者执行函证程序，注册会计师可以独自前往；③如果注册会计师跟函时需有被审计单位员工陪伴，注册会计师需要在整个过程中保持对询证函的控制，同时，对被审计单位和被询证者之间串通舞弊的风险保持警觉

（二）积极式函证未收到回函时的处理

如果采用积极的函证方式实施函证而未能收到回函 → ①注册会计师应当考虑与被询证者联系，要求对方作出回应或再次寄发询证函 → ②如果未能得到被询证者的回应，注册会计师应当实施替代审计程序

（三）评价函证的可靠性

在评价函证的可靠性时，注册会计师应当考虑：

- 其一：对询证函的设计、发出及收回的控制情况
- 其二：被询证者的胜任能力、独立性、授权回函情况、对函证项目的了解及其客观性
- 其三：被审计单位施加的限制或回函中的限制

实施程序：

1. 通过邮寄方式收到的回函。

（1）被询证者确认的询证函是否是原件，是否与注册会计师发出的询证函是同一份；

（2）回函是否由被询证者直接寄给注册会计师；

（3）寄给注册会计师的回邮信封或快递信封中记录的发件方名称、地址是否与询证函中记载的被询证者名称、地址一致；

（4）回邮信封上寄出方的邮戳显示发出城市或地区是否与被询证者的地址一致；

（5）被询证者加盖在询证函上的印章以及签名中显示的被询证者名称是否与询证函中记载的被询证者名称一致。

【提示】如果被询证者将回函寄至被审计单位，被审计单位将其转交注册会计师，该回函不能视为可靠的审计证据。在这种情况下，注册会计师可以要求被询证者直接书面回复。

2. 通过跟函方式收到的回函。

（1）了解被询证者处理函证的通常流程和处理人员；

（2）确认处理询证函人员的身份和处理询证函的权限，如索要名片、观察员工卡或姓名牌等；

（3）观察处理询证函的人员是否按照处理函证的正常流程认真处理询证函，例如，该人员是否在其计算机系统或相关记录中核对相关信息。

3. 以电子形式收到的回函。

（1）注册会计师和回函者采用一定的程序为电子形式的回函创造安全环境，可以降

低该风险。如果注册会计师确信这种程序安全并得到适当控制，则会提高相关回函的可靠性；

(2) 电子函证程序涉及多种确认发件人身份的技术，如加密技术、电子数码签名技术、网页真实性认证程序；

(3) 当注册会计师存有疑虑时，可以与被询证者联系以核实回函的来源及内容。

【提示】当被询证者通过电子邮件回函时，注册会计师可以通过电话联系被询证者，确定被询证者是否发送了回函。必要时，注册会计师可以要求被询证者提供回函原件。

4. 对询证函的口头回复。

【提示】无论是采用纸质还是电子介质，被询证者的回函中都可能包括免责或其他限制条款。

其一：对回函可靠性不产生影响的条款：

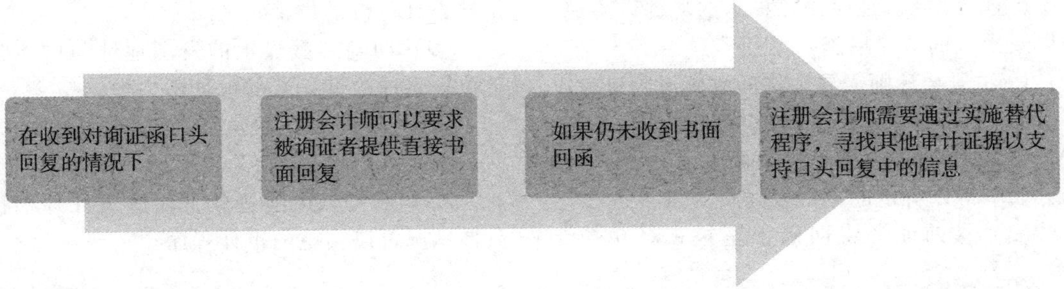

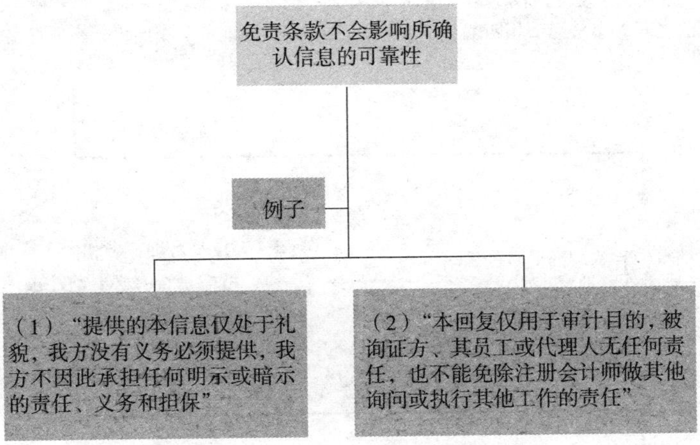

其二：对回函可靠性产生影响的限制条款：

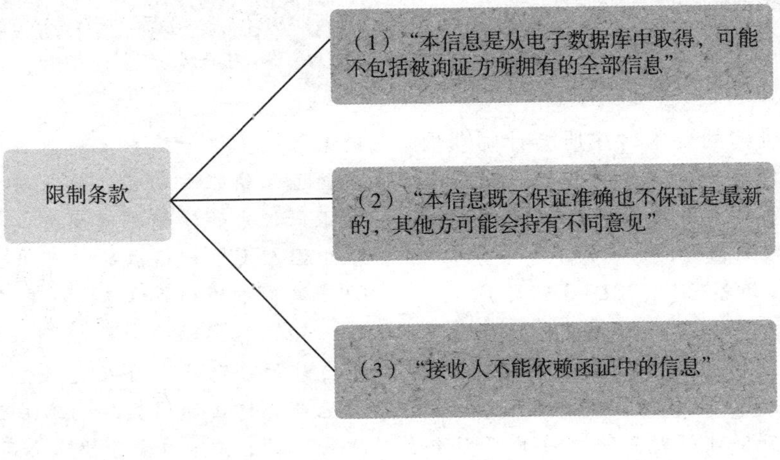

如果限制条款使注册会计师将回函作为可靠审计证据的程度受到了限制，则注册会计师可能需要执行额外的或替代审计程序。

（四）对不符事项的处理

1. 不符事项可以为注册会计师判断来自类似的被询证者回函的质量及类似账户回函质量提供依据。

2. 不符事项还可能显示被审计单位与财务报告相关的内部控制存在缺陷。

3. 某些不符事项并不表明存在错报。

（五）实施函证时需要提示的舞弊风险迹象以及采取的应对措施

1. 注册会计师需要关注的舞弊风险迹象。

（1）管理层不允许寄发询证函；

（2）管理层试图拦截、篡改询证函或回函，如坚持以特定的方式发送询证函；

（3）被询证者将回函寄至被审计单位，被审计单位将其转交注册会计师；

（4）注册会计师跟进访问被询证者，发现回函信息与被询证者记录不一致；

（5）从私人电子信箱发送的回函；

（6）收到同一日期发回的、相同笔迹的多分回函；

（7）位于不同地址的多家被询证者的回函邮戳显示的发函地址相同；

（8）收到不同被询证者用快递寄回的回函，但快递的交寄人或发件人是同一个人或是被审计单位的员工；

（9）回函邮戳显示的发函地址与被审计单位记录的被询证者的地址不一致；

（10）不正常的回函率；

（11）被询证者缺乏独立性。

2. 针对舞弊风险迹象，注册会计师根据具体情况可以实施的审计程序。

（1）验证被询证者是否存在、是否与被审计单位之间缺乏独立性，其业务性质和规模是否与被询证者和被审计单位之间的交易记录相匹配

（2）将与从其他来源得到的被询证者的地址（如与被审计单位签订的合同上签署的地址、网络上查询到的地址）相比较，验证寄出方地址的有效性

（3）将被审计单位档案中有关被询证者的签名样本、公司公章与回函核对

（4）要求与被询证者相关人员直接沟通讨论询证事项，考虑是否有必要前往被询证者工作地点以验证其是否存在

（5）分别在中期和期末寄发询证，并使用被审计单位账面记录和其他相关信息核对相关账户的期间变动

（6）考虑从金融机构获得被审计单位的信用记录，加盖该金融机构公章，并与被审计单位会计记录相核对，以证实是否存在被审计单位没有记录的贷款、担保、开立银行承兑汇票、信用证、保函等事项

根据金融机构的要求，注册会计师获取信用记录时可以考虑由被审计单位人员陪同前往。在该过程中，注册会计师需要注意确认该信用记录没有被篡改。

【例题 10 · 简答题】（2019 年试题）

ABC 会计师事务所的 A 注册会计师负责审计甲公司 2018 年度财务报表。审计工作底稿中与函证相关的部分内容摘录如下：

（1）A 注册会计师对甲公司年内已注销的某人民币银行账户实施函证，银行表示无法就已注销账户回函。A 注册会计师检查了该银行账户的注销证明原件，并核对了亲自从中国人民银行获取的《已开立银行结算账户清单》中的相关信息，结果满意。

（2）在实施应收账款函证程序时，A 注册会计师将财务人员在发函信封上填写的客户地址与销售部门提供的客户清单中的地址进行核对后，亲自交予快递公司发出。

(3) 甲公司根据销售合同在发出商品时确认收入。客户乙公司回函确认金额小于函证金额，甲公司管理层解释系期末发出商品在途所致。A注册会计师检查了合同、出库单以及签收单等支持性文件，并与乙公司财务人员电话确认了相关信息，结果满意。

(4) A注册会计师对应收账款余额实施了函证程序，有15家客户未回函。A注册会计师对其中14家实施了替代程序，结果满意，对剩余1家的应收账款余额，因其小于明显微小错报的临界值，A注册会计师不再实施替代程序。

(5) 甲公司未对货到票未到的原材料进行暂估。A注册会计师从应付账款明细账中选取90%的供应商实施函证程序，要求供应商在询证函中填列余额信息。

要求：

针对上述第(1)至(5)项，逐项指出A注册会计师的做法是否恰当。如不恰当，简要说明理由。

【答案】

(1) 恰当。

(2) 不恰当。注册会计师可以考虑通过拨打公共查询电话核实被询证者的名称和地址等审计程序来确定客户地址是否真实，而非仅与被审计单位内部的销售部门的客户清单进行核对。被审计单位内部部门资料的核对无法提供充分、适当的审计证据。

(3) 恰当。

(4) 不恰当。注册会计师应对所有未回函客户实施替代程序。

(5) 不恰当。注册会计师应当获取完整的供应商清单并进行函证，不能仅依靠应付账款明细账。

【例题11·简答题】(2019年试题考生回忆版)

ABC会计师事务所的A注册会计师负责审计甲公司2018年度财务报表。审计工作底稿中与函证相关的部分内容如下：

(1) 甲公司2018年末存款余额最小的5个银行账户合计金额小于实际执行的重要性，A注册会计师认为这些银行存款余额对财务报表不重要，决定不对其实施函证程序，并在审计工作底稿中记录了理由。

(2) A注册会计师填制了应收账款询证函电子版，由甲公司财务人员核对信息、打印并加盖甲公司印章，由A注册会计师装函并寄发。

(3) 甲公司国内供应商丙公司的回函未加盖印章，A注册会计师与丙公司财务人员电话核实了回函信息，据此认可了回函结果，并在审计工作底稿中记录了电话沟通情况。

(4) 注册会计师在甲公司销售人员陪同下实地走访其他客户丁公司，并现场函证应收账款余额及本年销售额。在丁公司财务人员与甲公司销售人员对账并办理回函手续时，A注册会计师前往采购部门访谈了采购经理，结果满意。

要求：

针对上述第(1)至(4)项，逐项指出A注册会计师的做法是否恰当。如不恰当，简要说明理由。

【答案】

(1) 不恰当。注册会计师应当对银行存款（包括零余额账户和在本期内注销的账户）、借款及与金融机构往来的其他重要信息实施函证程序，除非有充分证据表明某一银行存款、借款及与金融机构往来的其他重要信息对财务报表不重要且与之相关的重大错报风险很低。

(2) 不恰当。注册会计师在装函前应当再次检查询证函内容。

(3) 不恰当。未加盖公章的询证函不应作为可靠的审计证据，且对询证函的口头回复不能作为可靠的审计证据，应要求被询证者重新回函。

(4) 不恰当。注册会计师应当对函证的全过程保持控制。

【例题12·简答题】(2015年试题)

ABC会计师事务所负责审计甲公司2014年度财务报表。审计项目组确定财务报表整体的重要性为100万元，明显微小错报的临界值为5万元。审计工作底稿中与函证程序相关的部分内容摘录如下：

(1) 审计项目组在寄发询证函前，将部分被询证方的名称、地址与甲公司持有的合同及发票中的对应信息进行了核对。

(2) 甲公司应付账款年末余额为550万元。审计项目组认为应付账款存在低估风险，选取了年末余额合计为480万元的2家主要供应商实施函证，未发现差异。

（3）审计项目组成员跟随甲公司出纳到乙银行实施函证。出纳到柜台办理相关事宜，审计项目组成员在等候区等候。

（4）客户丙公司年末应收账款余额100万元，回函金额90万元。因差异金额高于明显微小错报的临界值，审计项目组据此提出了审计调整建议。

（5）客户丁公司回函邮戳显示发函地址与甲公司提供的地址不一致。甲公司财务人员解释是由于丁公司有多处办公地址所致。审计项目组认为该解释合理，在审计工作底稿中记录了这一情况。

（6）客户戊公司为海外公司。审计项目组收到戊公司境内关联公司代为寄发的询证函回函，未发现差异，结果满意。

要求：

针对上述第（1）至（6）项，逐项指出审计项目组的做法是否恰当。如不恰当，简要说明理由。

【答案】

第（1）项恰当。

第（2）项不恰当。仅选取大金额主要供应商实施函证不能应对低估风险，还应选取小额或零余额账户。

第（3）项不恰当。审计项目组成员应当观察函证的处理过程，审计项目组成员需要在整个过程中保持对询证函的控制。

第（4）项不恰当。审计项目组应当调查不符事项，以确定是否表明存在错报。

第（5）项不恰当。审计项目组应当对该情况进行核实，口头解释证据不充分，还应实施其他审计程序，例如，直接与丁公司联系核实，前往丁公司办公地点进行验证。

第（6）项不恰当。未直接取得回函影响回函的可靠性，应取得戊公司直接寄发的询证函。

第四节 分析程序

一、分析程序的目的（第一能力等级）

1. 用作风险评估程序——了解被审计单位及其环境（必须实施）。

了解被审计单位及其环境并评估财务报表层次和认定层次的重大错报风险。

2. 用作实质性程序。

在针对评估的重大错报风险实施进一步审计程序时，注册会计师可以将分析程序作为实质性程序的一种，单独或结合其他细节测试，收集充分、适当的审计证据。

3. 用作总体复核（必须实施）。

二、用作风险评估程序（第二能力等级）

注册会计师在实施风险评估程序时，应当运用分析程序，以了解被审计单位及其环境并评估重大错报风险。

三、用作实质性程序（第二能力等级）

掌握运用步骤：

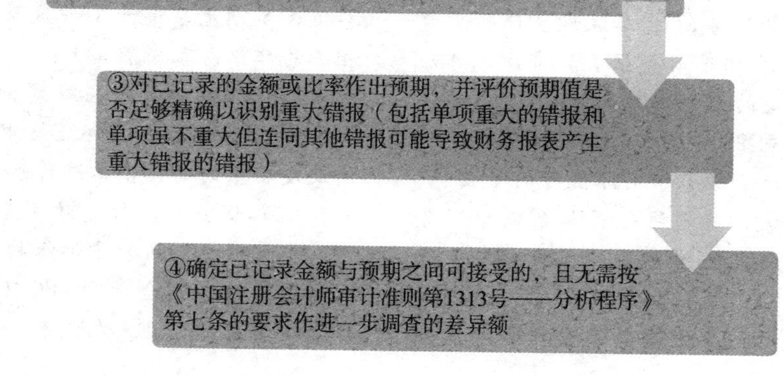

1. 确定实质性分析程序对特定认定的适用性。

(1) 实质性分析程序通常更适用于在一段时间内存在预期关系的大量交易，分析程序的运用建立在这种预期的基础上，即数据之间的关系存在且在没有反证的情况下继续存在。

(2) 某一分析程序的适用性，取决于注册会计师评价该分析程序在发现某一错报单独或连同其他错报可能引起财务报表存在重大错报时的有效性。

(3) 在某些情况下，不复杂的预测模型也可以用于实施有效的分析程序。

(4) 不同类型的分析程序提供不同程度的保证。

(5) 对特定实质性分析程序适用性的确定，受到认定的性质和注册会计师对重大错报风险评估的影响。

(6) 在针对同一认定实施细节测试时，特定的实质性分析程序也可能视为是适当的。

【例题 13·单选题】(2018 年试题)

下列有关用作风险评估程序的分析程序的说法中，错误的是（　　）。

A. 此类分析程序的主要目的在于发现财务报表存在重大错报风险的异常变化

B. 此类分析程序所使用的数据汇总性较强

C. 此类分析程序通常包括对账户余额、趋势和财务比率的变化分析

D. 此类分析程序通常不需要确定预期值

【答案】D

【解析】分析程序用于风险评估程序，应当确定预期值。选项 D 错误。

【例题 14·多选题】

在确定实质性分析程序对特定认定的适用性时，A 注册会计师通常考虑的因素有（　　）。

A. 在一段时期内是否存在可预期关系的大量交易

B. 评估的重大错报风险

C. 针对同一认定的细节测试

D. 数据之间是否存在稳定的可预期关系

【答案】ABCD

【解析】本题考核的是"分析程序"这个知识点。实质性分析程序通常更适用于在一段时间内存在可预期关系的大量交易；如果数据之间不存在稳定的可预期关系，则无法运用实质性分析程序。确定实质性分析程序对特定认定的适用性应考虑以下因素：(1) 实质性分析程序通常更适用于在一段时间内存在预期关系的大量交易，分析程序的运用建立在这种预期的基础上，即数据之间的关系存在且在没有反证的情况下继续存在；(2) 某一分析程序的适用性，取决于注册会计师评价该分析程序在发现某一错报单独或连同其他错报可能引起财务报表存在重大错报时的有效性；(3) 在某些情况下，不复杂的预测模型也可以用于实施有效的分析程序；(4) 不同类型的分析程序提供不同程度的保证；(5) 对特定实质性分析程序适用性的确定，受到认定的性质和注册会计师对重大错报风险评估的影响；(6) 在针对同一认定实施细节测试时，特定的实质性分析程序也可能视为是适当的。

2. 数据的可靠性

(1) 数据的来源：被审计单位的内部数据和外部数据。

(2) 数据可靠性的影响：数据的可靠性直接影响根据数据形成的预期值。

(3) 确定数据的可靠性是否能够满足实质性分析程序的需要时，下列因素是相关的：

①可获得信息的来源；

②可获得信息的可比性；

③可获得信息的性质和相关性；

④与信息编制相关的控制，用以确保信息完整、准确和有效。

【例题 15·多选题】

在确定实质性分析程序使用的数据的可靠性时，A 注册会计师通常考虑的因素有（　　）。

A. 可获得信息的来源

B. 可获得信息的可比性

C. 可获得信息是否经过审计

D. 与可获得信息相关的控制

【答案】ABCD

【解析】本题主要考核"实质性分析程序"知识点。在确定实质性分析程序使用的数据是否可靠时，注册会计师应当考虑下列因素：(1) 可获得信息的来源；(2) 可获得信息的可比性；(3) 可获得信息的性质和相关性；(4) 与信息编制相关的控制，与信息

编制相关的控制越有效，该信息越可靠。同时为了更全面地考虑数据的可靠性，当实施实质性分析程序时，如果使用被审计单位编制的信息，注册会计师应当考虑测试与信息编制相关的控制，以及这些信息是否在本期或前期经过审计。

3. 评价预期值的准确程度。

（1）预期值准确度的影响。

（2）评价作出预期的准确程度是否足以在计划的保证水平上识别重大错报时，注册会计师应当考虑的主要因素：

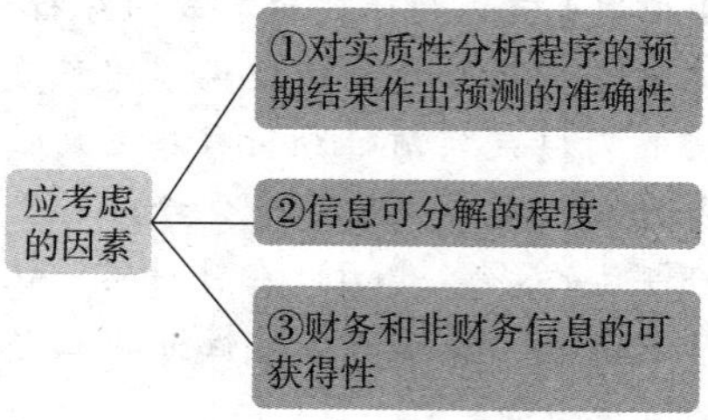

4. 已记录金额与预期值之间可接受的差异额。

（1）在设计和实施实质性分析程序时，注册会计师应当确定已记录金额与预期值之间可接受的差异额。

（2）注册会计师在确定已记录金额与预期值之间可接受的，且无须作进一步调查的差异额时，受重要性和计划的保证水平的影响。在确定该差异额时，注册会计师需要考虑一项错报单独或连同其他错报导致财务报表发生重大错报的可能性。为了获取具有说服力的审计证据，当评估的风险增加时，可接受的、无须作进一步调查的差异额将会减低。

（3）期中实施实质性程序。如果在期中实施实质性程序，并计划针对剩余期间实施实质性分析程序，注册会计师应当考虑实质性分析程序对特定认定的适用性、数据的可靠性、评价预期值的准确程度以及可接受的差异额，并评估这些因素如何影响针对剩余期间获取充分、适当的审计证据的能力。如果认为仅实施实质性分析程序不足以收集充分、适当的审计证据，注册会计师还应测试剩余期间相关控制运行的有效性或针对期末实施细节测试。

【例题16·单选题】（2019年试题）

下列有关实质性分析程序的说法中，错误的是（　　）。

A. 实质性分析程序达到的精确度低于细节测试

B. 实质性分析程序提供的审计证据是间接证据，因此无法对相关财务报表认定提供充分、适当的审计证据

C. 实质性分析程序并不适用于所有财务报表认定

D. 注册会计师可以对某些财务报表认定同时实施实质性分析程序和细节测试

【答案】B

【解析】当使用分析程序比细节测试更能有效地将认定层次的检查风险降至可接受的水平时，注册会计师可以考虑单独或结合细节测试，运用实质性分析程序。

【例题17·多选题】（2014年试题）

下列有关在实施实质性分析程序时确定可接受差异额的说法中，正确的有（　　）。

A. 评估的重大错报风险越高，可接受差异额越低

B. 重要性影响可接受差异额

C. 确定可接受差异额时，需要考虑一项错报单独或连同其他错报导致财务报表发生重大错报的可能性

D. 需要从实质性分析程序中获取的保证程度越高，可接受差异额越高

【答案】ABC

【解析】需要从实质性分析程序中获取的保证程度越高，可接受差异额越低。

四、用于总体复核（第二能力等级）

1. 总体要求。

在审计结束或临近结束时，注册会计师运用分析程序的目的是确定财务报表整体是否与其对被审计单位的了解一致。（强制要求）

2. 总体复核阶段分析程序的特点。

3. 再评估重大错报风险。

如果识别出以前未识别的重大错报风险，注册会计师应当重新考虑对全部或部分各类交易、账户余额、披露评估的风险是否恰当，并在此基础上重新评价之前计划的审计程序是否充分，是否有必要追加审计程序。

【例题18·多选题】（2019年试题考生回忆版）

下列审计程序中，注册会计师在所有审计业务中均应当实施的有（　　）。

A. 了解被审计单位的内部控制

B. 在临近审计结束时，运用分析程序对财务报表进行总体复核

C. 实施用作风险评估的分析程序

D. 将财务报表与会计记录进行核对

【答案】ABCD

【解析】以上四个选项均属于在所有审计业务中应当实施的事项。

【例题 19 · 单选题】（2014 年试题）

下列有提示注册会计师在临近审计结束时实施分析程序的说法中，错误的是（　　）。

A. 实施分析程序的目的是确定财务报表是否与注册会计师对被审计单位的了解一致

B. 实施分析程序所使用的手段与风险评估程序中使用的分析程序基本相同

C. 实施分析程序应当达到与实质性分析程序相同的保证水平

D. 如果通过实施分析程序识别出以前未识别的重大错报风险，注册会计师应当修改原计划实施的进一步审计程序

【答案】C

【解析】在总体复核阶段实施的分析程序达不到对特定账户余额和披露提供的实质性的保证水平。

【例题 20 · 简答题】（2015 年试题）

甲公司是 ABC 会计师事务所的常年审计客户。A 注册会计师负责审计甲公司 2014 年度财务报表。审计工作底稿中与分析程序相关的部分内容摘录如下：

（1）甲公司所处行业 2014 年度市场需求显著下降。A 注册会计师在实施风险评估分析程序时，以 2013 年财务报表已审数为预期值，将 2014 年财务报表中波动较大的项目评估为存在重大错报风险的领域。

（2）A 注册会计师对营业收入实施实质性分析程序，将实际执行的重要性作为已记录金额与预期值之间可接受的差异额。

（3）甲公司的产量与生产工人工资之间存在稳定的预期关系。A 注册会计师认为产量信息来自非财务部门，具有可靠性，在实施实质性分析程序时据以测算直接人工成本。

（4）A 注册会计师对运输费用实施实质性分析程序，确定已记录金额与预期值之间可接受的差异额为 150 万元，实际差异为 350 万元。A 注册会计师就超出可接受差异额的 200 万元询问了管理层，并对其答复获取了充分、适当的审计证据。

（5）A 注册会计师在审计过程中未提出审计调整建议，已审财务报表与未审财务报表一致，因此认为无须在临近审计结束时运用分析程序对财务报表进行总体复核。

要求：

针对上述第（1）至（5）项，逐项指出 A 注册会计师的做法是否恰当。如不恰当，提出改进建议。

【答案】

第（1）项不恰当。应根据 2014 年度的变化情况设定预期值。

第（2）项恰当。

第（3）项不恰当。测试与产量信息编制相关的内部控制，测试产量信息，并应测试内部信息的可靠性。

第（4）项不恰当。应当针对 350 万元的差异进行调查。

第（5）项不恰当。在临近审计结束时，应当运用分析程序对财务报表进行总体复核，总体复核分析程序是必要程序。

通关演练

一、单项选择题

1. 注册会计师实施的下列审计程序中，属于重新执行的是（　　）。

A. 注册会计师利用被审计单位的银行存款日记账和银行对账单，重新编制银行存款余额调节表，并与被审计单位编制的银行存款余额调节表进行比较

B. 对应收账款余额或银行存款的函证

C. 以人工方式或使用计算机辅助审计技术，对记录或文件中的数据计算的准确性进行核对

D. 对客户执行的存货盘点或控制活动进行观察

2. 下列选项中，注册会计师通常认为不适合运用实质性分析程序的是（　　）。

A. 营业外支出

B. 借款利息支出

C. 房屋租金收入

D. 固定资产累计折旧

3. 在对甲公司营业收入的发生认定进行审计时，注册会计师获取的下列审计证据中，可靠性最强的是（　　）。

A. 甲公司与购货方签订的合同

B. 注册会计师向购货方函证的回函

C. 甲公司产品销售的出库凭证

D. 甲公司管理层提供的书面声明

4. 下列有关注册会计师在临近审计结束时实施分析程序的说法中，错误的是（　　）。

A. 实施分析程序的目的是确定财务报表是否与注册会计师对被审计单位的了解一致

B. 实施分析程序所使用的手段与风险评估程序中使用的分析程序基本相同

C. 实施分析程序应当达到与实质性分析程序相同的保证水平

D. 如果通过实施分析程序识别出以前未识别的重大错报风险，注册会计师应当修改原计划实施的进一步审计程序

5. 在确定函证对象时，下列项目中，应当进行函证的是（　　）。

A. 函证很可能无效的应收款项

B. 交易频繁但期末余额较小的应收款项

C. 执行其他审计程序可以确认的应收款项

D. 应收纳入审计范围内子公司的款项

6. 下列有关注册会计师是否实施应收账款函证程序的说法中，正确的是（　　）。

A. 对上市公司财务报表执行审计时，注册会计师应当实施应收账款函证程序

B. 对小型企业财务报表执行审计时，注册会计师可以不实施应收账款函证程序

C. 如果有充分证据表明函证很可能无效，注册会计师可以不实施应收账款函证程序

D. 如果在收入确认方面不存在由于舞弊导致的重大错报风险，注册会计师可以不实施应收账款函证程序

7. 下列关于函证的说法中，正确的是（　　）。

A. 如果银行存款余额较小，那么注册会计师可以不对该账户余额函证

B. 注册会计师通常在资产负债表日函证资产负债表日的应收账款

C. 当被询证者通过电子邮件回函时，注册会计师可以通过电话联系被询证者，确定被询证者是否发送了回函及金额是否正确。必要时，注册会计师可以要求被询证者提供回函原件

D. 对于不存在大量错误的，注册会计师可以考虑采用消极的函证方式

8. 在确定函证时间时，下列方案中，不应选取的是（　　）。

A. 因被审计单位重大错报风险低，在预审时函证

B. 在年终对存货监盘的同时，对应收款项进行函证

C. 注册会计师应当在期后适时实施函证，尽可能做到在注册会计师的审计工作结束前取得函证的全部资料

D. 为减少函证回函差异，在执行其他审计程序后函证

9. 下列关于函证时间说法中，不正确的是（　　）。

A. 注册会计师不可选择资产负债表日前适当日期为截止日实施函证

B. 注册会计师通常以资产负债表日为截止日，在资产负债表日后适当时间内实施函证

C. 如果在资产负债表日前对应收账户余额实施函证程序，注册会计师可以将实质性程序和控制测试结合使用，以将期中测试得出的结论合理延伸至期末

D. 如果在资产负债表日前对应收账户实施函证程序，注册会计师可以针对询证函件指明的截止日期与资产负债表日期间实施进一步的实质性程序

10. 下列关于审计证据充分性的说法中，错误的是（　　）。

A. 审计证据的充分性是对审计证据数量的衡量，主要与确定的样本量有关

B. 获取更多的审计证据可以弥补这些审计证据质量上的缺陷

C. 注册会计师需获取审计证据的数量受其对重大错报风险评估的影响

D. 需要获取的审计证据的数量受审计证据质量的影响

11. 下列与回函结果相关的审计建议中，正确的是（　　）。

A. 对由于地址不详导致询证函退回的应收款项，全额计提坏账准备

B. 对函证结果相符的应收款项，仍应进一步检查计提坏账准备

C. 对回函金额与函证金额不一致的应收款项，根据回函金额调整应收款项

D. 回函结果不符事项表明存在错报

12. 如果在期中实施了实质性程序，在确定对剩余期间实施实质性分析程序是否可以获取充分、适当的审计证据时，注册会计师通常不用考虑的因素是（　　）。

A. 数据的可靠性

B. 预期的准确程度

C. 可接受的差异额

D. 重要性水平

13. 下列有关分析程序的说法中，正确的是（　　）。

A. 分析程序是指注册会计师通过分析不同财务数据之间的内在关系对财务信息作出评价

B. 注册会计师无须在了解被审计单位及其环境的各个方面实施分析程序

C. 细节测试比实质性分析程序更能有效地将认定层次的检查风险降至可接受的水平

D. 用于总体复核的分析程序的主要目的在于识别那些可能表明财务报表存在重大错报风险的异常变化

14. 下列有关审计证据充分性的说法中，错误的是（　　）。

A. 初步评估的控制风险越低，需要通过控制测试获取的审计证据可能越少

B. 计划从实质性程序中获取的保证程度越高，需要的审计证据可能越多

C. 审计证据质量越高，需要的审计证据可能越少

D. 评估的重大错报风险越高，需要的审计证据可能越多

15. 下列有关函证的说法中，正确的是（　　）。

A. 如果注册会计师认为取得积极式函证回函是获取充分、适当的审计证据的必要程序，则替代程序不能提供注册会计师所需要的审计证据

B. 如果被审计单位与银行存款存在认定有关的内部控制设计良好并有效运行，注册会计师可适当减少函证的样本量

C. 注册会计师应当对应收账款实施函证程序，除非应收账款对财务报表不重要且评估的重大错报风险低

D. 如果注册会计师将重大错报风险评估为低水平，且预期不符事项的发生率很低，可以将消极式函证作为唯一的实质性程序

二、多项选择题

1. 注册会计师拟实施的下列审计程序中，具有不可预见性的有（　　）。

A. 实地盘查一些价值较低的固定资产

B. 留意是否有不同的供应商使用相同银行账户

C. 少选几个月的银行存款余额调节表进行测试

D. 询问以前审计接触不多的客户员工

2. 下列关于应收账款审计的说法中，正确的有（　　）。

A. 注册会计师应当对应收账款实施函证程序，除非有充分证据表明应收账款对财务报表不重要，或函证很可能无效

B. 如果认为函证很可能无效，注册会计师应当实施替代审计程序，获取相关、可靠的审计证据

C. 如果不对应收账款函证，注册会计师应当在工作底稿中说明理由

D. 如果不对应收账款函证，注册会计师应当出具非无保留意见的审计报告

3. 如果管理层不允许寄发询证函，注册会计师应当（　　）。

A. 询问管理层不允许寄发询证函的原因，并就其原因的正当性及合理性收集审计证据

B. 记录管理层不允许寄发询证函的理由

C. 评价管理层不允许寄发询证函对评估的相关重大错报风险（包括舞弊风险），以及其他审计程序的性质、时间安排和范围的影响

D. 实施替代程序，以获取相关、可靠的审计证据

4. 下列有关注册会计师针对“回函可靠性”的考虑中，正确的有（　　）。

A. 通过邮寄方式收到的回函，注册会计师可以验证“被询证者确认的询证函是否是

原件，是否与注册会计师发出询证函是同一份”等信息

B. 通过跟函方式收到的回函，注册会计师可以观察处理询证函的人员是否按照处理函证的正常流程认真处理询证函

C. 以电子形式收到的回函，注册会计师必须要求被询证者提供回函文件

D. 在收到对询证函口头回复的情况下，注册会计师可以要求被询证者提供直接书面回复

5. 在确定函证对象后，如果被审计单位不同意对某函证对象进行函证，下列方案中，应选取的有（　　）。

A. 如果被审计单位的要求合理，则应实施替代审计程序

B. 如果被审计单位的要求合理，且无法实施替代审计程序，则应视为审计范围受到限制

C. 如果被审计单位的要求不合理，可以不实施替代审计程序，并将其视为审计范围受到限制

D. 如果被审计单位的要求不合理，且无法实施替代审计程序，则应视为审计范围受到限制

6. 在询证函发出前，注册会计师需要恰当地设计询证函，并对询证函上的各项资料进行充分核对。针对询证函上的各项资料进行核对的下列程序中，正确的有（　　）。

A. 通过拨打公共查询电话核实被询证者的名称和地址

B. 将被询证者的名称和地址信息与被审计单位明细账名称核对

C. 对于供应商，可以将被询证者的名称、地址与被审计单位收到的增值税专用发票中的对方单位名称、地址进行核对

D. 对于客户，可以将被询证者的名称、地址与被审计单位开具的增值税专用发票中的对方单位名称、地址进行核对

7. 下列各项中，注册会计师通常认为适合运用实质性分析程序的有（　　）。

A. 存款利息收入

B. 借款利息支出

C. 营业外收入

D. 房屋租赁收入

8. 下列有关审计证据质量的说法中，正确的有（　　）。

A. 审计证据的适当性是对审计证据质量的衡量

B. 注册会计师可以通过获取更多的审计证据弥补审计证据质量的缺陷

C. 在既定的重大错报风险水平下，需要获取的审计证据的数量受审计证据质量的影响

D. 审计证据的质量与审计证据的相关性和可靠性有关

9. 下列有关货币资金审计的说法中，正确的有（　　）。

A. 注册会计师监盘库存现金的目的主要是证实其完整性

B. 注册会计师对结账日前后一段时期内现金收支凭证进行审计，主要的目的是为了确定现金收支的正确截止

C. 参加库存现金监盘的人员应包括出纳、会计主管人员和注册会计师

D. 注册会计师在审计中，应该关注是否存在质押、冻结等对变现有限制或存在境外的款项，如果存在，需要考虑是否已作出必要的调整和披露

10. 下列有关在实施实质性分析程序时确定可接受差异额的说法中，正确的有（　　）。

A. 评估的重大错报风险越高，可接受差异额越低

B. 重要性影响可接受差异额

C. 确定可接受差异额时，需要考虑一项错报单独或连同其他错报导致财务报表发生重大错报的可能性

D. 需要从实质性分析程序中获取的保证程度越高，可接受差异额越高

11. 如果在期中实施了实质性程序，在确定对剩余期间实施实质性分析程序是否可以获取充分、适当的审计证据时，注册会计师通常考虑的因素有（　　）。

A. 数据的可靠性

B. 预期的准确程度

C. 可接受的差异额

D. 分析程序对特定认定的适用性

12. 注册会计师在获取和评价审计证据的充分性和适当性时特别要考虑的因素有（　　）。

A. 对文件记录可靠性的考虑

B. 使用被审计单位生成信息时的考虑

C. 证据相互矛盾时的考虑

D. 获取审计证据时对成本的考虑

13. 下列关于分析程序运用的目的中，表达恰当的有（　　）。

A. 用作风险评估程序分析程序，是为了了解被审计单位及其环境的目的

B. 用作风险评估程序分析程序，是为了了解被审计单位内部控制的目的

C. 当使用分析程序比细节测试能更有效地将认定层次的检查风险降至可接受的水平时，分析程序可以用作实质性程序

D. 在审计结束或临近结束时运用分析程序是为了对财务报表进行总体复核

14. 下列有关分析程序在风险评估程序中的具体运用，正确的表达有（　　）。

A. 注册会计师可以将分析程序与函证和监盘程序结合运用，以获取对被审计单位及其环境的了解，识别和评估财务报表层次及具体认定层次的重大错报风险

B. 在运用分析程序时，注册会计师应重点关注关键的账户余额、趋势和财务比率关系等方面，对其形成一个合理的预期，并与被审计单位记录的金额、依据记录金额计算的比率或趋势相比较

C. 如果分析程序的结果显示的比率、比例或趋势与注册会计师对被审计单位及其环境的了解不一致，注册会计师应当考虑其是否表明被审计单位的财务报表存在重大错报风险

D. 注册会计师无须在了解被审计单位及其环境的每一方面都实施分析程序

15. 下列各项因素中，通常影响注册会计师是否实施函证决策的有（　　）。

A. 评估的认定层次重大错报风险

B. 被审计单位管理层的配合程度

C. 函证信息与特定认定的相关性

D. 被询证者的客观性

三、简答题

1. L注册会计师在对F公司2017年度财务报表进行审计时，收集到以下六组审计证据：

（1）收料单与购货发票。

（2）销货发票副本与产品出库单。

（3）领料单与材料成本计算表。

（4）工资计算单与工资发放单。

（5）存货盘点表与存货监盘记录。

（6）银行询证函回函与银行对账单。

要求：

请分别说明每组审计证据中哪项审计证据较为可靠，并简要说明理由。

2. 甲公司是ABC会计师事务所的常年审计客户，A注册会计师负责审计甲公司2019年度财务报表，审计工作底稿中与分析程序相关的部分内容摘录如下：

（1）A注册会计师认为分析程序是必要的风险评估程序，并要求项目组成员在了解甲公司及其环境的每个方面都必须使用分析程序。

（2）对存在特别风险的审计领域，A注册会计师要求项目组成员实施的实质性程序必须包括细节测试，不能仅实施实质性分析程序。

（3）由于评估的存货项目的重大错报风险较往年提高，A注册会计师拟相应提高针对存货项目实施实质性分析程序的可接受差异额。

（4）为降低库存压力，甲公司2019年度大幅降低库存产成品的销售价格，但其2019年度毛利率反而比2018年度上升，且管理层无法作出合理解释。A注册会计师据此认为甲公司营业成本完整性认定存在重大错报风险。

（5）评价审计证据后，A注册会计师认为财务报表不存在重大错报，无须在完成阶段再次实施分析程序。

要求：

针对上述事项（1）至（5），逐项指出A注册会计师的做法是否恰当。如不恰当，简要说明理由。

3. 某会计师事务所被处罚，处罚内容简要如下：A注册会计师在审计被审计单位时，对于某些应收账款未进行函证；对于某些进行积极式函证的应收账款，并未收到回函，注册会计师认为其没有问题，因此应当对注册会计师的上述行为进行处罚。

要求：根据处罚内容回答下列问题：

（1）是否应当对A注册会计师进行上述处罚？有何依据？

（2）A注册会计师发出积极式询证函未收到回函时该如何处理？

（3）回函存在不符事项时该如何处理？

四、综合题

Y股份有限公司系公开发行A股的上市公司，主要经营计算机硬件的开发、集成与销售。ABC会计师事务所指派X注册会计师对Y股份有限公司（以下简称Y公司）2016年度财务报表进行审计，出具了无保留意见审计报告。X注册会计师于2018年初对Y公司2017年度财务报表进行审计时初步了解到，Y公司2017年度的经营形势、管理层及组织架构与2016年度比较未发生重大变化，且未发生重大重组行为，相关资料如下：

资料一：Y公司2017年度利润表和2016年度利润表如下（金额单位：人民币万元）：

项目	2017年度（未审数）	2016年度（审定数）
营业收入	58 000	41 000
减：营业成本	40 000	33 000
税金及附加	1 000	900
减：销售费用	4 000	3 200
管理费用	（5 000）	2 000
财务费用	1 000	900
加：投资收益	5 000	2 000
营业利润	22 000	3 000
营业外收入	1 000	1 500
减：营业外支出	2 000	2 000
利润总额	21 000	2 500
减：所得税费用（税率25%）	1 000	700
净利润	20 000	1 800

资料二：Y公司2017年度1～12月份未审营业收入、营业成本列示如下（金额单位：人民币万元）：

月份	营业收入	营业成本
1	7 800	7 566
2	7 600	6 764
3	7 400	6 512
4	7 700	6 768
5	7 800	6 981
6	7 850	6 947
7	7 950	7 115
8	7 700	6 830
9	7 600	6 832
10	7 900	7 111
11	8 100	7 280
12	18 900	15 139
合计	104 300	91 845

要求：

（1）为确定重点审计领域，注册会计师拟实施分析程序。请分析资料一，指出利润表中的重点审计领域，并简要说明理由。

（2）为确定重点审计领域，注册会计师拟实施分析程序。请分析资料二，指出营业收入和营业成本的重点审计领域，并简要说明理由。

答案及解析

一、单项选择题

1.【答案】A

【解析】重新执行是指注册会计师以人工方式或使用计算机辅助审计技术，重新独立执行作为被审计单位内控组成部分的程序或控制。

2.【答案】A

【解析】营业外支出具有“偶发”的特性，与其他数据之间不存在预期关系，不适合运用分析程序。

3.【答案】B

【解析】选项A、C、D属于来自被审计单位内部的证据，而选项B是来源于被审计单位外部的证据。外部证据比来源于被审计单位内部的证据更可靠，所以选项B正确。

4.【答案】C

【解析】选项C不正确，在总体复核阶段实施的分析程序并非为了对特定账户余额和披露提供实质性的保证水平，因此并不能达到与实质性分析程序相同的保证水平。

5.【答案】B

【解析】一般情况下，客户之间交易频繁，期末应收账款的余额则较大，但如果客户之间交易频繁期末余额较小时，则说明不正常，因此应作为函证对象。

6.【答案】C

【解析】注册会计师应当对应收账款实施函证程序，除非有充分证据表明应收账款对财务报表不重要，或函证很可能无效。

7.【答案】C

【解析】注册会计师应当对银行存款（包括零余额账户和在本期内注销的账户），借款及与金融机构往来的其他重要信息实施函证程序，除非有充分证据表明某一银行存款、借款及与金融机构往来的其他重要信息对财务报表不重要且与之相关的重大错报风险很低。选项A只满足一个条件，所以选项A错误。注册会计师通常在资产负债日后某一天函证资产负债表日的应收账款余款，所以选项B错误。当同时存在下列情况时，注册会计师可考虑采用消极的函证方式：(1) 重大错报风险评估为低水平；(2) 涉及大量余额较小的账户 (3) 预期不存在大量的错误；(4) 没有理由相信被询证者不认真对待函证。选项D只满足一个条件，所以选项D错误。

8. 【答案】D

【解析】本题的考核点为应收账款函证的时间。如果重大错报风险评估为低水平，注册会计师可选择资产负债表日前适当日期为截止日实施函证，并对所函证项目自该截止日起至资产负债表日止发生的变动实施实质性程序。在年终对存货监盘的同时，可以对应收款项进行函证，两者没有冲突。为了充分发挥函证的作用，应恰当选择函证的发送时间。注册会计师通常以资产负债表日为截止日，充分考虑对方复函的时间，在期后适当时间内实施函证，尽可能做到在注册会计师的审计工作结束前取得函证的全部资料。通常注册会计师应先对应收账款进行函证，然后根据回函情况，分析差异，从而确定是否采用其他审计程序来验证其存在，所以选项D不可取。

9. 【答案】A

【解析】如果重大错报风险评估为低水平，注册会计师可选择资产负债表日前适当日期为截止日实施函证，并对所函证项目自该截止日起至资产负债表日止发生的变动实施实质性程序。

10. 【答案】B

【解析】如果审计证据的质量存在缺陷，仅靠获取更多的审计证据可能无法弥补审计证据质量上的缺陷。

11. 【答案】B

【解析】选项A，对由于地址不详导致询证函退回的应收款项，应复函；选项B，对函证结果相符的应收款项，确定其真实存在性；选项C，对回函金额与函证金额不一致的应收款项，应分析产生差异的原因；选项D，某些不符事项并不表明存在错报。

12. 【答案】D

【解析】本题主要考核“实质性分析程序”知识点。如果在期中实施实质性程序，并计划针对剩余期间实施实质性分析程序，注册会计师应当考虑实质性分析程序对特定认定的适用性、数据的可靠性、作出预期的准确程度以及可接受的差异额，并评估这些因素如何影响针对剩余期间获取充分、适当的审计证据的能力。注册会计师还应考虑某类交易的期末累计发生额或账户期末余额在金额、相对重要性及构成方面能否被合理预期。

13. 【答案】B

【解析】注册会计师无须在了解被审计单位及其环境的各个方面实施分析程序。

14. 【答案】A

【解析】评估的控制风险越低，说明预期信赖内部控制，则通过实施控制测试获取的审计证据可能越多。

15. 【答案】A

【解析】在对银行存款实施函证时，应当向被审计单位在本期存过款的所有银行发函，包括零余额账户和在本期内注销的账户，不因内部控制设计良好而减少函证的量。所以选项B错误；除非有充分证据表明应收账款对被审计单位财务报表而言是不重要的，或者函证很可能是无效的，否则，注册会计师应当对应收账款进行函证。所以选项C错误；当同时满足重大错报风险评估为低水平、涉及大量余额较小的账户、预期不存在大量的错误、没有理由相信被询证者不认真对待函证这四个条件时才可以考虑采用消极的函证方式。所以选项D错误。

二、多项选择题

1. 【答案】ABD

【解析】选项C，“少选”可能降低审计质量，不能增加审计程序的不可预见性，不符合准则要求。

2. 【答案】ABC

【解析】注册会计师应当对应收账款实施函证程序，除非有充分证据表明应收账款对财务报表不重要，或函证很可能无效。如果认为函证很可能无效，注册会计师应当实施替代审计程序，获取相关、可靠的审计证据。

3.【答案】ACD

【解析】管理层要求不实施函证时的处理：如果认为管理层的要求合理，注册会计师应当实施替代审计程序，以获取与这些账户余额或其他信息相关的充分、适当的审计证据。如果认为管理层的要求不合理，且被其阻挠而无法实施函证，注册会计师应当视为审计范围受到限制，并考虑对审计报告可能产生的影响。

4.【答案】ABD

【解析】以电子形式收到的回函，注册会计师和回函者采用一定的程序为电子形式的回函创造安全环境，可以降低该风险。如果注册会计师确信这种程序安全并得到适当控制，则会提高相关回函的可靠性；当注册会计师存有疑虑时，可以与被询证者联系以核实回函的来源及内容，例如，当被询证者通过电子邮件回函时，注册会计师可以通过电话联系被询证者，确定被询证者是否发送了回函。必要时，注册会计师可以要求被询证者提供回函原件。

5.【答案】ABD

【解析】选项C，如果被审计单位不同意对某函证对象进行函证的要求不合理，注册会计师必须实施替代审计程序。注册会计师之所以对应收账款进行函证就是为了确定销售交易的真实性，如果注册会计师无法通过函证来确认销售交易的真实性就必须直接审查销售交易发生时的原始凭证。其余三个选项的审计方案均正确。

6.【答案】ACD

【解析】选项B错误，应将被询证者的名称和地址信息与被审计单位持有的相关合同等文件核对。

7.【答案】ABD

【解析】本题主要考核“实质性分析程序”知识点。营业外收入不具有稳定的预期关系，不适宜使用分析程序。

8.【答案】ACD

【解析】尽管审计证据的充分性和适当性相关，但如果审计证据的质量存在缺陷，那么注册会计师仅靠获取更多的审计证据可能无法弥补其质量上的缺陷。

9.【答案】BCD

【解析】监盘库存现金的主要目的是证实其存在。

10.【答案】ABC

【解析】需要从实质性分析程序中获取的保证程度越高，可接受差异额越低。

11.【答案】ABCD

【解析】本题主要考核“实质性分析程序”知识点。如果在期中实施实质性程序，并计划针对剩余期间实施实质性分析程序，注册会计师应当考虑实质性分析程序对特定认定的适用性、数据的可靠性、作出预期的准确程度以及可接受的差异额，并评估这些因素如何影响针对剩余期间获取充分、适当的审计证据的能力。注册会计师还应考虑某类交易的期末累计发生额或账户期末余额在金额、相对重要性及构成方面能否被合理预期。

12.【答案】ABCD

【解析】选项A、B、C都是职业怀疑态度的要求，选项D要求注册会计师在审计证据有用性与成本之间进行权衡，不能因为获取审计证据的困难和成本为由减少不可替代的审计程序。

13.【答案】ACD

【解析】了解被审计单位内部控制一般不涉及分析程序的使用。

14.【答案】BCD

【解析】选项A，分析程序很难与函证和监盘等程序结合使用，常常是与询问、检查和观察程序结合运用，识别重大错报风险。

15.【答案】ACD

【解析】注册会计师应当确定是否有必要实施函证以获取认定层次的充分、适当的审计证据。在作出决策时，注册会计师应当考虑以下三个因素：(1) 评估的认定层次重大错报风险；(2) 函证程序针对的认定；(3) 实施除函证以外的其他审计程序。

除上述三个因素外，注册会计师还可以考虑下列因素以确定是否选择函证程序作为实质性程序：(1) 被询证者对函证事项的了解；(2) 预期被询证者回复询证函的能力或意愿；(3) 预期被询证者的客观性。

三、简答题

1.【答案】

(1) 购货发票较为可靠。购货发票是注册会计师从被审计单位以外的单位获取的审计证据，较被审计单位提供收料单的更可靠。

(2) 销货发票副本较为可靠。销货发票副本属于被审计单位在外部流转的证据，其比仅在被审计单位内部流转的产品出库单更可靠。

(3) 领料单较为可靠。材料成本计算表所依据的原始凭证是领料单，因此，领料单较材料成本计算表更可靠。

(4) 工资发放单较为可靠。工资发放单上有受领人的签字，所以，工资发放单较工资计算表更可靠。

(5) 存货监盘记录较为可靠。存货盘点表是被审计单位对存货盘点的记录，而存货监盘记录是注册会计师实施存货的监盘程序的记录。所以，存货监盘记录较存货盘点表更可靠。

(6) 银行询证函回函较为可靠。注册会计师直接获取的银行存款函证的回函较被审计单位提供的银行对账单更可靠。

2.【答案】

事项(1)不恰当。注册会计师无须在了解被审计单位及其环境的每一方面都实施分析程序。

事项(2)恰当。

事项(3)不恰当。当评估的风险增加时，可接受的差异额应降低。

事项(4)不恰当。毛利率不降反升且管理层不能作出合理解释，表明存在重大错报风险。甲公司降价销售，存在重大错报风险的领域可能是营业收入的多计或营业成本的少计。

事项(5)不恰当。在审计完成阶段运用分析程序是审计准则的强制要求。注册会计师在这个阶段应当运用分析程序。

3.【答案】

(1) 应当处罚，函证——不重要或不有效才不函证，某些未函证，应当给出详细解释，积极式未回函，应继续函证，或者查找其他未回函的原因，以进一步确认，而非直接判断其没有问题。如果认为无效，或无法函证，再实施替代程序，替代程序获取的证据要充分、适当。

(2) 再次寄发询证函，未能回应，则采取替代程序，替代程序获取证据需充分、适当。如果认为积极式函证是必要的程序，或者替代程序获取不到想要的证据，则可能考虑对审计意见的影响。

(3) 存在不符事项不一定是错报。可能存在错报，需要进一步确认，是否存在舞弊情形，或内控存在问题，但不符事项并不表明存在错报，可能存在时间差问题。

四、综合题

【答案】

(1) 分析资料一：

利润表的重点审计领域：营业收入、营业成本、管理费用、投资收益、所得税费用。

理由：

Y公司2017年度的经营形势、管理层及组织架构与2016年度比较未发生重大变化，且未发生重大重组行为，利润表项目波动异常。

营业收入 (58 000 - 41 000) /41 000 = 41%，增长41%；

营业成本 (40 000 - 33 000) /33 000 = 21%，增长21%；

管理费用 (-5 000 - 2 000) /2 000 = -350%，下降350%；

投资收益 (5 000 - 2 000) /2 000 = 150%，增长了150%；

所得税费用 (21 000 × 25% = 5 250) 即使有纳税调整项目的出现，利润表所得税也不可能少至1 000万元。所得税费用占利润总额比例与25%的所得税税率差异较大。

(2) 分析资料二：

营业收入和营业成本的重点审计领域：1月份、12月份。

理由：

注册会计师实施分析程序，计算2017年度重要产品的毛利率，分析比较各月产品毛利率变化情况，注意收入与成本是否配比。计算、比较发现，1月份、12月份营业收入和营业成本波动异常。

1月份毛利率 = (7 800 - 7 566)/7 800 = 3%；

12月份毛利率 = (18 900 - 15 139)/18 900 = 20%；

全年平均毛利率 = (104 300 - 91 845)/

104 300 = 12%。

从绝对值来看：12 月份营业收入和营业成本金额上亿元，而年内 1 月份至 11 月份营业收入和营业成本金额均在千万元以内，12 月份增长幅度过高，异常。

从相对值来看：1 月份毛利率 3% 低于全年平均毛利率 12%；12 月份毛利率 20% 高于全年平均毛利率 12%。

注册会计师应追查重大波动和异常情况的原因。

【解析】注册会计师通过分析不同财务数据之间以及财务数据与非财务数据之间的内在关系，对财务信息作出评价。分析程序还包括在必要时对识别出的、与其他信息不一致或与预期值差异重大的波动或关系进行调查。

关键的账户余额、趋势和财务比率关系等方面对其形成一个合理的预期，并与被审计单位记录的金额、依据记录金额计算的比率或趋势相比较。

第四章　审计抽样方法

本章考情分析

本章为重点章，属于审计基本理论与方法。本章涉及中国注册会计师审计准则——审计抽样。考点主要围绕审计抽样在控制测试中的运用和审计抽样在细节测试中的运用等，其属于第二能力等级内容。考生应予以关注。近年本章试题所占区间 4 分至 6 分，题型会涉及客观题和简答题。

要求考生：

1. 理解审计抽样相关概念。
2. 掌握审计抽样在控制测试中的运用。
3. 掌握审计抽样在细节测试中的运用。

本章教材变化

本章内容无明显变化。

基本内容框架

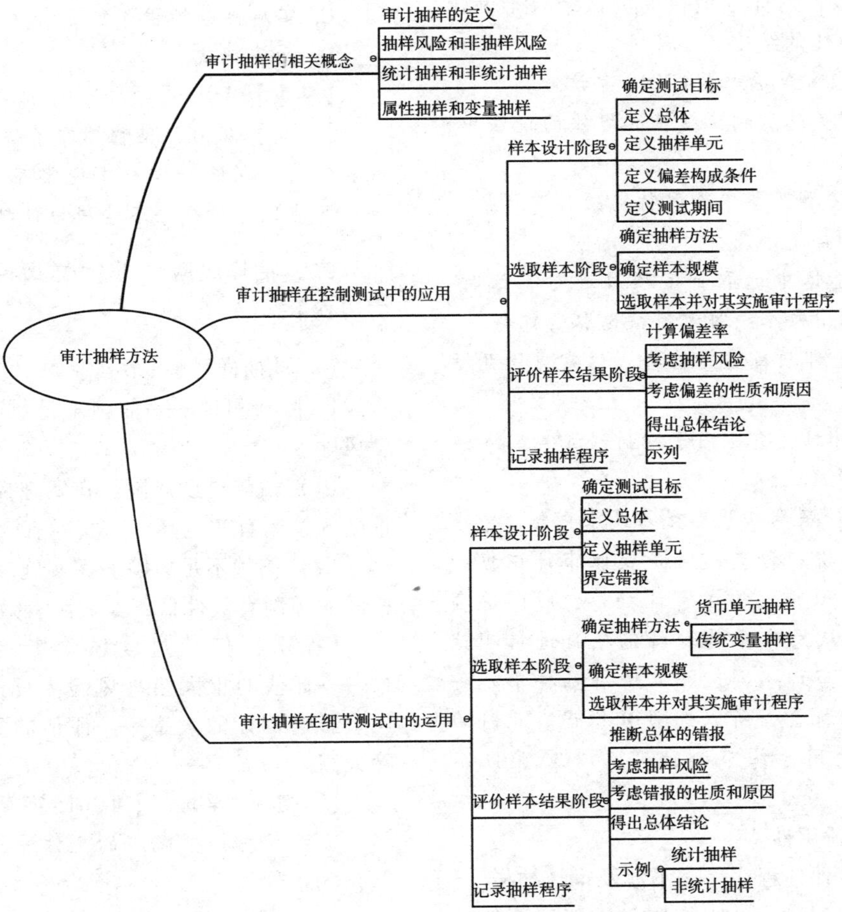

通关重难点例题解析

第一节　审计抽样的相关概念

一、审计抽样的定义（第一能力等级）

（一）含义

审计抽样——指注册会计师对具有审计相关性的总体中低于百分之百的项目实施审计程序，使所有抽样单元都有被选取的机会，为注册会计师针对整个总体得出结论提供合理基础。

（二）特征

1. 对具有审计相关性的总体中低于百分之百的项目实施审计程序。

2. 所有抽样单元都有被选取的机会。

3. 可以根据样本项目的测试结果推断出有关抽样总体的结论。

【例题1·单选题】（2013年试题）

下列有关选取测试项目的方法的说法中，正确的是（　　）。

A. 从某类交易中选取特定项目进行检查构成审计抽样

B. 从总体中选取特定项目进行测试时，应当使总体中每个项目都有被选取的机会

C. 对全部项目进行检查，通常更适用于细节测试

D. 审计抽样更适用于控制测试

【答案】C

【解析】虽然从某类交易或账户余额中选取特定项目进行检查通常是获取审计证据的有效手段，但并不构成审计抽样，所以选项A不正确。从总体中选取特定项目进行测试时，与抽样审计不同，并非所有抽样单元都有被选取的机会，所以选项B错误。此时审计抽样更适用于细节测试，所以选项D不正确。

（三）适用性

1. 风险评估程序——不涉及审计抽样。

2. 控制测试——当控制的运行留下轨迹时，考虑使用审计抽样实施控制测试。

【提示】在被审计单位采用信息技术处理各类交易及其他信息时，注册会计师通常只需要测试信息技术一般控制，并从各类交易中选取一笔或几笔交易进行测试，就能获取有关信息技术应用控制运行有效性的审计证据，此时不需使用审计抽样。

3. 实质性程序——使用审计抽样实施细节测试。

【提示】如果注册会计师将某类交易或账户余额的重大错报风险评估为可接受的低水平，也可不实施细节测试，此时不需使用审计抽样。实施实质性分析程序时，注册会计师的目的不是根据样本项目的测试结果推断有关总体的结论，此时不宜使用审计抽样。

【例题2·多选题】（2014年试题）

下列各项审计程序中，通常不采用审计抽样的有（　　）。

A. 风险评估程序

B. 控制测试

C. 实质性分析程序

D. 细节测试

【答案】AC

【解析】风险评估程序即了解被审计单位及其环境，在这一过程中通常不采用审计抽样；实质性分析程序不适用审计抽样。

二、抽样风险和非抽样风险（第一能力等级）

（一）抽样风险

1. 控制测试——信赖不足风险和信赖过度风险。

（1）信赖过度风险。在实施控制测试时，推断的控制有效性高于其实际有效性的风险。

（2）信赖不足风险。在实施控制测试时，推断的控制有效性低于其实际有效性的风险。

【提示】信赖过度风险影响审计的效果——评估的重大错报风险太低；信赖不足风险影响审计的效率——评估的重大错报风险太高。

【例题3·单选题】（2015年试题）

下列有关抽样风险的说法中，错误的是（　　）。

A. 除非注册会计师对总体中所有项目都实施检查，否则存在抽样风险

B. 在使用统计抽样时，注册会计师可以准确地计量和控制抽样风险

C. 控制测试中的抽样风险包括误受风险和误拒风险

D. 注册会计师可以通过扩大样本规模降低抽样风险

【答案】C

【解析】控制测试中的抽样风险包括信赖过度风险和信赖不足风险。

2. 细节测试——误受风险和误拒风险。

（1）误受风险。在实施细节测试时，注册会计师推断某一重大错报不存在而实际上存在的风险。

（2）误拒风险。在实施细节测试时，注册会计师推断某一重大错报存在而实际上不存在的风险。

【提示】误受风险影响审计的效果；误拒风险影响审计的效率。

【例题4·多选题】（2014年试题B卷）

下列有关抽样风险的说法中，正确的有（　　）。

A. 误受风险和信赖不足风险影响审计效果

B. 误受风险和信赖过度风险影响审计效果

C. 误拒风险和信赖不足风险影响审计效率

D. 误拒风险和信赖过度风险影响审计效率

【答案】BC

【解析】误受风险和信赖过度风险影响审计效果；误拒风险和信赖不足风险影响审计效率。

（二）非抽样风险

【提示】导致非抽样风险的原因：

（1）注册会计师选择了不适于实现特定目标的审计程序。

（2）注册会计师选择的总体不适合于测试目标。

（3）注册会计师未能适当地定义误差，导致注册会计师错误解读审计证据可能导致没有发现误差。

（4）注册会计师未能适当地评价审计发现的情况。

【例题5·单选题】（2018年试题）

下列有关非抽样风险的说法中，错误的是（　　）。

A. 非抽样风险不能量化

B. 非抽样风险影响审计风险

C. 注册会计师可以通过扩大样本规模降低非抽样风险

D. 注册会计师可以通过采取适当的质量控制政策和程序降低抽样风险

【答案】C

【解析】非抽样风险是指注册会计师由于任何与抽样风险无关的原因而得出错误结论的风险，扩大样本规模降低的是抽样风险，而不是非抽样风险。

【例题6·单选题】（2014年试题）

下列各项中，不会导致非抽样风险的是（　　）。

A. 注册会计师选择的总体不适合于测试目标

B. 注册会计师未能适当地定义误差

C. 注册会计师未对总体中的所有项目进行测试

D. 注册会计师未能适当地评价审计发现的情况

【答案】C

【解析】选项C导致的是抽样风险。

三、统计抽样和非统计抽样（第一能力等级）

1. 统计抽样特征——随机选取样本；运用概率论评价样本结果。

2. 非统计抽样——不同时具备统计抽样两个基本特征的抽样方法为非统计抽样。

【提示】统计抽样与非统计抽样方法选择时主要考虑成本效益。无论是统计抽样还是非统计抽样，都要求注册会计师在设计、选取和评价样本时运用职业判断。

【例题7·多选题】（2018年试题）

下列抽样方法中，通常可用于统计抽样的有（　　）。

A. 随机选样

B. 系统选样

C. 整群选样

D. 随意选样

【答案】AB

【解析】整群选样通常不能在审计抽样中使用；随意选样仅适用于非统计抽样。

【例题8·单选题】（2016年试题）

下列有关抽样风险的说法中，错误的是（　　）。

A. 在使用非统计抽样时，注册会计师可以对抽样风险进行定性的评价和控制

B. 如果注册会计师对总体中的所有项目都实施检查，就不存在抽样风险

C. 注册会计师未能恰当地定义误差将导致抽样风险

D. 无论是控制测试还是细节测试，注册会计师都可以通过扩大样本规模降低抽样风险

【答案】C

【解析】选项C导致的是抽样风险。

四、属性抽样和变量抽样（第一能力等级）

（一）属性抽样——适用于控制测试

属性抽样——一种用来对总体中某一事件发生率得出结论的统计抽样方法。

属性抽样——用于控制测试——考虑控制的偏差率。

（二）变量抽样——适用于细节测试

变量抽样——一种用来对总体金额得出结论的统计抽样方法。

变量抽样——用于细节测试——考虑错报金额。

【例题9·单选题】（2015年试题）

下列抽样方法中，适用于控制测试的是（　　）。

A. 变量抽样

B. PPS抽样

C. 差额估计抽样

D. 属性抽样

【答案】D

【解析】选项A、B、C属于统计抽样在细节测试中的应用。

第二节　审计抽样在控制测试中的应用

【提示】

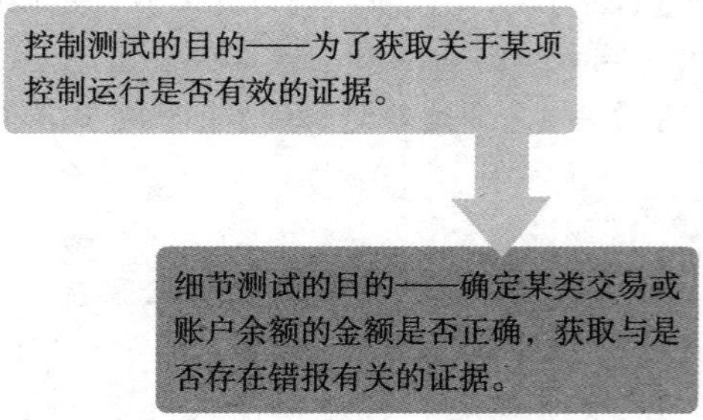

【提示】样本设计→选取样本→评价样本结果。

一、样本设计阶段（第二能力等级）

步骤	内容
1. 确定测试目标	提供关于控制运行有效性的审计证据以支持计划的重大错报风险评估水平。 【提示】控制测试主要关注： （1）控制在所审计期间的相关时点是如何运行的； （2）控制是否得到一贯执行； （3）控制由谁或以何种方式执行
2. 定义总体	总体——指注册会计师从中选取样本并期望据此得出结论的整个数据集合。 【提示】界定总体时，应当确保总体的适当性、完整性和同质性，其中，同质性是指总体中的所有项目应该具有同样的特征；适当性是指所测试的总体应当适合于控制测试的审计目标，包括适合于控制测试的方向；完整性则包括总体项目内容的完整性和涉及时间的完整性。
3. 定义抽样单元	抽样单元通常是能够提供控制运行证据的一份文件资料、一个记录或其中一行，每个抽样单元构成了总体中的一个项目
4. 定义偏差构成条件	注册会计师应根据对内部控制的了解，确定哪些特征能够显示被测试控制的运行情况，然后据此定义偏差构成条件。 【提示】在控制测试中，偏差是指偏离对设定控制的预期执行

续表

步骤	内容
5. 定义测试期间	注册会计师通常在期中实施控制测试。 （1）将测试扩展至在剩余期间发生的交易，以获取额外的证据。 （2）不将测试扩展至在剩余期间发生的交易。 注册会计师运用审计抽样在期中对被审计单位进行控制测试后，在确定是否需要针对剩余期间获取额外的审计证据以及获取哪些审计证据时，注册会计师通常需要考虑的因素包括： ①评估的认定层次重大错报风险的重要程度； ②在期中测试的特定控制，自期中测试后控制发生的重大变化； ③在期中对有关控制运行有效性获取的审计证据的程度； ④剩余期间的长度； ⑤在信赖控制的基础上拟缩小实质性程序的范围； ⑥控制环境

二、选取样本阶段（第二能力等级）

（一）确定抽样方法——简单随机选样、系统选样、随意选样和整群选样

选样方法	概念	方法运用	运用范围
1. 简单随机选样	使用这种方法，相同数量的抽样单元组成的每种组合被选取的概率都相等	注册会计师可以使用计算机或随机数表获得所需的随机数，选取匹配的随机样本	简单随机选样在统计抽样和非统计抽样中均适用
2. 系统选样	使用这种方法，注册会计师需要确定选样间隔，即用总体中抽样单元的总数量除以样本规模，得到样本间隔，然后在第一个间隔中确定一个随机起点，从这个随机起点开始，按照选样间隔，从总体中顺序选取样本	使用系统选样方法，总体中的每一个抽样单元被选取的机会都相等，当从总体中人工选取样本时，这种方法尤为方便	使用系统选样方法要求总体必须是随机排列。系统选样可以在非统计抽样中使用，在总体随机分布时也可适用于统计抽样
3. 随意选样	使用这种方法注册会计师要避免任何有意识的偏向或可预见性，从而保证总体中的所有项目都有被选中的机会，使选择的样本具有代表性	—	随意选样仅适用于非统计抽样
4. 整群选样	使用这种方法，注册会计师从总体中选取一群（或多群）连续的项目	—	整群选样通常不能在审计抽样中使用，因为大部分总体的结构都使连续的项目之间可能具有相同的特征，但与总体中其他项目的特征不同

【例题10·单选题】（2018年试题）

下列关于审计抽样的样本代表性的说法中，错误的是（　　）。

A. 样本的代表性是指根据样本测试结果推断的错报与总体中的错报完全相同

B. 如果样本的选取是无偏向的，该样本通常就具有了代表性

C. 样本代表性与样本规模无关

D. 样本代表性通常只与错报的发生率而非错报的特定性质相关

【答案】A

【解析】样本具有代表性并不意味着根据样本测试结果推断的错报一定与总体中的错报完全相同。

【例题11·简答题】

A和B注册会计师对Y公司应付票据项目进行审计，为了确定应付票据余额所对应的业务是否真实，会计处理是否正确，A和B注册会计师拟从Y公司应付票据备查簿中抽取若干笔应付票据业务，检查相关的合同、发票、货物验收单等资料，并检查会计处理的正确性。Y公司应付票据备查簿显示，应付票据项目2017年12月31日的余额为15 000 000元，由72笔应付票据业务构成。

根据具体审计计划的要求，A 和 B 注册会计师需从中选取 6 笔应付票据业务进行检查。

要求：

针对资料，假定应付票据备查簿中记载的 72 笔应付票据业务是随机排列的，A 和 B 注册会计师采用系统选样法选取 6 笔应付票据业务样本，并且确定随机起点为第 7 笔，请判断其余 5 笔应付票据业务分别是哪几笔。

【答案】

选样间距 = 72/6 = 12，如果随机起点为第 7 笔，则其他 5 笔应付票据业务分别是第 19、31、43、55、67 笔。

（二）确定样本规模

1. 影响样本规模因素。

因素	含义	与样本规模的关系
（1）可接受的信赖过度风险	实施控制测试时，注册会计师主要关注信赖过度风险。 【提示】影响注册会计师可以接受的信赖过度风险的因素包括 7 个方面	可接受的信赖过度风险与样本规模反向变动
（2）可容忍偏差率	可容忍偏差率是指注册会计师设定的偏离规定的内部控制的比率，注册会计师试图对总体中的实际偏差率不超过该比率获取适当水平的保证	可容忍偏差率与样本规模反向变动
（3）预计总体偏差率	注册会计师在考虑总体特征时，需要根据对相关控制的了解或对总体中少量项目的检查来评估预期偏差率	预计总体偏差率与样本规模同向变动
（4）总体规模	一般而言，总体规模对样本规模的影响几乎为零。 【提示】注册会计师通常将抽样单元超过 2 000 个的总体视为大规模总体	影响很小，几乎为零
（5）其他因素	①控制运行的相关期间越长（年或季度），需要测试的样本越多，因为注册会计师需要对整个拟信赖期间控制的有效性获取证据。 ②控制程序越复杂，测试的样本越多。 ③样本规模还取决于所测试的控制的类型，通常对人工控制实施的测试要多过自动化控制	—

【例题 12 · 多选题】（2013 年试题）

下列各项中，直接影响控制测试样本规模的因素有（　　）。

A. 可容忍偏差率

B. 拟测试总体的预期偏差率

C. 控制所影响账户的可容忍错报

D. 注册会计师在评估风险时对相关控制的依赖程度

【答案】ABD

【解析】可容忍错报是影响细节测试样本规模的因素。

2. 针对运行频率较低的内部控制的考虑。

3. 确定样本量。

（1）在非统计抽样中，注册会计师可以只对影响样本规模的因素进行定性的估计，并运用职业判断确定样本规模。

（2）使用统计抽样方法时，注册会计师必须对影响样本规模的因素进行量化，并利用根据统计公式开发的专门的计算机程序或专门的样本量表来确定样本规模。

（三）选取样本并对其实施审计程序

可能出现的情况：

（1）无效单据。

（2）未使用或不适用的单据。

（3）对总体的估计出现错误。

（4）在结束之前停止测试。

（5）无法对选取的项目实施检查。

三、评价样本结果阶段（第二能力等级）

（一）计算偏差率

$$样本偏差率 = \frac{样本中发现的偏差数量}{样本规模}$$

【提示】样本偏差率就是注册会计师对总体偏差率的最佳估计，因而在控制测试中无须另外推断总体偏差率，但注册会计师还必须考虑抽样风险。

（二）考虑抽样风险

1. 使用统计抽样方法。

（1）使用统计公式评价样本结果。

总体偏差率上限 = 风险系数/样本量

【提示】掌握教材统计抽样示例。

（2）使用样本结果评价表。

【提示】计算出估计的总体偏差率上限后，注册会计师通常可以对总体进行如下判断：

评价	总体是否接受	结论
①总体偏差率上限低于可容忍偏差率	总体可以接受	样本结果支持计划评估的控制有效性，从而支持计划的重大错报风险评估水平
②总体偏差率上限大于或等于可容忍偏差率	总体不能接受	样本结果不支持计划评估的控制有效性，从而不支持计划的重大错报风险评估水平。注册会计师应当修正重大错报风险评估水平，并增加实质性程序的数量
③总体偏差率上限低于但接近可容忍偏差率	考虑是否接受总体	考虑是否需要扩大测试范围，以进一步证实计划评估的控制有效性和重大错报风险水平

2. 使用非统计抽样方法。

评价	总体是否接受	结论
（1）总体偏差率大于可容忍偏差率	总体不能接受	—
（2）总体偏差率大大低于可容忍偏差率	总体可以接受	注册会计师认为总体可以接受
（3）总体偏差率虽然低于可容忍偏差率，但两者很接近	总体不能接受	注册会计师通常认为实际的总体偏差率高于可容忍偏差率的抽样风险很高，因而总体不可接受
（4）总体偏差率与可容忍偏差率之间的差额不是很大也不是很小	不能认为总体是否可以接受	注册会计师考虑扩大样本规模或实施其他测试，以进一步收集证据

（三）考虑偏差的性质和原因

（四）得出总体结论

1. 如果样本结果及其他相关审计证据支持计划评估的控制有效性，从而支持计划的重大错报风险评估水平，注册会计师可能不需要修改计划的实质性程序。

2. 如果样本结果不支持计划的控制运行有效性和重大错报风险的评估水平，注册会计师通常有两种选择：

（1）进一步测试其他控制（如补偿性控制），以支持计划的控制运行有效性和重大错报风险的评估水平；

（2）提高重大错报风险评估水平，并相应修改计划的实质性程序的性质、时间安排和范围。

四、记录抽样程序（第一能力等级）

第三节　审计抽样在细节测试中的运用

样本设计→选取样本→评价样本结果。

一、样本设计阶段（第二能力等级）

内容	关注
1. 确定测试目标	识别财务报表中各类交易、账户余额和披露中存在的重大错报

续表

内容	关注
2. 定义总体	考虑总体的适当性和完整性
3. 定义抽样单元	抽样单元可能是一个账户余额、一笔交易或交易中的一个记录，甚至是每个货币单元
3. 界定错报	根据审计目标界定错报

二、选取样本阶段（第二能力等级）

（一）确定抽样方法——货币单元抽样和传统变量抽样

1. 货币单元抽样。

货币单元抽样——运用属性抽样原理对货币金额而不是对发生率得出结论的统计抽样方法，它是概率比例规模抽样方法的分支，有时也被称为金额单元抽样、累计货币金额抽样以及综合属性变量抽样等。

【提示】货币单元抽样以货币单元作为抽样单元。总体中的每个货币单元被选中的机会相同，所以总体中某一项目被选中的概率等于该项目的金额与总体金额的比率，项目金额越大，被选中的概率就越大，这样有助于注册会计师将审计重点放在较大的账户余额或交易。但实际上注册会计师并不是对总体中的货币单元实施检查，而是对包含被选取货币单元的账户余额或交易实施检查。注册会计师检查的账户余额或交易被称为逻辑单元。

第四章

货币单位抽样优点	货币单元抽样缺点
(1) 货币单元抽样以属性抽样原理为基础，注册会计师可以很方便地计算样本规模和评价样本结果，因而通常比传统变量抽样更易于使用	(1) 货币单位抽样不适用于测试总体的低估，因为账面金额小但被严重低估的项目被选中的概率低，如果在货币单元抽样中发现低估，注册会计师在评价样本时需要特别考虑
(2) 货币单元抽样在确定所需的样本规模时无须直接考虑总体的特征（如变异性），因为总体中的每一个货币单元都有相同的规模，而传统变量抽样的样本规模是在总体项目共有特征的变异性或标准差的基础上计算的	(2) 对零余额或负余额的选取需要在设计时予以特别考虑
(3) 货币单元抽样中，项目被选取的概率与其货币金额大小成比例，因而无须通过分层减少变异性，而传统变量抽样通常需要对总体进行分层以减小样本规模	(3) 当发现错报时，如果风险水平一定，货币单元抽样在评价样本时可能高估抽样风险的影响，从而导致注册会计师更可能拒绝一个可接受的总体账面金额
(4) 在货币单元抽样中使用系统选样法选取样本时，如果项目金额等于或大于选样间距，货币单元抽样将自动识别所有单个重大项目，即该项目一定会被选中	(4) 在货币单元抽样中，注册会计师通常需要逐个累计总体金额，以确定总体是否完整并与财务报表一致，不过如果相关会计数据以电子形式储存，就不会额外增加大量的审计样本
(5) 如果注册会计师预计不存在错报，货币单元抽样的样本规模通常比传统变量抽样方法更小	(5) 当预计总体错报的金额增加时，货币单元抽样所需的样本规模也会增加，这种情况下，货币单元抽样的样本规模可能大于传统变量抽样所需的样本规模
(6) 货币单元抽样的样本更容易设计，且可在能够获得完整的最终总体之前开始选取样本	—

2. 传统变量抽样。

传统变量抽样优点	传统变量抽样缺点
(1) 如果账面金额与审定金额之间存在较多差异，传统变量抽样可能只需较小的样本规模就能满足审计目标	(1) 传统变量抽样比货币单元抽样更复杂，注册会计师通常需要借助计算机程序
(2) 注册会计师关注总体的低估时，使用传统变量抽样比货币单元抽样更合适	(2) 在传统变量抽样中确定样本规模时，注册会计师需要估计总体特征的标准差，而这种估计往往难以作出，注册会计师可能利用以前对总体的了解或根据初始样本的标准差进行估计
(3) 需要在每一层追加选取额外的样本项目时，传统变量抽样更易于扩大样本规模	(3) 如果存在非常大的项目，或者在总体的账面金额与审定金额之间存在非常大的差异，而且样本规模比较小，正态分布理论可能不适用，注册会计师更可能得出错误的结论
(4) 对零余额或负余额项目的选取，传统变量抽样不需要在设计时予以特别考虑	(4) 如果几乎不存在错报，传统变量抽样中的差异法和比率法将无法使用

传统变量抽样方法	计算公式
1. 均值法	(1) 样本审定金额的平均值 = 样本审定金额/样本规模 (2) 估计的总体金额 = 样本审定金额的平均值 × 总体规模 (3) 推断的总体错报 = 总体账面金额 − 估计的总体金额
2. 差额法	(1) 样本平均错报 = （样本账面金额 − 样本审定金额）/样本规模 (2) 推断的总体错报 = 样本平均错报 × 总体规模 (3) 估计的总体金额 = 总体账面金额 − 推断的总体错报
3. 比率法	(1) 比率 = 样本审定金额/样本账面金额 (2) 估计的总体金额 = 总体账面金额 × 比率 (3) 推断的总体错报 = 总体账面金额 − 估计的总体金额

【例题13·单选题】（2018年试题）

下列有关细节测试的样本规模的说法中，错误的是（　　）。

A. 可容忍错报与样本规模反向变动

B. 总体的变异性与样本规模同向变动

C. 可接受的误受风险与样本规模同向变动

D. 总体规模对样本规模的影响很小

【答案】C

【解析】可接受的误受风险越低，需要获取的审计证据就越多，两者呈反向变动。

【例题14·单选题】

D注册会计师从总体规模为1 000个、账面价值为300 000元的存货项目中选取200个项目（账面价值50 000元）进行检查，确定其审定金额为50 500元。如果采用传统变量抽样中的比率法，D注册会计师推断的存货总体错报为（　　）。

A. 500元

B. 2 500元

C. -3 000元

D. 47 500元

【答案】C

【解析】比率 = 50 500 ÷ 50 000 = 1.01，估计的总体金额 = 300 000 × 1.01 = 303 000（元），推断的总体错报 = 300 000 - 303 000 = -3 000（元）。

【例题15·简答题】

A和B注册会计师审计×公司2017年度的主营业务收入，为了确定×公司销售业务是否真实、完整，会计处理是否正确，A和B注册会计师拟从×公司2017年开具的销售发票的存根中选取若干张，核对销售合同和发运单，并检查会计处理是否符合规定。×公司2017年共开具连续编号的销售发票4 000张，A和B注册会计师计划从中选取10张销售发票样本。

要求：

如果检查上述10笔销售业务的账面价值为1 000 000元，审计后认定的价值为1 000 300元，假定×公司2017年度主营业务收入账面价值为180 000 000元，并假定误差与账面价值不成比例关系，请运用传统变量抽样中的差额法推断×公司2017年度主营业务收入的总体实际价值（要求列示计算过程）。

【答案】

样本平均错报 =（样本账面金额 - 样本审定金额）/样本规模

推断的总体错报 = 样本平均错报 × 总体规模

估计的总体金额 = 总体账面金额 - 推断的总体错报

估计的总体差额 =（1 000 000 - 1 000 300）÷ 10 × 4 000 = -120 000（元）

×公司2017年度主营业务收入的总体实际价值 = 180 000 000 -（-120 000）= 180 120 000（元）

【例题16·简答题】

A和B注册会计师对Y公司的应付票据项目进行审计，为了确定应付票据余额所对应的业务是否真实，会计处理是否正确，A和B注册会计师拟从Y公司应付票据备查簿中抽取若干笔应付票据业务，检查相关的合同、发票、货物验收单等资料，并检查会计处理的正确性。Y公司应付票据备查簿显示，应付票据项目2017年12月31日的余额为15 000 000元，由72笔应付票据业务构成。根据具体审计计划的要求，A和B注册会计师需从中选取6笔应付票据业务进行检查。

要求：

如果检查上述6笔应付票据业务的账面价值为1 400 000元，审计后认定的价值为1 680 000元，Y公司2017年12月31日应付票据账面总值为15 000 000元，并假定误差与账面价值成比例关系，请运用传统变量抽样中的比率法推断Y公司2017年12月31日应付票据的总体实际价值（要求列示计算过程）。

【答案】

比率 = 样本审定金额/样本账面金额

估计的总体金额 = 总体账面金额 × 比率

推断的总体错报 = 总体账面金额 - 估计的总体金额

实际价值与账面价值的比率 = 1 680 000 ÷ 1 400 000 = 1.2

推断Y公司2017年12月31日应付票据的总体实际价值 = 15 000 000 × 1.2 = 18 000 000（元）

（二）确定样本规模

1. 影响样本规模因素。

因素	含义	与样本规模的关系
(1) 可接受的误受风险	误受风险——指注册会计师推断某一重大错报不存在而实际上存在的风险，它与审计的效果有关。 误拒风险——指注册会计师推断某一重大错报存在而实际上不存在的风险，它与审计的效率有关	误受风险与样本规模反向变动；误拒风险与样本规模反向变动
(2) 可容忍错报	【提示】可容忍错报可能等于或低于实际执行的重要性，这取决于注册会计师考虑下列因素后作出的职业判断： ①事实错报和推断错报的预期金额； ②被审计单位对建议的调整所持的态度； ③某审计领域中，金额需要估计或无法准确确定的账户的数量； ④经营场所、分支机构或某账户中样本组合的数量，注册会计师分别测试这些经营场所、分支机构或样本组合，但需要将测试结果累积起来得出审计结论； ⑤测试项目占账户全部项目的比例	可容忍错报与样本规模反向变动
(3) 预计总体错报	【提示】预计总体错报不应超过可容忍错报。 如果预期错报很高，注册会计师在实施细节测试时对总体进行100%检查或使用较大的样本规模可能较为适当	在既定的可容忍错报下，预计总体错报的金额和频率越小，所需的样本规模也越小。相反，预计总体错报的金额和频率越大，所需的样本规模也越大
(4) 总体规模	—	总体中的项目数量在细节测试中对样本规模的影响很小
(5) 总体变异性	在细节测试中，注册会计师确定适当的样本规模时要考虑特征的变异性。 【提示】衡量这种变异或分散程度的指标是标准差。 如果总体项目存在重大的变异性，注册会计师可以考虑将总体分层	总体项目的变异性越低，通常样本规模越小

【例题17·单选题】（2019年试题）

运用审计抽样进行细节测试时，对总体进行分层可以提高抽样效率的是（　　）。

A. 总体规模较大

B. 总体变异性较大

C. 误拒风险较高

D. 预计总体错报较高

【答案】B

【解析】如果总体项目存在重大的变异性，注册会计师可以考虑将总体分层。分层可以降低每一层中项目的变异性，从而在抽样风险没有成比例增加的前提下减小样本规模，提高审计效率。

【例题18·多选题】（2019年试题）

运用审计抽样进行细节测试时，可以作为抽样单元的有（　　）。

A. 一笔交易

B. 一个账户余额

C. 每个货币单元

D. 交易中的一个记录

【答案】ABCD

【解析】在细节测试中，注册会计师应根据审计目标和所实施审计程序的性质定义抽样单元。抽样单元可能是一个账户余额、一笔交易或交易中的一个记录（如销售发票中的单个项目），甚至是每个货币单元。

【例题19·单选题】（2014年试题）

下列有关细节测试样本规模的说法中，错误的是（　　）。

A. 总体项目的变异性越低，通常样本规模越小

B. 当总体被适当分层时，各层样本规模的汇总数通常等于在对总体不分层的情况下确定的样本规模

C. 当误受风险一定时，可容忍错报越低，所需的样本规模越大

D. 对于大规模总体，总体的实际规模对样本规模几乎没有影响

【答案】B

【解析】分层可以降低每一层中项目的变异性，从而在抽样风险没有成比例增加的前提下减少样本规模，提高审计效率。

2. 确定样本量——统计抽样和非统计抽样。

3. 注册会计师使用下列公式确定样本规模：

$$样本规模 = \frac{总体账面金额}{可容忍错报} \times 保证系数$$

（三）选取样本并对其实施审计程序

注册会计师可以根据具体情况，从简单随机选择、系统选样或随意选样中挑选适当的选样方法选取样本，也可以使用计算机辅助审计技术提高选样的效果。

1. 在选取样本之前，注册会计师通常先识别单个重大项目。

2. 从剩余项目中选取样本，或者对剩余项目分层，并将样本规模相应分配给各层。

3. 注册会计师应对选取的每一个样本实施适合于具体审计目标的审计程序。

三、评价样本结果阶段（第二能力等级）

（一）推断总体错报

（二）考虑抽样风险

1. 在非统计抽样中，注册会计师运用职业判断和经验考虑抽样风险。

2. 在货币单元抽样中，注册会计师通常使用教材第四章表 4－10 中的保证系数，考虑抽样风险的影响，计算总体错报的上限。

具体情况	总体错报的上限	提示
（1）如果在样本中没有发现错报	总体错报的上限＝保证系数×选样间隔	没有发现错报时估计的总体错报上限也被称作“基本精确度”。 注：保证系数查表获知
（2）如果在账面金额大于或等于选样间隔的逻辑单元中发现了错报，无论该错报的百分比是否为 100%	总体错报的上限＝事实错报＋基本精确度	注册会计师还要将计算出来的总体错报上限，与在需要实施 100% 检查的其他项目中发现的事实错报累计起来
（3）如果在样本（排除账面金额大于或等于选样间隔的逻辑单元）中发现了错报百分比为 100% 的错报	总体错报的上限＝保证系数×选样间隔	—
（4）如果在样本（排除账面金额大于或等于选样间隔的逻辑单元）中发现了错报百分比低于 100% 的错报	①计算推断错报。 ②推断错报按金额降序排列后，分别乘以对应的保证系数增量（即在既定的误受风险水平下，特定数量的高估错报所对应的保证系数与上一行保证系数之间的差异）。 ③加上基本精确度。 ④总本错报的上限＝推断错报×保证系数的增量（查表）＋基本精确度	—
（5）如果样本中既有账面金额大于或等于选样间隔的逻辑单元，又有账面金额小于选样间隔的逻辑单元，而且在账面金额小于选样间隔的逻辑单元中，既发现了错报百分比为 100% 的错报，又发现了错报百分比低于 100% 的错报	将所有样本项目分成两组： 第一组是账面金额大于或等于选样间隔的逻辑单元，注册会计师计算出该组项目的事实错报；第二组是账面金额小于选样间隔的逻辑单元，无论该组项目的错报百分比是否为 100%	①计算出各项目的推断错报。 ②将所有推断错报按金额降序排列后，分别乘以对应的保证系数增量，并将计算结果累计起来。 ③总体错报的上限＝累计结果＋基本精确度＋第一组项目中的事实错报

【提示】在货币单元抽样中，注册会计师将总体错报的上限与可容忍错报进行比较。如果总体错报的上限小于可容忍错报，注册会计师可以初步得出结论，样本结果支持总体的账面金额。

（三）考虑偏差的性质和原因

除了评价错报的金额和频率以及抽样风险以外，注册会计师还应当考虑：

（1）错报的性质和原因；

（2）错报与审计工作其他阶段之间可能存在的关系。

（四）得出总体结论

1. 如果样本结果不支持总体账面金额，且注册会计师认为账面金额可能存在错报，注册会计师通常会建议被审计单位对错报进行调查，并在必要时调整账面记录。

【提示】无论样本结果是否表明错报总额超过了可容忍错报，注册会计师都应当要求被审计单位的管理层记录已发现的事实错报（除非明显微小）。

2. 如果样本结果表明注册会计师作出抽样计划时依据的假设有误，注册会计师应当采取适当的行动。

【提示】细节测试中发现的错报的金额或频率大于依据重大错报风险的评估水平作出的预期，注册会计师需要考虑重大错报风险的评估水平是否仍然适当。注册会计师也可能决定修改对重大错报风险评估水平低于最高水平的其他账户拟实施的审计程序。

（五）示例——统计抽样和非统计抽样

四、记录抽样程序（第二能力等级）

【例题20·多选题】（2019年试题）

下列各项中，注册会计师在所有审计业务中均应当确定的有（　　）。

A. 财务报表整体的重要性

B. 可容忍错报

C. 明显微小错报的临界值

D. 实际执行的重要性

【答案】ACD

【解析】细节测试中如不使用审计抽样，则无须确定可容忍错报。

【例题21·多选题】（2016年试题）

下列有关注册会计师使用非统计抽样实施细节测试的说法中，错误的有（　　）。

A. 注册会计师增加单独测试的重大项目，可以减少样本规模

B. 在定义抽样单元时，注册会计师无须考虑实施计划的审计程序或替代程序的难易程度

C. 在确定可接受的误受风险水平时，注册会计师无须考虑针对同一审计目标的其他实质性程序的检查风险

D. 注册会计师根据样本中发现的错报金额推断总体错报金额时，可以采用比率法或差异法

【答案】BC

【解析】在定义抽样单元时，注册会计师需考虑实施计划的审计程序或替代程序的难易程度；在确定可接受的误受风险水平时，注册会计师需考虑针对同一审计目标的其他实质性程序的检查风险。

通关演练

一、单项选择题

1. 下列选项中，可能产生抽样风险的是（　　）。

A. 总体不适合测试目标

B. 未能适当的定义误差

C. 未能适当地评价审计发现的情况

D. 样本规模过小

2. 下列有关信赖过度风险的说法中，正确的是（　　）。

A. 信赖过度风险属于非抽样风险

B. 信赖过度风险影响审计效率

C. 信赖过度风险与控制测试和细节测试均相关

D. 注册会计师可以通过扩大样本规模降低信赖过度风险

3. 下列关于抽样风险和非抽样风险的说法中，正确的是（　　）。

A. 增加样本量可以降低抽样风险

B. 注册会计师更应关注信赖过度风险和误拒风险

C. 注册会计师未能恰当的定义总体、抽样单元和偏差，导致抽样风险

D. 项目组提供更多的督导，保持职业谨慎，严格遵守审计准则，将降低抽样风险

4. 下列选项中，属于在抽样中影响样本规模的因素的是（　　）。

A. 可接受的误受风险越高，样本规模越大

B. 可容忍错报越高，样本规模越大

C. 在既定的可容忍错报下，预计总体错报越大，样本规模越大。

D. 总体规模越大，样本规模越大

5. 注册会计师拟运用统计抽样进行控制测试。在确定样本规模时，需要考虑的是（　　）。

A. 信赖不足风险

B. 预计总体偏差率

C. 总体的适当性

D. 总体偏差率上限

6. 下列各项中，不会导致非抽样风险的

是（　　）。

A. 注册会计师选择的总体不适合于测试目标

B. 注册会计师未能适当地定义误差

C. 注册会计师未对总体中的所有项目进行测试

D. 注册会计师未能适当地评价审计发现的情况

7. 下列有关统计抽样和非统计抽样的说法中，错误的是（　　）。

A. 注册会计师应当根据具体情况并运用职业判断，确定使用统计抽样或非统计抽样方法

B. 注册会计师在统计抽样与非统计抽样方法之间进行选择时主要考虑成本效益

C. 非统计抽样如果设计适当，也能提供与统计抽样方法同样有效的结果

D. 注册会计师使用非统计抽样时，不需要考虑抽样风险

8. 下列有关细节测试样本规模的说法中，错误的是（　　）。

A. 总体项目的变异性越低，通常样本规模越小

B. 当总体被适当分层时，各层样本规模的汇总数通常等于在对总体不分层的情况下确定的样本规模

C. 当误受风险一定时，可容忍错报越低，所需的样本规模越大

D. 对于大规模总体，总体的实际规模对样本规模几乎没有影响

9. 如果使用审计抽样实施控制测试没有为得出有关测试总体的结论提供合理的基础，下列有关注册会计师采取的措施中，错误的是（　　）。

A. 扩大样本规模

B. 测试替代控制

C. 修改相关实质性程序

D. 提高可容忍偏差率

10. 公司财务人员每月与前35名主要客户对账，如有差异进行调查。A注册会计师以与各主要客户的每次对账为抽样单元，采用非统计抽样测试该控制，确定最低样本数量时可以参照的控制执行频率是（　　）。

A. 每月1次

B. 每周1次

C. 每日1次

D. 每日数次

11. 下列有关抽样方法的选择的说法中，正确的是（　　）。

A. 在不进行分层的情况下，通常采用均值法推断总体错报

B. 抽样发现少量错报，可以采用比率法推断总体错报

C. 抽样未发现错报，可以采用差额法推断总体错报

D. 预计只发现少量大金额差异的情况下，可以使用货币单元抽样

12. 下列抽样方法中，适用于控制测试的是（　　）。

A. 变量抽样

B. 货币单元抽样

C. 差额估计抽样

D. 属性抽样

13. 运用审计抽样进行细节测试时，对总体进行分层可以提高抽样效率的是（　　）。

A. 总体规模较大

B. 总体变异性较大

C. 误拒风险较高

D. 预计总体错报较高

14. 下列有关审计抽样的说法中，错误的是（　　）。

A. 审计抽样是对某类交易或账户余额中低于百分之百的项目实施审计程序

B. 注册会计师的专业胜任能力与抽样风险成反向变动关系，即较高的专业胜任能力有助于降低抽样风险，反之，较低的专业胜任能力将使抽样风险增加

C. 审计抽样中，所有抽样单元都有被选取的机会

D. 风险评估程序中通常不涉及审计抽样

二、多项选择题

1. 运用属性抽样原理对货币金额而不是对发生率得出结论的货币单元抽样优点包括（　　）。

A. 货币单元抽样以属性抽样原理为基础，注册会计师可以很方便地计算样本规模和评价样本结果

B. 项目被选取的概率与其货币金额大小成比例，因而无须通过分层减少变异性

C. 如果账面金额与审定金额之间存在较多差异，货币单元抽样可能只需较小的样本规模就能满足审计目标

D. 如果注册会计师预计不存在错报，货币单元抽样的样本规模通常比传统变量抽样方法更小

2. 在审计抽样进行控制测试时，影响样本规模的因素有（　　）。

A. 可接受的信赖过度风险

B. 可接受的误受风险

C. 可容忍偏差率

D. 可容忍错报

3. 下列关于选取测试项目的方法的说法中，正确的有（　　）。

A. 某类交易所有项目的单个金额都较大时，应当选取全部项目进行测试

B. 存在特定风险且其他方法未能提供充分、适当的审计证据时，也可以选取全部项目进行测试

C. 由于信息系统自动执行的计算，选取全部项目进行检查符合成本效益原则

D. 注册会计师从总体中的特定项目中选取一部分进行针对性测试，即采用审计抽样

4. 下列有关选取测试项目的方法的说法中，错误的有（　　）。

A. 从某类交易中选取特定项目进行检查构成审计抽样

B. 从总体中选取特定项目进行测试时，应当使总体中每个项目都有被选取的机会

C. 对全部项目进行检查，通常更适用于细节测试

D. 审计抽样更适用于控制测试

5. 下列各项审计程序中，通常不采用审计抽样的有（　　）。

A. 风险评估程序

B. 控制测试

C. 实质性分析程序

D. 细节测试

6. 下列有关统计抽样和非统计抽样的说法中，正确的有（　　）。

A. 注册会计师应当根据具体情况并运用职业判断，确定使用统计抽样或非统计抽样方法

B. 注册会计师在统计抽样与非统计抽样方法之间进行选择时主要考虑成本效益

C. 非统计抽样如果设计适当，也能提供与统计抽样方法同样有效的结果

D. 注册会计师使用非统计抽样时，不需要考虑抽样风险

7. 下列有关注册会计师在实施审计抽样时评价样本结果的说法中，正确的有（　　）。

A. 在分析样本误差时，注册会计师应当对所有误差进行定性评估

B. 注册会计师应当实施追加的审计程序，以高度确信异常误差不影响总体的其余部分

C. 控制测试的抽样风险无法计量，但注册会计师在评价样本结果时仍应考虑抽样风险

D. 在细节测试中，如果根据样本结果推断的总体错报小于可容忍错报，则总体可以接受

8. 确定控制测试样本规模时，下列各项中与样本规模同向变动的有（　　）。

A. 控制运行的期间

B. 可容忍偏差率

C. 控制发生的频率

D. 可接受的信赖过度风险

9. 下列有关注册会计师使用统计抽样实施细节测试的说法中，错误的有（　　）。

A. 注册会计师增加单独测试的重大项目，可以减少样本规模

B. 在定义抽样单元时，注册会计师无须考虑计划的审计程序或替代程序的难易程度

C. 在确定可接受的误受风险水平时，注册会计师无须考虑针对同一审计目标的其他实质性程序的检查风险

D. 注册会计师根据样本中发现的错报金额推断总体错报金额时，可以采用比率法或差异法

10. 注册会计师运用审计抽样在期中对被审计单位进行控制测试后，在确定是否需要针对剩余期间获取额外的审计证据以及获取哪些审计证据时，注册会计师通常需要考虑的因素包括（　　）。

A. 评估的认定层次重大错报风险的重要程度

B. 在期中测试的特定控制，自期中测试后控制发生的重大变化

C. 剩余期间的长度

D. 控制环境

11. 下列抽样方法中，通常可以用于统计抽样的有（　　）。

A. 系统选样

B. 整群选样

C. 随意选样

D. 随机选样

12. 下列项目中，可以作为抽样单元的有（　　）。

A. 银行对账单的贷方记录

B. 销售发票

C. 应收账款余额

D. 货币单元

三、简答题

1. 注册会计师对被审计单位的应收账款进行测试。被审计单位资产负债表日的应收账款明细账上显示的客户有 1 200 个，应收账款的账面余额为 1 000 万元。注册会计师抽取 120 个样本进行测试，该样本对应的账面余额为 180 万元，审定后的余额为 120 万元。

要求：

采用差额抽样法推断被审计单位资产负债表日的应收账款账面的期末审定金额。

2. A 注册会计师对 B 公司进行 2015 年度财务报表的审计工作，B 公司 2015 年 12 月 31 日应收账款项目由 2 000 个明细项目组成，账面价值 600 万元，注册会计师确定的应收账款项目的重要性为 10 万元。注册会计师拟使用非统计抽样对应收账款实施函证程序，并不打算针对应收账款存在认定采取其他实质性程序。针对应收账款存在认定，注册会计师评估的重大错报风险为“低”。

保证系数表

评估的重大错报风险	其他是执行程序未能发现重大错报的风险			
	最高	高	中	低
最高	3.0	2.7	2.3	2.0
高	2.7	2.4	2.0	1.6
中	2.3	2.1	1.6	1.2
低	2.0	1.6	1.2	1.0

要求：

（1）用公式法估算样本规模。

（2）假定 A 注册会计师抽取样本的账面价值为 62 万元，对样本测试的结果是高估 1.28 万元，用比率法推断总体错报并代注册会计师得出审计结论。

3. A 注册会计师负责审计甲公司 2017 年度财务报表。在针对存货实施细节测试时，A 注册会计师决定采用传统变量抽样方法实施统计抽样。甲公司 2017 年 12 月 31 日存货账面余额合计为 150 000 000 元。A 注册会计师确定的总体规模为 3 000 个，样本规模为 200 个，样本账面余额合计为 12 000 000 元，样本审定金额合计为 8 000 000 元。

要求：

代 A 注册会计师分别采用传统变量抽样中的均值法、差额法和比率法三种方法计算推断的总体错报金额。

4. A 注册会计师负责审计公司 2017 年度财务报表。在针对销售费用的发生认定实施细节测试时，A 注册会计师决定采用传统变量抽样方法实施统计抽样，相关事项如下：

（1）A 注册会计师抽样单元界定为销售费用总额中的每个货币单元。

（2）A 注册会计师将总体分成两层，使每层的均值大致相等。

（3）A 注册会计师在确定样本规模时不考虑销售费用账户的可容忍错报。

（4）A 注册会计师采用系统选样的方式选取样本项目进行检查。

（5）在对选中的一个样本项目进行检查时，A 注册会计师发现所附发票丢失，于是另选一个样本项目代替。

（6）甲公司 2017 年销售费用账面金额合计 75 000 000 元。A 注册会计师决定采用传统变量抽样中的差额法，确定的总体规模为 4 000，样本规模为 200，样本账面金额合计为 4 000 000 元，样本审定金额合计为 3 600 000 元。

要求：

（1）针对上述事项（1）至（5），逐项指出A注册会计师的做法是否存在不当之处。如果存在不当之处，简要说明理由。

（2）在不考虑上述事项（1）至（5）的情况下，针对上述事项（6），计算销售费用错报金额。

5. A注册会计师负责审计甲公司2017年度财务报表。甲公司本年度银行存款账户数一直为60个。甲公司财务制度规定，每月月末由与银行存款核算不相关的财务人员H针对每个银行存款账户编制银行存款余额调节表。A注册会计师决定运用统计抽样方法测试该项控制在全年的运行有效性。相关事项如下：

（1）A注册会计师计算了各银行存款账户在2017年12月31日余额的标准差，作为确定样本规模的一个因素。

（2）在确定样本规模后，A注册会计师采用随机选样的方式选取样本。选取的一个银行存款账户余额极小，A注册会计师另选了一个余额较大的银行存款账户予以代替。

（3）在对选取的样本项目进行检查时，A注册会计师发现其中一张银行存款余额调节表不是由甲公司H编制而是由出纳代为编制，A注册会计师复核后发现该表编制正确，不将其视为控制偏差。

（4）在对选取的样本项目进行检查后，A注册会计师将样本中发现的偏差数量除以样本规模得出的数值作为该项控制运行总体偏差率的最佳估计。

（5）假设A注册会计师确定的可接受的信赖过度风险为10%，样本规模为45。测试样本后，发现1例偏差。当信赖过度风险为“10%”、样本中发现的偏差率为“1”时，控制测试的风险系数为“3.9”。

要求：

（1）针对事项（1）至（4），假设上述事项互不关联，逐项指出A注册会计师的做法是否正确。如不正确，简要说明理由。

（2）针对事项（5），计算总体偏差率上限。

6. A注册会计师负责审计甲公司2017年度财务报表。在了解甲公司内部控制后，A注册会计师决定采用审计抽样的方法对拟信赖的内部控制进行测试，部分做法摘录如下：

（1）为测试2016年度信用审核的控制是否有效运行，将2017年1月1日至11月30日期间的所有销售单界定为测试总体。

（2）为测试2016年度采购付款凭证审批的控制是否有效运行，将采购凭证缺乏审批人员签字或虽有签字但未按制度审批的界定为控制偏差。

（3）在使用随机数表选取样本项目时，由于所选中的1张凭证已经丢失，无法测试，直接用随机数表另选1张凭证代替。

（4）在对存货验收的控制进行测试时，确定样本规模为60，测试后发现3例偏差。在此情况下，推断2016年度该项控制偏差率的最佳估计为5%。

（5）在上述事项（4）的基础上，A注册会计师确定的信赖过度风险为5%，可容忍偏差率为7%。由于存货验收控制的偏差率的最佳估计不超过可容忍偏差率，认定该项控制运行有效（注：信赖过度风险为5%时，样本中发现偏差数“3”对应的控制测试风险系数为7.8）。

要求：

针对上述事项（1）至（5），逐项指出A注册会计师的做法是否正确。如不正确，简要说明理由。

7. E注册会计师负责对乙公司2017年度财务报表进行审计。在针对应收账款实施函证程序时，E注册会计师采用了货币单元抽样方法。相关事项如下：

（1）E注册会计师对应收账款各个明细账户进行了初步分析，将预期存在错报的明细账户选出，单独进行函证，并将其余的明细账户作为抽样总体。E注册会计师认为在预期不存在错误的情况下，货币单元抽样效率更高。

（2）E注册会计师认为不需要计算抽样总体的标准差，因为货币单元抽样运用的是属性抽样原理。

（3）假设样本规模为200个，E注册会计师采用系统选样方法，选出200个抽样单元，对应的明细账户共190户。在推断抽样总体中存在的错报时，E注册会计师将样本规模相应调整为190个。

（4）在对选取的所有明细账户进行函证

后，E 注册会计师没有发现错报，因此认定应收账款不存在重大错报。

（5）在确定样本规模后，A 注册会计师认为，货币单元抽样方法的抽样单元是货币单元，而实施审计测试需要针对应收账款明细账户实物单元。为了在选取样本时找到与被选中的特定货币单位相关联的明细账户实物单元，E 注册会计师逐项累计总体中所有项目的账面金额。

要求：

（1）针对上述事项（1）至（5），逐项指出 E 注册会计师的做法是否正确。如不正确，简要说明理由。

（2）指出货币单元抽样对实现测试应收账款完整性认定这一目标是否适用，简要说明理由。

8. X 注册会计师负责审计甲公司 2019 年度财务报表。在针对销售费用的发生认定实施细节测试时，X 注册会计师决定采用传统变量抽样方法实施统计抽样，相关事项如下：

（1）X 注册会计师将抽样单元界定为销售费用总额中的每个货币单元。

（2）X 注册会计师采用系统选样的方式选取样本项目进行检查。

（3）X 注册会计师在确定样本规模时不考虑销售费用账户的可容忍错报。

（4）X 注册会计师将总体分成两层，使每层的均值大致相等。

（5）在对选中的一个样本项目进行检查时，X 注册会计师发现所附发票丢失，于是另选一个样本项目代替。

要求：

针对上述事项（1）至（5），逐项指出 X 注册会计师的做法是否存在不当之处。如果存在不当之处，简要说明理由。

答案及解析

一、单项选择题

1. 【答案】D

【解析】选项 A、B、C 产生的是非抽样风险。

2. 【答案】D

【解析】信赖过度风险属于抽样风险；信赖过度风险影响审计效果；信赖过度风险是在控制测试中使用审计抽样时的抽样风险，与细节测试无关。

3. 【答案】A

【解析】选项 B，注册会计师更应关注信赖过度风险和误受风险；选项 C，导致的是非抽样风险；选项 D，是降低非抽样风险的方法。

4. 【答案】C

【解析】可接受的误受风险越高，样本规模越小；可容忍错报越高，样本规模越小；总体规模较大的情况下，对样本的影响几乎为零。

5. 【答案】B

【解析】运用统计抽样进行控制测试时，注册会计师只考虑信赖过度风险，不考虑信赖不足风险；相对于确定样本规模来说，选项 C“过时”，选项 D“超前”，两者都不是确定样本规模的考虑因素。

6. 【答案】C

【解析】选项 C 导致的是抽样风险。

7. 【答案】D

【解析】注册会计师使用非统计抽样时，必须考虑抽样风险并将其降至可接受水平，但无法精确地测定抽样风险。

8. 【答案】B

【解析】分层可以降低每一层中项目的变异性，从而在抽样风险没有成比例增加的前提下减少样本规模，提高审计效率。

9. 【答案】D

【解析】如果认为审计抽样没有为得出有关测试总体的结论提供合理的基础，注册会计师可以：（1）要求管理层对识别出的错报和是否可能存在更多错报进行调查，并在必要时进行调整；（2）调整进一步审计程序的性质、时间安排和范围，以更好地获取所需的保证，例如，对于控制测试，注册会计师可能会扩大样本规模，测试替代控制或修改相关实质性程序。

10. 【答案】D

【解析】每月与前 35 名主要客户对账，那每年的对账次数就是 $35\times12=420$，当控制发生总次数大于 250 次时，对应的控制执行频率就是每日数次。

11. 【答案】D

【解析】均值法在未分层的情况下不宜使用。样本没有发现错报或仅发现少量错报时，不宜使用差额估计或比率估计方法推断总体错报。

12.【答案】D

【解析】选项A、B、C属于统计抽样在细节测试中的应用。

13.【答案】B

【解析】如果总体项目存在重大的变异性，注册会计师可以考虑将总体分层。分层可以降低每一层中项目的变异性，从而在抽样风险没有成比例增加的前提下减小样本规模，提高审计效率。

14.【答案】B

【解析】专业胜任能力引起的差错与抽样风险无关，这方面的风险属于非抽样风险。

二、多项选择题

1.【答案】ABD

【解析】货币单元抽样的优点主要包括：（1）货币单元抽样以属性抽样原理为基础，注册会计师可以很方便地计算样本规模和评价样本结果，因而通常比传统变量抽样更易于使用；（2）货币单元抽样在确定所需的样本规模时无须直接考虑总体的特征（如变异性），因为总体中的每一个货币单元都有相同的规模，而传统变量抽样的样本规模是在总体项目共有特征的变异性或标准差的基础上计算的；（3）货币单元抽样中，项目被选取的概率与其货币金额大小成比例，因而无须通过分层减少变异性，而传统变量抽样通常需要对总体进行分层以减小样本规模；（4）在货币单元抽样中使用系统选样法选取样本时，如果项目金额等于或大于选样间距，货币单元抽样将自动识别所有单个重大项目，即该项目一定会被选中；（5）如果注册会计师预计不存在错报，货币单元抽样的样本规模通常比传统变量抽样方法更小；（6）货币单元抽样的样本更容易设计，且可在能够获得完整的最终总体之前开始选取样本。

2.【答案】AC

【解析】控制测试中影响样本规模的主要因素有可接受的信赖过度风险、可容忍偏差率、预计总体偏差率、总体规模。

3.【答案】ABC

【解析】选项D错误。注册会计师实施审计抽样时，所测试的是具有审计相关性的总体中低于百分之百的项目，根据所测试项目（低于总体百分之百的项目）的结果推断整个总体从而得出（总体）的结论。但是，选定特定项目测试时，注册会计师只能得出所测试的特定项目的结论，不能通过特定项目测试结果得出整个项目（总体）的结论。选项A、B、C均属于注册会计师应当考虑选取全部项目进行测试：（1）总体由少量的大额项目构成。某类交易或账户余额中的所有项目的单个金额都较大时，注册会计师可能需要测试所有项目（即选项A）；（2）存在特别风险且其他方法为提供充分、适当的审计证据（即选项B）；（3）由于信息系统自动执行的计算或其他程序具有重复性，对全部项目进行检查符合成本效益原则（即选项C）。

4.【答案】ABD

【解析】审计抽样的特征之一是所有抽样单元都有被选取的机会，选取特定项目不构成审计抽样，所以选项A错误；选取的特定项目一般包括大额或关键项目，超过某一金额的项目，被用于获取某些信息的项目，因此并不是每个项目都有被选取的机会，所以选项B错误；当控制的运行留下轨迹时，注册会计师可以考虑使用审计抽样实施控制测试。对于未留下运行轨迹的控制，注册会计师通常实施询问、观察等审计程序，以获取有关控制运行有效性的审计证据，此时不宜使用审计抽样，审计抽样更适用于细节测试，所以选项D错误。

5.【答案】AC

【解析】选项A，风险评估程序即了解被审计单位及其环境，在这一过程中通常不采用审计抽样；选项C，实质性分析程序不适用审计抽样。

6.【答案】ABC

【解析】只要使用了审计抽样，抽样风险总会存在。在使用统计抽样时，注册会计师可以准确地计量和控制抽样风险。在使用非统计抽样时，注册会计师无法量化抽样风险，只能根据职业判断对其进行定性的评价和控制，所以选项D错误。

7.【答案】AB

【解析】选项C，控制测试的抽样风险无

法计量，注册会计师通常将估计的总体偏差率与可容忍偏差率相比较，以判断总体是否可以接受；选项D，在细节测试中，如果根据样本结果推断的总体错报远远小于可容忍错报，则总体可以接受。

8.【答案】AC

【解析】控制运行期间越长，或者控制发生的频率越高，总体规模越大，所需的样本规模就越大。可容忍偏差率越低，或可接受的信赖过度风险越低，表明对抽样的质量要求越高，所需的证据数量就越多，相应的样本规模就越大。

9.【答案】BC

【解析】在定义抽样单元时，注册会计师也应考虑实施计划的审计程序或替代程序的难易程度；在确定可接受的误受风险水平时，注册会计师需要考虑针对同一审计目标的其他实质性程序的检查风险。

10.【答案】ABCD

【解析】注册会计师运用审计抽样在期中对被审计单位进行控制测试后，在确定是否需要针对剩余期间获取额外的审计证据以及获取哪些审计证据时，注册会计师通常需要考虑的因素包括：（1）评估的认定层次重大错报风险的重要程度；（2）在期中测试的特定控制，自期中测试后控制发生的重大变化；（3）在期中对有关控制运行有效性获取的审计证据的程度；（4）剩余期间的长度；（5）在信赖控制的基础上拟缩小实质性程序的范围；（6）控制环境。

11.【答案】AD

【解析】系统选样和随机选样既可用于统计抽样也可用于非统计抽样；整群选样通常不能在审计抽样中使用；随意选样仅适用于非统计抽样。

12.【答案】ABCD

【解析】在细节测试中，注册会计师应根据审计目标和所实施审计程序的性质定义抽样单元。抽样单元可能是一个账户、一笔交易或交易中的一个记录（如支票簿上列示的支票信息，银行对账单上的贷方记录，销售发票或应收账款余额），也可能是货币单元。

三、简答题

1.【答案】

样本平均错报 =（120 － 180）÷ 120 = －0.5（万元）

推断的总体错报 = －0.5 × 1 200 = －600（万元）

推断的总体实际余额 = －600 + 1 000 = 400（万元）

2.【答案】

样本规模 =（600/10）× 2.0 = 120（万元）

推断的总体错报 =（1.28/62）× 600 = 12.39（万元）

因为推断的总体错报超过可容忍错报（应收账款项目的重要性水平），如果再考虑合理的抽样风险允许限度，应收账款账面余额发生错报超过可容忍错报的可能性非常大，所以总体不能接受。

3.【答案】

（1）均值法：

样本审定金额平均 = 8 000 000 ÷ 200 = 40 000（元）

估计总体金额 = 40 000 × 3 000 = 120 000 000（元）

推断的总体错报 = 150 000 000 － 120 000 000 = 30 000 000（元）

（2）差额法：

样本平均错报 =（12 000 000 － 8 000 000）÷ 200 = －20 000（元）

推断的总体错报 = －20 000 × 3 000 = －60 000 000（元）

（3）比率法：

比率 = 8 000 000/12 000 000 = 2/3

估计的总体金额 = 150 000 000 × 2/3 = 100 000 000（元）

推断的总体错报 = 100 000 000 － 150 000 000 = －50 000 000（元）

4.【答案】

（1）针对事项（1）至（5）判断如下：

事项（1），A注册会计师将“抽样单元界定为每个货币单元”的做法不当。抽样单元应为2010年度确认的每笔销售费用。

【解析】抽样单元可能是一个账户余额，一笔交易或交易中的一个记录，甚至是每个货币单元。

事项（2），A注册会计师分层的做法不恰当。分层在于减少总体变异性，而不是使各层之间均值相同。

【解析】分层的意义在于减少总体的变异性，而不在于各层之间均值相同。

事项（3），A注册会计师“确定样本规模时不考虑可容忍错报”的做法是错误的。细节测试采用传统抽样方法确定样本规模，需要考虑可容忍错报的影响。

【解析】在其他因素既定的条件下，可容忍错报越大，所需的样本规模越小。

事项（4），A注册会计师“采用系统选样方法”的做法是恰当的。

事项（5），A注册会计师“发现样本发票丢失后直接另找了一个样本代替”的做法不当。不应另外选择一个样本项目替代，应查明原因，或实施替代程序，或直接将其视为错报。

【解析】不应另选一个样本项目代替，首先应该查明原因，或实施替代审计程序，或直接将其视为错报。

（2）[（3 600 000 – 4 000 000）/200] × 4 000 = – 8 000 000（元）

【解析】平均错报 =（样本实际金额与账面金额的差额）/样本规模 =（4 000 000 – 3 600 000）/200 = 2 000（元）；推断总体错报 = 2 000 × 4 000 = 8 000 000（元）。

5.【答案】

（1）针对事项（1）至（4）判断如下：

事项（1）错误。确定控制测试样本规模时，不需要计算受影响账户余额的标准差。

【解析】本题中注册会计师运用统计抽样方法进行的是控制测试，无须计算标准差，标准差的计算是在细节测试中运用，传统变量抽样的样本规模是在总体项目共有特征的变异性或标准差的基础上计算的；所以在控制测试中将标准差作为确定样本规模的因素是不正确。

事项（2）错误。不应随意更换样本项目，会破坏样本随机性，不符合统计抽样的原理。

【解析】在审计抽样中，需要根据抽样的结果推断总体，利用随机数表选择的样本具有一定的代表性，如果随意更换样本，则审计抽样就不具有代表性；且控制测试不考虑余额，替换样本的做法不恰当。注册会计师不应随意更换样本项目，否则会破坏样本的随机性，不符合统计抽样的原理。

事项（3）错误。不符合不相容职务相互分离的原则，应视为控制偏差。

【解析】A注册会计师是在控制测试中执行审计抽样，目的在于确定被审计单位控制是否有效运行，虽然银行存款余额调节表编制正确，但是其错误在于没有按照控制规定由H编制，而是由不应当承担该职责的出纳编制，表明该项控制没有得到有效运行，所以属于是一项控制偏差。

事项（4）正确。

（2）总体偏差率上限 = 风险系数/样本量 = 3.9/45 = 8.67%

6.【答案】

事项（1），A注册会计师的做法不正确。

【解析】A注册会计师关于总体的定义不正确。A注册会计师在定义总体时，应当确保总体的适当性和完整性。A注册会计师确定的特定审计目标是2017年度信用审核控制是否有效执行，则测试的总体应当是2017年1月1日至12月31日期间所有开具的销售单。

事项（2），A注册会计师的做法正确。

【解析】A注册会计师关于偏差的定义正确。

事项（3），A注册会计师的做法不正确。

【解析】A注册会计师关于无法对选取的项目实施检查时作出的判断不正确。应当查明丢失原因，除非有足够证据证明已恰当执行控制，否则视为控制偏差（对于选择的样本由于丢失无法进行测试时，应当将其视为一个控制偏差处理，而不是重新选择一个样本予以代替）。

事项（4），注册会计师的做法正确。A注册会计师对总体偏差率的最佳估计正确。

【解析】针对事项（4）的解释，将样本中发现的偏差数量除以样本规模，就可以计算出样本偏差率（3/60 = 5%），样本偏差率就是注册会计师对总体偏差率的最佳估计。

事项（5），A注册会计师的做法不正确。

【解析】A注册会计师作出的样本结果评价不正确。根据风险系数7.8和样本量60，计算出的总体偏差率上限为13%（7.8/60），超过了可容忍偏差率7%。所以表示存货验收控制的总体偏差率上限大于可容忍偏差率，总体不能接受，该项控制运行无效。

7.【答案】

(1) 事项 (1) 至 (4) 的分析如下：

事项 (1) 正确。

【解析】如果注册会计师预计错报不存在或很小，货币单元抽样的样本规模通常比传统变量抽样方法更小。

事项 (2) 正确。

【解析】货币单元抽样是一种运用属性抽样原理对货币金额而不是对发生率得出结论的统计抽样方法。

事项 (3) 不正确。

【解析】货币单元抽样的抽样单元是货币单元，不是实物单元，调整样本原定规模将导致无法正确量化抽样结果。在货币单元抽样中，允许某一个实物单位在样本中出现多次，项目尽管只审计一次，但是在统计上仍视为2个样本项目，故样本中项目总数仍然是200个。同时，在货币单元抽样中，抽样单元是货币单元，不是实物单元，调整原定样本规模，将会导致无法正确量化抽样结果。

事项 (4) 不正确。

【解析】注册会计师还应当考虑错报上限和下限。错报上限和下限，可能超过可容忍错报。

事项 (5) 不正确。

【解析】在货币单元抽样中，注册会计师通常需要逐个累计总体金额。但如果相关的会计数据以电子形式储存，就不会额外增加大量的审计成本。

(2) 货币单元抽样方法对于测试应收账款完整性认定的目标并不适当。

在货币单元抽样法下，零余额和小余额的账户被抽中的机会少，因此，它对测试完整性认定不太适当。

【解析】在货币单元抽样中，被低估的实物单元被选取的概率更低。

8.【答案】

事项 (1) 存在不当之处。抽样单元应为2019年度确认的每笔销售费用。

事项 (2) 不存在不当之处。

事项 (3) 存在不当之处。在确定样本规模时，需要考虑可容忍错报的影响。

事项 (4) 存在不当之处。分层应当分为金额大致相当的两层，其意义在于减少总体的变异性，而不是均值大致相等的两层。

事项 (5) 存在不当之处。不应另选一个项目代替，应当查明原因，或实施替代程序，或直接将其视为错报。

第五章　信息技术对审计的影响

本章考情分析

本章为非重点章节，属于审计基本理论与方法。按照考纲要求，第五节数据分析内容属于第三能力等级内容。考点主要围绕信息技术中的一般控制和应用控制测试和信息技术审计范围的确定；数据分析作用等相关内容，考生应注意将信息技术与企业各业务循环的内部控制相结合。近年本章未出过试题。

要求考生：

1. 理解信息技术中的一般控制和应用控制测试。
2. 理解信息技术审计范围的确定。

本章教材变化

本章内容较往年无变化。

基本内容框架

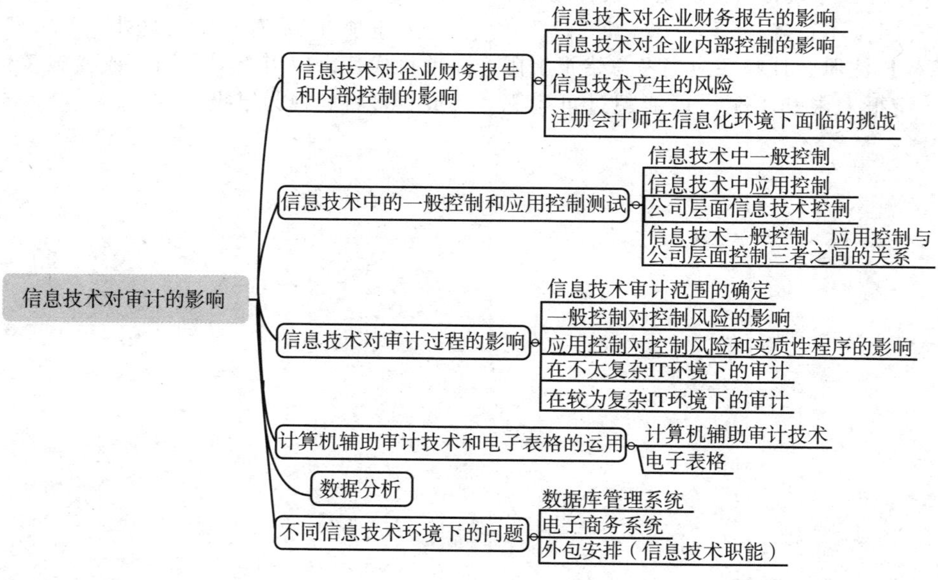

通关重难点例题解析

第一节　信息技术对企业财务报告和内部控制的影响

一、信息技术概念（第一能力等级）

二、信息技术对财务报告的影响——创建、记录、处理、报告（第一能力等级）

（一）创建、记录、处理、报告

（二）有效的信息系统应当具有的功能（结合第七章第四节）

【提示】注册会计师需要在整个过程中考虑信息的准确性、完整性、授权体系及访问限制四个方面。

三、信息技术对内部控制的影响（第一能力等级）

四、评估信息技术的风险（第一能力等级）

第二节 信息技术中的一般控制和应用控制测试

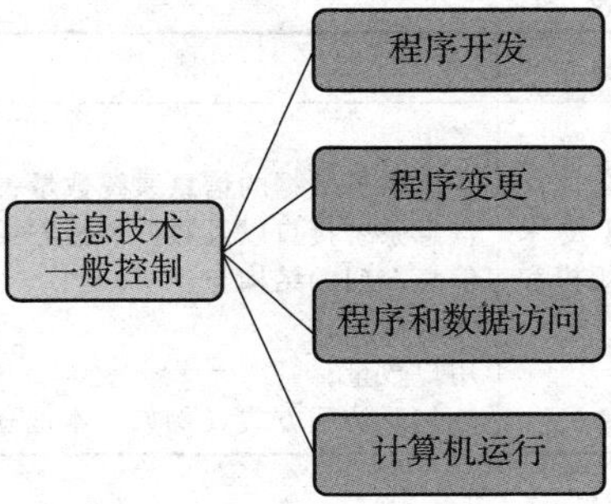

一、信息技术一般控制（第二能力等级）

二、信息技术应用控制（第二能力等级）

1. 信息技术应用控制一般要经过输入、处理及输出等环节。

要素	内容
完整性	系统处理数据的完整性。 例如，各系统之间数据传输的完整性、销售订单的系统自动顺序编号、总账数据的完整性等
准确性	系统运算逻辑的准确性。 例如，金融机构利息计提逻辑的准确性、生产企业的物料成本运算逻辑的准确性、应收账款账龄的准确性等
存在和发生	信息系统相关的逻辑校验控制。例如，限制检查、合理性检查、存在检查和格式检查等。 部分业务操作的授权管理，例如，入账审批管理的权限设定和授予、物料成本逻辑规则修改权限的设定和授予等

2. 了解常见的系统自动控制以及信息技术应用控制审计关注点。

三、公司层面信息技术控制（第二能力等级）

四、信息技术一般控制、应用控制与公司层面控制三者之间的关系（第二能力等级）

【提示】公司层面信息技术控制是公司信息技术整体控制环境，决定了信息技术一般控制和信息技术应用控制的风险基调；

信息技术一般控制是基础，信息技术一般控制的有效与否会直接关系到信息技术应用控制的有效性是否能够信任。

第三节 信息技术对审计过程的影响

一、信息技术审计范围的确定（第二能力等级）

考虑	内容
1. 评估业务流程的复杂度	判断业务流程的复杂度： （1）某流程设计过多人员和部门，并且相关人员和部门之间的关系复杂且界限不清； （2）某流程涉及大量操作及决策活动； （3）某流程的数据处理过程涉及复杂的公式和大量的数据录入操作； （4）某流程需要对信息进行手工处理； （5）对系统生成的报告依赖程度
2. 评估信息系统的复杂度	（1）评估商业软件。考虑系统复杂程度、市场份额，系统实施和运行所需的参数设计范围，客制化程度。 （2）评估自行研发系统。考虑系统复杂程度、距离上一次性系统架构重大变更的时间、系统变更对财务系统的影响结果，以及系统变更后的系统运行情况及运行期间。 考虑： ①被审计的单位是否存在大量的交易数据，以至于用户无法识别并更正数据处理错误； ②数据是否通过网络传输； ③是否使用特殊系统

续表

考虑	内容
3. 信息技术环境的规模和复杂度	考虑： 产生财务数据的信息系统数量； 信息系统接口以及数据传输方式； 信息部门的结构与规模； 网络规模； 用户数量； 外包及访问方式（例如，本地登录或远程登录）

【例题1·单选题】（2019年试题）

下列有关信息技术对审计的影响的说法中，错误的是（　　）。

A. 被审计单位对信息技术的运用不改变注册会计师制定审计目标、进行风险评估和了解内部控制的原则性要求

B. 被审计单位对信息技术的运用影响注册会计师需要获取的审计证据的性质

C. 被审计单位对信息技术的运用不影响注册会计师需要获取的审计证据的数量

D. 被审计单位对信息技术的运用影响审计内容

【答案】C

【解析】如果注册会计师计划依赖自动控制或自动信息系统生成的信息，那么就需要适当扩大信息技术审计的范围。因此，被审计单位对信息技术的运用影响注册会计师需要获取的审计证据的数量。

【例题2·单选题】（2016年试题）

下列有关注册会计师评估被审计单位信息系统的复杂度的说法中，错误的是（　　）。

A. 信息技术环境复杂，意味着信息系统也是复杂的

B. 评估信息系统的复杂度，需要考虑系统生成的交易数量

C. 评估信息系统的复杂度，需要考虑系统中进行的复杂计算的数量

D. 对信息系统复杂度的评估，受被审计单位所使用的系统类型的影响

【答案】A

【解析】信息技术环境复杂，并不意味着信息系统也复杂。

二、一般控制对控制风险的影响（第二能力等级）

1. 无效的一般控制增加了应用控制不能防止或发现并纠正认定层次重大错报的可能性，即使这些应用控制本身得到了有效设计。

2. 如果一般控制有效，注册会计师可以更多地信赖应用控制，测试这些控制的运行有效性，并将控制风险评估为低于“最高”水平。

3. 考虑到公司层面信息技术控制是公司的整体控制环境，决定了信息技术的风险基准，因此，注册会计师通常优先评估公司层面信息技术控制和信息技术一般控制的有效性。

【例题3·单选题】（2018年试题）

下列有关信息技术一般控制的说法中，错误的是（　　）。

A. 信息技术一般控制只能对实现部分或全部财务报表认定作出间接贡献

B. 信息技术一般控制对所有应用控制具有普遍影响

C. 信息技术一般控制包括程序开发、程序变更、程序和数据访问以及计算机运行四个方面

D. 信息技术一般控制在保证信息系统的安全

【答案】A

【解析】信息技术一般控制通常会对实现部分或全部财务报表认定作出间接贡献。在有些情况下，信息技术一般控制也可能对实现信息处理目标和财务报表认定作出直接贡献。

三、信息技术应用控制对控制风险和实质性程序的影响（第二能力等级）

1. 注册会计师首先针对每个具体的审计目标，了解和识别相关的控制与缺陷，在此基础上，对每个相关审计目标评估初步控制风险。

2. 如果针对某一具体审计目标，注册会计师能够识别出有效的应用控制，在通过测

试确定其运行有效性后，注册会计师能够减少实质性程序。

四、在不太复杂IT环境下的审计——采取传统方式进行审计，即“绕过计算机进行审计”

五、在较为复杂IT环境下的审计——穿过计算机进行审计

第四节　计算机辅助审计技术和电子表格的运用

一、计算机辅助审计技术（第一能力等级）

二、电子表格（第一能力等级）

第五节　数据分析

一、数据分析的概念（第三能力等级）

1. 数据分析对于注册会计师而言是一门新学科。

2. 数据分析对许多既定的概念发起挑战。

3. 审计准则是基于几乎不可能测试被审计单位100%的交易的假设而制定的。

二、数据分析的作用及其应用（第三能力等级）

1. 数据分析是通过基础数据结构中的字段来提取数据，而不是通过数据记录的格式。

2. 数据分析工具可用于风险分析、交易和控制测试、分析性程序，用于为判断提供支撑并提供见解。

3. 一些常规分析工具可以提供审计证据，为会计估计的计算方法是否适当的判断提供支持。

4. 数据分析工具可以提高审计质量。

三、数据分析面临的挑战（第三能力等级）

1. 许多大型会计师事务所在其客户系统中有包括独立的用户名和密码的只读类型的账号，以便在一段时间里服务于报告的审计。

【提示】当某一地区使用的是标准账户时，这是一个非常有效的生成审计所需信息的方法。虽然这与提取或转换数据不一样。注册会计师有时自己去获取数据，但他们有时使用管理层提取并验证过的数据。

2. 大型会计师事务所面临如何通过一个可使用的格式从系统中提取数据。

3. 专注于数据的提取、标准化和分析的软件供应商可以通过使用网页链接，从中小型公司广泛使用的专有会计系统中提取信息。

4. 数据和交易可以采用许多不同的方式进行分析。

5. 管理层提供给注册会计师的大量的数据中存在的一些问题，并不是“属于”会计师事务所的。

第六节　不同信息技术环境下的问题

一、网络环境（第一能力等级）

二、数据库管理系统（第一能力等级）

三、电子商务系统（第一能力等级）

四、外包安排（第一能力等级）

【提示】信息技术对审计过程的影响。

通关演练

一、单项选择题

1. 应用顺序标号，来保证系统每笔日记账都是唯一的，并且系统不会接受相同编号，能达到的信息处理目标是（　　）。

A. 完整性　　B. 准确性

C. 授权　　D. 访问限制

2.（　　）缺陷可能导致未授权人员对检查录入数据字段格式的编程逻辑进行修改，以至于系统接受不准确的录入数据。

A. 与安全和访问权限相关的控制

B. 程序变更控制

C. 应用控制

D. 一般控制

3. 最广泛地应用计算机辅助审计技术的领域是（　　），特别是在与分析性复核程序相关的方面。

A. 详细测试　　B. 目标测试

C. 控制测试　　D. 实质性测试

4. 在基于信息技术的自动的信息系统中，系统进行自动操作来实现对交易信息的创建、记录、处理和报告，并将相关信息保存为电子形式，相关控制活动也可能同时包括（　　）手工的部分。

A. 订单的审批和事后审阅以及会计记录调整之类的手工控制

B. 电子的采购订单

C. 电子的采购发票

D. 电子的发运凭证和相关会计记录

5. 与财务报告相关的控制活动一般由一系列手工控制和（　　）所组成。

A. 人工控制　　B. 自动控制

C. 内嵌控制　　D. 外环控制

6. 下列关于信息技术应用控制审计的说法中，错误的是（　　）。

A. 信息技术应用控制一般要经过输入、处理及输出等环节

B. 编辑检查可以实现应用控制审计的准确性目标

C. 编辑检查不能实现应用控制审计的完整性目标

D. 访问控制必须满足适当的职责分离

7. 下列关于注册会计师对信息系统依赖程度的说法，正确的是（　　）。

A. 不依赖信息系统

B. 仅依赖手工控制

C. 仅依赖手工控制，并且审计时需要通过实质性程序来验证控制有效性

D. 在依赖自动控制的同时也依赖手工控制

8. 下列关于数据分析的概念表述中，正确的是（　　）。

A. 使用数据分析技术执行超大规模工作的情况改变了一切，因此，审计准则需要彻底的变革以反映新技术的发展

B. 当检查一套完整的数据集时，就会产生关于风险评估、实质性程序和控制测试的重要性问题

C. 数据分析应当使注册会计师能够更容易的再次看到被审计单位的个别情况

D. 数据分析应当应用在其他鉴证业务上

9. 下列关于数据分析面临的挑战表述中，正确的是（　　）。

A. 审计质量不在于工具本身，而是在于分析和相应判断的质量

B. 分析质量的提高程度取决于必须以正确方式提取、分析和连接的基础数据

C. 常规分析工具可以提供审计证据，为会计估计的计算方法是否适当的判断提供支持

D. 注册会计师围绕管理层的数据提取和验证过程执行一套控制测试，然后将管理层生成的信息用于自己的分析

10. 注册会计师了解被审计单位控制活动，特别是了解与信息处理有关的与用于生成、记录、处理、报告交易或其他财务数据的程序相关信息技术应用控制，其内容包括（　　）。

A. 综合分析财务数据与经营数据的内在关系

B. 接触或访问权限控制

C. 修改及维护控制

D. 对例外报告进行人工干预

11. 下列信息技术一般控制对控制风险的影响，表述不正确的是（　　）。

A. 无效的一般控制增加了应用控制不能防止或发现并纠正认定层次重大错报的可能性，即使这些应用控制本身得到了有效设计

B. 如果一般控制有效，注册会计师可以更多地信赖应用控制，测试这些控制的运行有效性，并将控制风险评估为低于“最高”水平

C. 考虑到公司层面信息技术控制是公司的整体控制环境，决定了信息技术的风险基准，因此，注册会计师通常优先评估公司层面信息技术控制和信息技术一般控制的有效性

D. 如果应用控制有效，注册会计师可以更多地信赖应用控制，测试这些控制的运行有效性，并将控制风险评估为高于“最低”水平

12. 下列各项中，属于注册会计师对信息技术应用控制实施控制测试前提的是（　　）。

A. 信息技术一般控制有效
B. 信息技术应用控制有效
C. 审计风险评估为低水平
D. 控制环境不存在重大缺陷

13. 下列有关数据分析的说法中，正确的是（　　）。
A. 数据分析是为了使专业人士以图形化的方式方便快速地查看结果
B. 数据分析是通过数据记录的格式提取数据
C. 数据分析对审计概念、审计的执行与监管、审计的方式带来挑战
D. 数据分析不能为职业判断提供支撑或见解

14. 下列有关确定信息技术审计范围的说法中，不正确的是（　　）。
A. 业务流程越复杂，信息系统的审计范围应越大
B. 涉及复杂计算的数量越多，信息系统的审计范围应越大
C. 信息系统经常运行出错，应相应缩小信息系统的审计范围
D. 信息系统越复杂，信息系统的审计范围应越大

15. 下列情形中，注册会计师应当测试信息技术一般控制和信息技术应用控制的是（　　）。
A. 不信赖人工控制或自动化控制，采用实质性方案
B. 仅信赖人工控制，此类人工控制不依赖系统所生成的信息或报告
C. 仅信赖人工控制，此类人工控制依赖系统所生成的信息或报告，注册会计师通过实质性程序测试系统生成的信息或报告
D. 信赖自动化控制

16. 下列有关数据分析的说法中，正确的是（　　）。
A. 数据分析不适用于除审计以外的其他鉴证业务
B. 数据分析可以使非专业人员以图形化的方式方便快速地查看结果
C. 数据分析工具可提高审计效率，但不能提高审计质量
D. 数据分析工具可以用于分析性程序，但不能用于控制测试

二、多项选择题

1. 有效的信息系统需要实现下列（　　）功能并保留记录结果。
A. 识别和记录全部授权交易
B. 及时、详细记录交易内容，并在财务报告中对全部交易进行适当分类
C. 衡量交易价值，并在财务报告中适当体现相关价值
D. 确定交易发生期间，并将交易记录在适当的会计期间

2. 信息技术处理具有内在一贯性，除非系统发生变动，一项自动化应用控制应当一贯运行。对于一项自动化应用控制，一旦确定被审计单位正在执行该控制，注册会计师通常无须扩大控制测试的范围，但需要考虑执行下列（　　）测试以确定该控制持续有效运行。
A. 测试与该应用控制有关的一般控制的运行有效性
B. 测试与该应用控制有关的职务分离控制的运行有效性
C. 确定系统是否发生变动，如果发生变动，是否存在适当的系统变动控制
D. 确定对交易的处理是否使用授权批准的软件版本

3. 计算机辅助审计技术也可用于（　　）。
A. 测试控制的有效性
B. 详细测试
C. 目标测试
D. 审计抽样辅助

4. 电子表格往往面临许多固有风险和错误，通常有（　　）。
A. 由错误数据录入、错误参考或其他简单的剪贴功能造成的错误
B. 创建错误的公式从而生成了错误的结果
C. 与其他系统传输数据时产生的错误
D. 单元格范围定义不当、单元格参考错误或电子表格链接不当

5. 电子表格控制可能包括的内容有（　　）。
A. 对电子表格的控制
B. 内嵌在电子表格中的控制
C. 针对电子表格数据输入的人工控制
D. 针对电子表格数据输出的人工控制

6. 在计算机信息系统下，下列情况中，

会使注册会计师对是否存在重大错报提出质疑的有（　　）。

A. 交易没有得到适当文件记录的支持

B. 通过函证发现账簿记录存在差异

C. 信息技术生成的错误清单中所列示的账簿记录错误

D. 控制账户与支持主文件之间存在差异

7. 注册会计师为测试系统身份认证的控制是否确实有效，可能执行的审计程序有（　　）。

A. 仿真客户全控制软件程序，编写一个计算机程序

B. 随机选取系统所处理的部分交易，并测试这些交易是否经过适当的审批

C. 利用无效的用户名及密码尝试进入系统

D. 检察员工所作的有关他们未将个人用户及密码外泄给别人的声明

8. 数据分析的作用包括（　　）。

A. 数据分析是通过基础数据结构中的字段来提取数据，而不是通过数据记录的格式

B. 数据分析工具可用于风险分析、交易和控制测试、分析性程序，用于为判断提供支撑并提供见解

C. 更高级的常规分析工具可用来明确重点，提供审计证据和洞察力

D. 更详细的分析可用于风险分析以便发现问题

9. 数据分析面临的挑战包括（　　）。

A. 数据和交易可以采用许多不同的方式进行分析

B. 注册会计师围绕管理层的数据提取和验证过程执行一套控制测试，然后将管理层生成的信息用于自己的分析

C. 管理层面临如何通过一个可使用的格式从系统中提取数据

D. 管理层提供给注册会计师的大量的数据中存在的一些问题，并不是“属于”会计师事务所的

10. 下列关于审计方式的表述，正确的有（　　）。

A. 在计算机产生以前，审计方式就是手工的形式

B. 当企业开始用计算机来处理部分会计资料时，注册会计师可以忽略计算机的存在，直接对打印出来的纸质文档进行审计

C. 企业对信息技术审计的认识停留在对财务数据的采集和分析阶段时，注册会计师仍可以绕过信息系统，对财务数据和报表进行核实，以获取审计证据

D. 企业用 ERP 系统来办公时，注册会计师应对财务信息进行全面考虑

11. 下列关于信息技术审计的说法中，正确的有（　　）。

A. 如果注册会计师计划依赖自动控制或自动信息系统生成的信息，就需要适当扩大信息技术审计的范围

B. 信息技术审计的范围与企业在业务流程及信息系统相关方面的复杂度成反比

C. 注册会计师应判断企业中是否包含信息技术关键风险，并且实质性程序是否无法完全控制该风险，那么注册会计师应将信息技术审计内容纳入财务审计计划之中

D. 如果一般控制有效，注册会计师可以更多地信赖应用控制，并将控制风险评估为低于“最高”水平

12. 针对信息技术，下列说法中不正确的有（　　）。

A. 信息技术包括一般控制和应用控制

B. 针对程序开发、程序变更设置的控制属于信息系统的应用控制

C. 用于确保数据录入的完整性、准确性，对于某些特殊的会计记录设定访问限制等控制属于信息系统的一般控制

D. 如果注册会计师计划依赖被审计单位的自动化信息系统所生成的信息，必须首先对信息技术的应用控制进行测试

答案及解析

一、单项选择题

1. 【答案】A

【解析】应用顺序标号，来保证系统每笔日记账都是唯一的，并且系统不会接受相同编号，能达到的信息处理目标是完整性。

2. 【答案】B

【解析】如果带有关键的编辑检查功能的应用系统所依赖的计算机环境发现了信息技术一般控制的缺陷，注册会计师可能就不能

信赖上述编辑检查功能按设计发挥作用。例如，程序变更控制缺陷可能导致未授权人员对检查录入数据字段格式的编程逻辑进行修改，以至于系统接受不准确的录入数据。此外，与安全和访问权限相关的控制缺陷可能导致数据录入不恰当地绕过合理性检查，而该合理性检查在其他方面将使系统无法处理金额超过最大容差范围的支付操作。

3.【答案】D

【解析】最广泛地应用计算机辅助审计技术的领域是实质性测试，特别是在与分析性复核程序相关的方面。除此以外，计算机辅助审计技术还能被用于详细测试（包括目标测试）以及对审计抽样的辅助。

4.【答案】A

【解析】企业采用信息系统处理业务，并不意味着人工控制被完全取代，信息系统对控制的影响，取决于企业对信息系统的依赖程度。在基于信息技术的自动的信息系统中，系统进行自动操作来实现对交易信息的创建、记录、处理和报告，并将相关信息保存为电子形式（如电子的采购订单、采购发票、发运凭证和相关会计记录）。但相关控制活动也可能同时包括人工的部分，比如，订单的审批和事后审阅以及会计记录调整之类的人工控制。

5.【答案】B

【解析】与财务报告相关的控制活动一般由一系列人工控制和自动控制所组成。

6.【答案】C

【解析】编辑检查能同时实现信息技术应用控制审计的完整性和准确性。

7.【答案】D

【解析】无论信息系统的技术多么发达，注册会计师在审计时都要依赖手工控制。

8.【答案】A

【解析】数据分析可以应用到审计以及其他鉴证业务；当检查一套完整的数据集时，就会产生关于风险评估、实质性程序和控制测试之间的差异的重要性问题；数据分析应当使注册会计师能够更容易的再次看到被审计单位的整体情况。

9.【答案】D

【解析】选项 A、B、C 属于数据分析的作用。

10.【答案】D

【解析】信息技术应用控制是指主要在业务流程层次运行的人工或自动化程序，与用于生成、记录、处理、报告交易或其他财务数据的程序相关，通常包括：检查数据计算准确性，审核账户和试算平衡表，设置对输入数据和数字序号的自动检查，以及对例外报告进行人工干预。

11.【答案】D

【解析】一般控制对控制风险的影响：无效的一般控制增加了应用控制不能防止或发现并纠正认定层次重大错报的可能性，即使这些应用控制本身得到了有效设计；如果一般控制有效，注册会计师可以更多地信赖应用控制，测试这些控制的运行有效性，并将控制风险评估为低于“最高”水平；考虑到公司层面信息技术控制是公司的整体控制环境，决定了信息技术的风险基准，因此，注册会计师通常优先评估公司层面信息技术控制和信息技术一般控制的有效性。

12.【答案】A

【解析】如信息技术一般控制无效，注册会计师不能信赖内部控制，也无须对应用控制实施测试。

13.【答案】C

【解析】数据分析是为了使非专业人士以图形化的方式方便快速地查看结果；数据分析是通过基础数据结构中的字段提取数据而不是通过数据记录的格式；数据分析的作用包括为职业判断提供支撑或提供见解。

14.【答案】C

【解析】信息系统经常运行出错，注册会计师应保持谨慎的态度，应该扩大对信息系统的审计范围。

15.【答案】D

【解析】对于信赖自动化控制，注册会计师应当测试信息技术一般控制和应用控制。

16.【答案】B

【解析】数据分析可以应用到审计以及其他鉴证业务中，所以选项 A 错误；数据分析工具可以提高审计质量，所以选项 C 错误；数据分析工具可用于风险分析、交易和控制测试、分析性程序，所以选项 D 错误。

二、多项选择题

1. 【答案】ABCD

【解析】有效的信息系统需要实现的功能包括选项 A、B、C、D 的内容。

2. 【答案】ABD

【解析】确定系统是否发生变动，如果发生变动，是否存在适当的系统变动控制不属于注册会计师需要考虑执行的测试。

3. 【答案】ABCD

【解析】计算机辅助审计技术可用于选项 A、B、C、D 的内容。

4. 【答案】ABCD

【解析】选项 A、B、C、D 分别是输入错误、逻辑错误、接口错误和其他错误。

5. 【答案】ABCD

【解析】电子表格控制可能包括以下一项或多项内容：对电子表格的控制，如信息系统一般控制一样的控制；内嵌在电子表格中的控制（类似于一个自动应用控制）；针对电子表格数据输入和输出的手工控制。

6. 【答案】ABD

【解析】本题考点为信息技术内部控制审计。选项 C 表明应用控制失效；选项 A、B、D 表明存在重大错报或重大错报风险。

7. 【答案】ACD

【解析】本题考点为信息技术内部控制审计。选项 B 是对应用控制的测试。

8. 【答案】AB

【解析】更高级的常规分析工具可用于风险分析以便发现问题，而更详细的分析可用来明确重点，提供审计证据和洞察力。

9. 【答案】ABD

【解析】会计师事务所面临如何通过一个可使用的格式从系统中提取数据。

10. 【答案】ABC

【解析】本题考查的知识点是信息技术的概念。ERP 系统是集财务、人事、供销、生产为一体的综合性系统，财务信息只是这个系统所处理信息的一部分，因此注册会计师必须在规划和执行审计工作时对企业信息技术进行全面考虑。

11. 【答案】ACD

【解析】信息技术审计的范围与企业在业务流程及信息系统相关方面的复杂度成正比。

12. 【答案】BCD

【解析】针对程序开发、程序变更设置的控制属于信息系统的一般控制，所以选项 B 不正确；用于确保数据录入的完整性、准确性，对于某些特殊的会计记录设定访问限制等控制属于信息系统的应用控制，所以选项 C 不正确；一般控制会影响整个信息系统的持续有效运行，所以注册会计师计划依赖被审计单位的自动化信息系统所生成的信息，则必须对信息技术的一般控制进行测试，所以选项 D 不正确。

第六章　审计工作底稿

本章考情分析

本章属于审计基本理论与方法。本章涉及中国注册会计师审计准则——审计工作底稿。本章考点主要围绕审计工作底稿的基本要素构成和审计工作底稿归档后的变动等相关内容，其属于第二能力等级内容。近年本章试题所占区间3分至6分，题型会涉及客观题和简答题。

要求考生：

1. 理解审计工作底稿概述。

2. 掌握审计工作底稿的格式、要素和范围。

3. 掌握工作底稿的归档。

本章教材变化

本章内容无变化。

基本内容框架

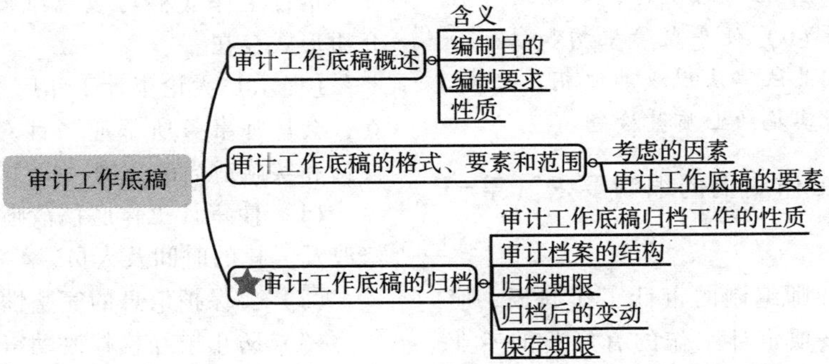

通关重难点例题解析

第一节　审计工作底稿概述

一、审计工作底稿的含义（第一能力等级）

二、审计工作底稿的编制目的（第一能力等级）

1. 提供充分、适当的记录，作为出具审计报告的基础。

2. 提供证据，证明注册会计师已按照审计准则和相关法律法规的规定计划和执行了审计工作。

关注其他目的：

（1）有助于项目组计划和执行审计工作；

（2）有助于负责督导的项目组成员按照审计准则的规定，履行指导、监督与复核审计工作的责任；

（3）便于项目组说明其执行审计工作的情况；

（4）保留对未来审计工作持续产生重大影响的事项的记录；

（5）便于会计师事务所按照审计准则的规定，实施质量控制复核与检查；

（6）便于监管机构和注册会计师协会根据相关法律法规或其他相关要求，对会计师事务所实施执业质量检查。

【例题1·多选题】（2016年试题）

下列各项中，属于注册会计师编制审计工作底稿的目的的有（　　）。

A. 有助于项目组计划和执行审计工作

B. 保留对未来审计工作持续产生重大影响的事项的记录

C. 便于后任注册会计师的查阅

D. 便于监管机构对会计师事务所实施执业质量检查

【答案】ABD

【解析】审计工作底稿的编制目的包括：（1）有助于项目组计划和执行审计工作；（2）有助于负责督导的项目组成员按照审计准则的规定，履行指导、监督与复核审计工作的责任；（3）便于项目组说明其执行审计工作的情况；（4）保留对未来审计工作持续产生重大影响的事项的记录；（5）便于会计师事务所按照审计准则的规定，实施质量控制复核与检查；（6）便于监管机构和注册会计师协会根据相关法律法规或其他相关要求，对会计师事务所实施执业质量检查。

三、审计工作底稿的编制要求（第一能力等级）

1. 注册会计师编制的审计工作底稿，应当使未曾接触该项审计工作的有经验的专业人士清楚了解：

（1）按照审计准则和相关法律法规的规定实施的审计程序的性质、时间安排和范围；

（2）实施审计程序的结果和获取的审计证据；

（3）审计中遇到的重大事项和得出的结论，以及在得出结论时作出的重大职业判断。

2. 有经验的专业人士。

有经验的专业人士是指会计师事务所内部或外部的具有审计实务经验，并且对下列方面有合理了解的人士：

（1）审计过程；

（2）相关法律法规和审计准则的规定；

（3）被审计单位所处的经营环境；

（4）与被审计单位所处行业相关的会计和审计问题。

【例题2·多选题】

编制的审计工作底稿应当使未曾接触该项审计工作的有经验的专业人士清楚了解审计程序、审计证据和重大审计结论。下列条件中，有经验的专业人士应当具备的有（　　）。

A. 了解相关法律法规和审计准则的规定

B. 在会计师事务所长期从事审计工作

C. 了解与甲公司所处行业相关的会计和审计问题

D. 了解注册会计师的审计过程

【答案】ACD

【解析】有经验的专业人士是对下列方面有合理了解的人士：审计过程、相关法律法规和审计准则的规定、被审计单位所处的经营环境、与被审计单位所处行业相关的会计和审计问题。

四、审计工作底稿的性质（第一能力等级）

（一）审计工作底稿的存在形式

审计工作底稿可以以纸质、电子和其他介质形式存在。

【提示】无论审计工作底稿以哪种形式存在，会计师事务所都应当针对审计工作底稿设计和实施适当的控制，以实现下列目的：

（1）使审计工作底稿清晰地显示其生成、修改及复核的时间及人员；

（2）要保护信息的完整性和安全性；

（3）防止未经授权改动审计工作底稿；

（4）允许项目组和其他经授权的人员为适当履行职责而接触审计工作底稿。

（二）审计工作底稿通常包括的内容

（三）审计工作底稿通常不包括的内容

审计工作底稿通常不包括已被取代的审计工作底稿的草稿或财务报表的草稿、反映不全面或初步思考的记录、存在印刷错误或其他错误而作废的文本，以及重复的文件记录等。

【例题3·单选题】（2012年试题）

在某些例外情况下，如果在审计报告日后实施了新的或追加的审计程序，或者得出新的结论，应当形成相应的审计工作底稿。下列各项中，无须包括在审计工作底稿中的是（　　）。

A. 有关例外情况的记录

B. 实施的新的或追加的审计程序、获取的审计证据、得出的结论及对审计报告的影响

C. 对审计工作底稿作出相应变动的时间和人员以及复核的时间和人员

D. 审计报告日后，修改后的被审计单位财务报表草稿

【答案】D

【解析】审计工作底稿通常不包括已被取代的审计工作底稿的草稿或财务报表的草稿、反映不全面或初步思考的记录、存在印刷错误或其他错误而作废的文本，以及重复的文件记录等。

第二节　审计工作底稿的格式、要素和范围

一、确定审计工作底稿的格式、要素和范围时考虑的因素（第一能力等级）

1. 被审计单位的规模和复杂程度。

2. 拟实施审计程序的性质。

3. 识别出的重大错报风险。

4. 已获取的审计证据的重要程度。

5. 识别出的例外事项的性质和范围。

6. 当从已执行审计工作或获取审计证据的记录中不易确定结论或结论的基础时，记录结论或结论基础的必要性。

7. 审计方法和使用工具。

【例题4·多选题】

在确定审计工作底稿的格式、内容和范围时，A注册会计师应当考虑的主要因素有（　　）。

A. 编制审计工作底稿使用的文字

B. 审计工作底稿的归档期限

C. 拟实施审计程序的性质

D. 已获取审计证据的重要程度

【答案】CD

【解析】本题考核的是“确定审计工作底稿的格式、内容和范围时，注册会计师应该考虑的因素”这个知识点。在确定审计工作底稿的格式、内容和范围时，注册会计师应当考虑的因素包括：被审计单位的规模和复杂程度；拟实施审计程序的性质；识别出的重大错报风险；已获取的审计证据的重要程度；识别出的例外事项的性质和范围；当从已执行审计工作或获取审计证据的记录中不易确定结论或结论的基础时，记录结论或结论基础的必要性；审计方法和使用工具。

二、审计工作底稿的要素（第一能力等级）

1. 审计工作底稿的标题。

每张底稿应当包括被审计单位的名称、审计项目的名称以及资产负债表日或底稿覆盖的会计期间（如果与交易相关）。

2. 审计过程记录。

（1）具体项目或事项的识别特征。识别特征是指被测试的项目或事项表现出的征象或标志。

①在对被审计单位生成的订购单进行细节测试时，注册会计师可以以订购单的日期或其唯一编号作为测试订购单的识别特征。

②对于需要选取或复核既定总体内一定金额以上的所有项目的审计程序，注册会计师可以记录实施程序的范围并指明该总体。

③对于需要系统化抽样的审计程序，注册会计师可能会通过记录样本的来源、抽样的起点及抽样间隔来识别已选取的样本。

④对于需要询问被审计单位中特定人员的审计程序，注册会计师可能会以询问的时间、被询问人的姓名及职位作为识别特征。

⑤对于观察程序，注册会计师可以以观察的对象或观察过程、相关被观察人员及其各自的责任、观察的地点和时间作为识别特征。

【例题5·单选题】（2011年试题）

在对营业收入进行细节测试时，A注册会计师对顺序编号的销售发票进行了检查。针对所检查的销售发票，A注册会计师记录的识别特征通常是（　　）。

A. 销售发票的开具人

B. 销售发票的编号

C. 销售发票的金额

D. 销售发票的付款人

【答案】B

【解析】识别特征是指被测试的项目或事项表现出的征象或标志。对某一个具体项目或事项而言，其识别特征通常具有唯一性，四个选项中只有选项B符合要求。

（2）重大事项及相关重大职业判断。重

大事项通常包括：

①引起特别风险的事项；

②实施审计程序的结果，该结果表明财务信息可能存在重大错报，或需要修正以前对重大错报风险的评估和针对这些风险拟采取的应对措施；

③导致注册会计师难以实施必要审计程序的情形；

④导致出具非无保留审计报告的事项。

【提示】重大事项概要——包括审计过程中识别的重大事项及其如何得到解决，或对其他支持性审计工作底稿的交叉索引。

(3) 针对重大事项如何处理不一致的情况。

【例题6·多选题】

在编制重大事项概要时，下列内容中属于重大事项的有（　　）。

A. 重大关联方交易

B. 异常或超出正常经营过程的重大交易

C. 导致A注册会计师难以实施必要审计程序的情形

D. 导致A注册会计师出具非标准审计报告的事项

【答案】ABCD

【解析】重大事项通常包括：引起特别风险的事项；实施鉴证程序的结果，该结果表明鉴证对象信息可能存在重大错报，或需要修正以前对重大错报风险的评估和针对这些风险拟采取的应对措施；导致注册会计师难以实施必要程序的情形；导致提出非无保留结论的事项。选项A、B均属于可能引起特别风险的事项，选项C、D是明确说明重大事项的类型。

3. 审计结论。

4. 审计标识及其说明。

5. 索引号及编号。

6. 编制人员及编制日期。

7. 复核者姓名及复核日期。

8. 其他应说明事项。

第三节　审计工作底稿的归档

审计工作底稿的归档涉及归档工作的性质和期限、保管期等内容。（结合教材第二十一章质量控制）

项目	内容
1. 审计工作底稿归档工作的性质	如果在归档期间对审计工作底稿作出的变动属于事务性的，注册会计师可以作出变动，主要包括： （1）删除或废弃被取代的审计工作底稿； （2）对审计工作底稿进行分类、整理和交叉索引； （3）对审计档案归整工作的完成核对表签字认可； （4）记录在审计报告日前获取的、与审计项目组相关成员进行讨论并取得一致意见的审计证据
2. 审计档案的结构	
3. 审计工作底稿归档的期限	审计工作底稿的归档期限——为审计报告日后60天内
4. 审计工作底稿归档后的变动	（1）需要变动审计工作底稿的情形 ①注册会计师已实施了必要的审计程序，取得了充分、适当的审计证据并得出了恰当的审计结论，但审计工作底稿的记录不够充分； ②审计报告日后，发现例外情况要求注册会计师实施新的或追加审计程序，或导致注册会计师得出新的结论。 【提示】例外情况。 （2）变动审计工作底稿时的记录要求： ①修改或增加审计工作底稿的理由； ②修改或增加审计工作底稿的时间和人员，以及复核的时间和人员
5. 审计工作底稿的保存期限	（1）会计师事务所应当自审计报告日起，对审计工作底稿至少保存10年。 （2）如果注册会计师未能完成审计业务，会计师事务所应当自审计业务中止日起，对审计工作底稿至少保存10年。 【提示】在完成最终审计档案的归整工作后，注册会计师不应在规定的保存期届满前删除或废弃任何性质的审计工作底稿

【例题7·单选题】（2019年试题）

下列各项中，不属于在审计工作底稿归档期间的事务性变动的是（　　）。

A. 对审计工作底稿进行分类和整理

B. 删除被取代的审计工作底稿

C. 将在审计报告日后获取的管理层书面声明放入审计工作底稿

D. 将在审计报告日前获取的、与项目组相关成员进行讨论后达成一致意见的审计证据列入审计工作底稿

【答案】C

【解析】审计报告日后获取的管理层书面声明属于新获取的审计证据，不属于事务性变动。

【例题8·单选题】（2012年试题）

注册会计师对被审计单位2011年度财务报表进行审计，于2012年3月31日出具审计报告，相关审计工作底稿于2012年5月20日归档。关于审计工作底稿的保存期限，下列说法中，正确的是（　　）。

A. 自2011年12月31日起至少10年

B. 自2011年12月31日起至少7年

C. 自2012年3月31日起至少10年

D. 自2012年3月31日起至少7年

【答案】C

【解析】会计师事务所应当自审计报告日起，对审计工作底稿至少保存10年。

【例题9·简答题】（2013年试题）

A注册会计师负责审计甲公司2012年度财务报表。与审计工作底稿相关的部分事项如下：

（1）A注册会计师在具体审计计划中记录拟对固定资产采购与付款循环采用综合性方案，因在测试控制时发现相关控制运行无效，将其改为实质性方案，重新编制具体审计计划工作底稿，并替代原具体审计计划工作底稿。

（2）A注册会计师拟利用2011年度审计中获取的有关存货和成本循环的控制运行有效性的审计证据，将信赖这些控制的理由和结论记录于审计工作底稿。

（3）A注册会计师在对销售发票进行细节测试时，将相关销售发票所载明的发票日期以及商品的名称、规格和数量作为识别特征记录于审计工作底稿。

（4）审计报告日后，A注册会计师对在审计报告日前收到的应付账款询证函回函中存在的差异进行调查，确认其金额和性质均不重大，并记录于审计工作底稿。

（5）在归整审计档案时，A注册会计师删除了固定资产减值测试审计工作底稿初稿。

（6）在完成审计档案归整工作后，A注册会计师收到一份应收账款询证函回函，其结果显示无差异。A注册会计师将其归入审计档案，并删除了在审计过程中实施的相关替代程序的审计工作底稿。

要求：

针对上述第（1）至（6）项，逐项指出A注册会计师的做法是否恰当。如不恰当，简要说明理由。

【答案】

事项（1），不恰当。注册会计师应在审计工作底稿中记录在审计过程中对具体审计计划作出的任何重大修改和理由。

事项（2），恰当。

事项（3），不恰当。识别特征应当具有唯一性，发票日期以及商品的名称、规格和数量不具有唯一性，注册会计师应当将销售发票编号作为识别特征记录于审计工作底稿。

事项（4），不恰当。在出具审计报告前，注册会计师应当对收到的应付账款询证函回函中存在的差异进行调查，并记录于审计工作底稿。

事项（5），恰当。

事项（6），不恰当。在完成审计档案的归整工作后，注册会计师不应在规定的保存期限届满前删除或废弃任何性质的审计工作底稿。

通关演练

一、单项选择题

1. 甲会计师事务所于2020年2月15日对A公司2019年度会计报表出具了审计报告，该报表于2020年3月15日对外公布，则该审计报告副本作为审计档案应保存（　　）。

A. 至少至2021年2月15日

B. 至少至2021年3月15日

C. 至少至2030年2月15日

D. 至少至2030年3月15日

2. 会计师事务所接受委托对被审计单位进行审计所形成的底稿，其所有权应归属于（　　）。

A. 会计师事务所

B. 被审计单位

C. 进行审计的注册会计师

D. 委托单位

3. 下列选项中，不属于审计工作底稿编制目的的是（　　）。

A. 提供充分、适当的记录，作为出具审计报告的基础

B. 提供证据，证明注册会计师已按照审计准则和相关法律法规的规定计划和执行了审计工作

C. 有助于项目组计划和执行审计工作

D. 审计工作底稿可以以纸质、电子或其他介质形式存在

4. 注册会计师在完成最终审计档案的归整工作后，如果发现有必要修改原底稿中列明的存货余额为100万元，现改为120万元，其正确的做法是（　　）。

A. 对原记录信息不予删除，在原工作底稿中增加新的注释的方式予以涂改

B. 对原记录信息不予删除，在原工作底稿中增加新的注释的方式予以覆盖

C. 对原记录信息不予删除，在原工作底稿中增加新的注释的方式予以修改

D. 对原记录信息不予删除，在原工作底稿中增加新的注释的方式予以替换

5. 注册会计师对乙公司2019年度财务报表出具审计报告的日期为2020年2月15日，乙公司对外报出财务报表的日期为2020年4月20日。在完成审计档案的归整工作后，可以变动底稿的是（　　）。

A. 2020年5月5日，乙公司发生火灾，烧毁一生产车间，导致生产全部停工

B. 2020年5月10日，法院对乙公司涉讼的专利侵权案作出最终判决，乙公司赔偿原告2 000万元。2019年12月31日，该案件尚在审理过程中，由于无法合理估计赔偿金额，乙公司在2019年度财务报表中对这一事项作了充分披露，未确认预计负债

C. 2020年5月15日，B注册会计师知悉乙公司2019年10月31日被判赔偿1 000万元给某机构，但该事项之前未披露

D. 2020年5月20日，乙公司收回1笔2019年已经注销的应收账款，金额为1 000万元

6. 在编制审计工作底稿时，下列各项中，A注册会计师通常认为不必形成最终审计工作底稿的是（　　）。

A. A注册会计师与甲公司管理层对重大事项进行讨论的结果

B. A注册会计师不能实现相关审计标准规定的目标的情形

C. A注册会计师识别出的信息与针对重大事项得出的最终结论不一致的情形

D. A注册会计师取得的已被取代的财务报表草稿

7. 根据审计准则的规定，在记录实施审计程序的性质、时间和范围时，应当记录测试的特定项目或事项的识别特征。在记录识别特征时，下列做法中，正确的是（　　）。

A. 对乙公司生成的订购单进行测试，将供货商作为主要识别特征

B. 对需要选取既定总体内一定金额以上的所有项目进行测试，将该金额以上的所有项目作为主要识别特征

C. 对运用系统抽样的审计程序，将样本来源作为主要识别特征

D. 对询问程序，将询问时间作为主要识别特征

8. 下列有关审计工作底稿的说法中，不正确的是（　　）。

A. 注册会计师获取的每个与审计结论相关的可靠审计证据都应当记录于审计工作底稿

B. 每张工作底稿都能直接为财务报表是否存在重大错报提供证据

C. 审计工作底稿有助于会计师事务所和监管机构的质量控制复核与检查

D. 审计工作底稿能为注册会计师是否遵循了审计准则提供证据

9. 注册会计师在记录审计过程时需要记录具体项目或事项的识别特征。下列关于识别特征的表述中，不恰当的是（　　）。

A. 在对应收账款计价测试时，需要将应收账款的账龄作为识别特征

B. 在系统抽样时，需要以总体抽样起点和抽样间隔作为识别特征

C. 在询问被审计单位特定人员时，应以询问的时间、被询问人的姓名及职业作为识

别特征

D. 在对被审计单位生成的订单进行细节测试时，需将订单的数量、单价和金额作为识别特征

10. 下列关于审计工作底稿的存在形式表述中，正确的是（　　）。

A. 只能以纸质形式存在

B. 只能以纸质或电子形式存在

C. 可以以纸质、电子或其他介质形式存在

D. 一份工作底稿，只能以同一种形式存在

11. 如果不存在未能完成审计业务的情况，则审计工作底稿的归档期限应为审计报告日后的（　　）天内。

A. 180　　B. 90

C. 60　　D. 30

12. 下列关于审计工作底稿的归档期和保存期限的说法中，正确的是（　　）。

A. 在审计报告归档之后不能对审计工作底稿进行修改或增加

B. 审计工作底稿的归档期限是审计项目结束后60天内

C. 在完成最终审计档案的归整工作后，如果发现有必要修改现有审计工作底稿，注册会计师只需记录修改审计工作底稿对审计结论产生的影响

D. 审计报告日后，发现例外情况要求注册会计师实施新的或追加审计程序，或导致注册会计师得出新的结论时需要修改审计工作底稿

二、多项选择题

1. 在记录实施审计程序的性质、时间和范围时，注册会计师应记录测试的特定项目或事项的识别特征。如在对被审计单位生成的订购单进行细节测试时，注册会计师一般不可能以（　　）作为测试订购单的识别特征。

A. 订购单中记录的采购项目

B. 订购单中记录的采购金额

C. 订购单的编号

D. 订购单的供货商

2. 下列文件中，通常应作为底稿保存的有（　　）。

A. 重大事项概要

B. 财务报表草表

C. 有关重大事项的往来信件

D. 对被审计单位文件记录的复印件

3. 重大事项通常包括（　　）。

A. 引起特别风险的事项

B. 实施审计程序的结果，该结果表明财务信息可能存在重大错报，或需要修正以前对重大错报风险的评估和针对这些风险拟采取的应对措施

C. 导致注册会计师难以实施必要审计程序的情形

D. 导致出具非无保留审计报告的事项

4. 注册会计师应当考虑编制重大事项概要，将其作为底稿的组成部分，以有效地复核和检查底稿，并评价重大事项的影响。重大事项概要包括（　　）。

A. 审计过程中识别的重大事项

B. 审计过程中识别的重大事项解决情况

C. 对其他支持性底稿的交叉索引

D. 底稿标识说明

5. 注册会计师编制的底稿，应当使得未曾接触该项审计工作的有经验的专业人士清楚地了解：按照审计准则的规定实施的审计程序的性质、时间和范围；实施审计程序的结果和获取的审计证据；就重大事项得出的结论。有经验的专业人士，是指对下列（　　）方面有合理了解的人士。

A. 审计过程

B. 相关法律法规和审计准则的规定

C. 被审计单位所处的经营环境

D. 与被审计单位所处行业相关的会计和审计问题

6. 下列有关注册会计师在审计报告日后对审计工作底稿作出变动的做法中，正确的有（　　）。

A. 在归档期间删除或废弃被取代的审计工作底稿

B. 在归档期间记录在审计报告日前获取的、与项目组相关成员进行讨论并达成一致意见的审计证据

C. 以归档期间收到的询证函回函替换审计报告日前已实施的替代程序审计工作底稿

D. 在归档后由于实施追加的审计程序而修改审计工作底稿，并记录修改的理由、时间和人员，以及复核的时间和人员

7. 注册会计师编制的审计工作底稿应当使得未曾接触该项审计工作的有经验的专业

人士清楚地了解的内容包括（　　）。

A. 按照审计准则和相关法律法规的规定实施的审计程序的性质、时间安排和范围

B. 实施审计程序的结果和获取的审计证据

C. 审计证据是否充分和适当

D. 就重大事项得出的结论

8. 下列关于审计工作底稿的说法中，正确的有（　　）。

A. 审计工作底稿通常只能以纸质形式存在

B. 审计工作底稿形成于审计过程，同时反映了整个审计过程

C. 对于连续审计的情况，当期归整的档案包括3年前获取的部分资料，该部分资料仍需继续保存7年

D. 如果针对同一财务信息出具多个不同的报告，会计师事务所应视为不同的业务，分别将审计工作底稿归整为最终审计档案

9. 注册会计师在决定审计工作底稿的格式、要素和范围时应考虑的因素中恰当的有（　　）。

A. 不同的审计程序会使得注册会计师获取不同性质的审计证据，由此注册会计师可能会编制不同的审计工作底稿

B. 如果是识别出的重大错报风险较高的项目，审计工作底稿记录的内容不需那么多

C. 审计证据的重要程度也会影响审计工作底稿的格式、内容和范围

D. 对大型被审计单位进行审计形成的审计工作底稿，通常比对小型被审计单位进行审计形成的审计工作底稿要多

10. 下列关于审计工作底稿的归档期和保存期限的说法中，不恰当的有（　　）。

A. 在审计报告归档之后可以对审计工作底稿进行修改或增加

B. 在完成最终审计档案的归整工作后，如果发现有必要修改现有审计工作底稿，注册会计师只需记录修改审计工作底稿对审计结论产生的影响

C. 审计报告日后，发现例外情况要求注册会计师实施新的或追加审计程序，或导致注册会计师得出新的结论时需要修改审计工作底稿

D. 审计工作底稿的归档期限是财务报告日后60天内

11. 下列有关审计工作底稿的表述中，正确的有（　　）。

A. 注册会计师拟利用上年度审计中获取的有关存货和成本循环的控制运行有效性的审计证据，并将信赖这些控制的理由和结论记录于审计工作底稿

B. 注册会计师在对销售发票进行细节测试时，将相关销售发票所载明的发票日期以及商品的名称、规格和数量作为识别特征记录于审计工作底稿

C. 在归整审计档案时，注册会计师删除了固定资产减值测试审计工作底稿初稿

D. 审计报告日后，注册会计师对在审计报告日前收到的应付账款询证函回函中存在的差异进行调查，确认其金额和性质均不重大，并记录于审计工作底稿

12. 注册会计师应当及时编制审计工作底稿，实现的目的有（　　）。

A. 有助于项目组计划和执行审计工作

B. 提供充分、适当的记录作为审计报告的基础

C. 既有利于项目组内部复核，同时也有利于项目质量控制复核

D. 提供证据证明其按照审计准则的规定执行了审计工作

13. 甲注册会计师在完成审计工作后，准备将审计工作底稿整理归档，下列做法中，正确的有（　　）。

A. 在审计报告日后，收到应收账款函证的回函原件，甲注册会计师核对一致后，将原底稿中的复印件替换

B. 审计助理人员乙发现以前编制的工作底稿中索引号编写错误，进行了修改

C. 审计助理人员乙完成的一份有关租金收入审计的说明字迹潦草，注册会计师要求其重抄一份，将原底稿销毁

D. 甲注册会计师编制的工作底稿没有签名，安排审计助理人员乙进行了补签

14. 下列各项中，属于确定审计工作底稿的格式、要素和范围时应考虑的因素的有（　　）。

A. 被审计单位的规模和复杂程度

B. 识别出的重大错报风险

C. 审计方法和使用的工具

D. 审计工作底稿的保存期限

15. 下列情形中，注册会计师认为属于在归档期间对审计工作底稿作出事务性变动的有（　　）。

A. 在完成最终审计档案的归整工作后，不应在规定的保存期限届满前删除或废弃任何性质的审计工作底稿

B. 对审计档案归整工作的完成核对表签字认可

C. 以归档期间收到的询证函回函替换审计报告日前已实施的替代程序审计工作底稿

D. 在归档期间废弃被取代的审计工作底稿

16. 下列关于审计工作底稿归档后的变动的说法中，错误的有（　　）。

A. 审计报告日后，发现例外情况要求注册会计师实施新的或追加审计程序，或导致注册会计师得出新的结论，需要变动审计工作底稿

B. 注册会计师在归档后，发现审计工作底稿错误，可以销毁原审计工作底稿

C. 审计工作底稿的记录不够充分，但是注册会计师已实施了必要的审计程序，取得了充分、适当的审计证据并得出了恰当的审计结论，不需要变动审计工作底稿

D. 审计工作底稿归档后即不可再进行变动

三、简答题

1. A 注册会计师是 × 公司 2019 年度财务报表审计业务项目合伙人。在实施审计工作过程中，A 注册会计师和项目组成员需要编制、复核、利用审计工作底稿。相关情况如下：

（1）项目合伙人要求每个项目组成员编制的工作底稿至少可以使本项目组其他成员在复核时能清楚地了解所实施的程序、获取的证据和形成的结论等信息。

（2）在借阅 × 公司 2018 年度审计工作底稿时，项目组成员 B 私下更正了上年由他自己编制的部分工作底稿中存在的错误结论。

（3）在编制销售业务审计工作底稿时，项目组成员 C 根据 × 公司与其客户往来频繁的特点，以客户的公司名称作为工作底稿的识别特征。

（4）为展现审计工作的思路和进程，项目组成员 D 在工作底稿中记录对相关问题的初步思考和最终结论。

（5）归整工作底稿时，项目组的助理人员 E 有选择地复印并保留了由其他注册会计师编制的部分工作底稿作为参考资料，以提高自己的业务能力。

（6）因条件所限，档案管理员 F 只保管纸质工作底稿。项目合伙人要求项目组成员将审计过程中形成的电子工作底稿转换成纸质工作底稿后交给档案管理员。

要求：

请分别针对上述每种情况，假定不存在其他情况，指出项目合伙人及项目组成员的做法是否存在不当之处，简要说明理由。

2. 在对 H 公司 2019 年度财务报表进行审计时，N 注册会计师负责审计应收账款。N 注册会计师对截止日为 2019 年 12 月 31 日的应收账款实施了函证程序，并于 2020 年 2 月 15 日编制了以下应收账款函证分析工作底稿：

H 公司应收账款函证分析工作底稿
资产负债表日：2019 年 12 月 31 日

	索引号	B－3	
	编制人	日期	
	复核人	日期	
	笔数	金额（元）	百分比
一、函证			
2019 年 12 月 31 日应收账款	4 000	4 000 000√★	100%
其中：积极函证	108	520 000	13%
消极函证	280	40 000	10%
寄发询证函小计	388	560 000	23%
选定函证但客户不同意函证的应收账款	12		
选择函证合计	400		
二、结果			
（一）函证未发现不符			

续表

积极函证：确认无误部分 W/P B－4	88C	360 000	9%
消极函证：未回函或回函确认无误部分 W/P B－4	240C	32 000	0.8%
函证未发现不符小计	328	392 000	9.8%
（二）函证发现不符			
积极函证 W/P B－5	4CX	20 000	0.5%
消极函证 W/P B－5	40CX	8 000	0.2%
函证发现不符小计	44	28 000	0.7%
（三）选定函证但客户不同意函证的应收账款	12		

标识说明：
√与应收账款总账核对相符。
★与应收账款明细账核对相符。
C 回函相符。
CX 回函不符。

总体结论：回函不符金额 28 000 元低于可容忍错报，应收账款得以公允反映。

要求：

假定选择函证的应收账款样本是恰当的，应收账款的可容忍错报是 30 000 元，请简要回答以下问题：

（1）N 注册会计师编制的上述工作底稿中存在哪些缺陷？

（2）针对上述工作底稿中显示的实施函证时遇到的问题和回函结果，N 注册会计师应当实施哪些审计程序？

3. ABC 会计师事务所的 A 注册会计师负责对甲公司 2019 年度财务报表进行审计。2020 年 2 月 15 日，A 注册会计师完成审计业务，并于 5 月 15 日将审计工作底稿归整为最终审计档案。2020 年 5 月 20 日，A 注册会计师意识到甲公司存在舞弊案爆发，A 注册会计师擅自销毁了甲公司审计工作底稿。

要求：

根据审计工作底稿准则和会计师事务所质量控制准则，回答下列问题：

（1）A 注册会计师在归整审计档案时是否存在问题，并简要说明理由。

（2）在归整审计档案后，A 注册会计师私下修改审计工作底稿是否存在问题，并简要说明理由。

（3）ABC 会计事务所在保存审计工作底稿方面是否存在问题，简要说明理由；同时简要说明 ABC 会计师事务所应当对审计工作底稿实施哪些控制程序。

4. W 注册会计师负责对某上市公司 2019 年度财务报表进行审计。与审计工作底稿相关的部分事项如下：

（1）由于在审计过程中识别出重大错报并提出审计调整建议，W 注册会计师重新评估并修改了重要性，并将记录计划阶段评估的重要性的工作底稿删除，代之以记录重新评估的重要性的工作底稿。

（2）对于询问被审计单位特定人员的程序，W 注册会计师在形成审计工作底稿时，以询问的时间、被询问人的姓名和岗位名称为识别特征。

（3）W 注册会计师在审计过程中无法就关联方关系及交易获取充分、适当的审计证据，并因此出具了保留意见审计报告。W 注册会计师将该事项作为重大事项记录在审计工作底稿中。

（4）审计报告日期为 2020 年 4 月 20 日。W 注册会计师于 2020 年 4 月 22 日将审计报告提交给公司管理层，并于 2020 年 6 月 15 日完成审计工作底稿的归档工作。

（5）在对审计工作底稿进行归档的过程中，W 注册会计师对审计工作底稿进行了分类、整理和交叉索引，并签署了审计档案归整工作核对表。

（6）A 注册会计师在审计工作底稿归档之后收到了一份银行询证函回函原件，于是用原件替换审计档案中的回函传真件。

要求：

针对上述事项（1）至（6），逐项指出 A 注册会计师的做法是否恰当。如不恰当，简要说明理由。

5. 甲注册会计师负责审计某上市公司 2019 年度财务报表，并于 2020 年 3 月 8 日出具了审计报告。与审计工作底稿相关的部分事项如下：

（1）甲注册会计师在对应收账款进行函证时，采用审计抽样技术中的系统选样法选取样本，并将抽样的起点作为识别特征记录于审计工作底稿。

（2）2020年3月5日，甲注册会计师完成审计工作，并于4月20日将审计工作底稿归整为最终审计档案。

（3）在将审计工作底稿归整为最终审计档案时，甲注册会计师将未更正错报汇总表草稿附在终稿之后一起保存。

（4）2020年5月1日，甲注册会计师发现对固定资产项目的审计虽取得了充分、适当的审计证据，但审计工作底稿中没有记录必要的审计结论，因此修改审计工作底稿，补充审计证据。

（5）2020年5月15日，注册会计师协会对会计师事务所进行执业质量检查时，发现营业外收入项目工作底稿索引文件有误，因此甲注册会计师将索引的文件删除，增加了正确的文件。

要求：

针对上述事项（1）至（5），逐项指出甲注册会计师的做法是否恰当。如不恰当，简要说明理由。

答案及解析

一、单项选择题

1.【答案】C

【解析】本题旨在考核审计档案的分类和保存期限。审计档案至少保存10年。

2.【答案】A

【解析】我国现行审计准则规定，审计档案的所有权属于承接该项业务的会计师事务所。

3.【答案】D

【解析】选项D描述的是审计工作底稿的存在形式，不是编制审计工作底稿的目的。

4.【答案】C

【解析】修改现有底稿主要是指在保持原底稿中所记录的信息，即对原记录信息不予删除（包括涂改、覆盖等方式）的前提下，采用增加新信息的方式予以修改。

5.【答案】C

【解析】选项A和选项D是在财务报表报出日后发生的，注册会计师不需采取行动；选项B由于无法合理估计赔偿金额可以不计提预计负债，并且在财务报表报出日后终审，注册会计师不需要采取行动；选项C属于在第三阶段发现的在资产负债表日前存在的事项，需要采取行动，提请被审计单位修改报表。

6.【答案】D

【解析】审计工作底稿通常不包括已被取代的审计工作底稿的草稿或财务报表的草稿、反映不全面或初步思考的记录、存在印刷错误或其他错误而作废的文本，以及重复的文件记录等。

7.【答案】B

【解析】选项A应当是将订购单的日期或编号作为测试订购单的识别特征；选项C应通过样本的来源、抽样的起点及抽样间隔来识别已选取的样本；选项D应当是将询问的时间、被询问人的姓名及职位作为识别特征。

8.【答案】B

【解析】有些工作底稿并不能为财务报表是否存在重大错报提供直接证据。例如，与审计计划相关的工作底稿就无法直接证实财务报表是否存在重大错报。

9.【答案】D

【解析】选项D的识别特征不恰当，以订单的数量、单价和金额作为识别特征不便于查阅订单，应以订单的日期或编号作为细节测试的识别特征。

10.【答案】C

【解析】纸质形式是审计工作底稿传统的存在形式，除此之外，还有电子形式和其他介质形式。

11.【答案】C

【解析】审计工作底稿的归档期限为审计报告日后的60天内；如果注册会计师未能完成审计业务，审计工作底稿的归档期限为审计业务中止后的60天内。

12.【答案】D

【解析】在审计报告归档之后能对审计工作底稿进行修改或增加；审计工作的归档期限为审计报告日后60天内；在有必要修改现

有审计工作底稿或增加新的审计工作底稿的情形下，可以在归档后进行修改。

二、多项选择题

1.【答案】ABD

【解析】在对被审计单位生成的订购单进行细节测试时，注册会计师可能以订购单的日期或编号作为测试订购单的识别特征。

2.【答案】ACD

【解析】财务报表草表不是底稿。

3.【答案】ABCD

【解析】重大事项通常包括：（1）引起特别风险的事项；（2）实施审计程序的结果，该结果表明财务信息可能存在重大错报，或需要修正以前对重大错报风险的评估和针对这些风险拟采取的应对措施；（3）导致注册会计师难以实施必要审计程序的情形；（4）导致出具非无保留审计报告的事项。

4.【答案】ABC

【解析】重大事项概要包括审计过程中识别的重大事项及其如何得到解决，或对其他支持性底稿的交叉索引。

5.【答案】ABCD

【解析】有经验的专业人士是指会计师事务所内部或外部的具有审计实务经验，并且对下列方面有合理了解的人士：审计过程；相关法律法规和审计准则的规定；被审计单位所处的经营环境；与被审计单位所处行业相关的会计和审计问题。

6.【答案】ABD

【解析】选项C，不能替换，这两份底稿均需要保存，能相互印证，保证审计质量。

7.【答案】ABD

【解析】审计工作底稿是整个审计过程的记录，核心内容当然是围绕“审计程序、审计证据和审计结论”，故选项A、B、D正确。选项C是审计工作底稿的表现形式，不是审计工作底稿表现的内容。

8.【答案】BD

【解析】审计工作底稿可以以纸质、电子或其他介质形式存在，所以选项A错误；对于连续审计的情况，当期归整的永久性档案可能包括以前年度获取的资料，这些资料虽然是在以前年度获取，但由于其作为本期档案的一部分，注册会计师对于这些当期有效的档案，应视为当期取得并保存10年，所以选项C错误。

9.【答案】ACD

【解析】选项B不恰当，重大错报风险越高的项目，注册会计师实施的审计程序越多，审计工作底稿记录的内容需要更多。

10.【答案】BD

【解析】选项B不恰当，注册会计师要记录修改底稿的时间、人员、重新复核的时间、人员以及修改底稿的理由。选项D不恰当，审计工作底稿的归档期限是审计报告日后60天内或者审计业务中止后的60天内。

11.【答案】AC

【解析】本题考查的知识点是审计工作底稿包括的内容和不包括的内容。选项B，识别特征应当具有唯一性，发票日期以及商品的名称、规格和数量不具有唯一性，注册会计师应当将销售发票编号作为识别特征记录于审计工作底稿；选项D，在出具审计报告前，注册会计师应当对收到的应付账款询证函回函中存在的差异进行调查，并记录于审计工作底稿，即记录要及时。

12.【答案】ABCD

【解析】审计工作底稿的主要目的体现在作为审计报告的基础和提供证据，所以选项B、D正确；同时，审计工作底稿有利于有经验的注册会计师根据相关规定实施质量控制复核与检查，所以选项C正确；另外，审计工作底稿还有助于项目组计划和执行审计工作，所以选项A正确。

13.【答案】ABC

【解析】如果在归档期间对审计工作底稿作出的变动属于事务性的，注册会计师可以作出变动。选项D，签名改变，责任发生了变动，其做法错误。

14.【答案】ABC

【解析】审计工作底稿的保存期限属于不影响审计工作底稿具体内涵的事项，故不作为考虑的因素。

15.【答案】ABD

【解析】如果在归档期间对审计工作底稿作出的变动属于事务性的，注册会计师可以作出变动的情形主要包括：（1）删除或废弃被取代的审计工作底稿；（2）对审计工作底稿进行分类、整理和交叉索引；（3）对审计档案归整工作的完成核对表签字认可；（4）记录在审计报告日前获取的、与项目组相关成员进行讨论并达成一致意见的审计证据。

16.【答案】BCD

【解析】在审计工作底稿归档后可以变动，但是不可以删除或废弃审计工作底稿。

三、简答题

1.【答案】

情况（1）存在不当之处。审计工作底稿的编制，应使未曾接触该项审计工作的有经验的专业人士清楚地了解所实施的程序、获取的证据和形成的结论等信息。

情况（2）存在不当之处。注册会计师未经授权修改工作底稿，违反了相关法规对保管工作底稿的规定。

情况（3）存在不当之处。以客户名称作为审计工作底稿识别特征，不满足唯一性要求。

情况（4）存在不当之处。审计工作底稿通常不包括反映初步思考的记录。

情况（5）存在不当之处。工作底稿的所有权属于会计师事务所。私自保留审计工作底稿违反了信息的安全性要求。

情况（6）存在不当之处。电子介质工作底稿转换为纸质形式后，应与纸质工作底稿一并归档保存。

2.【答案】

（1）工作底稿中存在的缺陷：

①工作底稿没有编制人，复核人签名和编制日期。

②在“一、函证”部分，“消极函证金额”对应的百分比计算错误，应为1%；“寄发询证函小计”金额相对应的百分比计算错误，应为14%。

③“选定函证但客户不同意函证的应收账款”没有列示金额和百分比；“选择函证的合计”也没有列示金额和百分比。

④没有统计和列示通过积极函证而未回函的16封询证函。

⑤没有从样本错报结果推断总体错报，因此，形成应收账款得到公允反映的结论是不适当的。

（2）应实施的审计程序：

①对于选定函证而客户不同意函证的12笔应收账款。应当实施替代审计程序（检查与销售有关的文件，包括销售合同、销售订单、销售发票副本和发运凭证），如果不能实施替代审计程序，应视为审计范围受到限制。

②对于通过积极函证方式没有收回的16封询证函。应当再次寄发询证函，如果仍然得不到询证函，应当实施替代审计程序（检查与销售有关的文件，包括销售合同、销售订单、销售发票副本和发运凭证）。

③对于数据不符的函证结果。应当分析原因，得出样本错报金额并由样本错报金额推算总体错报金额。

3.【答案】

（1）A注册会计师在归整审计档案时存在问题。

审计工作底稿归档期限为审计报告日后60天内，该业务审计报告日为2月15日，完成归档日期为5月15日，归档期限超过了60天。

（2）在归整审计档案后，A注册会计师私下修改审计工作底稿存在问题。

一般情况下，审计报告归档之后不需要对审计工作底稿进行修改或增加，如果发现有必要修改现有审计工作底稿或增加新的工作底稿，无论性质如何，均应当记录下列事项：

其一，修改或增加审计工作底稿的时间和人员，以及复核的时间和人员；

其二，修改或增加审计工作底稿的理由。

（3）ABC会计师事务所在保存审计工作底稿方面存在问题。

审计工作底稿应该自审计报告日起至少保存10年，在完成最终审计档案的归档工作后，注册会计师不得在规定的保存期限届满前删除或废弃审计工作底稿。

ABC会计师事务所应当对审计工作底稿实施的控制程序包括：安全保管业务工作底稿并对业务工作底稿保密；保证业务工作底稿的完整性；设计和实施控制便于使用和检索业务工作底稿；按照规定的期限保存业务工作底稿。

4.【答案】

事项（1）不恰当。应当记录对重要性作出的修改以及理由，因此应当保留原重要性和重新评估的重要性之间的修改痕迹。

事项（2）恰当。

事项（3）恰当。

事项（4）不恰当。应当在报告日后60天内将工作底稿归档，即2020年6月19日前。

事项（5）恰当。

事项（6）不恰当。在完成归档后，不应在规定保管期限届满前删除或废弃任何审计工作底稿。

5.【答案】

事项（1）不恰当。应当将样本的来源、抽样的起点及抽样间隔作为识别特征记录于审计工作底稿。

事项（2）恰当。

事项（3）不恰当。审计工作底稿通常不包括已被取代的审计工作底稿草稿。

事项（4）恰当。

事项（5）不恰当。注册会计师不能在规定的保存期届满前删除或废弃任何性质的审计工作底稿。

第二编　审计测试流程

第七章　风险评估

本章考情分析

本章为重点章节，属于审计基本理论与方法，为风险导向审计的核心内容。本章涉及中国注册会计师审计准则——了解被审计单位及其环境，识别和评估财务报表重大错报风险。按照考试大纲的要求，风险评估程序、信息来源以及项目组内部的讨论；了解被审计单位及其环境、了解被审计单位的内部控制和评估重大错报风险；其均属于第三能力等级内容。考点围绕了解被审计单位及其环境、内部控制要素、控制活动、重大错报风险的评估相关内容。近年本章试题所占区间6分至10分，题型会涉及客观题和综合题。

要求考生：

1. 掌握风险评估程序。
2. 掌握了解被审计单位以及环境的内容。
3. 理解被审计单位内部控制、掌握控制活动。
4. 掌握如何评估重大错报风险。

本章教材变化

本章内容无实质性变化，仅对部分内容表述进行了修改和完善。

基本内容框架

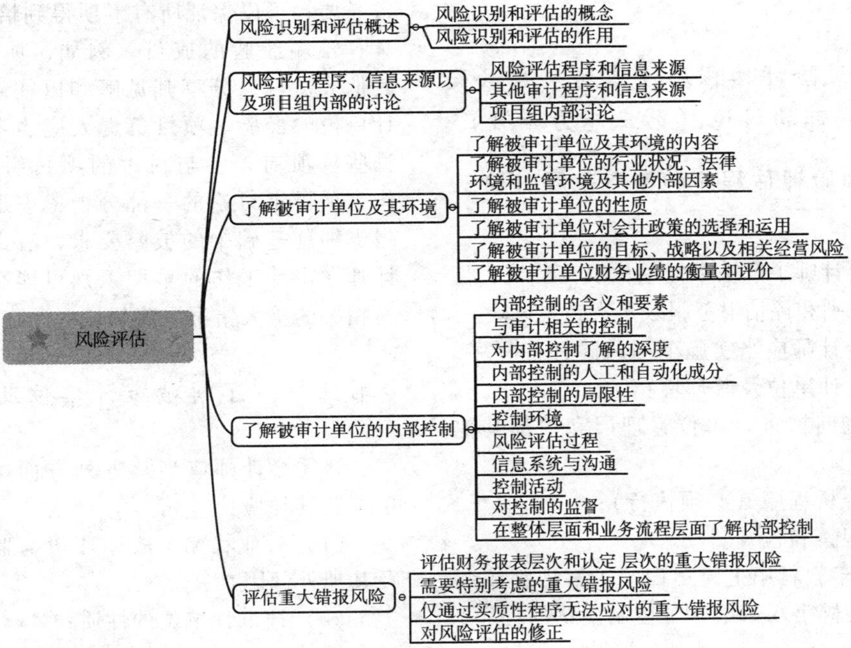

通关重难点例题解析

第一节 风险识别和评估概述（第一能力等级）

了解被审计单位及其环境是财务报表审计的必要程序，特别是为注册会计师在下列关键环节作出职业判断提供重要基础：

（1）确定重要性水平，并随着审计工作的进程评估对重要性水平的判断是否仍然适当；

（2）考虑会计政策的选择和运用是否恰当，以及财务报表的列报包括披露是否适当；

（3）识别与财务报表金额或披露相关的需要特别考虑的领域，包括关联方交易、管理层运用持续经营假设的合理性，或交易是否具有合理的商业目的等；

（4）确定在实施分析程序时所使用的预期值；

（5）设计和实施进一步审计程序，以将审计风险降至可接受的低水平；

（6）评价所获取审计证据的充分性和适当性。

职业判断贯穿于注册会计师审计的全过程。职业判断只有建立在对被审计单位及其环境了解的基础上，才是恰当的和符合实际的。

第二节 风险评估程序、信息来源以及项目组内部的讨论（第三能力等级）

一、风险评估程序和信息来源（第三能力等级）

注册会计师了解被审计单位及其环境，目的是为了识别和评估财务报表重大错报风险。

注册会计师应当实施下列风险评估程序，以了解被审计单位及其环境：

（1）询问被审计单位管理层和内部其他相关人员；

（2）分析程序（必须执行）；

（3）观察和检查。

（区别于教材第七章第四节了解内部控制的程序和教材第八章第三节控制测试的程序）

【例题 1 · 单选题】

C 注册会计师负责对丙公司 2017 年度财务报表进行审计。在进行风险评估时，C 注册会计师通常采用的审计程序是（　　）。

A. 将财务报表与其所依据的会计记录相核对

B. 实施分析程序以识别异常的交易或事项，以及对财务报表和审计产生影响的金额、比率和趋势

C. 对应收账款进行函证

D. 以人工方式或使用计算机辅助审计技术，对记录或文件中的数据计算准确性进行核对

【答案】B

【解析】分析程序即可用作风险评估程序和实质性程序，也可用于对财务报表的总体复核。注册会计师实施分析程序有助于识别异常的交易或事项，以及对财务报表和审计产生影响的金额、比率和趋势。本题考核的是风险评估中的审计程序的运用，风险评估的程序包括询问被审计单位管理层和内部其他相关人员、分析程序、观察和检查。

二、其他审计程序和信息来源（第三能力等级）

三、项目组内部的讨论（第三能力等级）

项目组内部的讨论在所有业务阶段都非常必要，可以保证所有事项得到恰当的考虑。具有较多经验的成员，例如，项目负责人，其他成员可以分享其见解和以往获取的被审计单位的经验。项目负责人应当考虑需要将哪些事项向未参与讨论的项目组成员传达。作为项目组讨论的一部分，考虑适用的财务报告编制基础中的披露要求，有助于注册会计师在审计工作的早期识别可能存在的与披露相关的重大错报风险领域。

第三节 了解被审计单位及其环境

注册会计师应当从下列方面了解被审计单位及其环境：

（1）行业状况、法律环境与监管环境以及其他外部因素；

（2）被审计单位的性质；

（3）被审计单位对会计政策的选择和运用；
（4）被审计单位的目标、战略以及相关经营风险；
（5）被审计单位财务业绩的衡量和评价；
（6）被审计单位的内部控制。

一、行业状况、法律环境与监管环境以及其他外部因素（第三能力等级）

因素	了解的主要内容
1. 行业状况	（1）所处行业的市场与竞争，包括市场需求、生产能力和价格竞争； （2）生产经营的季节性和周期性； （3）产品生产技术； （4）能源供应与成本； （5）行业的关键指标和统计数据
2. 法律环境及监管环境	（1）会计原则和行业特定惯例； （2）受管制行业的法规框架； （3）对被审计单位经营活动产生重大影响的法律法规，包括直接的监管活动；（结合教材第十三章第二节） （4）税收政策； （5）对被审计单位开展经营活动产生影响的政府政策，包括货币、财政、关税和贸易等政策； （6）影响行业和被审计单位经营活动的环保要求。 （结合教材第十七章第三节考虑持续经营假设）
3. 其他外部因素	（1）当前的宏观经济状况以及未来的发展趋势如何？ （2）目前国内或本地区的经济状况（如增长率、通货膨胀率、失业率、利率等）怎样影响被审计单位的经营活动？ （3）被审计单位的经营活动是否受到外币汇率波动或全球市场力量的影响

二、被审计单位的性质（第三能力等级）

被审计单位的性质	了解的主要内容
1. 所有权结构	—
2. 治理结构	—
3. 组织结构	—
4. 经营活动	（1）主营业务的性质； （2）与生产产品或提供劳务相关的市场信息； （3）业务的开展情况； （4）联盟、合营与外包情况； （5）从事电子商务的情况； （6）地区分布与行业细分； （7）生产设施、仓库的地理位置及办公地点、存货存放地点和数量； （8）关键客户； （9）重要供应商； （10）劳动用工情况； （11）研究与开发活动及其支出； （12）关联方交易。（结合教材第十七章第二节关联方审计）
5. 投资活动	（1）近期拟实施或已实施的并购活动与资产处置情况； （2）证券投资、委托贷款的发生与处置； （3）资本性投资活动； （4）不纳入合并范围的投资
6. 筹资活动	（1）债务结构和相关条款； （2）主要子公司和联营企业（无论是否处于合并范围内）； （3）实际受益方； （4）衍生金融工具的运用

续表

被审计单位的性质	了解的主要内容
7. 财务报告	(1) 会计政策和行业特定惯例，包括特定行业各类重要的交易、账户余额及财务报表相关披露（如银行业的贷款和投资、医药行业的研究与开发活动）； (2) 收入确认惯例； (3) 公允价值会计核算； (4) 外币资产、负债与交易； (5) 异常或复杂交易（包括有争议的或新兴领域的交易）的会计处理（如对股份支付的会计处理）

三、被审计单位对会计政策的选择和运用（第三能力等级）

会计政策的选择和运用	了解的主要内容
1. 重大和异常交易的会计处理方法	—
2. 在新领域和缺乏权威性标准或共识的领域，采用重要会计政策产生的影响	—
3. 会计政策的变更	—
4. 新颁布的财务报告准则、法律法规以及被审计单位何时采用、如何采用新颁布的会计准则和相关会计制度	【提示】注册会计师应对被审计单位下列与会计政策运用相关的情况予以关注： (1) 是否采用激进的会计政策、方法、估计和判断； (2) 财会人员是否拥有足够的运用会计准则的知识、经验和能力； (3) 是否拥有足够的资源支持会计政策的运用，如人力资源及培训、信息技术的采用、数据和信息的采集等

【例题2·单选题】(2019年试题)

下列有关注册会计师了解被审计单位对会计政策的选择和运用的说法中，错误的是（　　）。

A. 如果被审计单位变更了重要的会计政策，注册会计师应当考虑会计政策的变更是否能够提供更可靠、更相关的会计信息

B. 当新的会计准则颁布施行时，注册会计师应当考虑被审计单位是否应采用新的会计准则

C. 在缺乏权威性标准或共识的领域，注册会计师应当协助被审计单位选用适当的会计政策

D. 注册会计师应当关注被审计单位是否采用激进的会计政策

【答案】C

【解析】在缺乏权威性标准或共识的领域，注册会计师应当关注被审计单位选用了哪些会计政策、为什么选用这些会计政策以及选用这些会计政策产生的影响，所以选项C错误。

四、被审计单位的目标、战略以及相关经营风险（第三能力等级）

【提示】考虑的经营风险：

(1) 行业发展；

(2) 开发新产品或提供新服务；

(3) 业务扩张；

(4) 新的会计要求；

(5) 监管要求；

(6) 本期及未来的融资条件；

(7) 信息技术的运用；

(8) 实施战略的影响，特别是由此产生的需要运用新的会计要求的影响。

五、被审计单位财务业绩的衡量和评价（第三能力等级）

(1) 关键业绩指标（财务和非财务的），关键比率，趋势和经营统计数据；

(2) 同期财务业绩比较分析；

(3) 预测、预算和差异分析，分部信息与分部，部门或其他不同层次的业绩报告；

(4) 员工业绩考核与激励性报酬政策；

（5）被审计单位与竞争对手的业绩比较。（结合教材第十三章舞弊动机和压力）

六、了解被审计单位的内部控制（第三能力等级）

【例题3·多选题】（2013年试题）

在了解被审计单位财务业绩的衡量和评价时，下列各项中，注册会计师可以考虑的信息有（　　）。

A. 经营统计数据

B. 信用评级机构报告

C. 证券研究机构的分析报告

D. 员工业绩考核与激励性报酬政策

【答案】ABCD

【解析】在了解被审计单位财务业绩衡量和评价情况时，注册会计师应当关注下列信息：（1）关键业绩指标（财务或非财务的）、关键比率、趋势和经营统计数据；（2）同期财务业绩比较分析；（3）预算、预测、差异分析，分部信息与分部、部门或其他不同层次的业绩报告；（4）员工业绩考核与激励性报酬政策；（5）被审计单位与竞争对手的业绩比较。

第四节　了解被审计单位的内部控制

一、内部控制的含义和要素（第三能力等级）

内部控制要素包括：控制环境；风险评估程序；信息系统与沟通；控制活动；对控制的监督。

二、与审计相关的控制（第三能力等级）

【例题4·单选题】（2014年试题）

下列有关与审计相关的内部控制的说法中，正确的是（　　）。

A. 与财务报告相关的内部控制均与审计相关

B. 与审计相关的内部控制并非均与财务报告相关

C. 与经营目标相关的内部控制与审计无关

D. 与合规目标相关的内部控制与审计无关

【答案】B

【解析】审计中需要关注与审计相关的内部控制。

三、对内部控制了解的深度（第三能力等级）

（一）评价控制的设计

注册会计师在了解内部控制时，应当评价控制的设计，并确定是否得到执行。

1. 评价控制的设计——考虑该控制单独或连同其他控制是否能够有效防止或发现并纠正重大错报。

2. 控制得到执行——指某项控制存在且被审计单位正在使用。

【提示】了解内部控制——初步评价（设计、执行）——控制测试（执行的有效性）——减少实质性程序。

（二）获取控制设计和执行的审计证据

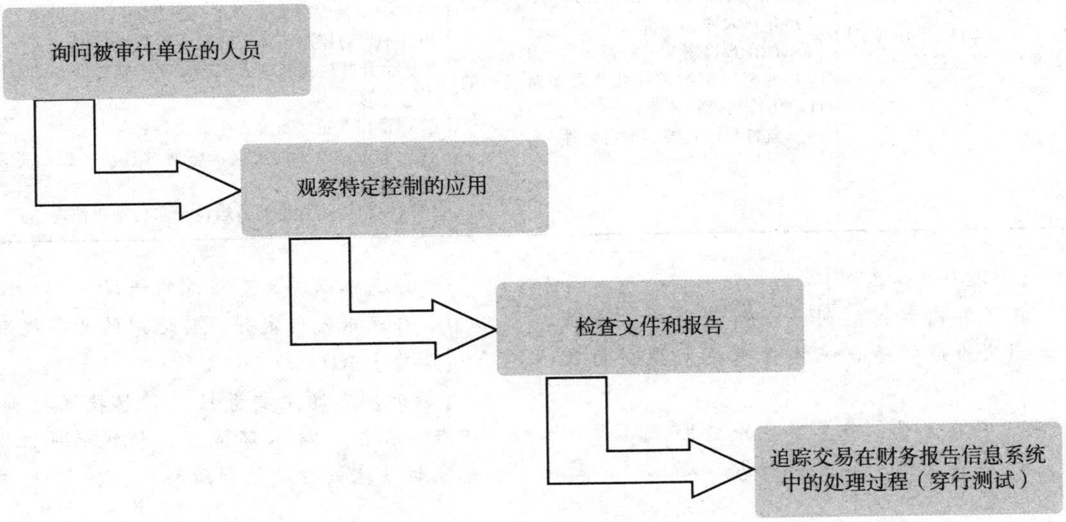

【提示】询问本身并不足以评价控制的设计以及确定是否得到执行，注册会计师应当将询问与其他风险评估程序结合使用。

（区别于教材第七章第二节风险评估程序和第八章第三节控制测试的程序）

【例题5·单选题】（2012年试题）

下列审计程序中，注册会计师在了解被审计单位内部控制时通常不采用的是（　　）。

A. 询问　　　　B. 观察

C. 分析程序　　D. 检查

【答案】C

【解析】注册会计师应当实施以下风险评估程序以获取有关控制设计和执行的审计证据：询问被审计单位的人员；观察特定控制的应用；检查文件和报告；追踪交易在财务报告信息系统中的处理过程。注册会计师通常实施下列风险评估程序，以获取有关控制设计和执行的审计证据：询问被审计单位人员；观察特定控制的运用；检查文件和报告；追踪交易在财务报告信息系统中的处理过程（穿行测试）。

（三）了解内部控制与测试控制运行有效性的关系

1. 了解内部控制——设计、执行。

2. 控制测试——有效性。

四、内部控制的人工和自动化成分（第三能力等级）

项目	内容	
1. 考虑内部控制的人工和自动化特征及其影响	内部控制采取人工系统还是自动化系统，将影响交易的生成、记录、处理和报告的方式	
2. 信息技术的优势及相关内部控制风险	信息技术的优势及相关内部控制风险： （1）在处理大量的交易或数据时，一贯运用事先确定的业务规则，并进行复杂运算； （2）提高信息的及时性、可获得性及准确性； （3）有助于对信息的深入分析； （4）加强对被审计单位政策和程序执行情况的监督； （5）降低控制被规避的风险； （6）通过对操作系统、应用程序系统和数据库系统实施安全控制，提高不相容职务分离的有效性	注册会计师应当从下列方面了解信息技术对内部控制产生特定风险： （1）所依赖的系统或程序不能正确处理数据，或处理了不正确的数据，或两种情况同时并存； （2）在未得到授权情况下访问数据，可能导致数据的毁损或对数据不恰当的修改，包括记录未经授权或不存在的交易，或不正确地记录了交易； （3）信息技术人员可能获得超越其履行职责以外的数据访问权限，破坏了系统应有的职责分工； （4）未经授权改变主文档的数据； （5）未经授权改变系统或程序； （6）未能对系统或程序作出必要的修改； （7）不恰当的人为干预； （8）数据丢失的风险或不能访问所需要的数据
3. 人工控制的适用范围及相关内容控制风险	内部控制的人工成分在处理下列需要主观判断或酌情处理时可能更为适当： （1）存在大额、异常或偶发的交易； （2）存在难以定义、防范或预见的错误； （3）为应对情况的变化，需要对现有的自动化控制进行调整； （4）监督自动化控制的有效性	注册会计师应当从下列方面了解人工控制产生的特定风险： （1）人工控制可能更容易被规避、忽视或凌驾； （2）人工控制可能不具有一贯性； （3）人工控制可能更容易产生简单错误或失误。相对于自动控制，人工控制的可靠性较差。 注册会计师应当考虑人工控制在下列情形中可能是不适当的： （1）存在大量或重复发生的交易； （2）事先可预见的错误能够通过自动化控制得以防范或发现； （3）控制活动可得到适当设计和自动化处理

【例题6·多选题】

在了解内部控制时，下列情形中，注册会计师认为通常适合采用信息技术控制的有（　　）。

A. 存在大量、重复发生的交易

B. 存在大额、异常的交易

C. 存在难以定义、防范的错误

D. 存在事先确定并一贯运用的业务规则

【答案】AD

【解析】本题主要考核“信息技术控制”知识点。在信息技术环境下，传统的手工控制越来越多地被自动控制所替代，概括地讲，自动控制能为企业带来以下好处：自动控制能够有效处理大流量交易及数据，因为自动信息系统可以提供与业务规则一致的系统处理方法；自动控制比较不容易被绕过；自动信息系统、数据库及操作系统的相关安全控制可以实现有效的职责分离；自动信息系统可以提高信息的及时性、准确性，并使信息变得更易获取；自动信息系统可以提高管理层对企业业务活动及相关政策的监督水平。

五、内部控制的局限性（第三能力等级）

1. 在决策时人为判断可能出现错误和由于人为失误而导致内部控制失效。

2. 可能由于两个或更多的人员进行串通或管理层凌驾于内部控制之上而被规避。

【例题7·单选题】

在了解内部控制时，内部控制无论如何设计和执行只能对财务报告的可行性提供合理保证，其原因是（　　）。

A. 建立和维护内部控制是公司管理层的职责

B. 内部控制的成本不应超过预期带来的收益

C. 在决策时人为判断可能出现错误

D. 对资产和记录采取适当的安全保护措施是公司管理层应当履行的管理责任

【答案】C

【解析】本题主要考核“内部控制局限性”知识点。内部控制存在固有局限性，无论如何设计和执行，只能对财务报告的可靠性提供合理的保证。内部控制存在的固有局限性包括：（1）在决策时人为判断可能出现错误和由于人为失误而导致内部控制失效；（2）可能由于两个或更多的人员进行串通或管理层凌驾于内部控制之上而被规避。

六、内部控制五要素（第三能力等级）

（一）控制环境

项目
第一，对诚信和道德价值观念的沟通与落实
第二，对胜任能力的重视
第三，治理层的参与程度
第四，管理层的理念和经营风格
第五，组织结构及职权与责任的分配
第六，人力资源政策与实务

【例题8·单选题】（2016年试题）

下列各项中，不属于控制环境要素的是（　　）。

A. 对诚信和道德价值观的沟通与落实

B. 内部审计的职能范围

C. 治理层的参与

D. 人力资源政策与实务

【答案】B

【解析】控制环境要素包括：（1）对诚信和道德价值观的沟通与落实；（2）对胜任能力的重视；（3）治理层的参与程度；（4）管理层的理念和经营风格；（5）组织结构及职权与责任的分配；（6）人力资源政策与实务。

（二）被审计单位的风险评估过程

【例题9·多选题】（2019年试题）

下列有关注册会计师了解被审计单位的风险评估过程的说法中，正确的有（　　）。

A. 如果被审计单位的风险评估过程符合其具体情况，了解风险评估过程有助于注册会计师识别财务报表重大错报风险

B. 在评价被审计单位的风险评估过程的设计和执行时，注册会计师应当了解管理层如何估计风险的重要性

C. 注册会计师可以通过了解被审计单位及其环境的其他方面获取的信息，评价被审计单位风险评估过程的有效性

D. 如果注册会计师识别出管理层未能识别出的重大错报风险，应当将与风险评估过程相关的内部控制评估为存在值得关注的内部控制缺陷

【答案】ABC

【解析】如果识别出管理层未能识别的重大错报风险，注册会计师应当考虑被审计单位的风险评估过程为何没有识别出这些风险，以及评估过程是否适合于具体环境。

（三）信息系统与沟通

（四）控制活动

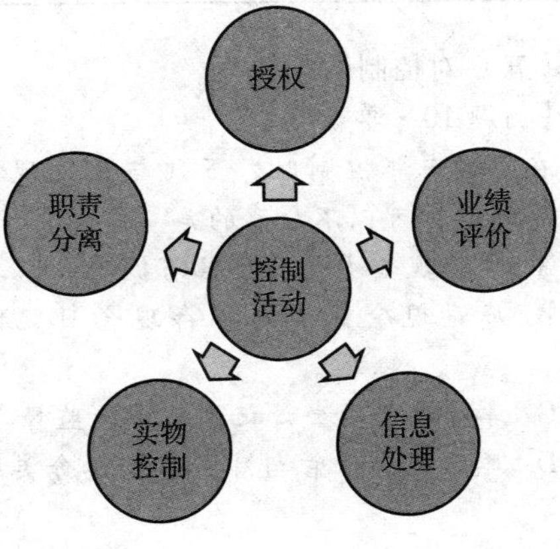

【提示】结合各交易循环，考虑：

内部控制设计、执行中缺陷→理由→改进→认定。

内容	关注
1. 授权	一般授权——指管理层制定的要求组织内部遵守的普遍适用于某类交易或活动的政策。 特别授权——指管理层针对特定类别的交易或活动逐一设置的授权，如重大资本支出和股票发行等。 （结合教材第九章销售交易；第十章采购交易；第十一章生产交易；第一章）
2. 业绩评价	注册会计师应当了解和业绩评价有关的控制活动，主要包括： （1）被审计单位分析评价实际业绩与预算（或预测、前期业绩）的差异； （2）综合分析财务数据与经营数据的内在关系； （3）将内部证据与外部信息来源相比较； （4）评价职能部门分支机构或项目活动的业绩； （5）对发现的异常差异或关系采取必要的调查与纠正措施
3. 信息处理	注册会计师应当了解与信息处理有关的控制活动——信息技术的一般控制和应用控制
4. 实物控制	注册会计师应当了解实物控制，主要包括了解对资产和记录采取适当的安全保护措施，对计算机程序和数据文件设置授权，以及定期盘点并将盘点记录与会计记录相核对
5. 职责分离	注册会计师应当了解职责分离，主要包括了解被审计单位如何将交易授权、交易记录以及资产保管等职责分配给不同员工，以防范同一员工在履行多项职责时可能发生的舞弊和错误

（五）对控制的监督

【例题10·单选题】

在了解内部控制时，下列与库存现金业务有关的职责可以不分离的是（　　）。

A. 库存现金支付的审批与执行

B. 库存现金保管与库存现金日记账的记录

C. 库存现金的会计记录与审计监督

D. 库存现金保管与库存现金总分类账的记录

【答案】B

【解析】本题主要考核“不相容职务分离”知识点。选项A，审批和执行属于是不相容职务；选项B，库存现金的保管和库存现金日记账的登记，属于是相容职务，在实务中企业出纳往往也是兼顾两者的工作；选项C，会计执行和审计监督是不相容的职务；选项D，库存现金保管和库存现金总账的登记工作应该相分离，总账与日记账之间存在互相核对的作用，所以不能够由同一人员从事。

七、在整体层面和业务流程层面了解内部控制（第三能力等级）

1. 整体层面的内部控制与控制环境的关系。

2. 工作步骤：

第一步，确定重要业务流程和重要交易类别。

第二步，了解重要交易流程并进行记录。

第三步，确定可能发生错报的环节。

第四步，识别和了解相关控制。

【提示】控制类型——预防性控制和检查性控制。

（1）预防性控制。预防性控制——通常用于正常业务流程的每一项交易，以防止错报的发生。

关注教材表7－3预防性控制示例。

【例题11·单选题】（2018年试题）

下列各项控制中，属于检查性控制的是（　　）。

A. 财务总监复核并批准财务经理提出撤销银行账号的申请

B. 出纳不能兼任收入或支出的记账工作

C. 财务经理复核会计编制的银行存款余额调节表

D. 财务经理根据其权限复核并批准相关付款

【答案】C

【解析】选项A、B、D属于预防性控制。

【例题12·多选题】（2014年试题）

下列各项中，属于预防性控制的有（　　）。

A. 负责业务收入和应收账款记账的财务人员不得经手货币资金

B. 采购固定资产需要经适当级别的人员

批准

C. 会计主管每月末将银行账户余额与银行对账单进行核对，并编制银行存款余额调节表

D. 管理层定期执行存货盘点，以确定永续盘存制的可靠性

【答案】AB

【解析】选项C、D均属于检查性控制。

(2) 检查性控制。检查性控制——目的是发现流程中可能发生的错报。

关注教材表7-4检查性控制示例。

【例题13·多选题】(2013年试题)

下列各项控制活动中，属于检查性控制的有（　　）。

A. 定期编制银行存款余额调节表，并追查调节项目或异常项目

B. 对接触计算机程序和数据文档设置访问和修改权限

C. 财务人员每季度复核应收账款贷方余额并找出原因

D. 财务总监复核月度毛利率的合理性

【答案】ACD

【解析】选项B属于预防性控制，防止错误的发生。

第五步，执行穿行测试，证实对交易流程和相关控制的了解。

执行穿行测试可获得下列方面的证据：

(1) 确认对业务流程的了解；

(2) 确认对重要交易的了解是完整的；

(3) 确认所获取的有关流程中的预防性控制和检查性控制信息的准确性；

(4) 评估控制设计的有效性；

(5) 确认控制是否得到执行；

(6) 确认之前所作的书面记录的准确性。

【例题14·多选题】(2019年试题)

下列各项中，属于注册会计师通过实施穿行测试可以实现的目的的有（　　）。

A. 确认对业务流程的了解

B. 评价控制设计的有效性

C. 确认控制是否得到执行

D. 确认对重要交易的了解是否完整

【答案】ABCD

【解析】执行穿行测试可获得下列方面的证据：(1) 确认对业务流程的了解；(2) 确认对重要交易的了解是完整的，即在交易流程中所有与财务报表认定相关的可能发生错报的环节都已识别；(3) 确认所获取的有关流程中的预防性控制和检查性控制信息的准确性；(4) 评估控制设计的有效性；(5) 确认控制是否得到执行；(6) 确认之前所作的书面记录的准确性。

【例题15·多选题】(2010年试题)

A注册会计师执行穿行测试可以实现的目的有（　　）。

A. 确认对业务流程的了解

B. 识别可能发生错报的环节

C. 评价控制设计的有效性

D. 确定控制是否得到执行

【答案】ABCD

【解析】执行穿行测试可获得下列方面的证据：(1) 确认对业务流程的了解；(2) 确认对重要交易的了解是完整的，即在交易流程中所有与财务报表认定相关的可能发生错报的环节都已识别；(3) 确认所获取的有关流程中的预防性控制和检查性控制信息的准确性；(4) 评估控制设计的有效性；(5) 确认控制是否得到执行；(6) 确认之前所作的书面记录的准确性。

第六步，初步评价和风险评估。

(1) 对控制的初步评价。评价结论：

①所设计的控制单独或连同其他控制能够防止或发现并纠正重大错报，并得到执行；

②控制本身的设计是合理的，但没有得到执行；

③控制本身的设计就是无效的或缺乏必要的控制。

了解内部控制——初步评价（设计、执行）——控制测试（执行的有效性）——减少实质性程序。

(2) 风险评估需考虑的因素。

①账户特征以及已识别的重大错报风险。

②对被审计单位整体层面控制的评价。

【例题16·多选题】(2013年试题)

下列各项中，可能表明被审计单位存在值得关注的内部控制缺陷的有（　　）。

A. 被审计单位内部缺乏通常应当建立的风险评估过程

B. 注册会计师识别出被审计单位内部控制未能防止的管理层舞弊

C. 被审计单位重述以前公布的财务报

表，以更正由于错误或舞弊导致的重大错报

D. 管理层未对注册会计师以前已沟通的值得关注的内部控制缺陷采取适当的纠正措施

【答案】ABCD

【解析】四个选项都属于值得关注的内部控制缺陷。

第五节 评估重大错报风险

一、评估报表层次和认定层次的重大错报风险（第三能力等级）

项目	内容
1. 评估重大错报风险时考虑的因素	
2. 评估重大错报风险的审计程序	
3. 识别两个层次的重大错报风险	在对重大错报风险进行识别和评估后，注册会计师应当确定，识别的重大错报风险是与特定的某类交易、账户余额、披露的认定相关，还是与财务报表整体广泛相关，进而影响多项认定
4. 控制环境对评估财务报表层次重大错报风险的影响	财务报表层次的重大错报风险很可能源于薄弱的控制环境。 薄弱的控制环境带来的风险可能对财务报表产生广泛影响，难以限于某类交易、账户余额、披露，注册会计师应当采取总体应对措施
5. 控制对评估认定层次重大错报风险的影响	在评估重大错报风险时，注册会计师应当将所了解的控制与特定认定相联系
6. 考虑财务报表的可审计性	如果通过对内部控制的了解发现下列情况，并对财务报表局部或整体中可审计性产生疑问，注册会计师应当考虑出具保留意见或无法表示意见的审计报告： （1）被审计单位会计记录的状况和可靠性存在重大问题，不能获取充分、适当的审计证据以发表无保留意见； （2）对管理层的诚信存在严重疑虑； 必要时，注册会计师应当考虑解除业务约定

【提示】结合财务信息与非财务信息→分析程序→是否存在重大错报风险→理由→报表什么项目什么认定。

【例题17·多选题】（2019年试题）

下列情形中，通常表明可能存在财务报表层次重大错报风险的有（　）。

A. 被审计单位财务人员不熟悉会计准则

B. 被审计单位频繁更换财务负责人

C. 被审计单位内部控制环境薄弱

D. 被审计单位投资了多家联营企业

【答案】ABCD

【解析】以上四个选项均表明可能存在财务报表层次重大错报风险。财务报表层次重大错报风险与财务报表整体存在广泛联系，可能影响多项认定。

【例题18·单选题】（2019年试题）

下列情形中，通常可能导致注册会计师对财务报表整体的可审计性产生疑问的是（　）。

A. 注册会计师对管理层的诚信存在重大疑虑

B. 注册会计师对被审计单位的持续经营能力产生重大疑虑

C. 注册会计师识别出与员工侵占资产相关的舞弊风险

D. 注册会计师识别出被审计单位严重违反税收法规的行为

【答案】A

【解析】如果通过对内部控制的了解发现下列情况，并对财务报表局部或整体的可审计性产生疑问，注册会计师应当考虑出具保留意见或无法表示意见的审计报告：（1）被审计单位会计记录的状况和可靠性存在重大问题，不能获取充分、适当的审计证据以发表无保留意见；（2）对管理层的诚信存在严重疑虑。必要时，注册会计师应当考虑解除业务约定。

【例题19·单选题】（2014年试题）

下列有关识别、评估和应对重大错报风险的说法中，错误的是（　　）。

A. 注册会计师应当将识别的重大错报风险与特定的某类交易、账户余额和披露的认定相联系

B. 在识别和评估重大错报风险时，注册会计师应当考虑发生错报的可能性以及潜在错报的重大程度

C. 对于某些重大错报风险，注册会计师可能认为仅通过实质性程序无法获取充分、适当的审计证据

D. 在实施进一步审计程序的过程中，注册会计师可能需要修正对认定层次重大错报风险的评估结果

【答案】A

【解析】识别的重大错报风险不仅可能与特定的某类交易、账户余额和披露的认定相关，还可能与财务报表整体广泛相关。

【例题20·综合题】（2016年试题部分内容）

甲公司是ABC会计师事务所的常年审计客户，主要从事肉制品的加工和销售。A注册会计师负责审计甲公司2015年度财务报表，确定财务报表整体的重要性为100万元。审计报告日为2016年4月30日。

资料一：2015年3月15日，媒体曝光甲公司的某批次产品存在严重的食品安全问题。在计划审计阶段，A注册会计师就此事项及相关影响与管理层进行了沟通，部分内容摘录如下：

（1）受食品安全事件影响，甲公司产品出现滞销。为恢复市场占有率，甲公司未因本年度成本大幅上涨而提高售价，销量逐步回升。

（2）甲公司每年向母公司支付商标使用费300万元，2015年度母公司豁免了该项费用。

（3）2015年，甲公司多名关键员工离职。管理层正在考虑一项员工激励计划，向服务至2018年末的员工发放特别奖金。因计划未确定，管理层未在2015年度财务报表中确认。

（4）为对产品进行升级，2015年末，甲公司以其持有的账面价值为500万元的长期股权投资从非关联方换入账面价值为400万元的专利权，并收到补价100万元。换入资产和换出资产的公允价值均不能可靠计量。

（5）为增收节支，甲公司董事会决定将管理人员迁至厂区办公，并自2015年12月1日起将二号办公楼出租给乙公司，租期10年。管理层在起租日将该办公楼转为投资性房地产，采用公允价值模式进行计量。

资料二：A注册会计师在审计工作底稿中记录了甲公司的财务数据，部分内容摘录如下：

金额单位：万元

项目	未审数	已审数
	2015年	2014年
营业收入	7 200	7 500
营业成本	4 900	5 000
管理费用——商标使用费	300	300
营业外收入——母公司豁免商标使用费	300	0
投资收益——非货币性资产交换收益	100	0
公允价值变动收益——投资性房地产（二号办公楼）	4 000	0
投资性房地产——成本（二号办公楼）	10 000	0
无形资产——非货币性资产交换换入专利权	500	0

资料三：（略）。

资料四：（略）。

资料五：（略）。

要求：

针对资料一第（1）至（5）项，结合资料二，假定不考虑其他条件，逐项指出资料一所列事项是否可能表明存在重大错报风险。如果认为可能表明存在重大错报风险，简要说明理由，并说明该风险主要与哪些财务报表项目（仅限于应收账款、存货、投资性房地产、无形资产、应付职工薪酬、资本公积、营业收入、营业成本、销售费用、管理费用、

公允价值变动收益、投资收益、营业外收入）的哪些认定相关（不考虑税务影响）。请将答案直接填入下方表格内。

事项序号	是否可能表明存在重大错报风险（是/否）	理由	财务报表项目名称及认定
(1)			
(2)			
(3)			
(4)			
(5)			

【答案】

事项序号	是否可能表明存在重大错报风险（是/否）	理由	财务报表项目名称及认定
(1)	是	甲公司2015年毛利率为32%，2014年为33%，与成本大幅上涨不符，可能存在少计营业成本、多计营业收入的风险	营业成本（完整性） 存货（存在） 应收账款（存在） 营业收入（发生/准确性）
(2)	是	豁免的商标使用费应计入资本公积，存在多计营业外收入、少计资本公积的风险	营业外收入（发生） 资本公积（完整性）
(3)	否	—	—
(4)	是	换入资产和换出资产的公允价值不能可靠计量，应以换出资产的账面价值为基础确认换入资产成本，补价不能确认收益，存在多计投资收益、多计无形资产的风险	投资收益（发生） 无形资产（准确性）
(5)	是	该项投资性房地产的公允价值在一个月内上涨40%，可能存在多计公允价值变动收益的风险	公允价值变动收益（准确性） 投资性房地产（计价和分摊）

二、需要特别考虑的重大错报风险（第三能力等级）

项目	内容	
1. 特别风险	指注册会计师识别和评估的，根据判断认为需要特别考虑的重大错报风险	
2. 确定特别风险时应考虑的事项	（1）风险是否属于舞弊风险； （2）风险是否与近期经济环境、会计处理方法和其他方面的重大变化有关； （3）交易的复杂程度； （4）风险是否涉及重大的关联方交易； （5）财务信息计量的主观程度，特别是计量结果是否具有高度不确定性； （6）风险是否涉及异常或超出正常经营过程的重大交易	
3. 非常规交易和判断事项导致的特别风险	非常规交易——指由于金额或性质异常而不经常发生的交易。 非常规交易会导致特别风险，因为： （1）管理层更多地介入会计处理； （2）数据收集和处理涉及更多的人工成分； （3）复杂的计算或会计处理方法； （4）非常规交易的性质可能使被审计单位难以对由此产生的特别风险实施有效控制	判断事项可能会导致的特别风险： （1）对涉及会计估计、收入确认等方面的会计原则存在不同的理解； （2）所要求的判断可能是主观和复杂的，或需要对未来事项作出假设

续表

项目	内容
4. 考虑与特别风险相关的控制	对特别风险，注册会计师应当了解被审计单位是否针对该特别风险设计和实施了控制。 （结合教材第八章第三节控制测试） 【提示】如果管理层未能实施控制以恰当应对特别风险，注册会计师应当认为内部控制存在重大缺陷，并考虑其对风险评估的影响。 【提示】注册会计师应当就此类事项与治理层沟通

【例题 21 · 多选题】（2019 年试题）

下列有关与特别风险相关的控制的说法中，正确的有（　　）。

A. 注册会计师应当了解和评价与特别风险相关的控制的设计情况，并确定其是否得到执行

B. 如果被审计单位未能实施控制以恰当应对特别风险，注册会计师针对特别风险实施的审计程序应当包括细节测试

C. 如果注册会计师实施控制测试后认为与特别风险相关的控制运行有效，对特别风险实施的实质性程序可以仅为实质性分析程序

D. 对于与特别风险相关的控制，注册会计师不能利用以前审计获取的有关控制运行有效性的审计证据

【答案】ABCD

【解析】如果针对特别风险实施的程序仅为实质性程序，这些程序应当包括细节测试，或将细节测试和实质性分析程序结合使用，以获取充分、适当的审计证据。

【例题 22 · 多选题】（2019 年试题）

下列各项中，注册会计师在判断重大错报风险是否为特别风险时应当考虑的有（　　）。

A. 风险是否涉及重大的关联方交易

B. 风险是否与近期经济环境的重大变化相关

C. 财务信息计量的主观程度

D. 风险是否属于舞弊风险

【答案】ABCD

【解析】在判断哪些风险是特别风险时，注册会计师应当至少考虑下列事项：（1）风险是否属于舞弊风险；（2）风险是否与近期经济环境、会计处理方法或其他方面的重大变化相关，因而需要特别关注；（3）交易的复杂程度；（4）风险是否涉及重大的关联方交易；（5）财务信息计量的主观程度，特别是计量结果是否具有高度不确定性；（6）风险是否涉及异常或超出正常经营过程的重大交易。在判断哪些风险是特别风险时，注册会计师不应考虑识别出的控制对相关风险的抵销效果。

【例题 23 · 单选题】（2018 年试题）

下列各项中，注册会计师在确定某项重大错报风险是否为特别风险时，通常无须考虑的是（　　）。

A. 交易的复杂程度

B. 风险是否涉及重大的关联方交易

C. 被审计单位财务人员的胜任能力

D. 财务信息计量的主观程度

【答案】C

【解析】在判断哪些风险是特别风险时，注册会计师应当至少考虑下列事项：（1）风险是否属于舞弊风险；（2）风险是否与近期经济环境、会计处理方法或其他方面的重大变化相关，因而需要特别关注；（3）交易的复杂程度；（4）风险是否涉及重大的关联方交易；（5）财务信息计量的主观程度，特别是计量结果是否具有高度不确定性；（6）风险是否涉及异常或超出正常经营过程的重大交易。

【例题 24 · 单选题】（2015 年试题）

下列有关特别风险的说法中，正确的是（　　）。

A. 注册会计师在判断重大错报风险是否为特别风险时，应当考虑识别出的控制对于相关风险的抵销效果

B. 注册会计师应当将管理层凌驾于控制之上的风险评估为特别风险

C. 注册会计师应当了解并测试与特别风险相关的控制

D. 注册会计师应当对特别风险实施细节测试

【答案】B

【解析】管理层凌驾于控制之上的风险属

于特别风险。

三、仅通过实质性程序无法应对的重大错报风险（第三能力等级）

1. 作为风险评估的一部分，如果认为仅通过实质性程序获取的审计证据无法将认定层次的重大错报风险降至可接受的低水平，注册会计师应当评价被审计单位针对这些风险设计的控制，并确定其执行情况。

2. 在被审计单位对日常交易采用高度自动化处理的情况下，审计证据可能仅以电子形式存在，其充分性和适当性通常取决于自动化信息系统相关控制的有效性，注册会计师应当考虑仅通过实施实质性程序不能获取充分、适当审计证据的可能性。

四、对风险评估的修正（第三能力等级）

通关演练

一、单项选择题

1. 下列有关被审计单位的内部控制的说法中，正确的是（　　）。

A. 注册会计师需要了解和评价的内部控制不仅仅只包括与财务报表审计相关的内部控制

B. 注册会计师需要了解和评价的内部控制指与财务报表相关的内部控制

C. 注册会计师需要了解和评价的内部控制是被审计单位所有的内部控制

D. 注册会计师需要了解和评价的内部控制只是与审计相关的控制，包括被审计单位为实现财务报告可靠性目标设计和实施的

2. 下列有关被审计单位控制环境的说法中，错误的是（　　）。

A. 控制环境的好坏影响对报表层次重大错报风险的评估

B. 治理层对内部控制重要性的态度和认识是了解控制环境时考虑的因素

C. 控制环境本身不能防止或发现并纠正认定层次重大错报

D. 控制环境不影响实质性程序的性质、时间安排和范围

3. 注册会计师在了解内部控制时通常不用（　　）。

A. 风险评估程序

B. 询问

C. 穿行测试

D. 分析程序

4. 下列被审计单位的控制中，与审计无关的控制是（　　）。

A. 银行客户信贷经理复核各分行、地区和各种贷款类型的审批和收回

B. 公司同意因某些特别原因，对某个不符合一般信用条件的客户赊购商品

C. 航空公司用于维护航班时间表的自动控制系统

D. 工厂存货定期盘点

5. 下列各项中，不属于控制环境要素的是（　　）。

A. 被审计单位的人力资源政策与实务

B. 被审计单位的组织结构

C. 被审计单位管理层的理念

D. 被审计单位的信息系统

6. 注册会计师负责对被审计单位2018年度财务报表进行审计。在了解内部控制时，下列情形中，最有可能导致注册会计师不能执行财务报表审计的是（　　）。

A. 被审计单位管理层没有清晰区分内部控制要素

B. 被审计单位管理层没有根据变化的情况修改相关的内部控制

C. 被审计单位管理层凌驾于内部控制之上

D. 注册会计师对被审计单位管理层的诚信存在严重疑虑

7. 下列关于特别风险的说法中，错误的是（　　）。

A. 确定哪些风险是特别风险时，应当在考虑识别出的控制对相关风险的抵销效果前，根据风险的性质、潜在错报的重要程度和发生的可能性进行判断

B. 特别风险通常与重大的非常规交易和判断事项相关

C. 管理层未能实施控制以恰当应对特别风险，并不一定表明内部控制存在重大缺陷的迹象

D. 如果针对特别风险实施的程序仅为实质性程序，这些程序应当包括细节测试

8. 下列有关控制环境的说法中，错误的

是（　　）。

A. 控制环境对重大错报风险的评估具有广泛影响

B. 有效的控制环境本身可以防止、发现并纠正各类交易、账户余额和披露认定层次的重大错报

C. 有效的控制环境可以降低舞弊发生的风险

D. 财务报表层次重大错报风险很可能源于控制环境存在缺陷

9. 下列各项中，通常属于业务流程层面控制的是（　　）。

A. 应对管理层凌驾于控制之上的控制

B. 信息技术一般控制

C. 信息技术应用控制

D. 对期末财务报告流程的控制

10. 下列控制活动中，属于检查性控制的是（　　）。

A. 信息技术部根据人事部提供的员工岗位职责表在系统中设定用户权限

B. 仓库管理员根据经批准的发货单办理出库

C. 采购部对新增供应商执行背景调查

D. 财务人员每月末与客户对账，并调查差异

11. 下列各项中，注册会计师在判断特别风险时不需要考虑的是（　　）。

A. 风险是否涉及重大的关联方交易

B. 风险是否属于舞弊风险

C. 交易的复杂程度

D. 控制对相关风险的抵销效果

12. 下列说法中，正确的是（　　）。

A. 风险导向审计的目标是对财务报表不存在由舞弊导致的重大错报获取合理保证

B. 了解被审计单位及其环境时应当询问管理层

C. 了解被审计单位的内部控制时注册会计师必须实施分析程序

D. 了解被审计单位及其环境时需要运用抽样技术

13. 下列有关注册会计师了解内部控制的说法中，错误的是（　　）。

A. 如果了解到内部控制存在设计缺陷，就不需要了解该项控制是否得以执行

B. 了解内部控制时，注册会计师不考虑内部控制在所审计期间是否一贯执行

C. 如果了解到内部控制没有得以执行，则不需要对该项控制进行测试

D. 注册会计师只需要了解设计合理的内部控制，无须了解存在缺陷的内部控制

14. 确定哪些风险是特别风险时，注册会计师可能不需要考虑的事项是（　　）。

A. 风险是否属于舞弊风险

B. 交易发生的时间

C. 风险是否涉及重大的关联方交易

D. 财务信息计量结果是否具有高度不确定性

15. 注册会计师了解的被审计单位及其环境的各项因素中，既涉及内部因素也涉及外部因素的是（　　）。

A. 对被审计单位财务业绩的衡量和评价

B. 被审计单位的内部控制

C. 被审计单位的性质

D. 相关行业状况、法律环境和监管环境及其他外部因素

16. 下列关于了解被审计单位及环境的作用的说法，错误的是（　　）。

A. 确定重要性水平，并随着审计工作的进程评估对重要性水平的判断是否仍然适当

B. 考虑会计政策的选择和运用是否恰当，以及财务报表的列报是否适当

C. 识别需要特别考虑的领域，包括关联方交易、管理层运用持续经营假设的合理性，或交易是否具有合理的商业目的等

D. 设计和实施进一步审计程序，以便消除审计风险

17. 下列有关被审计单位经营风险的说法中，错误的是（　　）。

A. 识别和应对经营风险的过程是内部控制的组成部分

B. 不正确的经营目标与经营战略都可能导致经营风险

C. 较高的经营风险表明风险评估过程存在重大缺陷

D. 注册会计师没有责任识别和评估与财务报表无关的经营风险

18. 针对注册会计师了解关联方关系及其交易相关的控制，下列情形中，不属于可能表明不存在相关控制或控制存在缺陷的是（　　）。

A. 缺乏内部审计的适当监督

B. 管理层未能充分了解适用的财务报告编制基础对关联方的有关规定

C. 由于披露关联方交易可能涉及管理层家庭成员，管理层有意忽视相关控制

D. 管理层对识别和披露关联方关系及其交易的重视程度较低

19. 下列关于财务报表审计业务中内部控制的说法中，正确的是（　　）。

A. 内部控制的责任主体是指被审计单位内部控制部门

B. 如果被审计单位的内部控制存在缺陷，注册会计师要在审计意见段后增加一个段落提及被审计单位内部控制的缺陷

C. 注册会计师需要了解所有与被审计单位财务报表有关的内部控制

D. 注册会计师通常不需要了解提高经营活动效率和效果的内部控制

20. 下列关于内部控制的说法中，错误的是（　　）。

A. 一般情况下，注册会计师对内部控制的了解不能代替其对内部控制运行有效性的测试程序

B. 注册会计师对内部控制的了解，主要是评价内部控制的设计和确定内部控制的执行

C. 内部控制的自动化成分在处理涉及主观判断的状况或交易事项时可能比人工控制更为适当

D. 与审计相关的控制，包括被审计单位为实现财务报告可靠性目标设计和实施的控制

二、多项选择题

1. 下列各项中，属于预防性控制的有（　　）。

A. 编制销售发票通知单的人员与开具销售发票的人员应相互分离

B. 负责主营业务收入和应收账款记账的职员不得经手货币资金

C. 由不负责现金出纳和销售及应收账款记账的职员按月向客户寄发对账单

D. 主营业务收入明细账由记录应收账款明细账之外的职员独立登记

2. 下列控制活动中，不属于检查性控制的有（　　）。

A. 信息技术部根据人事部提供的员工岗位职责表在系统中设定用户权限

B. 仓库管理员根据经批准的发货单办理出库

C. 采购部对新增供应商执行背景调查

D. 财务人员每月末与客户对账，并调查差异

3. 注册会计师应当运用职业判断确定项目组内部参与讨论的成员，下列人员中，应当参与讨论的有（　　）。

A. 项目组的项目负责人

B. 项目组需要拥有信息技术或其他特殊技能的专家

C. 在跨地区审计中，每个重要地区项目组的项目负责人

D. 项目经理

4. 在识别出被审计单位的特别风险后，采取的下列应对措施中，正确的有（　　）。

A. 将特别风险所影响的财务报表项目与具体认定相联系

B. 对于管理层应对特别风险的控制，无论是否信赖，都需要进行了解

C. 应当专门针对识别的特别风险实施实质性程序

D. 对于管理层应对特别风险的控制，无论是否信赖，都需要进行测试

5. 在评估和应对与关联方交易相关的重大错报风险时，下列说法中，注册会计师认为错误的有（　　）。

A. 所有的关联方交易和余额都存在重大错报风险

B. 实施实质性程序应对与关联方交易相关的重大错报风险更有效，因此无须了解和评价与关联方关系和交易相关的内部控制

C. 对外提供厂房租赁或管理服务，而没有收取对价，金额重大，属于超出正常经营过程的重大交易，存在特别风险

D. 注册会计师应当评价所有关联方交易的商业理由

6. 在了解和测试与特别风险相关的内部控制时，注册会计师的下列做法中，正确的有（　　）。

A. 评价相关控制的设计情况，并确定其是否已经得到执行

B. 如果拟信赖相关控制，每年测试控制的有效性

C. 如果拟信赖相关控制，且相关控制自上次测试后未发生变化，每两年测试一次控制的有效性

D. 如果相关控制不能恰当应对特别风险，应当就该事项与被审计单位治理层沟通

7. 在针对特别风险计划和实施进一步审计程序时，注册会计师可能采取的做法有（　　）。

A. 实施控制测试和实质性程序

B. 实施细节测试和实质性分析程序

C. 仅实施控制测试

D. 仅实施实质性分析程序

8. 如果识别出管理层以前未识别出或未向注册会计师披露的关联方关系或重大关联方交易，注册会计师应当（　　）。

A. 对新识别出的关联方或重大关联方交易实施恰当的实质性程序

B. 在适用的财务报告编制基础对关联方作出规定的情况下，要求管理层识别与新识别出的关联方之间发生的所有交易，以便注册会计师作出进一步评价，并询问与关联方关系及其交易相关的控制为何未能识别或披露该关联方关系或交易

C. 立即将相关信息向项目组其他成员通报

D. 如果管理层不披露关联方关系或交易看似是有意的，因而显示可能存在由于舞弊导致的重大错报风险，评价这一情况对审计的影响

9. 了解交易流程和相关控制时，注册会计师通过执行穿行测试可以获得的证据有（　　）。

A. 确认对重要交易的了解是完整的

B. 确认控制得到有效执行

C. 确认所获取的控制信息是准确的

D. 评估控制设计的有效性

10. 注册会计师识别和评估重大错报风险时，下列各项可能表明被审计单位存在重大错报风险的有（　　）。

A. 在经济不稳定的国家或地区开展业务，行业环境发生变化

B. 在高度波动的市场开展业务，供应链发生变化

C. 在严厉、复杂的监管环境中开展业务，融资能力受到限制

D. 持续经营和资产流动性出现问题，包括重要客户流失

11. 注册会计师对被审计单位融资方面的压力进行评估时，需要关注被审计单位的（　　）。

A. 资产表外融资和租赁安排

B. 处于合并范围内的主要子公司和联营企业

C. 实际受益股东

D. 衍生金融工具的运用

12. 注册会计师在对被审计单位选择和运用会计政策进行评价时，可能需要关注下列事项（　　）。

A. 被审计单位可能存在与其所处行业相关的重大交易

B. 缺乏权威性标准或共识的领域中采用的重要会计政策

C. 金额不大的交易

D. 新颁布的财务报告准则

13. 下列事项中，属于与非常规交易或判断事项相关的特别风险能够导致更高的重大错报风险的有（　　）。

A. 被审计单位管理层更多地介入会计处理

B. 数据收集和处理涉及很少的人工成分

C. 复杂的计算或会计处理方法

D. 所要求的判断可能是主观和复杂的

14. 下列选项中，通常导致财务报表层次重大错报风险的有（　　）。

A. 管理层舞弊

B. 出纳舞弊

C. 赊销金额超过授权

D. 未实施恰当的职责分离

15. 关于重大错报风险的下列说法中，不正确的有（　　）。

A. 如果认为仅通过实质性程序获取的审计证据无法将认定层次的重大错报风险降至可接受的低水平，注册会计师应当评价被审计单位针对这些风险设计的控制，并确定其执行情况

B. 注册会计师应当合理设计审计程序的性质、时间安排和范围，并有效执行审计程序，以控制重大错报风险

C. 在既定的审计风险水平下，评估的重大错报风险和检查风险呈正比例关系

D. 重大错报风险与被审计单位的风险相关，且独立于财务报表审计而存在

16. 下列关于风险评估和审计计划的说法中，正确的有（　　）。

A. 注册会计师对认定层次重大错报风险的评估，可能随着审计过程中不断获取审计证据而作出相应的变化

B. 如果通过实施进一步审计程序获取的审计证据与初始评估获取的审计证据相矛盾，注册会计师应当修正风险评估结果，并相应

修改原计划实施的进一步审计程序

C. 评估重大错报风险，是一个连续和动态的收集、更新与分析信息的过程，贯穿于整个审计过程的始终

D. 了解被审计单位及其环境，是一个连续和动态的收集、更新与分析信息的过程，贯穿于整个审计过程的始终

17. 下列各项错报中，通常对财务报表具有广泛影响的有（　　）。

A. 被审计单位没有披露关键管理人员薪酬

B. 信息系统缺陷导致的应收账款、存货等多个财务报表项目的错报

C. 被审计单位没有将年内收购的一家重要子公司纳入合并范围

D. 被审计单位没有按照成本与可变现净值孰低原则对存货进行计量

18. 下列有关内部控制的说法中，正确的有（　　）。

A. 整体层面的控制（包括对管理层凌驾于内部控制之上的控制）和信息技术一般控制通常在所有业务活动中普遍存在

B. 业务流程中的控制通常分为检查性控制与预防性控制

C. 计算机每天比较运出货物的数量和开票数量属于预防性控制

D. 由不同的员工负责职工薪酬档案的维护和职工薪酬的计算属于预防性控制

三、简答题

1. A 和 B 注册会计师负责对 D 公司 2019 年度财务报表进行审计。在了解 D 公司及其环境时，请代为作出正确的专业判断。

要求：

（1）A 和 B 注册会计师应从哪些方面了解 D 公司所处的行业状况？

（2）下表列示 D 公司性质，可以帮助 A 和 B 注册会计师了解 D 公司的哪些方面情况？请将答案直接填入下方表格内。

被审计单位的性质	有助于注册会计师从哪些方面了解被审计单位的环境
所有权结构	
经营活动	
投资活动	
筹资活动	

（3）针对 D 公司目标与战略，指出可能导致 D 公司需要面临的经营风险，填列在下表相应空格中。

目标与战略涉及的内容	可能导致被审计单位面临的经营风险的种类
（1）行业发展	
（2）开发新产品或提供新服务	
（3）业务扩张	
（4）新颁布的会计法规	
（5）监管要求	
（6）本期及未来的融资条件	
（7）信息技术的运用	

2. 会计师事务所的 A 注册会计师接受委托，对被审计单位 2019 年度的财务报表进行审计，在针对内部控制的了解过程中发现若干内部控制规定，请说明这些内部控制可以防止哪一种错报，并判断其对应的控制类型和最相关的一个项目及其主要认定。请将答案直接填入下方表格中。

对控制的描述	控制用来防止的错报	控制类型（预防性控制/检查性控制）	认定
1. 在更新采购档案之前必须先有收货报告			
2. 销售发票上的价格根据价格清单上的信息确定			
3. 定期编制银行存款余额调节表，跟踪调查挂账的项目			
4. 生成收货报告的计算机程序，同时也更新采购档案			
5. 每季度符合应收账款贷方余额并找出原因			

四、综合题

1. W公司主要从事小型电子消费品的生产和销售，产品销售以W公司仓库为交货地点。W公司日常交易采用自动化信息系统（以下简称系统）和手工控制相结合的方式进行。系统自2018年以来没有发生变化。W公司产品主要销售给国内各主要城市的电子消费品经销商。A和B注册会计师负责审计W公司2019年度财务报表。

资料一：A和B注册会计师在审计工作底稿中记录了所了解的W公司及其环境的情况，部分内容摘录如下：

（1）在2018年度实现销售收入增长10%的基础上，W公司董事会确定的2019年销售收入增长目标为20%。W公司管理层实行年薪制，总体薪酬水平根据上述目标的完成情况上下浮动。W公司所处行业2019年的平均销售增长率是12%。

（2）W公司财务总监已为W公司工作超过6年，于2019年9月劳动合同到期后被W公司的竞争对手高薪聘请。由于工作压力大，W公司会计部门人员流动频繁，除会计主管服务期超过4年外，其余人员的平均服务期少于2年。

（3）W公司的产品面临快速更新换代的压力，市场竞争激烈。为巩固市场占有率，W公司于2019年4月将主要产品（C产品）的销售下调了8%至10%。另外，W公司在2019年8月推出了D产品（C产品的改良型号），市场表现良好，计划在2020年全面扩大产量，并在2020年1月停止C产品的生产。为了加快资金流转，W公司于2020年1月针对C产品开始实施新一轮的降价促销，平均降价幅度达到10%。

（4）W公司销售的产品均由经客户认可的外部运输公司实施运输，运输费由W公司承担，但运输途中风险仍由客户自行承担。由于受能源价格上涨影响，2019年的运输单价比上年平均上升了15%，但运输商同意将运费结算周期从原来的30天延长至60天。

（5）2019年度W公司主要原料的价格与上年基本持平，供应商也没有大的变化，但由于技术要求发生变化，D产品所耗高档金属材料比C产品略有上升，使得D产品的原材料成本比C产品上升了3%。

（6）除了于2018年12月借入的2年期、年利率6%的银行借款5 000万元外，W公司没有其他借款。上述长期借款专门用于扩建现有的一条生产线，以满足D产品的生产需要。该生产线总投资6 500万元，2018年12月开工，2019年7月完工投入使用。（假设不考虑利息收入）

资料二：A和B注册会计师在审计工作底稿中记录了所获取的W公司财务数据，部分内容摘录如下：

金额单位：万元

	2019年		2018年	
	C产品	D产品	C产品	D产品
产成品	2 000	1 800	2 500	0
存货跌价准备	0		0	
主营业务收入	18 500	8 000	20 000	0
主营业务成本	17 000	5 600	16 800	0
销售费用——运输费	1 200		1 150	
利息支出	300		25	
减：利息资本化	250		25	
净利息支出	50		0	

要求：

针对资料一事项（1）至（6），结合资料二，假定不考虑其他条件，请逐项指出资料一所列事项是否可能表明存在重大错报风险。如果认为存在，请简要说明理由，并分别说明该风险是属于财务报表层次还是认定层次。如果认为属于认定层次，请指出相关事项与何报表项目的何种认定相关。

2. 甲公司是ABC会计师事务所的常年审计客户。A注册会计师负责审计甲公司2019

年度财务报表，确定财务报表整体的重要性为240万元。

资料一：A注册会计师在审计工作底稿中记录了所了解的甲公司情况及其环境，部分内容摘录如下：

（1）甲公司原租用的办公楼月租金为50万元。自2019年10月1日起，甲公司租用新办公楼，租期1年，月租金80万元，免租期3个月。

（2）2018年度，甲公司直销了100件a产品。2019年，甲公司引入经销商买断销售模式，对经销商的售价是直销价的90%，直销价较2018年基本没有变化。2019年度，甲公司共销售150件a产品，其中20%销售给经销商。

（3）2019年10月，甲公司推出新产品b产品，单价60万元。合同约定，客户在购买产品1个月后付款；如果在购买产品3个月内发现质量问题，客户有权退货。截至2019年12月31日，甲公司售出10件b产品。因上市时间较短，管理层无法合理估计退货率。

（4）2019年10月，甲公司与乙公司签订销售合同，按每件150万元的价格为其定制20件c产品，约定2020年3月交货，如不能按期交货，甲公司需支付总价款的20%作为违约金。签订合同后，原材料价格上涨导致c产品成本上升。截至2019年12月31日，甲公司已生产10件c产品，单位成本为175万元。

（5）2019年12月，甲公司首次获得200万元政府补助。相关文件规定，该补助用于补偿历年累计发生的污水处理支出。

（6）甲公司自2017年起研发一项新产品技术，于2019年12月末完成技术开发工作，并确认无形资产300万元。甲公司拟将其出售，因受国家产业政策的影响，市场对该类新产品尚无须求。

资料二：A注册会计师在审计工作底稿中记录了有关制造费用的财务数据，部分内容摘录如下：

金额单位：万元

项目	2019年（未审数）			2018年（已审数）
	a产品	b产品	c产品	a产品
营业收入	11 750	600	0	8 000
管理费用——污水处理	150	100		
管理费用——租赁费	450	600		
管理费用——研发费	0	200		
营业外收入——政府补助	200	0		
税前利润	180	100		
应收账款	500	260	0	400
存货——产成品	900	80	1 750	800
存货——存货跌价准备	0	0	（250）	0
无形资产——非专利技术	300			0

要求：

针对资料一事项（1）至（6），结合资料二，假定不考虑其他条件，逐项指出资料一所列事项是否可能表明存在重大错报风险。如果认为可能表明存在重大错报风险，简要说明理由，并说明该风险主要与哪些财务报表项目的哪些认定相关（不考虑税务影响）。

答案及解析

一、单项选择题

1.【答案】D

【解析】注册会计师需要了解和评价的内部控制只是与财务报表审计相关的内部控制，

不是指与财务报表相关的内部控制，不是被审计单位所有的内部控制，而是与审计相关的控制，包括被审计单位为实现财务报告可靠性目标设计和实施的控制。

2. 【答案】D

【解析】选项D不正确，控制环境薄弱时，要减少对内部控制的依赖，相应地，要强化实质性程序的性质，在期末实施更多的实质性程序以及扩大实质性程序的范围。

3. 【答案】D

【解析】注册会计师从6个方面了解被审计单位及其环境，但注册会计师无须在了解每个方面时都实施以上所有的风险评估程序。例如，在了解内部控制时通常不用分析程序。

4. 【答案】C

【解析】被审计单位通常有一些与审计无关的控制，注册会计师无须对其加以考虑。例如，被审计单位可能依靠某一复杂的自动控制系统提高经营活动的效率和效果（如航空公司用于维护航班时间表的自动控制系统），但这些控制通常与审计无关。

5. 【答案】D

【解析】控制环境要素包括：(1) 对诚信和道德价值观的沟通与落实；(2) 对胜任能力的重视；(3) 治理层的参与程度；(4) 管理层的理念和经营风格；(5) 组织结构及职权与责任的分配；(6) 人力资源政策与实务。

6. 【答案】D

【解析】本章主要考核“了解被审计单位及其环境”知识点。在单选题目中，我们应该选择最佳的答案。题目中选择的是不能执行财务报表审计业务，比较难以判断的是选项C和选项D；针对选项C，注册会计师可以根据情况采用针对管理层凌驾于控制之上的风险来实施有效的审计程序；而对于选项D，对被审计单位管理层的诚信有严重疑虑的，就非常有可能不承接这个业务或者解除业务约定。

7. 【答案】C

【解析】选项C错误。如果管理层未能实施控制以恰当应对特别风险，注册会计师应当认为内部控制存在重大缺陷。

8. 【答案】B

【解析】控制环境本身并不能防止或发现并纠正各类交易、账户余额和披露认定层次的重大错报风险。

9. 【答案】C

【解析】选项A、B、D均为整体层面控制。

10. 【答案】D

【解析】选项A、B、C均为预防性控制。

11. 【答案】D

【解析】在判断哪些风险是特别风险时，注册会计师不应考虑识别出的控制对相关风险的抵销效果。

12. 【答案】B

【解析】选项A错误，风险导向审计的目标是对财务报表不存在由于错报或舞弊导致的重大错报获取合理保证；选项C错误，了解内部控制时通常不实施分析程序。选项D错误，审计抽样用于控制测试与细节测试，了解被审计单位及其环境时通常不用审计抽样。

13. 【答案】D

【解析】对内部控制的了解仅限于设计的合理性和是否得到执行。执行的效果和执行的一贯性是控制测试的内容（说明选项A和选项B正确）。选项C正确，控制测试是为了确定内部控制的执行效果。如果控制没有执行，控制效果将成空中楼阁。选项D错误，注册会计师只有在了解内部控制后才能确定控制设计是否存在缺陷。

14. 【答案】B

【解析】按规定，确定哪些风险是特别风险时，注册会计师应当至少考虑6个事项，包括选项A、C、D交易发生的时间不在规定之中，达不到“应当”考虑的程度。

15. 【答案】A

【解析】四个选项均属于注册会计师需要了解的被审计单位及其环境的因素，选项B、C涉及的是被审计单位的内部因素，选项D是被审计单位的外部因素。

16. 【答案】D

【解析】选项D不正确，设计和实施进一步审计程序，以将审计风险降至可接受的低水平，审计风险只能降低，而不能完全消除。

17. 【答案】C

【解析】选项C不正确，经营风险可能属于客观事实，风险评估过程可能取决于管理层主观风险意识。两者之间不存在必然关系。换言之，无论经营风险有多高，只要管理层识别出经营风险，就表明风险评估过程是有效的。

18. 【答案】A

【解析】可能表明不存在相关控制或控制存在缺陷的情形包括：（1）管理层对识别和披露关联方关系及其交易的重视程度较低（选项D）；（2）缺乏治理层的适当监督（选项A不恰当）；（3）由于披露关联方可能会泄露管理层认为敏感的某些信息（如关联方交易涉及管理层家庭成员），管理层有意忽视相关控制（选项C）；（4）管理层未能充分了解适用的财务报告编制基础对关联方的有关规定（选项B）；（5）适用的财务报告编制基础没有对关联方披露作出规定。

19. 【答案】D

【解析】内部控制的责任主体包括治理层、管理层和其他人员，所以选项A错误。财务报表审计的目的并非对被审计单位内部控制的有效性发表审计意见，所以注册会计师无须在审计报告中提及被审计单位内部控制的缺陷，所以选项B错误。注册会计师仅需要了解与财务报表审计相关的内部控制，与审计无关，注册会计师通常无须了解，所以选项C错误。

20. 【答案】C

【解析】内部控制的人工成分在处理涉及主观判断的状况或交易事项时可能更为适当。

二、多项选择题

1. 【答案】ABD

【解析】选项A、B、D均属于通过职责分离实现销售与收款业务流程的控制，属于预防性控制，选项C控制能促使客户在发现应付账款余额不正确后及时反馈有关信息给被审计单位，属于检查性控制。

2. 【答案】ABC

【解析】选项A、B、C属于预防性控制；选项D属于检查性控制。

3. 【答案】ABC

【解析】注册会计师应当运用职业判断确定项目组内部参与讨论的成员。项目组的关键成员应当参与讨论，如果项目组需要拥有信息技术或其他特殊技能的专家，这些专家也应参与讨论。参与讨论人员的范围受项目组成员的职责经验和信息需要的影响。例如，在跨地区审计中，每个重要地区项目组的关键成员应该参加讨论。不要求所有成员每次都参与项目组的讨论。

4. 【答案】ABC

【解析】选项D控制测试如果在拟不信赖控制的情况下是不需要进行测试。

5. 【答案】ABD

【解析】选项A错误，有些关联方交易是在正常经营过程中发生的，可能并不具有更高的财务报表重大错报风险。选项B错误，了解内控是必须实施的程序。选项D错误，应当评价超出正常经营过程的重大关联方交易的商业理由，并不是所有的关联方交易。

6. 【答案】ABD

【解析】本题主要考核“与特别风险相关的内部控制”知识点。本题考察的是针对特别风险的控制，教材中对特别风险内容讲解的比较散，没有在一个位置系统的讲解，在学习中可以将教材中涉及特别风险的内容摘出来，专门的来系统学习特别风险的内容，这样会更好理解和记忆。对特别风险，注册会计师应当评价相关控制的设计情况，并确定其是否已经得到执行，所以选项A正确。如果注册会计师拟信赖针对特别风险的控制，那么所有关于该控制运行有效性的审计证据必须来自当年的控制测试，相应地，注册会计师应当在每次审计中都测试这类控制，所以选项B正确。如果管理层未能实施控制以恰当应对特别风险，注册会计师应当认为内部控制存在重大缺陷，并考虑其对风险评估的影响，在此情况下，注册会计师应当考虑就此类事项与治理层沟通，所以选项D正确。

7. 【答案】AB

【解析】本题主要考核“针对特别风险实施的进一步审计程序”知识点。特别风险是需要注册会计师特别关注的重大错报风险，实质性程序是必须要执行的，所以选项A、B肯定要选。对于实质性分析程序，仅实施该程序是无法获取充分、适当的审计证据的，所以不选择选项D。如果针对特别风险仅实施实质性程序，注册会计师应当使用细节测试，或将细节测试和实质性分析程序结合使用，以获取充分、适当的审计证据。此规定的考虑是，为应对特别风险需要获取具有高度相关性和可靠性的审计证据，仅实施实质性分析程序不足以获取有关特别风险的充分、适当的审计证据。所以不选择选项C。

8.【答案】ABCD

【解析】选项A、B、C、D都是注册会计师应当采取的措施。详见教材。

9.【答案】ACD

【解析】选项B对内部控制的了解一般不足以证实内部控制执行的有效性。

10.【答案】ABCD

【解析】选项A、B、C、D均有可能表明甲公司存在重大错报风险。

11.【答案】ABCD

【解析】注册会计师对被审计单位融资方面的压力进行评估时，选项A、B、C、D都是其应关注的内容。

12.【答案】ABCD

【解析】注册会计师在对被审计单位选择和运用会计政策进行评价时，可能需要关注选项A、B、C、D的内容。

13.【答案】ACD

【解析】选项B"少"应当是多，选项A、B、C属于非常规交易带来特别风险的特征，选项D属于判断事项带来特别风险的特征。

14.【答案】AD

【解析】选项B和货币资金项目错报相关，选项C和营业收入、应收账款等项目错报相关。

15.【答案】ABC

【解析】重大错报风险只能评估，不能降低，所以选项A错误。注册会计师应当合理设计审计程序的性质、时间安排和范围，并有效执行审计程序，以控制检查风险，所以选项B错误。在既定的审计风险水平下，可接受的检查风险水平与认定层次重大错报风险的评估结果呈反向关系，所以选项C错误。

16.【答案】ABCD

【解析】四个选项都是正确的。

17.【答案】BC

【解析】对财务报表的影响具有广泛性的情形包括不限于对财务报表特定要素、账户或项目产生影响。信息系统缺陷，未将子公司纳入合并范围将会涉及多个财务报表项目而不局限于特定的项目。因此选项B、C正确，选项A不是错报，选项D对报表没有广泛的影响。

18.【答案】ABD

【解析】计算机每天比较运出货物的数量和开票数量属于检查性控制。

类别	预防性控制	检查性控制
定义	防止错报发生的控制	及时发现已发生的错报的控制
关键点	事先预防偏重：审批、授权、职责分离类	事后预防偏重：复核、对账、盘点类
举例	如：信用额度审批、经批准的发货单出库、自动生成收货报告、发票的价格根据价格清单确定、会计凭证账户号与会计科目表对比并进行逻辑测试	如：银行余额调节表，应收账款对账、预算与实际对账，比较开票信息与出货信息，有差异要调查

三、简答题

1.【答案】

（1）A和B注册会计师应当从下列方面了解D公司所处的行业状况：所处行业的市场供求与竞争；生产经营的季节性和周期性；产品生产技术的变化；能源供应与成本；行业的关键指标和统计数据。

（2）

被审计单位的性质	有助于注册会计师从哪些方面了解被审计单位的环境
所有权结构	识别被审计单位的关联方关系并了解被审计单位的决策过程
经营活动	识别被审计单位预期在财务报表中反映的主要交易类别、重要账户余额和列报
投资活动	关注被审计单位在经营策略和方向上的重大变化
筹资活动	评估被审计单位在融资方面的压力，并进一步考虑在可预见未来的持续经营能力

(3)

目标与战略涉及的内容	可能导致被审计单位面临的经营风险的种类
(1) 行业发展	不具备足以应对行业变化的人力资源和业务专长等风险
(2) 开发新产品或提供新服务	产品责任增加等风险
(3) 业务扩张	对市场需求的估计不准确等风险
(4) 新颁布的会计法规	执行法规不当或不完整，或会计处理成本增加等风险
(5) 监管要求	法律责任增加等风险
(6) 本期及未来的融资条件	由于无法满足融资条件而失去融资机会等风险
(7) 信息技术的运用	信息系统与业务流程难以融合等风险

【解析】本题考核了解被审计单位及其环境。

2. 【答案】

对控制的描述	控制用来防止的错报	控制类型（预防性控制/检查性控制）	认定
1. 在更新采购档案之前必须先有收货报告	防止记录了未收到购货的情况	预防性控制	存货/存在
2. 销售发票上的价格根据价格清单上的信息确定	防止销货计价错误	预防性控制	营业收入/准确性
3. 定期编制银行存款余额调节表，跟踪调查挂账的项目	在对其他项目进行审核的同时，查找存入银行但没有记入日记账的现金收入，未记录的银行现金支付或虚构入账的不真实的银行现金收入或支付，未及时入账或为正确汇总分类的银行现金收入或支付	检查性控制	货币资金/存在、完整性
4. 生成收货报告的计算机程序，同时也更新采购档案	防止出现购货漏记账的情况	预防性控制	存货/完整性
5. 每季度符合应收账款贷方余额并找出原因	查找未予入账的发票和销售与现金收入中的分类错误	检查性控制	营业收入/完整性

四、综合题

1. 【答案】

事项序号	是否可能表明存在重大错报风险（是/否）	理由	重大错报风险属于财务报表层次还是认定层次（财务报表层次/认定层次）	报表项目和认定
(1)	是	①销售增长目标与同行其他公司相比偏高； ②管理层的薪酬与销售增长目标挂钩； 可能导致管理层多计销售收入	认定层次	营业收入/发生 （应收账款/存在）
(2)	是	关键人员的变动和缺乏有经验的会计人员可能表明存在重大错报风险	财务报表层次	
(3)	是	①C产品在2019年的毛利率为8.1%［（18 500－17 000）/18 500×100%］； ②在2020年1月将价格下调10%后，C产品的可变现净值小于成本；可能高估了存货成本	认定层次	存货/计价 （资产减值损失/完整性）

续表

事项序号	是否可能表明存在重大错报风险（是/否）	理由	重大错报风险属于财务报表层次还是认定层次（财务报表层次/认定层次）	报表项目和认定
(4)	是	①2019 年的产品总销量大于 2018 年，并且运输单价平均上升了 15%，但是运输费只上升了 4.3% [（1 200 - 1 150）/1 150 × 100%]，可能低估了 2019 年运费； ②2019 年运输费用没有大的变化，可能表明销售量变化不大，可能高估销售收入	认定层次	(1) 销售费用/完整性 (2) 应付账款/完整性 (3) 营业收入/发生 (应收账款/存在)
(5)	否	—	—	
(6)	是	工程 7 月完工，但是资本化 10 个月 250 万元（300/12 = 25）的利息，可能高估了固定资产的成本、低估了 2019 年的财务费用	认定层次	固定资产/存在 (财务费用/完整性)

2. 【答案】

事项序号	是否可能表明存在重大错报风险（是/否）	理由	财务报表项目名称及认定
(1)	是	应在免租期内确认租金费用和负债，存在少计管理费用和负债的风险	管理费用（完整性） 其他应付款（完整性）
(2)	否	—	—
(3)	是	b 产品附有销售退回条件，且不能合理估计退货可能性，不满足收入确认条件，可能存在多计营业收入和成本的风险	营业收入（发生）/应收账款（存在） 营业成本（发生）/存货（完整性）
(4)	是	该合同为亏损合同，且满足预计负债的确认条件，但是甲公司没有对预计损失超过已计提准备部分确认预计负债，存在少确认预计负债的风险。 （175 - 150）× 10 = 250（万元），150 × 10 × 20% = 300（万元）；孰低	营业外支出（完整性） 预计负债（完整性）
(5)	否	—	—
(6)	是	甲公司无法证明该无形资产能够给企业带来经济利益，可能存在多计无形资产的风险	管理费用（完整性） 无形资产（存在）

第八章　风险应对

本章考情分析

本章为重点章，属于审计基本理论与方法，为风险导向审计的核心内容。中国注册会计师审计准则——针对评估的重大错报风险采取的应对措施，按照考试大纲的要求，针对财务报表层次重大错报风险的总体应对措施，实质性程序属于第三能力等级内容。考点主要围绕针对评估的重大错报风险实施的程序相关内容。考生应明确注册会计师应当针对评估的财务报表层次重大错报风险确定总体应对措施，并针对评估的认定层次重大错报风险设计和实施进一步审计程序，以将审计风险降至可接受的低水平。由于本章理论性较强，试题会将本章的内容同审计实务结合考查。近年本章试题所占区间 6 分至 8 分，题型会涉及客观题、简答题和综合题。

要求考生：

1. 掌握针对财务报表层次重大错报风险的总体应对措施。

2. 掌握针对认定层次重大错报风险的进一步审计程序。

3. 掌握控制测试的性质、时间、范围。

4. 掌握实质性程序的性质、时间、范围。

本章教材变化

本章仅对部分内容进行了修订和完善，无实质性变化。

基本内容框架

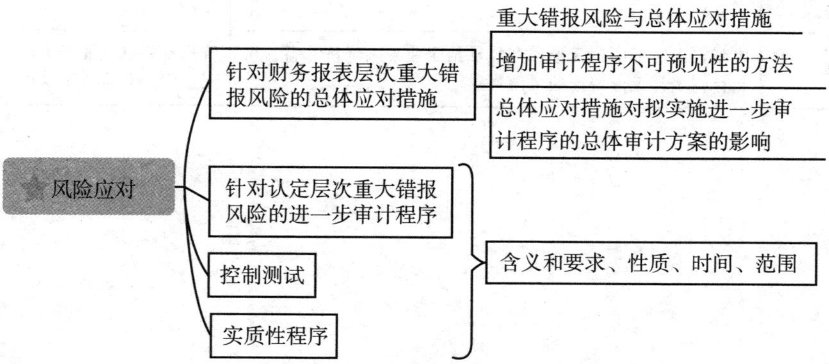

通关重难点例题解析

第一节　针对财务报表层次重大错报风险的总体应对措施

一、财务报表层次重大错报风险与总体应对措施（第三能力等级）

1. 向项目组强调保持职业怀疑的必要性。

2. 指派更有经验或具有特殊技能的审计人员，或利用专家的工作。

3. 提供更多的督导。

4. 在选择拟实施的进一步审计程序时融入更多的不可预见的因素。

通过以下方式提高审计程序的不可预见性：

（1）对某些未测试过的低于设定的重要性水平或风险较小的账户余额和认定实施实质性程序；

（2）调整实施审计程序的时间，使被审计单位不可预期；

（3）采取不同的审计抽样方法，使当期抽取的测试样本与以前有所不同；

（4）选取不同的地点实施审计程序，或预先不告知被审计单位所选定的测试地点。

5. 对拟实施审计程序的性质、时间安排和范围作出总体修改。

如果控制环境存在缺陷，注册会计师在对拟实施审计程序的性质、时间安排和范围作出总体修改时应当考虑：

（1）在期末而非期中实施更多的审计程序——时间；

（2）通过实施实质性程序获取更广泛的审计证据——性质；

（3）增加拟纳入审计范围的经营地点的数量——范围。

二、增加审计程序不可预见性的思路（第三能力等级）

1. 对某些以前未测试的低于设定的重要性水平或风险较小的账户余额和认定实施实质性程序。

2. 调整实施审计程序的时间，使其超出被审计单位预期。

3. 采取不同的审计抽样方法，使当年抽取的测试样本与以前有所不同。

4. 选取不同的地点实施审计程序，或预先不告知被审计单位所选定的测试地点。

【提示】注册会计师需要与被审计单位的管理层事先沟通，要求实施具有不可预见性的审计程序，但不能告知其内容。注册会计师可以在签订审计业务约定书时明确提出这一要求。（注意：此处为可以而非必须提出）

【例题1·多选题】（2015年试题）

下列有关审计程序不可预见性的说法中，正确的有（　　）。

A. 注册会计师需要与被审计单位管理层事先沟通拟实施具有不可预见性的审计程序的要求，但不能告知其具体内容

B. 注册会计师应当在签订审计业务约定书时明确提出拟在审计过程中实施具有不可预见性的审计程序，但不能明确其具体内容

C. 注册会计师采取不同的抽样方法使当年抽取的测试样本与以前有所不同，可以增加审计程序的不可预见性

D. 注册会计师通过调整实施审计程序的时间，可以增加审计程序的不可预见性

【答案】ACD

【解析】选项B不能增加审计程序的不可预见性。

三、总体应对措施对拟实施进一步审计程序的总体审计方案的影响（第三能力等级）

拟实施进一步审计程序的总体审计方案包括实质性方案和综合性方案。

1. 实质性方案——指注册会计师实施的进一步审计程序以实质性程序为主。

2. 综合性方案——指注册会计师在实施进一步审计程序时，将控制测试与实质性程序结合使用。

【提示】当评估的财务报表层次重大错报风险属于高风险水平（并相应采取更强调审计程序不可预见性、重视调整审计程序的性质、时间安排和范围等总体应对措施）时，

拟实施进一步审计程序的总体方案往往更倾向于实质性方案。

【例题2·单选题】（2016年试题）

下列各项措施中，不能应对财务报表层次重大错报风险的是（　　）。

A. 在期末而非期中实施更多的审计程序

B. 扩大控制测试的范围

C. 增加拟纳入审计范围的经营地点的数量

D. 增加审计程序的不可预见性

【答案】B

【解析】应扩大实质性程序测试的范围，以应对财务报表层次重大错报风险。

【例题3·综合题】

Y注册会计师负责对X公司2019年度财务报表进行审计。相关资料如下：

资料一：X公司主要从事A产品的生产和销售，无明显产销淡旺季。产品销售采用赊销方式，正常信用期为20天。在A产品生产成本中，a原材料成本占重大比重。a原材料在2019年的年初、年末库存均为零。A产品的发出计价采用移动加权平均法。

资料二：2019年度，X公司所处行业的统计资料显示，生产A产品所需a原材料主要依赖进口，汇率因素导致a原材料采购成本大幅上涨；替代产品面市使A产品的市场需求减少，市场竞争激烈，导致销售价格明显下跌。

资料三：X公司2019年度未经审计财务报表及相关账户记录反映：

（1）A产品2018年度和2019年度的销售记录如下：

产品名称	2019年度（未审数）			2018年度（已审数）		
	数量（吨）	营业收入（万元）	营业成本（万元）	数量（吨）	营业收入（万元）	营业成本（万元）
A产品	900	50 000	40 000	800	40 000	34 000

（2）A产品2019年度收发存记录如下：

日期及摘要	入库			出库			库存		
	数量（吨）	单价（万元）	金额（万元）	数量（吨）	单价（万元）	金额（万元）	数量（吨）	单价（万元）	金额（万元）
年初余额							0	0	0
1月3日入库	80	60	4 800				80	60	4 800
1月4日出库				70	60	4 200	10	60	600
2月9日入库	80	55	4 400				90	55.56	5 000
（略）									
11月30日出库				75	52	3 900	75	52	3 900
12月2日入库	75	48	3 600				150	50	7 500
12月9日出库				150	50	7 500	0	0	0
年末余额							0	0	0

（3）与销售A产品相关的应收账款变动记录如下：

日期及摘要	借方（万元）	贷方（万元）	余额（万元）
2019年初余额			3 000
2019年1月2日收款		2 700	300
2019年1月4日赊销	5 000		5 300
（略）			
2019年11月30日收款		2 500	600
2019年12月9日赊销	9 000		9 600

续表

日期及摘要	借方（万元）	贷方（万元）	余额（万元）
2019 年末余额			9 600
2020 年初余额			9 600
2020 年 1 月 25 日赊销	3 000		12 600
2020 年 1 月 31 日余额			12 600

要求：

（1）根据上述资料，假定不考虑其他条件，运用分析程序识别 X 公司 2019 年度财务报表是否存在重大错报风险，并列示分析过程和分析结果。

（2）在要求（1）的基础上，如果 X 公司 2018 年度财务报表存在重大错报风险，指出重大错报风险主要与哪些财务报表项目的哪些认定相关，并将答案直接填入答题卷的相应表格内。

（3）假定 X 公司存在财务报表层次重大错报风险，作为审计项目组负责人，Y 注册会计师应当考虑采取哪些总体应对措施。

（4）假定评估的 X 公司财务报表层次重大错报风险属于高风险水平，指出 Y 注册会计师拟实施进一步审计程序的总体方案通常更倾向于何种方案。

（5）针对评估的财务报表层次重大错报风险，在选择进一步审计程序时，Y 注册会计师可以通过哪些方式提高审计程序的不可预见性。

【答案】

（1）根据上述资料分析如下：

①分析 A 产品营业收入、营业成本和毛利率的变动情况：

项目	2019 年度（未审数）	2018 年度（已审数）	变动
数量（吨）	900	800	100
营业收入（万元）	50 000	40 000	10 000
营业成本（万元）	40 000	34 000	6 000
毛利率（%）	20	15	5

2019 年度行业统计资料显示，A 产品市场需求减少，销售价格明显下跌，但 2019 年与 2018 年相比，A 产品的营业收入反而增加 10 000 万元（50 000 - 40 000），销售数量反而增加 100 吨（900 - 800），销售单价上升 5.56 万元/吨（50 000/900 - 40 000/800）。

2018 年度已审数中 A 产品的毛利率 =（40 000 - 34 000）/40 000 = 15%，但是 2019 年度未审数 A 产品的毛利率 =（50 000 - 40 000）/50 000 = 20%，毛利率反而增长 5 个百分点（A 产品单位成本反而下降）。

所以很可能存在虚增收入的情况。

②分析产品成本变动情况：

2019 年度行业统计资料显示，在 A 产品成本中占较大比重的 a 原材料的 a 原材料采购成本大幅上涨，导致 A 产品成本上升，但 A 产品 2019 年度收发存记录反映其成本不升反降。

③分析应收账款变动情况：

X 公司赊销 A 产品的正常信用期为 20 天，但 2019 年 12 月 9 日赊销产生的应收账款在 2020 年 1 月 31 日尚未收款。

或：应收账款周转天数 = 365/（收入 50 000/应收账款年初年末平均余额 6 300）= 46（天）。

明显超过正常信用期。

上述分析程序的结果表明，X 公司 2019 年度财务报表存在重大错报风险。

（2）

财务报表项目	认定
存货	计价和分摊、完整性
应收账款	存在、权利和义务、计价和分摊
营业收入	发生、准确性、截止
营业成本	准确性、完整性、截止

（3）如果 X 公司存在财务报表层次重大错报风险，注册会计师应该实施的总体应对措施：

①向项目组强调保持职业怀疑的必要性。在审计营业收入、营业成本、应收账款、存货等业务和账项时对多计虚计收入、少计或

不计成本、虚挂应收账款等要保持高度怀疑态度。

②指派更有经验或具有特殊技能的审计人员，或利用专家的工作。

③提供更多的督导。

④在选择拟实施的进一步审计程序时融入更多的不可预见的因素。

⑤对拟实施审计程序的性质、时间和范围作出总体修改。

(4) 拟实施进一步审计程序的总体方案通常更倾向于实质性方案。

(5) 注册会计师可以通过下列方式提高审计程序的不可预见性：

①对某些以前未测试的低于设定的重要性水平或风险较小的账户余额和认定实施实质性程序。

②调整实施审计程序的时间，使其超出被审计单位的预期。

③采取不同的审计抽样方法，使当年抽取的测试样本与以前有所不同。

④选取不同的地点实施审计程序，或预先不告知被审计单位所选定的测试地点。

【解析】本题主要考核第一章的“认定”、第七章的“评估重大错报风险”、第八章的“总体应对措施”“增加审计程序不可预见性的方法”“总体应对措施对拟实施进一步审计程序的总体方案的影响”。

第二节 针对认定层次重大错报风险的进一步审计程序

一、进一步审计程序的含义和要求（第三能力等级）

注册会计师针对评估的各类交易、账户余额、披露认定层次重大错报风险实施的审计程序，包括控制测试和实质性程序。设计进一步审计程序应当考虑的因素：

(1) 风险的重要性；

(2) 重大错报发生的可能性；

(3) 涉及的各类交易、账户余额和披露的特征；

(4) 被审计单位采用的特定控制的性质；

(5) 注册会计师是否拟获取审计证据，以确定内部控制在防止或发现并纠正重大错报方面的有效性——控制测试。

二、进一步审计程序的性质（第三能力等级）

(一) 含义

1. 进一步审计程序的目的。

(1) 通过实施控制测试以确定内部控制运行的有效性；

(2) 通过实施实质性程序以发现认定层次的重大错报。

2. 进一步审计程序的类型。

检查、观察、询问、函证、重新计算、重新执行和分析程序。

(二) 进一步审计程序的性质的选择

1. 认定层次重大错报风险的评估结果。

2. 考虑评估的认定层次重大错报风险产生的原因，包括各类交易、账户余额、披露的具体特征以及内部控制。

3. 如果在实施进一步审计程序时拟利用被审计单位信息系统生成的信息，注册会计师应当就信息的准确性和完整性获取审计证据。

三、进一步审计程序的时间（第三能力等级）

(一) 含义

(二) 进一步审计程序的时间的选择

进一步审计程序的时间——指注册会计师何时实施进一步审计程序，或审计证据适用的期间或时点。

(1) 第一个层面——注册会计师选择在何时实施进一步审计程序的问题。

(2) 第二个层面——选择获取什么期间或时点的审计证据的问题。

【提示】注册会计师可以在期中或期末实施控制测试或实质性程序，考虑因素：

当重大错报风险较高时，注册会计师应当考虑在期末或接近期末实施实质性程序，或采用不通知的方式，或在管理层不能预见的时间实施审计程序。(审计程序的不可预见性)

【提示】注册会计师在确定何时实施审计程序时，应当考虑的重要因素：

(1) 控制环境。良好的控制环境可以抵销在期中实施进一步审计程序的局限性，使注册会计师在确定实施进一步审计程序的时间时有更大的灵活度；

（2）何时能得到相关信息；

（3）错报风险的性质；

（4）审计证据适用的期间或时点。

四、进一步审计程序的范围（第三能力等级）

1. 实施进一步审计程序的数量，包括抽取的样本量、对某项控制活动的观察次数等。

2. 确定进一步审计程序的范围时考虑因素：

（1）确定的重要性水平。确定的重要性水平越低，注册会计师实施进一步审计程序的范围越广。

（2）评估的重大错报风险。评估的重大错报风险越高，对拟获取审计证据的相关性、可靠性的要求越高，因此注册会计师实施的进一步审计程序的范围也越广。

（3）计划获取的保证程度。计划获取的保证程度——指注册会计师计划通过所实施的审计程序对测试结果可靠性所获取的信心。计划获取的保证程度越高，对测试结果可靠性要求越高，注册会计师实施的进一步审计程序的范围越广。

【例题4·多选题】

A注册会计师负责对甲公司2017年度财务报表进行审计。在确定进一步审计程序的性质、时间和范围时，A注册会计师遇到下列事项，请代为作出正确的专业判断：

（1）在确定进一步审计程序的性质时，A注册会计师应当考虑的主要因素有（　　）。

A. 不同的审计程序应对特定认定错报风险的效力

B. 认定层次重大错报风险的评估结果

C. 认定层次重大错报风险产生的原因

D. 各类交易、账户余额、列报的特征

【答案】ABCD

【解析】本题主要考核“进一步审计程序的性质”知识点。在确定进一步审计程序的性质时，注册会计师首先需要考虑的是认定层次重大错报风险的评估结果。除了从总体上把握认定层次重大错报风险的评估结果对选择进一步审计程序的影响外，在确定拟实施的审计程序时，注册会计师接下来应当考虑评估的认定层次重大错报风险产生的原因，包括考虑各类交易、账户余额、列报的具体特征以及内部控制。另外因为不同的审计程序应对特定认定错报风险的效力不同，在确定进一步审计程序的性质时也应当考虑。

（2）在确定进一步审计程序的时间时，A注册会计师应当考虑的主要因素有（　　）。

A. 评估的认定层次重大错报风险

B. 审计意见的类型

C. 错报风险的性质

D. 审计证据适用的期间或时点

【答案】ACD

【解析】本题主要考核“进一步审计程序的时间”知识点。注册会计师在确定何时实施审计程序时应当考虑的重要因素包括：（1）控制环境；（2）何时能得到相关信息；（3）错报风险的性质；（4）审计证据适用的期间或时点。

（3）在确定进一步审计程序的范围时，A注册会计师应当考虑的主要因素有（　　）。

A. 审计程序与特定风险的相关性

B. 评估的认定层次重大错报风险

C. 计划获取的保证程度

D. 可容忍的错报或偏差率

【答案】ABCD

【解析】本题主要考核“进一步审计程序的范围”知识点。在确定审计程序的范围时，注册会计师应当考虑下列因素：（1）确定的重要性水平；（2）评估的重大错报风险；（3）计划获取的保证程度。需要说明的是，随着重大错报风险的增加，注册会计师应当考虑扩大审计程序的范围。但是，只有当审计程序本身与特定风险相关时，扩大审计程序的范围才是有效的。

第三节　控制测试

一、控制测试的含义和要求（第一能力等级）

1. 含义	（1）内部控制的含义包括两层含义： 一是评价控制的设计； 二是确定控制是否得到执行。 （2）测试控制运行的有效性： ①控制在所审计期间的不同时点是如何运行的； ②控制是否得到一贯执行； ③控制由谁或以何种方式运行执行

续表

2. 控制测试的要求	当存在下列情形之一时，注册会计师应当实施控制测试： (1) 在评估认定层次重大错报风险时，预期控制的运行是有效的； (2) 仅实施实质性程序不足以提供认定层次充分、适当的审计证据

【例题5·单选题】(2019年试题)

对于财务报表审计业务，在决定是否信赖以前审计获取的有关控制运行有效性的审计证据时，下列选项中，注册会计师无须考虑的是（　　）。

A. 控制是否是自动化控制

B. 控制发生的频率

C. 控制是否是复杂的人工控制

D. 控制在本年是否发生变化

【答案】B

【解析】关于如何考虑以前审计获取的有关控制运行有效性的审计证据，基本思路是考虑拟信赖的以前审计中测试的控制在本期是否发生变化，所以选项D应当考虑。在确定利用以前审计获取的有关控制运行有效性的审计证据是否适当以及再次测试控制的时间间隔时，注册会计师应当考虑的因素或情况包括控制特征（是人工控制还是自动化控制）产生的风险，当相关控制中人工控制的成分较大时，考虑到人工控制一般稳定性较差，注册会计师可能决定在本期审计中继续测试该控制的运行有效性，所以选项A、C应当考虑。

【例题6·多选题】(2012年试题)

下列有关控制测试目的的说法中，正确的是（　　）。

A. 控制测试旨在评价内部控制在防止或发现并纠正认定层次重大错报方面的运行有效性

B. 控制测试旨在发现认定层次发生错报的金额

C. 控制测试旨在验证实质性程序结果的可靠性

D. 控制测试旨在确定控制是否得到执行

【答案】A

【解析】控制测试进行的目的是测试控制运行的有效性。

二、控制测试的性质（第一能力等级）

项目	内容	提示
1. 控制测试的性质	询问、观察、检查、重新执行	询问本身并不足以测试控制运行的有效性。因此，注册会计师需要将询问与其他审计程序结合使用。而观察提供的证据仅限于观察发生的时点，因此，将询问与检查或重新执行结合使用，可能比仅实施询问和观察获取更高水平的保证
2. 确定控制测试的性质时的要求	(1) 考虑特定控制的性质。 (2) 考虑测试与认定直接相关和间接相关的控制。 (3) 如何对一项自动化的应用控制实施控制测试	—
3. 实施控制测试时对双重目的的实现——针对同一交易同时实施控制测试和细节测试	控制测试的目的——评价控制是否有效运行 细节测试的目的——发现认定层次的重大错报	—
4. 实施实质性程序的结果对控制测试结果的影响	—	如果实施实质性程序发现被审计单位没有识别出的重大错报，通常表明内部控制存在重大缺陷，注册会计师应当就这些缺陷与管理层和治理层进行沟通

【例题7·单选题】(2013年试题)

下列有关控制测试程序的说法中，正确的是（　　）。

A. 注册会计师应当将观察与其他审计程序结合使用

B. 检查程序适用于所有控制测试

C. 重新执行程序适用于所有控制测试

D. 通常只有当询问、观察和检查程序结合在一起仍无法获得充分的证据时，注册会计师才考虑实施重新执行程序

【答案】D

【解析】注册会计师需要将询问与其他审计程序结合使用，选项A不正确；检查程序对运行情况留有书面证据的控制来说非常有效，并不适用于所有控制测试，选项B不正确；通常只有当询问、观察和检查程序结合在一起仍无法获得充分的证据时，注册会计师才考虑通过重新执行来证实控制是否有效运行。

三、控制测试的时间（第一能力等级）

项目	内容	提示
1. 控制测试的时间的含义	一是何时实施控制测试； 二是测试所针对的控制适用的时点或期间	
2. 如何考虑期中审计证据	如果已获取有关控制在期中运行有效性的审计证据，并拟利用该证据，注册会计师应当实施下列审计程序： （1）获取这些控制在剩余期间变化情况的审计证据； （2）确定针对剩余期间还需要获取的补充审计证据	剩余期间的补充证据应当考虑的因素： （1）评估的认定层次重大错报风险的重要程度； （2）在期中测试的特定控制，以及自期中测试后发生的重大变动； （3）在期中对有关控制运行有效性获取的审计证据的程度； （4）剩余期间的长度； （5）在信赖控制的基础上拟减少进一步实质性程序的范围； （6）控制环境
3. 如何考虑以前审计获取的审计证据	（1）基本思路	考虑拟信赖的以前审计中测试的控制在本期是否发生变化。如果拟信赖以前审计获取的有关控制运行有效性的审计证据，注册会计师应当通过实施询问并结合观察或检查程序，获取这些控制是否已经发生变化的审计证据
	（2）当控制在本期发生变化时	如果控制在本期发生变化——如果拟信赖以前审计获取的有关控制运行有效性的审计证据，注册会计师应当获得这些控制是否已发生变化的审计证据
	（3）当控制在本期未发生变化时	如果拟信赖的控制自上次测试后未发生变化，且不属于旨在减轻特别风险的控制，注册会计师应当运用职业判断确定是否在本期审计中测试其运行有效性，以及本次测试与上次测试的时间间隔，但每3年至少对控制测试一次
	（4）在确定利用以前审计获取的有关控制运行有效性的审计证据是否适当以及再次测试控制的时间间隔时，注册会计师应当考虑相关因素	①内部控制其他要素的有效性，包括控制环境、对控制的监督以及被审计单位的风险评估过程； ②控制特征（人工控制还是自动化控制）产生的风险； ③信息技术一般控制的有效性； ④影响内部控制重大人事变动； ⑤由于环境发生变化而特定控制缺乏相应变化导致的风险； ⑥重大错报的风险和对控制的拟信赖程度
	（5）不得依赖以前审计所获取证据的情形——特别风险	对于旨在减轻特别风险的控制，不论该控制在本期是否发生变化，注册会计师都不应依赖以前审计获取的证据，注册会计师应当在每次审计中都测试这类控制

【例题8·单选题】（2012年试题）

如果注册会计师拟信赖旨在应对由于舞弊导致的重大错报风险的人工控制，假设该控制没有发生变化，下列有关测试该控制运行有效

性的时间间隔的说法中，正确的是（　　）。

A. 每年测试一次

B. 每2年至少测试一次

C. 每3年至少测试一次

D. 每4年至少测试一次

【答案】A

【解析】如果拟信赖的控制自上次测试后未发生变化，且不属于旨在减轻特别风险的控制，注册会计师应当运用职业判断确定是否在本期审计中测试其运行有效性，以及本次测试与上次测试的时间间隔，但每3年至少对控制测试一次。对于旨在减轻特别风险的控制，不论该控制在本期是否发生变化，注册会计师都不应依赖以前审计获取的证据，注册会计师应当在每次审计中都测试这类控制。

【例题9·单选题】（2018年试题）

如果注册会计师已获取有关控制在期中运行有效的审计证据，下列有关剩余期间补充证据的说法中，错误的是（　　）。

A. 如果控制在剩余期间发生了变化，注册会计师可以通过实施穿行测试，将期中获取的审计证据合理延伸至期末

B. 注册会计师可以通过测试被审计单位对控制的监督，将控制在期中运行有效的审计证据合 理延伸至期末

C. 被审计单位的控制环境越有效，注册会计师需要获取的剩余期间的补充证据越少

D. 注册会计师在信赖控制的基础上拟减少的实质性程序的范围越大，注册会计师需要获取的剩余期间的补充证据越多

【答案】A

【解析】穿行测试用于了解内部控制，不能通过实施穿行测试将期中获取的审计证据合理延伸至期末。

【例题10·多选题】（2016年试题）

下列有关利用以前审计获取的有关控制运行有效性的审计证据的说法中，错误的有（　　）。

A. 如果拟信赖以前审计获取的有关控制运行有效性的审计证据，注册会计师应当通过询问程序获取这些控制是否已经发生变化的审计证据

B. 如果拟信赖的控制在本期发生变化，注册会计师应当考虑以前审计获取的有关控制运行有效性的审计证据是否与本期审计相关

C. 如果拟信赖的控制在本期未发生变化，注册会计师可以运用职业判断决定不在本期测试其运行的有效性

D. 如果拟信赖的控制在本期未发生变化，控制应对的重大错报风险越高，本次控制测试与上次控制测试的时间间隔越短

【答案】AC

【解析】控制在本期发生变化，如果拟信赖以前审计获取的有关控制运行有效性的审计证据，注册会计师应当获得这些控制是否已发生变化的审计证据；如果拟信赖的控制自上次测试后未发生变化，且不属于旨在减轻特别风险的控制，注册会计师应当运用职业判断确定是否在本期审计中测试其运行有效性，以及本次测试与上次测试的时间间隔，但每3年至少对控制测试一次。

四、控制测试的范围（第一能力等级）

项目	内容
1. 确定控制测试范围的考虑因素	（1）在拟信赖的期间，被审计单位执行控制的频率； （2）在所审计期间，注册会计师拟信赖控制运行有效性的时间长度； （3）控制的预期偏差； （4）通过测试与认定相关的其他控制获取的审计证据的范围； （5）拟获取的有关认定层次控制运行有效性的审计证据的相关性和可靠性
2. 对自动化控制的测试范围的特别考虑	除非系统（包括系统使用的表格、文档或其他永久性数据）发生变动，注册会计师通常不需要增加自动化控制的测试范围。 （1）测试与该应用控制有关的一般控制的运行有效性； （2）确定系统是否发生变动，如果发生变动，是否存在适当的系统变动控制； （3）确定对交易的处理是否使用授权批准的软件版本

【例题 11 · 多选题】

在确定控制测试的范围时，注册会计师通常考虑的因素有（　　）。

A. 总体变异性

B. 在风险评估时拟信赖控制运行有效性的程度

C. 控制的预期偏差

D. 控制的执行频率

【答案】BCD

【解析】本题主要考核“控制测试的范围”知识点。在确定控制测试的范围时，除考虑对控制的信赖程度外，注册会计师还可能考虑以下因素：（1）在拟信赖的期间，被审计单位执行控制的频率。控制执行的频率越高，控制测试的范围越大；（2）在所审计期间，注册会计师拟信赖控制运行有效性的时间长度。拟信赖控制运行有效性的时间长度不同，在该时间长度内发生的控制活动次数也不同。注册会计师需要根据拟信赖控制的时间长度确定控制测试的范围。拟信赖期间越长，控制测试的范围越大；（3）控制的预期偏差。预期偏差可以用控制未得到执行的预期次数占控制应当得到执行次数的比率加以衡量（也可称为预期偏差率）。控制的预期偏差率越高，需要实施控制测试的范围越大；（4）通过测试与认定相关的其他控制获取的审计证据的范围。针对同一认定，可能存在不同的控制。当针对其他控制获取审计证据的充分性和适当性较高时，测试该控制的范围可适当缩小；（5）拟获取的有关认定层次控制运行有效性的审计证据的相关性和可靠性。

【例题 12 · 多选题】

被审计单位某项应用控制由计算机自动执行，且在 2017 年度未发生变化。注册会计师测试该项控制在 2017 年度运行有效性时，正确的做法有（　　）。

A. 同时考虑信息技术一般控制运行有效性

B. 利用该项控制得以执行的审计证据和信息技术一般控制运行有效性的审计证据，作为支持该项控制在 2017 年度运行有效性的重要审计证据

C. 确定的测试范围与该项控制由手工执行时的测试范围相同

D. 一旦确定正在执行该项控制，则无须扩大控制测试的范围

【答案】ABD

【解析】本题主要考核“针对自动化控制的控制测试范围”知识点。除非系统（包括系统使用的表格、文档或其他永久性数据）发生变动，注册会计师通常不需要增加自动化控制的测试范围。注册会计师通常无须扩大控制测试的范围，但需要考虑执行下列测试以确定该控制持续有效运行：测试与该应用控制有关的一般控制的运行有效性；确定系统是否发生变动，如果发生变动，是否存在适当的系统变动控制；确定对交易的处理是否使用授权批准的软件版本。

第四节　实质性程序

一、实质性程序的含义和要求（第三能力等级）

（一）含义

实质性程序——指用于发现认定层次重大错报的审计程序。

实质性程序包括对各类交易、账户余额和披露的细节测试以及实质性分析程序。

【例题 13 · 单选题】（2013 年试题）

下列有关针对重大账户余额实施审计程序的说法中，正确的是（　　）。

A. 注册会计师应当实施实质性程序

B. 注册会计师应当实施细节测试

C. 注册会计师应当实施控制测试

D. 注册会计师应当实施控制测试和实质性程序

【答案】A

【解析】无论评估的重大错报风险结果如何，注册会计师都应当针对所有重大类别的交易、账户余额和披露，设计和实施实质性程序。

（二）针对特别风险实施的实质性程序

1. 如果认为评估的认定层次重大错报风险是特别风险，注册会计师应当专门针对该风险实施实质性程序。

2. 为应对特别风险需要获取具有高度相关性和可靠性的审计证据，仅实施实质性分析程序不足以获取有关特别风险的充分、适当的审计证据。

二、实质性程序的性质——细节测试和实质性分析程序（第三能力等级）

	内容
1. 实质性程序的性质的含义	实质性程序的两种基本类型包括细节测试和实质性分析程序。 （1）细节测试——对各类交易、账户余额和披露的具体细节进行测试，目的在于直接识别财务报表认定是否存在错报； （2）实质性分析程序——在一段时期内存在可预期关系的大量交易
2. 细节测试和实质性分析程序的适用性	（1）细节测试——适用于对各类交易、账户余额、披露认定的测试，尤其是对存在或发生、计价认定的测试； （2）实质性分析程序——适用于对在一段时期内存在可预期关系的大量交易，注册会计师可以考虑实施实质性分析程序
3. 细节测试的方向	注册会计师需要针对不同认定层的重大错报风险设计有针对性的细节测试
4. 设计实质性分析程序时应当考虑的因素	（1）对特定认定使用实质性分析程序的适当性； （2）对已记录的金额或比率作出预期时，所依据的内部或外部数据的可靠性； （3）作出预期的准确程度是否足以在计划的保证水平上识别重大错报； （4）已记录金额与预期值之间可接受的差异额

三、实质性程序的时间（第三能力等级）

实质性程序的时间选择与控制测试的时间选择的差异	内容
1. 如何考虑是否在期中实施实质性程序	（1）控制环境和其他相关的控制； （2）实施审计程序所需信息在期中之后的可获得性； （3）实质性程序的目标； （4）评估的重大错报风险； （5）各类交易或账户余额以及相关认定的性质； （6）针对剩余期间，能否通过实施实质性程序或将实质性程序与控制测试相结合，降低期末存在错报而未被发现的风险
2. 如何考虑期中审计证据	（1）如果在期中实施了实质性程序，注册会计师应当针对剩余期间实施进一步的实质性程序，或将实质性程序和控制测试结合使用，以将期中测试得出的结论合理延伸至期末； （2）如果拟将期中测试得出的结论延伸至期末，注册会计师应当考虑针对剩余期间仅实施实质性程序是否足够。如果认为实施实质性程序本身不充分，注册会计师还应测试剩余期间相关控制运行的有效性或针对期末实施实质性程序； （3）对于舞弊导致的重大错报风险，被审计单位存在故意错报或操纵的可能性，那么注册会计师更应慎重考虑能否将期中测试得出的结论延伸至期末
3. 如何考虑以前审计获取的审计证据	在以前审计中实施实质性程序获取的审计证据，通常对本期只有很弱的证据效力或没有证据效力，不足以应对本期的重大错报风险。只有当以前获取的审计证据及其相关事项未发生重大变动时（例如，以前审计通过实质性程序测试过的某项诉讼在本期没有任何实质性进展），以前获取的审计证据才可能用作本期的有效审计证据

【例题14·单选题】（2014年试题）

下列有关实质性程序时间安排的说法中，错误的是（　　）。

A. 控制环境和其他相关的控制越薄弱，注册会计师越不宜在期中实施实质性程序

B. 注册会计师评估的某项认定的重大错报风险越高，越应当考虑将实质性程序集中在期末或接近期末实施

C. 如果实施实质性程序所需信息在期中之后难以获取，注册会计师应考虑在期中实施实质性程序

D. 如果在期中实施了实质性程序，注册会计师应当针对剩余期间实施控制测试，以将期中测试得出的结论合理延伸至期末

【答案】D

【解析】如果在期中实施了实质性程序，

注册会计师应当针对剩余期间实施进一步的实质性程序，或将实质性程序和控制测试结合使用，以将期中测试得出的结论合理延伸至期末。

四、实质性程序的范围（第三能力等级）

在确定实质性程序的范围时，注册会计师应当考虑评估的认定层次重大错报风险和实施控制测试的结果。

归纳：

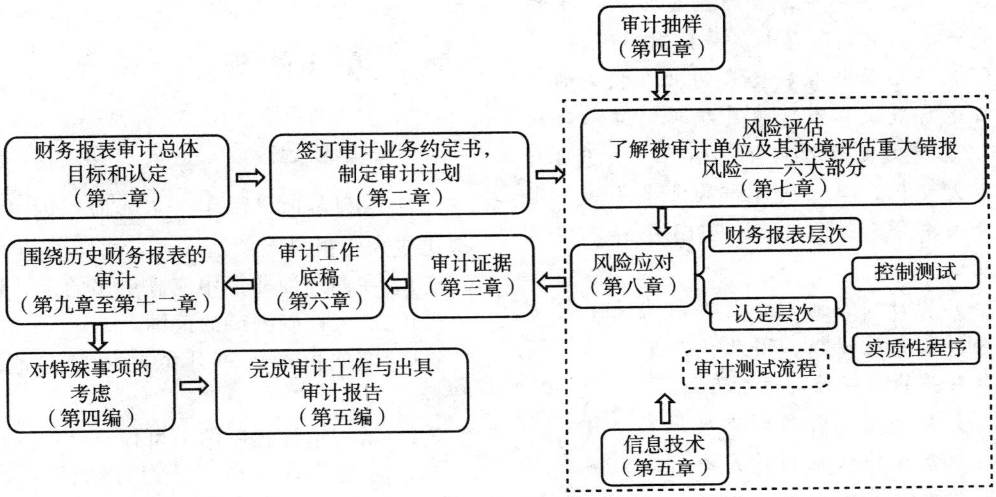

【例题15·简答题】（2018年试题）

ABC会计师事务所的A注册会计师负责审计甲公司2017年度财务报表。审计工作底稿中与函证相关的部分内容摘录如下：

（1）因关联方回函的可靠性较低，A注册会计师决定不对应收关联方乙公司的重要款项实施函证程序，在审计工作底稿中记录了不实施的函证的理由，并实施了替代审计程序，结果满意。

（2）A注册会计师评估认为应收账款的重大错报风险为低水平，在期中审计时对截至2017年9月末的余额实施了函证程序。在期末审计时对剩余期间的销售和收款交易实施了控制测试，结果满意。

（3）A注册会计师于2017年12月31日对甲公司期末银行承兑汇票实施监盘，发现缺失一张大额票据，财务经理解释该票据已交由银行托收。A注册会计师向出票人寄发了询证函并收到回函，结果满意。

（4）因未收到应收丙公司款项的询证函回函，A注册会计师将检查期后收款作为替代审计程序，查看了应收丙公司款项明细账的期后贷方发生额，结果满意。

（5）A注册会计师在甲公司现场执行期末审计时，为及时获得回函，要求被询证者将回函寄至甲公司。A注册会计师作为收件人直接签收了回函。

要求：

针对上述第（1）至（5）项，逐项指出A注册会计师的做法是否恰当。如不恰当，简要说明理由。

【答案】

事项（1）不恰当。应当对应收账款实施函证程序，除非有充分证据表明应收账款对财务报表不重要或函证很可能无效。

事项（2）不恰当。针对剩余期间仅实施控制测试不够，应对剩余期间的销售和收款交易实施实质性程序或将实质性程序与控制测试相结合。

事项（3）不恰当。还应检查银行承兑协议。

事项（4）不恰当。还应查看相关的收款单据，以证实付款方确为该客户且确与资产负债表日的应收账款相关。

事项（5）不恰当。应要求被询证者将回函直接寄至会计师事务所。

【例题16·简答题】（2015年试题）

ABC会计师事务所负责审计甲公司2014年度财务报表，审计工作底稿中与内部控制相关的部分内容摘录如下：

（1）甲公司营业收入的发生认定存在特别风险。相关控制在 2013 年度审计中经测试运行有效。因这些控制本年未发生变化，审计项目组拟继续予以信赖，并依赖了上年审计获取的有关这些控制运行有效的审计证据。

（2）考虑到甲公司 2014 年固定资产的采购主要发生在下半年，审计项目组从下半年固定资产采购中选取样本实施控制测试。

（3）甲公司与原材料采购批准相关的控制每日运行数次，审计项目组确定样本规模为 25 个。考虑到该控制自 2014 年 7 月 1 日起发生重大变化，审计项目组从上半年和下半年的交易中分别选取 12 个和 13 个样本实施控制测试。

（4）审计项目组对银行存款实施了实质性程序，未发现错报，因此认为甲公司与银行存款相关的内部控制运行有效。

（5）甲公司内部控制制度规定，财务经理每月应复核销售返利计算表，检查销售收入金额和返利比例是否准确，如有异常进行调查并处理，复核完成后签字存档。审计项目组选取了 3 个月的销售返利计算表，检查了财务经理的签字，认为该控制运行有效。

（6）审计项目组拟信赖与固定资产折旧计提相关的自动化应用控制。因该控制在 2013 年度审计中测试结果满意，且在 2014 年未发生变化，审计项目组仅对信息技术一般控制实施测试。

要求：

针对上述第（1）至（6）项，逐项指出审计项目组的做法是否恰当。如不恰当，简要说明理由。

【答案】

事项（1）不恰当。因相关控制是应对特别风险的，应当在当年测试相关控制的运行有效，不能利用以前审计中获取的审计证据。

事项（2）不恰当。控制测试的样本应当涵盖整个期间。

事项（3）不恰当。因为控制发生重大变化，应当分别测试 2014 年上半年和下半年与原材料采购批准相关的内部控制活动不同，应当分别测试 25 个。

事项（4）不恰当。通过实质性测试未发现错报，并不能证明与所测试认定相关的内部控制是有效的，注册会计师不能以实质性测试的结果推断内部控制的有效性。

事项（5）不恰当。只检查财务经理的签字不够充分，应当检查财务经理是否按规定完整实施了该控制。

事项（6）恰当。

通关演练

一、单项选择题

1. 下列各项措施中，不能应对财务报表层次重大错报风险的是（　　）。

A. 在期末而非期中实施更多的审计程序

B. 扩大控制测试的范围

C. 增加拟纳入审计范围的经营地点的数量

D. 增加审计程序的不可预见性

2. 注册会计师应当针对评估的（　　）重大错报风险，设计和实施总体应对措施。

A. 财务报表层次　　B. 交易层次

C. 认定层次　　D. 列报层次

3. 只有认为控制设计合理、能够防止或发现和纠正认定层次的重大错报，注册会计师才有必要进行（　　）。

A. 细节测试　　B. 实质性测试

C. 了解内部控制　　D. 控制测试

4. 如果确定评估的认定层次重大错报风险是特别风险，并拟信赖针对该风险实施的控制，注册会计师应当在（　　）审计中测试这些控制运行的有效性。

A. 上期　　B. 上期及本期

C. 本期　　D. 本期及下期

5. 通常情况下，注册会计师出于成本效益的考虑可以采用（　　）设计进一步审计程序，即将测试控制运行的有效性与实质性程序结合使用。

A. 控制测试　　B. 综合性方案

C. 实质性程序　　D. 实质性方案

6. 在利用以前年度获取的审计证据时，下列说法中，错误的是（　　）。

A. 对于不属于旨在减轻特别风险的控制，如果在本年未发生变化，且上年经测试运行有效，本次审计中无须测试

B. 对于旨在减轻特别风险的控制，如果

在本年未发生变化，可以依赖上年的测试结果

C. 如果相关事项未发生重大变化，则上年通过实质性测试获取的审计证据可能可以作为本年的有效审计证据

D. 一般而言，上年通过实质性测试获取的审计证据对本年只有很弱的证据效力或没有证据效力

7. 如果注册会计师在期中执行了控制测试，并获取了控制在期中运行有效性的审计证据，下列说法中，正确的是（　　）。

A. 如果在期末实施实质性程序未发现某项认定存在错报，说明与该项认定相关的控制是有效的，不需要再对相关控制进行测试

B. 如果某一控制在剩余期间内发生变动，在评价整个期间的控制运行有效性时，无须考虑期中测试的结果

C. 对某些自动化运行的控制，可以通过测试信息系统一般控制的有效性获取控制在剩余期间运行有效的审计证据

D. 如果某一控制在剩余期间内未发生变动，不需要补充剩余期间控制运行有效性的审计证据

8. 下列有关注册会计师实施进一步审计程序的时间的说法中，错误的是（　　）。

A. 如果被审计单位的控制环境良好，注册会计师可以更多地在期中实施进一步审计程序

B. 注册会计师在确定何时实施进一步审计程序时需要考虑能够获取相关信息的时间

C. 如果评估的重大错报风险为低水平，注册会计师可以选择资产负债表日前适当日期为截止日实施审计程序

D. 对于被审计单位发生的重大交易，注册会计师应当在期末或期末以后实施实质性程序

9. 注册会计师在考虑是否在期中实施实质性程序时，下列说法中，不恰当的是（　　）。

A. 控制环境和其他相关的控制越薄弱，注册会计师越不应在期中实施实质性程序

B. 如果实施实质性程序所需信息在期中之后的获取并不存在明显困难，则注册会计师一般在期中之后实施实质性程序

C. 如果针对某项认定实施实质性程序的目标仅包括获取该认定的期中审计证据，注册会计师应在期中实施实质性程序

D. 注册会计师评估的某项认定的重大错报风险越高，注册会计师越应当考虑将实质性程序集中于期中实施

10. 下列有关实质性程序的时间安排的说法中，正确的是（　　）。

A. 实质性程序应当在控制测试完成后实施

B. 应对舞弊风险的实质性程序应当在资产负债表日后实施

C. 针对账户余额的实质性程序应当在接近资产负债表日实施

D. 实质性程序的时间安排受被审计单位控制环境的影响

11. 下列各项中，通常不能用以应对财务报表层次的重大错报风险的是（　　）。

A. 向项目组强调保持职业怀疑态度的必要性

B. 设计和实施控制测试和实质性程序

C. 分派具有特殊技能的人员或利用专家工作

D. 向审计项目组提供更多的质量督导

12. 注册会计师实施的下列控制测试程序中，通常能获取最可靠审计证据的是（　　）。

A. 询问

B. 检查控制执行留下的书面证据

C. 观察

D. 重新执行

13. 下列说法中，正确的是（　　）。

A. 控制测试发现内部控制无效，说明财务报表中一定存在重大错报

B. 控制测试发现内部控制有效，说明财务报表中一定不存在重大错报

C. 实质性程序发现重大错报，说明内部控制可能无效

D. 实质性程序没有发现重大错报，说明内部控制一定有效

14. 下列关于披露与列报的认定的说法中，不正确的是（　　）。

A. 复核董事会会议记录中是否记载了固定资产的抵押事项，询问管理层固定资产是否抵押体现了完整性认定

B. 检查关联方和关联交易在财务报表中是否得到充分披露体现了完整性认定

C. 检查存货的主要类别是否已披露，是否将一年内到期的长期负债列为流动负债体现了分类和可理解性认定

D. 检查财务报表附注是否分别对原材料、在产品和产成品等存货成本核算方法作了恰当说明体现了准确性和计价认定

15. 如果A注册会计师在审计甲公司2018年度财务报表时，发现甲公司财务报表存在因舞弊导致的重大错报风险，则下列结论中，最合理的是（　　）。

A. 如果已在期中实施了实质性程序，且该重大错报风险性质严重，A注册会计师应当针对剩余期间实施进一步的审计程序

B. 如果已在期中实施了实质性程序，且该重大错报风险性质不严重，A注册会计师不需要针对剩余期间实施任何审计程序

C. 如果已在期中实施了实质性程序，无论重大错报风险的性质严重与否，A注册会计师都应实施审计程序以将期中得出的结论合理延伸至期末

D. 针对由于甲公司舞弊导致的财务报表的重大错报风险，A注册会计师应当考虑在期末或者接近期末实施实质性程序

16. 如果注册会计师已获取有关控制在期中运行有效的审计证据，下列有关剩余期间补充证据的说法中，错误的是（　　）。

A. 注册会计师可以通过测试被审计单位对控制的监督，将控制在期中运行有效的审计证据合理延伸至期末

B. 被审计单位的控制环境越有效，注册会计师需要获取的剩余期间的补充证据越少

C. 如果控制在剩余期间发生了变化，注册会计师可以通过实施穿行测试，将期中获取的审计证据合理延伸至期末

D. 注册会计师在信赖控制的基础上拟减少的实质性程序的范围越大，注册会计师需要获取的剩余期间的补充证据越多

17. 下列情况中，最可能导致认定层次重大错报风险的是（　　）。

A. 频繁更换财务人员

B. 频繁更换信息系统

C. 频繁发生坏账损失

D. 频繁召开董事会议

二、多项选择题

1. 对于以前审计获取的有关下列控制运行有效性的，注册会计师在本期审计中可能考虑直接利用的有（　　）。

A. 该控制不是复杂的人工控制，而是自动化控制

B. 该控制在最近两年已经被测试过

C. 该控制自上期测试后没有发生变化

D. 该控制属于旨在减轻特别风险的控制

2. 实质性程序包括（　　）。

A. 对各类交易、账户余额和披露的控制测试

B. 对各类交易、账户余额和披露的细节测试

C. 实质性控制测试

D. 实质性分析程序

3. 下列（　　）特殊性质，决定了注册会计师必须在期末（或接近期末）实施实质性程序。

A. 系统变动导致某类交易记录难以获取

B. 收入截止认定

C. 未决诉讼

D. 控制环境和其他相关的控制较好

4. 注册会计师实施的下列审计程序中，可能适用的具有不可预见性的有（　　）。

A. 函证确认销售条款或者选定销售额较不重要、以前未曾关注的对出口销售实施实质性程序

B. 使用计算机辅助审计技术审阅销售及客户账户

C. 测试金额为负或是零的账户，或者余额低于以前设定的重要性水平的账户

D. 把所函证账户的截止日期提前或者推迟

5. 在测试内部控制的运行有效性时，A注册会计师应当获取的审计证据有（　　）。

A. 控制是否存在

B. 控制在所审计期间不同时点是如何运行的

C. 控制是否得到一贯执行

D. 控制由谁执行

6. 如果在期中实施了控制测试，在针对剩余期间获取补充审计证据时，A注册会计师通常考虑的因素有（　　）。

A. 控制环境

B. 评估的重大错报风险水平

C. 在期中对有关控制有效性获取的审计

证据的程度

D. 拟减少实质性程序的范围

7. 在确定控制测试的性质时，注册会计师正确的做法有（　　）。

A. 当拟实施的进一步审计程序以控制测试为主时，应当获取有关控制运行有效性的更高的保证水平

B. 根据特定控制的性质选择所需实施审计程序的类型

C. 询问本身不足以测试控制运行的有效性，应当与其他审计程序结合使用

D. 考虑测试与认定直接相关和间接相关的控制

8. 在确定控制测试的范围时，注册会计师正确的做法有（　　）。

A. 在风险评估时对控制运行有效性的拟信赖程度较高，通常应当考虑扩大实施控制测试的范围

B. 如果控制的预期偏差率较高，通常应当考虑扩大实施控制测试的范围

C. 对于一项持续有效运行的自动化控制，通常应当考虑扩大实施控制测试的范围

D. 如果拟信赖控制运行有效性的时间长度较长，通常应当考虑扩大实施控制

9. 在测试自动化应用控制的运用有效性时，注册会计师通常需要获取的审计证据有（　　）。

A. 抽取多笔交易进行检查获取的审计证据

B. 对多个不同时点进行观察获取的审计证据

C. 确定系统是否发生变动，如果发生变动，是否存在适当的系统变动控制

D. 信息技术一般控制运行有效性的审计证据

10. 如果注册会计师已获取有关控制在期中运行有效性的审计证据，通常还应实施的审计程序有（　　）。

A. 获取这些控制在剩余期间变化情况的审计证据

B. 仅获取这些控制在期末运行有效性的审计证据

C. 获取信息技术一般控制变化情况的审计证据

D. 确定针对剩余期间还需获取的补充审计证据

11. 对于以前审计获取的有关下列控制运行有效性的审计证据，注册会计师在本期审计中通常不能直接利用的有（　　）。

A. 信息技术一般控制

B. 自动化应用控制

C. 自上次测试后已发生变化的控制

D. 旨在减轻特别风险的控制

12. 下列做法中，可以提高审计程序的不可预见性的有（　　）。

A. 针对销售收入和销售退回延长截止测试期间

B. 向以前没有询问过的被审计单位员工询问

C. 对以前通常不测试的金额较小的项目实施实质性程序

D. 对被审计单位银行存款年末余额实施函证

13. 下列与控制测试有关的表述中，正确的有（　　）。

A. 如果控制设计不合理，则不必实施控制测试

B. 如果在评估认定层次重大错报风险时预期控制的运行是有效的，则应当实施控制测试

C. 如果认为仅实施实质性程序不足以提供认定层次充分、适当的证据，则应当实施控制测试

D. 对特别风险，即使拟信赖的相关控制没有发生变化，也应当在本次审计中实施控制测试

14. 下列有关利用以前审计获取的有关控制运行有效性的审计证据的说法中，正确的有（　　）。

A. 如果拟信赖以前审计获取的有关控制运行有效性的审计证据，注册会计师应当通过询问程序获取这些控制是否已经发生变化的审计证据

B. 如果拟信赖的控制在本期发生变化，注册会计师应当考虑以前审计获取的有关控制运行有效性的审计证据是否与本期审计相关

C. 如果拟信赖的控制在本期未发生变化，注册会计师可以运用职业判断决定不再本期测试其运行的有效性

D. 如果拟信赖的控制在本期未发生变化，控制应对的重大错报风险越高，本次控制测试与上次控制测试的时间间隔越短

15. 识别舞弊导致的重大错报风险时，下列各项中，注册会计师在关注涉及期末收入和利润的异常关系时，应当关注的有（ ）。

A. 在报告期末记录了不寻常的大额收入

B. 收入与经营活动产生的现金流量趋势不一致

C. 在报告期最后几周内记录了异常交易

D. 营业收入发生额与应收账款余额不一致

16. 下列各项中，与重大非常规交易相关的特别风险可能导致更高的重大错报风险的有（ ）。

A. 复杂的计算或会计处理方法

B. 非常规交易的性质可能使被审计单位难以对由此产生的特别风险实施有效控制

C. 管理层更多地干预会计处理

D. 数据收集和处理进行更多的人工干预

三、简答题

1. 注册会计师负责对甲公司2017年度财务报表进行审计。在确定进一步审计程序的性质、时间和范围时，A注册会计师遇到下列事项，请代为作出正确表述。

要求：

（1）请简要说明进一步审计程序的含义、性质、目的及其类型。

（2）请简要说明在什么情况下，注册会计师应当实施控制测试？

（3）特别风险通常与哪些交易或事项有关？判断风险是否属于特别风险，即确定风险性质时，注册会计师应当考虑哪些事项？

2. A注册会计师是甲公司2017年度财务报表审计业务的项目合伙人，正在针对评估的重大错报风险设计进一步审计程序。相关情况如下：

（1）为应对应收账款项目计价和分摊认定的重大错报风险，A注册会计师决定扩大函证程序的范围。

（2）甲公司采用高度自动化信息系统开具销售发票。A注册会计师于2017年7月确认系统的一般控制有效，并确认该系统正在运行，得出系统在2017年度有效运行的结论。

（3）由于应付账款完整性认定存在特别风险，A注册会计师认为相关控制不能信赖，拟扩大细节测试的范围。

（4）为应对甲公司在期末之后伪造销售合同以虚增销售收入的风险，A注册会计师拟在2017年12月31日向甲公司管理层索取全部销售合同副本。

（5）由于甲公司存在故意错报或操纵的可能性，为将期中实施实质性程序得出的结论延伸到期末，A注册会计师拟扩大针对剩余期间实施的审计程序的范围。

要求：

指出A注册会计师针对评估的重大错报风险设计上述进一步审计程序在性质、时间或范围方面是否恰当，如不恰当，请简要说明理由。

答案及解析

一、单项选择题

1. 【答案】B

【解析】控制测试是为了获取关于控制防止或发现并纠正认定层次的重大错报的有效性而实施的测试，不能应对财务报表层次的重大错报风险。

2. 【答案】A

【解析】注册会计师应当针对评估的财务报表层次重大错报风险，设计和实施总体应对措施。

3. 【答案】D

【解析】只有认为控制设计合理、能够防止或发现和纠正认定层次的重大错报，注册会计师才有必要对控制运行的有效性实施测试。

4. 【答案】C

【解析】如果确定评估的认定层次重大错报风险是特别风险，并拟信赖针对该风险实施的控制，注册会计师应当在本期审计中测试这些控制运行的有效性。

5. 【答案】B

【解析】通常情况下，注册会计师出于成本效益的考虑可以采用综合性方案设计进一步审计程序，即将测试控制运行的有效性与

实质性程序结合使用。

6.【答案】B

【解析】对于旨在减轻特别风险的控制，不论该控制在本期是否发生变化，注册会计师都不应依赖以前审计获取的证据，注册会计师应当在每次审计中都测试这类控制。

7.【答案】C

【解析】选项A错误，如果在期末实施实质性程序未发现某项认定存在错报，并不能说明控制是有效的。选项B错误，如果某一控制在剩余期间内发生变动，注册会计师需要了解并测试控制变化对期中审计证据的影响。选项C正确，对自动化运行的控制，注册会计师更可能测试信息系统一般控制的运行有效性，以获取控制在剩余期间运行有效性的审计证据。选项D错误，注册会计师要确定针对剩余期间还要获取的补充审计证据。

8.【答案】D

【解析】对于被审计单位发生的重大交易，注册会计师应当在期末或接近期末实施审计程序。

9.【答案】D

【解析】选项D不正确，注册会计师评估的认定层次的重大错报风险越高，注册会计师越应当考虑将实质性程序集中于期末（或接近期末）实施。

10.【答案】D

【解析】注册会计师可以考虑针对同一交易同时实施控制测试和细节测试，以实现双重目的，所以选项A表述不恰当。如果已识别出由于舞弊导致的重大错报风险，为将期中得出的结论延伸至期末而实施的审计程序通常是无效的，注册会计师应当考虑在期末或者接近期末实施实质性程序，所以选项B不恰当。某些交易或账户余额以及相关认定的特殊性质决定了注册会计师必须在期末（或接近期末）实施实质性程序，所以选项C错误。

11.【答案】B

【解析】控制测试和实质性程序是针对认定层次重大错报风险的应对措施。

12.【答案】D

【解析】重新执行会获取更可靠的证据，但是其效率较低，通常只有当询问、观察和检查程序结合在一起仍无法获得充分的证据时，注册会计师才考虑通过重新执行来证实控制是否有效运行。

13.【答案】C

【解析】选项A错误，控制测试发现内部控制无效，财务报表中不一定存在重大错报，只能说重大错报风险很高，存在错报的可能性很大。选项B错误，控制测试发现内部控制有效，不能证明财务报表中一定不存在重大错报，只能说重大错报风险很低，不能绝对地说一定没有重大错报，所以对重大的项目一定要实施实质性程序。选项D错误，实质性程序未发现重大错报，并不能表明内部控制是有效运行的。

14.【答案】A

【解析】选项A不正确，属于列报和披露的发生以及权利和义务目标。

15.【答案】D

【解析】对于舞弊导致的重大错报风险（作为一类重要的特别风险），被审计单位存在故意错报或操纵的可能性。如果已识别出由于舞弊导致的重大错报风险，为将期中得出的结论延伸至期末而实施的审计程序通常是无效的，注册会计师应当考虑在期末或者接近期末实施实质性程序，所以选项D正确。

16.【答案】C

【解析】如果控制在剩余期间发生了变化，注册会计师不能通过实施穿行测试，将期中获取的审计证据合理延伸至期末，所以选项C错误。

17.【答案】C

【解析】选项A、B、D难以与财务报表某个项目对应，可能导致财务报表层次的重大错报风险。选项C可能仅导致应收账款项目的计价和分摊认定的重大错报风险。

二、多项选择题

1.【答案】ABC

【解析】针对旨在减轻特别风险的控制，本期审计时应当进行测试（选项D错误）。在确定是否需要在本期测试某项控制以获得控制运行有效性的审计证据时，注册会计师主要考虑以下五个方面的因素：(1) 该控制是否针对特别风险；(2) 该控制在最近两年是否被测试过；(3) 该控制在本年是否发生变化；（4）现实需要测试的因素，如复杂的人工控制；（5）是否需要满足每年测试一部分控制的要求而测试。

2.【答案】BD

【解析】实质性程序的两种基本类型包括细节测试和实质性分析程序。

3.【答案】BC

【解析】交易或账户余额以及相关认定的特殊性质，决定了注册会计师必须在期末（或接近期末）实施实质性程序。

4.【答案】ABCD

【解析】四个选项均为实施以前未曾考虑过的审计程序。

5.【答案】BCD

【解析】本题考核的是“控制测试”知识点。控制测试进行的目的是测试控制运行的有效性，主要包括四个方面的含义，除选项B、C、D外，还包括控制以何种方式运行。选项A属于了解内部控制的目的，不是控制测试的目的。

6.【答案】ABCD

【解析】本题主要考核“期中实施控制测试”知识点。针对期中证据以外的、剩余期间的补充证据。在执行该项规定时，注册会计师应当考虑下列因素：（1）评估的认定层次重大错报风险的重大程度；（2）在期中测试的特定控制；（3）在期中对有关控制运行有效性获取的审计证据的程度；（4）剩余期间的长度；（5）在信赖控制的基础上拟减少进一步实质性程序的范围；（6）控制环境。

7.【答案】ABCD

【解析】本题考核的是“控制测试的性质”知识点。四个选项均为教材原文。

8.【答案】ABD

【解析】本题考核的是“控制测试的范围”知识点。对于自动化控制而言，由于其具有内在一贯性，如果一旦确定被审计单位正在执行，则注册会计师通常无须扩大控制测试的范围。除非系统（包括系统使用的表格、文档或其他永久性数据）发生变动，注册会计师通常不需要增加自动化控制的测试范围。在确定控制测试的范围时，除考虑对控制的信赖程度外，注册会计师还可能考虑以下因素：（1）在拟信赖的期间，被审计单位执行控制的频率。控制执行的频率越高，控制测试的范围越大；（2）在所审计期间，注册会计师拟信赖控制运行有效性的时间长度。拟信赖控制运行有效性的时间长度不同，在该时间长度内发生的控制活动次数也不同。注册会计师需要根据拟信赖控制的时间长度确定控制测试的范围。拟信赖期间越长，控制测试的范围越大；（3）控制的预期偏差。预期偏差可以用控制未得到执行的预期次数占控制应当得到执行次数的比率加以衡量（也可称为预期偏差率）。控制的预期偏差率越高，需要实施控制测试的范围越大；（4）通过测试与认定相关的其他控制获取的审计证据的范围。针对同一认定，可能存在不同的控制。当针对其他控制获取审计证据的充分性和适当性较高时，测试该控制的范围可适当缩小；（5）拟获取的有关认定层次控制运行有效性的审计证据的相关性和可靠性。

9.【答案】CD

【解析】本题主要考核“自动化应用控制”知识点。除非系统（包括系统使用的表格、文档或其他永久性数据）发生变动，注册会计师通常不需要增加自动化控制的测试范围。注册会计师通常无须扩大控制测试的范围，但需要考虑执行下列测试以确定该控制持续有效运行：测试与该应用控制有关的一般控制的运行有效性；确定系统是否发生变动，如果发生变动，是否存在适当的系统变动控制；确定对交易的处理是否使用授权批准的软件版本。

10.【答案】ACD

【解析】如果已获取有关控制在期中运行有效性的审计证据，并拟利用该证据，注册会计师应当实施下列审计程序：（1）获取这些控制在剩余期间变化情况的审计证据；（2）确定针对剩余期间还需获取的补充审计证据（在执行该规定时，还应当考虑的因素之一是在期中测试特定控制，比如，对自动化运行的控制，注册会计师更可能测试信息系统一般控制的运行有效性，以获取控制在剩余期间运行有效性的审计证据）。

11.【答案】CD

【解析】本题主要考核“如何考虑以前审计获取的审计证据”知识点。

12.【答案】ABC

【解析】对被审计单位银行存款年末余额

实施函证属于常规的审计程序。

13.【答案】ABCD

【解析】本题主要考核"控制测试"知识点。控制设计不合理，则不必实施控制测试，但是了解内控是必须的。

14.【答案】BD

【解析】选项A错误，如果拟信赖以前审计获取的有关控制运行有效性的审计证据，注册会计师应当通过询问并结合观察或者检查程序获取这些控制是否已经发生变化的审计证据；选项C错误，注册会计师可以运用职业判断决定是否在本期测试其运行的有效性。

15.【答案】ABC

【解析】通常情况下，营业收入发生额与应收账款期末余额很难一致。

16.【答案】ABCD

【解析】非常规交易是指由于金额或性质异常而不经常发生的交易。例如，企业购并、债务重组、重大或有事项等。由于非常规交易具有下列特征，与重大非常规交易相关的特别风险可能导致更高的重大错报风险：(1) 管理层更多地干预会计处理；(2) 数据收集和处理进行更多的人工干预；(3) 复杂的计算或会计处理方法；(4) 非常规交易的性质可能使被审计单位难以对由此产生的特别风险实施有效控制。

三、简答题

1.【答案】

(1) 进一步审计程序是指注册会计师针对评估的各类交易、账户余额、列报（包括披露）认定层次重大错报风险实施的审计程序，包括控制测试和实质性程序。

进一步审计程序的性质是指进一步审计程序的目的和类型。

进一步审计程序的目的包括通过实施控制测试以确定内部控制运行的有效性，通过实施实质性程序以发现认定层次的重大错报。

进一步审计程序的类型包括检查、观察、询问、函证、重新计算、重新执行和分析程序。

(2) 当存在下列情形之一时，注册会计师应当实施控制测试：

①在评估认定层次重大错报风险时，预期控制的运行是有效的；

②仅实施实质性程序不足以提供认定层次充分、适当的审计证据。

(3) 特别风险是指注册会计师需要特别考虑的重大错报风险的简称。特别风险通常与重大的非常规交易和判断事项有关。

在确定风险的性质时，注册会计师应当考虑下列事项：

①风险是否属于舞弊风险；

②风险是否与近期经济环境、会计处理方法和其他方面的重大变化有关；

③交易的复杂程度；

④风险是否涉及重大的关联方交易；

⑤财务信息计量的主观程度，特别是对不确定事项的计量存在较大区间；

⑥风险是否涉及异常或超出正常经营过程的重大交易。

【解析】本题主要考核特别风险；评估重大错报风险；认定层次重大错报风险；控制测试。

2.【答案】

情况 (1) 不恰当。针对应收账款的计价和分摊认定存在重大错报风险，应实施检查应收账款账龄和期后收款情况、了解欠款客户的信用等针对性审计程序，函证通常不能提供充分、适当的审计证据。

情况 (2) 不恰当。A注册会计师至少应当证实该项自动化系统在剩余期间的一般控制运行有效。

情况 (3) 不恰当。控制测试比实质性程序更适宜应对完整性认定的重大错报风险。存在特别风险并不意味着相关控制不能信赖。

情况 (4) 恰当。

情况 (5) 不恰当。对于舞弊导致的重大错报风险，为将期中得出的结论延伸至期末而实施的审计程序通常是无效的，应当考虑在期末或者接近期末实施实质性程序。

第三编　各类交易和账户余额的审计

第九章　销售与收款循环的审计

本章考情分析

教材第三编（第九章至第十二章）围绕历史财务报表的审计，属于审计实务的内容。按照考试大纲的要求，第三编各类交易和账户余额的审计均属于第三能力等级内容。第三编内容要求考生将第一至第八章的审计理论应用于财务报表审计实务中。简答题和综合题往往结合财务会计知识，以审计实务形式出现。学习第三编每章内容时，考生总体把握：熟悉各业务循环重要的单、证、账和业务活动；掌握每个业务循环的内部控制和控制测试；掌握每个业务循环重大错报风险的评估；掌握报表项目重要的实质性程序，例如，审计目标采取的审计程序和重要报表项目特色的审计程序。

本章是财务报表审计实务中的重要内容。考生主要掌握销售与收款循环的内部控制和控制测试；销货与收款循环重大错报风险的评估；营业收入、应收账款（坏账准备）的实质性程序等相关内容。本章内容均属于第三能力等级的内容。近年本章试题所占区间4分至6分，题型会涉及简答题和综合题。

要求考生：

1. 理解销售与收款循环重要单、证、账和业务活动。

2. 掌握销货与收款循环的内部控制和控制测试。

3. 掌握销货与收款循环重大错报风险的评估。

4. 掌握营业收入重要的实质性程序。

5. 掌握应收账款（坏账准备）重要的实质性程序。

本章教材变化

本章内容无变化。

基本内容框架

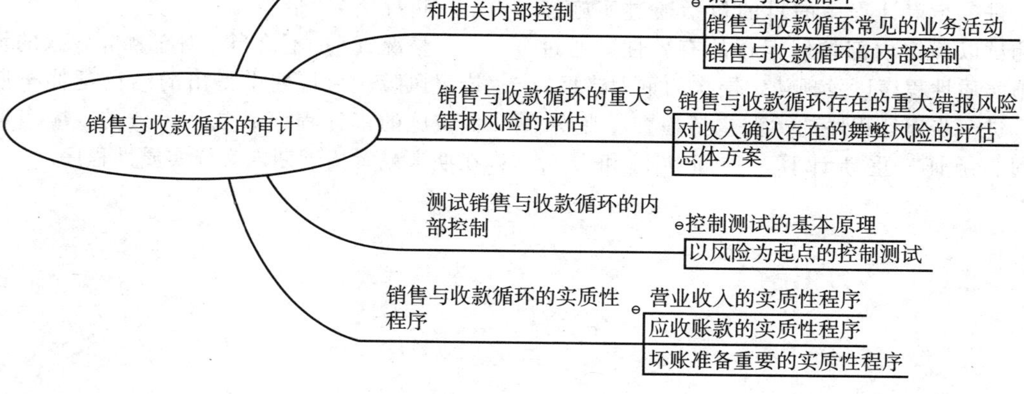

通关重难点例题解析

第一节 销售与收款循环的特点（第三能力等级）

涉及的主要会计凭证和记录	单、证、账
1. 原始凭证	客户订购单、销售单、发运凭证、销售发票、商品价目表、贷项通知单、应收账款账龄分析表、汇款通知书、坏账审批表、现金和银行凭证、客户月末对账单
2. 记账凭证	转账凭证、收款凭证
3. 账户	应收账款明细账、折扣折让明细账、库存现金日记账和银行日记账

第二节 销售与收款循环的业务活动和相关内部控制

一、销售与收款循环（第三能力等级）

涉及销售和收款两个交易类别的相关财务报表项目、主要业务活动及主要凭证和会计记录见教材表9－3。

二、销售与收款循环常见的业务活动（第三能力等级）

【提示】销售与收款循环业务活动流程

订货（订货单）→销售单（销售单——发生）→批准赊销（计价和分摊）→仓库发货→装运凭证（提货单）→开票（销售发票——发生、完整性、准确性）→记账。

【例题1·单选题】（2014年试题）

下列认定中，与销售信用批准控制相关的是（　　）。

A. 发生

B. 计价和分摊

C. 权利和义务

D. 完整性

【答案】B

【解析】设计信用批准控制的目的是为了降低坏账风险，因此，这项控制与应收账款账面余额的“计价和分摊”认定有关。

三、销售与收款循环的内部控制（第三能力等级）

1. 适当的职责分离。

（1）单位应当将办理销售、发货、收款三项业务的部门（或岗位）分别设立；

（2）单位在销售合同订立前，应当指定专门人员就销售价格、信用政策、发货及收款方式等方式等具体事项与客户进行谈判；

（3）谈判人员至少应有两人以上，并与订立合同的人员相分离；

（4）编制销售发票通知单的人员与开具销售发票的人员应相互分离；

（5）销售人员应当避免接触销货现款；

（6）单位应收票据的取得和贴现必须经由保管票据以外的主管人员的书面批准。

2. 恰当的授权审批。

四个关键点：

（1）在销售发生之前，赊销已经正确审批；

（2）非经正当审批，不得发出货物；

（3）销售价格、销售条件、运费、折扣等必须经过审批；

（4）审批人应当根据销售与收款授权批准制度的规定，在授权范围内进行审批，不得超过审批权限。

3. 充分的凭证和记录。

4. 凭证的预先编号。

5. 按月寄出对账单。

6. 内部核查程序。

第三节 销售与收款循环的重大错报风险的评估

一、销售与收款循环存在的重大错报风险（第三能力等级）

二、对收入确认存在的舞弊风险的评估（第三能力等级）

评估	内容
1. 通过实施风险评估程序识别与收入确认相关的舞弊风险	
2. 常用的收入确认舞弊手段	(1) 为了达到粉饰财务报表的目的而虚增收入或提前确认收入。 ①利用与未披露关联方之间的资金循环虚构交易； ②通过未披露的关联方进行显失公允的交易，例如，以明显高于其他客户的价格向未披露的关联方销售商品； ③通过出售关联方的股权，使之从形式上不再构成关联方，但仍与之进行显失公允的交易，或与未来或潜在的关联方进行显失公允的交易； ④通过虚开商品销售发票虚增收入，而将货款挂在应收账款中，并可能在以后期间计提坏账准备，或在其后冲销； ⑤为了虚构销售收入，将商品从某一地点移送至另一地点，凭出库单和运输单据为依据记录销售收入； ⑥在与商品相关的风险和报酬尚未全部转移给客户之前确认销售收入； ⑦通过隐瞒售后回购或售后租回协议，而将以售后回购或售后租回方式发出的商品作为销售商品确认收入； ⑧采用完工百分比法确认劳务收入时，故意低估预计总成本或多计实际发生的成本，以通过高估完工百分比的方法实现当期多确认收入； ⑨在采用代理商的销售模式时，在代理商仅向购销双方提供帮助接洽、磋商等中介代理服务的情况下，按照相关购销交易的总额而非净额（扣除佣金和代理费等）确认收入； ⑩当存在多种可供选择的收入确认会计政策或会计估计方法时，随意变更所选择的会计政策或会计估计方法； ⑪选择与销售模式不匹配的收入确认会计政策。 (2) 为了达到报告期内降低税负或转移利润等目的而少计收入或延后确认收入。 ①被审计单位将商品发出、收到货款并满足收入确认条件后，不确认收入，而将收到的货款作为负债挂账，或转入本单位以外的其他账户； ②在被审计单位采用以旧换新的方式销售商品时，以新旧商品的差价确认收入； ③对于在某一时间段内履行的履约义务，在履约进度能够合理确定的情况下，不在资产负债表日按履约进度确认收入，而推迟到完成履约义务时确认收入
3. 收入确认方面可能存在舞弊风险的迹象	(1) 注册会计师发现，被审计单位的客户是否付款取决于下列情况： ①能否从第三方取得融资； ②能否转售给第三方（如经销商）； ③被审计单位能否满足特定的重要条件。 (2) 未经客户同意，在销售合同约定的发货期之前发送商品。 (3) 未经客户同意，将商品运送到销售合同约定地点以外的其他地点。 (4) 被审计单位的销售记录表明，已将商品发往外部仓库或货运代理人，但却未指明任何客户。 (5) 在实际发货之前开具销售发票，或实际未发货而开具销售发票。 (6) 对于期末之后的发货，在本期确认相关收入。 (7) 实际销售情况与订单不符，或者根据已取消的订单发货或重复发货。 (8) 已经销售给货运代理人的商品，在期后有大量退回。 (9) 销售合同或发运单上的日期被更改，或者销售合同上加盖的公章并不属于合同所指定的客户。 (10) 在接近期末时发生了大量或大额的交易。 (11) 交易之后长期不进行结算。 (12) 在被审计单位业务或其他相关事项未发生重大变化的情况下，询证函回函相符比例明显异于以前年度。 (13) 发生异常大量的现金交易，或被审计单位有非正常的资金流转及往来，特别是有非正常现金收付的情况。 (14) 应收款项收回时，付款单位与购买方不一致，存在较多代付款的情况。 (15) 交易标的对交易对手而言不具有合理用途。 (16) 主要客户自身规模与其交易规模不匹配

续表

评估	内容
4. 对收入确认实施分析程序	(1) 将本期销售收入金额与以前可比期间的对应数据或预算数进行比较。 (2) 分析月度或季度销售量变动趋势。 (3) 将销售收入变动幅度与销售商品及提供劳务收到的现金、应收账款、存货、税金等项目的变动幅度进行比较。 (4) 将销售毛利率、应收账款周转率、存货周转率等关键财务指标与可比期间数据、预算书或同行业其他企业数据进行比较。 (5) 分析销售收入等财务信息与投入产出率、劳动生产率、产能、水电能耗、运输数量等非财务信息之间的关系。 (6) 分析销售收入与销售费用之间的关系，包括销售人员的人均业绩指标、销售人员薪酬、差旅费用、运费，以及销售机构的设置、规模、数量、分布等。 【提示】如果发现异常或偏离预期的趋势或关系，注册会计师需要认真调查其原因，评价是否表明可能存在由于舞弊导致的重大错报风险。涉及期末收入和利润的异常关系尤其值得关注，例如，在报告期的最后几周内记录了不寻常的大额收入或异常交易。 调查方法： ①如果注册会计师发现被审计单位的毛利率变动较大或与所在行业的平均毛利率差异较大，注册会计师可以采用定性分析与定量分析相结合的方法，从行业及市场变化趋势、产品销售价格和产品成本要素等方面对毛利率变动的合理性进行调查； ②如果注册会计师发现应收账款余额较大，或其增长幅度高于销售收入的增长幅度，注册会计师需要分析具体原因（如赊销政策和信用期限是否发生变化等），并在必要时采取恰当的措施，如扩大函证比例、增加截止测试和期后收款测试的比例等； ③如果注册会计师发现被审计单位的收入增长幅度明显高于管理层的预期，可以询问管理层的适当人员，并考虑管理层的答复是否与其他审计证据一致

三、总体方案（第三能力等级）

【例题2·多选题】（2016年试题）

下列有关收入确认的舞弊风险的说法中，错误的是（　　）。

A. 关联方交易比非关联方交易更容易增加收入的发生认定存在舞弊风险的可能性

B. 对于以营利为目的的被审计单位，收入的发生认定存在舞弊风险的可能性通常大于完整性认定存在舞弊风险的可能性

C. 如果被审计单位已经超额完成当年的利润目标，但预期下一年度的目标较难达到，表明收入的截止认定存在舞弊风险的可能性较大

D. 如果被审计单位采用完工百分比法确认收入，且合同完工进度具有高度估计不确定性，表明收入的准确性认定存在舞弊风险的可能性较大

【答案】B

【解析】对于以营利为目的的被审计单位，收入的发生认定存在舞弊风险的可能性不一定大于完整性认定存在舞弊风险的可能性。

【例题3·多选题】

注册会计师对乙公司已发生的销货业务是否均已登记入账进行审计时，常用的控制测试程序有（　　）。

A. 检查发运凭证连续编号的完整性

B. 检查赊销业务是否经适当的授权批准

C. 检查销售发票连续编号的完整性

D. 观察已经寄出的对账单的完整性

【答案】AC

【解析】本题的考核点为销售与收款循环控制测试。检查发运凭证和销售发票等原始票据是否连续编号，是测试销货业务完整性常用的控制测试程序。检查赊销业务是否经适当的授权批准，观察已经寄出的对账单的完整性分别为测试交易授权和独立稽核。

第四节　测试销售与收款循环的内部控制

一、控制测试的基本原理（第三能力等级）

二、以风险为起点的控制测试（第三能力等级）

对销售与收款循环实施的控制测试关注教材表9－5。

【例题4·简答题】

A注册会计师负责对ABC公司2017年度财务报表进行审计。在对ABC公司的内部控制进行了解和测试时，注意到下列事项：

(1) 根据批准的顾客订单，销售部门编

制预先连续编号的一式三联现销或赊销销售单。经销售部门被授权人员批准后，所有销售单的第一联直接送仓库作为按销售单供货和发货给装运部门的授权依据，第二联交开具账单部门，第三联由销售部留存。

（2）仓库部门根据批准的销售单供货，装运部门将从仓库提取的商品与销售单核对无误后装运，并编制一式四联预先连续编号的发运单，其中三联及时分送开具账单部门、仓库和顾客，一联留存装运部门。

（3）开具账单部门在收到发运单并与销售单核对无误后，编制预先连续编号的销售凭证，并将其连同发运单和销售单及时送交会计部门。会计部门在核对无误后由财务部丁职员据以登记销售收入和应收账款明细账。

（4）由负责登记应收账款备查簿的人员在每月末定期给顾客寄送对账单，并对顾客提出的异议进行专门追查。

要求：

请指出上述4种事项中内部控制是否存在缺陷，如有请指出，并说明理由及提出改进建议。

【答案】

事项（1）存在缺陷。理由：赊销业务的批准是由信用管理部门根据管理层的赊销政策在每个客户的已授权的信用额度内进行的。

建议：在由销售部门授权人员签字批准后，涉及赊销业务的销售单将先被送交信用管理部门。信用管理部门将销售单与该顾客的可用信用额度进行比较，在签署信用审阅意见后将销售单送回销售部门。对于可用信用额度不足的赊销业务销售单，需要经过公司其他授权人员批准才能发出。然后，经批准的销售单才能送交仓库作为按销售单供货和发货给装运部门的授权依据。

事项（2）不存在缺陷。

事项（3）存在缺陷。理由：登记收入明细账和应收账款明细账的职员应当是两个人。

建议：由两个人分别登记收入明细账和应收账款明细账。

事项（4）存在缺陷。理由：登记应收账款备查簿的人员不能向顾客寄送对账单。

建议：由不负责登记应收账款备查簿和销售及应收账款记账的人员寄送对账单。

【解析】本题的考核点为销售与收款循环内部控制。

第五节 销售与收款循环的实质性程序

一、营业收入的实质性程序（第三个能力等级）

（一）营业收入的审计目标

审计目标	认定
1. 确定利润表中记录的营业收入是否已发生，且与被审计单位有关	发生
2. 确定所有应当记录的营业收入是否均已记录	完整性
3. 确定与营业收入有关的金额及其他数据是否已恰当记录，包括对销售退回、销售折扣与折让的处理是否适当	准确性
4. 确定营业收入是否已记录于正确的会计期间	截止
5. 确定营业收入是否已按照企业会计准则的规定在财务报表中作出恰当的列报	列报

（二）主营业务收入重要的实质性程序

1. 实质性分析程序（结合第三章第四节）。

（1）将本期的主营业务收入与上期的主营业务收入、销售预算或预测数等进行比较，分析主营业务收入及其构成的变动是否异常，并分析异常变动的原因；

（2）计算本期重要产品的毛利率，与上期或预算或预测数据比较，检查是否存在异常，各期之间是否存在重大波动，查明原因；

（3）比较本期各月各类主营业务收入的波动情况，分析其变动趋势是否正常，是否符合被审计单位季节性、周期性的经营规律，查明异常现象和重大波动的原因；

（4）将本期重要产品的毛利率与同行业企业进行对比分析，检查是否存在异常。

2. 检查主营业务收入确认方法是否符合企业会计准则的规定。

根据《企业会计准则第14号——收入》的规定，企业应当在履行了合同中的履约义务，及在客户取得相关商品控制权时确认收入。取得相关商品控制权，是指能够主导该商品的使用并从中获得几乎全部的经济利益。

准则分别对“在某一时段内履行的履约

义务”和“在某一时点履行的履约义务”的收入确认作出了规定。

3. 核对收入交易的原始凭证与会计分录。

4. 从发运凭证中选取样本，追查至销售发票存根和主营业务收入明细账，以确定是否存在遗漏事项。

【提示】

认定	实质性程序
发生	从账到证
完整性	从证到账

5. 结合对应收账款实施的函证程序，选择主要客户函证本期销售额。

6. 实施销售截止测试。

【提示】注册会计师可以考虑选择二条审计路径实施主营业务收入的截止测试：

一是以账簿记录为起点——防止被审计单位多计收入。从资产负债表日前后若干天的账簿记录查至记账凭证和客户签收的发运凭证。

目的：证实已入账收入是否在同一期间已发货并由客户签收，有无多计收入。使用这种方法主要是为了防止高估收入。

二是以发运凭证为起点——防止被审计单位少计收入。从资产负债表日前后若干天的已经客户签收的发运凭证查至账簿记录，确定主营业务收入是否已计入恰当的会计期间。

【例题5·多选题】(2014年试题B卷)

下列各项审计程序中，可以为营业收入发生认定提供审计证据的有（ ）。

A. 从营业收入明细账中选取若干记录，检查相关原始凭证

B. 对应收账款余额实施函证

C. 检查应收账款明细账的贷方发生额

D. 调查本年新增客户的工商资料、业务活动及财务状况

【答案】ABCD

【解析】选项A，为逆查，可以证实发生；选项B，应收账款的函证可以证实应收账款的存在，同时也为营业收入的发生提供证据；选项C，应收账款的贷方发生额代表应收账款的收回，可以为营业收入的真实发生提供证据；选项D，对新增客户情况的调查可以为交易的真实性提供证据。

【例题6·简答题】

A和B注册会计师首次接受委托，负责审计上市公司甲公司2017年度财务报表。相关资料如下：

B注册会计师对主营业务收入的发生认定进行审计，编制了审计工作底稿，部分内容摘录如下（金额单位：万元）：

记账凭证日期	记账凭证编号	记账凭证金额	发票日期	出库单日期
2017年1月5日	转字10	12	2017年1月8日	2017年1月8日
2017年2月20日	转字30	-120	2017年2月20日	不适用
2017年2月28日	转字45	7	2017年2月27日	2017年2月27日
2017年3月20日	转字40	8	2017年3月19日	2017年3月19日
略				
2017年11月3日	转字4	10	2017年11月2日	2017年11月2日
2017年11月15日	转字28	200	2017年11月14日	2017年11月14日
2017年12月10日	转字50	250	2017年12月10日	2017年12月10日
略				

审计说明：

(1) 根据销售合同约定，在客户收到货物、验收合格并签发收货通知后，甲公司取得收取货款的权利。审计中已检查销售合同。

(2) 已检查记账凭证日期、发票日期和出库日期，未发现异常。发票和出库单中的其他信息与记账凭证一致。

(3) 11月转字28号和12月转字50号记账凭证反映的销售额较高，财务经理解释系调整售价所致。

要求：

针对资料中的审计说明（1）至（3）项，逐项指出B注册会计师实施的审计程序中存在的不当之处，并简要说明理由。

【答案】

审计程序设计恰当性分析：

第（1）项，注册会计师的审计程序存在不当之处。因为已经说明“在客户收到货物、验收合格并签发收货通知后，甲公司才取得收取货款的权利”，所以此时注册会计师在审计中仅仅检查了销售合同是不够的，还应该检查客户签发的收货通知单。

第（2）项，注册会计师的审计程序存在不当之处。对1月转字10号记账凭证未实施进一步检查。该记账凭证的日期早于发票日期和出库单日期，要实施进一步检查。

第（3）项，注册会计师的审计程序存在不当之处。对11月转字28号和12月转字50号记账凭证未实施进一步检查，上述2笔记账凭证反映的销售额明显高于其他测试项目，有可能表明存在舞弊，不应仅依赖管理层的解释。

二、应收账款的实质性程序（第三能力等级）

（一）应收账款审计目标

审计目标	认定
（1）确定资产负债表中记录的应收账款是否存在	存在
（2）确定所有应当记录的应收账款是否均已记录	完整性
（3）确定记录的应收账款是否由被审计单位拥有或控制	权利和义务

续表

审计目标	认定
（4）确定应收账款是否可收回，坏账准备的计提方法和比例是否恰当，计提是否充分	准确性、计价和分摊
（5）确定应收账款及其坏账准备是否已按照企业会计准则的规定在财务报表中作出恰当列报	列报

（二）应收账款重要的实质性程序

1. 取得或编制应收账款明细表。

（1）检查非记账本位币应收账款的折算汇率及折算是否正确。

（2）分析有贷方余额的项目，查明原因，必要时，建议作重分类调整。

2. 分析与应收账款相关的财务指标。

（1）复核应收账款借方累计发生额与主营业务收入关系是否合理，并将当期应收账款借方发生额占销售收入净额的百分比与管理层考核指标和被审计单位相关赊销政策比较，如存在异常应查明原因。

（2）计算应收账款周转率，应收账款周转天数等指标，并与和被审计单位相关赊销政策、被审计单位以前年度指标、同行业同期相关指标对比分析，检查是否存在重大异常。

3. 检查应收账款账龄分析是否正确。

4. 对应收账款实施函证程序。（结合教材第三章第三节）

函证	具体内容
（1）函证决策——证实应收账款的存在性	除非有充分证据表明应收账款对被审计单位财务报表不重要，或函证很可能无效，否则注册会计师应当对应收账款实施函证程序
（2）函证的范围和对象（结合教材应付账款函证）（结合教材银行存款函证）	函证的范围是由诸多因素决定的，主要有： ①应收账款在全部资产中的重要性； ②被审计单位内部控制的强弱； ③以前期间的函证结果。 函证对象： ①金额或账龄较长的项目； ②与债务人发生纠纷的项目； ③重大关联方项目； ④主要客户（包括关系密切的客户）项目； ⑤新增客户项目； ⑥交易频繁但期末余额较小甚至为零的项目； ⑦可能存在重大错误或舞弊的非正常的项目

续表

函证	具体内容
（3）函证的方式	积极式；消极式。（结合第三章第三节） 参考格式9－1，9－2，9－3
（4）函证时间的选择	以资产负债表日为截止日实施函证。 如果重大错报风险评估为低水平，注册会计师可选择资产负债表日前适当日期为截止日实施函证，并对所函证项目自该截止日起至资产负债表日止发生的变动实施其他实质性程序
（5）函证的控制	注册会计师通常利用被审计单位提供的应收账款明细账户名称及客户地址等资料据以编制询证函，但注册会计师应当对确定需要确认或填列的信息、选择被询证者、设计询证函以及发出和收回询证函保持控制
（6）对不符事项的处理	对应收账款而言，登记入账的时间不同而产生的不符事项主要表现为： ①客户已经付款，被审计单位尚未收到货款； ②被审计单位的货物已经发出并已作销售记录，但货物仍在途中，客户尚未收到货物； ③客户由于某种原因将货物退回，而被审计单位尚未收到； ④客户对收到的货物的数量、质量及价格等方面有异议而全部或部分拒付货款等
（7）对未回函项目实施替代审计程序	①检查资产负债表日后收回的货款。注册会计师不能仅查看应收账款的贷方发生额，而是要查看相关的收款单据，以证实付款方确为该客户且确与资产负债表日的应收账款相关； ②检查相关的销售合同、销售单、发运凭个证等文件； ③检查被审计单位与客户之间的往来邮件，如有关发货、对账、催款等事宜邮件

【例题7·简答题】（2012年试题）

A注册会计师负责审计甲公司2011年度财务报表。甲公司2011年12月31日应收账款余额为3 000万元。A注册会计师认为应收账款存在重大错报风险，决定选取金额较大以及风险较高的应收账款明细账户实施函证程序，选取的应收账款明细账户余额合计为1 800万元。

相关事项如下：

（1）审计项目组成员要求被询证的甲公司客户将回函直接寄至会计师事务所，但甲公司客户X公司将回函寄至甲公司财务部，审计项目组成员取得了该回函，将其归入审计工作底稿。

（2）对于审计项目组以传真件方式收到的回函，审计项目组成员与被询证方取得了电话联系，确认回函信息，并在审计工作底稿中记录了电话内容与时间、对方姓名与职位，以及实施该程序的审计项目组成员姓名。

（3）审计项目组成员根据甲公司财务人员提供的电子邮箱地址，向甲公司境外客户Y公司发送了电子邮件，询证应收账款余额，并收到了电子邮件回复。Y公司确认余额准确无误。审计项目组成员将电子邮件打印后归入审计工作底稿。

（4）甲公司客户Z公司的回函确认金额比甲公司账面余额少150万元。甲公司销售部人员解释，甲公司于2011年12月末销售给Z公司的一批产品，在2011年末尚未开具销售发票，Z公司因此未入账。A注册会计师认为该解释合理，未实施其他审计程序。

（5）实施函证的1 800万元应收账款余额中，审计项目组未收到回函的余额合计950万元，审计项目组对此实施了替代程序：对其中的500万元查看了期后收款凭证；对没有期后收款记录的450万元检查了与这些余额相关的销售合同和发票，未发现例外事项。

（6）鉴于对60%应收账款余额实施函证程序未发现错报，A注册会计师推断其余40%的应收账款余额也不存在错报，无须实施进一步审计程序。

要求：

针对上述第（1）至（6）项，逐项指出甲公司审计项目组的做法是否恰当。如不恰当，简要说明理由。

【答案】

事项（1）不恰当。可靠性不足，注册会计师应当对函证的全过程保持控制。

事项（2）恰当。

事项（3）不恰当。注册会计师应当核实被询证者的信息；电子回函的可靠性存在风险，注册会计师和回函者要采用一定的程序创造安全环境。

事项（4）不恰当。函证的差异不能仅以口头解释为证据，应实施其他审计程序核实不符事项。

事项（5）不恰当。获取的销售合同和发票为内部证据，应检查能够证明交易实际发生的证据。

事项（6）不恰当。选取特定项目的方法不能以样本的测试结果推断至总体，仍然可能存在重大错报风险。

三、坏账准备的实质性程序（第三能力等级）

【提示】检查应收账款坏账准备的计提和核销。

【例题8·综合题】

甲公司主要从事汽车轮胎的生产和销售，其销售收入主要来源于国内销售和出口销售。ABC会计师事务所负责甲公司2018年度财务报表审计，并委派A注册会计师担任项目负责人。

资料一：(1) 甲公司的收入确认政策为：对于国内销售，在将产品交付客户并取得客户签字的收货确认单时确认收入；对于出口销售，在相关产品装船并取得装船单时确认收入。

(2) 在甲公司的会计信息系统中，国内客户和国外客户的编号分别以D和E开头。

(3) 2018年12月31日，中国人民银行公布的人民币对美元汇率为1美元=6.8元人民币。

资料二：A注册会计师选取4个应收账款明细账户，对截至2017年12月31日的余额实施函证，并根据回函结果编制了应收账款函证结果汇总表。有关内容摘录如下：

客户编号	客户名称	甲公司账面金额（原币万元）	回函金额（原币万元）	差异金额（原币万元）	回函方式	审计说明
D1	A公司	人民币7 616	5 000	2 616	原件	(1)
D2	B公司	人民币9 054	6 054	3 000	原件	(2)
D3	C公司	人民币7 618	7 618	0	传真件	(3)
E1	E公司	美元1 448	未回函	不适用	未回函	(4)

审计说明：

(1) 回函直接寄回本所。经询问甲公司财务经理得知，回函差异是由于A公司的回函金额已扣除其在2018年12月31日以电汇的方式向甲公司支付的1笔2 616万元的货款。甲公司于2019年1月4日实际收到该笔款项，并记入2019年应收账款明细账中。该回函差异不构成错报，无须实施进一步的审计程序。

(2) 回函直接寄回本所。经询问甲公司财务经理得知，回函差异是由于甲公司在2018年12月31日向B公司发出一批产品（合同价款3 000万元），同时确认了应收账款3 000万元及相应的销售收入。B公司于2019年1月5日收到这批产品。其回函未将该3 000万元款项包括在回函金额中，经检查相关的销售合同、销售发票、出库单以及相关记账凭证，没有发现异常。该回函差异不构成错报，无须实施进一步的审计程序。

(3) 回函由C公司直接传真至本所。回函没有差异，无须实施进一步的审计程序。

(4) 未收到E公司回函，执行替代测试程序：从应收账款借方发生额选取样本，检查相关的销售合同、销售发票、出库单以及相关记账凭证，并确认这些文件中的记录是一致的。没有发现异常，无须实施进一步的审计程序。

要求：

针对资料二中的审计说明（1）至（4）项，结合资料一，假定不考虑其他条件，逐项指出A注册会计师实施的审计程序及其结论是否存在不当之处。如果存在，简要说明理由并提出改进建议。

【答案】

审计说明序号	实施的审计程序及其结论是否存在不当之处（是/否）	理由	改进建议
（1）	是	A注册会计师只是取得甲公司财务经理的口头解释，未对被审计单位资产负债表后是否真实收到2 616万元货款进行追查。	结合货币资金审计，检查2018年1月4日实际收到该笔2 616万元货款的银行进账单，确认被审计单位在资产负债表日后是否实际收到客户A公司的2 616万元货款
（2）	是	由于甲公司的国内销售应在将产品交付客户并取得客户签字的收货确认单时确认收入，而B公司于2018年1月5日才收到这批产品，因此甲公司于2017年不应确认该笔3 000万元应收账款及相应的销售收入。（对于国内销售，在将产品交付客户并取得客户签字的收货确认单时确认收入）	进一步检查B公司对该批产品的签收记录。如果B公司收货时间确系2018年，A注册会计师应提出审计调整，建议甲公司冲回该笔应收账款和销售收入
（3）	是	对于以传真方式收到的函证回复，未向C公司获取询证函回函原件。	C公司直接传真至会计师事务所后，还应当要求其将原件寄回到会计师事务所。如果在报告日之前仍无法收到询证函原件，考虑执行包括检查销售合同、客户签字的收货确认单以及相关的会计记录在内的替代程序
（4）	是	甲公司对于出口销售收入的确认时点为相关产品装船并取得装船单时，但是执行的替代程序并没有检查装船单。（对于出口销售，在相关产品装船并取得装船单时确认收入）	还应进一步检查装船单。如果装船单时间确系2018年，A注册会计师应提出审计调整，建议甲公司冲回相关应收账款和销售收入

【解析】本题主要考核“应收账款函证和账龄分析”知识点。

通关演练

一、单项选择题

1. 下列认定中，与销售信用批准控制相关的是（　　）。

A. 发生

B. 准确性、计价和分摊

C. 权利和义务

D. 完整性

2. 对于下列销售收入认定，通过比较资产负债表日前后几天的发货单日期与记账日期，注册会计师认为最可能证实的是（　　）。

A. 发生　　B. 完整性

C. 截止　　D. 分类

3. 对于下列应收账款认定，通过实施函证程序，注册会计师认为最可能证实的是（　　）。

A. 准确性、计价和分摊

B. 分类

C. 存在

D. 完整性

4. 下列关于应收账款函证方式的论述中，正确的是（　　）。

A. 在对应收账款进行函证时，注册会计师可以选择的函证方式有积极的或消极的函证方式，但一次审计只能采用一种函证方式，为了便于函证的控制，两者不能结合使用

B. 如果采用积极式函证，除非对方不欠被审计单位账款，否则注册会计师应当要求被询证者在任何情况下都必须回函

C. 注册会计师在采用积极式函证时，可以在询证函中不列明账户余额或其他信息，而要求被询证者填写有关信息或提供进一步信息。这可能会导致回函率降低，进而会导致注册会计师执行更多的替代程序

D. 为了防止被询证者可能对所列示信息根本不加验证就予以回函确认，注册会计师在采用积极式函证的询证函中应列明拟函证

的账户余额或其他信息，要求被询证者确认所函证的款项是否正确

5. 适当的职责分离有助于防止各种有意的或无意的错误，下列的表述中，符合适当职责分离的是（　　）。

A. 负责应收账款记账的职员负责登记银行存款日记账

B. 编制销售发票通知单的人员同时开具销售发票

C. 销售合同订立人员负责就销售价格，信用政策，发货及收款方式等具体事项与客户进行谈判

D. 应收票据的取得和贴现经由保管票据以外的主管人员的书面批准

6. 注册会计师对主营业务收入进行截止测试主要是为了发现（　　）。

A. 主营业务收入提前或者延后入账

B. 主营业务收入的金额记录是否准确

C. 年底应收账款的余额是否正确

D. 未核准的销货退回

7. 被审计单位根据客户开具的验收单确认收入。下列情形中，表明营业收入 2018 年度违背截止认定的是（　　）。

A. 被审计单位没有发货就确认收入

B. 被审计单位 2018 年 11 月发货，2019 年 1 月才确认收入

C. 被审计单位发货后没有确认收入

D. 购货方 2019 年 1 月出具验收单，被审计单位 2018 年 12 月确认收入

8. 有关收入的风险评估，下列说法中，不正确的是（　　）。

A. 注册会计师需要将与收入相关的所有认定都假定存在舞弊风险

B. 如果管理层难以达到预期的业绩，则收入的发生认定错报风险可能较大，完整性认定则通常不存在舞弊风险

C. 如果管理层想隐瞒收入降低税负，则完整性认定的舞弊风险较大

D. 如果管理层预期难以达到下一年度的销售目标，而已经超额完成本年的销售目标，则收入的截止认定舞弊的风险较大

9. 下列与销售相关的内部控制中，与营业收入的发生认定直接相关的是（　　）。

A. 仓库只有在收到经批准的销售单时才能编制发运凭证并供货

B. 负责开具销售发票的员工无权修改开票系统中已设置好的商品价目表

C. 依据有效的发运凭证和销售单及销售发票记录销售

D. 一般定期对应收账款的可回收性进行评估，并基于一定的指标（如账龄、客户的财务状况等）计提坏账准备

10. 下列事项中，属于应收账款函证的最有效的替代审计程序的是（　　）。

A. 针对营业收入的实质性分析程序

B. 检查资产负债表日后收回的货款；检查相关的销售合同、销售单、发运凭证等文件；检查被审计单位与客户之间的往来邮件等

C. 以发运凭证为起点，追查至销售发票、销售合同及收入明细账

D. 检查期后收款情况

11. 为证实某月份被审计单位关于销售收入的“发生”认定或“完整性”认定，下列程序中，最有效的是（　　）。

A. 汇总当月销售收入明细账的金额，与当月开出的销售发票的金额相比较

B. 汇总当月销售收入明细账的笔数，与当月开出的销售发票的张数相比较

C. 汇总当月销售发票的金额，与当月所开出的发运凭证及商品价目表相核对

D. 汇总当月销售发票的销售商品数量，与当月开出的发运单数量相比较

12. 下列关于识别收入确认的舞弊风险中运用的分析程序不正确的是（　　）。

A. 将本期销售收入金额与以前可比期间的预算数进行比较，分析差异原因

B. 将存货周转率、应收账款周转率等财务指标与前期可比期间数据、预算数进行比较

C. 如果注册会计师发现被审计单位销售金额大量增加同时应收账款难以变现也大量增加，则注册会计师需要对收入的完整性特别关注

D. 分析程序通常可以有效地识别收入确认的舞弊风险

13. 项目组审计人员对应收账款的相关财务指标进行分析，下列各项中，无助于项目组审计人员判断分析的是（　　）。

A. 复核应收账款贷方累计发生额与管理

费用是否配比

B. 复核应收账款借方累计发生额与主营业务收入是否配比

C. 计算应收账款周转率并与以前年度同期对比分析

D. 将当期应收账款借方发生额占销售收入净额的百分比与被审计单位相关赊账政策比较

14. 应收账款函证的签章人应该是（　　）。

A. 审计项目负责人

B. 会计师事务所合伙人

C. 被审计单位

D. 会计师事务所

二、多项选择题

1. 注册会计师对被审计单位已发生的销货业务是否均已登记入账进行审计时，常用的控制测试程序有（　　）。

A. 检查发运凭证连续编号的完整性

B. 检查赊销业务是否经适当的受权批准

C. 检查销售发票连续编号的完整性

D. 观察已经寄出的对账单的完整性

2. 下列各项审计程序中，可以为营业收入发生认定提供审计证据的有（　　）。

A. 从营业收入明细账中选取若干记录，检查相关原始凭证

B. 对应收账款余额实施函证

C. 检查应收账款明细账的贷方发生额

D. 调查本年新增客户的工商资料、业务活动及财务状况

3. 下列关于注册会计师对函证实施过程的控制的说法中，正确的有（　　）。

A. 询证函经被审计单位盖章后，直接发出

B. 在询证函中指明直接向接受审计业务委托的会计师事务所回函

C. 将询证函中列示的账户余额与被审计单位有关资料核对

D. 将被函证者的名称、地址与注册会计师有关记录核对

4. 下列关于注册会计师对询证函的处理方法中，正确的有（　　）。

A. 在粘封询证函时对其统一编号，并将发出询证函的情况记录于审计工作底稿

B. 询证函经会计师事务所盖章后，由注册会计师直接发出

C. 收回询证函后，将重要的回函复制给被审计单位以帮助催收货款

D. 如果采用积极的函证方式实施函证而未能收到回函，注册会计师应当考虑与被询证者联系，要求对方作出回应或再次寄发询证函

5. 注册会计师应当采取（　　）措施对函证实施过程进行控制。

A. 将被询证者的名称、地址与被审计单位有关记录核对

B. 将询证函中列示的账户余额或其他信息与被审计单位有关资料核对

C. 询证函经被审计单位盖章后，由注册会计师直接发出

D. 在询证函中指明直接向接受审计业务委托的会计师事务所回函

6. 注册会计师对被审计单位已发生的销货业务是否均已登记入账进行审计时，常用的控制测试程序有（　　）。

A. 检查发运凭证连续编号的完整性

B. 检查赊销业务是否经过适当的授权批准

C. 检查销售发票连续编号的完整性

D. 观察已经寄出的对账单的完整性

7. 在以下销售与收款授权审批关键点控制中，属于恰当控制的有（　　）。

A. 在销售发生之前，赊销已经正确审批

B. 未经赊销批准的销货一律不准发货

C. 销售价格、销售条件、运费、折扣必须经过审批

D. 对于超过既定销售政策和信用政策规定范围的特殊销售业务，被审计单位采用集体决策方式

8. 在进行年度财务报表审计时，下列有关项目截止测试的说法中，正确的有（　　）。

A. 营业收入截止测试的关键是检查开具发票或收款的日期、记账的日期和发货的日期是否属于同一会计期间

B. 存货截止测试的关键在于存货纳入盘点范围的时间与存货引起借贷双方会计科目的入账时间是否都处于同一会计期间

C. 银行存款截止测试的关键在于确定企业在各开户银行的最后一张支票的号码，并

查实该号码之前的所有支票均已开出

D. 存货截止的方法是确定被审计年度的最后一张验收报告或审查验收部门接近年底的业务记录

9. 为保证所有的产品销售均已入账，下列控制活动中，与被审计单位这一控制目标直接相关的有（　　）。

A. 对销售发票进行顺序编号并复核当月开具的销售发票是否均已登记入账

B. 检查销售发票是否经过适当的授权批准

C. 将每月产品发运数量与销售入账数量相核对

D. 定期与客户核对应收账款余额

10. 下列针对销售交易发生认定控制中，设计合理的有（　　）。

A. 根据发运凭证和经批准的销售单开具销售发票并登记入账

B. 未经信用管理部门审核批准，不得赊销

C. 销售发票上单价与经批准的商品价目表一致

D. 销售发票上的商品数量与发运凭证一致

11. 下列销售业务活动中，不符合企业内部控制制度规定的有（　　）。

A. 记录应收账款的会计人员根据客户退货的要求进行账簿登记

B. 赊销业务必须经过销售部门的审批才能进行

C. 批准销售单供货的人员和装运货物的人员必须是不同人员

D. 会计人员收到货物发货单、销售发票等原始凭证后进行主营业务收入明细账和总账的登记

12. 在进行收入确认相关的审计程序时，注册会计师可以利用的分析程序有（　　）。

A. 将销售收入的变动幅度与相应的应收账款变动幅度进行比较

B. 将本期的销售收入金额与上一期对应期间的销售收入金额或预算金额进行比较

C. 对月度销售量变动趋势进行分析

D. 分析销售收入等财务信息与水电能耗等非财务信息之间的关系

13. 下列项目组审计人员针对销售交易进行的实质性程序中，属于验证销售发生认定的有（　　）。

A. 复核主营业务收入总账、明细账以及应收账款明细账中的大额或异常项目

B. 将发运凭证与存货永续记录中的发运分录进行核对

C. 追查主营业务收入明细账中的分录至销售单、销售发票副联及发运凭证

D. 将主营业务收入明细账加总，追查其至总账的过账

14. 为证实所有销售交易均已登记入账，项目组审计人员实施的下列审计程序中有效果的有（　　）。

A. 检查销售发票连续编号的完整性

B. 检查客户订购单连续编号的完整性

C. 将发运凭证与相关的销售发票和主营业务收入明细账进行核对

D. 复核主营业务收入总账、明细账以及应收账款明细账中大额或异常项目

三、简答题

1. A注册会计师是X公司2018年度财务报表审计业务的项目合伙人。在审计过程中，需要实施函证程序，以获取充分、适当的审计证据。具体审计计划的相关内容摘录如下：

（1）拟通过实施函证程序，获取充分、适当的审计证据，以证实应收账款的存在认定、营业收入的发生认定和营业成本的准确性认定。

（2）函证截止日为2018年12月15日。项目组拟在此日期前向X公司的客户发出询证函，要求客户在发现与X公司年末应收账款余额不一致的情况下及时回函说明。

（3）如果部分债务人直接向X公司回函，只要X公司在没有拆封的情况下直接转交项目组，就不必要求债务人直接向会计师事务所回函。

（4）为提高不可预见性以应对关联方交易的特别风险，在向关联方函证时，直接以会计师事务所的名义寄发积极式询证函。

（5）甲客户回函不承认截至2018年12月31日积欠X公司100万元贷款的记载但承认2018年10月15日已收到X公司的80吨Y产品，信中附有包括“3个月内可以无条件退货”的补充销售协议。因X公司已于2019

年3月10日收到货款，注册会计师认为该笔应收账款不存在错报。

(6) 寄发给欠款金额最大的乙公司的积极式询证函直到审计报告日没有收到复函，拟按审计范围受限对财务报表发表保留意见。

要求：

请逐一考虑上述每种情况，指出注册会计师执行函证程序是否存在不当之处。如认为存在不当，请简要说明理由，并提出改进建议。

2. ABC会计师事务所接受委托，审计Y公司2018年度的财务报表。A注册会计师了解和测试了与应收账款相关的内部控制，并将重大错报风险评估为高水平。A注册会计师取得2018年12月31日的应收账款明细表，并于2019年1月15日采用积极式函证方式对所有重要客户寄发了询证函。

A注册会计师将与函证结果相关的重要异常情况汇总于下表：

异常情况	函证编号	客户名称	询证金额（元）	回函日期	回函内容
1	22	甲	300 000	2019年1月22日	购买Y公司300 000元货物属实，但款项已于2018年12月25日用支票支付。
2	56	乙	500 000	2019年1月19日	因产品质量不符合要求，根据购货合同，于2018年12月28日将货物退回。
3	64	丙	640 000	2019年1月19日	2018年12月10日收到Y公司委托本公司代销的货物640 000元，尚未销售。（以收手续费的方式代销）
4	134	戊	600 000	因地址错误，被邮局退回	—

要求：

针对上述各种异常情况，请问A注册会计师应分别相应实施哪些重要审计程序？

3. 注册会计师甲在审计A公司时有关销售与收款循环内部控制的情况如下：

(1) 仓储部门和销售部门在每个月月底核对出库单和发货通知单，核对完成后将结果交销售部经理审阅。

(2) 每个月月末财务部负责给客户邮寄对账单，如果客户回复金额与财务部记录金额相差超过该客户欠款余额的5%则进行调查，如果客户没有回复则需要销售人员及时跟进。

(3) 开具账单部门审核发运单和销售单后开具销售发票，在保留副本后将相关单据送交会计部门职员M审核。会计部门职员M核对无误后登记主营业务收入明细账和应收账款明细账。

(4) 信用管理部门负责审核批准客户的信用期，如果长期客户想临时申请延长信用期，由销售部门负责批准。

要求：

针对上述情况，假定不考虑其他条件，逐项指出各项控制是否恰当。如不恰当，请说明理由。

四、综合题

1. A注册会计师负责对甲公司2017年度财务报表进行审计。甲公司从事小型机电产品的生产和销售，主要原材料均在国内采购，产品主要自营出口到美国。

资料一：A注册会计师在工作底稿中记录了所了解的甲公司情况及其环境，部分内容摘录如下：

甲公司产品以美元定价，假定人民币对美元汇率由2017年初的7.3∶1升值到2017年6月的6.8∶1，之后基本保持稳定。甲公司产品销售自2017年初至2017年9月基本稳定。2017年10月起，受金融危机影响，甲公司的出口订单和销售收入均出现较大幅度减少，2017年第4季度与前3个季度相比，主要产品平均销售下降了约7%，但甲公司2017年末财务报表显示其依然完成了65 000万元收入和7 300万元毛利的经营目标。

2017年初至2017年8月，甲公司主要原材料采购价格基本稳定。2017年9月至10月，主要原材料价格平均下跌了约5%。

资料二：A注册会计师在审计工作底稿中记录了所获取的甲公司财务数据，部分内容摘录如下（金额单位：人民币万元）：

项目	2017年（未审计）	2016年（已审计）
营业收入	65 030	55 320
营业成本	57 720	48 180
资产减值损失		
其中：应收账款	220	190
存货	673	657

项目	2017年12月31日（未审计）	2016年（已审计）
存货账面余额	15 752	6 073
减：存货跌价准备	600	530
存货账面价值	15 152	5 543

资料三：A注册会计师在审计工作底稿中记录了拟实施的实质性程序，部分内容摘录如下：

（1）计算本年重要产品的毛利率，与上年比较，检查是否存在异常，各年之间是否存在较大波动，查明原因。

（2）获取产品销售价格目录，检查售价是否符合价格政策。

（3）抽取本年一定数量的发运凭证，检查存货出库日期、品名、数量等是否与销售发票、销售合同、记账凭证等一致。

（4）抽取本年一定数量的营业收入记账凭证，检查入账日期、品名、数量、单价、金额等是否与销售发票、发运凭证、销售合同等一致。

要求：

（1）针对资料一事项，结合资料二，假定不考虑其他条件，判断资料一所列事项是否可能表明存在重大错报风险。如果认为存在，简要说明理由，并说明该风险属于财务报表层次还是认定层次，如果认为属于认定层次，指出相关事项主要与哪些账户（仅限于：营业收入、营业成本、资产减值损失、存货）的哪些认定相关。

（2）针对资料一事项，结合资料二，假定不考虑其他条件，逐项判断资料三所列实质性程序对发现根据资料一识别的认定层次重大错报是否直接有效。如果直接有效，指出资料三所列实质性程序是否与资料一中的第几个事项的认定层次重大错报风险直接相关，并简要说明理由。

2. 上市公司甲公司是ABC会计师事务所的常年审计客户，主要从事药品的研发、生产和销售。A注册会计师负责审计甲公司2017年度财务报表，确定财务报表整体的重要性为300万元，明显微小错报的临界值为15万元。

资料一：A注册会计师在审计工作底稿中记录了所了解的甲公司情况及其环境，部分内容摘录如下：

（1）2017年，甲公司产品a针剂被调整出国家医保目录，导致销量大幅下降。

（2）2017年，甲公司生产了每盒售价22元的b胶囊1 200万盒，该产品2016年末和2017年末的库存数量分别为100万盒和50万盒。

（3）2017年，甲公司开始研发c针剂，自该研发项目通过内部立项审批起，将相关研发支出资本化。

（4）甲公司自2016年起销售d片剂并在各大媒体发布广告。2017年，主管部门因该广告涉嫌夸大疗效对甲公司立案调查，并于2018年1月初对甲公司处以罚款500万元。

（5）2017年12月，甲公司召回了2017年11月销售的某批次存在安全隐患的e粉剂，因处理及时，该批次产品尚未被使用。

（6）2018年1月初，甲公司公开发行公司债券15亿元，仅获得5 000万元认购，由于募集资金不足，甲公司于2018年3月1日到期的短期融资券将极可能出现违约。

资料二：A注册会计师在审计工作底稿中记录了甲公司的财务数据，部分内容摘录如下：

金额单位：万元

项目	未审数	已审数
	2017年	2016年
营业收入——a针剂	11 000	36 000
营业收入——b胶囊	308 000	22 000

续表

项目	未审数	已审数
	2017 年	2016 年
营业成本——a 针剂	13 000	21 600
管理费用——c 针剂研发	400	0
营业外支出——罚款支出	500	0
存货——a 针剂	100	4 000
存货——召回的 e 粉剂	1 500	0
固定资产——a 针剂生产线	25 000	30 000
开发支出——c 针剂	2 000	0
其他流动负债——短期融资券	110 000	90 000

资料三：A 注册会计师在审计工作底稿中记录了审计计划，部分内容摘录如下：

（1）2017 年，甲公司变更了固定资产折旧年限，因预期与会计估计变更相关的内部控制运行有效，A 注册会计师认为该事项不会导致特别风险，拟采用综合性方案。

（2）因 2016 年度财务报表审计时实施的会计分录测试未发现错报，A 注册会计师拟将会计分录测试总体确定为甲公司于 2017 年末作出的会计分录和其他调整。

（3）A 注册会计师确定对广告费交付审批控制的测试样本量为 60 个，拟在期中审计时测试从 2017 年 4 月至 9 月交易中选取的 40 个样本，期末审计时测试从 2017 年 10 月至 12 月交易中选取的 20 个样本。

（4）A 注册会计师评估认为运输费不存在特别风险，考虑到运输费与销售存在较为稳定的预期关系，拟对其实施实质性分析程序，不再实施细节测试。

资料四：A 注册会计师在审计工作底稿中记录了针对市场推广费实施的进一步审计程序，部分内容摘录如下：

（1）甲公司会计每月将服务商对账单与应付市场推广费明细账进行核对，并对差异进行调查处理，由财务经理复核。A 注册会计师选取 2017 年 12 月的核对记录，询问了核对过程，检查了核对情况、差异调查处理情况以及财务经理签字，认为该控制运行有效。

（2）甲公司 2017 年度发生市场推广费 2 亿元。A 注册会计师选取单笔金额 100 万元以上，合计 1 亿元的市场推广费实施了细节测试，发现错报 250 万元，采用比率法推断市场推广费的总体错报为 500 万元。

（3）A 注册会计师对期末应付市场推广费余额实施了函证程序，有两份回函显示余额不符。经调查，系甲公司会计记账串户所致。因相关服务商为非关联方，A 注册会计师将该不符事项认定为错报。

（4）乙公司于 2017 年 3 月设立，主要从事市场推广服务。2017 年度，甲公司向乙公司购买市场推广服务 5 000 万元。A 注册会计师检查了合同，采购审批记录以及支付单据，并就推广费用向乙公司实施了函证程序，结果满意。

资料五：A 注册会计师的审计工作底稿中记录了重大事项的处理情况，部分内容摘录如下：

（1）甲公司将 2017 年发生的生产设备日常修理费 1 000 万元计入制造费用，导致年末存货余额及 2017 年度利润高估 10 万元，A 注册会计师认为该项错报影响较小，未要求管理层作出更正。

（2）A 注册会计师发现某业务员虚报业务费 10 万元，向甲公司管理层进行了通报。管理层追回了已支付的报销款，按内部规定对该业务员进行处罚，并作了相应的会计处理。A 注册会计师对甲公司的处理实施了相关审计程序，结果满意。

（3）因甲公司 2017 年发生召回事件，A 注册会计师认为甲公司对产品质量的控制存在重大缺陷，与治理层进行了书面沟通。

要求：

（1）针对资料事项（1）至（6），结合资料二，假定不考虑其他条件，逐项指出资料一所列事项是否可能表明存在重大错报风险。如果认为可能表明存在重大错报风险，简要说明理由，如果认为该风险为认定层次重大错报风险，说明该风险主要与哪些财务报表项目的哪些认定相关（不考虑税务影响）。请将答案直接填入下方表格内。

事项序号	是否可能表明存在重大错报风险（是/否）	理由	财务报表项目名称及认定
(1)			
(2)			
(3)			
(4)			
(5)			
(6)			

（2）针对资料三事项（1）至（4），假定不考虑其他条件，逐项指出A注册会计师的做法是否恰当。如不恰当，简要说明理由。请将答案直接填入下方表格内。

事项序号	是否恰当（是/否）	理由
(1)		
(2)		
(3)		
(4)		

（3）针对资料四事项（1）至（4），假定不考虑其他条件，逐项指出A注册会计师的做法是否恰当。如不恰当，简要说明理由。请将答案直接填入下方表格内。

事项序号	是否恰当（是/否）	理由
(1)		
(2)		
(3)		
(4)		

（4）针对资料五事项（1）至（3），假定不考虑其他条件，逐项指出A注册会计师的做法是否恰当。如不恰当，简要说明理由。请将答案直接填入下方表格内。

事项序号	是否恰当（是/否）	理由
(1)		
(2)		
(3)		

答案及解析

一、单项选择题

1.【答案】B

【解析】设计信用批准控制的目的是为了降低坏账风险，因此，这项控制与应收账款账面余额的“准确性、计价和分摊”认定有关。

2.【答案】C

【解析】选取资产负债表日前后若干天一定金额以上的发运凭证。将应收账款和收入明细账进行核对；同时，从应收账款和收入明细账选取在资产负债表日前后若干天一定金额以上的凭证，与发货单据核对，以确定销售是否存在跨期现象。

3.【答案】C

【解析】函证应收账款的目的在于证实应收账款账户余额的真实性、正确性，防止或发现被审计单位及其有关人员在销售交易中发生的错误或舞弊行为。通过函证应收账款，可以比较有效地证明被询证者（即债务人）的存在和被审计单位记录的可靠性。

4.【答案】C

【解析】选项A不正确，积极的或消极的函证方式可以结合使用；选项B不正确，即便是对方不欠被审计单位账款，也应该回函；选项D不正确，为了防止被询证者可能对所列示信息根本不加验证就予以回函确认，注册会计师应当采用选项C的方式进行函证。

5.【答案】D

【解析】销售与收款循环的内部控制中适当的职责分离：（1）单位应当将办理销售、发货、收款三项业务的部门（或岗位）分别设立；（2）单位在销售合同订立前，应当指定专门人员就销售价格、信用政策、发货及收款方式等方式等具体事项与客户进行谈判；（3）谈判人员至少应有两人以上，并与订立合同的人员相分离；（4）编制销售发票通知单的人员与开具销售发票的人员应相互分离；(5) 销售人员应当避免接触销货现款；(6) 单位应收票据的取得和贴现必须经由保管票据以外的主管人员的书面批准。

6.【答案】A

【解析】主营业务收入的截止测试主要目的是确定被审计单位主营业务收入的会计记录归属期是否正确，应当计入当期的主营业务收入是否延后到下一期，应当计入下一期的是否提前计入本期。

7.【答案】D

【解析】选项A违背了发生认定，但不一定违背截止认定；选项B不一定存在错报，因为确认收入的依据是验收日期而非发货日期；选项C违背了完整性认定，但不一定违背截止认定；选项D表明被审计单位提前确认收入，违背了截止认定。

8.【答案】A

【解析】假定收入存在舞弊风险不代表收入的所有认定都存在舞弊风险，需要结合具体情况来确定。

9.【答案】C

【解析】选项A与存货的存在认定直接相关，防止仓库在未经授权的情况下擅自发货；选项B与营业收入的准确性认定直接相关，防止开具销售发票的人员修改开票系统中已设置好的商品价目表；选项D与应收账款的计价和分摊认定直接相关，防止坏账损失计提不准确。

10.【答案】B

【解析】针对应收账款函证的替代审计程序，注册会计师应当检查与销售交易有关的原始凭证，包括检查客户订购单、销售单、销售合同、发运凭证及销售发票副本等。

11.【答案】B

【解析】本题考查的知识点是主营业务收入的实质性分析程序。选项A、C属于准确性、计价和分摊的证据；选项D未直接涉及销售收入明细账。

12.【答案】C

【解析】如果被审计单位的销售收入大幅增加同时收入难以变现导致应收账款大幅增加，应当对销售收入的发生认定格外关注，关注收入是否真实发生。

13.【答案】A

【解析】应收账款贷方发生额与管理费用的关联性不强，以此作为分析指标没有意义。

14.【答案】C

【解析】询证函以被审计单位名义发出，应当由被审计单位签章。

二、多项选择题

1.【答案】AC

【解析】本题的考核点为销售与收款循环控制测试。检查发运凭证和销售发票等原始票据是否连续编号，是测试销货业务完整性常用的控制测试程序。检查赊销业务是否经适当的授权批准，观察已经寄出的对账单的完整性分别为测试交易授权和独立稽核。

2.【答案】ABCD

【解析】选项A，为逆查，可以证实发生；选项B，应收账款的函证可以证实应收账款的存在，同时也为营业收入的发生提供证据；选项C，应收账款的贷方发生额代表应收账款的收回，可以为营业收入的真实发生提供证据；选项D，对新增客户情况的调查可以为交易的真实性提供证据。

3.【答案】BC

【解析】注册会计师应当采取以下措施对函证实施过程进行控制：将被询证者的名称、单位名称和地址与被审计单位有关记录核对；将询证函中列示账户户余额或其他信息与被审计单位有关资料核对；在询证函中指明直接向接受审计业务委托的会计师事务所回函；询证函经被审计单位盖章后，由注册会计师直接发出；将发出询证函的情况形成审计工作记录；将收到的回函形成审计工作记录，并汇总统计函证结果。

4.【答案】AD

【解析】选项B，询证函经被审计单位盖章后，由注册会计师直接发出；选项C，询证函仅为复核账目之用，并非催款结算。

5.【答案】ABCD

【解析】本题的考核点为应收账款函证。注册会计师应当采取以下措施对函证实施过程进行控制：将被询证者的名称、单位名称和地址与被审计单位有关记录核对；将询证函中列示账户余额或其他信息与被审计单位有关资料核对；在询证函中指明直接向接受审计业务委托的会计师事务所回函；询证函经被审计单位盖章后，由注册会计师直接发出；将发出询证函的情况形成审计工作记录；

将收到的回函形成审计工作记录，并汇总统计函证结果。

6. 【答案】AC

【解析】主要通过检查原始凭证是否连续编号来测试销货业务的内部控制。

7. 【答案】ABCD

【解析】四个选项均属于销售与收款授权审批关键点控制。

8. 【答案】ABCD

【解析】四个选项均属于正确的截止测试。

9. 【答案】AC

【解析】A 选项，在顺序编号的情况下，如某笔销售业务没有入账，则编号必然不连续，可以直接证实存在未入账的销售业务；选项 B，销售发票经过适当的授权批准，并不能保证相应的销售业务登记入账；选项 C，如果某笔销售业务没有入账，必然导致发货产品的数量大于销售入账的数量，亦可直接证实存在未入账的销售业务；选项 D，如系赊销业务，因未入账的销售业务将导致客户记录的购货金额大于被审计单位记载的销售金额，本程序与目标间接相关（因为金额差错亦可能是由计算错误导致的）。如系现销业务，与客户核对应收账款并不能发现未入账的业务，本程序与目标毫不相关。

10. 【答案】AB

【解析】控制销售交易发生的关键点是确认收入。选项 A，控制能防止尚未发货就确认销售收入；选项 B，控制能防止销售部门虚构赊销；选项 C、D，控制分别针对销售金额与数量，针对的是销售交易的准确性，从而与发生认定无关。

11. 【答案】ABD

【解析】办理退货需要经过一定的授权审批，不能仅按照客户要求进行；销售业务应当经过信用管理部门的审批而不是销售部门；主营业务收入的明细账和总账应当由不同人员进行登记；批准销售单供货人员和装运货物人员进行分离有利于防止装运人员在没有经过授权的情况下进行装运。

12. 【答案】ABCD

【解析】以上四个选项均可以在进行收入确认相关审计程序时使用。

13. 【答案】ABC

【解析】选项 D 主要是检验销售交易的明细账正确汇总，主要与准确性、计价与分摊认定有关。

14. 【答案】AC

【解析】选项 B 中客户订购单是来自被审计单位外部，不会连续编号，因此该程序无效；选项 D 主要是确保登记入账的销售交易确系已经发货给真实的客户，不符合要求。

三、简答题

1. 【答案】

情况（1）存在不当。函证程序可以证实应收账款的存在认定与营业收入的发生认定，但不足以证实营业成本的准确性认定。

情况（2）存在不当。12 月 15 日之前寄发的询证函无法提供 X 公司 12 月 31 日的应收余额，导致客户无法核对，失去了将截止日提前的意义。

情况（3）存在不当。即使 X 公司没有拆封且直接转交给会计师事务所，也不符合审计准则的规定。注册会计师不能同意债务人将询证函直接寄给 X 公司。

情况（4）存在不当。以会计师事务所名义实施函证不符合审计准则。按规定，会计师事务所应以被审计单位的名义向客户寄发询证函。

情况（5）存在不当。X 公司于 2018 年末在退货期届满之前确认营业收入，不符合会计制度规定，应要求 X 公司相应调整财务报表。

情况（6）存在不当。在无法收到复函的情况下，应当考虑实施函证替代程序，在此之前不能确定审计意见。

2. 【答案】

（1）注册会计师于 2019 年 1 月 15 日函证，并于 2019 年 1 月 22 日收到函证结果，有可能在 2019 年 1 月 15 日至 2019 年 1 月 22 日之间已收到款项，注册会计师应对此项收款情况进行检查，检查银行存款日记账、收款凭证及银行对账单，查明是否收到该笔金额以及如何进行会计处理等；如果仍未收到，应向客户再次发函，要求其将有关凭单邮寄过来，以便查找。

（2）注册会计师于 2019 年 1 月 15 日函证，并于 2019 年 1 月 19 日收到函证结果，注册会计师应对近期退货情况进行检查，检查销售合同及与销货退回相关的增值税发票、入库单，查明退回货物是否已验收入库等。

(3) 在以收手续费的方式委托代销，受托方在尚未销售的情况下，委托方不应确认销售收入及应收账款。注册会计师应检查代销合同，确认是否存在编制虚假代销清单、虚增本期收入和应收账款的情况。

(4) 注册会计师应检查地址是否错误，如果属于地址错误，应按正确的地址重新发函，如果地址没有错误，注册会计师应考虑是否可能是一笔虚构的应收账款。

3. 【答案】

事项 (1) 不恰当。不应当仅由仓储部门和销售部门核对，会计部门也应当参与核对工作。

事项 (2) 不恰当。A 公司应当调查所有差异。

事项 (3) 不恰当。主营业务收入明细账和应收账款明细账不应当由 M 自己记录，应当由不同人员进行记录。

事项 (4) 不恰当。客户延长信用期不应当由销售部门审批，应当由信用管理部门审批。

四、综合题

1. 【答案】

(1)

是否可能表明存在重大错报风险（是/否）	理由	重大错报风险属于财务报表层次还是认定层次（财务报表层次/认定层次）	账户及相关认定
是	甲公司在第4季度出口订单数量、销售价格和销售收入均出现较大幅度减少的情况下，仍完成经营目标，可能存在多计营业收入的风险；尽管原材料价格在9月至10月下跌5%，但是在人民币大幅度升值（累计约6.8%）和在第4季度销售价格下降7%的情况下，本年毛利率只比上年下降了不到2个百分点，可能存在为实现毛利目标而人为少计营业成本的风险	认定层次	营业收入/发生、准确性 营业成本/发生、准确性、完整性 存货/完整性、计价和分摊

(2)

资料三所列实质性程序序号	资料三所列实质性程序对发现根据资料一识别的认定层次重大错报是否直接有效（是/否）	与资料一中的第几个事项的认定层次重大错报风险直接相关	理由
(1)	是	(1)	通过毛利率差异分析和具体比较，可以发现可能存在的异常情况，识别人为调节营业成本而导致的错报
(2)	否	—	—
(3)	否	—	—
(4)	是	(1)	从营业收入记账凭证入手追查到相关原始凭证，可以识别多计营业收入的情况

2. 【答案】

(1)

事项序号	是否可能表明存在重大错报风险（是/否）	理由	财务报表项目名称及认定
(1)	是	由于a针剂被调整出国家医保目录，销量大幅下降，收入下降了69.44%，但成本仅下降了39.81%，可能表明财务报表存在多计成本的重大错报风险。另外，a针剂的生产线因销量的下降存在减值风险，可能表明财务报表存在多计固定资产的重大错报风险	存货（完整性） 营业成本（发生） 固定资产（计价和分摊）

续表

事项序号	是否可能表明存在重大错报风险（是/否）	理由	财务报表项目名称及认定
（2）	是	2016年末和2017年末b胶囊的库存数量分别为100万盒和50万盒，2017年生产了1 200万盒，可知2017年共销售1 250万盒，销售收入应为27 500万元，可能表明财务报表存在多计收入的重大错报风险	应收账款（存在） 营业收入（发生）
（3）	是	研发项目通过内部立项审批，并不表明研究阶段结束，自此将相关研发支出资本化，可能表明少计费用，多计开发支出的重大错报风险	管理费用（准确性） 开发支出（存在）
（4）	否	—	—
（5）	是	e粉剂存在安全隐患，应全额计提减值准备，甲公司可能存在多计存货的重大错报风险	存货（计价和分摊）
（6）	是	甲公司募集资金不足，2018年3月到期的短期融资券极可能出现违约，面临赔付风险，可能因财务方面对持续经营假设产生重大疑虑，存在报表层次的重大错报风险	—

（2）

事项序号	是否恰当（是/否）	理由
（1）	否	在判断哪些风险是特别风险时，注册会计师不应考虑识别出的控制对相关风险的抵销效果
（2）	否	在确定待测试会计分录和其他调整的总体时，需要根据风险评估结果，并运用职业判断，因此注册会计师应考虑是否有必要测试整个会计期间的会计分录和其他调整
（3）	否	总体不完整，注册会计师还应考虑从2017年1月至3月的交易中选取样本进行测试
（4）	是	—

（3）

事项序号	是否恰当（是/否）	理由
（1）	否	针对每月执行一次的控制，测试的样本量最少为2个
（2）	否	选取特定项目并不是审计抽样，不能由此推断总体
（3）	否	会计记账串户并不会导致最终金额的错误，因此不属于错报
（4）	否	需要考虑乙公司是否为未披露的关联方

（4）

事项序号	是否恰当（是/否）	理由
（1）	否	生产设备的日常修理费1 000万元应当计入管理费用，因此对利润的影响将远远大于10万元
（2）	否	该事项属于舞弊，注册会计师应考虑该事项对其他事项的影响，并扩大审计范围
（3）	是	—

第十章　采购与付款循环的审计

本章考情分析

本章是财务报表审计实务中的重要内容。考生主要掌握采购与付款循环的内部控制和控制测试；采购与付款循环重大错报风险的评估；应付账款和一般费用的实质性程序等相关内容。本章内容均属于第三能力等级内容。近年本章试题所占区间 4 分至 6 分，题型会涉及简答题和综合题。

要求考生：

1. 理解采购与付款循环重要单、证、账和业务活动。
2. 掌握采购与付款循环的内部控制和控制测试。
3. 掌握采购与付款循环重大错报风险的评估。
4. 掌握应付账款重要的实质性程序。
5. 理解一般费用重要的实质性程序。

本章教材变化

本章内容较往年无变化。

基本内容框架

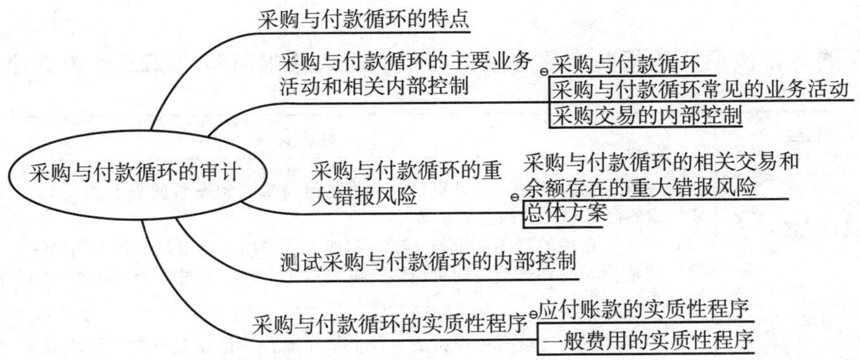

通关重难点例题解析

第一节　采购与付款循环的特点（第三能力等级）

涉及的主要会计凭证和记录	单、证、账
1. 原始凭证	采购计划、供应商清单、请购单、订购单、验收及入库单、卖方发票、付款凭单、供应商对账单
2. 记账凭证	转账凭证、付款凭证
3. 账户	应付账款明细账、库存现金日记账和银行日记账

第二节　采购与付款循环的主要业务活动和相关内部控制

一、采购与付款循环（第三能力等级）

涉及采购与付款循环交易类别的相关财务报表科目、主要业务活动及主要单据和会计记录见教材表 10－2。

二、采购与付款循环常见的业务活动(第三能力等级)

【提示】制定采购计划——→供应商认证及信息维护——→请购（请购单——发生）——→报批——→订货（订购单——完整性、发生）——→验收（验收单——存在或发生、完整性）——→储存（——存在）——→编制付款凭单（付款凭单——发生、存在、完整性、权利和义务、计价或分摊）——→记账——→付款。

三、采购交易的内部控制（第三能力等级）

项目	内容
1. 适当的职责分离	不相容岗位至少包括： （1）请购与审批； （2）询价与确定供应商； （3）采购合同的订立与审批； （4）采购与验收； （5）采购、验收与相关会计记录； （6）付款审批与付款执行
2. 恰当的授权审批	付款需要由经授权的人员审批，审批人员在审批前需检查相关支持文件，并对其发现的例外事项进行跟进处理
3. 凭证的预先编号及对例外报告的跟进处理——完整性	—

第三节　采购与付款循环的重大错报风险

一、采购与付款循环的相关交易和余额存在的重大错报风险（第三能力等级）

重大错报风险	具体表现
1. 低估负债或相关准备	（1）遗漏交易，例如，不计提已收取货物但尚未收到发票的采购相关的负债或不计提尚未付款的已经购买的服务支出等； （2）采用不正确的费用支出截止期，例如，将本期的支出延迟到下期确认； （3）将应当及时确认损益的费用性支出资本化，然后通过资产的逐步摊销予以消化等
2. 管理层错报负债费用支出的偏好和动因	（1）平滑利润。通过多计准备或少计负债和准备，把损益控制在被审计单位管理层希望的程度； （2）利用特别目的实体把负债从资产负债表中剥离，或利用关联方间的费用定价优势制造虚假的收益增长趋势； （3）被审计单位管理层把私人费用计入企业费用，把企业资金当作私人资金运作
3. 费用支出的复杂性	被审计单位以复杂的交易安排购买一定期间的多种服务，管理层对于涉及的服务受益与付款安排所涉及的复杂性缺乏足够的了解
4. 不正确地记录外币交易	当被审计单位进口用于出售的商品时，可能由于采用不恰当的外币汇率而导致该项采购的记录出现差错
5. 舞弊和盗窃的固有风险	如果被审计单位经营大型零售业务，由于所采购商品和固定资产的数量及支付的款项庞大，交易复杂，容易造成商品发运错误，员工和客户发生舞弊和盗窃的风险较高。 如果那些负责付款的会计人员有权接触应付账款主文档，并能够通过在应付账款主文档中擅自添加新的账户来虚构采购交易，风险也会增加

二、总体方案（第三个能力等级）

第四节　测试采购与付款循环的内部控制

对采购与付款循环实施的控制测试详见教材表10-5。

【例题1·简答题】

Y股份有限公司（以下简称Y公司）主要经营中小型机电类产品的生产和销售，采用手工会计系统，产品销售以Y公司仓库为交货地点。C和D注册会计师负责审计Y公司2017年度财务报表，于2017年12月1日至12月15日对Y公司的购货与付款循环内部控制进行了解、测试与评价。

资料一：C和D注册会计师在审计工作底稿中记录了所了解的有关采购与付款循环控制程序，部分内容摘录如下：

（1）采购原材料须由请购部门编制请购单，采购部门审核请购单后发出预先连续编号的采购订单。采购的原材料经采购人员验收后入库，仓库人员收到原材料后编制预先连续编号的入库单，并交采购人员签字确认。

（2）应付凭单部门核对供应商发票、入库单和采购订单，并编制预先连续编号的付款凭单。会计部门在接到经应付凭单部门审核的上述单证和付款凭单后，登记原材料和应付账款明细账。月末，在与仓库核对连续编号的入库单和采购订单后，应付凭单部门对相关原材料入库数量和采购成本进行汇总。应付凭单部门对已经验收入库但尚未收到供应商发票的原材料编制清单，会计部门据此将相关原材料暂估入账。

资料二：C注册会计师负责对采购与付款循环的内部控制实施测试，并在审计工作底稿中记录了测试情况，部分内容摘录如下：

（1）应付凭单部门在9月末编制了已验收入库但尚未收到供应商发票的原材料清单，会计部门据此将材料暂估入账，并在10月1日全额冲回。上述原材料清单显示已入库甲原材料1 000公斤，单价为每公斤1 300元。经核对批准发出的采购订单和入库单，数量和单价均相符，但C注册会计师注意到Y公司另需向运输单位支付该原材料的运费100 000元。财务人员解释，由于原材料运费是与运输单位另行结算的，因此在原材料暂估入账时未予考虑，并且，在10月8日收到运输单位的运费发票时，Y公司已将运费计入该原材料的采购成本。C注册会计师在甲原材料明细账中找到了上述100 000元运费的记录。

（2）原材料明细账显示，Y公司在11月27日购入乙原材料694公斤，金额为70 000元（不含增值税）。C注册会计师注意到该原材料采购订单所列数量为700公斤，单价为每公斤100元（不含增值税），但相应的入库单所列数量为694公斤。财务人员解释，上述数量差异是运输途中损耗所致。按照Y公司原材料采购管理规定，乙原材料允许的入库检验差异率为±1%。

要求：

（1）针对资料一事项（1）至（2），假定不考虑其他条件，请逐项判断Y公司上述控制程序在设计上是否存在缺陷。如果存在缺陷，请分别予以指出，并简要说明理由，提出改进建议。

（2）针对资料一事项（1）至（2），请指出哪一项与“已发生的购货业务均已记录”这一控制目标相关，并确定针对该控制目标的测试程序。

（3）针对资料二事项（1）和（2），请分别指出这些事项主要与存货和应付账款的什么认定相关。

（4）针对资料二事项（1）和（2），假定不考虑其他条件，请逐项指出上述事项是否表明相关内部控制得到有效执行。如果表明相关内部控制未能得到有效执行，请简要说明理由，并提出改进建议。

【答案】

（1）事项（1）存在缺陷：采购部门的人员不能验收商品。

理由：采购与验收是不相容的岗位。

建议：验收商品应当由验收部门的人员进行验收。

事项（2）没有缺陷。

（2）资料一中的事项（1）与已经发生的购货业务均已记录的控制目标相关。

控制测试：检查订货单、验收单、付款凭单连续编号的完整性。

（3）资料二中的事项（1）项主要与存货和应付账款的计价和分摊认定有关。

事项（2）与存货和应付账款的存在或发生和完整性认定相关。

（4）资料二中的事项（1）表明相关内部控制未得到有效执行。

理由：因为对于运费部分即使是另行结算的，也是要将该部分的支出包含在材料的暂估价里的。

建议：将相关的运费支出计入到暂估材料的成本中。

事项（2）表明相关内部控制得到有效执行。

第五节 采购与付款循环的实质性程序

一、应付账款的实质性程序（第三能力等级）

（一）应付账款审计目标

审计目标	认定
1. 确定资产负债表中记录的应付账款是否存在	存在性
2. 确定所有应当记录的应付账款是否均已记录	完整性
3. 确定资产负债表中记录的应付账款是否为被审计单位应当履行的现时义务	权利和义务
4. 确定应付账款是否以恰当的金额包括在财务报表中，与之相关的计价调整是否已恰当记录	计价
5. 确定应付账款是否已按照企业会计准则的规定在财务报表中作出恰当的列报	列报

（二）应付账款的实质性程序

1. 分析出现借方余额的项目，查明原因，必要时，建议作重分类调整。

2. 函证应付账款。

获取适当的供应商相关清单，例如，本期采购量清单、所有现存供应商名单或应付账款明细账。询问该清单是否完整并考虑该清单是否应包括预期负债等附加项目。

选取样本进行测试并执行程序	具体内容
（1）向债权人发送询证函	注册会计师应根据审计准则的规定对询证函保持控制，包括确定需要确认或填列的信息、选择适当的被询证者、设计询证函，包括正确填列被询证者的姓名和地址，以及被询证者直接向注册会计师回函的地址等信息，必要时再次向被询证者寄发询证函等
（2）将询证函余额与已记录金额相比较	存在差异，检查支持性文件。评价已记录金额是否适当
（3）对于未作回复的函证实施替代程序	检查至付款文件（如现金支出、电汇凭证和支票复印件）、相关的采购文件（如采购订单、验收单、发票和合同）或其他适当文件
（4）如果认为回函不可靠	评价对评估的重大错报风险以及其他审计程序的性质、时间安排和范围的影响

【提示】应付账款与应收账款函证的异同。

3. 检查应付账款是否计入了正确的会计期间，是否存在未入账的应付账款——截止、完整性。

【提示】掌握如何查找未入账负债的测试程序。为了防止企业低估负债，注册会计师应检查被审计单位有无故意漏记应付账款行为。

程序	检查具体内容
（1）对本期发生的应付账款增减变动	检查至相关支持性文件，确认会计处理是否正确
（2）获取凭证	检查资产负债表日后应付账款明细账贷方发生额的相应凭证，关注其购货发票的日期，确认其入账时间是否合理

续表

程序	检查具体内容
(3) 获取对账单以及差异调节表	检查被审计单位与其供应商之间的对账单以及被审计单位编制的差异调节表，确定应付账款金额的准确性
(4) 针对资产负债表日后付款项	检查银行对账单及有关付款凭证（如银行汇款通知、供应商收据等），询问被审计单位内部或外部的知情人员，查找有无未及时入账的应付账款
(5) 结合存货监盘程序	检查被审计单位在资产负债表日前后的存货入库资料（验收报告或入库单），检查相关负债是否计入了正确的会计期间

【例题2·多选题】

A注册会计师是Q公司2017年度财务报表审计的项目负责人，为证实Q公司应付账款的发生和偿还记录是否完整，应实施适当的审计程序，以查找未入账的应付账款。下列各项审计程序中，可以实现上述审计目标的有（　　）。

A. 结合存货监盘，检查Q公司在资产负债表日是否存在有材料入库凭证但未收到购货发票的业务

B. 抽查Q公司本期应付账款明细账贷方发生额，核对相应的购货发票和验收单据，确认其入账时间是否正确

C. 检查Q公司资产负债表日后收到的购货发票，确认其入账时间是否正确

D. 检查Q公司资产负债表日后应付账款明细账借方发生额的相应凭证，确认其入账时间是否正确

【答案】AC

【解析】本题的考点为查找未入账的应付账款。选项B项错误在于本期，应为抽查Q公司资产负债表日后应付账款明细账贷方发生额，核对相应的购货发票和验收单据，确认其入账时间是否正确；选项D中注册会计师应检查Q公司资产负债表日后应付账款明细账贷方发生额的相应凭证，确认其入账时间是否正确。

4. 寻找未入账负债的测试。

获取期后收取、记录或支付的发票明细，包括获取支票登记簿、电汇报告、银行对账单（根据被审计单位情况不同）以及入账的发票和未入账的发票。从中选取项目（尽量接近审计报告日）进行测试并实施以下程序：

(1) 检查支持性文件，如相关的发票、采购合同/申请、收货文件以及接受劳务明细，以确定收到商品、接受劳务的日期及应在期末之前入账的日期。

(2) 追踪已选取项目至应付账款明细账、货到票未到的暂估入账和/或预提费用明细表，并关注费用所计入的会计期间。调查并跟进所有已识别的差异。

(3) 评价费用是否被记录于正确的会计期间，并相应确定是否存在期末未入账负债。

【例题3·简答题】(2016年试题)

ABC会计师事务所的A注册会计师负责审计甲公司2015年度财务报表。审计工作底稿中与负债审计相关的部分内容摘录如下：

(1) 甲公司各部门使用的请购单未连续编号，请购单由部门经理批准，超过一定金额还需总经理批准。A注册会计师认为该项控制设计有效，实施了控制测试，结果满意。

(2) 为查找未入账的应付账款，A注册会计师检查了资产负债表日后应付账款明细账贷方发生额的相关凭证，并结合存货监盘程序，检查了甲公司资产负债表日前后的存货入库资料，结果满意。

(3) 由于2015年人员工资和维修材料价格持续上涨，甲公司实际发生的产品质量保证支出与以前年度的预计数相差较大。A注册会计师要求管理层就该差异进行追溯调整。

(4) 甲公司有1笔账龄3年以上、金额重大的其他应付款。因2015年度未发生变动，A注册会计师未实施进一步审计程序。

(5) 甲公司年末与固定资产弃置义务相关的预计负债余额为200万元。A注册会计师作出了300万元到360万元之间的区间估计，与管理层沟通后同意其按100万元的错报进行调整。

要求：

针对上述第（1）至（5）项，逐项指出A注册会计师的做法是否恰当。如不恰当，简要说明理由。

【答案】

事项（1）恰当。

第十章

事项（2）不恰当。还应检查资产负债表日后货币资金的付款项目，获取甲公司与供应商之间的对账单并与财务记录进行核对调节，检查采购业务形成的相关原始凭证。

事项（3）不恰当。资产负债表日后价格的变化并不表明前期会计估计存在差错。

事项（4）不恰当。注册会计师应当对重大账户余额实施实质性程序。

事项（5）恰当。

二、一般费用的实质性程序（第三能力等级）

（一）一般费用的审计目标

审计目标	认定
1. 确定利润表中记录的一般费用是否确认发生	发生
2. 确定所有应当记录的费用是否均已记录	完整性
3. 确定一般费用是否以恰当的金额包括在财务报表中	准确性
4. 确定费用是否已计入恰当的会计期间	截止

（二）一般费用的实质性程序

实质性程序	具体内容
1. 实质性分析程序	（1）考虑可获取信息的来源、可比性、性质和相关性以及与信息编制和关的控制，评价在对记录的金额或比率作出预期时使用数据的可靠性； （2）将费用细化到适当层次，根据关键因素和相互关系（例如，本期预算、费用类别与销售数量、职工人数的变化之间的关系等）设定预期值，评价预期值是否足够精确以识别重大错报； （3）确定已记录金额与预期值之间可接受的、无须作进一步调查的可接受的差异额； （4）将已记录金额与期望值进行比较，识别需要进一步调查的差异； （5）调查差异，询问管理层，针对管理层的答复获取适当的审计证据；根据具体情况在必要时实施其他审计程序
2. 从资产负债表日后的银行对账单或付款凭证中选取项目进行测试	检查支持性文件（如合同或发票），关注发票日期和支付日期，追踪已选取项目至相关费用明细表，检查费用所计入的会计期间，评价费用是否被记录于正确的会计期间
3. 对本期发生的费用选取样本	检查其支持性文件，确定原始凭证是否齐全，记账凭证与原始凭证是否相符以及账务处理是否正确
4. 抽取资产负债表日前后的凭证，实施截止测试	评价费用是否被记录于正确的会计期间

【例题4·综合题】（2016年试题部分内容）

甲公司是ABC会计师事务所的常年审计客户，主要从事肉制品的加工和销售。A注册会计师负责审计甲公司2015年度财务报表，确定财务报表整体的重要性为100万元。审计报告日为2016年4月30日。

资料一：（略）。

资料二：（略）。

资料三：A注册会计师在审计工作底稿中记录了审计计划，部分内容摘录如下：

（1）拟实施的进一步审计程序的范围是：金额高于实际执行的重要性的财务报表项目；金额低于实际执行的重要性但存在舞弊风险的财务报表项目。

（2）A注册会计师拟复核和评价甲公司内部审计人员编制的内部控制说明和流程图，以了解内部控制是否发生变化，并对拟信赖的控制实施测试。

（3）A注册会计师和项目组成员就甲公司财务报表存在重大错报的可能性等事项进行了讨论。因项目组某关键成员无法参加会议，拟由项目组其他成员选取相关事项向其通报。

（4）2015年有多名消费者起诉甲公司，管理层聘请外部律师担任诉讼代理人。A注册会计师拟亲自向律师寄发由管理层编制的询证函，并要求与律师进行直接沟通。

资料四：甲公司部分原材料系向农户采购。财务人员办理结算时应当查验农户身份证，并将身份证复印件及农户签字的收据作为付款凭证附件。2 000元以上的付款应当通过银行转账。A注册会计师在审计工作底稿中记录了与采购与付款交易相关的审计工作，部分内容摘录如下：

（1）2015年10月，A注册会计师在观察原材料验收流程时发现某农户向验收员支付回扣，以提高核定的品质等级。A注册会计师认为该事项不重大，在审计完成阶段向管理层通报了该事项。

（2）A注册会计师在实施控制测试时，发现1笔8 000元的采购交易被拆分成8笔，以现金支付。财务经理解释该农户无银行卡。A注册会计师询问了该农户，对控制测试结果满意。

（3）A注册会计师在实施细节测试时，发现有1笔付款凭证后未附农户身份证复印件。财务经理解释付款时已查验原件，忘记索要复印件。A注册会计师询问了该农户，验证了签字的真实性，并扩大了样本规模，未发现其他例外事项，结果满意。

资料五：（略）。

要求：

（1）（略）。

（2）针对资料三第（1）至（4）项，假定不考虑其他条件，逐项指出审计计划的内容是否恰当。如不恰当，简要说明理由。请将答案直接填入下方表格内。

事项序号	是否恰当（是/否）	理由
（1）		
（2）		
（3）		
（4）		

（3）针对资料四第（1）至（3）项，假定不考虑其他条件，逐项指出A注册会计师的做法是否恰当。如不恰当，简要说明理由。请将答案直接填入下方表格内。

事项序号	是否恰当（是/否）	理由
（1）		
（2）		
（3）		

（4）（略）。

【答案】

（1）（略）。

（2）

事项序号	是否恰当（是/否）	理由
（1）	否	单个金额低于实际执行的重要性的项目汇总起来金额可能重大，需要考虑汇总后的潜在风险；对存在低估风险的财务报表项目，不能因为其金额低于实际执行的重要性而不实施进一步审计程序
（2）	是	—
（3）	否	不应由项目组其他成员确定通报内容，需由项目合伙人确定通报内容
（4）	是	—

（3）

事项序号	是否恰当（是/否）	理由
（1）	否	应当尽快与管理层进行沟通
（2）	否	控制未得到执行
（3）	是	—

（4）（略）。

通关演练

一、单项选择题

1. 下列实质性分析程序中，不属于一般费用的实质性程序是（　　）。

A. 将费用细化到适当层次，根据关键因素和相互关系（例如，本期预算、费用类别与销售数量、职工人数的变化之间的关系等）设定预期值

B. 询问被审计单位的管理当局

C. 将已记录金额与期望值进行比较

D. 调查差异，询问管理层，针对管理层的答复获取适当的审计证据

2. 下列选项中，属于注册会计师在函证应付账款时应当实施的程序的是（　　）。

A. 获取适当的供应商相关清单

B. 获取适当的销售商相关清单

C. 获取适当的生产部门相关清单

D. 获取适当的库存相关清单

3. 在查找已提前报废但尚未作出会计处

理的固定资产时，下列审计程序中，注册会计师最有可能实施的是（　　）。

A. 以检查固定资产实物为起点，检查固定资产的明细账和投保情况

B. 以检查固定资产明细账为起点，检查固定资产实物和投保情况

C. 以分析折旧费用为起点，检查固定资产实物

D. 以检查固定资产实物为起点，分析固定资产维修和保养费用

4. 在对被审计单位在建工程进行审计时，C注册会计师注意到下列有关借款费用停止资本化的时点确定问题，其中处理正确的是（　　）。

A. 甲工程交付使用时停止资本化

B. 乙工程办理竣工决算手续时停止资本化

C. 丙工程达到预定可使用状态时停止资本化

D. 丁工程建造过程中发生正常中断时停止资本化

5. 注册会计师最宜结合（　　）程序证实是否存在未入账应付账款。

A. 检查营业收入的确认

B. 检查验收单

C. 检查营业成本的计算

D. 函证应收账款

6. 为了证实被审计单位应付账款期末余额的真实性，审计人员应实施的审计程序是（　　）。

A. 检查订购单是否连续编号

B. 计算当年应付账款占流动负债的比率，并与上年相比较

C. 抽查应付账款明细账并追查至相关的原始凭证

D. 抽查请购单是否经过适当审批

7. 下列审计程序中，与应付账款的完整性认定不直接相关的是（　　）。

A. 检查被审计单位与其供应商之间的对账单

B. 检查资产负债表日后应付账款明细账贷方发生额的相应凭证

C. 检查资产负债表日前已偿付应付账款的银行付款单据

D. 检查长期挂账的应付账款的相关原始凭证

8. 被审计单位因重复付款、付款后退货及预付货款等原因，导致应付账款借方余额过大时，注册会计师正确的做法是（　　）。

A. 提请被审计单位编制重新分类的会计分录，并将这些借方余额在资产负债表中列为资产

B. 提请被审计单位不作任何调整，但应在财务情况说明书中说明

C. 提请被审计单位将这些借方余额冲抵应付账款，并在资产负债表附注中说明

D. 在工作底稿中编制重新分类的会计分录，以便将这些借方余额在资产负债表中列为资产

9. 为应对被审计单位通过将同一次发货重复入账来高估收入的重大错报风险，注册会计师拟实施的下列实质性程序中，针对性最强的是（　　）。

A. 从应收账款明细账追查到发运凭证

B. 比对发货凭证张数与营业收入笔数

C. 从营业收入明细账追查到发运凭证

D. 从发运凭证追查到应收账款明细账

10. 下列审计程序中，与应付账款完整性最相关的是（　　）。

A. 从应付账款明细账追查至验收单

B. 从验收单追查至原材料明细账

C. 向供应商函证应付账款

D. 从年末供应商对账单追查至应付账款明细账

11. 采购与付款循环的审计中，对于请购单的处理，正确的是（　　）。

A. 请购单只能由仓库负责填写

B. 大多数企业对正常经营所需物资的购买均作特别授权

C. 租赁合同和资本支出，企业通常不要求作特别授权

D. 每张请购单必须经过对这类支出预算负责的主管人员签字批准

12. 注册会计师执行的下列审计程序中，与实现采购交易截止认定最相关的是（　　）。

A. 参照卖方发票，比较会计科目表上的分类

B. 追查存货的采购至存货永续盘存记录

C. 将验收单和卖方发票上的日期与采购

明细账中的日期进行比较

D. 从验收单追查至采购明细账

13. 审计人员在审查被审计单位采购与付款循环的职责分工时，发现批准请购与采购职责未能相互分离，这种情况可能导致（ ）。

A. 采购部门购入过量或不必要的物资

B. 未按实际收到的商品数额登记入账

C. 应付账款记录不正确

D. 未及时向特定债权人支付货款

14. 当被审计单位管理层具有高估利润、粉饰财务状况的动机时，注册会计师主要关注的是被审计单位（ ）的重大错报风险。

A. 低估负债，低估费用

B. 高估费用，高估负债

C. 低估费用，高估负债

D. 高估费用，低估负债

15. 采购与付款环节的下列单据中，可能不需要连续编号的是（ ）。

A. 请购单　　B. 订购单

C. 验收单　　D. 入库单

16. 下列各项控制活动中，与采购业务完整性认定最相关的是（ ）。

A. 公司内部核查应付账款明细账的内容

B. 采购的价格经过适当的授权审批

C. 已入账的采购交易均有验收单

D. 订货单验收单均有连续编号

17. 下列有关付款业务的控制活动中，存在设计缺陷的是（ ）。

A. 财务部门在办理付款业务时，对供应商发票、结算凭证、验收单、订购单等相关凭证进行核对

B. 定期与供应商核对应付账款、应付票据、预付账款等往来款项

C. 建立了退货管理制度，对退货条件、退货手续、货物出库、退货货款回收等作出明确规定

D. 对已到期的应付款项由会计主管负责办理付款的审批与支付

18. 甲注册会计师负责审计 ABC 公司 2019 年财务报表的应付账款项目，为应对该公司漏记本期应付账款的风险，甲注册会计师实施的下列程序中，最恰当的是（ ）。

A. 从本期应付账款明细账中选取项目，重新计算应付账款金额的正确性

B. 针对本期的应付账款实施函证程序

C. 从本期应付账款明细账中选取项目，追查到验收单等原始凭证

D. 针对资产负债表日后付款项目检查银行对账单及有关付款凭证，查找有无未入账的应付账款

二、多项选择题

1. 注册会计师为证实被审计单位应付账款的发生和偿还记录是否完整，应实施适当的审计程序，以查找未入账的应付账款。下列各项审计程序中，可以实现上述审计目标的有（ ）。

A. 结合存货监盘，检查被审计单位在资产负债表日是否存在有材料入库凭证但未收到购货发票的业务

B. 抽查被审计单位本期应付账款明细账贷方发生额，核对相应的购货发票和验收单据，确认其入账时间是否正确

C. 检查被审计单位资产负债表日后收到的购货发票，确认其入账时间是否正确

D. 检查被审计单位资产负债表日后应付账款明细账借方发生额的相应凭证，确认其入账时间是否正确

2. 下列各项内部控制制度中，能够防止或发现采购与付款环节发生错误或舞弊的有（ ）。

A. 所有订货单应经采购部门及有关部门批准，其副本应及时提交财务部门

B. 所有订货单应未经采购部门及有关部门批准，其副本应及时提交财务部门

C. 收到采购发票后，应立即送采购部门与订货单、验收单核对相符

D. 采用总价法记录现金折扣，并严格复核是否发生折扣损失

3. 在计算机环境下，注册会计师既应当考虑常用的控制活动的有效性，也应当考虑特殊的控制活动对于采购与付款交易的适用性。其中最为重要的控制应着眼于（ ）。

A. 计算机程序的更改

B. 供应商主文档中重要数据的变动

C. 计算机程序的设计

D. 供应商辅文档中重要数据的变动

4. 下列各项审计程序中，有助于发现被审计单位 2017 年末未入账应付账款的有（ ）。

A. 从2017年度接近年末开具的验收单追查到库存现金、银行存款日记账及应付账款明细账

B. 确定2017年度的主要供应商名单，以积极的方式函证，要求提供被审计单位欠款的详细信息

C. 检查2018年初库存现金、银行存款日记账的贷方记录，核对付款原因并检查卖方发票

D. 检查2018年初一段时间应付账款贷方发生额的相应凭证，确认入账时间是否正确

5. 确定被审计单位利润表中记录的一般费用的相关认定，通常可以划分为（　　）。

A. 确定利润表中记录的一般费用是否确认存在

B. 确定一般费用是否以恰当的金额包括在财务报表中

C. 确定费用是否已计入恰当的会计期间

D. 购货与付款交易和事项已记录于正确的会计期间

6. 针对被审计单位临近会计期末的采购未被记录在正确的会计期间可能发生的错报，人工处理下的内部控制应当（　　）。

A. 复核人复核该例外报告中的项目，确定采购是否被记录在正确的期间以及负债计提是否有效

B. 系统每月末生成包含所有已收货但相关发票未录入系统货物信息的例外报告

C. 复核人复核并批准每一个采购订单，包括复核采购订单是否有经适当权限人员签署的请购单支持

D. 当复核完成且复核人提出的问题已经得到满意的解决后，签署确认复核已经完成

7. 针对被审计单位下列内部控制：财务人员将原材料订购单、供应商发票和入库单核对一致后，编制记账凭证（附上述单据）并签字确认。下列选项中，注册会计师实施的控制测试不恰当的有（　　）。

A. 抽取若干记账凭证及附件，检查核对原材料订购单、供应商发票和入库单

B. 抽取若干记账凭证及附件，检查是否经财务人员签字

C. 抽取若干记账凭证及附件，检查核对原材料订购单、供应商发票和入库单，并检查是否经财务人员签字

D. 抽取若干记账凭证及附件，检查核对原材料订购单、供应商发票，并检查是否经财务人员签字

8. 下列有关被审计单位影响采购与付款交易和余额的重大错报风险可能包括（　　）。

A. 低估负债或相关准备

B. 管理层错报负债费用支出的偏好和动因

C. 费用支出的复杂性

D. 舞弊和盗窃的固有风险

9. 关于采购与付款业务流程中相关控制活动与相关认定的对应关系的描述中，正确的有（　　）。

A. 支票预先连续编号能够确保支出支票存根的完整性和作废支票处理的恰当性

B. 连续编号的验收单与应付账款的存在认定最相关

C. 确定供应商发票计算的正确性能够降低应付账款的计价和分摊、相关费用的准确性认定的错报风险

D. 订购单的连续编号能够有效降低应付账款完整性认定错报风险

10. 对于应付账款未入账的错报风险，下列各项实质性程序中，与获取的审计证据最相关的有（　　）。

A. 针对已偿付的应付账款，追查至银行对账单、银行付款单等原始凭证，检查是否在资产负债表日前真实偿还

B. 以截至财务报表日的应付账款明细账为起点选取异常项目追查至相关验收单、供应商发票以及订购单等

C. 检查资产负债表日后现金支出的主要凭证

D. 检查资产负债表日后应付账款明细账贷方发生额的相应凭证

三、简答题

1. A注册会计师接受会计师事务所的指派，于2017年底对X公司进行预审，包括对部分业务的内部控制实施控制测试和对部分交易、活动实施实质性程序。在预审过程中，A注册会计师注意到以下情况：

（1）X公司规定，对采购交易，财务部门在严格审核请购单、卖方发票、付款凭单

后才能填写付款凭证。

（2）2017 年 10 月份甲供应商提交的原材料质量达不到订购单要求的等级，但由于当时该种材料供不应求，应生产部门要求，验收部门破例通过了该批产品的验收。

（3）X 公司于 9 月份购入一辆轿车，A 注册会计师发现该项购置业务并未列入预算。X 公司给出的解释是，董事长专用轿车因交通事故报废，事发突然，董事长亲自特批了这项预算外采购。

（4）2017 年 9 月向乙供应商赊购一批原材料并于当月投入使用，但拟于 2018 年 2 月份即 6 个月无条件退货期满后确认负债。

（5）为获得购货合同规定的 10% 的折扣，X 公司在 2017 年 10 月 16 日收到材料后，于 18 日按卖方发票金额 30 万元的 90% 支付了材料款，并作了借记应付账款 27 万元、贷记银行存款 27 万元的账务处理。

（6）为应对应付账款的完整性认定的重大错报风险，注册会计师选取了应付余额最大的 5 个供应商，根据账簿记录采用积极式函证方式发放询证函。

要求：

（1）请逐一指出事项（1）至（3）是否表明 X 公司的相关内部控制存在缺陷。如认为存在缺陷，请指出构成缺陷的原因是相关内部控制设计存在缺陷，还是相关内部控制未能得以有效执行，并指出该缺陷可能导致 X 公司 2017 年 12 月 31 日资产负债表的哪一个项目违反了哪一项认定。

（2）请逐一指出 X 公司对事项（4）和（5）进行的会计处理是否存在不当之处。如认为存在不当之处，简要说明理由，并具体指出该不当处理导致 X 公司 2017 年 12 月 31 日资产负债表的应付账款项目违反了哪一项认定。

（3）请针对事项（6），指出注册会计师选取的供应商是否适当，简要说明理由。

2. B 股份有限公司（以下简称 B 公司）主要经营中小型机电类产品的生产和销售，产品销售以 B 公司仓库为交货地点。B 公司目前主要采用手工会计系统。ABC 会计师事务所接受委托审计 B 公司 2017 年度 B 股份有限公司（以下简称 B 公司）主要经营中小型机电类产品的生产和销售，产品销售以 B 公司仓库为交货地点。B 公司目前主要采用手工会计系统。ABC 会计师事务所接受委托审计 B 公司 2017 年度财务报表，C 和 D 注册会计师负责于 2017 年 10 月 25 日至 11 月 10 日对 B 公司的购货与付款循环的内部控制进行了解、测试与评价。相关资料如下：

通过对 B 公司内部控制的了解，C 和 D 注册会计师在审计工作底稿中记录了所了解购货与付款循环相关的内部控制程序，部分内容摘录如下：

（1）对需要购买的已经列入存货清单的项目由仓库负责填写请购单，对未列入存货清单的项目由相关需求部门填写请购单。每张请购单须由对该类采购支出预算负责的主管人员签字批准。

（2）采购部收到经批准的请购单后，由其职员 E 进行询价并确定供应商，再由其职员 F 负责编制和发出预先连续编号的订购单。订购单一式四联，经被授权的采购人员签字后，分别送交供应商、负责验收的部门、提交请购单的部门和负责采购业务结算的应付凭单部门。

（3）验收部门根据订购单上的要求对所采购的材料进行验收，完成验收后，将原材料交由仓库人员存入库房，并编制预先连续编号的验收单交仓库人员签字确认。验收单一式三联，其中两联分送应付凭单部门和仓库，一联留存验收部门。

（4）应付凭单部门核对供应商发票、验收单和订购单，并编制预先连续编号的付款凭单。在付款凭单经被授权人员批准后，应付凭单部门将付款凭单连同供应商发票及时送交会计部门，并将未付款凭单副联保存在未付款凭单档案中。会计部门收到附供应商发票的付款凭单后即应及时编制有关的记账凭证，并登记原材料和应付账款账簿。

（5）公司每半年对全部存货盘点一次，编制盘点表。会计部门与仓库在核对结存数量后，向管理层报告差异情况及形成原因，并在经批准后进行相应处理。

要求：

针对资料中事项（1）至（5），假定不考虑其他条件，请逐项判断 B 公司上述已经存在的内部控制程序在设计上是否存在缺陷。如果存在缺陷，请分别予以指出，并简要说明理由，提出改进建议。

3. XYZ 公司委托 ABC 会计师事务所审计

该公司2019年度财务报报表。以下是审计项目组的工作底稿中与负债审计相关的部分内容：

（1）XYZ公司各部门使用的请购单未连续编号，部门经理负责请购单的批准但是超过一定金额还需总经理批准。审计项目组成员甲认为该项控制设计有效，实施了控制测试，结果满意。

（2）审计项目组成员甲检查了资产负债表日后应付账款明细账贷方发生额的相关凭证，以此来查找未入账的应付账款，并结合存货监盘程序检查了XYZ公司资产负债表日前后的存货入库资料，结果满意。

（3）XYZ公司实际发生的产品质量保证支出由于2019年人员工资和维修材料价格持续上涨与以前年度的预计数相差较大。审计项目组成员甲要求管理层就该差异进行追溯调整。

（4）XYZ公司有一笔账龄3年以上、金额重大的其他应付款，因2019年度未发生变动，审计项目组成员甲未实施进一步审计程序。

要求：

针对上述事项（1）至（4），逐项指出审计人员的做法是否恰当。如不恰当，简要说明理由。

答案及解析

一、单项选择题

1. 【答案】B

【解析】一般费用的实质性分析程序：(1）考虑可获取信息的来源、可比性、性质和相关性以及与信息编制和关的控制，评价在对记录的金额或比率作出预期时使用数据的可靠性；（2）将费用细化到适当层次，根据关键因素和相互关系（例如，本期预算、费用类别与销售数量、职工人数的变化之间的关系等）设定预期值，评价预期值是否足够精确以识别重大错报；（3）确定已记录金额与预期值之间可接受的、无须作进一步调查的可接受的差异额；（4）将已记录金额与期望值进行比较，识别需要进一步调查的差异；（5）调查差异，询问管理层，针对管理层的答复获取适当的审计证据；根据具体情况在必要时实施其他审计程序。

2. 【答案】A

【解析】函证应付账款，获取适当的供应商相关清单，例如，本期采购量清单、所有现存供应商名单或应付账款明细账。询问该清单是否完整并考虑该清单是否应包括预期负债等附加项目。

3. 【答案】B

【解析】本题的考点为固定资产实质性程序。查找已提前报废但尚未作出会计处理的固定资产时，主要是检查固定资产的真实存在性，从账入手，测试丙公司是否需列资产。因此以检查固定资产明细账为起点，检查固定资产实物和投保情况。

4. 【答案】C

【解析】本题的考点为固定资产实质性程序。根据企业会计准则的规定，当所购建的固定资产达到预定可使用状态时，应当停止其借款费用的资本化；以后发生的借款费用应当于发生当期确认为费用。

5. 【答案】B

【解析】营业收入、应收账款均不与应付账款存在直接联系账款无关；企业的绝大部分应付账款源自采购，而验收是采购的关键环节，由验收单到应付账款的正向追查是应付账款完整性相关错报的主要程序；营业成本的计算并不直接涉及应付账款。

6. 【答案】C

【解析】为了证实被审计单位应付账款期末余额的真实性，审计人员应实施的审计程序抽查应付账款明细账并追查至相关的原始凭证。

7. 【答案】D

【解析】检查长期挂账的应付账款的相关原始凭证，属于“由账到证”的逆查，主要与应付账款的存在认定直接相关。

8. 【答案】D

【解析】在被审计单位因重复付款、付款后退货及预付货款等原因，导致应付账款借方余额过大时，注册会计师应考虑是否有重分类误差，在工作底稿中编制重新分类的会计分录，以便将这些借方余额在资产负债表中列为资产。

9. 【答案】B

【解析】题目所述错误的特点是“一张发运凭证、多笔销售收入”，选项B抓住了这个特点。从证到账或从账到证的追查均难以发现这种错误。

10.【答案】D

【解析】凡以应付账款明细账为起点的程序（选项A、C）都难以发现未入账的应付账款；选项B与应付账款无关；选项D有助于发现供应商对账单有记载但应付账款明细账无记载的采购业务，以证实应付账款完整性认定的错报。

11.【答案】D

【解析】请购单可以由仓库负责填写，也可以由其他部门填写，所以选项A错误；大多数企业对正常经营所需物资的购买均作一般授权，所以选项B错误；对于资本支出和租赁合同，企业通常要求作特别授权，只允许指定人员提出请购，所以选项C错误；由于企业内不少部门都可以填列请购单，可能不便事先编号，为加强控制，每张请购单必须经过对这类支出预算负责的主管人员签字批准，所以选项D正确。

12.【答案】C

【解析】选项A与分类认定相关，选项B与存在认定相关，选项D与完整性认定相关。

13.【答案】A

【解析】采购与付款循环的职责分工：(1) 提出采购申请与批准采购申请相互独立；(2) 批准请购与采购部门相互独立；(3) 采购审批，合同签订与合同审批相互独立；(4) 货物验收部门与财会部门相互独立；(5) 应付款项记账员不能接触现金、有价证券和其他资产；(6) 内部检查与有关部门相互独立。

14.【答案】A

【解析】基于高估利润、粉饰财务状况的动机，通常低估负债、低估费用的重大错报风险更高。

15.【答案】A

【解析】由于企业内不少部门都可以填列请购单，可能不便事先编号，为加强控制，每张请购单必须经过对这类支出预算负责的主管人员签字批准。

16.【答案】D

【解析】对订货单、验收单等原始凭证进行连续编号是保证完整性认定的重要控制程序。

17.【答案】D

【解析】已到期的应付款项须经有关授权人员审批后方可办理结算与支付，但不能由一个人既负责审批，又负责支付款项。

18.【答案】D

【解析】选项A应对的是应付账款的准确性、计价与分摊；选项B、C应对的是应付账款的存在。

二、多项选择题

1.【答案】AC

【解析】本题的考点为查找未入账的应付账款。选项B项错误在于本期，应为抽查被审计单位资产负债表日后应付账款明细账贷方发生额，核对相应的购货发票和验收单据，确认其入账时间是否正确；选项D中注册会计师应检查被审计单位资产负债表日后应付账款明细账贷方发生额的相应凭证，确认其入账时间是否正确。

2.【答案】ACD

【解析】本题的考点为以风险为起点的控制测试。

3.【答案】AB

【解析】本题的考点为以风险为起点的控制测试。正确答案为选项A、B，因为这会对采购与付款、应付账款带来影响，也会影响对差错和例外事项的处理过程和结果。

4.【答案】ABCD

【解析】四个选项都有助于发现被审计单位2017年末未入账应付账款。

5.【答案】BCD

【解析】一般费用的审计目标一般包括：确定利润表中记录的一般费用是否确认发生（发生认定）；确定所有应当记录的费用是否均已记录（完整性认定）；确定一般费用是否以恰当的金额包括在财务报表中（准确性认定）；确定费用是否已计入恰当的会计期间（截止认定）。

6.【答案】AD

【解析】针对被审计单位临近会计期末的采购未被记录在正确的会计期间可能发生的错报，自动化信息处理下的内部控制：系统每月末生成包含所有已收货但相关发票未录入系统货物信息的例外报告。人工处理下的内部控制：复核人复核该例外报告中的项目，确定采购是否被记录在正确的期间以及负债计提是否有效。当复核完成且复核人提出的问题/要求的修改已经得到满意的解决后，签署确认复核已经完成。

针对被审计单位采购订单与有效的请购单不符可能发生的错报，人工处理下的内部控制：复核人复核并批准每一个采购订单，包括复核采购订单是否有经适当权限人员签署的请购单支持。复核人也确认采购订单的价格与供应商协商一致且该供应商已通过审批。当复核完成且复核人提出的问题/要求的修改已经得到满意的解决后，签署确认复核完成。

7. 【答案】ABD

【解析】测试主要针对三方面：（1）记账凭证是否附有三单；（2）三单是否核对一致；（3）编制人是否签字确认。选项 A、B、D 都只是涉及其中的某个方面，是不完整的，所以抽取若干记账凭证及附件，检查核对原材料订购单、供应商发票和入库单，并检查是否经财务人员签字，选项 C 最恰当。

8. 【答案】ABCD

【解析】四个选项都正确。

9. 【答案】ACD

【解析】对验收单进行连续编号与应付账款的完整性认定最相关而非存在认定。

10. 【答案】ACD

【解析】以应付账款明细账为起点追查至相关原始凭证属于逆差，用于检查应付账款的存在认定。

三、简答题

1. 【答案】

（1）事项（1）中内部控制存在设计缺陷。在办理付款业务前，还应当对订购单、验收单进行审核。表明相关内部控制设计存在缺陷。X 公司没有规定对订购单、验收单进行审核，可能导致货币资金项目违反完整性认定。

事项（2）表明相关内部控制未能有效执行。企业接收了不符合质量要求原材料，可能导致存货项目违反计价和分摊认定。

事项（3）表明固定资产授权批准制度未能得以有效执行。董事长自用自批，不相容职务未能有效分离，可能导致固定资产项目违反存在认定。

（2）事项（4）存在不当之处。X 公司因已接收并使用所购原材料，应于 9 月按采购交易进行账务处理。该项错报导致应付账款违反完整性认定。

事项（5）存在不当之处，对于带有现金折扣的应付账款，应按购货发票的金额入账，待实际取得现金折扣时，再冲减财务费用。X 公司直接按折扣后金额入账，不符合会计制度。该项错报导致应付账款违反了计价和分摊认定。

（3）事项（6）中选取的供应商不适当。为发现完整性认定的错报，还应选择那些金额不大、甚至金额为零但往来频繁的供应商作为函证对象。

2. 【答案】

事项序号	指出内部控制设计存在的缺陷	理由	建议
（1）	没有缺陷	—	—
（2）	由采购部的职员 E 进行询价并确定供应商	询价与确定供应商是不相容的岗位	询价与确定供应商应该由不同岗位的人员来实施
（3）	没有缺陷	—	—
（4）	会计部门根据只附供应商发票的付款凭单进行账务处理	如果会计部门仅根据付款凭单和供应商发票记录存货和应付账款，而不需同时核对验收单和订购单，会计部门将无法核查材料采购的真实性，从而可能记录错误的存货数量和金额	如果会计部门仅根据付款凭单和供应商发票记录存货和应付账款，而不需同时核对验收单和订购单，会计部门将无法核查材料采购的真实性，从而可能记录错误的存货数量和金额
（5）	没有缺陷	—	—

3.【答案】

事项（1）恰当。

事项（2）不恰当。还应检查资产负债表日后货币资金的付款项目或者获取甲公司与供应商之间的对账单并与财务记录进行核对调节等。

事项（3）不恰当。资产负债表日后价格的变化并不表明前期会计估计存在差错。

事项（4）不恰当。审计人员没有对重大账户余额实施实质性程序。

第十一章　生产与存货循环的审计

本章考情分析

本章是财务报表审计实务中的重要内容。考生主要掌握生产与存货循环的内部控制和控制测试；生产与存货循环重大错报风险的评估；存货监盘，存货计价测试等相关内容。本章内容均属于第三能力等级内容。近年本章试题占6分，题型会涉及简答题和综合题。

要求考生：

1. 理解生产与存货循环重要单、证、账和业务活动。

2. 理解生产与存货循环的内部控制和控制测试。

3. 理解生产与存货循环重大错报风险的评估。

4. 掌握存货监盘。

5. 掌握存货计价测试。

本章教材变化

本章内容无变化。

基本内容框架

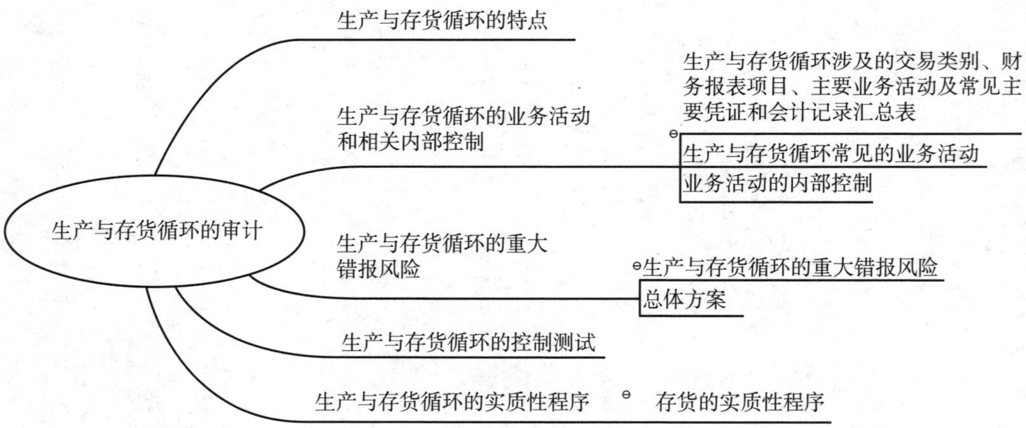

通关重难点例题解析

第一节　生产与存货循环的特点（第三能力等级）

涉及的主要会计凭证和记录	单、证、账
1. 原始凭证	生产指令、领发料凭证、产量和工时记录、工薪汇总表和工薪费用分配表、材料费用分配表、制造费用分配汇总表、成本计算单、产成品入库单和出库单、存货盘点指令、盘点表及盘点标签、存货货龄分析表
2. 记账凭证	转账凭证、付款凭证
3. 账	存货明细账

第二节　生产与存货循环的业务活动和相关内部控制

一、采购与付款循环涉及的交易类别、财务报表项目、主要业务活动及常见主要凭证和会计记录汇总表（第三能力等级）

详见教材表10－2。

二、生产与存货循环常见的业务活动（第三能力等级）

业务活动	具体内容
1. 计划和安排生产	生产通知单
2. 发出原材料	领料单
3. 生产产品	
4. 核算产品成本	成本计算单
5. 产成品入库及存货保管	入库单
6. 发出产成品	出库单
7. 存货盘点	编制盘点指令，安排适当人员对存货实物（包括原材料、在产品和产成品等所有存货类别）进行定期盘点，将盘点结果与存货账面数量进行核对，调查差异并进行适当调整
8. 计提存货跌价准备	财务部门根据存货货龄分析表信息及相关部门提供的有关存货状况的信息，结合存货盘点过程中对存货状况的检查结果，对出现损毁、滞销、跌价等降低存货价值的情况进行分析计算，计提存货跌价准备

三、业务活动的内部控制（第三能力等级）

业务活动	内部控制
1. 计划和安排生产	根据经审批的月度生产计划书，由生产计划经理签发预先按顺序编号的生产通知单。
2. 发出原材料	（1）领料单应当经生产主管批准，仓库管理员凭经批准的领料单发料；领料单一式三联，分别作为生产部门存根联、仓库联和财务联。 （2）仓库管理员应把领料单编号、领用数量、规格等信息输入计算机系统，经仓储经理复核并以电子签名方式确认后，系统自动更新材料明细台账
3. 生产产品和核算产品成本	（1）生产成本记账员应根据原材料领料单财务联，编制原材料领用日报表，与计算机系统自动生成的生产记录日报表核对材料耗用和流转信息；由会计主管审核无误后，生成记账凭证并过账至生产成本及原材料明细账和总分类账。 （2）生产部门记录生产各环节所耗用工时数，包括人工工时数和机器工时数，并将工时信息输入生产记录日报表。 （3）每月末，由生产车间与仓库核对原材料和产成品的转出和转入记录，如有差异，仓库管理员应编制差异分析报告，经仓储经理和生产经理签字确认后交会计部门进行调整。 （4）每月末，由计算机系统对生产成本中各项组成部分进行归集，按照预设的分摊公式和方法，自动将当月发生的生产成本在完工产品和在产品之间按比例分配；同时，将完工产品成本在各不同产品类别之间分配，由此生成产品成本计算表和生产成本分配表；由生产成本记账员编制成生产成本结转凭证，经会计主管审核批准后进行账务处理
4. 产成品入库时和储存	（1）产成品入库时，质量检验员应检查并签发预先按顺序编号的产成品验收单，由生产小组将产成品送交仓库，仓库管理员应检查产成品验收单，并清点产成品数量，填写预先顺序编号的产成品入库单经质检经理、生产经理和仓储经理签字确认后，由仓库管理员将产成品入库单信息输入计算机系统，计算机系统自动更新产成品明细台账并与采购订购单编号核对。 （2）存货存放在安全的环境（如上锁、使用监控设备）中，只有经过授权的工作人员可以接触及处理存货

续表

业务活动	内部控制
5. 发出产成品	(1) 产成品出库时，由仓库管理员填写预先顺序编号的出库单，并将产成品出库单信息输入计算机系统，经仓储经理复核并以电子签名方式确认后，计算机系统自动更新产成品明细台账并与发运通知单编号核对； (2) 产成品装运发出前，由运输经理独立检查出库单、销售订购单和发运通知单，确定从仓库提取的商品附有经批准的销售订购单，并且所提取商品的内容要与销售订购单一致； (3) 每月末，生产成本记账员根据计算机系统内状态为"已处理"的订购单数量，编制销售成本结转凭证，结转相应的销售成本，经会计主管审核批准后进行账务处理
6. 盘点存货	(1) 生产部门和仓储部门在盘点日前对所有存货进行清理和归整，便于盘点顺利进行； (2) 每一组盘点人员中应包括仓储部门以外的其他部门人员，即不能由负责保管存货的人员单独负责盘点存货；安排不同的工作人员分别负责初盘和复盘； (3) 盘点表和盘点标签事先连续编号，发放给盘点人员时登记领用人员；盘点结束后回收并清点所有已使用和未使用的盘点表和盘点标签； (4) 为防止存货被遗漏或重复盘点，所有盘点过的存货应贴上盘点标签，注明存货品名、数量和盘点人员，完成盘点前检查现场确认所有存货均已贴上盘点标签； (5) 将不属于本单位的代其他方保管的存货单独堆放并作标识；将盘点期间需要领用的原材料或出库的产成品分开堆放并作标识； (6) 汇总盘点结果，与存货账面数量进行比较，调查分析差异原因，并对认定的盘盈和盘亏提出账务调整，经仓储经理、生产经理、财务经理和总经理复核批准后入账
7. 计提存货跌价准备	(1) 定期编制存货货龄分析表，管理人员复核该分析表，确定是否有必要对滞销存货计提存货跌价准备，并计算存货可变现净值，据此计提存货跌价准备； (2) 生产部门和仓储部门每月上报残冷背次存货明细，采购部门和销售部门每月上报原材料和产成品最新价格信息，财务部门据此分析存货跌价风险并计提跌价准备，由财务经理和总经理复核批准并入账

第三节 生产与存货循环的重大错报风险

一、生产与存货循环的重大错报风险（第三能力等级）

重大错报风险	认定
1. 存货实物可能不存在	存在
2. 属于被审计单位的存货可能未在账面反映	完整性
3. 存货的所有权可能不属于被审计单位	权利和义务
4. 存货的单位成本可能存在计算错误	准确性、计价和分摊
5. 存货的账面价值可能无法实现，即跌价损失准备的计提可能不充分	准确性、计价和分摊

二、总体方案（第三能力等级）

第四节 生产与存货循环的控制测试

关注教材表11－4生产与存货循环的控制测试。

【例题1·简答题】

W公司主要从事小型电子消费品的生产和销售，产品销售以W公司仓库为交货地点。W公司日常交易采用自动化信息系统（以下简称系统）和手工控制相结合的方式。B注册会计师负责审计W公司2017年度财务报告。

资料一：B注册会计师在审计工作底稿中记录了所了解的有关销售与收款循环。生产与存货循环的控制，部分内容摘录如下：

(1) 销售部门在批准经销商的订货单后编制发货通知单交仓库和会计部门。仓库根据发货通知单备货，在货物装运后编制出库单交销售部门。会计部门和运输部门。会计部门根据发货通知单和出库单在系统中手工录入相关信息并开具销售发票，系统自动生成确认主营业务收入的会计分录并过入相应的账簿。销售部门每月末与仓库核对发货通知单和出库单，并将核对结果交销售部经理审阅。

(2) 系统每月末根据汇总的产成品销售数量及各产成品的加权平均单位成本自动计算主营业务成本，自动生成结转主营业务成本的会计分录并过入相应的账簿。

(3) 会计部门每月末编制存货的结存成本及可变现净值汇总表，将结存成本低于可变现净值的部分确认为存货跌价准备。

资料二：B注册会计师对销售与收款循环，生产与存货循环的控制实施测试，并在审计工作底稿中记录了测试情况，部分内容摘录如下：

(1) 从W公司主营业务收入明细账中选取2017年12月的1笔交易，注意到相应记账凭证只附有若干销售发票记账联。财务人员解释，在审核出库单并据以开具销售发票后，已在销售发票的记账联上注明出库单号，并将连续编号的出库单另外装订存档。审计人员选取了1张注有2个出库单号的销售发票记账联，在出库单存档记录里找到了相应的出库单。出库单日期分别为12月14日和12月16日，销售发票日期为12月16日。

(2) 在抽样追踪2017年11月10个主要产品的主营业务成本在系统中的结转过程时，注意到有2笔主营业务成本的金额存在手工录入修改痕迹。财务人员解释，由于新系统的相关数据模块运行不够稳定，部分产成品的加权平均单位成本的运算结果有时存在误差，因此采用手工录入方式予以修正，并且只有财务经理有权在系统中录入修正数据。审计人员检查了相关样本的手工修正后产成品加权平均单位成本，没有发现差异。

(3) 检查了2016年9月末产成品成本及可变现净值汇总表，发现其中的产成品成本数据与2016年9月末产成品成本账面余额稍有差异。财务人员解释，该差异是在编制完成9月末产成品成本及可变现净值汇总表后，根据仓库上报的第3季度末盘点结果调整部分产成品账面余额所致。

要求：

(1) 针对资料一事项(1)至(3)，假定不考虑其他条件，逐项判断上述控制在设计上是否存在缺陷。如果存在缺陷，分别予以指出，并简要说明理由，提出改进建议。

(2) 针对资料二事项(1)至(3)，假定不考虑其他条件以及资料一中可能存在的控制设计缺陷，逐项指出上述测试结果是否表明相关内部控制得到有效执行。如果表明相关内部控制未能得到有效执行，简要说明理由。

【答案】

(1)

事项序号	是否存在缺陷（是/否）	缺陷描述	理由	改进建议
(1)	是	会计部门未参与销售部门每月末与仓库核对发货通知单和出库单的流程	由于会计部门没有参与，可能难以发现没有及时入账的已经发货的交易	建议销售部门每月末与仓库、会计部门核对发货通知单、出库单和销售发票，核对结果应一并交会计部门处理
(2)	否	—	—	—
(3)	是	①会计部门每月编制的存货结存成本及可变现净值汇总表没有经过适当的审批； ②将结存成本低于可变现净值的部分确认为存货跌价准备不恰当	①会计部门每月编制的存货结存成本及可变现净值汇总表应该经过会计主管的审批； ②根据企业会计准则的规定，企业应该根据存货高于可变现净值的部分计提存货跌价准备	①建议将每月编制的存货结存成本及可变现净值汇总表经过会计主管的审批； ②建议根据结存存货成本高于可变现净值的部分计提存货跌价准备

(2)

事项序号	是否得到有效执行（是/否）	理由
(1)	是	—
(2)	否	自动控制的系统模块存在缺陷，需要手工调整的介入财务经理有关权限直接输入，产生直接篡改数据而凌驾于账户记录控制之上的风险
(3)	否	应该根据存货调整后最终结存的成本和可变现净值汇总表比较，而不是9月末未经盘点结果调整的产成品的成本和可变现净值的汇总表比较。编制月末产成品成本及可变现净值汇总表所采用的数据与产成品账面余额不一致，说明控制失效

【解析】本题的考点为销售与收款业务循环重要单、证、账和业务活动；销售交易的内部控制测试；生产与存货循环重要单、证、账和业务活动；生产与存货循环的内部控制测试。

第五节 生产与存货循环的实质性程序（第三能力等级）

（一）存货的审计目标

审计目标	认定
1. 账面存货余额对应的实物是否真实存在	存在
2. 属于被审计单位的存货是否均已入账	完整性
3. 存货是否属于被审计单位	权利和义务
4. 存货单位成本的计量是否准确	计价和分摊
5. 存货的账面价值是否可以实现	计价和分摊

（二）存货的一般审计程序

（三）存货监盘

其一：存货监盘的作用。

其二：存货监盘计划。

要求	具体内容
1. 制定存货监盘计划的基本要求	在评价被审计单位管理制定的存货盘点程序的基础上，编制存货监盘计划，对存货监盘作出合理安排
2. 制定存货监盘计划应考虑的相关事项	（1）与存货相关的重大错报风险。 【提示】影响重大错报风险的因素： 存货的数量和种类、成本归集的难易程度，陈旧过时的速度或易损坏程度、遭受失窃的难易程度。 （2）与存货相关的内部控制的性质。 【提示】了解被审计单位与存货实地盘点相关的内部控制。 （3）对存货盘点是否制定了适当的程序，并下达了正确的指令。 【提示】在复核或与管理层讨论其存货盘点程序时，注册会计师应当考虑下列主要因素，以评价其能否合理地确定存货的数量和状况： ①盘点的时间安排； ②存货盘点范围和场所的确定； ③盘点人员的分工及胜任能力； ④盘点前的会议及任务布置； ⑤存货的整理和排列，对毁损、陈旧、过时、残次及所有权不属于被审计单位的存货的区分； ⑥存货的计量工具和计量方法； ⑦在产品完工程度的确定方法； ⑧存放在外单位的存货的盘点安排； ⑨存货收发截止的控制； ⑩盘点期间存货移动的控制； ⑪盘点表单的设计、使用与控制； ⑫盘点结果的汇总以及盘盈或盘亏的分析、调查与处理。 （4）存货盘点的时间安排。 【提示】如果存货盘点在财务报表日以外的其他日期进行，注册会计师除实施存货监盘相关审计程序外，还应当实施其他审计程序，以获取审计证据，确定存货盘点日与财务报表日之间的存货变动是否已得到恰当的记录。 （5）被审计单位是否一贯采用永续盘存制。 【提示】如果被审计单位通过实地盘存制确定存货数量，则注册会计师要参加此种盘点；如果被审计单位采用永续盘存制，注册会计师应在年度中一次或多次参加盘点。 （6）存货的存放地点，以确定适当的监盘地点。 【提示】如果被审计单位的存货存在多个地点，注册会计师可以要求被审计单位提供一份完整的存货存放地点清单（包括期末库存量为零的仓库、租赁的仓库，以及第三方代被审计单位保管存货的仓库等），并考虑其完整性。

续表

要求	具体内容
2. 制定存货监盘计划应考虑的相关事项	审计程序： ①询问被审计单位除管理层和财务部门以外的其他人员，如营销人员、仓库人员等，以了解有关存货存放地点的情况； ②比较被审计单位不同时期的存货存放地点清单，关注仓库变动情况，以确定是否存在因仓库变动而未将存货纳入盘点范围的情况发生； ③检查被审计单位存货的出、入库单，关注是否存在被审计单位尚未告知注册会计师的仓库（如期末库存量为零的仓库）； ④检查费用支出明细账和租赁合同，关注被审计单位是否租赁仓库并支付租金，如果有，该仓库是否已包括在被审计单位提供的仓库清单中； ⑤检查被审计单位“固定资产——房屋建筑物”明细清单，了解被审计单位可用于存放存货的房屋建筑物。 (7) 是否需要专家协助
3. 存货监盘计划	(1) 存货监盘的目标、范围及时间安排。 【提示】①存货监盘的目标——获取被审计单位资产负债表日有关存货数量和状况以及有关管理层存货盘点程序可靠性的审计证据，检查存货的数量是否真实完整，是否归属被审计单位，存货有无毁损、陈旧、过时、残次和短缺等状况。 ②存货监盘范围的大小——取决于存货的内容、性质以及与存货相关的内部控制的完善程度和重大错报风险的评估结果。 ③存货监盘的时间——实地察看盘点现场的时间、观察存货盘点的时间和对已盘点存货实施检查的时间等，应当与被审计单位实施存货盘点的时间相协调。 (2) 存货监盘的要点及关注事项。 【提示】关注盘点期间的存货移动、存货的状况、存货的截止确认、存货的各个存放地点及金额等。 (3) 参加存货监盘人员的分工。 (4) 检查存货的范围

【例题2·简答题】

B注册会计师接受委托，对常年审计客户丙公司2017年度财务报表进行审计。丙公司为玻璃制造企业，存货主要有玻璃、煤炭和烧碱，其中少量玻璃存在于外地公用仓库。另有丁公司部分水泥存放于丙公司的仓库。丙公司拟于2017年12月29日至12月31日盘点存货，以下是B注册会计师撰写的存货监盘计划的部分内容：

存货监盘计划

一、存货监盘的目标

检查丙公司2017年12月31日存货数量是否真实完整。

二、存货监盘范围

2017年12月31日库存的所有存货，包括玻璃、煤炭、烧碱和水泥。

三、监盘时间

存货的观察与检查时间均为2017年12月31日。

四、存货监盘的主要程序

1. 与管理层讨论存货监盘计划。

2. 观察丙公司盘点人员是否按照盘点计划盘点。

3. 检查相关凭证以证实盘点截止日前所有已确认为销售但尚未装运出库的存货均已纳入盘点范围。

4. 对于存放于外地的存货，主要实施检查货运文件、出库记录等替代程序。

……

要求：

(1) 请指出存货监盘计划中的目标、范围和时间存在的错误，并简要说明理由。

(2) 请判断存货监盘计划中列示的主要程序是否恰当，若不恰当，请予以修改。

【答案】

(1) 其有三处错误：

错误一：存货监盘目标错误，存货监盘的目标不恰当。监盘目标应为获取被审计单位资产负债表日有关存货数量和状况，以及有关管理层存货盘点程序可靠性的审计证据，检查存货的数量是否真实完整，是否归属被审计单位，存货有无毁损、陈旧、过时、残次和短缺等状况。

错误二：存货监盘范围错误。丁公司水泥的所有权不属于丙公司，不应纳入监盘范围。

错误三：存货监盘时间错误，存货的观察与检查时间应与盘点时间相协调，应为2017年12月29日至12月31日。

（2）程序1不恰当。修改为：注册会计师一般需要复核或与管理层讨论其存货盘点程序。

程序2恰当。

程序3不恰当。修改为：检查相关凭证以证实盘点截止日前所有已确认为销售但尚未装运出库的存货均未纳入盘点范围。

程序4不恰当。修改为：对于存放在外地公用仓库的玻璃，应实施函证或利用其他注册会计师工作等替代程序。

其三：存货监盘程序。

要求	具体内容
1. 评价管理层用以记录和控制存货盘点结果的指令和程序	（1）注册会计师需要考虑这些指令和程序是否包括下列方面： ①适当控制活动的运用； ②准确认定在产品的完工程度，流动缓慢（呆滞）、过时或毁损的存货项目，以及第三方拥有的存货（如寄存货物）； ③在适用的情况下用于估计存货数量的方法，如可能需要估计煤堆的重量； ④对存货在不同存放地点之间的移动以及截止日前后期间入库的控制。 （2）盘点过程中停止生产并关闭存货存放地点。 【提示】①如果被审计单位在盘点过程中无法停止生产，可以考虑在仓库内划分出独立的过渡区域，将预计将在盘点期间领用的存货移至过渡区域、对盘点期间办理入库手续的存货暂时存放在过渡区域，以此确保相关存货只被盘点一次。 ②在实施存货监盘程序时，注册会计师需要观察被审计单位有关存货移动的控制程序是否得到执行。 ③向管理层索取盘点期间存货移动相关的书面记录以及出、入库资料作为执行截止测试的资料，以为监盘结束的后续工作提供证据
2. 观察管理层制定的盘点程序的执行情况	（1）关注存货移动。 【提示】如果在盘点过程中被审计单位的生产经营仍将持续进行，注册会计师应通过实施必要的检查程序，确定被审计单位是否已经对此设置了相应的控制程序，确保在适当的期间内对存货作出了准确记录。 （2）关注存货截止测试。 【提示】 ①所有在盘点日以前入库的存货项目是否均已包括在盘点范围内； ②所有已确认为销售但尚未装运出库的商品是否均未包括在盘点范围内； ③在途存货和被审计单位直接向顾客发运的存货是否均已得到了适当的会计处理。 ④观察存货的验收入库地点和装运出入库地点以执行截止测试
3. 检查存货	确定存货的存在，以及识别过时，毁损或陈旧的存货
4. 执行抽盘	（1）注册会计师应当从存货盘点记录中选取项目追查至存货实物——测试盘点记录的准确性； （2）注册会计师还应当从存货实物中选取项目追查至存货盘点记录——测试存货盘点记录的完整性。 （3）注册会计师应尽可能避免让被审计单位事先了解将抽盘的存货项目。 （4）注册会计师在实施抽盘程序时发现差异： ①应当查明原因，并及时提请被审计单位更正； ②应当考虑错误的潜在范围和重大程度，在可能的情况下，扩大检查范围以减少错误的发生； ③要求被审计单位重新盘点

续表

要求	具体内容
5. 需要特别关注的情况	(1) 存货盘点范围——防止遗漏或重复盘点，考虑所有权。 (2) 特殊类型存货的监盘。 关注教材表 11－5 特殊类型存货的监盘程序
6. 存货盘点结束时的工作	(1) 再次观察盘点现场，以确定所有应纳入盘点范围的存货是否均已盘点。 (2) 取得并检查已填用、作废及未使用盘点表单的号码记录，确定其是否连续编号，查明已发放的表单是否均已收回，并与存货盘点的汇总记录进行核对。 【提示】如果存货盘点日不是资产负债表日，注册会计师应当实施适当的审计程序，确定盘点日与资产负债表日之间存货的变动是否已得到恰当的记录。 (3) 实施程序。 ①比较盘点日和财务报表日之间的存货信息以识别异常项目，并对其执行适当的审计程序（例如实地查看等）； ②对存货周转率或存货销售周转天数等实施实质性分析程序； ③对盘点日至财务报表日之间的存货采购和存货销售分别实施双向检查； ④测试存货销售和采购在盘点日和财务报表日的截止是否正确

其四：特殊情况的处理。

要求	具体内容
1. 在存货监盘现场实施存货监盘不可行——由存货性质和存放地点等因素造成	替代审计程序： 检查盘点日后出售盘点日之前取得或购买的特定存货的文件记录，以获取有关存货的存在和状况的充分适当的审计证据
2. 因不可预见的情况导致无法在存货盘点现场实施监盘	典型情况： ①注册会计师无法亲临现场，即由于不可抗力导致其无法到达存货存放地实施存货监盘； ②气候因素，即由于恶劣的天气导致注册会计师无法实施存货监盘程序，或由于恶劣的天气无法观察存货，如木材被积雪覆盖。如果由于不可预见的情况无法在存货盘点现场实施监盘，注册会计师应当另择日期实施监盘，并对间隔期内发生的交易实施审计程序
3. 由第三方保管或控制的存货	(1) 审计程序： ①向持有被审计单位存货的第三方函证存货的数量和状况； ②实施检查或其他适合具体情况的审计程序。 (2) 其他审计程序的示例： ①实施或安排其他注册会计师实施对第三方的存货监盘（如可行）； ②获取其他注册会计师或服务机构注册会计师针对用以保证存货得到恰当盘点和保管的内部控制的适当性而出具的报告； ③检查与第三方持有的存货相关的文件记录，如仓储单； ④当存货被作为抵押品时，要求其他机构或人员进行确认

【例题3·单选题】（2015年试题）

下列有关存货监盘的说法中，正确的是（　　）。

A. 注册会计师主要用采取观察程序实施存货监盘

B. 注册会计师在实施存货监盘过程中不应协助被审计单位的盘点工作

C. 注册会计师实施存货监盘通常可以确定存货的所有权

D. 由于不可预见的情况而导致无法在预定日期实施存货监盘，注册会计师可以实施替代审计程序

【答案】B

【解析】选项A，存货监盘程序不只观察程序一种；选项D，如果由于不可预见的情况无法在存货盘点现场实施监盘，注册会计

师应当另择日期实施监盘，并对间隔期内发生的交易实施审计程序；选项C，存货监盘主要验证存货的存在认定和完整性认定，存货监盘本身并不足以提供注册会计师确定存货的所有权，注册会计师可能需要执行其他实质性审计程序以应对所有权认定的相关风险。

【例题4·简答题】（2016年试题）

ABC会计师事务所的A注册会计师负责审计甲公司等多家被审计单位2015年度财务报表。与存货审计相关的事项如下：

（1）在对甲公司存货实施监盘时，A注册会计师在存货盘点现场评价了管理层用以记录和控制存货盘点结果的程序，认为其设计有效。A注册会计师在检查存货并执行抽盘后结束了现场工作。

（2）因乙公司存货品种和数量均较少，A注册会计师仅将监盘程序用作实质性程序。

（3）丙公司2015年末已入库未收到发票而暂估的存货金额占存货总额的30%。A注册会计师对存货实施了监盘，测试了采购和销售交易的截止，均未发现差错，据此认为暂估的存货记录准确。

（4）丁公司管理层未将以前年度已全额计提跌价准备的存货纳入本年末盘点范围。A注册会计师检查了以前年度的审计工作底稿，认可了管理层的做法。

（5）乙公司管理层规定，由生产部门人员对全部存货进行盘点，再由财务部门人员抽取50%进行复盘。A注册会计师对复盘项目执行抽盘，未发现差异，据此认可了管理层的盘点结果。

要求：

针对上述第（1）至（5）项，逐项指出A注册会计师的做法是否恰当。如不恰当，简要说明理由。

【答案】

事项（1）不恰当。在实施存货监盘程序时，A注册会计师应当观察管理层制定的盘点程序的执行情况。

事项（2）恰当。

事项（3）不恰当。A注册会计师应当检查暂估存货的单价。A注册会计师应该检查采购合同核查金额，以确定存货金额记录的正确。

事项（4）不恰当。存货监盘是检查存货的存在，已全额计提跌价的存货价值虽然为零，但数量仍存在，仍需对存货是否存在实施监盘。

事项（5）不恰当。抽盘的总体不完整。

（四）存货计价测试

1. 存货单位成本测试。

2. 存货跌价损失准备的测试。

（1）识别需要计提跌价损失准备的存货项目。

①注册会计师可以通过询问管理层和相关部门（生产、仓储、财务、销售等）员工，了解被审计单位如何收集有关滞销、过时、陈旧、毁损、残次存货的信息并为之计提必要的跌价损失准备。

②被审计单位编制存货货龄分析表，则可以通过审阅分析表识别滞销或陈旧的存货。

③注册会计师还要结合存货监盘过程中检查存货状况而获取的信息，以判断被审计单位的存货跌价损失准备计算表是否有遗漏。

（2）检查可变现净值的计提是否合理。

考虑：成本与可变现净值孰低。

【例题5·简答题】（2018年试题）

ABC会计师事务所的A注册会计师负责审计多家被审计单位2017年度财务报表。与存货审计相关的部分事项如下：

（1）甲公司为制造型企业，存货产销量大但年末余额不重大，因此，A注册会计师未了解与生产和存货循环相关的业务流程，直接实施了细节测试。

（2）乙公司2017年末持有的在途存货于2018年1月4日验收入库，管理层在2018年1月5日实施盘点时将这些存货纳入了盘点范围，A注册会计师在实施监盘的基础上，检查了这些存货的验收入库单据等，结果满意。

（3）A注册会计师于2017年12月31日在丙公司存货盘点现场实施监盘，于次日取得所有盘点标签，检查了是否连续编号，并将存货盘点汇总表与盘点标签进行了核对，结果满意。

（4）A注册会计师评价认为丁公司管理层有关存货盘点的指令和程序设计合理，因此在监盘中缩小了抽盘范围。

（5）A注册会计师于2017年末对戊公司存货实施监盘时，得知管理层拟于2018年1

月销毁一批过期商品，A注册会计师检查了该批商品的账簿记录，确认已全额计提跌价准备，不再将其纳入监盘范围。

（6）己公司是ABC会计师事务所2018年2月新承接的客户，管理层于2017年12月31日进行了存货盘点，因年末存货余额重大，A注册会计师详细检查了己公司的年末盘点记录以及期后的存货出入库记录及相关单据，结果满意，据此认可了年末存货数量。

要求：

针对上述第（1）至（6）项，逐项指出A注册会计师的做法是否恰当。如不恰当，简要说明理由。

【答案】

事项（1）不恰当。应了解与生产和存货循环相关的业务流程。

事项（2）恰当。

事项（3）不恰当。不应在次日取得所有盘点标签和检查盘点标签是否连续编号，应在监盘前检查盘点标签是否连续编号，盘点结束后回收并清点所有已使用和未使用的盘点表和盘点标签。

事项（4）不恰当。还应考虑指令和程序是否得到执行。

事项（5）不恰当。应对过期商品是否存在及其状况实施监盘。

事项（6）不恰当。应对乙公司存货执行监盘程序。

【例题6·简答题】

A注册会计师负责对甲公司2017年度财务报表进行审计。甲公司从事小型机电产品的生产和销售，主要原材料均在国内采购，产品主要自营出口到美国。

资料一：A注册会计师在工作底稿中记录了所了解的甲公司情况及其环境，部分内容摘录如下：

甲公司预计主要原材料价格在2017年底前很可能止跌回升，因此在2017年9月至10月进行大量采购，以满足2018年2月底前的生产需求。但2017年10月之后，相关原材料市场价格实际上继续下跌。产成品的销售价格也出现了大幅度下降。

资料二：A注册会计师在审计工作底稿中记录了所获取的甲公司财务数据，部分内容摘录如下（金额单位：人民币万元）：

项目	2017年12月31日（未审计）	2016年（已审计）
存货账面余额	15 752	6 073
减：存货跌价准备	600	530
存货账面价值	15 152	5 543

资料三：A注册会计师在审计工作底稿中记录了拟实施的实质性程序，部分内容摘录如下：

（1）独立测算主要存货项目的年末可变现净值，将测算结果与甲公司的计算结果进行比较，分析差异原因。

（2）将存货跌价准备本年计提数与资产减值损失相应明细项目的发生额核对是否相符。

要求：

（1）针对资料一，结合资料二，假定不考虑其他条件，判断资料一是否可能表明存在重大错报风险。如果认为存在，简要说明理由，并说明该风险主要与哪些账务报表项目的哪些认定相关。

（2）针对资料一，结合资料二，假定不考虑其他条件，判断资料三所列实质性程序对发现根据资料一识别的认定层次重大错报是否直接有效。如果直接有效，指出资料三所列实质性程序与资料一认定层次重大错报风险直接相关，并简要说明理由。

【答案】

（1）

是否可能表明存在重大错报风险（是/否）	理由	财务报表项目名称及相关认定
是	甲公司预计原材料价格会在年底回升，于2017年9月～10月进行了大量的采购，但是2017年10之后，原材料市场价格持续下跌，且产成品的销售价格也出现了大幅度下降，甲公司计提的存货资产减值损失金额跟上年持平，存在资产减值损失少计的风险； 存货跌价准备比上年增加70万元，可能存在存货跌价准备计提金额错误的风险	资产减值损失/完整性、准确性 存货/计价和分摊

（2）

资料三所列实质性程序对发现根据资料一识别的重大错报是否直接有效（是/否）	与资料一重大错报风险直接相关	理由
是	直接相关	独立测算存货的可变现净值并与甲公司存货的账面价值进行比较，可以发现甲公司多计或少计资产减值损失的情况
否	—	—

通关演练

一、单项选择题

1. 如果在存货盘点现场实施存货监盘不可行，注册会计师应当实施替代审计程序，以获取有关存货的存在和状况的充分、适当的审计证据。如果不能实施替代审计程序，注册会计师应当按照规定，在审计报告中发表（　　）。

A. 非无保留意见　　B. 无保留意见

C. 无法表示意见　　D. 否定意见

2. 注册会计师在检查被审计单位存货时，注意到某些存货项目实际盘点的数量大于永续盘存记录中的数量。假定不考虑其他因素，下列各项中，最可能导致这种情况的是（　　）。

A. 供应商向被审计单位提供购货折扣

B. 被审计单位向客户提供销货折扣

C. 被审计单位已将购买的存货退给供应商

D. 客户已将购买的存货退给被审计单位

3. 在对存货实施监盘时，下列做法中，不恰当的是（　　）。

A. 对于已作质押的存货，向债权人函证与被质押存货相关的内容

B. 对于受托代存的存货，实施向存货所有权人函证等审计程序

C. 对于因性质特殊而无法监盘的存货，实施向顾客或供应商函证等审计程序

D. 被审计单位相关人员完成存货盘点后，注册会计师进入存货存放地点对已盘点存货实施抽查程序

4. 假定接受委托前，被审计单位已经完成期末存货盘点，下列做法中，不正确的是（　　）。

A. 在评估存货内部控制的有效性后，对存货进行适当检查，并测试期末至检查日发生的存货交易

B. 在评估存货内部控制的有效性后，提请被审计单位另择日期重新盘点，并测试期末至重新盘点日发生的存货交易

C. 由于存货内部控制存在重大缺陷，提请被审计单位另择日期重新盘点，并进行适当检查

D. 由于存货内部控制存在重大缺陷，直接确认为审计范围受到限制

5. 被审计单位存货实行实地盘存制。在复核2018年1月2日对K公司的存货监盘备忘簿及相关审计工作底稿时，下列做法中，正确的是（　　）。

A. 监盘前将检查范围告知被审计单位，以便其做好相关准备

B. 索取全部盘点表并按编号顺序汇总后，进行账账、账实核对

C. 检查后将检查记录交予被审计单位，要求K公司据以修正盘点表

D. 未能监盘期初存货，根据期末监盘结果倒推存货期初余额，并予以确认

6. 注册会计师在对被审计单位的存货跌价准备进行审计时，下列各项中，对存货跌价准备直接构成影响的是（　　）。

A. 委托代管的材料市价严重下跌

B. 当期购入的存货因意外完全毁损

C. 为获得银行贷款，已作抵押的存货

D. 委托其他单位代管的存货市价下跌

7. 注册会计师在对被审计单位存货监盘中，下列说法中，不正确的是（　　）。

A. 注册会计师主要检查存货是否存在，评价存货状况，并对存货盘点结果进行测试

B. 注册会计师应获取被审计单位管理层存货盘点程序可靠性的审计证据

C. 注册会计师观察被审计单位管理层指令的遵守情况，以及用于记录和控制存货盘点结果的程序的实施情况

D. 存货监盘程序用于控制测试还是实质性程序，取决于被审计单位是否一贯采用永续盘存制

8. 存货监盘实务中，注册会计师可以结合盘点日至财务报表日之间间隔期的长短、相关内部控制的有效性等因素进行风险评估，设计和执行适当的审计程序。注册会计师实施的程序不包括（　　）。

A. 比较盘点日和财务报表日之间的存货信息以识别异常项目，并对其执行适当的审计程序

B. 对存货周转率或存货销售周转天数等实施实质性分析程序

C. 对盘点日至财务报表日之间的存货采购和存货销售分别实施截止检查

D. 测试存货销售和采购在盘点日和财务报表日的截止是否正确

9. 如果被审计单位的存货存放在多个地点，根据具体情况下的风险评估结果，注册会计师考虑执行的审计程序不包括（　　）。

A. 询问被审计单位除管理层和财务部门以外的其他人员，以了解有关存货存放地点的情况

B. 比较被审计单位不同时期的存货存放地点清单，关注仓库变动情况，以确定是否存在因仓库变动而未将存货纳入盘点范围的情况发生

C. 检查存货明细账和租赁合同，关注被审计单位是否租赁仓库并支付租金，如果有，该仓库是否已包括在被审计单位提供的仓库清单中

D. 检查被审计单位存货的出、入库单，关注是否存在被审计单位尚未告知注册会计师的仓库

10. 注册会计师监盘被审计单位存货前应当确定存货盘点的范围，下列有关存货盘点范围的确定中，不正确的是（　　）。

A. 被审计单位盘点存货前，注册会计师应当观察盘点现场，确定应纳入盘点范围的存货是否已经适当整理和排列，并附有盘点标识，防止遗漏或重复盘点。对未纳入盘点范围的存货，注册会计师应当查明未纳入的原因

B. 被审计单位持有的受托代存存货，应纳入盘点范围

C. 所有权不属于被审计单位的存货，注册会计师应当取得其规格、数量等有关资料，确定是否已分别存放、标明，且未被纳入盘点范围

D. 被审计单位委托代销的存货，注册会计师应纳入盘点范围，并向委托代销单位获取委托代管的书面确认函

11. 注册会计师针对存货交易实施的下列审计程序中，属于交易的细节测试的是（　　）。

A. 按区域分析被审计单位各月存货变动情况

B. 从业务流程层面选取交易样本检查支持性证据

C. 现场观察被审计单位存货的盘点

D. 检查、计算、询问和函证存货的可变现净值

12. 如果由第三方保管的存货对财务报表是重要的，注册会计师应当首选（　　）审计程序，以获取存货存在和状况的充分、适当的审计证据。

A. 对由第三方保管的存货实施监盘

B. 向第三方函证存货的数量和状况

C. 安排第三方所在地其他注册会计师实施监盘

D. 检查与第三方持有的存货相关的文件、记录

13. 注册会计师在存货监盘过程中检查存货，可以直接（　　）。

A. 确定存货的所有权

B. 确定存货的发生

C. 识别过时、毁损或陈旧的存货

D. 确定存货的完整性

14. 如果注册会计认为存货数量存在舞弊导致的重大错报风险，下列做法中，通常不能应对该风险的是（　　）。

A. 扩大与存货相关的内部控制测试的样本规模

B. 要求被审计单位在报告期末或邻近期末的时点实施存货盘点

C. 在不预先通知的情况下对特定存放地点的存货实施监盘

D. 利用专家的工作对特殊类型的存货实

施更严格的检查

15. 对于下列存货认定，通过向生产和销售人员询问是否存在过时或周转缓慢的存货，注册会计师认为最可能证实的是（　　）。

A. 准确性、计价和分摊

B. 权利和义务

C. 存在

D. 完整性

二、多项选择题

1. 下列有关存货监盘计划的说法中，恰当的有（　　）。

A. 为了避免误解并有助于有效地实施存货监盘，注册会计师无须与被审计单位就存货监盘等问题达成一致意见，以增加审计程序的不可预见性

B. 注册会计师一般需要复核或与管理层讨论其存货盘点程序

C. 注册会计师可以根据存货生产过程的复杂程度考虑利用专家的工作

D. 如果识别出由于舞弊导致的影响存货数量的重大错报风险，注册会计师在检查被审计单位存货记录的基础上，可能决定在不预先通知的情况下对特定存放地点的存货实施监盘，或在同一天对所有存放地点的存货实施监盘

2. 在发出原材料环节中，可能存在的风险有（　　）。

A. 发出用于生产的原材料可能不正确

B. 原材料缺货可能导致生产延误

C. 发出的原材料可能未分配或者未正确分配到生产任务中

D. 原材料的发出可能未经授权或者原材料可能被盗

3. 产成品完工后，除了交生产部门查点外，还应对产品进行验收。有关产成品验收的下列说法中，正确有（　　）。

A. 对产品的查点应由本车间负责生产质量专门人员实施

B. 产品入库前应由车间或仓库人员验收，并填制验收单

C. 产品入库前应由仓库人员点验和检查，并填制入库单

D. 入库单应事先连续编号，并在产品入库后交会计部门

4. 下列有关存货监盘计划的表述中，正确的有（　　）。

A. 存货监盘程序包括控制测试和实质性程序

B. 注册会计师在对存货进行监盘时通常以控制测试为主

C. 如果注册会计师准备信赖被审计单位存货盘点的控制措施和程序，则应该以控制测试为主

D. 单位价值较高的存货项目，应实施实质性程序

5. 注册会计师对被审计单位存货监盘时应特别关注的事项有（　　）。

A. 注册会计师应当特别关注存货的移动情况，防止遗漏或重复盘点

B. 注册会计师应当特别关注存货的状况

C. 注册会计师应当关注截止日期前相关凭证的最后编号

D. 注册会计师应当获取存货验收入库、装运出库以及内部转移等凭证，检查库存记录与会计记录期末截止是否正确

6. 对于存货监盘中一些特殊情况的处理，下列说法中，正确的有（　　）。

A. 存货存放对注册会计师的安全有威胁时，注册会计师可以作出实施存货监盘不可行的决定

B. 如果不能实施替代审计程序，注册会计师可发表非无保留意见

C. 如果由于不可预见的如气候因素等，注册会计师无法实施存货监盘程序，则应另择日期进行监盘

D. 对于由第三方保管或控制的存货，如果该存货对财务报表是重要的，注册会计师应当实施一项或者两项审计程序，以获取有关该存货存在和状况的充分、适当的审计证据

7. 如果存货对财务报表是重要的，注册会计师应当实施（　　）审计程序，对存货的存在和状况获取充分、适当的审计证据。

A. 向持有被审计单位存货的第三方函证存货的数量和状况

B. 实施检查或其他适合具体情况的审计程序

C. 在存货盘点现场实施监盘（除非不可行）

D. 对期末存货记录实施审计程序，以确定其是否准确反映实际的存货盘点结果

8. 下列有关存货监盘的说法中，正确的有（　　）。

A. 注册会计师在制定监盘计划时，需要考虑是否在监盘中利用专家的工作

B. 如果存货盘点在财务报表日以外的其他日期进行，注册会计师除实施监盘相关审计程序外，还应当实施其他程序，以确定盘点日与财务报表日之间的存货变动已得到恰当记录

C. 如果存货存放在不同地点，注册会计师的监盘应当覆盖所有存放地点

D. 如果由于不可预见的情况，无法在存货盘点现场实施监盘，注册会计师应当实施替代审计程序

9. 在编制存货监盘计划时，注册会计师需要考虑（　　）事项。

A. 存货的存放地点和存货盘点的时间安排

B. 与存货相关的重大错报风险和内部控制的性质

C. 被审计单位是否一贯采用永续盘存制

D. 对存货盘点是否制定了适当的程序，并下达了正确的指令

10. 注册会计师拟实施的以下审计程序中，可以应对存货的计价和分摊认定的重大错报风险的有（　　）。

A. 现场监盘时，关注存货的品质状况

B. 从发货凭证追查到存货明细账的贷方记录

C. 在实地观察存货盘点时，关注存货积压情况

D. 将原材料年末可变现净值与账面成本比较

11. 针对存货盘点日不是资产负债表日这一情况，注册会计师可以实施的适当的审计程序有（　　）。

A. 对存货采购从入库单查至相应的存货明细账

B. 对存货销售从货运单据查至相应的永续盘存记录

C. 对存货采购从永续盘存记录查至相应的入库单

D. 对存货销售从存货明细账查至相应的货运单据

12. 注册会计师在关注存货截止测试时，应关注的事项包括（　　）。

A. 所有在盘点日以前入库的存货项目是否均已包括在盘点范围内

B. 所有已确认为销售但尚未装运出库的商品是否均未包括在盘点范围内

C. 在途存货和被审计单位直接向顾客发运的存货是否均已得到了适当的会计处理

D. 观察存货的验收入库地点和装运出入库地点以执行截止测试

13. 下列针对堆积型存货的监盘程序说法中，错误的有（　　）。

A. 选择样品进行化验与分析

B. 利用专家的工作

C. 运用工程估测、几何计算、高空勘测，并依赖详细的存货记录

D. 通过高空摄像以确定其存在

14. 下列关于存货监盘的说法中，不正确的有（　　）。

A. 由负责盘点存货的人员将一套标签粘贴在已盘点的存货上，另一套由其返还给存货盘点监督人员，由监督人员将盘点标签连同存货盘点表交存财务部门

B. 注册会计师一般需要复核或与管理层讨论其存货盘点程序，发现问题，要求被审计单位调整

C. 对于堆积型存货，注册会计师可以运用工程估测、几何计算、高空勘测，并依赖详细的存货记录。如果堆场中的存货堆不高，可进行实地监盘，或通过旋转存货堆加以估计

D. 注册会计师可以要求被审计单位提供一份完整的存货存放地点清单（包括期末存货为零的仓库、租赁的仓库），并考虑其完整性

15. 针对存货监盘程序，下列与存货的存在认定可能相关的有（　　）。

A. 从存货盘点记录中选取项目追查至存货实物

B. 从存货实物中选取项目追查至存货盘点记录

C. 在存货盘点过程中关注存货的移动情况

D. 在存货盘点结束前再次观察盘点现场

16. 注册会计师实施的以下审计程序中，与存货的准确性、计价和分摊认定相关的有（　　）。

A. 在实施存货监盘时，关注存货的品质状况

B. 从发货凭证追查到存货明细账的贷方

C. 在实地观察存货盘点时，关注存货积压、滞销情况

D. 将原材料年末可变现净值与账面成本比较

三、简答题

1. B注册会计师负责对乙公司2017年度财务报表进行审计。乙公司为玻璃制造企业，2017年末存货余额占资产总额比重重大。存货包括玻璃、煤炭、烧碱、石英砂，其中60%的玻璃存放在外地公用仓库。乙公司对存货核算采用永续盘存制，与存货相关的内部控制比较薄弱。乙公司拟于2017年11月25日至27日盘点存货，盘点工作和盘点监督工作分别由熟悉相关业务且具有独立的人员执行。存货盘点计划的部分内容摘录如下：

（1）存货盘点范围、地点和时间安排如下：

地点	存货类型	估计占存货总额的比例	盘点时间
A仓库	烧碱、煤炭	烧碱10%，煤炭5%	2017年11月25日
B仓库	烧碱、石英砂	烧碱10%，石英砂10%	2017年11月26日
C仓库	玻璃	玻璃26%	2017年11月27日
外地公用仓库	玻璃	玻璃39%	—

（2）存放在外地公用仓库存货的检查。对存放在外地公用仓库的玻璃，检查公用仓库签收单，请公用仓库自行盘点，并提供2017年11月27日的盘点清单。

（3）存货数量的确定方法。对于烧碱、煤炭和石英砂等堆积型存货，采用观察以及检查相关的收、发、存凭证和记录的方法，确定存货数量；对于存放在C仓库的玻璃，按照包装箱标明的规格和数量进行盘点，并辅以适当的开箱检查。

（4）盘点标签的设计、使用和控制。对存放在C仓库玻璃的盘点，设计预先编号的一式两联的盘点标签。使用时，由负责盘点存货的人员将一联粘贴在已盘点的存货上，另一联由其留存；盘点结束后，连同存货盘点表交存财务部门。

（5）盘点结束后，对出现盘盈或盘亏的存货，由仓库保管员将存货实物数量和仓库存货记录调节相符。

要求：

针对上述存货盘点计划事项（1）至（5），逐项判断上述存货盘点计划是否存在缺陷。如果存在缺陷，简要提出改进建议。

2. 甲公司主要从事家电产品的生产和销售。ABC会计师事务所负责审计甲公司2016年度财务报表。审计项目组在审计工作底稿中记录了与存货监盘相关的情况，部分内容摘录如下：

（1）审计项目组拟不信赖与存货相关的内部控制运行的有效性，故在监盘时不再观察管理层制定的盘点程序的执行情况。

（2）审计项目组获取了盘点日前后存货收发及移动的凭证，以确定甲公司是否将盘点日前入库的存货。盘点日后出库的存货以及已确认为销售但尚未出库的存货包括在盘点范围内。

（3）由于甲公司人手不足，审计项目组受管理层委托，于2017年12月31日代为盘点甲公司异地专卖店的存货，并将盘点记录作为甲公司的盘点记录和审计项目组的监盘工作底稿。

（4）审计项目组按存货项目定义抽样单元，选取a产品为抽盘样本项目之一。a产品分布在5个仓库中，考虑到监盘人员安排困难，审计项目组对其中3个仓库的a产品执行抽盘，未发现差异，对该样本项目的抽盘结果满意。

（5）在甲公司存货盘点结束前，审计项目组取得并检查了已填用，作废及未使用盘点表单的号码记录，确定其是否连续编号以及已发放的表单是否均已收回，并与存货盘点汇总表中记录的盘点表单使用情况核对

一致。

(6) 甲公司部分产成品存放在第三方仓库，其年末余额占资产总额的10%。

要求：

(1) 针对上述事项 (1) 至 (5)，逐项指出审计项目组的做法是否恰当。如不恰当，简要说明理由。

(2) 针对上述事项 (6)，列举三项审计项目组可以实施的审计程序。

3. A注册会计师负责对常年审计客户甲公司2017年度财务报表进行审计。甲公司从事商品零售业，存货占其资产总额的60%。除自营业务外，甲公司还将部分柜台出租，并为承租商提供商品仓储服务。根据以往的经验和期中测试的结果，A注册会计师认为甲公司有关存货的内部控制有效。A注册会计师计划于2017年12月31日实施存货监盘程序。A注册会计师编制的存货监盘计划部分内容摘录如下：

(1) 在到达存货盘点现场后，监盘人员观察代柜台承租商保管的存货是否已经单独存放并予以标明，确定其未被纳入存货盘点范围。

(2) 在甲公司开始盘点存货前，监盘人员在拟检查的存货项目上作出标识。

(3) 对以标准规格包装箱包装的存货，监盘人员根据包装箱的数量及每箱的标准容量直接计算确定存货的数量。

(4) 在存货监盘过程中，监盘人员除关注存货的数量外，还需要特别关注存货是否出现毁损、陈旧、过时及残次等情况。

(5) 对存货监盘过程中收到的存货，要求甲公司单独码放，不纳入存货监盘的范围。

(6) 在存货监盘结束时，监盘人员将除作废的盘点表单以外的所有盘点表单的号码记录于监盘工作底稿。

要求：

(1) 针对上述事项 (1) 至 (6)，逐项指出是否存在不当之处。如果存在，简要说明理由。

(2) 假设因雪灾导致监盘人员于原定存货监盘日未能到达盘点现场，指出A注册会计师应当采取何种补救措施。

4. 甲公司是一家木材加工企业，ABC会计师事务所承接甲公司2018年度财务报表审计业务，并指派A注册会计师为项目合伙人，在对存货实施监盘程序过程中，遇到的事项摘录如下：

(1) A注册会计师希望通过对存货实施监盘程序，获取有关存货存在认定、完整性认定以及权利和义务认定的审计证据，而不必再实施其他审计程序。

(2) 如果甲公司存货盘点安排在2018年12月25日，A注册会计师认为除实施存货监盘程序外，还应当实施其他审计程序，以获取审计证据，确定存货盘点日与财务报表日之间的存货变动是否已得到恰当的记录。

(3) 由于存货盘点时正值寒冬，木材被大雪覆盖，注册会计师无法实施监盘，不得已只能另择日期实施监盘，并对间隔期内发生的交易实施审计程序。

(4) 雪化之后，审计项目组再次来到甲公司，准备对存货实施监盘，但A注册会计师发现在利用自身专业知识确定存货的数量时遇到很大困难，于是A注册会计师翻阅了其以前曾经审计过的木材加工企业审计工作记录，来确定对甲公司存货数量的大致估计数值。

(5) 在检查甲公司与其他公司之间的合同时，A注册会计师发现2018年11月20日甲公司曾与丙公司签订一项金额较重大的存货的代管协议，协议中约定存货仍属于甲公司，由甲公司于2019年2月12日提取。但A注册会计师审计账簿资料时，并未发现该批存货的记录。A注册会计师向丙公司发函了解存货情况，截至外勤审计结束日，尚未收到回函。由于审计报告日临近，A注册会计师作出了未将该批存货包括在财务报表中的结论。

(6) 存货盘点结束后，A注册会计师对存货盘点结果抽盘来进行测试，发现存货盘点记录和存货实物存在部分差异。

要求：

假定不考虑其他因素，逐项判断上述事项 (1) 至 (5) 中A注册会计师的观点或做法是否恰当。如不恰当，请简要说明理由。

5. A注册会计师负责审计甲公司2018年度财务报表，甲公司主要从事畜类养殖和销售。审计项目组实施存货监盘的部分事项如下：

(1) 审计工作底稿中记录：存货监盘的

目标是获取资产负债表日存货数量。

（2）甲公司主产区在盘点过程中无法停止生产，A注册会计师建议在仓库内划分出独立的过渡区域，将预计在盘点期间领用及入库的存货暂时放在过渡区域，以确保不被盘点。

（3）由于甲公司人手不足，审计项目组受管理层委托，于2018年12月31日代为盘点甲公司异地存放的存货，并将盘点记录作为甲公司的盘点记录和审计项目组的监盘工作底稿。

（4）为便于销售，甲公司的产品存放在多个地点。A注册会计师要求甲公司提供一份完整的存货存放地点清单，包括期末存货量为零的仓库、租赁的仓库，并考虑其完整性。

（5）在实施现场监盘时，甲公司无法对数万匹马的移动实施有序控制，导致确定马的数量存在困难，项目组成员认为只能依赖永续记录。

（6）监盘结束时，A注册会计师再次观察盘点现场，确定应纳入盘点范围的存货是否已经适当整理和排列，防止遗漏或重复盘点。

要求：

针对上述事项（1）至（6），判断注册会计师的做法是否恰当。如不恰当，请说明理由。

答案及解析

一、单项选择题

1.【答案】A

2.【答案】D

【解析】供应商向被审计单位司提供购货折扣、被审计单位向客户提供销货折扣不影响存货数量；被审计单位已将购买的存货退给供应商可能导致某些存货项目实际盘点的数量小于永续盘存记录中的数量；客户已将购买的存货退给被审计单位最可能导致某些存货项目实际盘点的数量大于永续盘存记录中的数量。

3.【答案】D

【解析】选项A、B、C属于注册会计师应选择的存货实施监盘程序。实地察看盘点现场的时间、观察存货盘点的时间和对已盘点存货实施检查的时间等，应当与被审计单位实施存货盘点的时间相协调。

4.【答案】D

【解析】接受委托时被审计单位的期末存货盘点已经完成，注册会计师应当评估存货内部控制的有效性，对存货进行适当抽查或提请被审计单位另择日期重新盘点，同时测试在该期间发生的存货交易，以获取有关期末存货数量和状况的充分、适当的审计证据。

5.【答案】B

【解析】本题的考点为存货监盘。选项A，检查范围注册会计师自行确定，不必告知被审计单位；选项C，注册会计师将检查结果与被审计单位盘点记录相核对，并形成相应记录，如果检查时发现差异，注册会计师应当查明原因，及时提请被审计单位更正。选项D，未能监盘期初存货注册会计师应当实施以下一项或多项审计程序，以获取有关本期期初存货余额的充分、适当的审计证据：（1）查阅前任注册会计师工作底稿；（2）审阅上期存货盘点记录及文件；（3）抽查上期存货交易记录；（4）运用毛利百分比法等进行分析。

6.【答案】D

【解析】本题主要考核“存货计价测试”知识点。选项A委托代管的材料不属于企业的存货；选项B，不影响存货跌价准备的计提，应该记入“营业外支出”；选项C，虽已作抵押，但未必发生跌价。

7.【答案】D

【解析】本题主要考核“存货监盘”知识点。存货监盘程序用作控制测试还是实质性测试，取决于注册会计师的风险评估结果、审计方案和实施的特定程序。

8.【答案】C

【解析】存货监盘实务中，注册会计师可以结合盘点日至财务报表日之间间隔期的长短、相关内部控制的有效性等因素进行风险评估，设计和执行适当的审计程序。在实质性程序方面，注册会计师可以实施的程序示例包括：（1）比较盘点日和财务报表日之间的存货信息以识别异常项目，并对其执行适当的审计程序（如实地查看等）；（2）对存货周转率或存货销售周转天数等实施实质性分析程序；（3）对盘点日至财务报表日之间的存货采购和存货销售分别实施双向检查（例如，对××货采购从入库单查至其相应的永续盘存记录及从永续盘存记录查至其相应的入库单等支持文件，对存货销售从货运单据查至其相应的永续盘存记录及从永续盘存记录查至其相应的××单据等支持性文件）；（4）测试存货销售和采购在盘点日和财务报表日的截止是否正确。

9.【答案】C

【解析】如果被审计单位的存货存放在多个地点，注册会计师可以要求被审计单位提供一份完整的存货存放地点清单（包括期末库存量为零的仓库、租赁的仓库，以及第三方代被审计单位保管存货的仓库等），并考虑其完整性。根据具体情况下的风险评估结果，注册会计师可以考虑执行以下一项或多项审计程序：询问被审计单位除管理层和财务部门以外的其他人员，如营销人员、仓库人员等，以了解有关存货存放地点的情况；比较被审计单位不同时期的存货存放地点清单，关注仓库变动情况，以确定是否存在因仓库变动而未将存货纳入盘点范围的情况发生；检查被审计单位存货的出、入库单，关注是否存在被审计单位尚未告知注册会计师的仓库（如期末库存量为零的仓库）；检查费用支出明细账和租赁合同，关注被审计单位是否租赁仓库并支付租金，如果有，该仓库是否已包括在被审计单位提供的仓库清单中；检查被审计单位“固定资产——房屋建筑物”明细清单，了解被审计单位可用于存放存货的房屋建筑物。

10.【答案】B

【解析】本题主要考核“存货监盘”知识点。被审计单位持有的受托代存存货因其所有权不属于被审计单位不应纳入盘点范围。

11.【答案】B

【解析】一般而言，交易的细节测试包括检查交易的支持性证据和截止测试；选项A属于实质性分析程序，而非细节测试；存货监盘程序同时含有控制测试和实质性程序的成分，并非纯粹的细节测试；选项D属于针对存货余额的细节测试。

12.【答案】B

【解析】注册会计师应当实施选项B或选项D的程序，选项B的证据来自第三方且由注册会计师直接获取，所以是首选。选项A、C需要根据具体情况确定是否实施或追加。

13.【答案】C

【解析】注册会计师在存货监盘过程中检查存货可以识别过时、毁损或陈旧的存货，存货属于资产类要素，不适合“发生”认定。

14.【答案】A

【解析】选项A，应当通过实质性程序应对重大错报风险。

15.【答案】A

【解析】存货过时或者周转缓慢，可能表明存货滞销，存货的跌价准备可能计提不足，影响存货项目的准确性、计价和分摊。

二、多项选择题

1.【答案】BCD

【解析】为了避免误解并有助于有效地实施存货监盘，注册会计师通常需要与被审计单位就存货监盘等问题达成一致意见。

2.【答案】ABCD

3.【答案】ACD

【解析】产品完工后、入库前的验收应由独立于生产和存储这两个部门的人员实施。在有三个生产车间的情况下，最好设专门的验收部门。

4.【答案】CD

【解析】存货监盘包括控制测试和实质性程序，注册会计师在对存货监盘时不一定采用控制测试。

5.【答案】ABCD

【解析】四个选项均属于注册会计师进行监盘时应当关注的内容。

6.【答案】BCD

【解析】如果存货盘点现场实施存货监盘不可行，注册会计师应当实施替代审计程序，以获取有关存货的存在和状况的充分、适当的审计证据。

7.【答案】CD

8.【答案】AB

【解析】选项C，注册会计师通常应当重点考虑被审计单位的重要存货存放地点，特别是金额较大或可能存在重大错报风险的存货地点，将这些存货地点列入监盘地点；选项D，如果由于不可预见的情况无法在存货盘点现场实施监盘，注册会计师应当另择日期实施监盘，并对间隔期内发生的交易实施审计程序。

9.【答案】ABCD

【解析】在编制存货监盘计划时，注册会计师需要考虑七个方面的内容。除所列四个选项外（其中，选项A、B均包含两项），还包括是否需要专家协助。

10.【答案】ACD

【解析】选项B只能证实存货的存在认定，与计价和分摊认定无关。

11.【答案】BC

【解析】选项A、D中追查所涉及的资料与存货盘点无关，应将存货明细账改为存货永续盘存记录。选项B、C都涉及永续盘存记录，与盘点直接相关。

12.【答案】ABCD

【解析】注册会计师在关注存货截止测试时，应关注的事项包括：所有在盘点日以前入库的存货项目是否均已包括在盘点范围内；所有已确认为销售但尚未装运出库的商品是否均未包括在盘点范围内；在途存货和被审计单位直接向顾客发运的存货是否均已得到了适当的会计处理；观察存货的验收入库地点和装运出入库地点以执行截止测试。

13.【答案】ABD

【解析】对于堆积型存货的监盘，应该运用工程估测、几何计算、高空勘测，并依赖详细的存货记录。

14.【答案】D

【解析】选项D不正确，注册会计师可以要求被审计单位提供一份完整的存货存放地点清单（包括期末存货为零的仓库、租赁的仓库，以及第三方代被审计单位保管存货的仓库），并考虑其完整性。

15.【答案】ACD

【解析】注册会计师从存货实物中选取项目追查至存货盘点记录，获取的审计证据与存货完整性认定相关，与存货的存在认定无关。

16.【答案】ACD

【解析】选项B属于“顺查”，只能证实存货的完整性认定，与准确性、计价和分摊认定无关。

三、简答题

1.【答案】

事项（1）中存在缺陷。乙公司确定的存货整体盘点时间不正确。因与存货相关的内部控制比较薄弱，应当选择在期末实施盘点。

乙公司确定的烧碱盘点时间不正确，烧碱分别存放在A、B仓库，应在同一时点进行盘点，而不应安排在不同日期。

事项（2）中存在缺陷。对存放在外地公用仓库的玻璃盘点方式不正确。因存放在外地公用仓库的玻璃占存货金额的比重较大，应当考虑实地盘点。

事项（3）中存在缺陷。对堆积型存货数量的确定方法不正确。对于烧碱，煤炭和石英砂等堆积型存货，应该选择的盘点方式，通常为运用工程估测，几何计算，高空勘测等计量方法，并依赖详细的存货记录。

事项（4）中存在缺陷。盘点标签的使用和控制不正确。由负责盘点存货的人员将一套标签粘贴在已盘点的存货上，另一套由其返还给盘点监督人员，由监督人员将盘点标签连同存货盘点表交存财务部门。

事项（5）中存在缺陷。盘点结束后，对于盘盈或盘亏的存货，不应由仓库保管人员对存货实物数量和仓库存货记录进行调节，应由乙公司组成调查小组对盘盈或盘亏进行分析和处理（复核确认），并将存货实物数量和仓库存货记录调节相符。

存货盘点结束时的工作：①再次观察盘点现场，以确定所有应纳入盘点范围的存货是否均已盘点。

②取得并检查已填用、作废及未使用盘点表单的号码记录，确定其是否连续编号，查明已发放的表单是否均已收回，并与存货盘点的汇总记录进行核对。

2.【答案】

（1）事项（1）不恰当。无论是否信赖内部控制，注册会计师在监盘中均应当观察管理层制定的盘点程序的执行情况。

事项（2）不恰当。已确认为销售但尚未出库的存货不应包括在盘点范围内。

事项（3）不恰当。审计项目组代管理层执行盘点工作，将会影响其独立性。盘点存货是甲公司管理层的责任。

事项（4）不恰当。当a产品被选为样本项目时，应当对所有a产品执行抽盘。

事项（5）恰当。

（2）审计项目组可以实施的审计程序有（以下答对三项即可）：

①向保管存货的第三方函证存货的数量和状况；

②实施检查程序，检查与第三方保管的存货相关的文件记录；

③对第三方保管的存货实施监盘；

④安排其他注册会计师对第三方保管的存货实施监盘；

⑤获取其他注册会计师或提供仓储服务的第三方的注册会计师针对第三方用以保证存货得到恰当盘点和保管的内部控制的适当性而出具的报告。

3.【答案】

（1）事项（1）不存在不当之处。

事项（2）存在不当之处。对拟检查的存货作出标识会为甲公司盘点人员知悉，损害审计程序的不可预见性。

【解析】事项（2）存在不当之处。在甲公司开始盘点存货前，监盘人员不应当在拟检查的存货项目上作出标识，注册会计师检查的范围不应该让被审计单位知道。

事项（3）存在不当之处。应进行必要的开箱检查。

【解析】事项（3）存在不当之处。注册会计师应当对标准规格包装箱包装的存货进行开箱查验，以防止内装存货弄虚作假。

事项（4）不存在不当之处。

事项（5）存在不当之处。应确定收到的存货是否应计入 2017 年 12 月 31 日的存货。如果需要，应纳入存货监盘范围。

【解析】事项（5）存在不当之处。存货监盘的时间定在 12 月 31 日，所以对存货监盘过程中收到的存货，应当确定是否要计入 2017 年 12 月 31 日的存货，如果需要，则应纳入存货监盘的范围。

事项（6）存在不当之处。注册会计师应取得所有已填用、作废及未使用盘点表单的号码记录。

【解析】事项（6）存在不当之处。注册会计师应当将所有盘点表单的号码记录于监盘工作底稿，包括作废的盘点表单。

（2）A 注册会计师应采取以下措施：

注册会计师应当考虑改变存货监盘日期，对预定盘点日与改变后的存货监盘日（本题存货监盘日期就是资产负债表日，也可以答成资产负债表日）之间发生的交易进行测试。

【解析】本题主要考核“存货监盘”知识点。

4.【答案】

事项（1）不恰当。存货监盘本身并不足以供注册会计师确定存货的所有权，注册会计师可能需要执行其他实质性审计程序以应对所有权认定的相关风险。

事项（2）恰当。

事项（3）恰当。

事项（4）不恰当。审计项目组必要时可以利用专家的工作，以保证审计结果的准确性。

事项（5）不恰当。审计中的困难、时间或成本等事项本身，不能作为注册会计师省略不可替代的审计程序或满足于说服力不足的审计证据的正当理由，A 注册会计师尚未获取关于该批存货的可靠证据，不能擅自得出结论。

5.【答案】

事项（1）不恰当。存货监盘的目标是获取资产负债表日存货数量和状况以及管理层存货盘点程序可靠性的审计证据，检查存货的数量是否完整，是否归属于被审计单位，有无毁损、陈旧、过时、残次和短缺等状况。

事项（2）不恰当。应确保放在过渡区域的存货只被盘点一次。

事项（3）不恰当。审计项目组代管理层执行盘点工作，将会影响其独立性，盘点存货是甲公司管理层的责任。

事项（4）不恰当。存货存放地点清单不完整，还应当包括第三方代甲公司保管存货的仓库等。

事项（5）不恰当。除了依赖永续记录，项目组还可以通过高空摄影以确定马的存在，对不同时点马的数量进行比较。

事项（6）不恰当。这是监盘前的工作。注册会计师在存货监盘结束时再次观察盘点现场的目的是确定所有应纳入盘点范围的存货是否均已盘点。

第十二章　货币资金的审计

本章考情分析

本章是财务报表审计实务中的重要内容。考生主要理解货币资金内部控制和控制测试；理解货币资金重大错报风险的评估；掌握库存现金监盘；掌握银行存款重要的实质性程序等相关内容。本章内容均属于第三能力等级内容。近年本章试题所占区间2分至3分，题型会涉及客观题和简答题。

要求考生：

1. 理解货币资金内部控制及控制测试。
2. 理解货币资金重大错报风险的评估。
3. 掌握监盘库存现金。
4. 掌握银行存款重要的实质性程序。

本章教材变化

本章内容较往年无变化。

基本内容框架

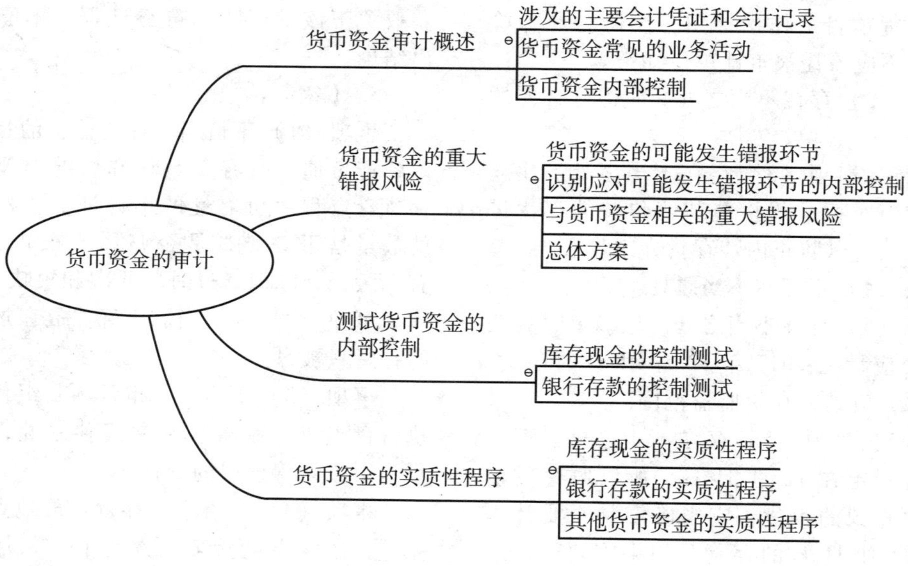

通关重难点例题解析

第一节　货币资金审计概述

一、涉及的主要会计凭证和会计记录（第三能力等级）

二、货币资金常见的业务活动（第三能力等级）

三、货币资金内部控制（第三能力等级）

1. 岗位分工与授权审批	(1) 企业应当建立货币资金业务的岗位责任制，明确相关部门和岗位的职责权限，确保办理货币资金业务的不相容岗位相互分离、制约和监督。 【提示】出纳人员不得兼任稽核、会计档案保管和收入、支出、费用、债权债务账目的登记工作。 企业不得由一人办理货币资金业务的全过程。 (2) 企业应当对货币资金业务建立严格的授权批准制度。 ①审批人应当根据货币资金授权批准制度的规定，在授权范围内进行审批，不得超越审批权限。 ②经办人应当在职责范围内，按照审批人的批准意见办理货币资金业务。 对于审批人超越授权范围审批的货币资金业务，经办人员有权拒绝办理，并及时向审批人的上级授权部门报告。 (3) 企业应当按照规定的程序办理货币资金支付业务。 ①支付申请。 ②支付审批。 ③支付复核。 ④办理支付。 (4) 企业对于重要货币资金支付业务，应当实行集体决策和审批，并建立责任追究制度，防范贪污、侵占、挪用货币资金等行为。 (5) 严禁未经授权的机构或人员办理货币资金业务或直接接触货币资金
2. 现金与银行存款管理	(1) 企业应当加强现金库存限额的管理，超过库存限额的现金应及时存入银行 (2) 企业必须根据《现金管理暂行条例》的规定，结合本企业的实际情况，确定现金的开支范围。 不属于现金开支范围的业务应当通过银行办理转账结算。 (3) 企业现金收入应当及时存入银行，不得用于直接支付企业自身的支出。因特殊情况需坐支现金的，应事先报经开户银行审查批准。企业借出款项必须执行严格的授权批准程序，严禁擅自挪用、借出货币资金。 (4) 企业取得的货币资金收入必须及时入账，不得私设"小金库"，不得账外设账，严禁收款不入账。 (5) 企业应当严格按照《支付结算办法》等有关的规定，加强银行账户的管理，严格按照规定开立账户，办理存款、取款和结算。 (6) 企业应当严格遵守银行结算纪律，不能违反有关规定为企业开立违规账户。 (7) 企业应当指定专人定期核对银行账户，每月至少核对一次，编制银行存款余额调节表，使银行存款账面余额与银行对账单调节相符。如调节不符，应查明原因，及时处理。 (8) 企业应当定期和不定期地进行现金盘点，确保现金账面余额与实际库存相符。发现不符，及时查明原因，作出处理
3. 票据及有关印章的管理	财务专用章应由专人保管，个人名章必须由本人或其授权人员保管。严禁一人保管支付款项所需的全部印章
4. 监督检查	(1) 企业应当建立对货币资金业务的监督检查制度，明确监督检查机构或人员的职责权限，定期或不定期的进行检查。 (2) 货币资金监督检查的内容如下： ①货币资金业务相关岗位及人员的设置情况。 重点检查——是否存在货币资金业务不相容职务混岗的现象。 ②货币资金授权批准制度的执行情况。 重点检查——货币资金支出的授权批准手续是否健全，是否存在越权审批行为。 ③支付款项印章的保管情况。 重点检查——是否存在办理付款业务所需的全部印章交由一人保管的现象。 ④票据的保管情况。 重点检查——票据的购买、领用、保管手续是否健全，票据保管是否存在漏洞

【例题1·单选题】

在对N公司货币资金审计中，下列N公司符合"确保办理货币资金业务的不相容岗位相互分离、制约和监督"原则的是（　　）。

A. 由出纳人员兼任会计档案保管工作

B. 由出纳人员保管签发支票所需全部印章

C. 由出纳人员兼任收入总账和明细账的登记工作

D. 由出纳人员兼任固定资产明细账或总账的登记工作

【答案】D

【解析】本题的考点为本题的考点为筹资控制测试程序。出纳员的职责是担负现金收付、银行结算及货币资金的核算等职责，不得兼任稽核、会计档案保管和收入、支出、费用、债权债务账目的登记。选项A、B、C没有遵循不相容岗位相互分离原则。

第二节 货币资金的重大错报风险

一、货币资金的可能发生错报环节（第三能力等级）

审计目标	认定
1. 被审计单位资产负债表的货币资金项口中的库存现金和银行存款在资产负债表日不存在	存在
2. 被审计单位所有应当记录的现金收支业务和银行存款收支业务未得到完整记录，存在遗漏	完整性
3. 被审计单位的现金收款通过舞弊手段被侵占	完整性
4. 记录的库存现金和银行存款不是为被审计单位所拥有或控制	权利和义务
5. 库存现金和银行存款的金额未被恰当地包括在财务报表的货币资金项目中，与之相关的计价调整未得到恰当记录	计价和分摊
6. 库存现金和银行存款未按照企业会计准则的规定在财务报表种作出恰当列报	列报

二、识别应对可能发生错报环节的内部控制（第三能力等级）

（一）库存现金内部控制

（二）银行存款内部控制

三、与货币资金相关的重大错报风险（第三能力等级）

（一）重大错报风险

重大错报风险		示例
1. 被审计单位存在虚假的货币资金余额或交易	导致银行存款余额的存在性或交易的发生存在重大错报风险	
2. 被审计单位存在大额的外币交易和余额——计价和分摊/准确性	存在外币交易或余额未被准确记录的风险	对于有外币现金或外币银行存款的被审计单位，企业有关外币交易的增减变动或年底余额可能因未采用正确的折算汇率而导致计价错误
3. 截止	银行存款的期末收支存在大额的截止性错误	被审计单位期末存在金额重大且异常的银付企未付，企收银未收事项
4. 被审计单位可能存在未能按照企业会计准则的规定对货币资金作出恰当披露的风险	—	被审计单位期末持有使用受限制的大额银行存款，但在编制财务报表时未在财务报表附注中对其进行披露

（二）保持警觉的事项或情形——针对货币资金审计

1. 被审计单位的现金交易比例较高，并与其所在的行业常用的结算模式不同。

2. 库存现金规模明显超过业务周转所需资金。

3. 银行账户开立数量与企业实际的业务规模不匹配。

4. 在没有经营业务的地区开立银行账户。

5. 企业资金存放与管理层或员工个人账户。

6. 货币资金收支金额与现金流量表不匹配。

7. 不能提供银行对账单或银行存款余额调节表。

8. 存在长期或大量银行未达账项。

9. 银行存款明细账存在非正常转账的“一借一贷”。

10. 违反货币资金存放和使用规定（如上市公司未经批准开立账户转移募集资金、未经许可将募集资金转作其他用途等）。

11. 存在大额外币收付记录，而被审计单位并不涉足外贸业务。

12. 被审计单位以各种理由不配合注册会计师实施银行函证。

（三）保持警觉的事项或情形——针对其他财务报表项目

四、总体方案（第三能力等级）

注册会计师通过综合性方案或实质性方

案获取的审计证据应足以应对识别出的认定层次的重大错报风险。

第三节 测试货币资金的内部控制

一、库存现金的控制测试（第三能力等级）

二、银行存款的控制测试

第四节 货币资金的实质性程序

一、监盘库存现金（第三能力等级）

监盘库存现金	具体内容
1. 参加监盘人员	现金出纳员、被审计单位会计主管人员和注册会计师
2. 监盘时间	最好选择在上午上班前或下午下班时进行
3. 监盘范围	一般包括被审计单位各部门经管的所有现金
4. 监盘方式	突击性的检查
5. 监盘程序	对被审计单位现金盘点实施监盘程序是用作控制测试还是实质性程序，取决于注册会计师对风险评估结果、审计方案和实施的特定程序的判断； ①制定库存现金监盘计划，确定监盘时间； ②审阅库存现金日记账并同时与库存现金收付凭证相核对； ③检查被审计单位现金实存数，并将该监盘金额与库存现金日记账余额进行核对； ④在非资产负债表日进行监盘时，应将监盘金额调整至资产负债表日的金额

【例题2·单选题】

A注册会计师负责审计N公司2017年度财务报表。在货币资金审计过程中，2018年3月5日对N公司全部现金进行监盘后，确认实有现金数额为1 000元。N公司3月4日账面库存现金余额为2 000元，3月5日发生的现金收支全部未登记入账，其中收入金额为3 000元、支出金额为4 000元，2018年1月1日至3月4日现金收入总额为165 200元、现金支出总额为165 500元，则推断2017年12月31日库存现金余额应为（　　）元。

A. 1 300　　B. 2 300

C. 700　　D. 2 700

【答案】B

【解析】本题的考点为监盘库存现金。在非资产负债表日后进行监盘时，应调整至资产负债表日的金额。2017年12月31日库存现金余额 = 1 000 + （165 500 + 4 000）-（165 200 + 3 000）= 2 300（元）。

【例题3·简答题】

在对G公司2017年度财务报表进行审计时，M注册会计师负责审计货币资金项目。G公司在总部和营业部均设有出纳部门。为顺利监盘库存现金，M注册会计师在监盘前一天通知G公司会计主管人员做好监盘准备。考虑到出纳日常工作安排，对总部和营业部库存现金的监盘时间分别定在上午十点和下午三点。监盘时，出纳把现金放入保险柜，并将已办妥现金收付手续的交易登入库存现金日记账，结出现金日记账余额；然后，M注册会计师当场盘点现金，在与库存现金日记账核对后填写“库存现金监盘表”，并在签字后形成审计工作底稿。

要求：

请指出上述库存现金监盘工作中有哪些不当之处，并提出改进建议。

【答案】

（1）提前通知G公司会计主管人员做好监盘准备的做法不当。M注册会计师应当实施突击性检查。

（2）没有同时监盘总部和营业部库存现金的做法不当。M注册会计师应组织同时监盘总部和营业部的库存现金，若不能同时监盘，则应对后监盘的库存现金实施封存。

（3）G公司会计主管人员没有参与盘点的做法不当。盘点人员应包括出纳、会计主管人员和注册会计师。

（4）库存现金盘点操作程序不当。库存现金应由出纳盘点，由注册会计师监盘。

（5）“库存现金监盘表”签字人员不当。“库存现金监盘表”应由公司相关人员和注册会计师共同签字。

【提示】库存现金的监盘时间分别定在上午十点和下午三点不合适，盘点时间最好安排在上午上班前或下午下班时，但是并不能说明监盘时间不能定在其他时间。

二、银行存款的实质性程序（第三能力等级）

1. 获取或编制银行存款余额明细表，复核加计是否正确，并与总账数和日记账合计数核对是否相符；检查非记账本位币银行存款的折算汇率及折算金额是否正确。

【提示】被审计企业银行账户的完整性。

（1）注册会计师亲自到人民银行或基本存款账户开户行查询并打印《已开立银行结算账户清单》，以确认被审计单位账面记录的银行人民币结算账户是否完整。

（2）结合其他相关细节测试，关注原始单据中被审计单位的收（付）款银行账户是否包含在注册会计师已获取的开立银行账户清单内。

2. 实施分析程序。

（1）计算银行存款累计余额应收利息收入，分析比较被审计单位银行存款应收利息收入与实际利息收入的差异是否恰当，评估利息收入的合理性。

（2）检查是否存在高息资金拆借，确认银行存款余额是否存在，利息收入是否已经完整记录。

3. 检查银行存款账户发生额。

（1）分析不同账户发生银行日记账漏记银行交易的可能性，获取相关账户相关期间的全部银行对账单。

（2）如果对被审计单位银行对账单的真实性存有疑虑，注册会计师可以在被审计单位协助下亲自到银行获取银行对账单。

【提示】在获取银行对账单时，注册会计师要全程关注银行对账单的打印过程。

（3）从银行对账单中选取交易的样本与被审计单位银行日记账记录进行核对；从被审计单位银行存款日记账上选取样本，核对至银行对账单。

（4）浏览银行对账单，选取大额异常交易，如银行对账单上有一收一付相同金额，或分次转出相同金额等，检查被审计单位银行存款日记账上有无该项收付金额记录。

4. 取得并检查银行存款余额对账单和银行存款余额调节表。

（1）取得并检查银行对账单。

①取得被审计单位加盖银行印章的银行对账单，注册会计师应对银行对账单的真实性保持警觉，必要时，亲自到银行获取对账单，并对获取过程保持控制。

②将获取的银行对账单余额与银行日记账余额进行核对，如存在差异，获取银行存款余额调节表。

③将被审计单位资产负债表日的银行对账单与银行询证函回函核对，确认是否一致。

（2）取得并检查银行存款余额调节表。

①检查调节表中加计数是否正确，调节后银行存款日记账余额与银行对账单余额是否一致。

②检查调节事项：对于企业已收付、银行尚未入账的事项，检查相关收付款凭证，并取得期后银行对账单，确认未达账项是否存在，银行是否已于期后入账；对于银行已收付、企业尚未入账的事项，检查期后企业入账的收付款凭证，确认未达账项是否存在。

【提示】如果企业银行存款余额调节表存在大额或较长时间的未达账项，注册会计师应查明原因并确定是否需要提请被审计单位进行调整。

③关注长期未达账项，查看是否存在挪用资金等事项。

④特别关注银付企未付、企付银未付中支付异常的领款事项，包括没有载明收款人、签字不全等支付事项，确认是否存在舞弊。

【例题4·多选题】

被审计企业2017年12月31日的银行存款余额调节表包括一笔“企业已付，银行未付”调节项，其内容为以支票支付赊购材料款。下列审计程序中，能为该调节项提供审计证据的有（　　）。

A. 检查付款申请单是否经适当批准

B. 就2017年12月31日相关供应商的应付账款余额实施函证

C. 检查支票开具日期

D. 检查2017年1月的银行对账单

【答案】BCD

【解析】选项A，付款申请单是否经过适当批准只能为付款的真实性提供证据，并不能为调节项提供审计证据。

【例题5·单选题】

被审计单位银行账户的银行对账单余额为1 585 000元，在检查该账户银行存款余额调节表时，注册会计师注意到以下事项：在途存款100 000元；未提现支票50 000元；未入账的银行存款利息收入35 000元；未入账的银行代扣水电费25 000元。假定不考虑其他因素，D注册会计师审计后确认的该银行存款账户余额应是（　　）。

A. 1 535 000元　　B. 1 575 000元

C. 1 595 000元　　D. 1 635 000元

【答案】D

【解析】假定不考虑其他的因素，那么审计后确认的金额应该为经银行余额调节表调节后的金额：1 585 000 + 100 000 - 50 000 = 1 635 000（元）。

5. 函证银行存款余额，编制银行函证结果汇总表，检查银行回函（结合第三章函证）。

函证银行存款	具体内容
（1）函证目的	①函证资产负债表所列银行存款是否存在； ②欠银行的债务； ③未入账的银行借款； ④未披露的或有负债
（2）函证范围	银行存款（包括零余账户和在本期内注销的账户）及与金融机构往来的其他重要信息实施函证程序，除非有充分证据表明某一银行存款，借款及与金融机构往来的其他重要信息对财务报表不重要且与之相关的重大错报风险很低
（3）函证内容	实施函证程序时，注册会计师应当对询证函保持控制，当函证信息与银行回函结果不符时，注册会计师应当调查不符事项，以确定是否表明存在错报。 ①以被审计单位名义发函； ②采用积极式询证函； ③询证被审计单位与开户行的存款、借款及与金融机构往来的其他重要信息； ④回函直接寄往会计师事务所（详见教材表12－3）

【例题6·多选题】

注册会计师拟对银行存款余额实施函证程序。下列做法中，正确的有（　　）。

A. 以被审计企业的名义寄发银行询证函

B. 除零余额账户和在本期内注销的账户以外，必须对被审计企业所有银行存款账户实施函证程序

C. 由被审计企业代为填写银行询证函后，交由注册会计师直接发出并回收

D. 如果银行询证函回函结果表明没有差异，则可以认定银行存款余额是正确的

【答案】AC

【解析】本题的考点为银行存款实质性程序。选项B项，注册会计师必须对A公司银行存款（包括零余额账户和在本期内注销的账户）及与金融机构往来的其他重要信息实施函证程序；选项D，银行询证函回函结果表明不存在差异则可能存在银行已经支付的款项而企业没有入账的情况，所以是不能直接确认银行存款余额是正确的。

6. 检查银行存款账户存款人是否为被审计企业。

7. 关注是否存在质押、冻结等对变现有限制或存在境外的款项。

8. 检查银行存款收支的截止是否正确。

【例题7·简答题】（2015年试题）

ABC会计师事务所负责审计甲公司2014年度财务报表，审计项目组认为货币资金的存在和完整性认定存在舞弊导致的重大错报风险，审计工作底稿中与货币资金审计相关的部分内容摘录如下：

（1）2015年2月2日，审计项目组要求甲公司管理层于次日对库存现金进行盘点，2月3日，审计项目组在现场实施了监盘，并将结果与现金日记账进行了核对，未发现差异。

（2）因对甲公司管理层提供的银行账户清单完整性存有疑虑，审计项目组前往当地

中国人民银行查询并打印了甲公司已开立银行结算账户清单，结果满意。

(3) 因对甲公司提供的银行账单的真实性存有疑虑，审计项目组要求甲公司管理层重新取得了所有银行账户的对账单，并现场观察了对账单的打印过程，未发现异常。

(4) 审计项目组未对年末余额小于10万元的银行账户实施函证，这些账户年末余额合计小于实际执行的重要性，审计项目组检查了银行对账单原件和银行存款余额调节表，结果满意。

(5) 针对年末银行存款余额调节表中企业已开支票银行尚未扣款的调节项，审计项目组通过检查相关的支票存根和记账凭证予以确认。

(6) 审计项目组发现×银行询证函回函上的印章与以前年度的不同，甲公司管理层解释×银行于2014年中变更了印章样式，并提供了×银行的收款回单，审计项目组通过对比印章样式认可了甲公司管理层的解释。

【要求】

针对上述第（1）至（6）项，逐项指出审计项目组的做法是否恰当。如不恰当，提出改进建议。

【答案】

事项（1）不恰当。改进建议：对库存现金的监盘最好实施突击性检查，时间最好选择在上午上班前或下午下班时。

事项（2）恰当。

事项（3）不恰当。改进建议：如果对甲公司提供的银行对账单的真实性存有疑虑，注册会计师可以在被审计单位的协助下亲自到银行获取银行对账单。在获取银行对账单时，注册会计师要全程关注银行对账单的打印过程。

事项（4）不恰当。改进建议：审计项目组应当对银行存款账户（包括零余额账户和在本期内注销的账户）实施函证程序，除非有充分证据表明某一银行存款对财务报表不得要且与之相关的重大错报风险很低。

事项（5）不恰当。改进建议：针对年末银行存款余额调节表中企业已开支票银行尚未扣款的调节项，审计项目组不仅应通过检查相关的支票存根和记账凭证予以确认，还应取得期后银行对账单，确认未达账项是否存在，银行是否已于期后入账。

事项（6）不恰当。改进建议：不能仅通过甲公司的解释和提供的收款回单，而不实施其他审计程序，审计项目组应实施其他审计程序，比如亲自到银行进行核实等。

三、其他货币资金的实质性程序

1. 如果被审计单位有定期存款，注册会计师可以考虑实施以下审计程序：

(1) 获取定期存款明细表，检查是否与账面记录金额一致，存款人是否为被审计单位，定期存款是否被质押或限制使用。

(2) 在监盘库存现金的同时，监盘定期存款票凭据。

(3) 对未质押的定期存款，检查开户证实书原件，以防止被审计单位提供的复印件是未质押（或未提现）前原件的复印件。

(4) 对已质押的定期存款，检查定期存单复印件，并与相应的质押合同核对。

①对于质押借款的定期存单，关注定期存单对应的质押借款有无入账。

②对于超过借款期限但仍处于质押状态的定期存款，还应关注相关借款的偿还情况，了解相关质权是否已被行使。

③对于为他人担保的定期存单，关注担保是否逾期及相关质权是否已被行使。

(5) 函证定期存款相关信息。

2. 对其他货币资金实施审计程序时，特别关注：

①核对证券账户名称是否与被审计单位相符；

②获取证券公司证券交易结算资金账户的交易流水；

③抽查大额的资金收支；

④关注资金收支的财务账面记录与资金流水是否相符。

【提示】如果投资于证券交易业务，通常结合相应金融资产项目审计。

【例题8·单选题】（2016年试题）

下列审计程序中，通常不能为定期存款的存在认定提供可靠的审计证据的是（　　）。

A. 函证定期存款的相关信息

B. 对于未质押的定期存款，检查开户证实书原件

C. 对于已质押的定期存款，检查定期存

单复印件

D. 对于在资产负债表日后已到期的定期存款，核对兑付凭证

【答案】C

【解析】对已质押的定期存款，检查定期存单复印件，并与相应的质押合同核对，属于检查所有权。不能为定期存款的存在认定提供可靠的审计证据。其中：（1）对于质押借款的定期存单，关注定期存单对应的质押借款有无入账；（2）对于超过借款期限但仍处于质押状态的定期存款，还应关注相关借款的偿还情况，了解相关质权是否已被行使。

通关演练

一、单项选择题

1. 被审计单位某银行账户的银行对账单余额与银行存款日记账余额不符，注册会计师应当执行的最有效的审计程序是（　　）。

A. 重新测试相关的内部控制

B. 审查银行对账单中记录的该账户资产负债表日前后的收付情况

C. 审查银行存款日记账中记录的该账户资产负债表日前后的收付情况

D. 审查该账户的银行存款余额调节表

2. 注册会计师怀疑被审计单位的经手人员在记账以前截留顾客货款，盗取现金，而后将账目作为坏账冲销，则他应采取（　　）程序予以查实。

A. 审核坏账注销的准确性

B. 向坏账记录中的每位顾客发函

C. 向开户银行发函询证

D. 审查银行存款余额调节表

3. 检查被审计单位银行存款余额调节表是证实银行存款是否真实的重要程序，但注册会计师通过这一程序并不能发现的错误是（　　）。

A. 年末最后一天开出支票不入账，要求顾客年后办理转账

B. 某项支出已记入银行存款日记账，但没有开出转账支票

C. 将资产负债表日后收到的银行存款提前记入被审计年度

D. 应付票据已由银行付讫，但被审计单位收到对账单后并未入账

4. 被审计单位采购部门负责人虚构采购原材料交易，并以银行存款支付虚构的原材料款，注册会计师最应选择实施下列（　　）程序。

A. 从银行存款日记账追查至验收单

B. 从卖方发票追查银行存款日记账

C. 取得银行对账单，调节银行存款余额

D. 从银行存款日记账追查至卖方发票

5. 注册会计师对银行存款账户的发生额实施的程序不包括（　　）。

A. 分析不同账户发生银行日记账漏记银行交易的可能性，获取相关账户相关期间的全部银行对账单

B. 如果对被审计单位银行日记账的真实性存有疑虑，注册会计师可以在被审计单位协助下亲自到银行获取银行对账单

C. 从被审计单位银行存款日记账上选取样本，核对至银行对账单

D. 浏览银行对账单，选取大额异常交易

6. 注册会计师实施的下列程序中，属于银行存款控制测试程序的是（　　）。

A. 取得银行存款余额调节表并检查未达账项的真实性

B. 检查银行存款收支的正确截止

C. 检查是否定期取得银行对账单并编制银行存款余额调节表

D. 函证银行存款余额

7. 注册会计师拟对被审计单位的货币资金实施实质性程序。下列审计程序中，属于实质性程序的是（　　）。

A. 检查银行预留印鉴的保管情况

B. 检查银行存款余额调节表，查验其是否按月正确编制并经复核

C. 检查现金交易中是否存在应通过银行办理转账支付的项目

D. 检查外币银行存款年末余额是否按年末汇率折合为记账本位币金额

8. 注册会计师在检查被审计单位 2018 年 12 月 31 日的银行存款余额调节表时发现下列调节事项，其中有迹象表明性质或范围不合理的是（　　）。

A. “银行已收、企业未收”项目包含一项 2018 年 12 月 31 日到账的应收账款，被审

计单位尚未收到银行的收款通知

B. “企业已付、银行未付”项目包含一项被审计单位于2018年12月31日提交的转账支付申请，用于支付被审计单位2018年12月份的电费

C. “企业已收、银行未收”项目包含一项2018年12月30日收到的退货款，被审计单位已将供应商提供的支票提交银行

D. “银行已付、企业未付”项目包含一项2018年11月支付的销售返利，该笔付款已经总经理授权，但由于经办人员未提供相关单据，会计部门尚未入账

9. 如果注册会计师要证实被审计单位在临近2018年12月31日签发的支票是否已登记入账，最有效的审计程序是（　　）。

A. 函证2018年12月31日的银行存款余额

B. 检查2018年12月31日的银行对账单

C. 检查2018年12月31日的银行存款余额调节表

D. 检查2018年12月的支票存根和银行存款日记账

10. 取得并检查银行对账单时，注册会计师实施的以下审计程序中，不恰当的是（　　）。

A. 检查被审计单位的银行对账单是否加盖银行印章，必要时亲自到银行获取对账单

B. 将银行对账单的每一项余额与银行存款余额调节表的对应余额比较

C. 将资产负债表日的银行对账单与银行询证函回函核对

D. 如银行对账单余额与银行日记账余额存在差异，追查到银行存款余额调节表

11. 注册会计师制定的库存现金监盘计划中，正确的是（　　）。

A. 提前一天通知出纳人员做好盘点准备

B. 监盘安排在午餐时间进行以免影响财务工作

C. 监盘由注册会计师与出纳人员共同实施

D. 尽量同时盘点不同存放地点的所有现金

12. 取得并检查银行存款余额调节表时，注册会计师需要特别关注的是（　　）。

A. 调节表中加计数是否正确

B. 银付企未付、企付银未付中支付异常的领款事项

C. 调节后银行存款日记账余额与银行对账单余额是否一致

D. 期后企业入账的收付款凭证

13. 下列各项中，不属于货币资金审计涉及的单据和会计记录的是（　　）。

A. 银行存款余额调节表

B. 货币资金科目的记账凭证

C. 现金盘点表

D. 存货计价审计表

14. 注册会计师测试被审计单位库存现金余额的起点是（　　）。

A. 监盘库存现金

B. 核对库存现金日记账与总账金额是否相符

C. 财务专用章是否由专人保管

D. 库存现金监盘表是否有出纳签名

二、多项选择题

1. 注册会计师对定期存款或限定用途的存款应检查银行存单，实施程序主要包括（　　）。

A. 对已质押的定期存款，应检查定期存单，并与相应的质押合同核对，同时关注定期存单对应的质押借款有无入账

B. 对未质押的定期存款，应检查开户证实书原件

C. 对审计外勤工作结束日前已提取的定期存款，应核对相应的兑付凭证、银行对账单和定期存款复印件

D. 函证开户银行

2. 为查明被审计单位是否存在利用其银行账户替其他单位或个人转移资金、使不法资金合法化的违法行为，注册会计师应当实施的程序有（　　）。

A. 编制跨行转账业务明细表，检查跨行转账业务是否同时对应转入和转出

B. 检查被审计单位未付票据清单有记录但截止资产负债表日银行对账单无记录的未付票据

C. 追查截止日期银行对账单已收、被审计单位未收的款项性质及款项来源

D. 检查资产负债表日后银行对账单是否完整记录了调节事项中银行未付票据金额

3. 在下列各项中，使得被审计单位银行存款日记账余额会小于银行对账单余额的有（　　）。

A. 被审计单位开出支票，对方未到银行兑现

B. 银行误将其他公司的存款记入被审计单位业银行存款账户

C. 银行代扣水电费，被审计单位尚未接到通知

D. 银行收到委托收款结算方式下结算款项，企业尚未收到通知

4. 注册会计师在审查被审计单位的银行存款时，通过向被审计单位的开户银行发函询证，可以证实被审计单位银行存款的有(　　)。

A. 银行存款的存入时间

B. 有息账户的利率

C. 银行借款的条件

D. 银行借款的到期时间

5. 针对被审计单位的定期存款，注册会计师实施的审计程序包括（　　）。

A. 向管理层询问定期存款存在的商业理由并评估其合理性

B. 对未质押的定期存款，需核对存款人、金额、期限

C. 结合财务费用审计测算利息收入的合理性，判断是否存在体外资金循环的情形

D. 对于为他人担保的定期存单，关注担保是否逾期

6. 注册会计师负责审计被审计单位 2017 年度财务报表。被审计单位编制的 2017 年 12 月 31 日银行存款余额调节表显示存在 120 000 元的未达账项，其中包括被审计单位已付而银行未付的材料采购款 100 000 元。以下审计程序中，可能为该材料采购款未达账项的真实性提供审计证据的有（　　）。

A. 检查 2018 年 1 月份的银行对账单

B. 检查相关的采购合同、供应商销售发票和付款审批手续

C. 就 2017 年 12 月 31 日银行存款余额向银行寄发银行询证函

D. 向相关的原材料供应商寄发询证函

7. 下列有关甲公司审计工作底稿记载的与货币资金审计相关的情况中，恰当的有(　　)。

A. 规定办理货币资金支付义务的程序为：申请、审批、支付、复核

B. 盘点库存现金前，注册会计师审阅了库存现金日记账

C. 盘点库存现金前，注册会计师核对了库存现金日记账的记录和凭证的内容和金额是否相符

D. 盘点库存现金前，注册会计师核对了库存现金日记账的日期与收付凭证日期是否相符或接近

8. 针对注册会计师取得并检查银行存款余额调节表的程序，下列选项中，正确的有(　　)。

A. 检查调节表中加计数是否正确，调节后银行存款日记账余额与银行对账单余额是否一致

B. 对于企业已收付、银行尚未入账的事项，检查相关收付款凭证，并取得期后银行对账单，确认未达账项是否存在，银行是否已于期后入账

C. 对于银行已收付、企业尚未入账的事项，检查期后企业入账的收付款凭证，确认未达账项是否存在

D. 如果存在大额或较长时间的未达账项，注册会计师应查明原因，并确定是否需要提请被审计单位进行调整，查看是否存在挪用资金等事项

9. 下列各项中，属于针对银行存款实施的控制测试的有（　　）。

A. 观察财务经理复核付款申请的过程，是否核对了付款申请的用途、金额及后附相关凭据，以及在核对无误后是否进行了签字确认

B. 获取银行存款余额明细表，复核加计是否正确，并与总账数和日记账合计数核对是否相符

C. 重新核对经审批及复核的付款申请及其相关凭据，并检查是否经签字确认。

D. 取得本年度账户开立、变更、撤销申请项目清单，检查清单的完整性，并在选取适当样本的基础上检查账户的开立、变更、撤销项目是否已经财务经理和总经理审批

三、简答题

1. A 注册会计师确定甲公司 2017 年度财务报表整体的重要性为 200 万元，明显微小错报的临界值为 10 万元。A 注册会计师实施了银行及应收账款函证程序，相关审计工作底稿的部分内容摘录如下：

金额：万元

询证函编号	是否回函（是/否）	账面余额	回函金额	差异	审计说明
银行询证函：					(1)
Y1	是	3 500	3 500	0	(2)
Y2	是	235	232	3	(3)
……	……	……	……	……	……
应收账款询证函：					
W1	不适用	900	不适用	不适用	(4)
W2	否	1 300	不适用	不适用	(5)
W3	否	850	不适用	不适用	(6)
……	……	……	……	……	……

审计说明：

(1) 对甲公司2017年12月31日有往来余额的银行账户实施函证程序。

(2) 甲公司为该银行重要客户，有业务专员上门办理各类业务。2018年2月18日，A注册会计师在甲公司财务经理陪同下将函证交予上门办理业务的银行业务专员。银行业务专员当场盖章回函。函证结果满意。

(3) 差异金额3万元，小于明显微小错报的临界值，无须实施进一步审计程序。

(4) 该账户已全额计提坏账准备，不存在风险，选取另一样本实施函证。

(5) 询证函被退回，原因为"原址查无此企业"。已实施替代程序，未发现差异。

(6) 未收到回函，已与客户财务人员电话确认余额，无须实施替代程序。

要求：

针对上述审计说明第（1）至（6）项，逐项指出A注册会计师的做法是否恰当。如不恰当，简要说明理由。

2. ABC会计师事务所的A注册会计师负责审计制造型企业甲公司2018年度财务报表，审计工作底稿中与货币资金审计相关的部分内容摘录如下：

（1）甲公司会计主管指定应付账款会计每月末盘点库存现金并编制库存现金盘点表，将盘点余额与现金日记账进行核对，并对差异调节项进行说明。会计主管复核盘点表，超过一定金额的差异需查明原因并报财务经理批准后进行财务处理。A注册会计师认为该控制设计有效，实施了控制测试，结果满意。

（2）每月末，甲公司出纳负责获取银行对账单，并将其与银行存款日记账进行核对，编制银行存款余额调节表，查明差异项的原因并进行调节说明。A注册会计师认为该控制设计有效，实施了控制测试，结果满意。

（3）考虑到甲公司现金收支业务较少，基于风险评估的结果判断无须对现金盘点的控制实施测试，A注册会计师仅将现金监盘程序用作实质性程序。

（4）甲公司安排现金出纳员进行库存现金盘点，注册会计师进行监盘。

（5）A注册会计师在对甲公司银行存款、借款及与金融机构往来的其他重要信息实施函证程序时，以会计师事务所名义向银行发询证函，并对询证函保持控制。

（6）A注册会计师有充分证据表明某一银行存款对财务报表不重要，决定不对这些项目实施函证，并审计工作底稿中说明了理由。

要求：

针对上述事项（1）至（6），逐项指出A注册会计师的做法是否恰当，如不恰当，简要说明理由。

答案及解析

一、单项选择题

1.【答案】D

【解析】本题的考点为银行存款实质性程序。选项A为内部控制测试内容；银行对账单余额与银行存款日记账余额不符，原因有二，一是错账，二是未达账项。被审计单位应编制银行存款余额调节表，调整未达账项。注册会计师应当执行的最有效的审计程序是审查该账户的银行存款余额调节表。

2.【答案】B

【解析】该题目表达的是造假客户尚未付款而事实上客户已经付款，因此向客户寄发询证函是有效的。

3.【答案】A

【解析】检查银行存款余额调节表主要适用于发现企业与银行两方存在不一致的情况。选项A中情形使企业及银行两方同时漏记了当年的银行存款减少业务，且不导致两方记录产生差异，无法通过检查银行存款余额调节表发现（适当的程序是：从支票存根追查到银行存款日记账）；选项B、C、D均将导致企业与银行间记录的不一致，均可通过检查银行存款余额调节表发现。

4.【答案】D

【解析】所述舞弊的特征是款项已付，故应从银行存款日记账开始追查，这就排除了选项B（实际上，有卖方发票一定程度上说明了采购不是虚构的）。选项C与虚构采购毫无关联；怀疑采购部门职员舞弊，应当从采购部门以外获取审计证据。选项A、D均满足这一要求，但选项D中证据独立性更强，更难虚构，故应选D。

5.【答案】B

【解析】检查银行存款账户发生额。注册会计师对银行存款账户的发生额进行审计，通常能够有效应对被审计单位编制虚假财务报告、管理层或员工非法侵占货币资金等舞弊风险。除实施其他审计程序外，注册会计师还可以考虑对银行存款账户的发生额实施以下程序：（1）分析不同账户发生银行日记账漏记银行交易的可能性，获取相关账户相关期间的全部银行对账单；（2）如果对被审计单位银行对账单的真实性存有疑虑，注册会计师可以在被审计单位协助下亲自到银行获取银行对账单。在获取银行对账单时，注册会计师要全程关注银行对账单的打印过程；（3）选取银行对账单中记录的交易与被审计单位银行日记账记录进行核对；从被审计单位银行存款日记账上选取样本，核对至银行对账单；（4）浏览银行对账单，选取大额异常交易，如银行对账单上有一收一付相同金额，或分次转出相同金额等，价差被审计单位银行存款日记账上有无该项收付金额记录。

6.【答案】C

【解析】选项A、B、D均属于实质性程序；选项C属于明显的控制测试程序，被审计单位的内部控制中应该设置定期取得对账单并编制银行存款余额调节表的内部控制，而注册会计师对该项控制的检查，即属于控制测试。

7.【答案】D

【解析】选项A、B、C选项是货币资金的控制测试；选项D是货币资金的实质性程序。

8.【答案】D

【解析】“银行已付、企业未付”项目包含一项2018年11月支付的销售返利，该笔付款已经总经理授权，但由于经办人员未提供相关单据，会计部门尚未入账，银行也未付。

9.【答案】D

【解析】只要被审计企业已经签发了支票的，必然会有支票存根，注册会计师根据连续编号的支票存根追查到银行日记账，这是最有效的方法。如果持票人尚未到银行办理转账的手续，则无法查出未入账的已签发支票。

10.【答案】B

【解析】应将银行对账单余额与银行日记账余额核对，存在差异时，再追查到银行存款余额调节表。

11.【答案】D

【解析】监盘应当采用突击的方式，不宜事先通知（选项A错）；监盘时间应当安排在上午上班前或下午下班时（选项B错）；会计主管也应参加盘点（选项C错）；选项D是明文规定，以防不同地点的现金转移。

12.【答案】B

【解析】“领款”意味着银行存款的减少，异常领款很可能存在舞弊，所以，注册会计师要特别关注银付企未付、企付银未付中支付异常的领款事项。

13.【答案】D

【解析】货币资金审计涉及的单据和会计记录主要有：（1）现金盘点表；（2）银行对

账单；（3）银行存款余额调节表；（4）有关科目的记账凭证；（5）有关会计账簿。

14.【答案】B

【解析】注册会计师测试现金余额的起点是核对库存现金日记账与总账金额是否相符，在此基础上实施监盘程序。选项C、D属于控制测试，不属于细节测试。

二、多项选择题

1.【答案】ABC

【解析】本题的考点为银行存款实质性程序。函证开户银行是证实银行存款存在认定的实质性程序。

2.【答案】AC

【解析】收、付日期临近、金额相等、银行收企业未收是命题所述情况的特点。选项B、D主要针对企业虚减负债的情况。

3.【答案】ABD

【解析】被审计单位开出支票，对方未到银行兑现，使被审计单位银行存款日记账的现金减少，但未影响银行对账单的余额；银行误将其他公司的存款记入被审计单位银行存款账户，使银行对账单的余额增加，被审计单位银行存款日记账的现金未受影响；银行代扣水电费，被审计单位尚未接到通知，使银行对账单的现金减少，但未影响银行存款日记账的余额，被审计单位银行存款日记账余额会大于银行对账单余额；银行收到委托收款结算方式下结算款项，被审计单位尚未收到通知，使银行对账单的现金增加，但未影响被审计单位银行存款日记账的余额。

4.【答案】BCD

【解析】标准的银行存款函证回函中并不包括存入日期。

5.【答案】ABCD

【解析】如果被审计单位有定期存款，注册会计师可以考虑实施以下审计程序：（1）向管理层询问定期存款存在的商业理由并评估其合理性；（2）获取定期存款明细表，检查是否与账面记录金额一致，存款人是否为被审计单位，定期存款是否被质押或限制使用；（3）在监盘库存现金的同时，监盘定期存款票凭据。如果被审计单位在资产负债表日有大额定期存款，基于对风险的判断考虑选择在资产负债表日实施监盘；（4）对未质押的定期存款，检查开户证实书原件，以防止被审计单位提供的复印件是未质押（或未提现）前原件的复印件。在检查时，还要认真核对相关信息，包括存款人、金额、期限等，如有异常，需实施进一步审计程序；（5）对已质押的定期存款，检查定期存单复印件，并与相应的质押合同核对。对于质押借款的定期存单，关注定期存单对应的质押借款有无入账，对于超过借款期限但仍处于质押状态的定期存款，还应关注相关借款的偿还情况，了解相关质权是否已被行使；对于为他人担保的定期存单，关注担保是否逾期及相关质权是否已被行使；（6）函证定期存款相关信息；（7）结合财务费用审计测算利息收入的合理性，判断是否存在体外资金循环的情形；（8）在资产负债表日后已提取的定期存款，核对相应的兑付凭证等；（9）关注被审计单位是否在财务报表附注中对定期存款给予充分披露。

6.【答案】ABD

【解析】本题的考点为银行存款实质性程序。向银行寄发银行询证函只能获取银行存款真实存在的审计证据，而不能确定企业未达账项的真实性。

7.【答案】BCD

【解析】A选项支付货币资金时，应当复核在前，支付在后。

8.【答案】ABCD

【解析】四个选项均正确。

9.【答案】ACD

【解析】选项B属于实质性程序。

三、简答题

1.【答案】

第（1）项不恰当。A注册会计师没有对零余额和在本期内注销的账户实施函证。也未评估这些账户是否对财务报表不重要且与之相关的重大错报风险很低。

第（2）项不恰当。A注册会计师没有评估回函的可靠性。银行业务专员当场办理回函，未实施适当的核对程序和处理流程。

第（3）项不恰当。小额差异也需要进行调查。小额差异可能是由方向相反的大额差异相互抵销形成的。

第（4）项不恰当。函证程序应对的是存

在认定，全额计提坏账准备针对的是计价和分摊的认定，无法应对存在认定。

第（5）项不恰当。对于“原址查无此企业”的异常函证，应当保持足够的职业怀疑，对函证地址信息进行调查。应当实施进一步审计程序检查是否存在被审计单位虚构销售客户的情况，不应直接实施替代程序。

第（6）项不恰当。只对询证函进行口头回复不符合函证的要求，因为其不是对A注册会计师的直接书面回复。当收到口头回复后，A注册会计师可以根据情况要求被询证者提供直接书面回复。实施替代程序。

2.【答案】

事项（1）恰当。

事项（2）不恰当。出纳一般不得同时从事银行对账单的获取、银行存款余额调节表的编制工作。

事项（3）恰当。

事项（4）不恰当。会计主管人员必须参加库存现金的盘点。

事项（5）不恰当。注册会计师需要以被审计单位名义向银行发询证函。

事项（6）不恰当。还应当有充分证据表明与这一银行存款相关的重大错报风险很低。

第四编　对特殊事项的考虑

第十三章　对舞弊和法律法规的考虑

本章考情分析

本章属于比较重要的章节。本章涉及中国注册会计师审计准则——财务报表审计中与舞弊相关的责任和财务报表审计中对法律法规的考虑。按照考试大纲的要求，舞弊风险评估、舞弊风险应对和会计分录测试以及识别出或怀疑存在违反法律法规行为时实施的审计程序和对识别出的或怀疑存在的违反法律法规行为的报告，属于第三能力等级内容。考点主要围绕如何应对舞弊导致的重大错报风险、如何测试会计分录、怀疑存在违反法律法规行为时实施的审计程序以及被审计单位违反法规行为对审计报告意见类型的影响等相关问题，近年本章试题所占区间3分至6分，题型会涉及客观题和简答题。

要求考生：

1. 掌握舞弊风险评估和舞弊风险应对。
2. 掌握会计分录测试。
3. 理解怀疑存在违反法律法规行为时实施的审计程序。
4. 理解对识别出的或怀疑存在的违反法律法规行为的报告。

本章教材变化

本章对违反法律法规行为的解释、怀疑被审计单位存在违反法律法规行为时的审计程序、评价违反法律法规行为的影响以及对识别出的或怀疑存在的违反法律法规行为的沟通和报告等内容进行了较大修改和完善。

基本内容框架

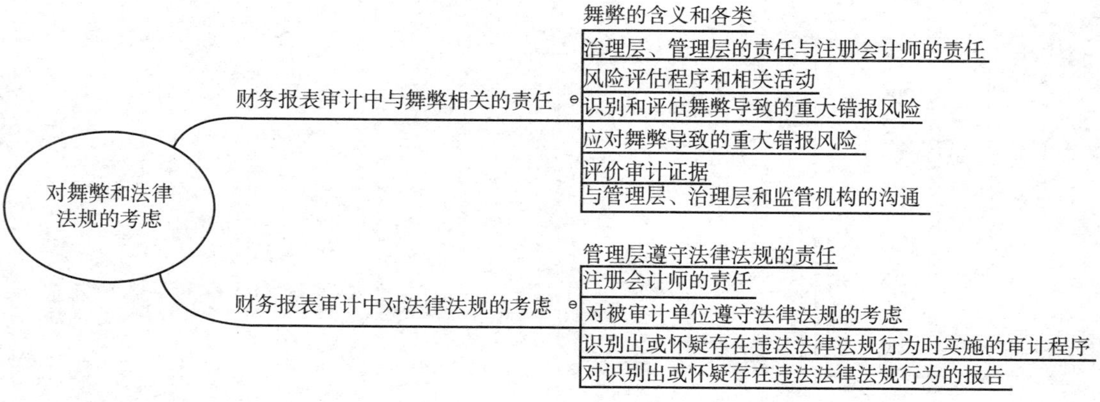

通关重难点例题解析

第一节　财务报表审计中与舞弊相关的责任

一、舞弊的含义和种类（第一能力等级）

项目		内容
舞弊的种类	1. 编制虚假财务报告导致的错报	（1）对编制财务报表所依据的会计记录或支持性文件进行操纵、弄虚作假或篡改。 （2）在财务报表中错误表达或故意漏记事项、交易或其他重要信息。 （3）故意地错误使用与金额、分类、列报或披露相关的会计原则
	2. 侵占资产导致的错报	（1）贪污收到的款项。 （2）盗窃实物资产或无形资产。 （3）使被审计单位对未收到的商品或未接受的劳务付款。 （4）将被审计单位资产挪为私用

【例题1·多选题】

甲公司进行会计处理时存在下列情形，其中属于舞弊行为的有（　　）。

A. 不恰当地调整会计估计所依据的假设及改变原先作出的判断

B. 由于疏忽和误解有关事实而作出不恰当的会计估计

C. 故意推迟确认报告期内发生的交易或事项

D. 滥用或随意变更会计政策

【答案】ACD

【解析】舞弊是指使用欺骗的手段获取不当或非法利益的故意行为。选项B属于疏忽和误解，并不属于是故意行为，所以不属于舞弊。

二、治理层、管理层的责任与注册会计师的责任（第一能力等级）

（一）治理层、管理层的责任

被审计单位治理层和管理层对防止或发现舞弊负有主要责任。

（二）注册会计师的责任

注册会计师的责任——按照中国注册会计师审计准则的规定实施审计工作，获取财务报表在整体上不存在由于舞弊或错误导致的重大错报的合理保证。

【提示】注册会计师不能对财务报表整体不存在重大错报获取绝对保证。

（1）舞弊可能涉及精心策划和蓄意实施以进行隐瞒，或故意向注册会计师提供虚假陈述。

（2）如果在完成审计工作后发现舞弊导致的财务报表重大错报，特别是串通舞弊或伪造文件记录导致的重大错报，并不必然表明注册会计师没有遵守审计准则。

三、舞弊风险评估程序（第三能力等级）

（一）询问

（二）评价舞弊风险因素——舞弊三角

1. 实施舞弊的动机或压力——通过了解被审计单位及其环境。（教材第七章风险评估程序——被审计单位财务业绩的衡量和评价）

2. 实施舞弊的机会——通过了解被审计单位内控。（教材第七章风险评估程序）

3. 为舞弊行为寻找借口的能力。

【提示】关注教材表13－1与编制虚假财务报告导致的错报相关的舞弊风险因素；表13－2与侵占资产相关的舞弊风险因素。

【例题2·多选题】（2015年试题）

下列舞弊风险因素中，与实施舞弊的动机或压力相关的是（　　）。

A. 组织机构过于复杂，存在异常的法律实体或管理层级

B. 非财务管理人员过度参与会计政策的选择或重大会计估计的确定

C. 职责分离或独立审核不充分

D. 管理层在被审计单位中拥有重大经济

利益

【答案】D

【解析】选项A、C与实施舞弊的机会相关，选项B与实施舞弊的态度或借口有关。

【例题3·多选题】(2015年试题)

下列舞弊风险因素中，与编制虚拟财务报告相关的有（　　）

A. 利用商业中介进行交易，但缺乏明显的商业理由

B. 在非所有者管理的主体中，管理层由一人或少数人控制，且缺乏补偿性控制

C. 会计系统和信息系统无效

D. 对高级管理人员支出的监督不足

【答案】ABC

【解析】选项D属于与侵占资产导致的错报相关的舞弊风险因素——机会。

（三）实施分析程序

（四）考虑其他信息

（五）组织项目组讨论

审计项目组对舞弊内部讨论的内容可能包括以下方面：

（1）项目组成员认为财务报表易于发生由于舞弊导致的重大错报的方式和领域、管理层可能编制和隐瞒虚假财务报告的方式以及侵占资产的方式等；

（2）可能表明管理层操纵利润的迹象，以及管理层可能采取的导致虚假财务报告的利润操纵手段；

（3）管理层企图通过晦涩难懂的披露使披露事项无法得到正确理解的风险（例如，包含太多不重要的信息或使用不明晰或模糊的语言）；

（4）已知悉的对被审计单位产生影响的外部和内部因素，这些因素可能产生动机或压力使管理层或其他人员实施舞弊、可能提供实施舞弊的机会、可能表明存在为舞弊行为寻找借口的文化或环境；

（5）对接触现金或其他易被侵占资产的员工，管理层对其实施监督的情况；

（6）注意到的管理层或员工在行为或生活方式上出现的异常或无法解释的变化或无法解释的变化；

（7）强调在整个审计过程中对由于舞弊导致重大错报的可能性保持适当关注的重要性；

（8）遇到的哪些情形可能表明存在舞弊；

（9）如何在拟实施审计程序的性质、时间安排和范围中增加不可预见性；

（10）为应对由于舞弊导致财务报表发生重大错报的可能性而选择实施的审计程序，以及特定类型的审计程序是否比其他审计程序更为有效；

（11）注册会计师注意到的舞弊指控；

（12）管理层凌驾于控制之上的风险。

【例题4·多选题】

在组织审计项目组讨论舞弊风险时，A注册会计师认为应当讨论的内容有（　　）。

A. 甲公司发生舞弊导致的重大错报风险的领域及方式

B. 甲公司存在的舞弊风险因素

C. 甲公司管理层凌驾于内部控制之上的可能性

D. 审计项目组应对舞弊导致的重大错报风险的审计程序

【答案】ABCD

【解析】本题主要考核“舞弊风险评估程序”知识点。项目组讨论的内容通常包括：(1)项目组成员认为财务报表易于发生由于舞弊导致的重大错报的方式和领域、管理层可能编制和隐瞒虚假财务报告的方式以及侵占资产的方式等；(2)可能表明管理层操纵利润的迹象，以及管理层可能采取的导致虚假财务报告的利润操纵手段；(3)管理层企图通过晦涩难懂的披露使披露事项无法得到正确理解的风险（例如，包含太多不重要的信息或使用不明晰或模糊的语言)；(4)已知悉的对被审计单位产生影响的外部和内部因素，这些因素可能产生动机或压力使管理层或其他人员实施舞弊、可能提供实施舞弊的机会、可能表明存在为舞弊行为寻找借口的文化或环境；(5)对接触现金或其他易被侵占资产的员工，管理层对其实施监督的情况；(6)注意到的管理层或员工在行为或生活方式上出现的异常或无法解释的变化；(7)强调在整个审计过程中对由于舞弊导致重大错报的可能性保持适当关注的重要性；(8)遇到的哪些情形可能表明存在舞弊；(9)如何在拟实施审计程序的性质、时间安排和范围中增加不可预见性；(10)为应对由于舞弊导致财务报表发生重大错报的可能性而选择实施的审

计程序，以及特定类型的审计程序是否比其他审计程序更为有效；(11) 注册会计师注意到的舞弊指控；(12) 管理层凌驾于控制之上的风险。

四、识别和评估舞弊导致的重大错报风险（第三能力等级）

舞弊导致的重大错报风险属于注册会计师特别考虑的重大错报风险，即特别风险。

【提示】在识别和评估由于舞弊导致的重大错报风险时，注册会计师应当基于收入确认存在舞弊风险的假定，评价哪些类型的收入、收入交易或认定导致舞弊风险。

【例题5·单选题】(2012年试题)

在识别和评估重大错报风险时，下列各项中，注册会计师应当假定存在舞弊风险的是（　　）。

A. 复杂衍生金融工具的计价

B. 存货的可变现净值

C. 收入确认

D. 应付账款的完整性

【答案】C

【解析】在识别和评估由于舞弊导致的重大错报风险时，注册会计师应当基于收入确认存在舞弊风险的假定，评价哪些类型的收入、收入交易或认定导致舞弊风险。

五、应对舞弊导致的重大错报风险（第三能力等级）

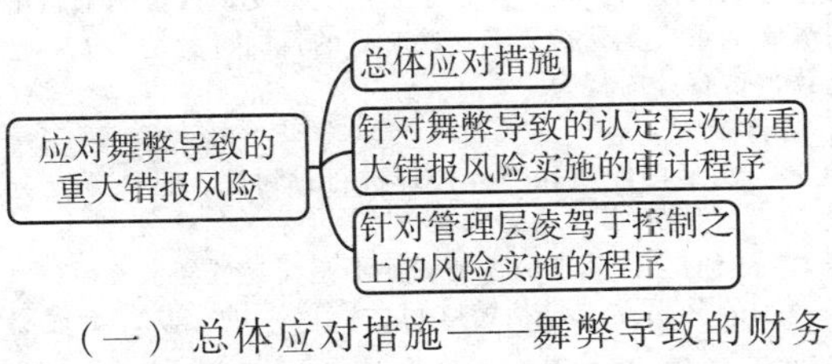

（一）总体应对措施——舞弊导致的财务报表层次的重大错报风险（结合教材第八章）

1. 在分派和督导项目组成员时，考虑承担重要业务职责的项目组成员所具备的知识、技能和能力，并考虑由于舞弊导致的重大错报风险的评估结果。

2. 评价被审计单位对会计政策的选择和运用，是否可能表明管理层通过操纵利润对财务信息作出虚假报告。

3. 在选择审计程序的性质、时间安排和范围时，增加审计程序的不可预见性。

【例题6·多选题】(2010年试题)

对于甲公司舞弊导致的重大错报风险，下列审计程序中，A注册会计师认为通常可以增强审计程序不可预见性的有（　　）。

A. 在事先不通知甲公司的情况下，选择以前未曾到过的存货存放地点实施监盘

B. 运用不同的抽样方法选择需要检查的存货

C. 向以前审计过程中接触不多的甲公司员工询问存货采购和销售情况

D. 在存货监盘时对大额存货进行抽盘

【答案】ABC

【解析】本题主要考核"应对舞弊导致的重大错报风险"知识点。注册会计师在选择进一步审计程序的性质、时间和范围时，应当有意识地避免被这些人员预见或事先了解。注册会计师应当考虑采取下列措施：(1) 对通常由于风险程度较低而不会作出测试的账户余额实施实质性程序；(2) 调整审计程序的时间，使之有别于预期的时间安排；(3) 运用不同的抽样方法；(4) 对不同地理位置的多个组成部分实施审计程序；(5) 以不预先通知的方式实施审计程序。

（二）针对舞弊导致的认定层次重大错报风险实施的审计程序（结合教材第八章）

1. 改变拟实施审计程序的性质，以获取更为可靠、相关的审计证据，或获取其他佐证性信息，包括更加重视实地观察或检查，在实施函证程序时改变常规函证内容，询问被审计单位的非财务人员等。

2. 改变实质性程序的时间，包括在期末或接近期末实施实质性程序，或针对本期较早时间发生的交易事项或贯穿于整个本期的交易事项实施测试。

3. 改变审计程序的范围，包括扩大样本规模，采用更详细的数据实施分析程序等。

【提示】详见教材表13－3具体应对措施——由于编制虚假财务报告导致的错报；表13—4（具体应对措施——由于侵占资产导致的错报）。

【例题7·单选题】(2015年试题)

在判断注册会计师是否按照审计准则的规定执行工作以应对舞弊风险时，下列各项

中，不需要考虑的是（　　）。

A. 注册会计师是否根据具体情况实施了审计程序，并获取了充分、适当的审计证据

B. 注册会计师在审计过程中是否保持了职业怀疑

C. 注册会计师是否识别出舞弊导致的财务报表重大错报

D. 注册会计师是否根据审计证据评价结果出具了恰当的审计报告

【答案】C

【解析】舞弊可能是精心策划并具有隐蔽性，即使注册会计师按照审计准则根据具体情况恰当设计和实施了审计程序，也有可能识别不出舞弊导致的财务报表重大错报。因此选项C错误。

（三）针对管理层凌驾于控制之上的风险实施的程序

【提示】管理层通过凌驾于控制之上实施舞弊的手段：

（1）编制虚假的会计分录，特别是在临近会计期末时；

（2）滥用或随意变更会计政策；

（3）不恰当地调整会计估计所依据的假设及改变原先作出的判断；

（4）故意漏记、提前确认或推迟确认报告期内发生的交易或事项；

（5）隐瞒可能影响财务报表金额的事实；

（6）构造复杂的交易以歪曲财务状况或经营成果；

（7）篡改与重大或异常交易相关的会计记录和交易条款。

【提示】注册会计师针对特别风险应当实施的审计程序：

程序	具体内容
1. 测试日常会计核算过程中作出的会计分录以及为编制财务报表过程中作出的其他调整是否恰当	（1）向参与财务报告过程的人员询问与处理会计分录和其他调整相关的不恰当或异常的活动； （2）选择在报告期末作出的会计分录和其他调整； （3）考虑是否有必要测试整个会计期间的会计分录和其他调整
2. 复核会计估计是否存在偏向，并评价产生这种偏向的环境是否表明存在由于舞弊导致的重大错报风险	（1）评价管理层在作出会计估计时所作的判断和决策是否反映出管理层的某种偏向（即使判断和决策单独看起来是合理的），从而可能表明存在由于舞弊导致的重大错报风险。如果存在偏向，注册会计师应当从整体上重新评价会计估计； （2）追溯复核与以前年度财务报表反映的重大会计估计相关的管理层判断和假设
3. 对于超出被审计单位正常经营过程的重大交易，或基于被审计单位及其环境的了解以及在审计过程中获取的其他信息而显得异常重大交易，评价其商业理由（或缺乏商业理由）——是否表明被审计单位从事交易的目的是为了对财务信息作出虚假报告或掩盖侵占资产的行为	以下迹象可能表明被审计单位从事超出其正常经营过程的重大交易或虽然未超出其正常经营过程，但显得异常的重大交易，从事这些交易的目的可能是为了对财务信息作出虚假报告或掩盖侵占资产的行为： （1）交易的形式显得过于复杂； （2）管理层未与治理层就此类交易的性质和会计处理进行过讨论，且缺乏充分的记录； （3）管理层更强调采用某种特定的会计处理的需要，而不是交易的经济实质； （4）对于涉及不纳入合并范围的关联方（包括特殊目的实体）的交易，治理层未进行适当的审核和批准； （5）交易涉及以往未识别出的关联方，或涉及在没有被审计单位帮助的情况下不具备物质基础或财务能力完成交易的第三方

【例题8·多选题】（2019年试题）

为应对管理层凌驾于控制之上的风险，下列各项审计程序中，注册会计师应当实施的有（　　）。

A. 确认重大关联方交易是否得到适当授权

B. 测试编制财务报表过程中作出的会计分录和其他调整是否适当

C. 评价作出被审计单位正常经营过程的重大交易的商业理由

D. 复核会计估计是否存在偏向

【答案】BCD

【解析】管理层凌驾于控制之上的风险属于特别风险。无论对管理层凌驾于控制之上

的风险的评估结果如何，注册会计师都应当设计和实施审计程序，用以：（1）测试日常会计核算过程中作出的会计分录以及编制财务报表过程中作出的其他调整是否适当；（2）复核会计估计是否存在偏向，并评价产生这种偏向的环境是否表明存在由于舞弊导致的重大错报风险；（3）对于超出被审计单位正常经营过程的重大交易，或基于对被审计单位及其环境的了解以及在审计过程中获取的其他信息而显得异常的重大交易，评价其商业理由（或缺乏商业理由）是否表明被审计单位从事交易的目的是为了对财务信息作出虚假报告或掩盖侵占资产的行为。

【例题9·多选题】（2018年试题）

为应对管理层凌驾于控制之上的风险，下列审计程序中，注册会计师当在所有审计业务中实施的有（　　）。

A. 对报告期末作出的会计分录和其他调整实施测试

B. 复核会计估计是否存在偏向

C. 对营业收入实施实质性分析程序

D. 对关联方交易及余额实施函证程序

【答案】AB

【解析】无论对管理层凌驾于控制之上的风险的评估结果如何，注册会计师都应当设计和实施审计程序，用以：（1）测试日常会计核算过程中作出的会计分录以及编制财务报表过程中作出的其他调整是否适当；（2）复核会计估计是否存在偏向，并评价产生这种偏向的环境是否表明存在由于舞弊导致的重大错报风险；（3）对于超出被审计单位正常经营过程的重大交易，或基于对被审计单位及其环境的了解以及在审计过程中获取的其他信息而显得异常的重大交易，评价其商业理由（或缺乏商业理由）是否表明被审计单位从事交易的目的是为了对财务信息作出虚假报告或掩盖侵占资产的行为。

【例题10·多选题】（2012年试题）

针对管理层凌驾于控制之上的风险，下列审计程序中，应当实施的有（　　）。

A. 测试被审计单位在报告期末作出的会计分录和其他调整

B. 追溯复核与以前年度财务报表反映的重大会计估计相关的管理层判断和假设

C. 对于超出被审计单位正常经营过程的重大交易，评价其商业理由

D. 在年末对被审计单位的所有存货进行监盘

【答案】ABC

【解析】注册会计师针对特别风险应当实施的审计程序：测试日常会计核算过程中作出的会计分录以及为编制财务报表过程中作出的其他调整是否恰当；复核会计估计是否存在偏向，并评价产生这种偏向的环境是否表明存在由于舞弊导致的重大错报风险；对于超出被审计单位正常经营过程的重大交易，或基于被审计单位及其环境的了解以及在审计过程中获取的其他信息而显得异常重大交易，评价其商业理由（或缺乏商业理由）——是否表明被审计单位从事交易的目的是为了对财务信息作出虚假报告或掩盖侵占资产的行为。

六、会计分录测试（第三个能力等级）

（一）会计分录和其他调整的类型

1. 会计分录。

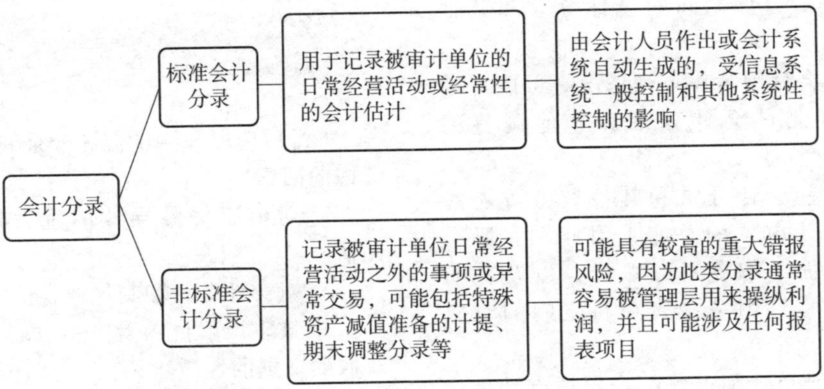

2. 其他调整。

（二）会计分录测试的步骤

1. 了解被审计单位的财务报告流程，以及针对会计分录和其他调整已实施的控制，必要时，测试相关控制的运行有效性。

2. 确定待测试会计分录和其他调整的总体，并测试总体的完整性。

3. 从总体中选取待测试的会计分录及其他调整。

4. 测试选取的会计分录及其他调整，并记录测试结果。

（三）被审计单位内部控制系统中针对会计分录和其他调整的控制

1. 针对会计分录和其他调整的授权、过账、审核、核对等方面设置职责分离。

2. 在会计系统中设置系统访问权限，用以控制会计分录的记录权和审批权。

3. 用以防止并发现虚假会计分录或未经授权的更改的控制措施。

4. 由管理层、治理层或其他适当人员对会计分录记录和过入总账以及在编制财务报表过程中作出其他调整的过程进行监督。

5. 由被审计单位的内部审计人员（如有）定期测试控制运行的有效性。

（四）确定待测试会计分录和其他调整的总体并测试总体的完整性

1. 虚假会计分录和其他调整通常在报告期末作出，因此，审计准则要求注册会计师选择在报告期末作出的会计分录和其他调整进行测试。

2. 由于舞弊导致的财务报表重大错报可能发生于整个会计期间，并且舞弊者可能运用各种方式隐瞒舞弊行为。

3. 审计准则要求注册会计师考虑是否有必要测试整个会计期间的会计分录和其他调整。

4. 注册会计师考虑下列情况，可能有助于其确定待测试会计分录和其他调整的总体：

（1）某些会计分录和其他调整可能并不过入被审计单位的总账，因此，注册会计师需要全面了解各总账账户，以及各明细账户与被审计财务报表项目之间的对应关系。

（2）注册会计师可以结合对被审计单位财务报告流程以及被审计单位针对会计分录和其他调整实施的控制的了解，来确定待测试会计分录和其他调整的总体。在这一过程中，注册会计师可以了解会计分录和其他调整的来源和特征，例如，会计分录是由会计信息系统自动生成的，还是以手工方式生成的。

（3）以手工方式生成的会计分录或其他调整通常于月末、季末或年末作出，主要用于记录会计调整或会计估计，或者用于编制合并财务报表。

（4）对于以手工方式生成的会计分录或其他调整，特别是在期末用于记录会计调整或会计估计，或者用于编制合并财务报表的调整分录，注册会计师可以了解这些分录的编制者、所需要的审批，以及这些分录以何种方式得以记录（例如，这些分录是以电子形式记录的，没有实物证据，还是以纸质形式记录的）。

【提示】完整性测试的举例。（假设注册会计师选择测试整个会计期间的会计分录和其他调整）

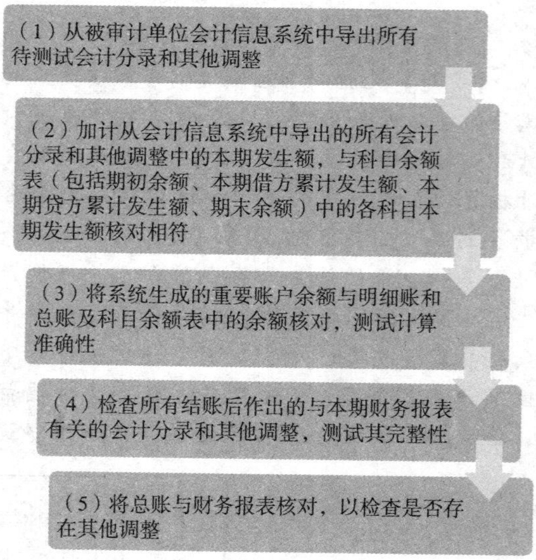

（五）选取并测试会计分录和其他调整时考虑的因素

1. 对由于舞弊导致的重大错报风险的评估。

2. 对会计分录和其他调整已实施的控制。

3. 被审计单位的财务报告过程以及所能获取的证据的性质。

4. 虚假会计分录或其他调整的特征。

5. 账户的性质和复杂程度。

6. 在日常经营活动之外处理的会计分录或其他调整。

【例题 11 · 多选题】（2016 年试题）

下列有关会计分录测试的说法中，正确的有（　　）。

A. 在所有财务报表审计业务中，注册会计师均应当实施会计分录测试

B. 注册会计师应当对待测试会计分录总体实施完整性测试

C. 即使被审计单位对会计分录和其他调整实施的控制有效，注册会计师也不可以缩小会计分录的测试范围

D. 会计分录测试的对象包括被审计单位编制合并财务报表时作出的抵销分录

【答案】ABD

【解析】被审计单位对会计分录和其他调整实施的控制有效，注册会计师可以缩小会计分录的测试范围

七、评价审计证据（第三能力等级）

【提示】如果识别出某项错报，并有理由认为该项错报是或可能是由于舞弊导致的，且涉及管理层，特别是涉及较高层级的管理层，无论该项错报是否重大，注册会计师都应当重新评价对由于舞弊导致的重大错报风险的评估结果，以及该结果对旨在应对评估的风险的审计程序的性质、时间安排和范围的影响。

八、无法继续执行审计业务（第三能力等级）

（一）对继续执行审计业务的能力产生怀疑

（二）解除业务约定

九、书面声明（第三能力等级）

1. 管理层和治理层认可其设计、执行和维护内部控制以防止和发现舞弊的责任。

2. 管理层和治理层已向注册会计师披露了管理层对由于舞弊导致的财务报表重大错报风险的评估结果。

3. 管理层和治理层已向注册会计师披露了已知的涉及管理层、在内部控制中承担重要职责的员工以及其他人员（在舞弊行为导致财务报表出现重大错报的情况下）的舞弊或舞弊嫌疑。

4. 管理层和治理层已向注册会计师披露了从现任和前任员工、分析师、监管机构等方面获知的、影响财务报表的舞弊指控或舞弊嫌疑。

十、与管理层、治理层和监管机构的沟通（第三能力等级）

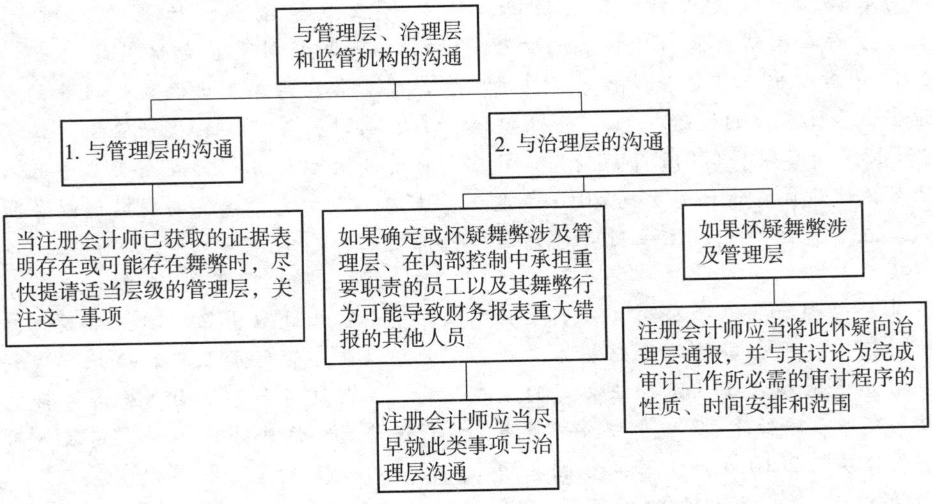

【提示】沟通事项包括：

（1）对管理层评估的性质、范围和频率的疑虑，这些评估是针对旨在防止和发现舞弊的控制及财务报表可能存在的重大错报风险而实施的。

（2）管理层未能恰当应对识别出值得关

注的内部控制缺陷或舞弊。

(3) 注册会计师对被审计单位控制环境的评价，包括对管理层胜任能力和诚信的疑虑。

(4) 可能表明存在编制虚假财务报告的管理层行为。

(5) 对超出正常经营过程的交易的授权的适当性和完整性的疑虑。

【例题12·多选题】

下列涉及的舞弊导致的重大错报风险的事项中，注册会计师应当与被审计单位治理层沟通的有（　　）。

A. 注册会计师对与被审计单位管理层评估的性质、范围和频率的疑虑

B. 注册会计师对与被审计单位管理层胜任能力和诚信的疑虑

C. 注册会计师对超出正常经营过程的交易的授权恰当性和完整性的疑虑

D. 注册会计师注意到的可能表明存在编制虚假财务报告的管理层行为

【答案】ABCD

【解析】注册会计师应当与治理层沟通的事项包括：(1) 对管理层评估的性质、范围和频率的疑虑，这些评估是针对旨在防止和发现舞弊的控制及财务报表可能存在的重大错报风险而实施的；(2) 管理层未能恰当应对识别出值得关注的内部控制缺陷或舞弊；(3) 注册会计师对被审计单位控制环境的评价，包括对管理层胜任能力和诚信的疑虑，(4) 可能表明存在编制虚假财务报告的管理层行为，(5) 对超出正常经营过程的交易的授权的适当性和完整性的疑虑。

【例题13·简答题】(2011年试题)

A注册会计师负责审计甲公司2010年度财务报表。在审计过程中，A注册会计师遇到下列事项：

(1) 甲公司拥有3家子公司，分别生产不同的饮料产品。甲公司所处行业整体竞争激烈，市场处于饱和状态，同行业公司的主营业务收入年增长率低于5%，但甲公司董事会仍要求管理层将2010年度主营业务收入增长率确定为8%。管理层编制的甲公司2010年度财务报表显示，已按计划实现收入。

(2) 甲公司管理层除领取固定工资外，其奖金金额与当年完成主营业务收入的情况挂钩。

(3) 在以前年度审计中，A注册会计师未将收入确认作为由于舞弊导致的重大错报风险领域。

(4) 在对日常会计核算过程中作出的会计分录以及编制财务报表过程中作出的其他调整进行测试时，A注册会计师向参与财务报告编制过程的人员询问了与处理会计分录和其他调整相关的不恰当或异常的活动。

要求：

(1) 针对事项(1)和(2)，分析甲公司是否存在舞弊风险因素，并简要说明理由。

(2) 针对事项(3)，分析A注册会计师未将收入确认为由于舞弊导致的重大错报风险领域是否适当，并简要说明理由。

(3) 针对事项(4)，简要说明A注册会计师除实施询问程序外，还应当实施哪些程序。

【答案】

(1) 事项(1)存在舞弊风险因素。甲公司所处行业竞争激烈且市场处于饱和状态，甲公司主营业务收入年增长率超过行业平均增长率，管理层受收入增长期望过高的压力。

事项(2)存在舞弊风险因素。管理层报酬中相当一部分取决于收入的完成情况。

【解析】存在着管理层编制虚假财务报告的动机或压力的舞弊风险因素。甲公司所处行业竞争激烈，行业收入增长率低于5%，而甲公司董事会确定的增长率为8%，产生了管理层编制虚假财务报告的动机或压力。同时，管理层的收入除固定工资外，还将奖金金额与当年完成主营业务收入的情况挂钩，产生了管理层编制虚假财务报告的动机或压力。

(2) 事项(3)不适当。注册会计师应在整个审计过程中保持职业怀疑态度，不应受到以前对管理层正直和诚信形成判断的影响，且在识别和评估由于舞弊导致的重大错报风险时，注册会计师应假定收入存在舞弊风险。

【解析】A注册会计师未将收入确认为由于舞弊导致的重大错报风险领域不正确。根据审计准则的规定，在识别和评估由于舞弊导致的重大错报风险时，注册会计师应当基

于收入确认存在舞弊风险的假定，评价哪些类型的收入、收入交易或认定导致舞弊风险。

(3) 注册会计师应选择在报告期末对作出的会计分录和其他调整进行测试，并考虑是否有必要测试整个会计期间的会计分录和其他调整。

【解析】A 注册会计师除执行向参与财务报告编制过程的人员询问了与处理会计分录和其他调整相关的不恰当或异常活动的程序外，还可以执行以下审计程序：

①选择在报告期末作出的会计分录和其他调整；

②考虑是否有必要测试整个会计期间的会计分录和其他调整。

第二节　财务报表审计中对法律法规的考虑

【提示】被审计单位需要遵守以下两类不同的法律法规：

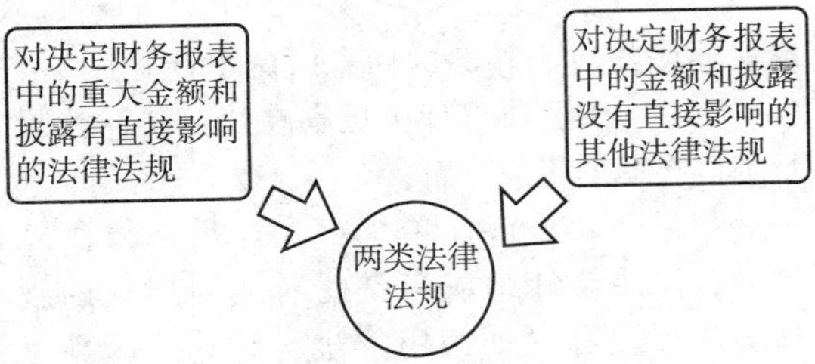

【提示】在考虑被审计单位的一项行为是否违反法律法规时，注册会计师可以考虑征询法律意见。因为确定某行为是否违反法律法规需要法院或其他监管机构作出裁决，这通常超出了注册会计师的专业胜任能力。值得注意的是，某项行为是否违反法律法规最终只能由法院或其他适当的监管机构作出裁决。

一、管理层遵守法律法规的责任（第三能力等级）

在治理层的监督下确保被审计单位的经营活动符合法律法规的规定。

二、注册会计师的责任（第三能力等级）

1. 注册会计师有责任对财务报表整体不存在由于舞弊或错报导致的重大错报获取合理保证。

2. 在执行财务报表审计时，注册会计师需要考虑适用于被审计单位的法律法规框架。

【提示】注册会计师没有责任防止被审计单位违反法律法规行为，也不能期望其发现所有的违反法律法规行为。

【提示】针对两类不同的法律法规，注册会计师承担不同的责任：

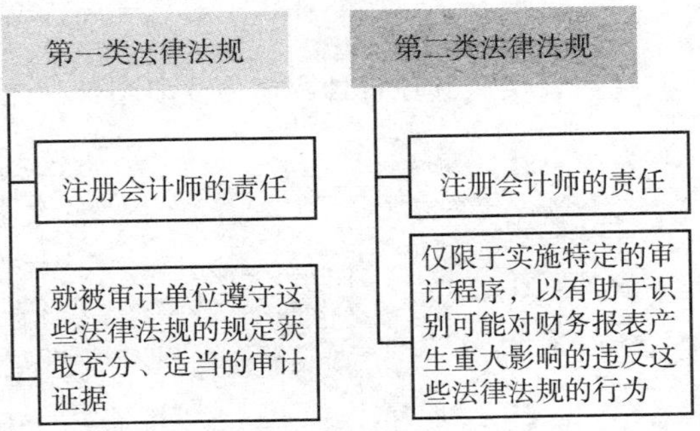

三、对被审计单位遵守法律法规的考虑（第三能力等级）

（一）对法律法规框架的了解

（二）对决定财务报表中的重大金额和披露有直接影响的法律法规

【提示】针对通常对决定财务报表中的重大金额和披露有直接影响的法律法规的规定，注册会计师应当获取被审计单位遵守这些规定的充分、适当的审计证据。

【例题 14·单选题】

关于注册会计师对被审计单位违反法律法规行为的审计责任，下列说法中，正确的是（　　）。

A. 注册会计师有责任发现被审计单位所有的违反法律法规行为

B. 针对通常对决定财务报表中的重大金额和披露有直接影响的法律法规的规定，注册会计师应当获取被审计单位遵守这些规定的充分、适当的审计证据

C. 注册会计师没有责任专门实施审计程序以发现被审计单位的违反法律法规行为

D. 对被审计单位的违反法律法规行为，注册会计师应当在审计报告中予以反映

【答案】B

【解析】针对通常对决定财务报表中的重大金额和披露有直接影响的法律法规的规定，注册会计师应当获取被审计单位遵守这些规定的充分、适当的审计证据。

（三）识别违反其他法律法规的行为的程序

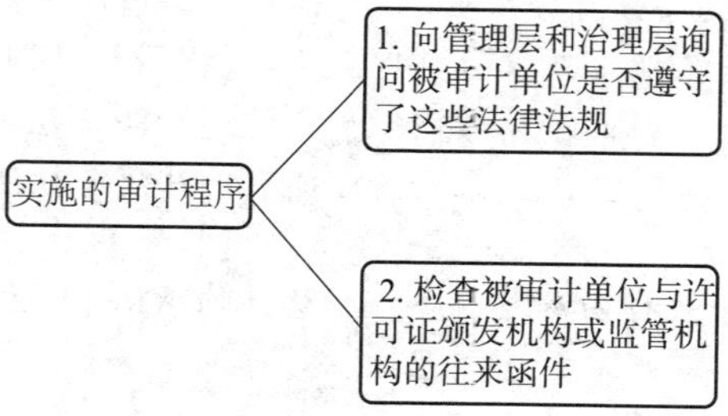

（四）实施其他审计程序使注册会计师注意到违反法律法规行为

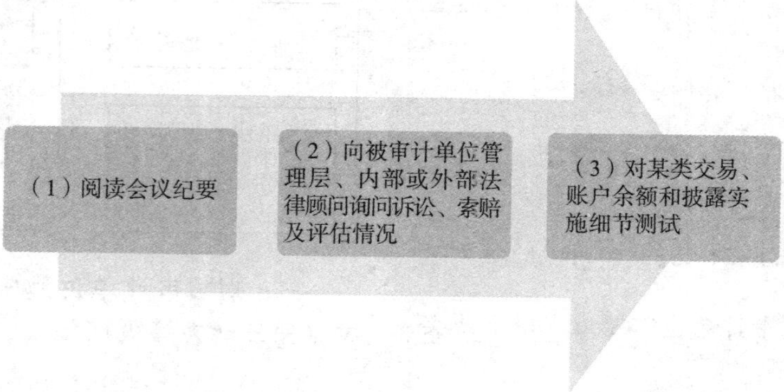

（五）书面声明

书面声明本身并不提供充分、适当的审计证据，因此，不影响注册会计师拟获取的其他审计证据的性质和范围。

【例题 15 · 单选题】（2015 年试题）

下列审计程序中，通常不能识别被审计单位违反法律法规行为的是（　　）。

A. 阅读董事会和管理层的会议纪要

B. 向管理层、内部或外部法律顾问询问诉讼、索赔及评估情况

C. 获取管理层关于被审计单位不存在违反法律法规行为的书面声明

D. 对营业外支出中的罚款及滞纳金支出实施细节测试

【答案】C

【解析】可能使注册会计师注意到识别出或怀疑存在的违反法律法规行为的审计程序包括：阅读会议纪要，向被审计单位管理层、内部或外部法律顾问询问诉讼、索赔及评估情况，对某类交易、账户余额或披露实施细节测试。

四、识别出或怀疑存在违反法律法规行为时实施的审计程序（第三能力等级）

（一）注意到与识别出的或怀疑存在的违反法律法规行为相关的信息时的审计程序

（二）怀疑被审计单位存在违反法律法规行为时的审计程序

如果怀疑被审计单位存在违反法律法规行为，注册会计师应当就此与适当层级的管理层和治理层（如适用）进行讨论，因其可能提供额外的审计证据，除非法律法规禁止。例如，对于可能导致怀疑违反法律法规的交易或事项相关的事实和情况，注册会计师可以证实管理层和治理层（如适用）是否对此具有相同的理解。

（三）评价违反法律法规行为的影响

1. 注册会计师应当评价识别出的或怀疑存在的违反法律法规行为对审计的其他方面可能产生的影响，包括对注册会计师风险评估和被审计单位书面声明可靠性的影响。

2. 注册会计师识别出或怀疑存在的违反法律法规行为的影响，取决于该行为的实施和隐瞒与具体控制活动之间的关系，以及牵涉的管理人员或员工的级别，尤其是被审计单位最高权力机构牵扯其中所产生的影响。

3. 考虑有必要解除业务约定。

（1）在特殊情况下，如果管理层或治理层没有采取注册会计师认为适合具体情况的补救措施，或者识别出的或怀疑存在的违反

法律法规行为导致对管理层或治理层的诚信产生质疑，即使违反法律法规行为对财务报表不重要，注册会计师也可能考虑在法律法规允许的情况下解除业务约定。

（2）在决定是否有必要解除业务约定时，注册会计师可以考虑征询法律意见。

（3）如果不能解除业务约定，注册会计师可以考虑替代方案，包括在审计报告的其他事项段中描述识别出的或怀疑存在的违反法律法规行为。

【例题 16 · 多选题】（2015 年试题）

识别出被审计单位违反法律法规的行为，下列各项程序中，注册会计师应当实施的有（　　）。

A. 了解违反法律法规行为的性质及其发生的环境

B. 评价识别出的违反法律法规行为对注册会计师风险评估的影响

C. 评价被审计单位书面声明的可靠性

D. 就识别出的所有违反法律法规的行为与治理层进行沟通

【答案】ABC

【解析】选项 D 错误，并不需要将识别出的所有违反法律法规的行为与治理层进行沟通。

五、对识别出的或怀疑存在的违反法律法规行为的报告（第三能力等级）

（一）与治理层的沟通

1. 总体要求。

2. 违反法规行为情节严重时的沟通要求。

（二）出具审计报告

1. 考虑违反法律法规行为的影响。

（1）如果认为识别出的或怀疑存在的违反法律法规行为对财务报表具有重大影响，注册会计师应当要求被审计单位在财务报表中予以恰当反映。

【提示】如果被审计单位在财务报表中对该违反法规行为作出恰当反映，注册会计师应当出具无保留意见的审计报告。

（2）如果认为识别出的或怀疑存在的违反法律法规行为对财务报表具有重大影响，且未能在财务报表中得到恰当反映，注册会计师应当出具保留意见或否定意见的审计报告。

2. 考虑审计范围受到限制的影响。

①来自被审计单位的限制

⇩

因管理层或治理层阻挠无法获取充分、适当的审计证据，以评价是否存在或可能存在对财务报表具有重大影响的违反法规行为

⇩

注册会计师出具保留或无法表示意见的报告

②其他方面的限制

⇩

如果因审计范围受到管理层或治理层以外的其他方面限制而无法确定违反法规行为是否发生

⇩

注册会计师应评价这一情况对审计意见的影响

（三）向被审计单位之外的适当机构报告违反法律法规行为

【例题 17 · 单选题】（2018 年试题）

当怀疑被审计单位存在违反法律法规行为时，下列各项审计程序中，通常不能为注册会计师提供额外审计证据的是（　　）。

A. 获取被审计单位管理层的书面声明

B. 与被审计单位治理层讨论

C. 向被审计单位内部法律顾问咨询

D. 向会计师事务所的法律顾问咨询

【答案】A

【解析】选项 A，书面声明本身并不能为所涉及的任何事项提供充分、适当的审计证据。

【例题 18 · 单选题】（2016 年试题）

下列有关财务报表审计中对法律法规的考虑的说法中，错误的是（　　）。

A. 注册会计师没有责任防止被审计单位违反法律法规

B. 注册会计师有责任实施特定的审计程序，以识别和应对可能对财务报表产生重大影响的违反法律法规行为

C. 注册会计师通常采用书面形式与被审计单位治理层沟通审计过程中注意到的有关

违反法律法规的事项

D. 如果被审计单位存在对财务报表有重大影响的违反法律法规行为，且未能在财务报表中得到充分反映，注册会计师应当发表保留意见或否定意见

【答案】B

【解析】注册会计师并不需要实施特定程序去应对可能对财务报表产生重大影响的法律法规行为。

【例题19·多选题】(2019年试题)

下列有关注册会计师执行财务报表审计时对法律法规的考虑的说法中，正确的有(　　)。

A. 注册会计师没有责任防止被审计单位违反法律法规

B. 对于不直接影响财务报表金额和披露的法律法规，注册会计师应就被审计单位遵守了这些法律法规获取管理层的书面声明

C. 如果识别出被审计单位的违反法律法规行为，注册会计师应当考虑是否有责任向被审计单位以外的监管机构报告

D. 对于直接影响财务报表金额和披露的法律法规，注册会计师应就被审计单位遵守了这些法律法规获取充分、适当的审计证据

【答案】ACD

【解析】选项B，对于不直接影响财务报表金额和披露的法律法规，注册会计师的责任仅限于实施特定的审计程序，以有助于识别可能对财务报表产生重大影响的违反这些法律法规的行为。

通关演练

一、单项选择题

1. 舞弊导致的重大错报风险属于特别风险，注册会计师应当按照审计准则的规定予以应对，下列不属于注册会计师应对此风险的措施的是(　　)。

A. 应对舞弊风险的总体应对措施

B. 针对常规交易实施的审计程序

C. 针对管理层凌驾于控制之上的风险实施的程序

D. 针对舞弊导致的认定层次重大错报风险实施的审计程序

2. 被称为“舞弊三角”的风险因素不包括(　　)。

A. 实施舞弊的动机或压力

B. 实施舞弊的时间

C. 实施舞弊的机会

D. 为舞弊行为寻找借口的能力

3. 如果识别出舞弊或怀疑存在舞弊，注册会计师应当(　　)。

A. 向监管机构报告

B. 向执法机构报告

C. 确定是否有责任向被审计单位以外的机构报告

D. 确定有责任向被审计单位以外的机构报告

4. 侵占资产的常用手段不包括(　　)。

A. 为编制财务报表而收集和处理数据时发生失误

B. 将汇入已注销账户的收款转移至个人银行账户

C. 通过向公司竞争者泄露技术资料以获取回报

D. 收受供应商提供的回扣并提高采购价格

5. 注册会计师应当针对评估的由于舞弊导致的财务报表层次重大错报风险确定总体应对措施。下列各项措施中，错误的是(　　)。

A. 修改财务报表整体的重要性

B. 评价被审计单位对会计政策的选择和运用

C. 指派更有经验、知识、技能和能力的项目组成员

D. 在确定审计程序的性质、时间安排和范围时，增加审计程序的不可预见性

6. 下列有关舞弊导致的重大错报风险的说法中，错误的是(　　)。

A. 编制虚假财务报告导致的重大错报风险，大于侵占资产导致的重大错报风险

B. 舞弊导致的重大错报未被发现的风险大于错误导致的重大错报未被发现的风险

C. 所有被审计单位都存在管理层凌驾于控制之上的风险

D. 收入确认存在舞弊风险的假定可能不适用于所有审计项目

7. 下列关于舞弊的说法中，错误的是（　　）。

A. 保持职业怀疑，有助于使注册会计师认识到存在由于舞弊导致的重大错报的可能性，不会受到以前对管理层、治理层正直和诚信形成的判断的影响

B. 侵占资产导致的重大错报风险大于错误导致的重大错报未被发现的风险

C. 如果在完成审计工作后发现舞弊导致的财务报表重大错报，表明注册会计师没有遵守审计准则

D. 在所有财务报表审计业务中，注册会计师都需要专门针对管理层凌驾于控制之上的风险设计和实施会计分录测试

8. 如果注册会计师认为存货数量存在舞弊导致的重大错报风险，下列做法中，通常不能应对该风险的是（　　）。

A. 扩大与存货相关的内部控制测试的样本规模

B. 要求被审计单位在报告期末或邻近期末的时点实施存货盘点

C. 在不预先通知的情况下对特定存放地点的存货实施监盘

D. 利用专家的工作对特殊类型的存货实施更严格的检查

9. 注册会计师识别出超出正常经营过程的重大关联方交易导致的舞弊风险，下列过程中，有效的审计程序是（　　）。

A. 检查交易是否经适当的管理层审批

B. 评价交易是否具有合理的商业理由

C. 就交易事项关联方函证

D. 检查交易是否按照适用的财务报表编制基础进行会计处理和披露

10. 在判断注册会计师是否按照审计准则的规定执行工作以应对舞弊风险时，下列各项中，不需要考虑的是（　　）。

A. 注册会计师是否根据具体情况实施了审计程序，并获取了充分、适当的审计证据

B. 注册会计师在审计过程中是否保持了职业怀疑

C. 注册会计师是否识别出舞弊导致的财务报表重大错报

D. 注册会计师是否根据审计证据评价结果出具了恰当的审计报告

11. 下列事项中，不属于被审计单位对财务信息作出虚假报告的表现的是（　　）。

A. 在财务报表中漏记、提前或推迟报告期内发生的事项和交易

B. 隐瞒或不予披露可能影响财务报表金额的事实

C. 构造复杂交易，以歪曲财务状况或经营成果

D. 对相关重要信息由于疏忽和误解有关事实而产生的不恰当的会计估计

12. 在下列情形中，可能表明管理层存在舞弊机会的有（　　）。

A. 对注册会计师施加限制，使其难以接触某些人员（包括治理层）或信息

B. 需要大量举债才能满足研究开发支出的需求，以保持竞争力

C. 资产、负债、收入或费用需要作出重大估计，涉及主观判断或不确定性，且难以印证

D. 利益相关者对盈利能力或增长趋势存在预期

13. 注册会计师对银行存款账户的发生额实施的程序不包括（　　）。

A. 分析不同账户发生银行日记账漏记银行交易的可能性，获取相关账户相关期间的全部银行对账单

B. 如果对被审计单位银行日记账的真实性存有疑虑，注册会计师可以在被审计单位协助下亲自到银行获取银行对账单

C. 从被审计单位银行存款日记账上选取样本，核对至银行对账单

D. 浏览银行对账单，选取大额异常交易

14. 下列关于违反法律法规的说法中，不正确的是（　　）。

A. 注册会计师可以向管理层和治理层（如适用）询问被审计单位是否遵守了这些法律法规

B. 注册会计师可以检查被审计单位与许可证颁发机构或监管机构的往来函件

C. 如果被审计单位出现了违反法律法规的行为，注册会计师应当出具保留意见或否定意见的审计报告

D. 如果因被审计单位管理层或治理层阻挠无法获取充分、适当的审计证据，以评价是否存在违反法规行为，注册会计师应当根据审计范围受到限制的程度，出具保留意见

或无法表示意见的审计报告

15. 下列情形中，注册会计师认为可能为管理层提供实施舞弊动机或压力舞弊风险因素的是（　　）。

A. 高级管理人员频繁更换

B. 从事超出正常经营过程的重大关联方交易

C. 管理层拥有被审计单位 5% 的股份

D. 被审计单位在会计问题上与现任注册会计师产生争议

16. 在识别和评估重大错报风险时，下列各项中，注册会计师应当假定存在舞弊风险的是（　　）。

A. 复杂衍生金融工具的计价

B. 存货的可变现净值

C. 收入确认

D. 应付账款的完整性

17. 在对舞弊风险进行评估后，注册会计师认为被审计单位管理层凌驾于内部控制之上的风险很高。对此，注册会计师通常不实施的审计程序是（　　）。

A. 测试会计核算过程中作出的会计分录以及为编制财务报表作出的调整分录是否适当

B. 复核会计估计是否合理

C. 对于注意到的、超出正常经营过程或基于对被审计单位及其环境的了解显得异常的重大交易，了解其商业理由的合理性

D. 在分派和督导项目组成员时，考虑承担重要业务职责的项目组成员所具备的知识、技能和能力，并考虑由于舞弊导致的重大错报风险的评估结果

18. 关于注册会计师对被审计单位违反法律法规行为的审计责任，下列说法中，正确的是（　　）。

A. 注册会计师有责任发现被审计单位所有的违反法律法规行为

B. 针对通常对决定财务报表中的重大金额和披露有直接影响的法律法规的规定，注册会计师应当获取被审计单位遵守这些规定的充分、适当的审计证据

C. 注册会计师没有责任专门实施审计程序以发现被审计单位的违反法律法规行为

D. 对被审计单位的违反法律法规行为，注册会计师应当在审计报告中予以反映

19. 如果识别出被审计单位违反法律法规的行为，注册会计师实施的下列各项程序中，错误的是（　　）。

A. 了解违反法律法规行为的性质及其发生的环境

B. 评价识别出的违反法律法规行对注册会计师风险评估的影响

C. 评价被审计单位书面声明的可靠性

D. 就识别出的所有违反法律法规行为与治理层进行沟通

20. 当怀疑被审计单位存在违反法律法规行为时，下列各项审计程序中，通常不能为注册会计师提供额外审计证据的是（　　）。

A. 获取被审计单位管理层的书面声明

B. 与被审计单位治理层讨论

C. 向被审计单位内部法律顾问咨询

D. 向会计师事务所的法律顾问咨询

21. 下列关于会计分录和其他调整的相关说法中，不正确的是（　　）。

A. 非标准会计分录用于记录被审计单位日常经营活动之外的事项或异常交易，可能包括特殊资产减值准备的计提、期末调整分录等

B. 其他调整不受被审计单位内部控制的影响

C. 基于会计分录测试的目的，注册会计师可将被审计单位的会计分录和其他调整分为标准会计分录、非标准会计分录和其他调整

D. 了解管理层利用虚假会计分录和其他调整实施舞弊的常用手段，有助于注册会计师更加有针对性地实施审计程序

22. 下列各项程序中，不能应对舞弊导致的认定层次重大错报风险的是（　　）。

A. 在实施函证程序时函证相关的特定合同条款以及是否存在背后协议

B. 采用更详细的数据实施分析程序

C. 针对本期较早时间发生的交易事项或贯穿于本会计期间的交易事项实施测试

D. 评价被审计单位对会计政策的选择和运用是否表明管理层通过操纵利润对财务信息作出虚假报告

二、多项选择题

1. 对于财务报表审计中与舞弊相关的责

任，注册会计师的目标包括（ ）。

A. 识别和评估由于舞弊导致的财务报表重大错报风险

B. 通过设计和实施恰当的应对措施，针对评估的由于舞弊导致的重大错报风险，获取充分、适当的审计证据

C. 恰当应对审计过程中识别出的舞弊或舞弊嫌疑

D. 恰当应对在审计过程中识别出的或怀疑存在的违反法律法规行为

2. 舞弊风险因素，是指表明（ ）。

A. 实施舞弊的动机

B. 实施舞弊的压力

C. 为实施舞弊提供机会的事项

D. 为实施舞弊提供机会的情况

3. 如果因管理层或治理层阻挠而无法获取充分、适当的审计证据，以评价是否存在或可能存在对财务报表产生重大影响的违反法律法规行为，注册会计师应当按照《中国注册会计师审计准则第 1502 号——在审计报告中发表非无保留意见》的规定，下列说法中，不正确的有（ ）。

A. 根据审计范围受到限制的程度，发表保留意见或无法表示意见

B. 根据审计范围受到限制的程度，发表保留意见或否定意见

C. 根据审计范围受到限制的程度，发表非无保留意见

D. 根据审计范围受到限制的程度，评价这一情况对审计意见的影响

4. 在实施审计过程中，注册会计师怀疑被审计单位财务经理张某贪污 50 万元。对该事项注册会计师不应采取的措施有（ ）。

A. 将此怀疑向治理层通报，并与其讨论为完成审计工作所必需的审计程序的性质、时间安排和范围

B. 直接向监管机构报告

C. 向执法机构报告

D. 重新考虑此前获取的审计证据的可靠性

5. 考虑到舞弊风险的存在，注册会计师经常（ ）以改变实质性程序的时间，更有效地应对舞弊导致的重大错报风险。

A. 考虑在期末或接近期末时对某类交易或账户余额实施实质性程序

B. 可能会决定针对本期较早时间发生的此类交易，甚至是贯穿于整个本期的此类交易实施实质性程序，而不仅仅是对期末发生的此类交易实施测试

C. 扩大样本规模，采用更详细的数据实施分析程序

D. 调整拟获取审计证据对应的期间或时点，针对本期较早时间发生的交易事项或贯穿于整个本期的交易事项实施测试

6. 下列情形中，注册会计师认为可能为管理层提供实施舞弊机会的有（ ）。

A. 被审计单位从事科技含量高、研发周期长的经营业务

B. 被审计单位大量采用分销渠道销售产品

C. 被审计单位高级管理人员变更频繁

D. 管理层拥有被审计单位 10% 的股份

7. 在组织审计项目组讨论舞弊风险时，注册会计师认为应当讨论的内容有（ ）。

A. 被审计单位发生舞弊导致的重大错报风险的领域及方式

B. 被审计单位存在的舞弊风险因素

C. 被审计单位管理层凌驾于内部控制之上的可能性

D. 审计项目组应对舞弊导致的重大错报风险的审计程序

8. 对于舞弊导致的重大错报风险，下列审计程序中，注册会计师认为通常可以增强审计程序不可预见性的有（ ）。

A. 在事先不通知被审计单位的情况下，选择以前未曾到过的存货存放地点实施监盘

B. 运用不同的抽样方法选择需要检查的存货

C. 向以前审计过程中接触不多的被审计单位员工询问存货采购和销售情况

D. 在存货监盘时对大额存货进行抽盘

9. 下列各项做法中，可以应对舞弊导致的重大错报风险的有（ ）。

A. 选取以前年度未寄发询证函的客户的应收账款余额实施函证

B. 在同一天对所有存放在不同地点的存货实施监盘

C. 扩大营业收入细节测试的样本规模

D. 通过实地走访，核实供应商和客户真实存在

10. 针对管理层凌驾于控制之上的风险，下列审计程序中，应当实施的有（　　）。

A. 测试被审计单位在报告期末作出的会计分录和其他调整

B. 追溯复核与以前年度财务报表反映的重大会计估计相关的管理层判断和假设

C. 对于超出被审计单位正常经营过程的重大交易，评价其商业理由

D. 在年末对被审计单位的所有存货进行监盘

11. 下列审计程序中，注册会计师在所有审计项目中都应当实施的有（　　）。

A. 测试日常会计核算过程中作出的会计分录以及编制财务报表过程中作出的其他调整是否适当

B. 将财务报表与其所依据的会计记录进行核对或调节

C. 对于超过被审计单位正常经营过程的重大交易，评价其商业理由是否表明被审计单位从事交易的目的是为了对财务信息作出虚假报告或掩盖侵占资产的行为

D. 复核会计估计是否存在偏向，并评价产生这种偏向的环境是否表明存在由于舞弊导致的重大错报风险

12. 下列可能表明被审计单位管理层有虚假报告的“动机或压力”的有（　　）。

A. 盈利能力受到经济环境恶化的影响

B. 被审计单位管理层为满足外部预期而承受过度的压力

C. 被审计单位所从事行业的性质提供了财务信息作出虚假报告的便利

D. 被审计单位管理层受到治理层对财务指标过高要求的压力

13. 关于治理层、管理层和注册会计师对舞弊责任的表述中，正确的有（　　）。

A. 被审计单位治理层和管理层对防止或发现舞弊负有主要责任

B. 注册会计师必须承担发现舞弊的责任

C. 注册会计师有责任对财务报表整体是否不存在由于舞弊或错误导致的重大错报获取合理保证

D. 由于审计的固有限制，即使按照审计准则的规定恰当地计划和实施审计工作，注册会计师也不能对财务报表整体不存在重大错报获取合理保证

14. 注册会计师注意到与识别出的或怀疑存在的违反法律法规行为时，注册会计师应当考虑的措施有（　　）。

A. 了解违反法律法规行为的性质

B. 了解违反法律法规行为发生的环境

C. 获取进一步的信息，以评价对财务报表可能产生的影响

D. 对潜在财务后果的影响

15. 如果违反法规行为未被内部控制发现或未包含在管理层声明中，注册会计师应从（　　）方面来重新考虑风险评估结果和被审计单位管理层声明的有效性。

A. 被审计单位违法行为的性质

B. 被审计单位是否存在防止或发现违法行为及其隐瞒违法行为的控制

C. 被审计单位违法行为及其隐瞒涉及管理层或员工的层次

D. 被审计单位是否隐瞒违法行为，尤其是这种隐瞒违法行为是否涉及甲公司治理层

16. 下列有关注册会计师在考虑违反法律法规行为对审计报告的影响时，下列说法中，正确的有（　　）。

A. 如果认为被审计单位存在对财务报表产生重大影响的违反法律法规行为，注册会计师应当要求被审计单位在财务报表中予以恰当反映

B. 如果认为违反法规行为对财务报表有重大影响，且未能在财务报表中得到恰当反映，注册会计师应当出具保留意见或否定意见的审计报告

C. 如果因被审计单位阻挠无法获取充分、适当的审计证据，以评价是否发生或可能发生对财务报表具有重大影响的违反法规行为，注册会计师应当将其视为审计范围受到重大限制，出具保留意见或否定意见的审计报告

D. 注册会计师应当考虑违反法律法规行为对风险评估的影响以及对被审计单位书面声明可靠性的影响

17. 关于注册会计师对被审计单位违反法律法规行为的审计责任，下列说法中，正确的有（　　）。

A. 注册会计师有责任发现被审计单位所有的违反法律法规行为

B. 针对通常对决定财务报表中的重大金

额和披露有直接影响的法律法规的规定，注册会计师应当获取被审计单位遵守这些规定的充分、适当的审计证据

C. 注册会计师没有责任专门实施审计程序以发现被审计单位的违反法律法规行为

D. 针对被审计单位需要遵守的第二类法律法规，注册会计师的责任仅限于实施特定的审计程序，以有助于识别可能对财务报表产生重大影响的违反这些法律法规的行为

18. 为应对管理层凌驾于控制之上的风险，下列审计程序中，注册会计师应当在所有审计业务中实施的有（　　）。

A. 复核会计估计是否存在偏向

B. 对报告期末作出的会计分录和其他调整实施测试

C. 对关联方交易及余额实施函证程序

D. 对营业收入实施实质性分析程序

19. 下列关于注册会计师进行会计分录测试的说法中，正确的有（　　）。

A. 在实施会计分录测试时，如果注册会计师需要分析大量的会计分录，可以采用计算机辅助审计技术

B. 在实施会计分录测试时，如果注册会计师需要分析大量的会计分录，可以采用电子表格

C. 会计分录测试步骤中，首先需要了解被审计单位的财务报告流程以及针对会计分录和其他调整已实施的控制，在这个过程中无须测试相关控制运行的有效性

D. 会计分录测试步骤中，最终要测试选取的会计分录及其他调整，并记录测试结果

20. 下列有关注册会计师执行财务报表审计时对法律法规的考虑的说法中，正确的有（　　）。

A. 注册会计师没有责任防止被审计单位违反法律法规

B. 对于不直接影响财务报表金额和披露的法律法规，注册会计师应就被审计单位遵守了这些法律法规获取管理层的书面声明

C. 如果识别出被审计单位的违反法律法规行为，注册会计师应当考虑是否有责任向被审计单位以外的监管机构报告

D. 对于直接影响财务报表金额和披露的法律法规，注册会计师应就被审计单位遵守了这些法律法规获取充分、适当的审计证据

21. 除非治理层全部参与管理被审计单位，下列关于注册会计师采用的评估舞弊风险的程序的说法中，不正确的有（　　）。

A. 注册会计师应当了解并测试治理层为降低舞弊风险而建立的内部控制

B. 应当询问治理层，以确定其是否知悉任何影响被审计单位的舞弊事实、舞弊嫌疑或舞弊指控

C. 注册会计师可通过参加相关会议、阅读会议纪要或询问治理层等审计程序了解有关情况

D. 注册会计师有必要就全部沟通事项与治理层整体进行沟通

22. 下列有关舞弊导致的重大错报风险的相关说法中，不正确的有（　　）。

A. 如果认为费用确认存在舞弊风险的假定不适用于业务的具体情况，从而未将费用确认作为由于舞弊导致的重大错报风险领域，注册会计师应当在审计工作底稿中记录得出该结论的理由

B. 在财务报表审计中，注册会计师关注的是导致财务报表层次重大错报风险的舞弊

C. 审计准则规定，在识别和评估由于舞弊导致的重大错报风险时，注册会计师应当基于利润确认存在舞弊风险的假定评价舞弊风险

D. 舞弊导致的重大错报风险属于需要注册会计师特别考虑的重大错报风险

三、简答题

1. 假定 X 公司 2017 年度财务报表存在舞弊导致的认定层次重大错报风险，Y 注册会计师应当考虑采用哪些方式予以应对。

2. 注册会计师负责审计 X 公司 2017 年度财务报表。在审计过程中，A 注册会计师遇到下列事项：

（1）X 公司的主营业务为电子产品的研发、生产与销售。由于竞争对手 Y 公司于 2017 年初推出了高技术含量且深得消费者喜爱的新产品，X 公司的 2017 年度上半年的销售收入比 2016 年同期出现明显下降。

（2）为筹措研发新产品所需的资金，X 公司管理层主要成员个人为 X 公司的巨额债务提供了担保。

（3）X 公司拒绝对其因滞销而大量积压的电子产品计提存货跌价准备，理由是已与

客户Z公司签订了该批产品的销售合同，但以商业机密为由拒绝出示所签订的合同，A注册会计师表示理解。按照A注册会计师的测算，如果X公司计提存货跌价准备，其2017年度将出现严重亏损。

A注册会计师基于自身经验，认为X公司管理层非常诚信，不认为存货计提存在舞弊，并拟在存货计价测试中利用以前年度控制测试的证据。

要求：

（1）针对事项（1）和（2），分析X公司是否存在舞弊风险因素，并简要说明理由。

（2）针对事项（3），指出A注册会计师的做法是否适当，并简要说明理由。

3. ABC会计师事务所的甲注册会计师负责审计A公司2019年度财务报表，与舞弊相关的事项如下：

（1）基于风险导向的审计思路，考虑到舞弊的重要性和特殊性。甲注册会计师认为对涉及舞弊相关的事项不需要保持职业怀疑，但应考虑管理层凌驾于控制之上的风险，并扩大对发现错误的审计程序的范围以应对舞弊风险。

（2）由于舞弊可能涉及精心策划，甲注册会计师认为舞弊导致的重大错报大于错误导致的重大错报。

（3）为获取有关管理层舞弊导致的财务报表重大错报风险有用的信息，甲注册会计师询问了不直接参与财务报告过程的人员。

（4）由于识别出A公司较高层级的管理层舞弊，甲注册会计师重新评价了舞弊导致的重大错报风险并考虑了重新评估的结果对审计程序的性质、时间安排和范围的影响。

要求：

针对上述事项（1）至（4），逐项指出甲注册会计师的做法是否恰当。如不恰当，简要说明理由。

答案及解析

一、单项选择题

1.【答案】B

【解析】选项B属于针对常规交易实施的审计程序，而不是针对舞弊实施的审计程序。

2.【答案】B

【解析】根据舞弊存在时通常伴随着的三种情况，这些风险因素可以分为三类：实施舞弊的动机或压力；实施舞弊的机会；为舞弊行为寻找借口的能力，上述风险因素也被称为“舞弊三角”。

3.【答案】C

【解析】如果识别出舞弊或怀疑存在舞弊，注册会计师应当确定是否有责任向被审计单位以外的机构报告。

4.【答案】A

【解析】为编制财务报表而收集和处理数据时发生失误属于错误，不属于舞弊中的侵占资产。

5.【答案】A

【解析】在针对评估的由于舞弊导致的财务报表层次重大错报风险确定总体应对措施时，注册会计师应当：（1）在分派和督导项目组成员时，考虑承担重要业务职责的项目组成员所具备的知识、技能和能力，并考虑由于舞弊导致的重大错报风险的评估结果；（2）评价被审计单位对会计政策的选择和运用，是否可能表明管理层通过操纵利润对财务信息作出虚假报告；（3）在选择审计程序的性质、时间安排和范围时，增加审计程序的不可预见性。

6.【答案】A

【解析】选项A，重大错报风险的高低与被审计单位的具体情况相关，并没有具体的定式；选项C，由于管理层在被审计单位的地位，管理层凌驾于控制之上的风险在所有被审计单位中都会存在；选项D，审计准则规定，在识别和评估由于舞弊导致的重大错报风险时，注册会计师应当基于收入确认存在舞弊风险的假定，评价哪些类型的收入、收入交易或认定导致舞弊风险，如果认为收入确认存在舞弊风险的假定不适用于业务的具体情况，从而未将收入确认作为由于舞弊导致的重大错报风险领域，注册会计师应当在审计工作底稿中记录得出该结论的理由。

7.【答案】C

【解析】如果在完成审计工作后发现舞弊导致的财务报表重大错报，特别是串通舞弊或伪造文件记录导致的重大错报，并不必然表明注册会计师没有遵守审计准则。注册会计师是否按照审计准则的规定实施了审计工作，取决于其是否根据具体情况实施了审计程序，是否获取了充分、适当的审计证据，以及是否根据证据评价结果出具了恰当的审计报告。

8.【答案】A

【解析】扩大与存货相关的内部控制测试的样本规模不能应对存货数量存在舞弊导致的重大错报风险。

9.【答案】B

【解析】交易的商业理由是否表明被审计单位从事交易的目的可能是为了对财务信息作出虚假报告或为了隐瞒侵占资产的行为。

10.【答案】C

【解析】舞弊可能是精心策划并具有隐蔽性，即使注册会计师按照审计准则根据具体情况恰当设计和实施了审计程序，也有可能识别不出舞弊导致的财务报表重大错报。因此选项C错误。

11.【答案】D

【解析】对财务信息作出虚假报告通常表现为：（1）对财务报表所依据的会计记录或相关文件记录的操纵、伪造或篡改；（2）对交易、事项或其他重要信息在财务报表中的不真实表达或故意遗漏；（3）对与确认、计量、分类、列报或披露有关的会计政策和会计估计的故意误用。

12.【答案】C

【解析】选项B、D属于是存在舞弊的动机和压力；选项A属于存在舞弊的借口。

13.【答案】B

【解析】注册会计师对银行存款账户的发生额进行审计，通常能够有效应对被审计单位编制虚假财务报告、管理层或员工非法侵占货币资金等舞弊风险。除实施其他审计程序外，注册会计师还可以考虑对银行存款账户的发生额实施以下程序：（1）分析不同账户发生银行日记账漏记银行交易的可能性，获取相关账户相关期间的全部银行对账单；（2）如果对被审计单位银行对账单的真实性存有疑虑，注册会计师可以在被审计单位协助下亲自到银行获取银行对账单。在获取银行对账单时，注册会计师要全程关注银行对账单的打印过程；（3）选取银行对账单中记录的交易与被审计单位银行日记账记录进行核对；从被审计单位银行存款日记账上选取样本，核对至银行对账单；（4）浏览银行对账单，选取大额异常交易，如银行对账单上有一收一付相同金额，或分次转出相同金额等，价差被审计单位银行存款日记账上有无该项收付金额记录。

14.【答案】C

【解析】选项C不正确，如果认为违反法律法规行为对财务报表有重大影响，且未能在财务报表中得到恰当的反映，注册会计师应当出具保留意见或否定意见的审计报告。如果认为违反法律法规行为对财务报表有重大影响，但是在财务报表中得到恰当的反映，注册会计师应当出具无保留意见的审计报告。

15.【答案】C

【解析】选项A、B属于机会舞弊风险因素；选项D属于态度或借口舞弊风险因素。

16.【答案】C

【解析】选项C正确。注册会计师应当基于收入确认存在舞弊风险的假定。

17.【答案】D

【解析】选项D属于应对舞弊的总体应对措施。

18.【答案】B

【解析】选项B正确，针对通常对决定财务报表中的重大金额和披露有直接影响的法律法规的规定，注册会计师应当获取被审计单位遵守这些规定的充分、适当的审计证据。选项A不正确，注册会计师没有责任防止被审计单位违反法律法规行为，也不能期望其发现所有的违反法律法规行为。选项C不正确，针对被审计单位需要遵守的第一类法律法规，注册会计师的责任是，就被审计单位遵守这些法律法规的规定获取充分、适当的审计证据（合理保证）。针对被审计单位需要遵守的第二类法律法规，注册会计师的责任仅限于实施特定的审计程序，以有助于识别可能对财务报表产生重大影响的违反这些法律法规的行为（不是合理保证），所以注册会计师有责任专门实施审计程序以发现被审计单位的违反法律法规行为。选项D不正确，如果被审计单位在财务报表中对该违反法规行为作出恰当反映，注册会计师应当出具无保留意见的审计报告。如果认为违反法规行为对财务报表有重大影响，且未能在财务报表中得到恰当反映，注册会计师应当出具保留意见或否定意见的审计报告。

19.【答案】D

【解析】明显不重要的违反法律法规行为不必与治理层沟通。

20.【答案】A

【解析】书面声明本身并不为所涉及的任何事项提供充分、适当的审计证据。

21.【答案】B

【解析】其他调整包括未变质合并财务报表而作出的调整分录和抵消分录、通常不作为正式的会计分录反映的重分类调整等，其他调整可能不受被审计单位内部控制的影响，所以选项B不正确。

22.【答案】D

【解析】选项D属于针对评估的舞弊导致的财务报表层次重大错报风险的应对措施。

二、多项选择题

1.【答案】ABC

【解析】恰当应对在审计过程中识别出的或怀疑存在的违反法律法规行为，不属于对于财务报表审计中与舞弊相关的责任中注册会计师的目标。

2.【答案】ABCD

【解析】四个选项均属于舞弊风险因素。

3.【答案】BCD

【解析】如果因管理层或治理层阻挠而无法获取充分、适当的审计证据，以评价是否存在或可能存在对财务报表产生重大影响的违反法律法规行为，注册会计师根据审计范围受到限制的程度，发表保留意见或无法表示意见。

4.【答案】BCD

【解析】在实施审计过程中，注册会计师怀疑被审计单位财务经理贪污，注册会计师应将此怀疑向治理层通报，并与其讨论为完成审计工作所必需的审计程序的性质、时间安排和范围。

5.【答案】ABD

【解析】选项C是改变审计程序的范围。改变实质性程序的时间包括两层含义：一是注册会计师通常需要考虑在期末或接近期末时对某类交易或账户余额实施实质性程序；二是调整拟获取审计证据对应的期间或时点，针对本期较早时间发生的交易事项或贯穿于整个本期的交易事项实施测试。

6.【答案】ABC

【解析】本题主要考核“舞弊三因素”知识点。管理层拥有甲公司10%的股份属于动机或压力。

7.【答案】ABCD

【解析】本题主要考核“舞弊风险评估程序”知识点。

8.【答案】ABC

【解析】本题主要考核“应对舞弊导致的重大错报风险”知识点。注册会计师在选择进一步审计程序的性质、时间和范围时，应当有意识地避免被这些人员预见或事先了解。注册会计师应当考虑采取下列措施：(1)对通常由于风险程度较低而不会作出测试的账户余额实施实质性程序；(2)调整审计程序的时间，使之有别于预期的时间安排；(3)运用不同的抽样方法；(4)对不同地理位置的多个组成部分实施审计程序；(5)以不预先通知的方式实施审计程序。(结合教材第八章)

9.【答案】ABCD

【解析】选项A、B是通过增加审计程序的不可预见性来应对舞弊导致的重大错报风险；选项C是通过改变审计程序的范围来应对舞弊导致的重大错报风险；选项D是通过改变拟实施审计程序的性质来应对舞弊导致的重大错报风险。

10.【答案】ABC

【解析】注册会计师针对特别风险应当实施的审计程序：(1)测试日常会计核算过程中作出的会计分录以及为编制财务报表过程中作出的其他调整是否恰当；(2)复核会计估计是否存在偏向，并评价产生这种偏向的环境是否表明存在由于舞弊导致的重大错报风险；(3)对于超出被审计单位正常经营过程的重大交易，或基于被审计单位及其环境的了解以及在审计过程中获取的其他信息而显得异常重大交易，评价其商业理由(或缺乏商业理由)——是否表明被审计单位从事交易的目的是为了对财务信息作出虚假报告或掩盖侵占资产的行为。

11.【答案】ABCD

【解析】四个选项内容在所有审计项目中都应当实施。

12.【答案】ABD

【解析】选项C说明的不是舞弊的“动机或压力”因素，是舞弊的“机会”因素。

13.【答案】AC

【解析】选项B，注册会计师不负责发现舞弊，因为防止或发现舞弊是治理层和管理层的责任；选项D，注册会计师应能够获取合理保证；选项A和C表明了治理层、管理层和注册会计师对舞弊的责任。

14.【答案】ABCD

【解析】注意到与识别出的或怀疑存在的违反法律法规行为时，注册会计师应当：(1) 了解违反法律法规行为的性质及其发生的环境；(2) 获取进一步的信息，以评价对财务报表可能产生的影响。包括：①违反法律法规行为对财务报表产生的潜在财务后果；②潜在财务后果是否需要列报；③潜在财务后果是否非常严重

15.【答案】ABC

【解析】如果违反法规行为未被内部控制发现或未包含在管理层声明中，注册会计师应从四个方面重新考虑风险评估结果和管理层声明的有效性：一是所发现违法行为的性质；二是被审计单位是否隐瞒违法行为，尤其是这种隐瞒违法行为是否涉及被审计单位的管理层；三是被审计单位是否存在防止或发现违法行为及其隐瞒违法行为的控制；四是该违法行为及其隐瞒涉及管理层或员工的层次。

16.【答案】ABD

【解析】如果因被审计单位阻挠无法获取充分、适当的审计证据，以评价是否发生或可能发生对财务报表具有重大影响的违反法规行为，注册会计师应当将其视为审计范围受到重大限制，出具保留意见或无法表示意见的审计报告。

17.【答案】BD

【解析】选项A不正确，注册会计师没有责任发现被审计单位所有的违反法律法规行为；选项C不正确，注册会计师有责任专门实施审计程序以发现被审计单位的违反法律法规行为。

18.【答案】AB

【解析】无论对管理层凌驾于控制之上的风险的评估结果如何，注册会计师都应当设计和实施审计程序，用以：(1) 测试日常会计核算过程中作出的会计分录以及编制财务报表过程中作出的其他调整是否适当（选项B）；(2) 复核会计估计是否存在偏向，并评价产生这种偏向的环境是否表明存在由于舞弊导致的重大错报风险（选项A）；(3) 对于超出被审计单位正常经营过程的重大交易，或基于对被审计单位及其环境的了解以及在审计过程中获取的其他信息而显得异常的重大交易，评价其商业理由（或缺乏商业理由）是否表明被审计单位从事交易的目的是为了对财务信息作出虚假报告或掩盖侵占资产的行为。选项C、D属于常规审计程序，不属于注册会计师为应对管理层凌驾于控制之上的风险而实施的审计程序。

19.【答案】ABD

【解析】会计分录测试步骤中，首先需要了解被审计单位的财务报告流程以及针对会计分录和其他调整已实施的控制，必要时，需测试相关控制运行的有效性。

20.【答案】ACD

【解析】选项B，对于不直接影响财务报表金额和披露的法律法规，注册会计师的责任仅限于实施特定的审计程序，以有助于识别可能对财务报表产生重大影响的违反这些法律法规的行为。

21.【答案】AD

【解析】注册会计师应当了解治理层为降低舞弊风险而建立的内部控制，并不一定需要测试，所以选项A错误；通常，注册会计师没有必要（实际上也不可能）就全部沟通事项与治理层整体进行沟通，所以选项D错误。

22.【答案】ABC

【解析】如果认为收入确认存在舞弊风险的假定不适用于业务的具体情况，从而未将费用确认作为由于舞弊导致的重大错报风险领域，注册会计师应当在审计工作底稿中记录得出该结论的理由，所以选项A不正确；在财务报表审计中，注册会计师关注的是导致财务报表发生重大错报的舞弊，其中包括财务报表层次以及各类交易、账户余额、披露的认定层次的重大错报风险，所以选项B不正确；审计准则规定，在识别和评估由于舞弊导致的重大错报风险时，注册会计师应

当基于收入确认存在舞弊风险的假定，评价哪些类型的收入、收入交易或认定导致舞弊风险，所以选项C不正确。

三、简答题

1.【答案】

如果X公司2017年度财务报表存在舞弊导致的认定层次重大错报风险，Y注册会计师应当考虑采用下列方式予以应对：

（1）改变拟实施审计程序的性质，以获取更为可靠、相关的审计证据，或获取其他佐证性信息，包括更加重视实地观察或检查，在实施函证程序时改变常规函证内容，询问被审计单位的非财务人员等。

（2）改变实质性程序的时间，包括在期末或接近期末实施实质性程序，或针对本期较早时间发生的交易事项或贯穿于整个本期的交易事项实施测试。

（3）改变审计程序的范围，包括扩大样本规模，采用更详细的数据实施分析程序等。

2.【答案】

（1）X公司存在舞弊风险因素。原因是：X公司在2017年度上半年销售收入比2016年同期明显下降，导致X公司管理层产生编制虚假财务报告的压力；X公司管理层主要成员个人为X公司债务提供了担保，将导致管理层产生编制虚假财务报告的动机。

（2）不适当。存货跌价准备涉及会计估计、主观判断，为舞弊提供了机会；X公司产品因滞销而大量积压，以签订销售合同为由拒绝计提跌价准备，但又不愿意提供已签订销售合同，存在明显的舞弊迹象，应评估存货计价存在特别风险，此时不能利用以前年度控制测试的结论。

3.【答案】

事项（1）不恰当。在获取合理保证时，甲注册会计师有责任在整个审计过程中保持职业怀疑，考虑管理层凌驾于控制之上的可能性，并应认识到对发现错误有效的审计程序未必对发现舞弊有效。

事项（2）不恰当。舞弊导致的重大错报未被发现的风险大于错误导致的重大错报未被发现的风险。

事项（3）恰当。

事项（4）不恰当。甲注册会计师还应当重新考虑此前获取的审计证据的可靠性。

第十四章　审计沟通

本章考情分析

本章难度不大。本章涉及中国注册会计师审计准则——注册会计师与治理层的沟通和前任注册会计师和后任注册会计师的沟通。本章内容均属于第二能力等级内容。近年本章试题所占区间3分至5分，题型会涉及客观题和简答题。

要求考生：

1. 理解注册会计师与治理层的沟通。
2. 理解前任、后任注册会计师的沟通。

本章教材变化

本章对注册会计师与治理层就计划的审计范围和时间安排的沟通事项进行了完善，其他内容无变化。

基本内容框架

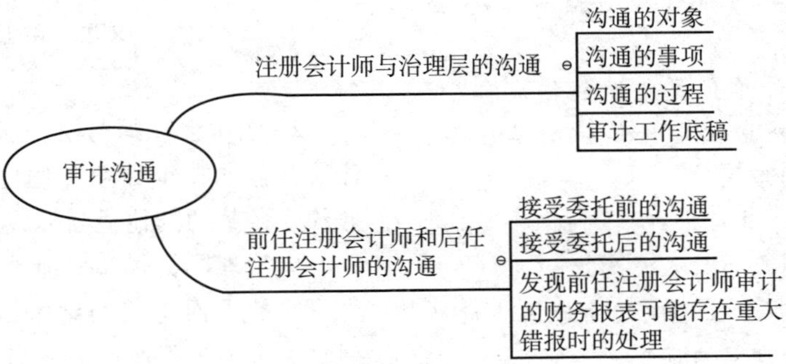

通关重难点例题解析

第一节　注册会计师与治理层的沟通

一、沟通的对象（第二能力等级）

（一）总体要求

总体要求	
1. 确定沟通对象的一般要求	（1）确定适当的沟通人员； （2）确定适当的沟通人员时应当利用的信息。了解被审计单位的法律结构、组织形式、查阅被审计单位的章程、组织结构图，询问被审计单位人员等
2. 需要商定沟通对象的特殊情形	（1）被审计单位会指定其治理结构中相对固定的人员或组织负责与注册会计师进行沟通； （2）如果由于被审计单位的治理结构没有被清楚的界定，导致注册会计师无法清楚地识别适当的沟通对象，被审计单位也没有指定适当的沟通对象，注册会计师就应当尽早与审计委托人商定沟通对象，并就商定的结果形成备忘录或其他形式的书面记录

（二）与治理层的下设组织或个人沟通

考虑因素	
1. 决定与治理层的下设组织或个人沟通时应当考虑的主要因素	适当的沟通对象往往是治理层的下设组织和人员。应考虑： （1）治理层的下设组织与治理层各自的责任；这种责任划分是确定适当沟通对象的直接依据； （2）拟沟通事项的性质； （3）相关法律法规的要求； （4）下设组织是否有权就沟通的信息采取行动，以及是否能够提供注册会计师可能需要的进一步信息和解释
2. 被审计单位设有审计委员会的情形	良好的治理原则建议： （1）邀请注册会计师定期参加审计委员会会议； （2）审计委员会主席和其他相关成员定期与注册会计师联系； （3）审计委员会每年至少一次在管理层不在场的情况下会见注册会计师
3. 需要与治理层整体沟通的特殊情形	如果就审计准则要求沟通的事项已与负有管理责任的人员沟通，且这些人员同时负有治理责任，注册会计师无须就这些事项再次与负有治理责任的相同人员沟通

【例题1·多选题】

在确定与被审计单位治理结构中的哪些适当人员沟通时，下列做法中，正确的有（　　）。

A. 如果被审计单位设有审计委员会或监事会，应当着重与审计委员会或监事会沟通

B. 如果被审计单位是集团的组成部分，沟通的对象除了包括被审计单位的治理层，还可能包括集团治理层

C. 在与被审计单位治理层沟通前，不应先与被审计单位内部审计人员沟通

D. 在与被审计单位治理层沟通前，应当先与被审计单位管理层沟通

【答案】AB

【解析】本题考核的是“与治理层沟通”这个知识点。选项C错误，注册会计师可以在与治理层沟通特定事项前，先与内部审计人员讨论有关事项，并不是绝对禁止。注册会计师在根据审计准则的规定与治理层沟通特定事项前，通常先与管理层进行讨论，除非这些事项不适合与管理层讨论，因此选项D的说法太绝对。

二、沟通的事项（第二能力等级）

（一）注册会计师与财务报表审计相关的责任

1. 注册会计师应当与治理层沟通——注册会计师与财务报表审计相关的责任。

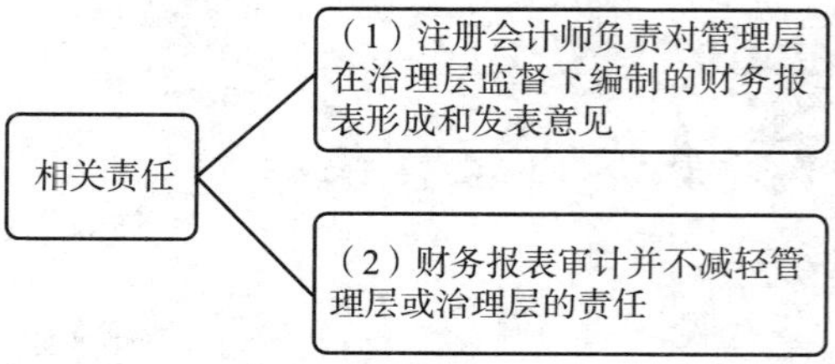

2. 注册会计师与财务报表审计相关的责任通常包含在审计业务约定书或记录审计业务约定条款的其他适当形式的书面协议中。

向治理层提供审计业务约定书或其他适当形式的书面协议的副本，可能是与其就下列相关事项进行沟通的适当方式：

（1）注册会计师按照审计准则执行审计工作的责任，主要集中在对财务报表发表意见上；

（2）审计准则并不要求注册会计师设计程序来识别与治理层沟通的补充事项；

（3）注册会计师依据法律法规的规定、与被审计单位的协议或适用于该业务的其他规定，承担所需要沟通特定事项的责任（如适用）。

【例题2·多选题】

在与被审计单位治理层沟通注册会计师的责任时，下列表述中，正确的有（　　）。

A. 注册会计师应当就其责任直接与治理层沟通

B. 注册会计师承担对财务报表审计的责

任可以减轻治理层的责任

C. 注册会计师应当和治理层沟通与其履行对财务报告过程监督职责相关的重大事项

D. 注册会计师通常不专门为识别与治理层沟通的补充事项设计程序

【答案】ACD

【解析】选项 B 错误，注册会计师承担的责任是其自身的，并不能够减轻或代替治理层的责任。

（二）计划的审计范围和时间安排

1. 就计划的审计范围和时间安排进行沟通的作用。

（1）帮助治理层更好地了解注册会计师工作的结果，与注册会计师讨论风险问题和重要性的概念，以及识别可能需要注册会计师追加审计程序的领域；

（2）帮助注册会计师更好地了解被审计单位及其环境。

2. 沟通的事项。

其一，沟通的事项可能包括：

（1）注册会计师拟如何应对由于舞弊或错误导致的特别风险以及重大错报风险评估较高的领域；

（2）注册会计师对与审计相关的内部控制采取的方案；

（3）在审计中对重要性概念的运用；

（4）实施计划的审计程序或评价审计结果需要的专业技术或知识的性质和程度，包括利用专家的工作；

（5）当《中国注册会计师审计准则第 1504 号——在审计报告中沟通关键审计事项》适用时，注册会计师对哪些事项可能需要重点关注因而可能构成关键审计事项所作的初步判断。

（6）针对适用的财务报告编制基础或者被审计单位所处的环境、财务状况或活动发生的重大变化对单一报表及披露产生的影响，注册会计师拟采取的应对措施。

其二，可能适合与治理层讨论的计划方面的其他事项包括：

（1）如果被审计单位设有内部审计，注册会计师拟利用内部审计工作的程度，以及注册会计师和内部审计人员如何以建设性和互补性的方式更好地协调和配合工作；

（2）治理层对下列问题的看法：

①与被审计单位治理结构中的哪些适当人员沟通；

②治理层和管理层之间的责任分配；

③被审计单位的目标和战略，以及可能导致重大错报的相关经营风险；

④治理层认为审计过程中需要特别关注的事项，以及治理层要求注册会计师追加审计程序的领域；

⑤与监管机构的重要沟通；

⑥治理层认为可能会影响财务报表审计的其他事项。

（3）治理层对下列问题的态度、认识和措施：

①被审计单位的内部控制及其在被审计单位中的重要性，包括治理层如何监督内部控制的有效性；

②舞弊发生的可能性或如何发现舞弊。

（4）治理层应对会计准则、公司治理实务、交易所上市规则和相关事项变化及这些变化对财务报表的总体列报、结构和内容等方面的影响所采取的措施，包括：

①财务报表中信息的相关性、可靠性、可比性和可理解性；

②考虑财务报表是否因包含不相关或有碍正确理解所披露事项的信息而受到不利影响。

（5）治理层对以前与注册会计师沟通作出的反应。

【提示】尽管与治理层的沟通可以帮助注册会计师计划审计的范围和时间安排，但并不改变注册会计师独自承担制定总体审计策略和具体审计计划的责任。

【例题 3 · 单选题】

在与治理层沟通计划的审计范围和时间安排时，下列各项中，注册会计师通常认为不宜沟通的是（　　）。

A. 重要性的具体金额

B. 拟如何应对由于舞弊或错误导致的特别风险

C. 对于审计相关的内部控制采取的方案

D. 拟利用内部审计工作的程度

【答案】A

【解析】本题主要考核“与治理层沟通”知识点。沟通的事项可能包括：（1）注册会计师拟如何应对由于舞弊或错误导致的特别风险；（2）注册会计师对与审计相关的内部控制采取的方案；（3）在审计中对重要性概念的运用。可能适合与治理层讨论的计划方面的其他事项包括：（1）如果被审计单位设有内部审计，注册会计师拟利用内部审计工作的程度，以及注册会计师和内部审计人员如何以建设性和互补性的方式更好地协调和配合工作；（2）治理层对下列问题的看法：①与被审计单位治理结构中的哪些适当人员沟通；②治理层和管理层之间的责任分配；③被审计单位的目标和战略，以及可能导致重大错报的相关经营风险；④治理层认为审计过程中需要特别关注的事项，以及治理层要求注册会计师追加审计程序的领域；⑤与监管机构的重要沟通；⑥治理层认为可能会影响财务报表审计的其他事项；（3）治理层对下列问题的态度、认识和措施：①被审计单位的内部控制及其在被审计单位中的重要性，包括治理层如何监督内部控制的有效性；②舞弊发生的可能性或如何发现舞弊；（4）治理层应对会计准则、公司治理实务、交易所上市规则和相关事项变化的措施；（5）治理层对以前与注册会计师沟通作出的反应。

（三）审计中发现的重大问题

1. 注册会计师对被审计单位会计实务重大方面的质量的看法。

2. 审计工作中遇到的重大困难。

（1）管理层在提供审计所需要信息时出现严重拖延

（2）不合理地要求缩短完成审计工作的时间

（3）为获取充分，适当的审计证据需要付出的努力远远超过预期

（4）无法获取预期的信息

（5）管理层对注册会计师施加的限制

（6）管理层不愿意按照要求对被审计单位持续经营能力进行评估，或不愿意延长评估期间

3. 已与管理层讨论或需要书面沟通的审计中出现的重大事项，以及注册会计师要求提供书面声明，除非治理层全部成员参与管理被审计单位。

4. 影响审计报告形式和内容的情形。

5. 审计中出现的，根据职业判断认为对监督财务报告过程重大的其他事项。

【例题 4 · 单选题】

在与治理层沟通审计工作中遇到的重大事项时，下列各项中，注册会计师通常认为无须沟通的是（　　）。

A. 管理层在提供审计所需要信息时出现严重拖延

B. 管理层对审计工作施加限制

C. 审计项目组修改审计时间预算

D. 注册会计师为获取充分，适当的审计证据需要付出的努力远远超过预期

【答案】C

【解析】本题主要考核“与治理层沟通”知识点。审计工作中遇到的重大困难可以包括下列事项：（1）管理层在提供审计所需信息时出现严重拖延；（2）不合理地要求缩短完成审计工作的时间；（3）为获取充分，适当的审计证据需要付出的努力远远超过预期；（4）无法获取预期的信息；（5）管理层对注册会计师施加的限制；（6）管理层不愿意按照要求对被审计单位持续经营能力进行评估，或不愿意延长评估期间。

（四）值得关注的内部控制缺陷

1. 内部控制缺陷和值得关注的内部控制缺陷。

2. 向治理层和管理层通报内部控制缺陷。

3. 值得关注的内部控制缺陷的书面沟通文件内容。

4. 在向治理层和管理层提供信息时，注册会计师应当特别说明的事项。

（五）注册会计师的独立性

（六）补充事项

如果需要沟通补充事项，注册会计师使治理层注意下列事项可能是适当的：

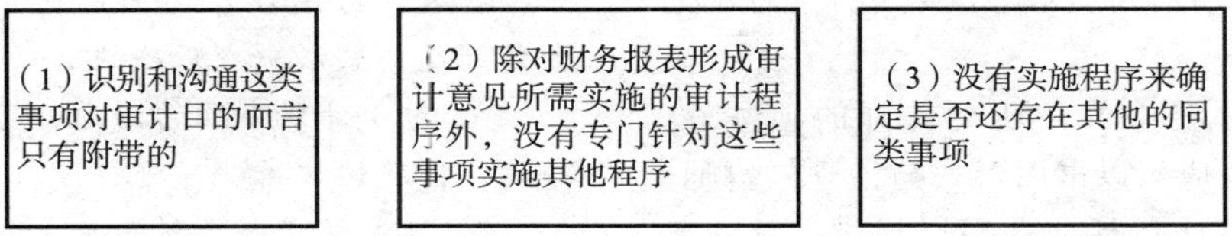

【例题5·单选题】（2012年试题）

如果被审计单位是上市实体，下列事项中，注册会计师通常不应与治理层沟通的是（　　）。

A. 已与管理层讨论的审计中出现的重大事项

B. 就审计项目组成员，会计师事务所其他相关人员及会计师事务所按照相关职业道德要求保持了独立性的声明

C. 审计工作中遇到的重大困难

D. 已确定的财务报表整体的重要性

【答案】D

【解析】本题主要考核“与治理层沟通”知识点。沟通的事项可能包括：（1）注册会计师拟如何应对由于舞弊或错误导致的特别风险；（2）注册会计师对与审计相关的内部控制采取的方案；（3）在审计中对重要性概念的运用，但不宜涉及重要性的具体底线或金额。可能适合与治理层讨论的计划方面的其他事项包括：（1）如果被审计单位设有内部审计，注册会计师拟利用内部审计工作的程度，以及注册会计师和内部审计人员如何以建设性和互补性的方式更好地协调和配合工作；（2）治理层对下列问题的看法；（3）治理层对下列问题的态度，认识和措施；（4）治理层应对会计准则，公司治理实务；交易所上市规则和相关事项变化的措施；（5）治理层对以前与注册会计师沟通作出的反应。

三、沟通的过程（第二能力等级）

（一）确立沟通过程

项目	内容	
确立沟通过程	1. 基本要求	
	2. 与管理层的沟通	许多事项可以在正常的审计过程中与管理层讨论，包括审计准则要求与治理层沟通的事项。 在与治理层沟通某些事项前，注册会计师可能就这些事项与管理层讨论，除非这种做法并不适当
	3. 与第三方沟通	在向第三方提供为治理层编制的书面沟通文件时，在书面沟通文件中声明以下内容，告知第三方这些书面沟通文件不是为他们编制，可能是非常重要的： （1）书面沟通文件仅为治理层的使用而编制，在适当的情况下也可供集团管理层和集团注册会计师使用，但不应被第三方依赖； （2）注册会计师对第三方不承担责任； （3）书面沟通文件向第三方披露或分发的任何限制

【例题6·单选题】

在确定与被审计单位管理层沟通的事项时，下列各项中，注册会计师通常认为不宜沟通的是（　　）。

A. 被审计单位所在行业的环境发生重大变化

B. 可能影响重大错报风险的经营计划和战略

C. 被审计单位管理层对造成内部控制缺陷的实际原因的了解

D. 被审计单位管理层的胜任能力

【答案】D

【解析】不适合与管理层讨论的事项包括管理层的胜任能力和诚信问题等。

（二）沟通的形式

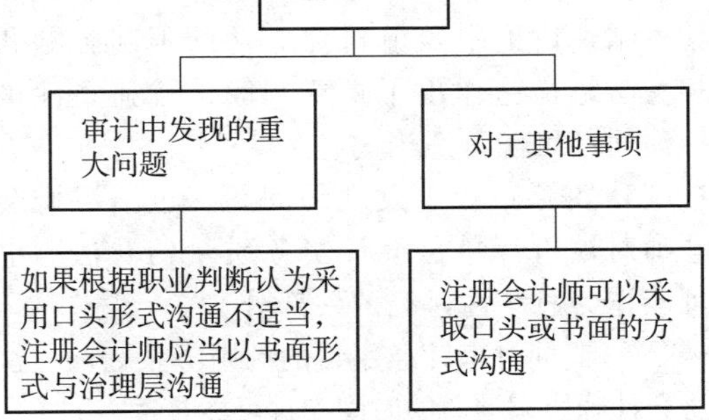

【提示】书面沟通不必包括审计过程中的所有事项。

审计准则要求的注册会计师的独立性，注册会计师也应当以书面形式与治理层沟通。书面沟通也可能包括向治理层提供审计业务约定书。

【例题7·单选题】（2016年试题）

下列各项中，注册会计师应当以书面形式与治理层沟通的是（　　）。

A. 计划的审计范围和时间安排

B. 审计过程中遇到的重大困难

C. 审计中发现的所有内部控制缺陷

D. 上市公司审计中注册会计师的独立性

【答案】D

【解析】审计准则要求的注册会计师的独立性，注册会计师应当以书面形式与治理层沟通。

（三）沟通的时间安排

1. 对于计划事项的沟通，通常在审计业务的早期阶段进行，如系首次接受委托，沟通可以随同就审计业务条款达成一致意见一并进行。

2. 对于审计中遇到的重大困难，如果治理层能够协助注册会计师克服这些困难，或者这些困难可能导致发表非无保留意见，可能需要尽快沟通。

【提示】如果识别出值得关注的内部控制缺陷，注册会计师可能在进行书面沟通前，尽快向治理层口头沟通。

3. 当《中国注册会计师审计准则第1504号——在审计报告中沟通关键审计事项》适用时，注册会计师可以在讨论审计工作的计划范围及时间安排时沟通对关键审计事项的初步看法，注册会计师在沟通重大审计发现时也可以与治理层进行更加频繁的沟通，以进一步讨论此类事项。

4. 无论何时（如承接一项非审计服务和在总结性讨论中）就对独立性的不利影响和相关防范措施作出了重要判断，就独立性进行沟通都可能是适当的。

5. 沟通审计中发现的问题，包括注册会计师对被审计单位会计实务质量的看法，也可能作为总结性讨论的一部分。

6. 当同时审计通用目的的财务报表时，注册会计师协调沟通的时间安排可能是适当的。

【例题8·多选题】

在确定与治理层沟通的时间时，A注册会计师下列做法中，正确的有（　　）。

A. 对于计划事项的沟通，可以随同对业务约定条款的协商一并进行

B. 对于审计中遇到的重大困难，应当尽快予以沟通

C. 对于注意到的内部控制设计或执行中的重大缺陷，应当在审计结束后以管理建议书形式沟通

D. 对于审计中发现的与财务报表相关的事项，应当在最终完成审计工作前沟通

【答案】ABD

【解析】选项C错误，对于注册会计师注意到的内部控制设计和运行中的重大缺陷，应尽快与管理层或治理层沟通。

（四）沟通过程的充分性

沟通不充分的应对措施	（1）根据范围受到的限制发表非无保留意见； （2）就采取不同措施的后果征询法律意见； （3）与第三方、被审计单位外部的在治理结构中拥有更高权力的组织或人员或对公共部门负责的政府部门进行沟通； （4）在法律法规允许的情况下解除业务约定

【例题9·多选题】（2016年试题）

如果注册会计师与治理层之间的双向沟通不充分，并且这种情况得不到解决，下列措施中，注册会计师可以采取的有（　　）。

A. 根据范围受到的限制发表非无保留意见

B. 与监管机构、被审计单位外部的在治理结构中拥有更高权力的组织或人员进行沟通

C. 在法律法规允许的情况下解除业务约定

D. 就采取不同措施的后果征询法律意见

【答案】ABC

【解析】沟通不充分的应对措施：（1）根据范围受到的限制发表非无保留意见；（2）就采取不同措施的后果征询法律意见；（3）与第三方、被审计单位外部的在治理结构中拥有更高权力的组织或人员或公共部门负责的政府部门进行沟通；（4）在法律法规允许的情况下解除业务约定。

四、审计工作底稿（第二能力等级）

1. 如果审计准则要求沟通的事项是以口头形式沟通——注册会计师应当将其包括在审计工作底稿中，并记录沟通的时间和对象。

如果审计准则要求沟通的事项是以书面形式沟通——注册会计师应当保存一份沟通文件的副本，作为审计工作底稿的一部分。

2. 如果被审计单位编制的会议纪要是沟通的适当记录——注册会计师可以将其副本作为对口头沟通的记录，并作为审计工作底稿的一部分。

如果发现这些记录不能恰当地反映沟通的内容，且有差别的事项比较重大，注册会计师一般会另行编制能恰当记录沟通内容的纪要，将其副本连同被审计单位编制的纪要一起致送治理层，提示两者的差别，以免引起不必要的误解。

3. 如果根据业务环境不容易识别出适当的沟通人员——注册会计师还应当记录识别治理结构中的适当沟通人员的过程。

4. 如果治理层全部参与管理——注册会计师还应当记录对沟通的充分性进行考虑的过程。

【例题10·单选题】（2012年试题）

关于注册会计师与被审计单位治理层的沟通，下列说法中，正确的是（　　）。

A. 对于与治理层沟通的事项，应当事先与管理层讨论

B. 对于涉及舞弊等敏感信息的沟通，应当避免书面记录

C. 与治理层沟通的书面记录是一项审计证据，所有权属于会计师事务所

D. 如果注册会计师应治理层的要求向第三方提供为治理层编制的书面沟通文件的副本，注册会计师有责任向第三方解释其在使用中产生的疑问

【答案】C

【解析】注册会计师应当记录与治理层沟通的重大事项，包括记录那些对于表明形成审计报告的合理基础，证明审计工作的执行遵循了审计准则和其他法律法规要求而言很重要的事项。

第二节　前任注册会计师和后任注册会计师的沟通

【提示】

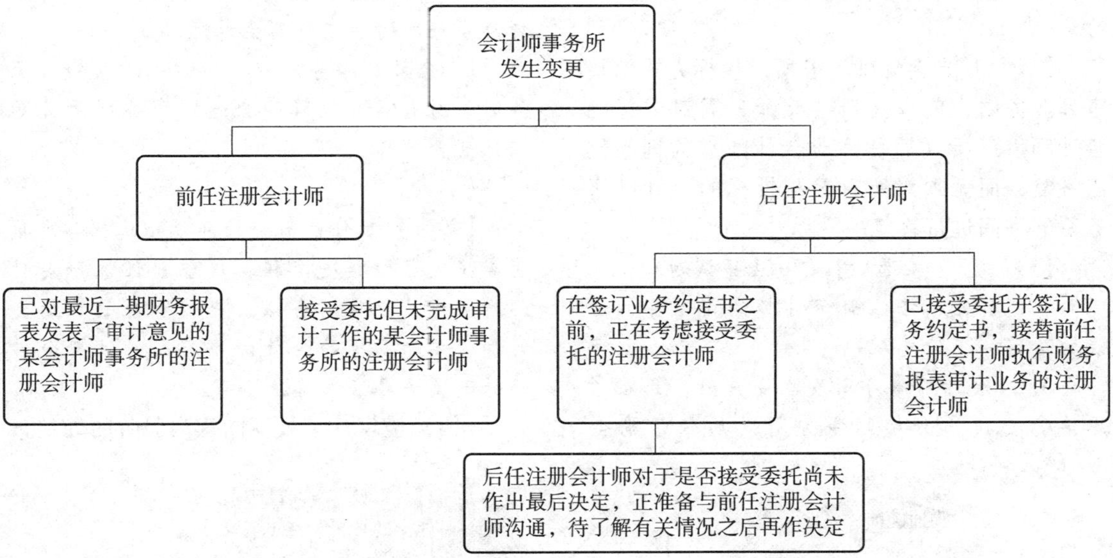

【提示】对前后任注册会计师沟通的总体要求：

（1）沟通的发起方——后任注册会计师；

（2）沟通的前提——征得被审计单位的同意；

（3）沟通的方式——书面或口头；

（4）对沟通情况的记录——记录于各自的审计工作底稿。

【例题 11 · 多选题】（2016 年试题）

下列有关前后任注册会计师沟通的说法中，错误的有（　　）。

A. 后任注册会计师在接受委托前与前任注册会计师沟通，应当征得被审计单位同意

B. 在接受委托前，后任注册会计师应当采用书面形式与前任注册会计师进行沟通

C. 如果需要查阅前任注册会计师的审计工作底稿，后任注册会计师不必征得被审计单位同意

D. 在接受委托前和接受委托后，后任注册会计师均应当与前任注册会计师沟通

【答案】BCD

【解析】沟通的前提是征得被审计单位的同意。

一、接受委托前的沟通（第二能力等级）

（一）接受委托前的必要沟通

（二）必要沟通的核心内容

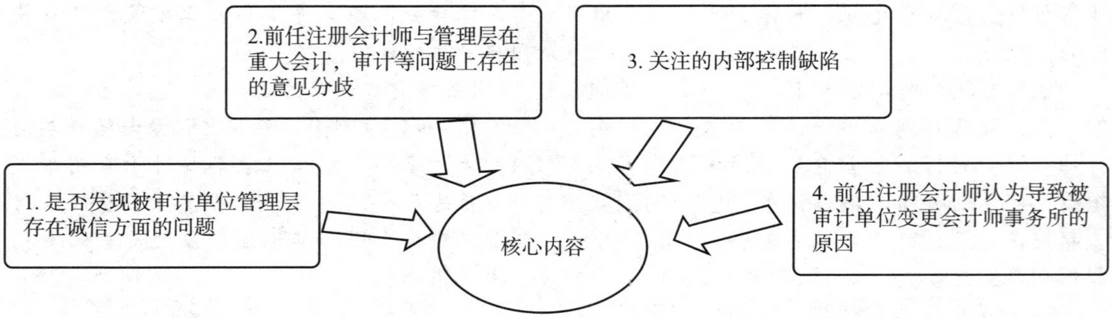

（三）前任注册会计师的答复

在被审计单位允许前任注册会计师对后任注册会计师的询问作出充分答复的情况下，前任注册会计师应当根据所了解的事实，对后任注册会计师的合理询问及时作出充分答复。

【提示】当会计师事务所以投标方式承接审计业务时，前任注册会计师只需对中标的会计师事务所（后任注册会计师）的询问作出答复，而无须对所有参与投标的会计师事务所的询问进行答复。

【例题 12 · 单选题】（2014 年试题）

下列有关后任注册会计师的说法中，错误的是（　　）。

A. 当会计师事务所发生变更时，正在考虑接受委托的会计师事务所是后任注册会计师

B. 当会计师事务所发生变更时，已经接受委托的会计师事务所是后任注册会计师

C. 被审计单位的财务报表已经审计但需要重新审计时，接受委托执行重新审计的会计师事务所为后任注册会计师

D. 会计师事务所以投标方式承接审计业务时，所有参与投标的会计师事务所均为后任注册会计师

【答案】D

【解析】后任注册会计师是指正在考虑接受委托或已经接受委托，接替前任注册会计师对被审计单位财务报表进行审计的注册会计师，参加竞标的会计师事务所的注册会计师并不属于后任注册会计师。

（四）被审计单位不同意沟通时的处理

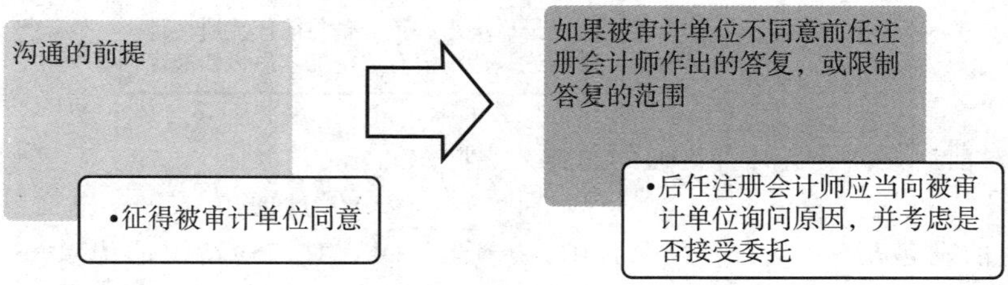

【例题13·单选题】（2015年试题）

下列有关前后任注册会计师沟通的说法中，错误的是（　　）。

A. 接受委托前的沟通是必要的审计程序，接受委托后的沟通不是必要的审计程序

B. 如果被审计单位不同意前任注册会计师对后任注册会计师的询问作出答复，后任注册会计师应当拒绝接受委托

C. 当会计师事务所通过投标方式承接审计业务时，前任注册会计师无须对所有参与投标的会计师事务所的询问进行答复

D. 接受委托后，如果需要查阅前任注册会计师的审计工作底稿，后任注册会计师应当征得被审计单位的同意

【答案】B

【解析】如果被审计单位不同意前任注册会计师作出的答复，或限制答复的范围，后任注册会计师应当向被审计单位询问原因，并考虑是否接受委托。

二、接受委托后的沟通（第二能力等级）

（一）查阅前任注册会计师工作底稿

查阅前任注册会计师工作底稿的前提——征得被审计单位同意并与前任注册会计师沟通。

如果上期财务报表由前任注册计师审计，后任注册会计师应当考虑通过查阅前任注册会计师的工作底稿获取有关期初余额的充分，适当的审计证据，并考虑前任注册会计师的独立性和专业胜任能力。

（二）查阅相关工作底稿及其内容

前任注册会计师应当自主决定可供后任注册会计师查阅，复印或摘录的工作底稿内容，这些内容通常可能包括有关审计计划、控制测试、审计结论的工作底稿，以及其他具有延续性的对本期审计产生重大影响的会计、审计事项的工作底稿。

【例题14·单选题】（2014年试题）

下列有关前任、后任注册会计师沟通的说法中，错误的是（　　）。

A. 在确定向后任注册会计师提供哪些审计工作底稿时，前任注册会计师应当征得被审计单位同意

B. 在查阅前任注册会计师的审计工作底稿前，后任注册会计师应当征得被审计单位同意

C. 在允许后任注册会计师查阅审计工作底稿前，前任注册会计师应当向其取得确认函

D. 为获取更多接触前任注册会计师审计工作底稿的机会，后任注册会计师可以在工作底稿使用方面作出较高程度的限制性保证

【答案】A

【解析】审计工作底稿的所有权属于会计师事务所，因此前任注册会计师是否允许后任注册会计师获取审计工作底稿，或向后任注册会计师提供哪些审计工作底稿，前任注册会计师可以自主确定。

（三）前任注册会计师和后任注册会计师就使用工作底稿达成一致意见

（四）利用工作底稿的责任

【提示】后任注册会计师不应在审计报告中表明，其审计意见全部或部分地依赖前任注册会计师的审计报告或工作。

【例题15·多选题】

接受委托后，后任注册会计师为了获取对前任审计工作底稿的更多的接触机会，可以考虑同意前任注册会计师在后任查阅工作底稿过程中作出的限制。限制的事项包括（　　）。

A. 在查阅工作底稿后，不对任何人作出关于前任注册会计师的审计是否遵循审计准则的书面评论

B. 当涉及前任注册会计师的审计质量时，后任注册会计师不应提供任何承接关于前任注册会计师审计质量的评论业务

C. 不将查阅工作底稿获得的信息用于审计过程

D. 不将查阅工作底稿获得的信息用于其他任何目的

【答案】ABD

【解析】选项C不属于限制的事项，后任注册会计师获取更多查阅前任审计工作底稿的机会是为了利用前任审计工作底稿的信息来设计本期审计计划和实施本期报表的审计程序获取充分、适当的审计证据形成审计结论。

三、发现前任注册会计师审计的财务报表可能存在重大错报时的处理（第二能力等级）

（一）安排三方会谈

如果发现前任注册会计师审计的财务报表可能存在重大错报，后任注册会计师应当提请被审计单位告知前任注册会计师。必要时，后任注册会计师应当要求被审计单位安排三方会谈。

（二）无法参加三方会谈的处理

1. 如果被审计单位拒绝告知前任注册会计师。

2. 前任注册会计师拒绝参加三方会谈。

3. 后任注册会计师对解决问题的方案不满意。

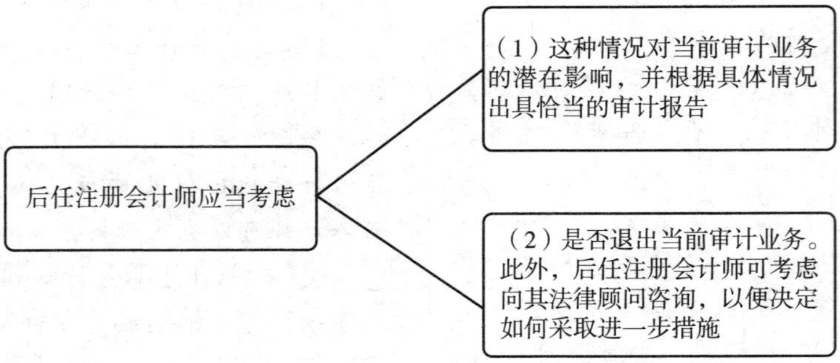

【例题16·简答题】（2019年试题考生回忆版节选）

ABC会计师事务所首次接受委托审计甲公司等多家被审计单位2018年财务报表，委托A注册会计师担任项目合伙人，与首次承接审计业务相关的部分事项如下：

（1）因A注册会计师原为DEF会计师事务所的合伙人，负责审计了甲公司2017年财务报表，A注册会计师认为前后任注册会计师为一人，无须在接受委托前进行沟通。

（2）在接受乙公司委托前，A注册会计师向前任注册会计师寄送了沟通函，但未得到回复。A注册会计师再次致函前任注册会计师说明如在10个工作日得不到答复，将假设不存在专业方面的原因使其拒绝接受委托，并表明拟接受委托。

（3）戊公司未计提存货跌价准备，前任注册会计师对其2017年财务报表发表了保留意见。A注册会计师在执行审计工作后，认可了管理层于2018年末计提的存货跌价准备。由于管理层拒绝更正对应数据，A注册会计师因该事项影响本期数据和对应数据的可比性而发表了保留意见。

要求：

针对上述第（1）至（3）项，逐项指出A注册会计师的做法是否恰当。如不恰当，简要说明理由。

【答案】

事项（1）不恰当。会计师事务所的变更构成前后任注册会计师的情况，在接受委托前，与前任注册会计师沟通是一项必要的程序。

事项（2）不恰当。首次沟通未得到回复，且没有理由认为变更会计师事务所的原因异常，A注册会计师需要设法以其他方式与前任注册会计师再次进行沟通。如果仍得不到答复，可以致函前任注册会计师。

事项（3）恰当。

【例题17·多选题】

接受委托后，后任注册会计师查阅前任注册会计师工作底稿获取的信息可能影响其实施审计程序的性质、时间和范围。下列对于使用前任注册会计师获取的信息的责任的说法中，不恰当的有（　　）。

A. 后任注册会计师应当在审计报告中表明其审计意见全部依赖前任的审计工作底稿信息

B. 后任注册会计师应当在审计报告中表明其审计意见部分依赖前任的审计工作底稿信息

C. 后任注册会计师应当在审计报告中提及前任注册会计师以及已经使用前任的审计工作底稿信息

D. 后任注册会计师应当对自身实施的审计程序和得出的审计结论负责

【答案】ABC

【解析】查阅前任注册会计师工作底稿获取的信息，可能影响后任注册会计师实施审计程序的性质、时间和范围，但后任注册会计师应当对自身实施的审计程序和得出的审计结论负责。后任注册会计师不应再审计报告中表明其审计意见全部或部分地依赖前任注册会计师的审计报告或工作。

通关演练

一、单项选择题

1. 前任注册会计师和后任注册会计师的沟通通常由（　　）发起，但需征得被审计单位的同意。

A. 后任注册会计师主动

B. 后任注册会计师被动

C. 前任注册会计师主动

D. 前任注册会计师被动

2. 下列可能会存在治理层全部参与管理的特殊情形是（　　）。

A. 全体董事都兼任中、高级管理职务

B. 在不设董事会的被审计单位，执行董事兼任经理

C. 在设董事会的被审计单位，执行董事兼任总经理

D. 部分董事都兼任高级管理职务

3. 后任注册会计师应当提请被审计单位以（　　）允许前任注册会计师对其询问作出充分答复。

A. 函证方式　　B. 书面方式

C. 口头方式　　D. 讨论方式

4. 如果发现前任注册会计师审计的财务报表可能存在重大错报，后任注册会计师应当提请被审计单位告知前任注册会计师。必要时，后任注册会计师应当（　　），以便采取措施进行妥善处理。

A. 要求被审计单位安排双方会谈

B. 要求前任注册会计师安排双方会谈

C. 要求被审计单位安排三方会谈

D. 要求前任注册会计师安排三方会谈

5. 下列各项中，注册会计师可以以口头形式与被审计单位治理层沟通的是（　　）。

A. 涉及被审计单位管理层的舞弊嫌疑

B. 值得关注的内部控制缺陷

C. 会计师事务所与审计项目组成员按照相关职业道德要求与被审计单位保持了独立性

D. 会计师事务所在本年度为被审计单位提供审计和非审计服务收费总额

6. 如果注册会计师与治理层之间的双向沟通不充分，并且这种情况得不到解决，下列有关注册会计师采取的措施中，错误的是（　　）。

A. 根据范围受到限制的情况，发表非无保留意见或增加其他事项段

B. 就采取不同措施的后果征询法律意见

C. 与被审计单位外部的在治理结构中拥有更高权力的组织或人员进行沟通

D. 在法律法规允许的情况下解除业务约定

7. 下列有关前任、后任注册会计师的说法中，正确的是（　　）。

A. 前任注册会计师包括对前期财务报表执行审阅的注册会计师

B. 在未发生会计师事务所变更的情况下，同处于某一会计师事务所的先后负责同一审计项目的不同注册会计师不属于前任、后任注册会计师的范畴

C. 在发生会计师事务所变更的情况下，先后就职于不同会计师事务所的同一注册会计师不属于前任、后任注册会计师的范畴

D. 如果委托人在相邻两个会计年度中连续变更多家会计师事务所，前任注册会计师不包括在后任注册会计师之前接受业务委托对当期财务报表进行审计但未完成审计工作的会计师事务所

8. 下列有关前任后任注册会计师沟通的总体要求的说法中，错误的是（　　）。

A. 后任注册会计师负有主动沟通的义务

B. 前任、后任注册会计师的沟通需要征得被审计单位同意

C. 前任、后任注册会计师应当对沟通过程中获知的信息保密

D. 前任、后任注册会计师的沟通可以采用书面或口头形式，其中接受委托前的沟通应当采用书面形式

9. 在接受审计业务委托前，如果被审计

单位不同意前任注册会计师向后任注册会计师作出答复，或限制答复的范围，后任注册会计师一般应当（　　）。

A. 接受委托

B. 直接与前任注册会计师沟通

C. 拒绝接受委托

D. 发表保留或否定意见审计报告

10. 如果治理层全部成员参与管理被审计单位，注册会计师就下列（　　）事项与治理层沟通不是必须的。

A. 在审计工作中遇到的重大困难

B. 需要书面沟通的审计中出现的重大事项

C. 对监督财务报告过程重大的其他事项

D. 对会计实务重大方面的质量的看法

11. 在与治理层沟通审计工作中遇到的重大问题时，下列各项中，注册会计师通常认为不需沟通的是（　　）。

A. 注册会计师对于财务报表主观方面的看法可能与治理层履行对财务报告过程的监督职责尤其相关

B. 影响审计报告形式和内容的情形

C. 存货监盘的具体审计计划

D. 管理层不愿意按照要求对被审计单位持续经营能力进行评估，或不愿意延长评估期间

12. 如果因被审计单位管理层或治理层阻挠而无法获取充分、适当的审计证据，以评价是否存在或可能存在对财务报表产生重大影响的违反法律法规行为，注册会计师应当出具的审计报告是（　　）。

A. 增加其他事项段

B. 保留意见或否定意见

C. 增加强调事项段

D. 保留意见或无法表示意见

13. 如果注册会计师与治理层之间的双向沟通不充分，注册会计师可能不能获取充分、适当的审计证据以形成对财务报表的审计意见，注册会计师可以采取的措施不包括(　　)。

A. 根据范围受到的限制发表非无保留意见

B. 征询法律意见

C. 在法律法规允许的情况下解除业务约定

D. 根据范围受到的限制发表保留意见或否定意见

14. 下列有关注册会计师与治理层沟通的说法中，正确的是（　　）。

A. 应设计专门程序获取审计证据，支持其对与治理层之间的双向沟通的评价

B. 注册会计师对审计实务重大方面的质量的看法

C. 如无法与治理层进行充分沟通，出具保留意见

D. 注册会计师与治理层沟通关键审计事项

15. 下列各项中，注册会计师应当以书面形式与治理层沟通的是（　　）。

A. 计划的审计范围和时间安排

B. 审计过程中遇到的重大困难

C. 审计中发现的所有内部控制缺陷

D. 上市公司审计中注册会计师的独立性

16. 针对识别出的可能导致对被审计单位持续经营能力产生重大怀疑的事项或情况，假定治理不参与管理被审计单位，下列各项中，注册会计师不应当与治理层沟通的是（　　）。

A. 这些事项或情况是否构成重大不确定性

B. 注册会计师对这些事项或情况实施的追加审计程序

C. 在财务报表编制和列报中运用持续经营假设是否适当

D. 财务报表中的相关披露是否充分

17. 如果被审计单位是上市实体，下列事项中，注册会计师通常不应与治理层沟通的是（　　）。

A. 已与管理层讨论的审计中出现的重大事项

B. 就审计项目组成员、会计师事务所其他相关人员及会计师事务所按照相关职业道德要求保持了独立性的声明

C. 审计工作中遇到的重大困难

D. 已确定的财务报表整体的重要性

18. 针对使用前任注册会计师底稿的责任，下列说法中，恰当的是（　　）。

A. 后任注册会计师应当在审计报告中表明其审计意见全部依赖前任注册会计师的审计工作底稿信息

B. 后任注册会计师应当对自身实施的审

计程序和得出的审计结论负责

C. 后任注册会计师应当在审计报告中提及前任注册会计师的名称以及已经使用前任注册会计师的审计工作底稿信息

D. 后任注册会计师应当在审计报告中表明其审计意见部分依赖前任注册会计师的审计工作底稿信息

二、多项选择题

1. A会计师事务所洽谈的以下审计业务中，必须在接受业务委托前与B会计师事务所进行沟通的有（　　）。

A. 甲公司拟聘请A会计师事务所审计其2017年度会计报表。B会计师事务所审计了甲公司2017年半年度会计报表，出具了标准无保留意见的审计报告

B. 乙公司拟聘请A会计师事务所重新审计其2017年度会计报表。此前，B会计师事务所审计了乙公司2017年度会计报表，出具了标准无保留意见的审计报告

C. 丙公司拟聘请A会计师事务所审计其2017年度会计报表，此前曾有意委托B会计师事务所审计，但B会计师事务所在初步了解情况后未接受委托。A会计师事务所审计了丙公司2016年度会计报表，出具了保留意见的审计报告

D. 丁公司拟聘请A会计师事务所审计其2017年度会计报表。丁公司于2016年初设立，B会计师事务所承办了其设立验资业务

2. 戊公司拟聘请A会计师事务所审计其2017年度会计报表。B会计师事务所审计了戊公司2016年度会计报表，出具了保留意见的审计报告。下列涉及与B会计师事务所沟通相关的事项中，正确的有（　　）。

A. 在与B会计师事务所沟通前，应事先征得戊公司管理层的书面同意

B. 如果戊公司不允许与B会计师事务所沟通，应询问其原因，并考虑是否接受委托

C. 如果戊公司允许与B会计师事务所沟通，应提请B会计师事务所提供与2017年度会计报表审计有关的重要底稿

D. 如果B会计师事务所未予答复，应考虑是否接受委托

3. A会计师事务所接受戊公司委托，审计其2017年度会计报表。B会计师事务所审计了戊公司2016年度财务报表，出具了标准无保留意见的审计报告。在实施必要的审计程序后，A会计师事务所发现戊公司2016年度财务报表可能存在重大错报。以下各项措施中，A会计师事务所应采取的有（　　）。

A. 提请戊公司管理层告知B会计师事务所

B. 在戊公司管理层拒绝告知B会计师事务所时，直接告知B会计师事务所

C. 在审计报告中指明，期初余额可能存在重大错报，由于不专门对期初余额发表意见，相关责任、由B会计师事务所负责

D. 在戊公司管理层拒绝告知B会计师事务所时，考虑对审计报告的影响或解除业务约定

4. 下列行为中，注册会计师违反保密原则的有（　　）。

A. 利用获知的客户信息买卖客户的股票

B. 向监管机构报告发现的违反法规行为

C. 与客户发生意见分歧时，诉诸媒体

D. 接受同业复核提供底稿

5. 注册会计师应当与治理层沟通注册会计师与财务报表审计相关的责任，包括（　　）。

A. 注册会计师负责对管理层在治理层监督下编制的财务报表形成和发表意见

B. 计划的审计范围和时间安排的总体情况

C. 已向治理层提出未得到妥善解决的重大问题

D. 财务报表审计并不减轻管理层或治理层的责任

6. 下列有关后任注册会计师的说法中，正确的有（　　）。

A. 被审计单位限制前任注册会计师答复的范围，后任注册会计师应当向被审计单位询问原因，并考虑是否接受委托

B. 当会计师事务所发生变更时，已经接受委托的会计师事务所是后任注册会计师

C. 被审计单位的财务报表已经审计但需要重新审计时，接受委托执行重新审计的会计师事务所为后任注册会计师

D. 会计师事务所以投标方式承接审计业务时，参加竞标加入会计师事务所的注册会计师并不属于后任注册会计师

7. 下列有关前后任注册会计师沟通的说

法中，错误的有（　　）。

A. 如果发现前任注册会计师已审计财务报表可能存在重大错报，后任注册会计师负有主动告知前任注册会计师的义务

B. 如果发现前任注册会计师已审计财务报表可能存在重大错报，且前任注册会计师拒绝参加三方会谈，后任注册会计师应当考虑向法律顾问咨询

C. 当会计师事务所通过投标方式承接审计业务时，前任注册会计师应当对所有参与投标的会计师事务所的询问进行答复

D. 接受委托后，前任注册会计师可自主决定是否允许后任注册会计师摘录部分审计工作底稿

8. 后任注册会计师在接受委托前与前任注册会计师进行必要沟通的核心内容有(　　)。

A. 前任向治理层通报的管理层舞弊行为

B. 前任认为导致变更会计师事务所的原因

C. 前任注册会计师注意到的所有控制缺陷

D. 前任的审计范围是否受到不当限制

9. 下列有关后任注册会计师在接受委托前与前任注册会计师沟通的说法中，通常认为正确的有（　　）。

A. 签约前与前任注册会计师的沟通是必要的审计程序

B. 签约前与前任沟通必须出具审计客户的书面同意函

C. 如审计客户不同意沟通，后任一般应拒绝接受委托

D. 沟通的常用方式是查阅前任注册会计师的工作底稿

10. 在确定与被审计单位甲公司治理结构中的哪些适当人员沟通时，下列做法中，正确的有（　　）。

A. 对于需要通过与治理层沟通以寻求配合或解决问题的事项，注册会计师应当在合理考虑治理层的职责分工的基础上，选择有利于得到配合、有利于解决问题的适当的沟通对象

B. 如果甲公司是集团的组成部分，沟通的对象除了包括甲公司的治理层，还可能包括集团治理层

C. 在与甲公司治理层沟通前，不应先与甲公司内部审计人员沟通

D. 在与甲公司治理层沟通前，应当先与甲公司管理层沟通

11. 下列选项中，属于注册会计师就被审计单位会计实务的质量方面与治理层进行沟通的事项的有（　　）。

A. 在考虑是否有必要对提供信息的成本与可能给财务报表使用者带来的效益之间进行平衡后，会计政策对于被审计单位具体情况的适当性

B. 重要会计政策的初始选择和变更，包括对新会计准则的应用

C. 有争议的或新兴领域的重要会计政策的影响

D. 与记录交易的期间相关的交易时间安排的影响

12. 下列关于注册会计师与治理层沟通的主要目的表述中，正确的有（　　）。

A. 及时向治理层告知审计中发现的与治理层责任相关的事项

B. 就审计范围和时间以及注册会计师、治理层和管理层各方在财务报表审计和沟通中的责任，取得相互了解

C. 就审计程序的性质、范围与时间与治理层沟通取得相互协调

D. 共享有助于注册会计师获取审计证据和治理层履行责任的其他信息

13. 下列各项中，注册会计师可能需要与被审计单位治理层进行书面沟通的有（　　）。

A. 注册会计师在审计过程中识别出的值得关注的内部控制缺陷

B. 审计准则要求的注册会计师的独立性

C. 审计过程中发现的重大问题

D. 注册会计师认为确定为关键审计事项的事项

14. 注册会计师与被审计单位治理层沟通时，下列不能与治理层沟通的有（　　）。

A. 重要性的具体底线或金额

B. 管理层在提供审计所需信息时出现严重拖延

C. 已更正的、含有已审计财务报表的文件的其他信息存在对事实的重大错报或不一致

D. 注册会计师实施的具体审计程序的性质

15. 注册会计师在审计过程中，需要与被审计单位治理层保持有效的双向沟通，这样的沟通有助于（ ）。

A. 注册会计师和治理层了解与审计有关的背景事项，建立建设性的工作关系

B. 注册会计师了解被审计单位及其环境，确定审计证据的适当来源

C. 注册会计师获取有关具体交易或事项的信息

D. 治理层履行其对财务报告过程的监督责任，从而降低财务报表重大错报风险

16. 以下关于注册会计师与治理层沟通充分性的说法中，不正确的有（ ）。

A. 注册会计师应当评价其与治理层之间的双向沟通对实现审计目的是否充分

B. 注册会计师需要设计专门程序以支持其对治理层之间的双向沟通的评价

C. 如果沟通不充分，注册会计师可以解除业务约定或征询法律意见

D. 如果沟通不充分，注册会计师可以发表保留或否定表示意见

17. 下列有关前后任注册会计师沟通的说法中，错误的有（ ）。

A. 在允许查阅工作底稿之前，前任注册会计师应当向后任注册会计师获取确认函，降低发生误解的可能性

B. 在取得被审计单位，前任注册会计师所在的会计师事务所必须允许后任注册会计师获取工作底稿部分内容，或摘录部分工作底稿

C. 后任注册会计师在审计报告中可以提及利用前任注册会计师的审计工作底稿

D. 后任注册会计师如发现经前任审计的财务报表存在重大错报，无须采取任何措施

18. 针对审计工作中遇到的重大困难时，下列与治理层沟通事项中，属于应当沟通的重大困难的有（ ）。

A. 管理层不合理地要求缩短完成审计工作的时间

B. 管理层在提供审计所需信息时出现严重拖延

C. 为获取充分、适当的审计证据需要付出的努力远远超过预期

D. 管理层不愿意按照要求对被审计单位持续经营能力进行评估

19. 下列关于计划的审计范围和时间安排中，属于可能适合与治理层沟通的相关事项的有（ ）。

A. 注册会计师针对由于舞弊或错误导致的特别风险以及重大错报风险评估水平较高的领域的进一步审计程序

B. 注册会计师设定的重要性水平

C. 拟如何应对重大错报风险评估水平较高的领域

D. 注册会计师对与审计相关的内部控制采取的方案

20. 下列关于注册会计师与治理层的沟通的说法中，正确的有（ ）。

A. 对于审计中发现的与财务报表相关的事项，应当在最终完成审计工作前沟通

B. 对于注意到的内部控制设计和执行中的重大缺陷，通常在审计结束后以口头形式沟通

C. 与治理层沟通的书面记录是一项审计证据，所有权属于会计师事务所

D. 对以口头形式沟通的事项，注册会计师应当形成审计工作底稿

三、简答题

1. ABC会计师事务所首次接受委托，对甲公司2017年度财务报表进行审计，委派A注册会计师担任项目合伙人。甲公司2016年度财务报表由XYZ会计师事务所的X注册会计师负责审计。相关事项如下：

（1）接受委托后，A注册会计师为查阅前任注册会计师的工作底稿，向前任注册会计师书面承诺：在查阅工作底稿后，不对任何人作出关于前任注册会计师的审计是否遵循了审计准则的口头或书面评论。同时还承诺在审计报告中表明其审计意见仅部分地依赖前任注册会计师的工作底稿。

（2）前任注册会计师审计因甲公司高估2016年度销售收入，对2016年度财务报表发表了保留意见。考虑到2016年度销售收入已在当年末结转完毕，A注册会计师认为在评估本期财务报表重大错报风险时，无须评价导致对上期财务报表发表保留意见的事项的影响。

要求：

假定上述事项（1）和（2）均为独立事项，并且不考虑其他因素，逐项指出A注册会计师的处理是否恰当。如不恰当，简要说明理由。

2. ABC会计师事务所审计上市实体甲公司2017年度财务报表，并指派A注册会计师担任项目合伙人。在审计过程中，A注册会计师需要与治理层沟通相关事项。审计工作底稿记载的部分情况如下：

（1）由于甲公司没有清楚地界定治理结构，甲公司也没有指定适当的沟通对象，导致A注册会计师无法识别沟通对象，拟按审计范围受到重大限制发表非无保留意见。

（2）在与治理层书面沟通注册会计师的独立性时，A注册会计师拟写明会计师事务所为消除对独立性的不利影响或将其降至可接受的水平已采取的相关防范措施。

（3）由于管理层在提供审计所需信息时出现严重拖延，A注册会计师拟在与治理层沟通审计工作中遇到的重大困难时重点反映该情况。

（4）凡是审计准则要求与治理层沟通的事项，A注册会计师都认为不应与管理层讨论，以免损害审计程序的有效性。

（5）在审计完成阶段，拟与治理层沟通注册会计师与财务报表审计相关的责任。

（6）由于与治理层之间的双向沟通不充分，并且这种情况得不到解决，A注册会计师考虑与第三方进行沟通或在法律法规允许的情况下解除业务约定。

要求：

（1）针对上述事项（1）至（5），不考虑其他情况，逐项指出是否存在不当之处。如存在不当之处，简要说明理由。

（2）针对事项（6），指出A注册会计师还可以采取哪些措施。

答案及解析

一、单项选择题

1.【答案】A

【解析】前任注册会计师和后任注册会计师的沟通通常由后任注册会计师主动发起，但需征得被审计单位的同意。

2.【答案】B

【解析】在某些被审计单位中，可能会存在治理层全部参与管理的特殊情形。例如，全体董事都兼任高级管理职务；在不设董事会的被审计单位，执行董事兼任经理。

3.【答案】B

【解析】后任注册会计师应当提请被审计单位以书面方式允许前任注册会计师对其询问作出充分答复。

4.【答案】C

【解析】如果发现前任注册会计师审计的财务报表可能存在重大错报，后任注册会计师应当提请被审计单位告知前任注册会计师。必要时，后任注册会计师应当要求被审计单位安排三方会谈，以便采取措施进行妥善处理。

5.【答案】A

【解析】注册会计师应当以书面形式及时向治理层通报审计过程中识别出的值得关注的内部控制缺陷；如果被审计单位是上市实体，注册会计师还应当就审计项目组成员、会计师事务所其他相关人员，以及会计师事务所和网络事务所按照职业道德要求保持了独立性作出声明；在和治理层沟通时，已与管理层讨论需要书面沟通的审计中出现的重大事项包括审计或其他服务费用，注册会计师应当要求提供书面声明。选项B、C、D必须以书面形式与治理层进行沟通。

6.【答案】A

【解析】根据范围受限制的情况发表非无保留意见，选项A不恰当。

7.【答案】B

【解析】前任、后任注册会计师是针对审计业务而非审阅业务而言的，如果上期财务报表仅经过代编或审阅，执行代编或审阅业务的注册会计师不能视为前任注册会计师，选项A错误；前任、后任注册会计师指的就是变更会计师事务所的情形，选项C错误；接受委托但未完成审计工作的某会计师事务所的注册会计师也属于前任注册会计师，选项D错误。

8.【答案】D

【解析】无论是接受委托前还是接受委托后，沟通均可以采用书面方式或口头方式进行。

9. 【答案】C

【解析】这种情况出现时，后任注册会计师一般应当拒绝接受委托，除非可以通过其他方式获知必要的事实，或有充分的证据表明被审计单位财务报表的审计风险水平非常低。

10. 【答案】B

【解析】按规定，除非治理层全部成员参与管理被审计单位，注册会计师应当与治理层沟通已与管理层讨论或需要书面沟通的审计中出现的重大事项，以及注册会计师要求提供的书面证明。

11. 【答案】C

【解析】本题主要考核“与治理层沟通”知识点。审计中发现的重大问题：（1）注册会计师对被审计单位会计实务重大方面的质量的看法；（2）审计工作中遇到的重大困难；（3）已与管理层讨论或需要书面沟通的审计中出现的重大事项，以及注册会计师要求提供书面声明，除非治理层全部成员参与管理被审计单位；（4）影响审计报告形式和内容的情形；（5）审计中出现的。根据职业判断认为对监督财务报告过程重大的其他事项。

12. 【答案】D

【解析】如果因管理层或治理层阻挠而无法获取充分、适当的审计证据，以评价是否存在或可能存在对财务报表产生重大影响的违反法律法规行为，注册会计师应当按照规定，根据审计范围受到限制的程度．发表保留意见或无法表示意见。

13. 【答案】D

【解析】本题主要考核“与治理层沟通”知识点。不充分的双向沟通可能意味着令人不满意的控制环境，影响注册会计师对重大错报风险的评估。同时存在一种风险，即注册会计师可能不能获取充分、适当的审计证据以形成对财务报表的审计意见。如果注册会计师与治理层之间的双向沟通不充分，并且这种情况得不到解决，注册会计师可以采取下列措施：根据范围受到的限制发表非无保留意见；就采取不同措施的后果征询法律意见；与第三方、被审计单位外部的在治理结构中拥有更高权力的组织或人员或公共部门负责的政府部门进行沟通；在法律法规允许的情况下解除业务约定。

14. 【答案】D

【解析】选项A，注册会计师不需要设计专门程序以支持其对与治理层之间的双向沟通的评价，这种评价可以建立在为其他目的而实施的审计程序所获取的审计证据的基础上。选项B，注册会计师对被审计单位会计实务重大方面的质量的看法。选项C，根据范围受到的限制发表非无保留意见。选项D，知悉这些已更正的错报，对治理层了解相关情况和采取相应措施避免今后出现类似问题是有积极意义的。

15. 【答案】D

【解析】选项A，计划的审计范围和时间安排可以采用书面形式也可以口头形式沟通。选项B，审计过程中遇到的重大困难可以与治理层书面沟通，但是不是应当以书面形式沟通。选项C，在审计中发现的值得关注的内部控制缺陷应采用书面形式与治理层沟通。选项D，上市公司审计中注册会计师的独立性是必须采用书面形式沟通的。

16. 【答案】B

【解析】注册会计师对这些事项或情况实施的追加审计程序不是注册会计师与治理层沟通事项。

17. 【答案】D

【解析】与治理层沟通的事项可能包括：（1）注册会计师拟如何应对由于舞弊或错误导致的特别风险；（2）注册会计师对与审计相关的内部控制采取的方案；（3）在审计中对重要性概念的运用，以及审计中发现的重大问题、审计工作中的困难、注册会计师的独立性，但是不包括已确定的财务报表整体的重要性。

18. 【答案】B

【解析】后任注册会计师查阅前任注册会计师工作底稿获取的信息可能影响后任注册会计师实施审计程序的性质、时间安排和范围，但后任注册会计师应当对自身实施的审计程序和得出的审计结论负责。后任注册会计师不应在审计报告中表明，其审计意见全部或部分地依赖前任注册会计师的审计报告或工作。

二、多项选择题

1. 【答案】AB

【解析】在选项A中，B会计师事务所审计了甲公司2017年半年度的会计报表，B会计师事务所应作为A会计师事务所的前任；选项B是前任注册会计师所指的情况；选项C中，B会计师事务所对2017年的年报未接受委托，也未审计2016年的年报，不属于“前任”范畴；在选项D中，B会计师事务所承办了丁公司的验资业务，不属于前任注册会计师定义范畴。

2.【答案】ABD

【解析】四个选项中除选项C中前任注册会计师应向后任注册会计师取得确认函外，其余三个选项均为正确选项。

3.【答案】AD

【解析】选项C是不应采取的措施。选项A是正确的，选项D是正确的。选项B中强调后任直接告知前任有关前任的重大错报是不妥的。

4.【答案】AC

【解析】保密不仅仅涉及信息披露，还要求注册会计师不能出于个人或第三方的利益使用或被合理认为使用了在执业过程中获得的信息。

5.【答案】AD

【解析】计划的审计范围和时间安排的总体情况和已向治理层提出未得到妥善解决的重大问题，不属于注册会计师应当与治理层沟通注册会计师与财务报表审计相关的责任。

6.【答案】ABCD

【解析】后任注册会计师是指正在考虑接受委托或已经接受委托，接替前任注册会计师对被审计单位财务报表进行审计的注册会计师，参加竞标加入会计师事务所的注册会计师并不属于后任注册会计师。

7.【答案】ABC

【解析】选项A，如果发现前任注册会计师已审计财务报表可能存在重大错报，后任注册会计师应当提请被审计单位告知前任注册会计师；选项B，如果发现前任注册会计师已审计财务报表可能存在重大错报，且前任注册会计师拒绝参加三方会谈，后任注册会计师可以考虑向法律顾问咨询，而非应当执行该程序；选项C，前任注册会计师仅对中标的会计师事务所的询问进行答复。

8.【答案】ABD

【解析】选项C，前任注册会计师向被审计单位治理层通报的值得关注的内部控制缺陷。

9.【答案】ABC

【解析】在后任与审计客户签约前，前任注册会计师几乎不可能允许后任查阅其审计工作底稿。

10.【答案】AB

【解析】本题考查的是与治理层或管理层沟通事项的判断。选项C的做法不正确，注册会计师在与甲公司治理层沟通前可以先与内部审计人员讨论；选项D的做法不正确，当注册会计师与治理层沟通事项涉及管理层的胜任能力和诚信问题时不能先与甲公司管理层沟通。

11.【答案】ABCD

【解析】注册会计师就被审计单位会计实务的质量方面与治理层进行沟通，可能包括下列事项：会计政策方面：（1）在考虑是否有必要对提供信息的成本与可能给财务报表使用者带来的效益之间进行平衡后，会计政策对于被审计单位具体情况的适当性；（2）重要会计政策的初始选择和变更，包括对新会计准则的应用；（3）有争议的或新兴领域的重要会计政策的影响；（4）与记录交易的期间相关的交易时间安排的影响。

12.【答案】ABD

【解析】选项C不恰当，注册会计师为了取得治理层必要的配合和理解，有必要将审计计划的时间和范围与其进行沟通，但为防止审计程序被其事先预见，仅能与其进行简要沟通，而不能就被审计程序的性质与其沟通。

13.【答案】ABCD

【解析】四个选项均正确。

14.【答案】AD

【解析】具体的重要性水平和审计程序的性质、时间安排和范围是不能沟通的，否则影响审计的不可预见性。

15.【答案】ABCD

【解析】四个选项均为注册会计师与治理层保持双向沟通可以起到的作用。

16.【答案】BD

【解析】选项B不正确，注册会计师不需要设计专门程序以支持其对治理层之间的双向沟通的评价；选项 D 不正确，沟通不充分，只有在这种情况得不到解决的情况下才可以采取下列措施：（1）发表非无保留意见（保留或无法表示意见）；（2）就采取的不同措施的后果征询法律意见；（3）与监管机构等进行沟通；（4）在法律法规允许的情况下解除业务约定。

17.【答案】ABCD

【解析】选项 A 不正确，在允许查阅工作底稿之前，前任注册会计师应当向管理层获取确认函，降低发生误解的可能性。选项 B 不正确，前任注册会计师所在的会计师事务所可根据情况自主决定是否允许后任注册会计师获取工作底稿部分内容，或摘录部分工作底稿。选项 C 不正确，后任注册会计师在审计报告中不能提及利用前任注册会计师的审计工作底稿。选项 D 不正确，如果发现前任注册会计师审计的财务报表可能存在重大错报，后任注册会计师应当提请被审计单位告知前任注册会计师。必要时，后任注册会计师应当要求被审计单位安排三方会谈。

18.【答案】ABCD

【解析】注册会计师在审计工作中遇到的重大困难可能包括下列事项：（1）管理层在提供审计所需信息时出现严重拖延（选项 B 正确）；（2）不合理地要求缩短完成审计工作的时间（选项 A 正确）；（3）为获取充分、适当的审计证据需要付出的努力远远超过预期（选项 C 正确）；（4）无法获取预期的信息；（5）管理层对注册会计师施加的限制；（6）管理层不愿意按照要求对被审计单位持续经营能力进行评估（选项 D 正确），或不愿意延长评估期间。

19.【答案】CD

【解析】沟通的事项可能包括：（1）注册会计师拟如何应对由于舞弊或错误导致的特别风险以及重大错报风险评估水平较高的领域；（2）注册会计师对与审计相关的内部控制采取的方案；（3）在审计中对重要性概念的运用；（4）实施计划的审计程序或评价审计结果需要的专门技术或知识的性质和程度，包括利用专家的工作；（5）当《中国注册会计师审计准则第 1504 号——在审计报告中沟通关键审计事项》适用时，注册会计师对哪些事项可能需要重点关注因而可能构成关键审计事项所作的初步判断。所以选项 A、B 不正确，选项 C、D 正确。

20.【答案】ACD

【解析】对于注册会计师注意到的内部控制设计和运行中的重大缺陷，应尽快以书面形式与管理层或治理层进行沟通，所以选项 B 不正确。

三、简答题

1.【答案】

事项（1）不恰当。后任注册会计师不应在审计报告中表明，其审计意见全部或部分地依赖前任注册会计师的审计报告或工作。

事项（2）不恰当。按规定，后任注册会计师在评估本期财务报表重大错报风险时，应评价导致对上期财务报表发表非无保留意见的事项的影响。具体到事项（2），后任注册会计师应评价甲公司高估上期收入对本期财务报表中未分配利润项目的期初余额的影响。

2.【答案】

（1）事项（1）不恰当。在所述情况下，注册会计师应尽早与审计委托人商定沟通对象。

事项（2）恰当。

事项（3）恰当。

事项（4）不恰当。许多事项可以在正常的审计过程中与管理层讨论，包括审计准则要求与治理层沟通的事项。

事项（5）不恰当。应当在计划阶段尽早与治理层沟通注册会计师与财务报表审计相关的责任。

（2）针对事项（6），注册会计师可根据范围受到的限制发表非无保留意见；就采取不同措施的后果征询法律意见等。

第十五章　注册会计师利用他人的工作

本章考情分析

本章难度不大，本章涉及中国注册会计师审计准则——利用内部审计工作和利用专家工作。本章内容均属于第二能力等级内容。考点主要围绕利用内部审计工作和利用专家工作，考生应予以关注。近年本章试题所占区间2分至3分，题型为客观题。

要求考生：

1. 理解利用内部审计工作。
2. 理解利用专家工作。

本章教材变化

本章对内部审计活动的内容进行了重新编排和完善，并对部分文字进行了修订，无实质性变化。

基本内容框架

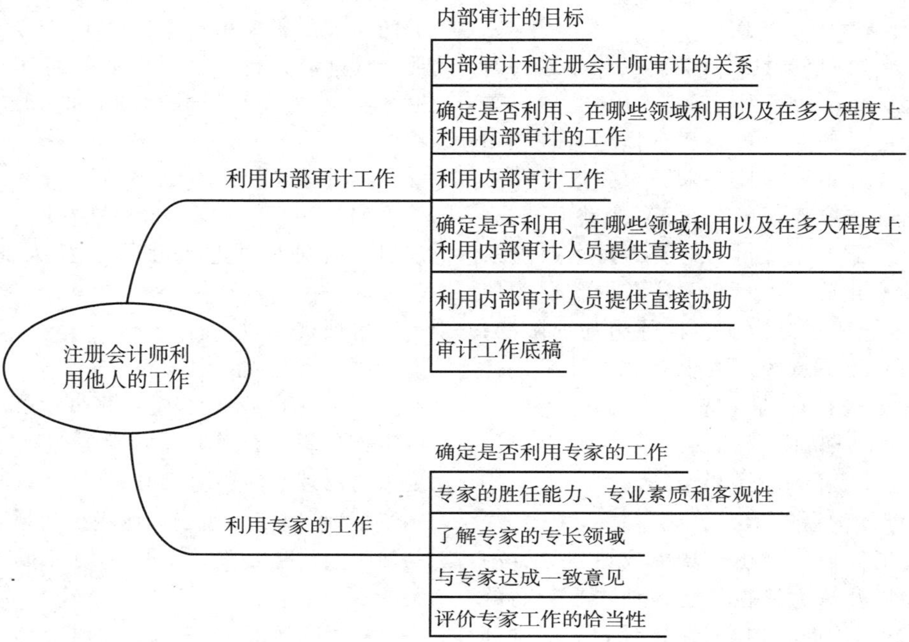

通关重难点例题解析

第一节　利用内部审计工作

一、内部审计的目标（第二能力等级）

二、内部审计和注册会计师审计的关系（第二能力等级）

（一）内部审计与注册会计师审计的联系

注册会计师在审计中利用内部审计人员的工作包括：(1) 在获取审计证据的过程中利用内部审计部门、岗位或人员的工作；(2) 在注册会计师的指导、监督和复核下利用内部审计人员提供直接协助。

（二）利用内部审计工作不能减轻注册会计师的责任

【提示】注册会计师对发表的审计意见独立承担责任，这种责任并不因利用内部审计工作或内部审计人员对该项审计业务提供直接协助而减轻。

三、确定是否利用、在哪些方面利用以及在多大程度上利用内部审计人员的工作(第二能力等级)

1. 当被审计单位存在内部审计，并且注册会计师预期将利用其工作以调整注册会计师直接实施的审计程序的性质、时间安排，或缩小其范围时，注册会计师应当确定：

（1）是否能够利用内部审计的工作；

（2）如果能够利用，在哪些领域利用以及在多大程度上利用；

（3）内部审计的工作是否足以实现审计目的。

2. 注册会计师应当通过评价下列事项，确定是否能够利用内部审计的工作以实现审计目的

（1）内部审计在被审计单位中的地位，以及相关政策和程序支持内部审计人员客观性的程度；

（2）内部审计人员的胜任能力；

（3）内部审计人员是否采用系统、规范化的方法（包括质量控制）。

如果存在下列情形之一，注册会计师不得利用内部审计的工作：

（1）内部审计在被审计单位的地位以及相关政策和程序不足以支持内部审计人员的客观性；

（2）内部审计人员缺乏足够的额胜任能力；

（3）内部审计没有采用系统、规范化的方法（包括质量控制）。

3. 注册会计师应当考虑内部审计已执行和拟执行工作的性质和范围，以及这些工作与注册会计师总体审计策略和具体审计计划的相关性，以作为确定能够利用内部审计工作的领域和程度的基础。

注册会计师应当作出审计业务中的所有重大判断，并防止不当利用内部审计工作。当存在下列情况之一时，注册会计师应当计划较少地利用内部审计工作，而更多地直接执行审计工作：

（1）当在下列方面涉及较多判断时：

①计划和实施相关的审计程序；

②评价收集的审计证据

（2）当评估的认定层次重大错报风险较高，需要对识别出的特别风险予以特殊考虑时。

（3）当内部审计在被审计单位中的地位以及相关政策和程序对内部审计人员客观性的支持程度较弱时。

（4）当内部审计人员的胜任能力较低时。

四、利用内部审计工作（第二能力等级）

如果计划利用内部审计工作，注册会计师应当与内部审计人员讨论利用其工作的计划，以作为协调各自工作的基础。

注册会计师应当阅读与拟利用的内部审计工作相关的内部审计报告，以了解其实施的审计程序的性质和范围以及相关发现。

注册会计师应当针对计划利用的内部审计工作整体实施充分的审计程序，以确定其对于实现审计目的是否适当。

【例题1·多选题】(2019年试题)

下列情况中，注册会计师不得利用内部审计工作的有(　　)。

A. 内部审计没有采用系统、规范化的方法

B. 评估的认定层次的重大错报风险较高

C. 内部审计的地位不足以支持内部审计人员的客观性

D. 计划和实施相关的审计程序涉及较多判断

【答案】AC

【解析】选项B、D，可以较少地利用内部审计工作，并非不得利用。

五、确定是否利用、在哪些领域利用以及在多大程度上利用内部审计人员提供直接协助（第二能力等级）

当存在下列情形之一时，注册会计师不得利用内部审计人员提供直接协助：

（1）存在对内部审计人员客观性的重大不利影响；

（2）内部审计人员对拟执行的工作缺乏足够的胜任能力。

在确定可能分配给内部审计人员的工作的性质和范围，以及根据具体情况对内部审计人员进行指导、监督和复核的性质、时间安排和范围时，注册会计师应当考虑下列方面：

（1）在计划和实施相关审计程序以及评价收集的审计证据时，涉及判断的程度；

（2）评估的重大错报风险；

（3）针对拟提供直接协助的内部审计人员，注册会计师关于是否存在对其客观性的不利影响及其严重程度的评价结果，以及关于其胜任能力的评价结果。

注册会计师不得利用内部审计人员提供直接协助以实施具有下列特征的程序：

（1）在审计中涉及作出重大判断；

（2）涉及较高的重大错报风险，在实施相关审计程序或评价收集的审计证据时需要作出较多的判断；

（3）涉及内部审计人员已经参与并且已经或将要由内部审计向管理层或治理层报告的工作；

（4）涉及注册会计师按照准则规定就内部审计职能，以及利用内部审计工作或利用内部审计人员提供直接协助作出的决策。

【例题2·多选题】

下列各项审计工作中，注册会计师不能利用内部审计工作的有(　　)。

A. 内部审计人员已经参与并且已经由内部审计向管理层报告的工作

B. 确定重要性水平

C. 注册会计师按照准则规定就利用内部审计人员提供直接协助作出的决策

D. 评估会计政策和会计估计

【答案】ABCD

【解析】选项B、D属于审计中涉及作出重大判断；选项A属于涉及内部审计人员已经参与并且已经或将要由内部审计向管理层或治理层报告的工作；选项C属于涉及注册会计师按照准则规定就内部审计职能，以及利用内部审计工作或利用内部审计人员提供直接协助作出的决策。

六、利用内部审计人员提供直接协助（第二能力等级）

七、审计工作底稿（第二能力等级）

【例题3·单选题】(2018年试题)

下列各项中，注册会计师通常可以利用内审工作的是(　　)

A. 重要性水平的确定

B. 实施控制测试

C. 确定细节测试的样本规模

D. 对会计政策恰当性的评估

【答案】B

【解析】审计过程中涉及的职业判断，如重大错报风险的评估、重要性水平的确定、样本规模的确定、对会计政策和会计估计的评估等，均应当由注册会计师负责执行。

第二节　利用专家工作

专家——注册会计师的专家，是指在会计或审计以外的某一领域具有专长的个人或组织，并且其工作被注册会计师利用，以协助注册会计师获取充分、适当的审计证据。

【提示】专家通常可以是工程师、律师、

资产评估师、精算师、环境专家、地质专家、IT专家以及税务专家，也可以是这些个人所从属的组织，如律师事务所、资产评估公司以及各种咨询公司等（各类行业的专家，如水利、电力、矿产、农渔牧业等专家）；复杂的会计处理和审计决策，一般在会计师事务所设有质量控制部门人员、咨询部门，这些不属于专家范畴。

【提示】注册会计师利用专家的工作的目标是：确定是否利用专家的工作，如果利用专家的工作，专家的工作是否足以实现审计目的。

【提示】注册会计师对发表审计意见独立承担责任，这一责任并不因利用专家工作而减轻。

【例题4·多选题】（2019年试题）

下列选项中，可以作为注册会计师专家的有（　　）。

A. 网络所的合伙人或员工

B. 会计审计领域有专长的个人或者组织

C. 被审计单位的管理层的专家

D. 会计师事务所的临时员工

【答案】ACD

【解析】专家，即注册会计师的专家，是指在会计或审计以外的某一领域具有专长的个人或组织，并且其工作被注册会计师利用，以协助注册会计师获取充分、适当的审计证据。专家既可能是会计师事务所内部专家（如会计师事务所或其网络事务所的合伙人或员工，包括临时员工），也可能是会计师事务所外部专家。

【例题5·单选题】（2012年试题）

有关注册会计师在审计报告中提及专家的工作，下列说法中，正确的是（　　）。

A. 如果注册会计师能够对专家的工作获取充分、适当的审计证据，可在无保留意见的审计报告中提及专家的工作

B. 如果注册会计师确定专家的工作不足以实现审计目的，可在无保留意见的审计报告中提及专家的工作

C. 注册会计师不应在无保留意见的审计报告中提及专家的工作，除非法律法规另有规定

D. 如果注册会计师决定明确自身与专家各自对审计报告的责任，应当在无保留意见的审计报告中提及专家的工作

【答案】C

【解析】注册会计师不应在无保留意见的审计报告中提及专家的工作。

一、确定是否利用专家的工作（第二能力等级）

（一）可能需要利用专家工作的审计程序范围——执行下列工作需要利用专家工作

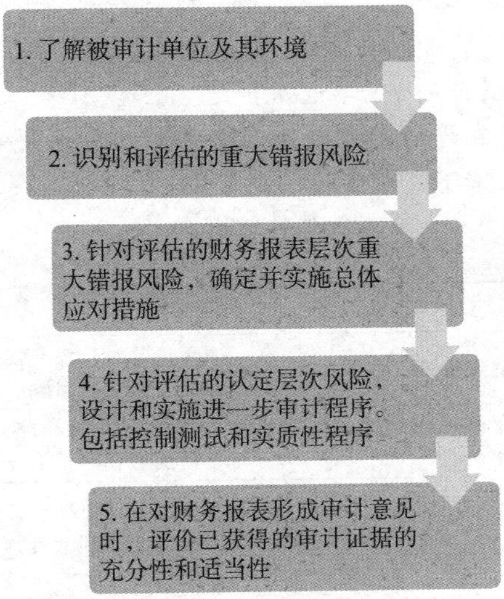

（二）编制财务报表需要利用会计以外某一领域的专长时的考虑

1. 管理层在编制财务报表时是否利用了管理层的专家的工作。

2. 事项的性质和重要性，包括复杂程度。

3. 事项存在的重大错报风险。

4. 应对识别出的风险的预期程序的性质。

【例题6·单选题】

在确定是否需要利用专家的工作时，注册会计师通常不需考虑的因素是（　　）。

A. 审计项目组成员对所涉及事项具有的知识和经验

B. 根据所涉及事项的性质、复杂程序和重要性确定的重大错报风险

C. 出具审计报告的时间要求

D. 预期获取的其他审计证据的数量和质量

【答案】C

【解析】本题考核注册会计师确定是否利用专家的工作时考虑的因素。在确定是否需要利用专家的工作时，注册会计师应当考虑下列因素：项目组成员对所涉及事项具有的知识和经验；根据所涉及事项的性质、复杂

程度和重要性确定的重大错报风险；预期获取的其他审计证据的数量和质量。选项C不是注册会计师此时需要考虑的因素。

二、考虑利用专家的工作时，注册会计师应当评价专家是否具有实现审计目的所必需的四个方面——专家的胜任能力、专业素质和客观性；了解专家的专长领域；与专家达成一致意见；评价专家工作是否足以实现审计目的（第二能力等级）

其一：专家的胜任能力、专业素质和客观性。

【例题7·单选题】

在计划利用专家的工作时，A注册会计师通常不需考虑的因素是（　　）。

A. 专家的专业胜任能力

B. 专家的客观性

C. 专家在特定领域的声望和经验

D. 专家的会计审计知识

【答案】D

【解析】本题考核注册会计师在计划利用专家工作时需要考虑的因素。在计划利用专家工作时，注册会计师应当评价专家的专业胜任能力，包括考虑：专家是否具有适当职业团体授予的专业资格或执业许可证，或是适当职业团体的会员；在注册会计师寻求审计证据的领域中，专家的经验和声望；评价专家的客观性等。选项D通常不是注册会计师此时需要考虑的因素。

其二：了解专家的专长领域。

其三：与专家达成一致意见。

	具体内容
1. 总体要求	无论是对外部专家还是内部专家，注册会计师都有必要就这些事项与其达成一致意见，并根据需要形成书面协议
2. 专家工作的性质、范围和目标	当就专家工作的性质、范围和目标达成一致意见时，注册会计师通常需要与专家讨论需要遵守的相关技术标准、其他职业准则或行业要求
3. 注册会计师和专家各自的角色和责任	注册会计师与专家就各自角色和责任达成的一致意见可能包括下列内容： （1）由注册会计师还是专家对原始数据实施细节测试（基于具体情况判断谁来做，谁都有可能做）； （2）同意注册会计师与被审计单位或其他人员讨论专家的工作结果或结论，必要时，包括同意注册会计师将专家的工作结果或结论的细节作为注册会计师在审计报告中发表非无保留意见的基础（无保留的则一般不能，避免责任转嫁到专家，即注册会计师推卸责任）； （3）将注册会计师对专家工作形成的结论告知专家； （4）注册会计师和专家就各自角色和责任达成的一致意见，包括就各自的工作底稿的使用和保管达成的一致意见。 【提示】当专家是项目组的成员时，专家的工作底稿是审计工作底稿的一部分。除非协议另作安排，外部专家的工作底稿属于外部专家，不是审计工作底稿的一部分
4. 注册会计师和专家之间沟通的性质、时间安排和范围	有效的双向沟通有利于将专家工作的性质、时间安排和范围与审计的其他工作整合在一起，也有利于在审计过程中对专家工作的目标进行适当的调整
5. 对专家遵守保密规定的要求	（1）适用于注册会计师的相关职业道德要求中的保密条款同样也适合用于专家； （2）法律法规可能对保密作出额外规定； （3）被审计单位也可能要求外部专家同意遵守特定的保密条款

【例题8·多选题】（2019年试题）

下列各项中，注册会计师在利用外部专家工作时应当与专家达成一致意见的有（　　）。

A. 注册会计师和专家各自的责任

B. 注册会计师和专家之间沟通的时间安排

C. 注册会计师对专家遵守会计师事务所质量控制政策和程序的要求

D. 专家工作的性质、范围和目标

【答案】ABD

【解析】外部专家不是项目组成员，不受会计师事务所的质量控制政策和程序的约束。

【例题9·单选题】（2018年试题）

下列有关注册会计师的外部专家的说法中，错误的是（　　）。

A. 外部专家不是审计项目组成员

B. 外部专家无须遵守注册会计师职业道德守则的要求

C. 外部专家的工作底稿通常不构成审计

工作底稿

D. 外部专家不受会计师事务所质量控制政策和程序的约束

【答案】B

【解析】外部专家需要遵守注册会计师的职业道德守则，如保密原则、独立性等。

【例题10·单选题】(2013年试题)

下列有关注册会计师利用外部专家工作的说法中，错误的是（　　）。

A. 外部专家需要遵守适用于注册会计师的相关职业道德要求中的保密条款

B. 外部专家不受会计师事务所按照质量控制准则制定的质量控制政策和程序的约束

C. 外部专家的工作底稿是审计工作底稿的一部分

D. 在审计报告中提及外部专家的工作并不减轻注册会计师对审计意见承担的责任

【答案】C

【解析】注册会计师和专家就各自角色和责任达成的一致意见，可能还包括就各自的工作底稿的使用和保管达成的一致意见。当专家是项目组的成员时，专家的工作底稿是审计工作底稿的一部分，除非协议另作安排，外部专家的工作底稿属于外部专家，不是审计工作底稿的一部分。

其四：评价专家工作是否足以实现审计目的。

注册会计师应当评价专家的工作是否足以实现审计目的，包括：

(1) 专家工作的结果或结论的相关性和合理性，以及与其他审计证据的一致性；

(2) 如果专家的工作涉及使用重要的假设和方法，这些假设和方法在具体情况下的相关性和合理性；

(3) 如果专家的工作涉及使用重要的原始数据，这些数据的相关性、完整性和准确性。

【例题11·单选题】(2012年试题)

注册会计师在评价专家的工作是否足以实现审计目的时，下列各项中，不需评价的是（　　）。

A. 专家工作结果或结论的合理性和相关性

B. 专家工作涉及使用的所有假设和方法的合理性和相关性

C. 专家工作结果或结论与其他审计证据的一致性

D. 专家工作涉及使用的重要原始数据的相关性、完整性和准确性

【答案】B

【解析】评价专家工作涉及使用重要的假设和方法的相关性和合理性。

三、评价专家工作的恰当性（第二能力等级）

（一）评价专家工作是否实现审计目的所实施的特定程序

1. 询问专家（最基本的程序）。

2. 复核工作底稿和报告。

3. 实施用于证实的程序。

(1) 观察专家的工作；(2) 检查已公布的数据，如来源于信誉高、权威的渠道的统计报告；(3) 向第三方询证相关事项；(4) 执行详细的分析程序；(5) 重新计算。

4. 必要时，与具有相关专长的其他专家讨论；与管理层讨论专家的报告。

（二）评价结果为不恰当时的措施

【提示】如果注册会计师认为专家的工作不足以实现审计目的，且注册会计师通过实施追加的审计程序，或者通过雇用、聘请其他专家仍不能解决问题，则意味着没有获取充分、适当的审计证据，注册会计师有必要按照规定发表非无保留意见。

【提示】内部专家受会计师事务所质量控制政策和程序的约束；外部专家不受会计师事务所质量控制政策和程序的约束

【例题12·单选题】(2016年试题)

下列有关注册会计师的专家的说法中，正确的是（　　）。

A. 无论是内部专家还是外部专家，都不包括会计、审计领域的专家

B. 无论是内部专家还是外部专家，都是项目组成员，受会计师事务所质量控制政策和程序的约束

C. 无论是内部专家还是外部专家，注册会计师都应当询问对专家客观性产生不利影响的利益和关系

D. 无论是内部专家还是外部专家，注册会计师都应当就专家工作的性质、范围和目标等事项与专家达成一致意见并形成书面协议

【答案】A

【解析】专家即指注册会计师的专家，是指在会计或审计以外的某一领域具有专长的个人或组织，并且其工作被注册会计师利用，以协助注册会计师获取充分、适当的审计证据。

通关演练

一、单项选择题

1. 如果注册会计师在审计报告中提及专家的工作，并且这种提及与理解审计报告中的非无保留意见相关，注册会计师应当在审计报告中指明（　　）。

A. 这种提及可能减轻注册会计师对审计意见承担的责任

B. 这种提及并不减轻注册会计师对审计意见承担的责任

C. 这种提及并不减轻注册会计师对财务报表承担的责任

D. 这种提及并不减轻被审计单位对财务报表承担的责任

2. 如果拟利用内部审计工作，下列选项中，不属于注册会计师应当进行的是（　　）

A. 与内部审计人员讨论利用其工作的计划

B. 阅读与拟利用的内部审计工作相关的内部审计报告

C. 针对计划利用的内部审计工作整体实施充分的审计程序

D. 核查被审计单位内部审计人员培训的相关政策

3. 下列情形中，不属于注册会计师不得利用内部审计人员提供直接协助的是（　　）

A. 针对审计中涉及作出重大判断的程序

B. 针对确定的较高重要性水平的认定的相关程序

C. 内部审计人员缺乏胜任能力

D. 存在对内部审计人员客观性的重大不利影响

4. 下列参与审计的人员中，不属于注册会计师的专家的是（　　）。

A. 对保险合同进行精算的会计师事务所精算部门人员

B. 受聘于会计师事务所对投资性房地产进行评估的资产评估师

C. 就复杂会计问题提供建议的会计师事务所技术部门人员

D. 对与企业重组相关的复杂税务问题进行分析的会计师事务所税务部门人员

5. 注册会计师对专家信息保密的要求不包括（　　）。

A. 适用于注册会计师的相关职业道德要求中的保密条款同样也适合用于专家

B. 法律法规可能对保密作出额外规定

C. 被审计单位也可能要求外部专家同意遵守特定的保密条款

D. 专家必须对甲公司保守关于审计项目组的秘密

6. 注册会计师应当评价专家的工作是否足以实现审计目的，不包括（　　）。

A. 专家工作的结果或结论的相关性和合理性，以及与其他审计证据的一致性

B. 如果专家的工作涉及使用重要的假设和方法，这些假设和方法在具体情况下的相关性和合理性

C. 是否在审计报告中披露专家工作结果

D. 如果专家的工作涉及使用重要的原始数据，这些数据的相关性、完整性和准确性

7. 如果确定专家的工作不足以实现审计目的，注册会计师可以采取的措施是（　　）。

A. 与被审计单位讨论

B. 根据具体情况，实施追加的审计程序

C. 出具非无保留意见的审计报告

D. 与管理层讨论

8. 下列（　　）工作，不属于注册会计师利用专家工作的范围。

A. 土地及建筑物的评估

B. 对异常或复杂的纳税问题进行分析

C. 对递延所得税进行相关的会计处理

D. 对合同、法律和法规进行解释

9. 下列关于注册会计师利用专家工作的说法中，不正确的是（　　）。

A. 外部专家的工作底稿属于外部专家

B. 专家需要遵守质量控制政策和程序的约束

C. 在必要时，注册会计师可能会在审计报告中提及专家的工作

D. 专家同样需要遵守特定的保密条款

10. 下列注册会计师利用专家工作相关的说法中，不正确的是（　　）。

A. 注册会计师应当与专家就沟通的性质、时间安排和范围达成一致意见

B. 注册会计师无须与专家讨论专家需要遵守的相关技术标准

C. 注册会计师通常需要明确与专家保持联络的合伙人或员工

D. 注册会计师通常需要明确专家与被审计单位之间的沟通程序

11. 实施财务报表审计时，注册会计师最适宜在下列（　　）方面利用内部审计的工作。

A. 了解内部控制

B. 确定重要性水平

C. 评价会计估计

D. 发表审计意见

12. 下列各项中，不属于注册会计师对专家的专长领域的了解方面的是（　　）。

A. 与审计相关的、管理层的专家专长领域的进一步细分信息

B. 专家使用的数据或信息的性质，但不包括外部数据

C. 专家使用哪些假设和方法，及其在专家的专长领域是否得到普遍认可，对实现财务报告目的是否适当

D. 职业准则或其他准则以及法律法规是否适用

二、多项选择题

1. 当利用其他注册会计师以外的专家时，对专家的监督和指导可能包括（　　）。

A. 要求这些人员阅读适当的道德规范

B. 要求这些人员对道德规范的理解提供书面确认

C. 进行独立的内部质量复核

D. 在出现潜在冲突时提供咨询

2. 在确定是否能够利用内部审计的工作以实现审计目的时，注册会计师通常需要考虑的因素有（　　）。

A. 内部审计的组织地位及客观性

B. 内部审计人员的薪酬

C. 内部审计是否采用系统、规范化的方法

D. 内部审计人员的专业胜任能力

3. 在评价内部审计工作时，注册会计师通常需要考虑的因素有（　　）。

A. 内部审计工作是否由经过充分技术培训且精通业务的人员担任

B. 内部审计是否能够获取充分、适当的审计证据

C. 内部审计结论是否适当

D. 内部审计发现的例外或异常事项是否得到适当解决

4. 注册会计师如果利用内部审计的工作，以下属于其应当记录在工作底稿中的有（　　）。

A. 对内部审计人员胜任能力的评价

B. 利用内部审计工作的性质和范围以及作出该决策的基础

C. 对内部审计是否采用系统、规范化的方法的评价

D. 被审计单位的相关政策和程序对内部审计人员客观性的支持

5. 注册会计师在审计过程中，通常需要了解和测试甲公司的内部控制，而内部审计是甲公司内部控制的一个重要组成部分，内部审计通常包括的活动有（　　）。

A. 对内部控制的监督

B. 对财务信息和经营信息的检查

C. 对经营活动的评价

D. 对遵守法律法规情况的评价

6. 如果确定专家的工作不足以实现审计目的，注册会计师可以采取的措施有（　　）。

A. 就专家拟执行的进一步工作的性质和范围与专家达成一致意见

B. 根据具体情况实施追加的审计程序

C. 出具保留意见或否定意见的审计报告

D. 出具保留意见或无法表示意见的审计报告

7. 下列情形中，注册会计师发表保留或无法表示意见审计报告的有（　　）。

A. 注册会计师认为在审计业务中需要利用专家的工作，而被审计单位拒绝这一要求或拒绝向专家提供必要的资料

B. 专家由于保密的要求等原因拒绝向注册会计师提供必要的信息

C. 被审计单位会计政策的选用、会计估计的作出或财务报表的披露不符合适用的会计准则和相关会计制度的规定

D. 专家不能取得作出结论的所有必要信息

8. 下列有关注册会计师利用专家工作的说法中，错误的有（　　）。

A. 注册会计师的专家不受会计师事务所质量控制政策和程序的约束

B. 外部专家的工作底稿属于外部专家，不构成审计工作底稿的一部分

C. 与专家工作相关的事项中存在重大错报风险时，应当约定由专家对原始数据实施细节测试

D. 评价专家的工作是否足以实现审计目的时，注册会计师应当考虑专家工作涉及的所有假设和方法的相关性和合理性

9. 下列各项中，属于评价专家的工作结果或结论的相关性和合理性时，注册会计师可能需要考虑的因素是（　　）。

A. 专家提交其工作结果或结论的方式是否符合专家所在的职业或行业标准

B. 假设和方法是否与管理层的假设、方法相一致，如果不一致，差异的原因及影响

C. 专家的工作结果或结论是否适当考虑了专家遇到的错误或偏差情况

D. 专家的工作结果或结论是否得到清楚的表述，包括提及与注册会计师达成一致的目标，执行工作的范围和运用的标准

10. 关于利用内部审计工作的相关说法中，正确的是（　　）。

A. 如果注册会计师利用了内部审计人员的工作，那么可以在一定程度上减轻其对发表的审计意见承担的责任

B. 如果利用内部审计工作不符合成本效益原则，注册会计师通常选择不利用内部审计工作

C. 内部审计是会计师事务所负责执行鉴证和咨询活动，以评价和改进被审计单位的治理、风险管理和内部控制流程有效性的注册会计师人员

D. 注册会计师应当考虑内部审计工作的某些方面是否有助于确定审计程序的性质、时间安排和范围，包括了解内部控制所采用的程序、评估财务报表重大错报风险所采用的程序和实质性程序

三、简答题

ABC 会计师事务所接受委托，对甲公司 2017 年度财务报表进行审计，委派 A 注册会计师担任项目合伙人。审计工作底稿记载的与审计项目组利用专家工作相关的事项如下：

（1）A 注册会计师要求审计项目组的所有成员，包括项目组聘请的内部专家与外部专家，必须遵循 ABC 事务所指定的质量控制政策和程序。

（2）甲公司要求外部专家遵守特定的保密条款。A 注册会计师认为外部专家不受注册会计师相关职业道德要求中保密条款的约束，拒绝了甲公司的要求。

（3）审计工作底稿显示，某专家的工作是形成点估计，以供注册会计师用来与管理层的点估计进行比较。审计项目组拟实施的最主要的针对性程序是评价专家是否已经充分符合了管理层作出点估计时使用的假设和方法。

（4）由于专家在工作过程中使用了大量且高度专业化的原始数据，这些原始数据是否适合所涉及项目的具体情况直接关系到专家工作的恰当性，尽管测试这些数据超出了项目组成员的专业能力范围，A 注册会计师仍要求项目组成员必须亲自测试这些原始数据。

（5）为评价专家的工作是否足以实现审计目的，A 注册会计师拟对专家的工作使用的重要的假设和方法与重要的原始数据进行评价。

要求：

（1）假定上述事项（1）至（4）均为独立事项，并且不考虑其他因素，逐项指出 A 注册会计师的处理是否恰当。如不恰当，简要说明理由。

（2）针对事项（5），指出 A 注册会计师对专家的工作涉及的重要的假设、方法与重要的原始数据分别应从哪些方面作出评价。

答案及解析

一、单项选择题

1.【答案】B

【解析】如果注册会计师在审计报告中提及专家的工作，并且这种提及与理解审计报告中的非无保留意见相关，注册会计师应当在审计报告中指明这种提及并不减轻注册会

计师对审计意见承担的责任。

2.【答案】D

【解析】选项A、B、C属于注册会计师应当进行的工作。

3.【答案】B

【解析】当存在下列情形之一时，注册会计师不得利用内部审计人员提供直接协助：(1) 存在对内部审计人员客观性的重大不利影响（D选项）；(2) 内部审计人员对拟执行的工作缺乏足够的胜任能力（C选项）。注册会计师不得利用内部审计人员提供直接协助以实施具有下列特征的程序：(1) 在审计中涉及作出重大判断（A选项）；(2) 涉及较高的重大错报风险，在实施相关审计程序或评价收集的审计证据时需要作出较多的判断；(3) 涉及内部审计人员已经参与并且已经或将要由内部审计向管理层或治理层报告的工作；(4) 涉及注册会计师按照准则规定就内部审计职能，以及利用内部审计工作或利用内部审计人员提供直接协助作出的决策。

4.【答案】C

【解析】选项A、B、D属于注册会计师的专家，选项C不属于注册会计师的专家，此题需要针对专家的定义进行准确把握。

5.【答案】D

【解析】对专家遵守保密规定的要求：(1) 适用于注册会计师的相关职业道德要求中的保密条款同样也适合用于专家；(2) 法律法规可能对保密作出额外规定；(3) 被审计单位也可能要求外部专家同意遵守特定的保密条款。

6.【答案】C

【解析】注册会计师应当评价专家的工作是否足以实现审计目的，包括：(1) 专家工作的结果或结论的相关性和合理性，以及与其他审计证据的一致性；(2) 如果专家的工作涉及使用重要的假设和方法，这些假设和方法在具体情况下的相关性和合理性；(3) 如果专家的工作涉及使用重要的原始数据，这些数据的相关性、完整性和准确性。

7.【答案】B

【解析】如果确定专家的工作不足以实现审计目的，注册会计师应当采取下列措施之一：(1) 就专家拟执行的进一步工作的性质和范围，与专家达成一致意见；(2) 根据具体情况，实施追加的审计程序。

8.【答案】C

【解析】选项C属于会计问题，不属于注册会计师利用专家工作的范围，专家，即注册会计师的专家，是指在会计或审计以外的某一领域具有专长的个人或组织，并且其工作被注册会计师利用，以协助注册会计师获取充分、适当的审计证据。

9.【答案】B

【解析】外部专家不是项目组成员，不受会计师事务所制定的质量控制政策和程序的约束，选项B错误。

10.【答案】B

【解析】虽然注册会计师可能不具备专家所属领域的专业知识，但通常需要与专家讨论专家需要遵守的相关技术标准。选项A、C、D属于审计准则的规定。

11.【答案】A

【解析】通常，审计过程中涉及的职业判断均应当由注册会计师负责执行。选项A是对客观情况的了解，选项B、C、D均含有大量的职业判断。

12.【答案】B

【解析】注册会计师对专家的专长领域的了解的方面中，涉及专家使用的内外部数据或信息的性质，包括外部数据，所以选项B不正确。

二、多项选择题

1.【答案】ABD

【解析】当利用其他注册会计师以外的专家时，注册会计师就必须采取措施确保这些专家了解相应的职业道德要求。对专家的监督和指导的程度取决于参与的人员和业务的性质。这些监督和指导可能包括：(1) 要求这些人员阅读适当的道德规范；(2) 要求这些人员对道德规范的理解提供书面确认；(3) 在出现潜在冲突时提供咨询。

2.【答案】ACD

【解析】注册会计师应当通过评价下列事项，确定是否能够利用内部审计的工作以实现审计目的：(1) 内部审计在被审计单位中的地位，以及相关政策和程序支持内部审计人员客观性的程度；(2) 内部审计人员的胜任能力；(3) 内部审计人员是否采用系统、规范化的方法（包括质量控制）。

3.【答案】ABCD

【解析】本题考查注册会计师评价内部审计工作时应当考虑的因素。根据《利用内部审计工作》的审计准则，注册会计师应当从下列方面评价内部审计工作：（1）内部审计工作是否由经过充分技术培训且精通业务的人员担任，助理人员的工作是否得到适当的监督、复核和记录；（2）内部审计是否能够获取充分、适当的审计证据，以得出合理的审计结论；（3）内部审计结论是否恰当，内部审计报告是否与内部审计工作的结果一致；（4）内部审计发现的例外或异常事项是否得到适当解决。

4.【答案】ABCD

【解析】四个选项均属于应当记录在工作底稿中的相关内容。

5.【答案】ABCD

内部审计可能包括下列一项或多项活动：（1）对内部控制的监督；（2）对财务信息和经营信息的检查；（3）对经营活动的评价；（4）对遵守法律法规情况的评价；（5）风险管理；（6）治理。

6.【答案】AB

【解析】此时应该查找原因，确认最终的审计结果，而不是直接出具审计报告。

7.【答案】ABD

【解析】选项C有可能出具保留或否定意见的审计报告。

8.【答案】ACD

【解析】选项A，外部专家不受会计师事务所质量控制政策和程序的约束；选项C，原始数据可以由专家或注册会计师进行测试；选项D，评价专家的工作是否足以实现审计目的时，注册会计师应当考虑专家工作涉及的重大假设和方法的相关性和合理性。

9.【答案】ACD

【解析】选项B属于当专家的工作涉及使用重要的假设和方法时，注册会计师评价这些假设和方法时需要考虑的因素。

10.【答案】BD

【解析】注册会计师对发表的审计意见独立承担责任，这种责任并不因利用内部审计人员的工作而减轻，所以选项A不正确；内部审计是被审计单位负责执行鉴证和咨询活动，以评价和改进被审计单位的治理、风险管理和内部流程有效性的部门、岗位或人员，所以选项C不正确。

三、简答题

【答案】

（1）事项（1）不恰当。外部专家不是项目组成员，不受会计事务所指定的质量控制政策和程序的约束。

事项（2）不恰当。适用于注册会计师的相关职业道德要求中的保密条款同样也适用于专家。

事项（3）不恰当。专家在形成点估计时可能使用了有别于管理层的假设和方法，故未必需要复核管理层的假设和方法。注册会计师实施的最主要程序应当是评价专家。

事项（4）不恰当。专家使用的是其领域中高度专业化的原始数据，项目组成员亲自测试并非必须的。

（2）①对专家工作涉及使用的重要假设和方法，应评价其在具体情况下的相关性和合理性。

②对专家的工作涉及使用重要的原始数据，应评价其相关性、完整性和准确性。

第十六章　对集团财务报表审计的特殊考虑

本章考情分析

本章属于重要章节。本章涉及中国注册会计师审计准则——对集团财务报表审计的特殊考虑。按照考试大纲的要求，第三节至第十一节均属于第三能力等级内容。本章考点主要围绕重要性；针对评估的风险采取的应对措施等相关问题，考生应予以关注。近年本章试题所占区间 3 分至 6 分，题型会涉及客观题和简答题。

要求考生：

1. 理解集团财务报表审计中的责任设定和注册会计师的目标。
2. 理解集团审计业务的承接与保持。
3. 了解集团及其环境、集团组成部分及其环境。
4. 理解组成部分注册会计师。
5. 掌握重要性。
6. 掌握针对评估的风险采取的应对措施。
7. 理解与集团管理层和集团治理层的沟通。

本章教材变化

本章内容较往年无变化。

基本内容框架

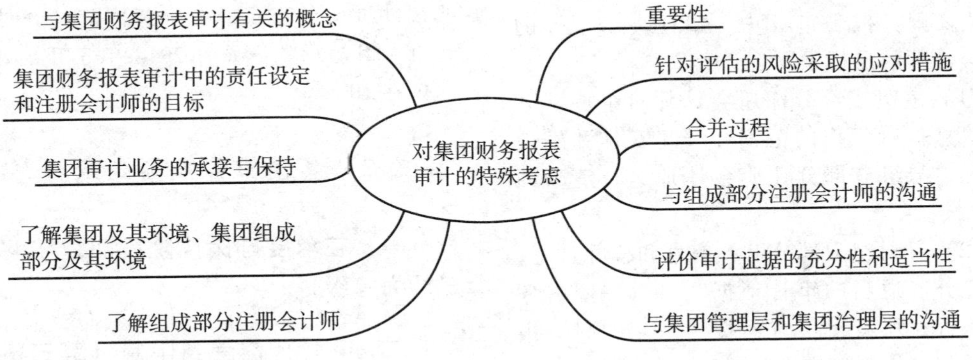

通关重难点例题解析

第一节　与集团财务报表审计有关的概念（第一能力等级）

项目	内容
重要组成部分	集团项目组识别出的具有下列特征之一的组成部分：

续表

项目	内容
重要组成部分	（1）单个组成部分对集团具有财务重大性； （2）由于单个组成部分的特定性或情况，可能存在导致集团财务报表发生重大错报的特别风险。 集团项目组可以将选定的基准乘以某一百分比（15%），以协助识别对集团具有财务重大性的单个组成部分
集团项目组	集团项目组指参与集团审计的，包括集团项目合伙人在内的所有合伙人和员工

续表

项目	内容
组成部分注册会计师	是指基于集团审计目的，按照集团项目组的要求，对组成部分财务信息执行相关工作的注册会计师。基于集团审计目的，集团项目组成员可能按照集团项目组的工作要求，对组成部分财务信息执行相关工作。在这种情况下，该成员也是组成部分注册会计师（有可能是集团项目组抽调的人员，也可能是其他独立会计师事务所的满足集团审计要求的注册会计师）

第二节 集团财务报表审计中的责任设定和注册会计师的目标

一、集团财务报表审计中的责任设定（第一能力等级）

【提示】责任设定模式：

集团项目组对整个集团财务报表审计工作及审计意见负全部责任，这一责任不因利用组成部分注册会计师的工作而减轻。

注册会计师对集团财务报表出具的审计报告不应提及组成部分注册会计师，除非法律法规另有规定。

集团财务报表审计中，担任集团审计的注册会计师的目标是：

（1）就组成部分注册会计师对组成部分财务信息执行工作的范围、时间安排和发现的问题，与组成部分注册会计师进行清晰的沟通；

（2）针对组成部分财务信息和合并过程，获取充分、适当的审计证据，以对集团财务报表是否在所有重大方面按照适用的财务报告编制基础编制发表审计意见。

【提示】①注册会计师对集团财务报表出具的审计报告不应提及组成部分注册会计师，除非法律法规另有规定；

②如果法律法规要求在审计报告中提及组成部分注册会计师，审计报告应当指明，这种提及并不减轻集团项目合伙人及其所在的会计师事务所对集团审计意见承担的责任；

③如果因未能就组成部分财务信息获取充分、适当的审计证据，导致集团项目组在对集团财务报表出具的审计报告中发表非无保留意见，集团项目组需要在导致形成保留/否定/无法表示意见的基础部分中说明不能获取充分、适当审计证据的原因。除非法律法规要求在审计报告中提及组成部分注册会计师，并且这样做对充分说明情况是必要的，否则不应提及组成部分注册会计师。

二、注册会计师的目标（第一能力等级）

【例题1·单选题】（2014年试题）

组成部分注册会计师为集团审计目的出具审计报告的日期为2014年2月15日，集团项目组出具集团审计报告的日期为2014年3月5日。下列有关组成部分注册会计师的审计工作底稿保存期限的说法中，正确的是（　　）。

A. 应当自2014年1月1日起至少保存10年

B. 应当自2014年2月15日起至少保存10年

C. 应当自2014年3月5日起至少保存10年

D. 应当自2014年4月16日起至少保存10年

【答案】C

【解析】集团项目组针对集团财务报表出具审计报告的日期为2014年3月5日，其中包括对组成部分注册会计师审计工作结果的利用，因此应当一并自2014年3月5日起至少保存10年。

第三节 集团审计业务的承接与保持

一、在承接与保持阶段获取了解（第三能力等级）

二、审计范围受到限制（第三能力等级）

如果集团项目合伙人认为由于集团管理层施加的限制，使集团项目组不能获取充分、适当的审计证据，由此产生的影响可能导致对集团财务报表发表无法表示意见，集团项目合伙人应当视具体情况采取下列措施：

（1）如果是新业务，拒绝接受业务委托，如果是连续审计业务，在法律法规允许的情况下，解除业务约定；

（2）如果法律法规禁止注册会计师拒绝接受业务委托，或者注册会计师不能解除业务约定，在可能的范围内对集团财务报表实施审计，并对集团财务报表发表无法表示意见。

集团项目组接触信息可能受到集团管理层无法克服的情况的限制。例如，受到保密性或数据隐私有关的法律法规的限制，或组成部分注册会计师拒绝集团项目组接触相关审计工作底稿的要求。某些限制也可能来自于集团管理层。

三、业务约定条款（第三能力等级）

1. 业务约定条款需要明确使用的财务报告编制基础。

2. 下列方面受到的限制将导致无法获取充分、适当的审计证据，从而可能影响集团审计意见：

（1）集团项目组接触组成部分信息、组成部分治理层和管理层，或组成部分注册会计师；

（2）拟对组成部分财务信息执行的工作。

第四节　了解集团及其环境、集团组成部分及其环境

一、集团管理层下达的指令（第三能力等级）

二、舞弊（第三能力等级）

三、集团项目组成员和组成部分注册会计师对集团财务报表重大错报风险（包括舞弊风险）的讨论（第三能力等级）

四、了解集团及其环境、集团组成部分及其环境的程序（第三能力等级）

第五节　了解组成部分注册会计师

1. 相关要求。

（1）只有当基于集团审计目的，计划要求由组成部分注册会计师执行组成部分财务信息的相关工作时，集团项目组才需要了解组成部分注册会计师；

（2）如果集团项目组计划仅在集团层面对某些组成部分实施分析程序（一般是非重要组成部分），就无须了解这些组成部分注册会计师。

2. 如果计划要求组成部分注册会计师执行组成部分财务信息的相关工作，集团项目组应当了解下列事项：

①组成部分注册会计师是否了解并将遵守与集团审计相关的职业道德要求，特别是独立性要求；

②组成部分注册会计师是否具备专业胜任能力；

③集团项目组参与组成部分注册会计师工作的程度是否足以获取充分、适当的审计证据；

④组成部分注册会计师是否处于积极的监管环境中。

3. 对组成部分注册会计师疑虑的处理。

（1）对组成部分注册会计师职业道德、专业胜任能力和所处的监管环境存有重大疑虑，集团项目组应就组成部分财务信息获取充分、适当的证据（亲自完成），而不应要求组成部分注册会计师执行相关工作；

（2）如组成部分注册会计师不符合集团审计的独立性要求，集团项目组不能通过参与组成部分注册会计师的工作、实施追加的风险评估程序或进一步程序，以消除组成部分注册会计师不具有独立性的影响；

（3）集团项目组可以通过参与组成部分注册会计师的工作、实施追加的风险评估程序或进一步程序，消除对其专业胜任能力的非重大疑虑，或未处于有效监管的影响。

【例题 2 · 单选题】（2018 年试题）

在审计集团财务报表时，下列情形中，导致集团项目组无法利用组成部分注册会计师工作的是（　　）。

A. 组成部分注册会计师未处于积极有效监管环境中

B. 组成部分注册会计师不符合与集团审计相关的独立性要求

C. 集团项目组对组成部分注册会计师的专业胜任能力存有并非重大的疑虑

D. 组成部分注册会计师无法向集团项目组提供所有审计工作底稿

【答案】B

【解析】如果组成部分注册会计师不符合与集团审计相关的独立性要求，集团项目组不能通过参与组成部分注册会计师的工作、

实施追加的风险评估程序或对组成部分财务信息实施进一步审计程序，以消除组成部分注册会计师不具有独立性的影响

【例题3·单选题】（2015年试题）

在了解组成部分注册会计师后，下列情形中，集团项目组可以采取措施消除其疑虑或影响的是（ ）。

A. 组成部分注册会计师不符合与集团审计相关的独立性要求

B. 集团项目组对组成部分注册会计师的专业胜任能力存有重大疑虑

C. 集团项目组对组成部分注册会计师的职业道德存有重大疑虑

D. 组成部分注册会计师未处于积极有效的监管环境中

【答案】D

【解析】集团项目组可以通过参与组成部分注册会计师的工作、实施追加的风险评估程序或对组成部分财务信息实施进一步审计程序，消除对组成部分注册会计师专业胜任能力的非重大的疑虑，或消除组成部分注册会计师未处于积极有效的监管环境中的影响。

第六节 重要性

一、集团财务报表整体的重要性（第三能力等级）

在制定集团总体审计策略时，集团项目组确定集团财务报表整体的重要性。

二、适用于特定类别交易、账户余额或披露的一个或多个重要性水平（第三能力等级）

根据集团的特定情况，如果集团财务报表中存在特定类别的交易、账户余额或披露，其发生的错报金额低于集团财务报表整体的重要性，但合理预期将影响财务报表使用者依据集团财务报表作出的经济决策，则确定适用于这些交易、账户余额或披露的一个或多个重要性水平。

三、组成部分重要性（第三能力等级）

1. 如果组成部分注册会计师对组成部分财务信息实施审计或审阅。

（1）为这些组成部分确定组成部分重要性。

（2）组成部分重要性设定为低于集团财务报表整体的重要性。

（3）针对不同的组成部分确定的重要性可能有所不同。

（4）对不同组成部分确定的重要性的汇总数，有可能高于集团财务报表整体重要性。

（5）在制定组成部分总体审计策略时，需要使用组成部分的重要性。

2. 组成部分注册会计师需要使用组成部分重要性，评价识别出的未更正错报单独或汇总起来是否重大。

3. 在审计组成部分财务信息时，组成部分注册会计师（或集团项目组）需要确定组成部分层面实际执行的重要性。

4. 如果基于集团审计目的，由组成部分注册会计师对组成部分财务信息执行审计工作，集团项目组应当评价在组成部分层面确定的实际执行的重要性的适当性。

四、明显微小错报的临界值（第三能力等级）

注册会计师需要设定临界值，不能将超过该临界值的错报视为对集团财务报表明显微小的错报。

组成部分注册会计师需要将在组成部分财务信息中识别出的超过临界值的错报通报给集团项目组。

【例题4·单选题】（2013年试题）

下列有关组成部分重要性的说法中，错误的是（ ）。

A. 组成部分重要性的汇总数可以高于集团财务报表整体的重要性

B. 组成部分重要性可以由集团项目组或组成部分注册会计师确定

C. 如果仅计划在集团层面对某组成部分实施分析程序，无须为该组成部分确定重要性

D. 集团财务报表整体的重要性应当高于组成部分重要性

【答案】B

【解析】组成部分重要性应当由集团项目组确定。

第七节　针对评估的风险采取的应对措施

一、对重要组成部分需执行的工作（第三能力等级）

1. 对于具有财务重大性的单个组成部分

集团项目组或代表集团项目组的组成部分注册会计师应当运用该组成部分的重要性，对组成部分财务信息实施审计。

2. 对由于其特定性质或情况，可能存在导致集团财务报表发生重大错报的特别风险的重要组成部分，集团项目组或代表集团项目组的组成部分注册会计师应当执行下列一项或多项工作：

（1）使用组成部分重要性对组成部分财务信息实施审计；

（2）针对与可能导致集团财务报表发生重大错报的特别风险相关的一个或多个账户余额、一类或多类交易或披露事项实施审计；

（3）针对可能导致集团财务报表发生重大错报的特别风险实施特定的审计程序。

二、对不重要的组成部分所需执行的工作（第三能力等级）

对于不重要的组成部分，集团项目组应当在集团层面实施分析程序。

【例题5·单选题】

在集团审计中，集团可能包括导致集团财务报表发生重大错报的特别风险的重要组成部分，则集团项目组可不采取的审计程序是(　　)。

A. 使用组成部分重要性对组成部分财务信息实施审计

B. 针对与可能导致集团财务报表发生重大错报的特别风险相关的一个或多个账户余额、一类或多类交易或披露事项实施审计

C. 针对可能导致集团财务报表发生重大错报的特别风险实施特定的审计程序

D. 集团项目组应当在集团层面实施分析程序

【答案】D

【解析】对由于其特定性质或情况，可能存在导致集团财务报表发生重大错报的特别风险的重要组成部分，集团项目组或代表集团项目组的组成部分注册会计师应当执行下列一项或多项工作：（1）使用组成部分重要性对组成部分财务信息实施审计；（2）针对与可能导致集团财务报表发生重大错报的特别风险相关的一个或多个账户余额、一类或多类交易或披露事项实施审计；（3）针对可能导致集团财务报表发生重大错报的特别风险实施特定的审计程序。

三、已执行的工作仍不能提供充分、适当审计证据时的处理（第三能力等级）

1. 如果集团项目组认为对重要组成部分财务信息执行的工作、对集团层面控制和合并过程执行的工作以及在集团层面实施的分析程序还不能获取形成集团审计意见所依据的充分、适当的审计证据，集团项目组应当选择某些不重要的组成部分，并对已选择的组成部分财务信息亲自执行或由代表集团项目组的组成部分注册会计师执行下列一项或多项工作：

（1）使用组成部分重要性对组成部分财务信息审计；

（2）对一个或多个账户余额、一类或多类交易或披露实施审计；

（3）使用组成部分重要性对组成部分财务信息实施审阅；

（4）实施特定程序。

2. 集团项目组确定选择多少组成部分、选择哪些组成部分以及对所选择的每个组成部分财务信息执行工作的类型，受到不同因素的影响。

3. 集团项目组对组成部分财务信息实施审阅。

4. 集团项目组应当在一段时间之后更换所选择的组成部分。

选择不为被审计单位预见的同类其他组成部分，可以增加识别组成部分财务信息重大错报的可能性。

【提示】对组成部分的选择通常实行定期轮换。

【例题6·单选题】

如果集团项目组认为对重要组成部分财务信息执行的工作、对集团层面控制和合并过程执行的工作以及在集团层面实施的分析程序还不能获取形成集团审计意见所依据的

充分、适当的审计证据，则集团项目组应当选择某些不重要的组成部分采取一定的措施。下列叙述中，不正确的是（　　）。

A. 使用集团财务报表整体的重要性对组成部分财务信息审计

B. 对一个或多个账户余额、一类或多类交易或披露实施审计

C. 使用组成部分重要性对组成部分财务信息实施审阅

D. 实施特定程序

【答案】A

【解析】如果集团项目组认为对重要组成部分财务信息执行的工作、对集团层面控制和合并过程执行的工作以及在集团层面实施的分析程序还不能获取形成集团审计意见所依据的充分、适当的审计证据，集团项目组应当选择某些不重要的组成部分，并对已选择的组成部分财务信息亲自执行或由代表集团项目组的组成部分注册会计师执行下列一项或多项工作：（1）使用组成部分重要性对组成部分财务信息审计；（2）对一个或多个账户余额、一类或多类交易或披露实施审计；（3）使用组成部分重要性对组成部分财务信息实施审阅；（4）实施特定程序。

四、参与组成部分注册会计师的工作（第三能力等级）

1. 对于重要组成部分财务信息	集团项目组参与的性质、时间安排和范围受其对组成部分注册会计师所了解情况的影响，包括： （1）与组成部分注册会计师或组成部分管理层讨论对集团而言重要的组成部分业务活动； （2）与组成部分注册会计师讨论由于舞弊或错误导致组成部分财务信息发生重大错报的可能性； （3）复核组成部分注册会计师对识别出的导致集团财务报表发生重大错报的特别风险形成的审计工作底稿。 【提示】识别出导致集团财务报表发生重大错报的特别风险。 影响集团项目组参与组成部分注册会计师工作的因素包括： （1）组成部分的重要程度； （2）识别出的导致集团财务报表发生重大错报的特别风险； （3）集团项目组对组成部分注册会计师的了解
2. 对于不重要的组成部分	集团项目组参与组成部分注册会计师工作的性质、时间安排和范围，将根据集团项目组对组成部分注册会计师的了解的不同而不同

【例题7·简答题】（2016年试题）

ABC会计师事务所的A注册会计师负责审计甲集团公司2015年度财务报表。与集团审计相关的部分事项如下：

（1）乙公司为不重要的组成部分。A注册会计师对组成部分注册会计师的专业胜任能力存在重大疑虑，因此，对其审计工作底稿实施了详细复核，不再实施其他审计程序。

（2）丙公司为甲集团公司2015年新收购的子公司，存在导致集团财务报表发生重大错报的特别风险。A注册会计师要求组成部分注册会计师使用组成部分重要性对丙公司财务信息实施审阅。

（3）丁公司为海外子公司。A注册会计师要求担任丁公司组成部分注册会计师的境外会计师事务所确认其是否了解并遵守中国注册会计师职业道德守则的规定。

（4）联营公司戊公司为重要组成部分。因无法接触戊公司的管理层和注册会计师，A注册会计师取得了戊公司2015年度财务报表和审计报告、甲集团公司管理层拥有的戊公司财务信息及其作出的与戊公司财务信息有关的书面声明，认为这些信息已构成与戊公司相关的充分、适当的审计证据。

（5）2016年2月15日，组成部分注册会计师对己公司2015年度财务信息出具了审计报告。A注册会计师对己公司2016年2月15日至集团审计报告日期间实施了期后事项审计程序，未发现需要调整或披露的事项。

要求：

针对上述第（1）至（5）项，逐项指出A注册会计师的做法是否恰当。如不恰当，简要说明理由。

【答案】

事项（1）不恰当。对组成部分注册会计师的专业胜任能力存有重大疑虑，不应由组成部分注册会计师执行工作，应当由集团项目组亲自获取审计证据。

事项（2）不恰当。丙公司为重要组成部分，不应执行审阅，应当对丙公司执行财务

信息审计/特定账户余额、披露或交易审计并实施特定审计程序。

事项（3）恰当。

事项（4）不恰当。戊公司是重要组成部分，A注册会计师取得的这些信息不能构成与戊公司相关的充分、适当的审计证据。

事项（5）恰当。

第八节　合并过程（第三能力等级）

第九节　与组成部分注册会计师的沟通

一、集团项目组向组成部分注册会计师的通报（第三能力等级）

通报内容——应当明确组成部分注册会计师应执行的工作和集团项目组对其工作的利用，以及组成部分注册会计师与集团项目组沟通的形式和内容。

二、组成部分注册会计事项向集团项目组沟通的事项（第三能力等级）

三、评价与组成部分注册会计师的沟通（第三能力等级）

第十节　评价审计证据的充分性和适当性（第三能力等级）

【提示】如果认为未能获取充分、适当的审计证据作为形成集团审计意见的基础，集团项目组可以要求组成部分注册会计师对组成部分财务信息实施追加的程序。如果不可行，集团项目组可以直接对组成部分财务信息实施程序。

第十一节　与集团管理层和集团治理层的沟通

一、与集团管理层的沟通（第三能力等级）

1. 识别出内部控制缺陷向集团管理层和集团治理层的通报。

确定通报内容时，集团项目组应当考虑：

（1）集团项目组识别出的集团层面内部控制缺陷；

（2）集团项目组识别出的组成部分层面内部控制缺陷；

（3）组成部分注册会计师提请集团项目组关注的内部控制缺陷。

2. 如果集团项目组识别出舞弊或组成部分注册会计师提请集团项目组关注舞弊，或者有关信息表明可能存在舞弊，集团项目组应当及时向适当层级的集团管理层通报，以便管理层告知主要负责防止和发现舞弊事项的人员。

二、与集团治理层的沟通（第三能力等级）

与集团治理层沟通事项：

（1）对组成部分财务信息拟执行工作的类型的概述；

（2）在组成部分注册会计师对重要组成部分财务信息拟执行的工作中，集团项目组计划参与其工作的性质的概述；

（3）对组成部分注册会计师的工作作出的评价，引起集团项目组对其工作质量产生疑虑的情形；

（4）集团审计受到的限制；

（5）涉及集团管理层、组成部分管理层、在集团层面控制中承担重要职责的员工以及其他人员的舞弊或舞弊嫌疑。

【例题8·单选题】（2013年试题）

下列有关集团项目组与集团治理层的沟通内容的说法中，错误的是（　　）。

A. 沟通内容应当包括引起集团项目组对组成部分注册会计师工作质量产生疑虑的情形

B. 沟通内容应当包括集团项目组计划参与组成部分注册会计师工作的性质的概述

C. 如果集团项目组认为组成部分管理层的舞弊行为不会导致集团财务报表发生重大错报，无须就该事项进行沟通

D. 沟通内容应当包括集团项目组对组成部分注册会计师工作作出的评价

【答案】C

【解析】涉及集团管理层、组成部分管理层在集团层面控制中承担重要职责的员工以及其他人员（在舞弊行为导致集团财务报表出现重大错报的情况下）的舞弊或舞弊

嫌疑。

【例题9·简答题】(2019年试题节选)

ABC会计师事务所的A注册会计师负责审计甲集团公司2018年度财务报表。与集团审计相关的部分事项如下：

(1) A注册会计师将资产总额、营业外收入和利润总额超过设定金额的组成部分识别为重要组成部分，其余作为不重要的组成部分。

(2) A注册会计师评估认为重要组成部分丙公司的组成部分注册会计师具备专业胜任能力，复核后认可了其确定的组成部分重要性和组成部分实际执行的重要性。

(3) A注册会计师要求所有组成部分注册会计师汇报组成部分的控制缺陷和超过组成部分实际执行重要性的未更正错报，将其与集团层面的控制缺陷和未更正错报汇总评估后认为：甲集团公司不存在值得关注的内部控制缺陷，集团财务报表不存在重大错报。

要求：

针对上述第(1)至(3)项，逐项指出A注册会计师的做法是否恰当。如不恰当，简要说明理由。

【答案】

事项(1)不恰当。由于单个组成部分的特定性质或情况，可能存在导致集团财务报表发生重大错报的特别风险的组成部分，也应识别为重要组成部分。

事项(2)不恰当。如果组成部分注册会计师对组成部分财务信息实施审计，集团项目组应当基于集团审计目的，为这些组成部分确定组成部分重要性。

事项(3)不恰当。组成部分注册会计师应向集团项目组汇报组成部分层面值得关注的内部控制缺陷和组成部分财务信息中未更正错报的清单(清单不必包括低于集团项目组通报的临界值且明显微小的错报)。

【例题10·简答题】(2019年试题节选)

ABC会计师事务所的A注册会计师负责审计甲集团公司2018年度财务报表。与集团审计相关的部分事项如下：

(1) 丁公司为甲集团公司于2018年1月设立的子公司，从事衍生品业务。因丁公司各项主要财务指标占集团财务报表相关财务指标的比例较低，A注册会计师要求组成部分注册会计师采用组成部分重要性对丁公司财务信息执行审阅。

(2) 重要组成部分己公司的组成部分注册会计师与己公司治理层和A注册会计师沟通了己公司管理层可能存在的舞弊行为。A注册会计师评估后认为该事项对集团财务报表影响不重大，未再与集团治理层沟通。

要求：

针对上述第(1)至(2)项，逐项指出A注册会计师的做法是否恰当。如不恰当，简要说明理由。

【答案】

事项(1)不恰当。针对因特别风险导致的重要的组成部分仅实施审阅不足以获取充分、适当的审计证据。

事项(2)不恰当。涉及组成部分管理层的舞弊或舞弊嫌疑应当与治理层沟通。

【例题11·综合题】(2015年试题部分内容)

甲集团公司是ABC会计师事务所的常年审计客户，主要从事化妆品的生产、批发和零售。A注册会计师负责审计甲集团公司2014年度财务报表，确定集团财务报表整体的重要性为600万元。

资料一：A注册会计师在审计工作底稿中记录了审计计划，部分内容摘录如下：

(1) 子公司乙公司从事新产品研发。2014年度新增无形资产1 000万元，为自行研发的产品专利。A注册会计师拟仅针对乙公司的研发支出实施审计程序。

(2) 子公司丙公司负责生产，产品全部在集团内销售。A注册会计师认为丙公司的成本核算存在可能导致集团财务报表发生重大错报的特别风险，拟仅针对与成本核算相关的财务报表项目实施审计。

(3) 甲集团公司的零售收入来自40家子公司，每家子公司的主要财务报表项目金额占集团的比例均低于1%。A注册会计师认为这些子公司均不重要，拟实施集团层面分析程序。

(4) DEF会计师事务所作为组成部分注册会计师负责审计联营企业丁公司的财务信息，其审计项目组按丁公司利润总额的3%确定组成部分重要性为300万元，实际执行的重要性为150万元。

(5) 子公司戊公司负责甲集团公司主要

原材料的进口业务，通过外汇掉期交易管理外汇风险。A 注册会计师拟使用 50 万元的组成部分重要性对戊公司财务信息实施审阅。

资料二：A 注册会计师在审计工作底稿中记录了甲集团公司的财务数据，部分内容摘录如下：

金额单位：万元

	2014 年（未审数）		
集团/组成部分	资产总额	营业收入	利润总额
甲集团公司（合并）	80 000	60 000 其中：批发收入：38 000 零售收入：20 000 其他：2 000	12 000
乙公司	1 900	200	（300）
丙公司	60 000	40 000	8 000
丁公司	20 000	50 000	10 000
戊公司	2 000	200	50

要求：

针对资料一第（1）至（5）项，结合资料二，假定不考虑其他条件，逐项指出资料一所列审计计划是否恰当。如不恰当，简要说明理由。请将答案直接填入下方表格内。

事项序号	是否恰当（是/否）	理由
（1）		
（2）		
（3）		
（4）		
（5）		

【答案】

事项序号	是否恰当（是/否）	理由
1	是	—
2	否	丙公司是具有财务重大性的重要组成部分，应对对丙公司的财务信息实施审计
3	否	零售收入占集团营业收入的 1/3，金额重大，对这 40 家子公司仅在集团层面实施分析程序不足够
4	否	组成部分重要性应当由集团项目组确定
5	否	戊公司的业务涉及外汇掉期交易，属于可能存在导致集团财务报表发生重大错报的特别风险的重要组成部分，应当实施审计程序

通关演练

一、单项选择题

1. 在集团审计中，审计风险包括组成部分注册会计师（　　），以及集团项目组可能没有发现该错报的风险。

A. 可能没有发现组成部分财务信息存在的错报（该错报导致集团财务报表发生重大错报）的风险

B. 可能已经发现组成部分财务信息存在的错报（该错报导致集团财务报表发生重大错报）的风险

C. 可能没有发现组成部分财务信息存在的错报（该错报不会导致集团财务报表发生重大错报）的风险

D. 可能已经发现组成部分财务信息存在的错报（该错报不会导致集团财务报表发生重大错报）的风险

2.（　　）是指会计师事务所中负责某项集团审计业务及其执行，并代表会计师事务所在对集团财务报表出具的审计报告上签字的合伙人。

A. 项目合伙人

B. 集团项目合伙人

C. 项目负责人

D. 集团项目负责人

3. 如果法律法规要求在审计报告中提及组成部分注册会计师，审计报告应当指明（　　）。

A. 这种提及不会减轻项目合伙人及其所在的会计师事务所对审计意见承担的责任

B. 这种提及可能减轻集团项目合伙人及其所在的会计师事务所对集团审计意见承担的责任

C. 这种提及不会减轻集团项目合伙人及其所在的会计师事务所对集团审计意见承担的责任

D. 这种提及不会减轻组成部分项目合伙人及其所在的会计师事务所对集团审计意见承担的责任

4. 如果基于集团审计目的，由组成部分注册会计师对组成部分财务信息执行审计工作，集团项目组应当评价在组成部分层面确定的（　　）的适当性。

A. 组成部分执行的重要性

B. 估计执行的重要性

C. 计划执行的重要性

D. 实际执行的重要性

5. 注册会计师在进行集团审计时，需要制定总体审计策略，确定财务报表整体的重要性和适用于这些交易、账户余额或披露的一个或多个重要性水平。下列关于组成部分重要性的论述中，不正确的是（　　）。

A. 针对不同的组成部分确定的重要性可能有所不同

B. 在确定组成部分重要性时，需要采用将集团财务报表整体重要性按比例分配的方式

C. 组成部分注册会计师需要使用组成部分重要性，评价识别出的未更正错报单独或汇总起来是否重大

D. 在审计组成部分财务信息时，组成部分注册会计师需要确定组成部分层面实际执行的重要性

6. 在了解组成部分注册会计师后，下列情形中，集团项目组可以采取措施消除其疑虑或影响的是（　　）。

A. 组成部分注册会计师不符合集团审计相关的独立性要求

B. 集团项目组对组成部分注册会计师的专业胜任能力存有重大疑虑

C. 集团项目组对组成部分注册会计师的职业道德存有重大疑虑

D. 组成部分注册会计师未处于积极有效的监管环境中

7. 集团项目组和组成部分注册会计师之间形成有效的双向沟通关系的基础是（　　）。

A. 组成部分财务信息按照集团财务报表采用的会计政策编制

B. 集团项目组清晰、及时地通报工作要求

C. 所有组成部分均已包括在集团财务报表中

D. 组成部分注册会计师遵守与集团审计相关的道德要求

8. 集团项目组在评价与组成部分注册会计师的沟通时，应当（　　）。

A. 关注与导致集团财务报表发生重大错报的特别风险相关的审计工作底稿

B. 实施实质性程序

C. 评价审计证据的充分性和适当性

D. 与组成部分注册会计师、组成部分管理层或集团管理层讨论在评价过程中发现的重大事项

9. 如果组成部分注册会计师提请集团项目组关注舞弊，集团项目组应当（　　）。

A. 及时向适当层级的集团管理层通报

B. 与集团治理层讨论

C. 要求组成部分注册会计师出示充分的审计证据

D. 告知主要负责防止和发现舞弊事项的人员

10. 按规定，×集团公司的下列组成部分中，最可能属于重要组成部分的是（　　）。

A. 甲组成部分存在重大错报风险，但不导致集团公司财务报表产生重大错报

B. 乙组成部分存在特别风险，但不导致集团公司财务报表产生重大错报

C. 丙组成部分存在重大错报风险，可能导致集团公司财务报表产生特别风险

D. 丁组成部分存在特别风险，可能导致集团公司财务报表产生重大错报

11. 下列有关集团公司组成部分重要性的说法中，不正确的是（　　）。

A. 集团项目组需要制定集团公司各个重要组成部分财务报表的重要性

B. 应将集团财务报表整体重要性按比例分配给各组成部分的财务报表

C. 每个组成部分财务报表的重要性都应低于集团财务报表整体的重要性

D. 各个组成部分的重要性的汇总数可以高于集团财务报表整体的重要性

12. 如果在由组成部分注册会计师执行相关工作的组成部分内，识别出导致集团财务报表发生重大错报的特别风险，集团项目组应当（　　）。

A. 评价针对识别出的特别风险拟实施的进一步审计程序的恰当性

B. 参与组成部分注册会计师针对特别风险拟实施的进一步审计程序

C. 亲自实施针对特别风险设计的进一步审计程序

D. 针对识别出的特别风险设计进一步审计程序

13. 下列各项中，集团项目组可以通过参与组成部分注册会计师的工作，以获取充分、适当的审计证据的是（　　）。

A. 组成部分注册会计师不符合与集团审计相关的独立性要求

B. 集团项目组对组成部分注册会计师的专业胜任能力存在重大疑虑

C. 组成部分注册会计师缺乏与被审计单位相关的行业专门知识

D. 对组成部分注册会计师所处的监管环境存在重大疑虑

14. 如果集团审计策略要求(　　)，则集团项目组无须了解该组成部分的注册会计师。

A. 组成部分注册会计师对某组成部分财务信息实施审计

B. 集团项目组仅在集团层面对某组成部分实施分析程序

C. 组成部分注册会计师对某组成部分财务信息实施审阅

D. 集团项目组参与组成部分注册会计师的风险评估工作

15. 关于集团项目组对集团财务报表的责任，下列说法中，错误的是(　　)。

A. 基于集团审计目的，组成部分注册会计师对组成部分财务信息执行相关工作，则应对其在审计组成部分财务信息中发现的所有问题、得出的结论或形成的意见负责，集团项目组不对组成部分财务信息的审计意见承担任何审计责任

B. 集团项目组及其所在的会计师事务所对集团财务报表实施的审计工作、发表的审计意见承担全部责任

C. 如果集团项目组利用组成部分注册会计师工作后对集团财务报表发表了不恰当的审计意见，则重要组成部分注册会计师可能被追究承担相应的连带责任

D. 如果组成部分注册会计师对组成部分财务信息执行相关工作得出不恰当审计结论，即使集团项目组利用了组成部分注册会计师审计结论，组成部分注册会计师仍然不需要对集团财务报表审计负责，集团项目组及其会计师事务所应当对集团财务报表审计工作以及发表的审计意见负责

16. 下列关于集团财务报表审计中重要性问题的说法中，不正确的是(　　)。

A. 在组成部分注册会计师对组成部分财务信息执行审计工作的情况下，由组成部分注册会计师为组成部分确定重要性

B. 在组成部分注册会计师对组成部分财务信息执行审计工作的情况下，由组成部分注册会计师为组成部分确定实际执行的重要性

C. 如果基于集团审计目的，由组成部分注册会计师对组成部分财务信息执行审计工作，集团项目组应当评价在组成部分层面确定的实际执行的重要性的适当性

D. 在组成部分注册会计师对组成部分财务信息执行审计工作的情况下，由集团项目组为组成部分确定重要性

17. 在审计集团财务报表时，下列情形中，导致集团项目组无法利用组成部分注册会计师工作的是(　　)。

A. 组成部分注册会计师未处于积极有效监管环境中

B. 组成部分注册会计师不符合与集团审计相关的独立性要求

C. 集团项目组对组成部分注册会计师的专业胜任能力存有并非重大的疑虑

D. 组成部分注册会计师无法向集团项目组提供所有审计工作底稿

二、多项选择题

1. 就集团审计而言，注册会计师的目标

有（　　）。

A. 如果担任集团审计的注册会计师，就组成部分注册会计师对组成部分财务信息执行工作的范围、时间安排和发现的问题，与组成部分注册会计师进行清晰地沟通

B. 确定担任集团审计的注册会计师

C. 针对组成部分财务信息和合并过程，获取充分、适当的审计证据，以对集团财务报表是否按照适用的财务报告编制基础编制发表审计意见

D. 针对组成部分财务信息和合并过程，获取充分、适当的审计证据，以对集团财务报表是否在所有重大方面按照适用的财务报告编制基础编制发表审计意见

2. 如果集团项目合伙人认为由于集团管理层施加的限制，使集团项目组不能获取充分、适当的审计证据，由此产生的影响可能导致对集团财务报表发表无法表示意见，集团项目合伙人应当视具体情况采取的措施有（　　）。

A. 如果是新业务，变更业务委托，如果是连续审计业务，解除业务约定

B. 如果是新业务，拒绝接受业务委托，如果是连续审计业务，在法律法规允许的情况下，解除业务约定

C. 如果法律法规禁止注册会计师拒绝接受业务委托，或者注册会计师不能解除业务约定，在可能的范围内对集团财务报表实施审计，并对集团财务报表发表无法表示意见

D. 如果法律法规禁止注册会计师拒绝接受业务委托，或者注册会计师不能解除业务约定，在可能的范围内对集团财务报表实施审计，并对集团财务报表发表非无保留意见

3. 如果计划要求组成部分注册会计师执行组成部分财务信息的相关工作，集团项目组应当了解的事项有（　　）。

A. 组成部分注册会计师是否了解并将遵守与集团审计相关的职业道德要求，特别是独立性要求

B. 组成部分注册会计师是否具备专业胜任能力

C. 集团项目组参与组成部分注册会计师工作的程度是否足以获取充分、适当的审计证据

D. 组成部分注册会计师是否处于积极的监管环境中

4. 集团项目组应当按照《中国注册会计师审计准则第 1152 号——向治理层和管理层通报内部控制缺陷》的规定，确定哪些识别出的内部控制缺陷需要向集团治理层和集团管理层通报。在确定通报的内容时，集团项目组应当考虑（　　）。

A. 集团项目组识别出的集团层面内部控制缺陷

B. 集团项目组识别出的组成部分层面内部控制缺陷

C. 组成部分注册会计师提请集团项目组关注的内部控制缺陷

D. 组成部分注册会计师识别出的组成部分层面内部控制缺陷

5. 如果因法律法规或其他原因要求对组成部分进行审计，并且集团项目组决定利用该审计来为集团审计提供审计证据，集团项目组应当确定下列（　　）方面是否符合中国注册会计师准则第 1401 号的规定。

A. 组成部分财务报表整体的重要性

B. 组成部分账户的重要性

C. 组成部分层面的实际执行的重要性

D. 组成部分在计划审计工作时确定的重要性

6. 如果组成部分注册会计师对重要组成部分财务信息执行审计，集团项目组应当参与组成部分注册会计师实施的风险评估程序。集团项目组参与的性质、时间安排和范围受其对组成部分注册会计师所了解情况的影响，但至少应当包括（　　）。

A. 与组成部分注册会计师或组成部分管理层讨论对集团而言重要的组成部分业务活动

B. 与组成部分注册会计师讨论由于舞弊或错误导致组成部分财务信息发生重大错报的可能性

C. 复核组成部分注册会计师对识别出的导致集团财务报表发生重大错报的特别风险形成的审计工作底稿

D. 对组成部分注册会计师的了解

7. 集团项目组应当评价合并调整和重分类事项的适当性、完整性和准确性、评价可能包括（　　）。

A. 评价重大调整是否恰当反映了相关事项和交易

B. 确定重大调整是否得到集团管理层和

组成部分管理层（如适用）的正确计算、处理和授权

C. 确定重大调整是否有适当的证据支持并得到充分的记录

D. 检查集团内部交易、未实现内部交易损益以及集团内部往来余额是否核对一致并抵销

8. 组成部分注册会计师与集团项目组沟通的内容包括（　　）。

A. 组成部分注册会计师是否已遵守集团项目组的要求

B. 组成部分财务信息是否按照集团财务采用的会计政策编制

C. 组成部分财务信息中未更正错报的清单

D. 组成部分注册会计师的总体发现、得出的结论和形成的意见

9. 集团项目组在确定哪些识别出的内部控制缺陷需要向集团管理层和集团治理层通报时，应当考虑的内容有（　　）。

A. 集团管理层要求组成部分注册会计师关注的内部控制缺陷

B. 集团项目组识别出的集团层面内部控制缺陷

C. 集团项目组识别出的组成部分层面内部控制缺陷

D. 组成部分注册会计师提请集团项目组关注的内部控制缺陷

10. 如果认为某组成部分存在特别风险，且该特别风险可能导致集团财务报表发生重大错报，集团项目组或该组成部分注册会计师应执行（　　）中的一项或多项工作。

A. 针对特别风险实施特定的审计程序

B. 对与特别风险相关的一个或多个账户余额实施审计

C. 运用组成部分重要性对组成部分财务信息实施审阅

D. 对与特别风险相关的交易或披露实施审计

11. 如要求组成部分注册会计师针对组成部分财务信息执行某些工作，下列情况中，集团项目组应当了解的有（　　）。

A. 组成部分注册会计师是否符合集团审计的独立性

B. 组成部分注册会计师是否具备专业胜任能力

C. 集团项目组能否亲自获取组成部分的充分、适当的证据

D. 组成部分注册会计师是否处于积极的监管环境

12. 注册会计师用以评价专家工作是否足以实现审计目的所实施的特定程序可能包括（　　）。

A. 询问专家

B. 复核专家的工作底稿和报告

C. 实施用于证实的程序

D. 与管理层讨论专家的报告

13. 在集团财务报表审计中，对于持有大量过时存货的重要组成部分，下列各项工作中，集团项目组可能要求组成部分注册会计师实施的有（　　）。

A. 实施指定的审阅程序

B. 对与存货相关的项目实施审计

C. 对该组成部分财务信息实施审计

D. 仅对存货项目实施审计

14. 执行集团财务报表审计业务时，集团项目组应当确定(　　)。

A. 集团财务报表明显微小错报的临界值

B. 集团财务报表整体的重要性

C. 重要组成部分财务报表实际执行的重要性水平

D. 重要组成部分财务报表整体的重要性水平

三、简答题

1. A注册会计师是ABC会计师事务所指定的×集团公司2019年度合并财务报表审计业务的项目合伙人。A注册会计师与集团项目组编制的审计工作底稿记载的与集团审计相关部分情况如下：

（1）经过与各组成部分注册会计师沟通，由集团项目组了解公司及其环境，由组成部分注册会计师了解组成部分及其环境。

（2）集团项目拟从职业道德、专业胜任能力和监管环境三个方面对组成部分注册会计师进行必要了解。

（3）因为设在境外的Y组成部分注册会计师不符合与集团审计相关的独立性要求，A注册会计师拟亲自参与Y组成部分工作，以消除疑虑。

（4）由代表集团项目组的组成部分注册会计师运用重要组成部分的重要性对其财务

信息实施审计，集团项目组不再参与该组成部分的审计。

(5) 虽然集团项目组无法接触Z重要组成部分注册会计师，但因拥有该组成部分的已审财务报表和集团公司拥有该组成部分的财务信息，认为审计范围不受限制。

(6) 对重要组成部分实施审计、在集团层面对不重要的组成部分实施分析程序后，集团项目组仍然认为无法获取充分，适当的审计证据，拟考虑对集团财务报表发表保留意见。

要求：

分别针对上述每一种情况，指出A注册会计师的决策是否存在不当之处。如认为存在不当之处，请简要说明理由。

2. ×集团公司为日用家电制造商，拥有甲公司等6家全资子公司。ABC会计师事务所负责审计常年审计客户×集团公司2019年度财务报表。A注册会计师担任该项业务的审计项目合伙人，确定的×集团公司合并财务报表整体的重要性为500万元。

组成部分	是否为重要的组成部分（是/否）	组成部分重要性	拟执行工作的具体类型	说明
甲公司	是	200万元	运行该组成部分的重要性对该组成部分实施审计	(1)
乙公司	是	400万元	针对可能导致集团财务报表发生重大错报的特别风险实施特定的审计程序	(2)
丙公司	否	100万元	对丙公司财务信息实施进一步审计程序	(3)
丁公司	否	20万元	仅在集团层面实施分析程序，无须了解该组成部分的注册会计师	(4)
戊公司	否	150万元	参与该组成部分注册会计师的工作并实施追加的风险评估程序	(5)
戊公司	是	90万元	参与该组成部分注册会计师针对重要项目实施的及细节测试	(6)

说明：

(1) 该组成部分注册会计师确定的甲公司财务报表整体重要性水平及实际执行的重要性水平分别为300万元和200万元。

(2) 乙公司不仅对于×集团公司具有财务重大性，而且由于2019年度存在的特定情况，可能存在导致集团财务报表发生重大错报的特别风险。

(3) 由于该组成部分所在地行业协会进行了大规模人员轮换，该组成部分注册会计师未处于积极有效的监管环境中。

(4) 要求组成部分注册会计师将在组成部分财务信息中识别出的超过该组成部分明显微小错报临界值的错报通报给集团项目组，以佐证汇总的不重要的组成部分的财务信息不存在特别风险。

(5) 戊公司在境外注册，由当地会计师事务所实施审计。该组成部分注册会计师与戊公司之间的独立性虽符合所在国的要求，但不符合集团项目组遵循的职业道德守则。

(6) 由于戊公司特定性质和情况，可能存在导致集团财务报表发生重大错报的特别风险。集团项目组拟参与该组成部分注册会计师针对重要项目实施的细节测试。

要求：

针对集团项目组针对各个组成部分制定的拟执行工作的具体类型，结合审计说明，逐项指出是否恰当。如不恰当，简要说明理由。请将答案填入下方的表格内。

组成部分	是否恰当（是/否）	理由
甲公司		
乙公司		
丙公司		
丁公司		
戊公司		
戊公司		

3. ABC会计师事务所负责审计D集团公司2019年度财务报表。D集团由10家子公司构成。集团项目组根据其对集团及其环境、集团组成部分及其环境的了解，确定集团财务报表整体重要性水平为500万元。在审计工作底稿中记录了集团审计总结，部分内容摘录如下：

(1) E公司为重要组成部分，2019年12月1日，E组成部分因为产品质量没有达到合同要求而遭到其客户提起的诉讼，要求赔偿其全部货款310万元，E组成部分管理层未在2019年12月31日财务信息中确认可能的预计损失，但在其组成部分财务信息中披露了该重大不确定性，组成部分注册会计师因此对E公司出具了带强调事项段的无保留意见审计报告，原因是该赔偿损失对于财务报表整体来说不具有重大影响。集团项目组了解到E组成部分注册会计师确定的组成部分重要性为400万元，实际执行的重要性为320万元，集团项目组接受了组成部分注册会计师的审计结论，拟利用组成部分注册会计师的工作。

（2）F公司为非重要组成部分。集团项目组计划对该组成部分在集团层面实施分析程序，该事项作为与集团治理层沟通事项之一。

（3）G公司为重要组成部分。集团项目组参与组成部分注册会计师对G组成部分财务信息的风险评估程序，与组成部分注册会计师讨论了对集团而言重要的组成部分业务活动。

（4）H公司为重要组成部分，集团项目组针对其对H组成部分注册会计师的了解，采取复核H组成部分注册会计师的总体审计策略和具体审计计划等方式，复核H组成部分注册会计师的审计工作底稿的其他相关部分等方式参与H组成部分注册会计师的工作。

（5）虽然I公司为不重要组成部分，集团项目组发现对重要组成部分财务信息执行的工作，对集团层面控制和合并过程执行的工作以及在集团层面实施的分析程序还不能获取形成集团审计意见所依据的充分、适当的审计证据，因此集团项目组将I组成部分财务信息作为扩大审计范围的对象。

（6）J公司为不重要组成部分，集团项目组发现对重要组成部分财务信息执行的工作、对集团层面控制和合并过程执行的工作以及在集团层面实施的分析程序还不能获取形成集团审计意见所依据的充分、适当的审计证据，因此集团项目组决定对J组成部分财务信息实施了审阅。由于针对的是对组成部分财务信息实施审阅而非审计，因此无须考虑使用重要性。

要求：

针对上述事项（1）至（6），逐项指出集团项目组的做法是否恰当，并简要说明理由。

4. ABC会计师事务所承接了甲集团2019年度集团财务报表审计工作，A注册会计师为集团项目合伙人，在审计过程中发现以下事项：

（1）乙公司为重要组成部分，A注册会计师发现该组成部分注册会计师未发现乙公司财务报表某项重大会计调整事项存在问题，A注册会计师与乙公司治理层沟通了该事项；

（2）丙公司为重要组成部分，A注册会计师在了解组成部分注册会计师时，发现丙公司组成部分的注册会计师缺乏丙公司该行业专门知识，A注册会计师决定通过集团项目组参与该组成部分注册会计师的工作，来消除这一不利影响；

（3）丁公司存在特别风险，A注册会计师决定集团项目组参与丁公司组成部分注册会计师实施的风险评估程序；

（4）为了提高审计程序的不可预见性，对于审计过程中发现的组成部分的舞弊，A注册会计师没有和集团管理层和治理层沟通；

（5）针对不重要的组成部分，集团项目组仅实施了集团层面的分析程序。由于未能获取充分、适当的审计证据形成集团审计意见的基础，集团项目组拟对甲集团财务报表发表非无保留意见。

要求：

针对上述事项，A注册会计师或集团项目组的做法是否合理。如果不合理，请简要说明理由。

答案及解析

一、单项选择题

1.【答案】A

【解析】在集团审计中，审计风险包括组成部分注册会计师可能没有发现组成部分财务信息存在的错报的风险，以及集团项目组可能没有发现该错报的风险。

2.【答案】B

【解析】集团项目合伙人是指会计师事务所中负责某项集团审计业务及其执行，并代表会计师事务所在对集团财务报表出具的审计报告上签字的合伙人。

3.【答案】C

【解析】如果法律法规要求在审计报告中提及组成部分注册会计师，审计报告应当指明这种提及不会减轻集团项目合伙人及其所在的会计师事务所对集团审计意见承担的责任。

4.【答案】D

【解析】集团项目组应当评价在组成部分层面确定的实际执行的重要性的适当性。

5.【答案】B

【解析】注册会计师不能采取将集团财务报表整体重要性按比例分配的方式确定组成部分重要性。

6.【答案】D

【解析】集团项目组可以通过参与组成部分注册会计师的工作、实施追加的风险评估程序或对组成部分财务信息实施进一步审计程序，消除对组成部分注册会计师专业胜任能力的并非重大的疑虑，或消除组成部分注册会计师并未处于有效监管环境的影响。

7.【答案】B

【答案】集团项目组和组成部分注册会计师之间形成有效的双向沟通关系的基础是集团项目组清晰、及时地通报工作要求。

8.【答案】D

【解析】集团项目组在评价与组成部分注册会计师的沟通时，应当与组成部分注册会计师、组成部分管理层或集团管理层讨论在评价过程中发现的重大事项。

9.【答案】A

【解析】告知主要负责防止和发现舞弊事项的人员是集团管理层的工作。

10.【答案】D

【解析】按规定，除了具有财务重大性的重要组成部分外，另一类重要组成部分的特征为：由于单个组成部分的特定性质或情况，可能存在导致集团财务报表发生重大错报的特别风险。

11.【答案】B

【解析】按规定，在确定组成部分重要性时，无须采用将集团财务报表整体重要性按比例分配的方式。

12.【答案】A

【解析】按规定，选项A属于集团项目组必须实施的工作，选项B、C、D都属于可能实施的工作，但不是“应当”实施的工作。

13.【答案】C

【解析】选项C，组成部分注册会计师缺乏与被审计单位相关的行业专门知识，属于对组成部分注册会计师专业胜任能力的非重大疑虑，集团项目组可以通过参与组成部分注册会计师的工作，以获取充分、适当的审计证据。

14.【答案】B

【解析】如果集团项目组计划仅在集团层面对某些组成部分实施分析程序，就无须了解这些组成部分注册会计师。

15.【答案】C

【解析】即使集团项目组利用组成部分注册会计师工作后对集团财务报表发表了不恰当审计意见，也仍然是集团项目组及其会计师事务所对集团审计意见承担全部责任。

16.【答案】A

【解析】在组成部分注册会计师对组成部分财务信息执行审计工作的情况下，由集团项目组基于集团审计目的为组成部分确定重要性。

17.【答案】B

【解析】如果组成部分注册会计师不符合与集团审计相关的独立性要求，集团项目组不能通过参与组成部分注册会计师的工作、实施追加的风险评估程序或对组成部分财务信息实施进一步审计程序，以消除组成部分注册会计师不具有独立性的影响，选项B属于无法利用组成部分注册会计师的工作。

二、多项选择题

1.【答案】AD

【解析】担任集团审计，注册会计师的目标：就组成部分注册会计师对组成部分财务信息执行工作的范围、时间安排和发现的问题，与组成部分注册会计师进行清晰的沟通；针对组成部分财务信息和合并过程，获取充分、适当的审计证据，以对集团财务报表是否在所有重大方面按照适用的财务报告编制基础编制发表审计意见。

2.【答案】BC

【解析】如果是新业务，拒绝接受业务委托，如果是连续审计业务，在法律法规允许的情况下，解除业务约定；如果法律法规禁止注册会计师拒绝接受业务委托，或者注册会计师不能解除业务约定，在可能的范围内对集团财务报表实施审计，并对集团财务报表发表无法表示意见。

3.【答案】ABCD

【解析】四个选项均属于集团项目组应当了解的事项。

4.【答案】ABC

【解析】集团项目组应当按照规定，确定哪些识别出的内部控制缺陷需要向集团治理层和集团管理层通报。在确定通报的内容时，集团项目组应当考虑：集团项目组识别出的集团层面内部控制缺陷；集团项目组识别出的组成部分层面内部控制缺陷；组成部分注册会计师提请集团项目组关注的内部控制缺陷。

5.【答案】AC

【解析】如果因法律法规或其他原因要求对组成部分进行审计，并且集团项目组决定利用该审计来为集团审计提供审计证据，集团项目组应当确定组成部分财务报表整体的重要性和组成部分层面的实际执行的重要性是否符合准则的规定。

6.【答案】ABC

【解析】集团项目组参与的性质、时间安排和范围受其对组成部分注册会计师所了解情况的影响，但至少应当包括：(1) 与组成部分注册会计师或组成部分管理层讨论对集团而言重要的组成部分业务活动；(2) 与组成部分注册会计师讨论由于舞弊或错误导致组成部分财务信息发生重大错报的可能性；(3) 复核组成部分注册会计师对识别出的导致集团财务报表发生重大错报的特别风险形成的审计工作底稿。

7.【答案】ABCD

【解析】四个选项都是集团项目组应当评价的内容。

8.【答案】ACD

【解析】(1) 组成部分注册会计师是否已遵守与集团审计相关的职业道德要求，包括独立性和专业胜任能力；(2) 组成部分注册会计师是否已遵守与集团项目组的要求；(3) 支出作为组成部分注册会计师出具报告对象的组成部分财务信息；(4) 因违反法律法规而可能导致集团财务报表发生重大错报的信息；(5) 组成部分财务信息中未更正错报的清单；(6) 表明可能存在管理层偏向的迹象；(7) 描述识别出的组成部分层面值得关注的内部控制缺陷；(8) 组成部分注册会计师向组成部分治理层已通报或拟通报的其他重大事项；(9) 可能与集团审计相关或者组成部分注册会计师期望集团项目组加以关注的其他事项；(10) 组成部分注册会计师的总体发现、得出的结论和形成的意见。

9.【答案】BCD

【解析】集团项目组在确定哪些识别出的内部控制缺陷需要向集团管理层和集团治理层通报时，应当考虑的内容有集团项目组识别出的集团层面内部控制缺陷；集团项目组识别出的组成部分层面内部控制缺陷；组成部分注册会计师提请集团项目组关注的内部控制缺陷。

10.【答案】ABD

【解析】已执行的工作仍不能提供充分、适当的审计证据，集团项目组选取某些不重要的组成部分执行工作时，才可能实施审阅。

11.【答案】ABD

【解析】如果集团项目组计划利用组成部分注册会计师的工作，就要按规定了解组成部分注册会计师的相关情况，包括选项 A、B、D 以及“集团项目组参与组成部分注册会计师工作的程度是否足以获取充分、适当的审计证据”。

12.【答案】ABCD

【解析】用于评价专家工作是否足以实现审计目的所实施的特定程序。除选项 A、B、C、D 外，还包括“必要时与具有相关专长的其他专家讨论”。

13.【答案】BCD

【解析】在集团财务报表审计中，对重要组成部分的相关工作必须是审计，不能是审阅。

14.【答案】ABD

【解析】选项 C 不正确，组成部分实际执行的重要性水平，并非必须由集团项目组确定，也可由组成部分注册会计师确定。

三、简答题

1.【答案】

情况 (1) 存在不当之处。集团项目组不仅应当了解集团及其环境，而且应当充分了解集团组成部分及其环境。

情况 (2) 存在不当之处。除所述三个方面外，集团项目组还应当了解其参与组成部分注册会计师工作的程度是否足以获取充分、适当的审计证据。

情况（3）存在不当之处。如果组成部分注册会计师不符合与集团审计相关的独立性要求，集团项目组不能通过参与组成部分注册会计师的工作以消除影响。

情况（4）存在不当之处。集团项目组应当参与重要组成部分注册会计师实施的风险评估程序，以识别导致集团财务报表发生重大错报的特别风险。

情况（5）存在不当之处。所述情况导致集团项目组无法参与重要组成部分注册会计师的工作，表明审计范围受到重大限制。

情况（6）存在不当之处。在所述情况下，集团项目组应当选择某些不重要的组成部分对其财务信息执行一项或多项工作，以获取充分、适当的审计证据。

2.【答案】

组成部分	是否恰当（是/否）	理由
甲公司	是	—
乙公司	否	乙公司对集团公司具有财务重大性，集团项目组或代表集团项目组的组成部分注册会计师应当运用该组成部分的重要性对组成部分财务信息实施审计
丙公司	是	—
丁公司	否	组成部分注册会计师通报给集团项目组的应当是超过集团项目组确定的明显微小错报临界值的错报，而不是超过组成部分财务信息明显微小错报临界值的错报
戊公司	否	如果组成部分注册会计师不符合与集团审计相关的独立性要求，集团项目组不能通过参与组成部分注册会计师的工作、实施追加的风险评估程序以消除组成部分注册会计师不具有独立性的影响，集团项目组应当就组成部分财务信息亲自获取充分、适当的审计证据
戌公司	否	集团项目组应当参与组成部分注册会计师实施的风险评估程序，以识别导致集团财务报表发生重大错报的特别风险

3.【答案】

事项（1）不恰当。组成部分注册会计师确定E组成部分重要性不恰当，重要组成部分的重要性应当由集团项目组基于集团审计目的为组成部分确定；同时，E组成部分财务信息的实际执行的重要性水平应当得到集团项目组的复核或评价，应当低于300万元（400×75%）。因此，集团项目组不能利用E组成部分注册会计师的工作结果。

事项（2）恰当。针对非重要组成部分，集团项目组仅需要在集团层面实施分析程序；同时，针对计划的审计范围和时间安排的事项，应当属于集团项目组对集团治理层沟通内容之一。

事项（3）不恰当。集团项目组参与组成部分注册会计师实施的风险评估程序中，除了与组成部分注册会计师或组成部分管理层讨论对集团而言重要的组成部分业务活动外，还应当与组成部分注册会计师讨论由于舞弊或错误导致组成部分财务信息发生重大错报的可能性，以及复核组成部分注册会计师对识别出的导致集团财务报表发生重大错报的特别风险形成的审计工作底稿。

事项（4）恰当。集团项目组根据其对组成部分注册会计师的了解，参与组成部分注册会计师的工作方式包括：①与组成部分管理层或组成部分注册会计师会谈，获取对组成部分及其环境的了解；②复核组成部分注册会计师的总体审计策略和具体审计计划；③实施风险评估程序，识别和评估组成部分层面的重大错报风险；④设计和实施进一步审计程序；⑤参加组成部分注册会计师与组成部分管理层的总结会议和其他重要会议；⑥复核组成部分注册会计师的审计工作底稿的其他相关部分等。

事项（5）恰当。如果集团项目组认为对重要组成部分财务信息执行的工作、对集团层面控制和合并过程执行的工作以及在集团层面实施的分析程序还不能获取行程集团审计意见所依据的充分、适当的审计证据，集团项目组应当选择某些不重要的组成部分，并对已选择的组成部分财务信息亲自执行或由代表集团项目组的组成部分注册会计师执行下列一项或多项工作，比如，使用组成部分重要性对组成部分财务信息实施审计；对一个或多个账户余额、一类或多类交易或披露实施审计；使用组成部分重要性对组成部分财务信息实施审阅；实施特定程序。

事项（6）不恰当。集团项目组针对J组成部分财务信息实施审阅时，也应当使用重要性。

4.【答案】

事项（1）不合理。集团项目组应当要求集团管理层告知组成部分管理层其尚未知悉的，集团项目组注意到的可能对组或部财务报表产生重要影响的事项。

事项（2）合理。

事项（3）合理。

事项（4）不合理。对于舞弊，集团项目组应当及时向适当层级的集团管理层通报，以便管理层告知主要负责防止和发现舞弊事项的人员。同时，也要与集团治理层沟通舞弊事项。

事项（5）不合理。如果集团项目组认为对重要组成部分财务信息执行的工作、对集团层面控制和合并过程执行的工作以及在集团层面实施的分析程序还不能获取形成集团审计意见所依据的充分、适当的审计证据，集团项目组应当选择某些不重要的组成部分，并对已选择的组成部分财务信息亲自执行或由代表集团项目组的组成部分注册会计师实施程序。

第十七章　其他特殊项目的审计

本章考情分析

本章难度较大，属于比较重要的章节。本章涉及中国注册会计师审计准则——审计会计估计、关联方的审计、考虑持续经营假设和期初余额的审计。按照考试大纲的要求，第一节至第四节均属于第三能力等级内容。考点主要围绕会计估计的审计、关联方及关联方交易的审计、考虑持续经营假设和期初余额的审计以及特殊事项对审计报告意见类型的影响等相关问题，考生应予以关注。近年本章试题所占区间 6 分至 10 分，题型会涉及客观题和简答题。

要求考生：

1. 理解会计估计的审计。
2. 理解关联方及关联方交易的审计。
3. 掌握持续经营假设审计。
4. 理解期初余额的审计。

本章教材变化

本章内容较往年无变化。

基本内容框架

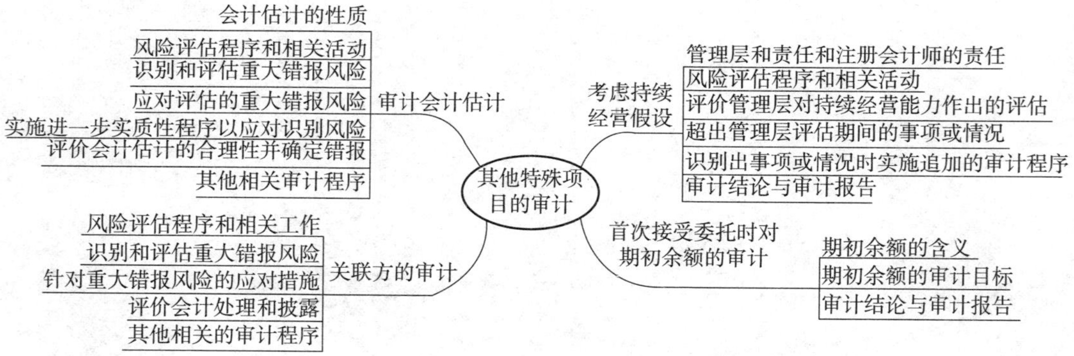

通关重难点例题解析

第一节　审计会计估计

一、会计估计的性质（第三能力等级）

【提示】会计估计的结果与财务报表中原来已确认或披露的金额存在差异，并不表明财务报表存在错报。

二、风险评估程序和相关活动（第三能力等级）

（一）了解适用的财务报告编制基础的要求

【提示】管理层的点估计，是指管理层在财务报表中确认或披露一项会计估计而选择的金额。

（二）了解管理层如何识别是否需要作出会计估计

（三）了解管理层如何作出会计估计

【例题1·多选题】（2011年试题）

在识别和评估与会计估计相关的重大错报风险时，下列各项中，A注册会计师认为应当了解的有（　　）。

A. 与会计估计相关的财务报告编制基础的规定

B. 甲公司管理层如何识别需要作出会计估计的交易、事项和情况

C. 甲公司管理层如何作出会计估计

D. 会计估计所依据的数据

【答案】ABCD

【解析】在实施风险评估程序和相关活动，以了解被审计单位及其环境时，注册会计师应当了解下列内容，作为识别和评估会计估计重大错报风险的基础：（1）了解适用的财务报告编制基础的要求；（2）了解管理层如何识别是否需要作出会计估计；（3）了解管理层如何作出会计估计。

三、识别和评估重大错报风险（第三能力等级）

项目	具体内容
1. 估计不确定性	评估重大错报风险，考虑： （1）会计估计的实际的或预期的重要程度； （2）会计估计的记录金额（即管理层的点估计）与注册会计师预期应记录金额的差异； （3）管理层在作出会计估计时是否利用专家工作； （4）对上期会计估计进行复核的结果
2. 具有高度不确定性的会计估计	（1）高度依赖判断的会计估计； （2）未采用经认可的计量技术计算的会计估计； （3）注册会计师对上期财务报表中类似会计估计进行复核的结果表明最初会计估计与实际结果之间存在很大差异，在这种情况下管理层作出的会计估计； （4）采用高度专业化的，由被审计单位自主开发的模型，或在缺乏可观察到的输入数据的情况下作出的公允价值会计估计。 【提示】在某些情况下，估计不确定性非常高，以致难以作出合理的会计估计。因此，适用的财务报告编制基础可能禁止在财务报表中对此进行确认或以公允价值计量

【例题2·多选题】（2018年试题）

下列选项中，属于存在高度估计不确定性的会计估计的有(　　)。

A. 高度依赖判断的会计估计

B. 未采用经认可的计量技术计算的会计估计

C. 采用高度专业化的、由被审计单位自主开发的模型作出的公允价值会计估计

D. 缺乏可观察到的输入数据的情况下作出的公允价值会计估计

【答案】ABCD

【解析】四个选项均属于高度估计不确定性的会计估计。

【例题3·多选题】（2011年试题）

在评价会计估计的不确定性时，下列会计估计中，注册会计师通常认为具有高度不确定性的有（　　）。

A. 高度依赖的判断的会计估计

B. 采用高度专业化的、由甲公司自己开发的模型作出的公允价值会计估计

C. 存在公开活跃市场情况下作出的公允价值会计估计

D. 上期财务报表中确认的金额与实际结果存在差异的会计估计

【答案】ABD

【解析】可能存在高度估计不确定性的会计估计的例子很多，例如，（1）高度依赖判断的会计估计，如对未决诉讼的结果或未来现金流量的金额和时间安排的判断，而未决诉讼的结果或未来现金流量的金额和时间安排取决于多年后才能确定结果的不确定事项；（2）未采用经认可的计量技术计算的会计估计；（3）注册会计师对上期财务报表中类似会计估计进行复核的结果表明最初会计估计与实际结果之间存在很大差异，在这种情况下管理层作出的会计估计；（4）采用高度专业化的、由被审计单位自主开发的模型，或在缺乏可观察到的输入数据的情况下作出的公允价值会计估计。

四、应对评估的重大错报风险（第三能力等级）

其一：基于评估的重大错报风险，注册会计师应当确定：

1. 管理层是否恰当运用与会计估计相关的适用的财务报告编制基础的规定。

2. 作出会计估计的方法是否恰当，并得到一贯运用，以及会计估计或作出会计估计的方法不同于上期的变化是否适用于具体情况。

【例题 4 · 单选题】（2015 年试题）

下列与会计估计审计相关的程序中，注册会计师应当在风险评估阶段实施的是（　　）。

A. 确定管理层是否恰当运用与会计估计相关的财务报告编制基础

B. 复核上期财务报表中会计估计的结果

C. 确定管理层作出会计估计的方法是否恰当

D. 评价会计估计的合理性

【答案】B

【解析】注册会计师应当复核上期财务报表中会计估计的结果，其他三个选项均是风险应对阶段实施的。

其二：实施一项或多项程序：

1. 确定截至审计报告日发生的事项是否提供有关会计估计的审计证据。

2. 测试管理层如何作出会计估计以及会计估计所依据的数据。

3. 测试与管理层如何作出会计估计相关的控制的运行有效性，并实施恰当的实质性程序。

4. 作出注册会计师的点估计或区间估计，以评价管理层的点估计。

（1）注册会计师应当针对下列两种情况分别予以处理：

①如果使用有别于管理层的假设或方法，注册会计师应当充分了解管理层的假设或方法，以确定注册会计师在作出点估计或区间估计时已考虑了相关变量并评价与管理层的点估计存在的任何重大差异。

②如果认为使用区间估计是恰当的，注册会计师应当基于可获得的审计证据来缩小区间估计，直至该区间估计范围内的所有的结果均可被视为合理。

（2）将区间估计中的区间缩小至某一区域，区域内的所有结果均被视为是合理的：

①从区间估计中剔除注册会计师认为不可能发生的极端结果；

②根据可获得的审计证据，继续缩小区间估计直至注册会计师认为该区间估计内的所有结果均视为是合理的。在极其特殊的情况下，注册会计师可能缩小区间估计直至审计证据指向点估计。

【例题 5 · 多选题】（2011 年试题）

在运用区间估计评价甲公司管理层点估计的合理性时，下列说法中，A 注册会计师认为正确的有（　　）。

A. A 注册会计师的区间估计应当采用与甲公司管理层一致的假设和方法

B. 应当缩小区间估计，直至该区间估计范围内的所有结果均被视为是可能的

C. 应当从区间估计中剔除不可能发生的极端结果

D. 当区间估计的区间缩小至等于或小于实际执行的重要性时，该区间估计对于评价甲公司管理层的点估计通常是适当的

【答案】BCD

【解析】“如果使用有别于管理层的假设或方法，注册会计师应当……”，说明注册会计师的区间估计是可以采用有别于管理层的假设或方法的，所以选项 A 不正确。

【例题 6 · 多选题】（2015 年试题）

下列各项审计工作中，可以应对与会计估计相关的重大错报风险的有（　　）。

A. 测试管理层如何作出会计估计以及会计估计所依据的数据

B. 测试管理层作出会计估计相关的控制的运行有效性

C. 作出注册会计师的点估计或区间估计，以评价管理层的点估计

D. 确定截至审计报告日发生的事项是否提供有关会计估计的审计证据

【答案】ABCD

【解析】在应对评估的重大错报风险时，注册会计师应当考虑会计估计的性质，并实施下列一项或多项程序：确定截至审计报告日发生的事项是否提供有关会计估计的审计证据；测试管理层如何作出会计估计以及会计估计所依据的数据；测试与管理层如何作出会计估计相关的控制的运行有效性，并实

施恰当的实质性程序；作出注册会计师的点估计或区间估计，以评价管理层的点估计。

五、实施进一步实质性程序以应对特别风险（第三个能力等级）

项目	具体内容
1. 估计不确定性	实施以下审计程序： （1）评价管理层如何考虑替代性的假设结果，以及拒绝采纳的原因，或者在管理层没有考虑替代性的假设或结果的情况下，评价管理层在作出会计估计时如何处理估计不确定性； （2）评价管理层使用的重大假设是否合理； （3）当管理层实施特定措施的意图和能力与其使用的重大假设的合理性或对适用的财务报告编制基础的恰当应用相关时，评价这些意图和能力
2. 作出区间估计	注册会计师可能作出以下判断： （1）通过评价管理层如何处理估计不确定性的影响不能获取充分、适当的审计证据； （2）有必要进一步分析与会计估计相关的估计不确定性的程度； （3）不大可能通过如复核截至审计报告日发生的事项等审计程序获得其他审计证据； （4）可能有迹象表明管理层在作出会计估计时存在管理层偏向
3. 确认和计量的标准	（1）管理层对会计估计在财务报表中予以确认或不予以确认的决策； （2）作出会计估计所选择的计量基础

六、评价会计估计的合理性并确定错报（第三能力等级）

1. 当审计证据支持点估计时，注册会计师的点估计与管理层的点估计之间的差异构成错报。

2. 当注册会计师认为使用其区间估计能够获取充分、适当的审计证据时，则在注册会计师区间估计之外的管理层的点估计得不到审计证据的支持。在这种情况下，错报不小于管理层的点估计与注册会计师区间估计之间的最小差异。

3. 一项错报，无论是由于舞弊还是错误导致，当与会计估计相关时，可能是由于下列因素导致的：

（1）毋庸置疑地存在错报；

（2）由注册会计师认为管理层对会计估计作出的判断不合理，或认为管理层对会计政策的选择或运用不恰当而产生的差异；

（3）注册会计师对总体中错报的最佳估计，包括有审计样本识别出的错报推断出总体中的错报。

4. 评价在财务报表附注中的会计估计和相关披露（无论是由适用的财务报告编制基础要求的还是属于自愿披露的）的合理性时考虑的事项，与在审计财务报表中确认的会计估计时考虑的事项在实质上是相同的。

【例题7·单选题】（2019年试题）

下列有关注册会计师作出区间估计以评价管理层的点估计的说法中，错误的是（　　）。

A. 注册会计师作出区间估计时可以使用与管理层不同的假设

B. 在极其特殊的情况下，注册会计师可能缩小区间估计直至审计证据指向点估计

C. 如果注册会计师难以将区间估计的区间缩小至低于实际执行的重要性，可能意味着与会计估计相关的估计不确定性可能导致特别风险

D. 注册会计师作出的区间估计需要包括所有可能的结果

【答案】D

【解析】注册会计师作出的区间估计需要包括所有合理的结果，而非所有可能的结果。

【例题8·多选题】（2013年试题）

下列各项中，构成错报的有（　　）。

A. 管理层对导致特别风险的会计估计的估计不确定性的披露不充分

B. 管理层作出的点估计小于注册会计师作出的区间估计的最小值

C. 管理层作出的点估计与注册会计师作出的点估计存在差异

D. 会计估计的结果与财务报表中原已确认的金额存在差异

【答案】ABC

【解析】会计估计的结果与财务报表中原来已确认或披露的金额存在差异，并不必然

表明财务报表存在错报。这对于公允价值会计估计而言尤其如此，因为任何已观察到的结果都不可避免地受到作出会计估计的时点后所发生的事项或情况的影响。

七、其他相关审计程序（第三能力等级）

项目	具体内容
1. 关注与会计估计相关的披露	（1）按照适用的财务报告编制基础作出的披露； （2）披露导致特别风险的会计估计的估计不确定性
2. 识别可能存在管理层偏向的迹象	与会计估计相关的、可能存在管理层偏向迹象包括： （1）管理层主观地认为环境已经发生变化，并相应地改变会计估计的估计方法； （2）针对公允价值会计估计，被审计单位的自有假设与可观察到的市场假设不一致，但仍使用被审计单位的自有假设； （3）管理层选择或作出重大假设以产生有利于管理层目标的点估计； （4）选择带有乐观或悲观倾向的点估计
3. 获取书面声明	（1）根据估计不确定性的性质、重要性和程度，有关财务报表中确认或披露的会计估计的书面声明可能包括下列内容： ①计量流程的恰当性以及流程的一贯运用； ②假设恰当地反映了管理层代表被审计单位执行特定措施的意图和能力； ③在适用的财务报告编制基础下与会计估计相关的披露的完整性和适当性； ④不存在需要对财务报表中会计估计相关的披露作出调整的期后事项。 （2）针对未在财务报表中确认或披露的会计估计，书面声明也可能包括下列内容： ①管理层用于确定不满足适用的财务报告编制基础规定的确认或披露标准的依据的恰当性； ②针对未在财务报表中以公允价值计量或披露的会计估计，管理层用于推翻适用的财务报告编制基础规定的与使用公允价值相关的假定的依据的恰当性

【例题9·单选题】（2019年试题）

下列各项中，通常不能应对与会计估计相关的重大错报风险的是（　　）。

A. 复核上期财务报表中会计估计的结果

B. 测试管理层在作出会计估计时采用的关键假设

C. 确定截至审计报告日发生的事项是否提供有关会计估计的审计证据

D. 测试与管理层如何作出会计估计相关的控制的运行有效性

【答案】A

【解析】在应对评估的重大错报风险时，注册会计师应当考虑会计估计的性质，并实施下列一项或多项程序：（1）确定截至审计报告日发生的事项是否提供有关会计估计的审计证据；（2）测试管理层如何作出会计估计以及会计估计所依据的数据；（3）测试与管理层如何作出会计估计相关的控制的运行有效性，并实施恰当的实质性程序；（4）作出注册会计师的点估计或区间估计，以评价管理层的点估计。选项A，复核上期财务报表中会计估计的结果属于风险评估程序和相关活动的内容。

【例题10·简答题】（2016年试题）

甲公司是ABC会计师事务所的常年审计客户。A注册会计师负责审计甲公司2015年度财务报表，确定财务报表整体的重要性为200万元。审计工作底稿中与会计估计审计相关的部分事项摘录如下：

（1）因甲公司2015年度经营情况较上年度没有发生重大变化，A注册会计师通过实施分析程序对上年会计估计在本年的结果进行了复核，以评估与会计估计相关的重大错报风险。

（2）甲公司管理层实施固定资产减值测试时采用的重大假设具有高度估计不确定性，导致特别风险。A注册会计师评价了管理层采用的计量方法，测试了基础数据，并将重大假设与相关历史数据进行了比较，未发现重大差异，据此认为管理层的减值测试结果合理。

（3）2015年甲公司聘请XYZ咨询公司提供精算服务，并根据精算结果进行了会计处理。A注册会计师评价了XYZ咨询公司的胜任能力和专业素质，了解和评价了其工作，认为可以将其工作结果作为审计证据。

(4) 2015年12月，甲公司厂房发生重大火灾，管理层根据保险合同和损失情况估计和确认了应收理赔款1 000万元。A注册会计师检查了保险合同和甲公司管理层编制的损失情况说明，据此认为管理层的会计估计合理。

(5) 因2014年末少计无形资产减值准备300万元，A注册会计师对甲公司2014年度财务报表发表了保留意见。甲公司于2015年处置了相关无形资产，并在2015年度财务报表中确认了处置损益。A注册会计师认为导致对上期财务报表发表保留意见的事项已经解决，不影响2015年度审计报告。

要求：

针对上述第（1）至（5）项，逐项指出A注册会计师的做法是否恰当。如不恰当，简要说明理由。

【答案】

事项（1）不恰当。对具有高度估计不确定性的会计估计仅实施分析程序不够。

事项（2）不恰当。对存在特别风险的会计估计，未评价管理层如何考虑替代性的假设，未评价管理层在作出会计估计时如何处理估计不确定性。

事项（3）不恰当。注册会计师未评价XYZ公司的客观性，应评价管理层的专家的客观性。

事项（4）不恰当。应当考虑从保险公司获取相关证据，应当考虑利用专家工作对损失情况进行评估。

事项（5）不恰当。该事项对本期财务报表影响重大，A注册会计师应当考虑该事项对2015年审计意见的影响。

第二节　关联方的审计

一、风险评估程序和相关工作（第二能力等级）

项目	具体内容
1. 了解关联方关系及其交易	（1）项目组内部的讨论； （2）询问管理层； （3）与关联方关系及其交易相关的控制
2. 在检查记录或文件时对关联方信息保持警觉	（1）检查记录或文件。 （2）询问管理层。 如果识别出被审计单位超出正常经营过程的重大交易，注册会计师应当向管理层询问这些交易的性质以及是否涉及关联方。 【提示】注册会计师针对超出正常经营过程的重大交易的性质所进行的询问，通常涉及了解交易的商业理由、交易的条款和条件

【例题11·单选题】

在询问关联方关系时，下列组织或人员中，注册会计师的询问对象通常不包括的是（　　）。

A. 内部审计人员

B. 董事会成员

C. 证券监管机构

D. 内部法律顾问

【答案】C

【解析】注册会计师应当询问管理层和被审计单位内部其他人员，被审计单位内部的其他人员在某种程度上并不构成管理层，但也可能知悉关联方关系及其交易以及相关控制。这些人员可能包括：（1）治理层成员；（2）负责生成、处理或记录超出正常经营过程的重大交易的人员，以及对其进行监督或监控的人员；（3）内部审计人员；（4）内部法律顾问；（5）负责道德事务的人员。不包括选项C。

二、识别和评估重大错报风险（第三能力等级）

1. 超出正常经营过程的重大关联方交易——特别风险。

2. 可能表明存在由于舞弊导致的特别风险。

（1）异常频繁变更高级管理人员或专业顾问，可能表明被审计单位为关联方谋取利益而从事不道德或虚假的交易；

（2）利用中间机构从事难以判断是否具有正当商业理由的重大交易，可能表明关联方出于欺诈目的，通过控制这些中间机构从交易中获利；

（3）有证据显示关联方过度干涉或关注会计政策的选择或者重大会计估计的作出，可能表明存在虚假财务报告。

【例题12·单选题】（2016年试题）

下列情形中，注册会计师应当将其评估为存在特别风险的是（　　）。

A. 被审计单位将重要子公司转让给实际控制人控制的企业并取得大额转让收益

B. 被审计单位对母公司的销量占总销量的50%

C. 被审计单位与收购交易的对方签订了对赌协议

D. 被审计单位销售产品给子公司的价格低于销售给第三方的价格

【答案】A

【解析】超出正常经营过程的重大关联方交易，可能表明存在由于舞弊导致的特别风险：（1）异常频繁变更高级管理人员或专业顾问，可能表明被审计单位为关联方谋取利益而从事不道德或虚假的交易；（2）利用中间机构从事难以判断是否具有正当商业理由的重大交易，可能表明关联方出于欺诈目的，通过控制这些中间机构从交易中获利；（3）有证据显示关联方过度干涉或关注会计政策的选择或者重大会计估计的作出，可能表明存在虚假财务报告。

三、针对重大错报风险的应对措施（第三能力等级）

（一）识别出可能表明存在管理层以前未识别出或未披露的关联方关系或交易的安排或信息

（二）识别出管理层以前未识别出或未披露的关联方关系或重大关联方交易

1. 立即将相关信息向项目组其他成员通报。

2. 在适用的财务报告编制基础对关联方作出规定的情况下，要求管理层识别与新识别出的关联方之间发生的所有交易，以便注册会计师作出进一步评价，并询问与关联方关系及其交易相关的控制为何未能识别或披露该关联方关系或交易。

3. 对新识别出的关联方或重大关联方交易实施恰当的实质性程序。包括：

（1）询问被审计单位与新识别出的关联方之间的关系的性质，包括向对审计单位及其业务非常了解的外部人士询问。

（2）分析与新识别出的关联方进行的交易的会计记录，可以采用计算机辅助审计技术进行分析。

（3）核实新识别出的关联方交易的条款和条件，评价是否已经按照适用的财务报告编制基础的规定对关联方交易进行恰当会计处理和披露。

4. 重新考虑可能存在管理层以前未识别出或未向注册会计师披露的其他关联方或重大关联方交易的风险，如有必要，实施追加的审计程序。

5. 如果管理层不披露关联方关系或交易看似是有意的，因而显示可能存在由于舞弊导致的重大错报风险，评价这种情况对审计的影响。

（三）识别出超常正常经营过程的重大关联方交易

1. 检查相关合同或协议（如有）。

（1）交易的商业理由是否表明审计单位从事交易的目的可能是为了对财务信息作出虚假报告或为了隐瞒侵占资产的行为；

（2）交易条款是否与管理层的解释一致；

（3）关联方交易是否已按照适用的财务报告编制基础得到恰当会计处理和披露。

2. 获取交易已经恰当授权和批准的审计证据。

（1）如果超出正常经营过程的重大关联方交易经管理层、治理层或股东（如适用）授权和批准，可以为注册会计师提供审计证据，表明该项交易已在被审计单位内部的适当层面进行了考虑，并在财务报表中恰当披露了交易的条款和条件。

（2）授权和批准本身不足以就是否不存在由于舞弊或错误导致的重大错报风险得出结论，原因在于如果被审计单位与关联大串通舞弊或关联方对被审计单位具有支配性影响，被审计单位与授权和批准相关的控制可能是无效的。

（四）管理层在财务报表中作出认定

1. 如果管理层认定关联方交易是按照等同于公平交易中通行的条款执行的，则管理层在编制财务报表时需要证实这项认定。

2. 评价管理层如何支持这项认定，可能涉及一个或多个方面。

【例题 13 · 多选题】（2015 年试题）

注册会计师识别出管理层未向注册会计师披露的重大关联方交易，下列各项措施中，注册会计师应当采取的有（　　）。

A. 立即将相关信息向项目组其他成员通报

B. 将与新识别的重大关联方交易相关的风险评估为特别风险

C. 重新考虑可能存在管理层以前未向注册会计师披露的其他关联方或重大关联方交易的风险

D. 针对新识别的重大关联方交易实施恰当的实质性程序

【答案】ACD

【解析】识别出管理层未向注册会计师披露的重大关联方交易，注册会计师应当：（1）立即将相关信息向项目组其他成员通报；（2）在适用的财务报告编制基础对关联方作出规定的情况下，要求管理层识别与新识别出的关联方之间发生的所有交易，以便注册会计师作出进一步评价，并询问与关联方关系及其交易相关的控制为何未能识别或披露该关联方关系或交易；（3）对新识别出的关联方或重大关联方交易实施恰当的实质性程序；（4）重新考虑可能存在管理层以前未识别出或未向注册会计师披露的其他关联方或重大关联方交易的风险，如有必要，实施追加的审计程序；（5）如果管理层不披露关联方关系或交易看似是有意的，因而显示可能存在由于舞弊导致的重大错报风险，评价这一情况对审计的影响。

【例题 14 · 多选题】（2015 年试题）

注册会计师识别出超出正常经营过程的重大关联方交易导致的舞弊风险，下列程序中，能够有效应对该风险的有（　　）。

A. 检查交易是否经适当的管理层审批

B. 评价交易是否具有合理的商业理由

C. 检查交易是否按照适用的财务报表编制基础进行会计处理和披露

D. 就交易事项向关联方函证

【答案】BC

【解析】对于识别出的超出正常经营过程的重大关联方交易，如果检查相关合同或协议，注册会计师应当评价：（1）交易的商业理由（或缺乏商业理由）是否表明被审计单位从事交易的目的可能是为了对财务信息作出虚假报告或为了隐瞒侵占资产的行为；（2）交易条款是否与管理层的解释一致；（3）关联方交易是否已按照适用的财务报告编制基础得到恰当会计处理和披露。

四、评价会计处理和披露（第三能力等级）

1. 识别出的关联方关系及其交易是否已按照适用的财务报告编制基础得到恰当会计处理和披露。

2. 关联方关系及其交易是否导致财务报表未实现公允反映。

【例题 15 · 多选题】（2019 年试题）

如果识别出管理层未识别出或未披露的关联方关系或重大关联方交易，下列各项程序中，注册会计师应当实施的有（　　）。

A. 立即将相关信息向治理层通报

B. 要求管理层识别与新识别出的关联方之间发生的所有交易

C. 立即将相关信息向项目组其他成员通报

D. 对新识别的关联方或重大关联方交易实施实质性程序

【答案】BCD

【解析】如果识别出管理层以前未识别出或未向注册会计师披露的关联方关系或重大关联方交易，注册会计师应当：（1）立即将相关信息向项目组其他成员通报；（2）在适用的财务报告编制基础对关联方作出规定的情况下，要求管理层识别与新识别出的关联方之间发生的所有交易，以便注册会计师作出进一步评价，并询问与关联方关系及其交易相关的控制为何未能识别或披露该关联方关系或交易；（3）对新识别出的关联方或重大关联方交易实施恰当的实质性程序。

五、其他相关审计程序（第三能力等级）

程序	具体内容
1. 获取书面声明	如果适用的财务报告编制基础对关联方作出规定，注册会计师应当向管理层和治理层（如适用）获取下列书面声明： （1）已经向注册会计师披露了全部已知的关联方名称和特征、关联方关系及其交易； （2）已经按照适用的财务报告编制基础的规定，对关联方关系及其交易进行了恰当的会计处理和披露。 在下列情况下，注册会计师向治理层获取书面声明可能是适当的： （1）治理层批准某项特定关联方交易，该项交易可能对财务报表产生重大影响或涉及管理层； （2）治理层就某些关联方交易的细节向注册会计师作出口头声明； （3）治理层在关联方或关联方交易中享有财务或者其他利益。 注册会计师还可能决定就管理层作出的某项特殊认定获取书面声明，如管理层对特殊关联方交易不涉及某些未予披露的"背后协议"的声明
2. 与治理层的沟通	（1）管理层有意或无意未向注册会计师披露关联方关系或重大关联方交易； （2）识别出的未经适当授权和批准的、可能产生舞弊嫌疑的重大关联方交易； （3）注册会计师与管理层在按照适用的财务报告编制基础的规定披露重大关联方交易方面的分歧； （4）违反适用的法律法规有关禁止或限制特定类型关联方交易的规定； （5）在识别被审计单位最终控制方时遇到的困难

【例题16·多选题】（2012年试题）

在适用的财务报告编制基础对关联方作出规定的情况下，下列各项中，应当包含在被审计单位管理层和治理层（如适用）书面声明中的有（　　）。

A. 已向注册会计师披露了全部已知的关联方名称和特征

B. 已向注册会计师披露了全部已知的关联方关系及其交易

C. 已按照适用的财务报告编制基础的规定，对关联方关系和交易进行了恰当的会计处理

D. 已按照适用的财务报告编制基础的规定，对关联方关系和交易进行了恰当的披露

【答案】ABCD

【解析】注册会计师应当向管理层和治理层（如适用）获取下列书面声明：已经向注册会计师披露了全部已知的关联方名称和特征、关联方关系及其交易；已经按照适用的财务报告编制基础的规定，对关联方关系及其交易进行了恰当的会计处理和披露。

【例题17·简答题】（2013年试题）

ABC会计师事务所负责审计上市公司甲公司2012年度财务报表。审计项目组在审计工作底稿中记录了与关联方关系及其交易相关的审计情况，部分内容摘录如下：

（1）2012年度甲公司向其控股股东购入一项重大业务。审计项目组认为该交易是超出正常经营过程的重大关联方交易，存在特别风险。

（2）甲公司管理层在未审财务报表附注中披露，其向关联方采购原材料的交易按照等同于公平交易中通行的条款执行。审计项目组将甲公司向关联方采购的价格与相同原材料活跃市场价格进行比较，未发现明显差异，据此认为该项披露不存在重大错报。

（3）因不拟信赖甲公司建立的与识别、记录和报告关联方关系及其交易相关的内部控制，审计项目组未了解和测试这些控制，通过实施细节测试应对相关重大错报风险。

（4）审计项目组向甲公司管理层获取了下列与关联方关系及其交易相关的书面声明：

①已向注册会计师披露了全部已知的关联方名称；

②已按照企业会计准则的规定，对关联方关系及其交易进行了恰当的会计处理和披露；

③所有关联方交易均不涉及未予披露的"背后协议"。

（5）审计项目组注意到，甲公司2012年发生的一项重大交易的交易对手很可能是管理层未向审计项目组披露的关联方。审计项目组实施追加程序并与治理层沟通后，仍无法确定是否存在关联方关系，决定在审计报告中增加强调事项段，提请财务报表使用者关注财务报表附注中披露的该项交易。

要求：

（1）针对上述第（1）项，指出审计项目组应当采取哪些应对措施。

（2）针对上述第（2）至（5）项，逐项指出审计项目组的做法是否恰当。如不恰当，提出改进建议。

【答案】

（1）对于识别出的超出正常经营过程的重大关联方交易，注册会计师应当：

①检查相关合同或协议。在检查相关合同或协议时应当评价：交易的商业理由是否表明被审计单位从事交易的目的可能是为了对财务信息作出虚假报告或为了隐瞒侵占资产的行为；交易条款是否与管理层的解释一致；关联方交易是否已按照适用的财务报告编制基础得到恰当会计处理和披露。

②获取交易已经恰当授权和批准的审计证据。

（2）第（2）项不恰当。审计项目组还应当关注关联方交易的其他条款和条件是否与独立各方之间通常达成的交易条款相同。

第（3）项不恰当。如果管理层建立了与识别、记录和报告关联方关系及其交易相关的内部控制，审计项目组应当获取对相关控制的了解。

第（4）项不恰当。管理层书面声明还应当包括：已经向审计项目组披露了全部已知的关联方的特征、关联方关系及其交易。

第（5）项不恰当。应当考虑在审计报告中发表非无保留意见/发表保留意见。

第三节　考虑持续经营假设

一、管理层的责任和注册会计师的责任（第一能力等级）

（一）管理层的责任

1. 某些适用的财务报告编制基础要求管理层对持续经营能力作出评估，并规定了与此相关的需要考虑的事项和作出披露。

相关法律法规还可能对管理层评估对持续经营能力的责任和相关财务报表披露作出具体规定。

2. 其他财务报告编制基础可能没有明确要求管理层对持续经营能力作出评估。

但由于持续经营假设是编制财务报表的基本原则，即使其他财务报告编制基础没有对此作出明确规定，管理层也需要在编制财务报表时评估持续经营能力。

（二）注册会计师的责任

注册会计师的责任——就管理层在编制和列报财务报表时运用持续经营假设的适当性获取充分、适当的审计证据，并就持续经营能力是否存在重大不确定性得出结论。

【提示】即使编制财务报表时采用的财务报告编制基础没有明确要求管理层对持续经营能力作出专门评估，注册会计师的这种责任仍然存在。

【例题18·单选题】（2014年试题）

下列有关注册会计师对持续经营假设的审计责任的说法中，错误的是（　　）。

A. 注册会计师有责任就管理层在编制和列报财务报表时运用持续经营假设的适当性获取充分、适当的审计证据

B. 如果适用的财务报告编制基础不要求管理层对持续经营能力作出专门评估，注册会计师没有责任对被审计单位的持续经营能力是否存在重大不确定性作出评估

C. 除询问管理层外，注册会计师没有责任实施其他审计程序，以识别超出管理层评估期间并可能导致对被审计单位持续经营能力产生重大疑虑的事项或情况

D. 注册会计师未在审计报告中提及持续经营能力的不确定性，不能被视为对被审计单位持续经营能力的保证

【答案】B

【解析】注册会计师的责任是就管理层在编制和列报财务报表时运用持续经营假设的适当性获取充分、适当的审计证据，并就持续经营能力是否存在重大不确定性得出结论。即使编制财务报表时采用的财务报告编制基础没有明确要求管理层对持续经营能力作出专门评估，注册会计师的这种责任仍然存在。

二、风险评估程序（第三能力等级）

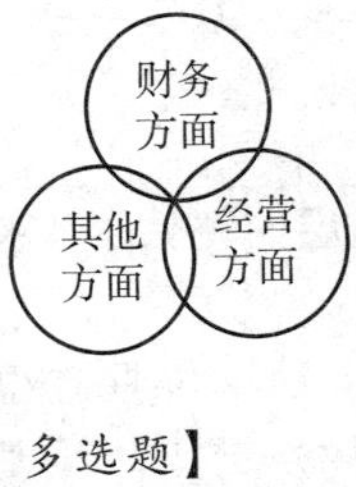

【例题19·多选题】

在下列事项中，可能引起A注册会计师对持续经营能力产生疑虑的有（　　）。

A. 营运资金出现负数

B. 关键管理人员离职且无人替代

C. 以股票股利替代现金股利

D. 发生的灾害未购买保险或保额不足

【答案】ABD

【解析】本题考核对持续经营能力产生重大疑虑的事项或情况。

三、评价管理层对持续经营能力作出的评估（第三能力等级）

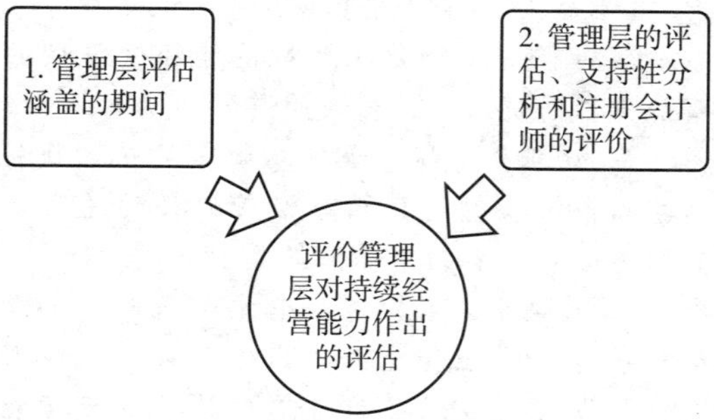

（一）管理层评估涵盖的期间

管理层对持续经营能力的合理评估期间——自财务报表日起的下一个会计期间。

如果管理层评估持续经营能力涵盖期间短于自财务报表日起的12个月，注册会计师应当提请管理层将评估期间延伸至12个月。

【例题20·单选题】（2012年试题）

注册会计师对被审计单位2011年1月至6月财务报表进行审计，并于2011年8月31日出具审计报告。下列各项中，管理层在编制2011年1月至6月财务报表时，评估其持续经营能力应当涵盖的最短期间是（　　）。

A. 2011年7月1日至2012年6月30日止期间

B. 2011年9月1日至2012年8月31日止期间

C. 2011年7月1日至2011年12月31日止期间

D. 2011年7月1日至2012年12月31日止期间

【答案】A

（二）管理层的评估、支持性分析和注册会计师的评价

1. 如果被审计单位具有盈利经营的记录并很容易获得财务支持，管理层可能不需要进行详细分析就能作出评估。

2. 注册会计师评价管理层对被审计单位持续经营能力所作的评估，可能包括评价管理层作出评估时遵循的程序、评估依据的假设、管理层的未来应对计划以及管理层的计划在当前情况下是否可行。

3. 在评价管理层作出的评估时，注册会计师应当考虑管理层作出评估的过程、依据的假设以及应对计划。注册会计师应当考虑管理层作出的评估是否已考虑所有相关信息，其中包括注册会计师实施审计程序获取的信息。

4. 管理层的评估所遵循的程序包括对可能导致对其持续经营能力产生重大疑虑的事项或情况的识别、对相关事项或情况结果的预测、对拟采取改善措施的考虑和计划以及最终的评估结论。在考虑管理层的评估程序时，注册会计师应当关注管理层是如何识别可能导致对其持续经营能力产生重大疑虑的事项或情况的，所识别的事项或情况是否完整，是否已经对注册会计师在实施审计程序过程中发现的所有相关信息进行了充分考虑。

5. 在考虑管理层作出的评估所依据的假设时，注册会计师应当考虑管理层对相关事项或情况结果的预测所依据的假设是否合理。

【例题21·单选题】

注册会计师应当评价管理层对持续经营能力作出的评估。下列说法中，错误的是（　　）。

A. 在某些情况下，管理层缺乏详细分析以支持其评估，并不妨碍注册会计师确定管理层运用持续经营假设是否适合具体情况

B. 注册会计师应当考虑管理层作出的评估是否已经考虑所有相关信息，这些信息不包括注册会计师实施审计程序时获取的信息

C. 如果管理层评价持续经营能力涵盖的期间短于自财务报表日起的12个月，注册会计师应当要求管理层延长评估期间

D. 注册会计师应当考虑管理层对相关事项或情况结果的预测所依据的假设是否合理

【答案】B

【解析】在评价管理层作出的评估时，注册会计师应当考虑管理层作出评估的过程、依据的假设以及应对计划。注册会计师应当考虑管理层作出的评估是否已考虑所有相关信息，其中包括注册会计师实施审计程序获取的信息。

四、超出管理层评估期间的事项或情况（第三能力等级）

【提示】除询问管理层外，注册会计师没

有责任设计其他任何审计程序，以识别超出管理层评估期间并可能导致对被审计单位持续经营能力产生重大疑虑的事项或情况。

五、识别出事项或情况时实施追加的审计程序（第三能力等级）

【例题22·单选题】（2019年试题）

如果注册会计师识别出可能导致对被审计单位持续经营能力产生重大疑虑的事项或情况，下列说法中，错误的是（　　）。

A. 注册会计师应当通过实施追加的审计程序，以确定这些事项或情况是否存在重大不确定性

B. 注册会计师应当考虑自管理层对持续经营能力作出评估后是否存在其他可获得的事实或信息

C. 注册会计师应当评价管理层与持续经营能力评估相关的未来应对计划对具体情况是否可行

D. 注册会计师应当根据对这些事项或情况是否存在重大不确定性的评估结果，确定是否与治理层沟通

【答案】D

【解析】注册会计师应当与治理层就识别出的可能导致对被审计单位持续经营能力产生重大疑虑的事项或情况进行沟通，除非治理层全部成员参与管理被审计单位。与治理层的沟通应当包括下列方面：（1）这些事项或情况是否构成重大不确定性；（2）管理层在编制财务报表时运用持续经营假设是否适当；（3）财务报表中的相关披露是否充分；（4）对审计报告的影响（如适用）。

【例题23·单选题】

在确定被审计单位管理层评估持续经营能力的适当性时，下列判断中，正确的是（　　）。

A. 管理层评估持续经营能力的期间不得少于自资产负债表日起的6个月

B. 如果被审计单位具有良好的盈利能力和外部资金支持，管理层无须针对持续经营能力作出评估

C. 如果存在超出评估期间但可能对持续经营能力产生疑虑的事项，管理层没有义务确定其潜在的影响

D. 管理层对持续经营能力作出评估时考虑的信息，应当包括注册会计师实施审计程序获取的信息

【答案】D

【解析】本题考核管理层对持续经营能力的评估。选项A不正确，管理层评估持续经营能力的期间应该是不得少于自资产负债表日的12个月；选项B不正确，如果被审计单位具有良好的盈利记录并很容易获得外部资金支持，管理层可能无须详细分析就能对持续经营能力作出评估；选项C不正确，只有当存在充分证据表明超出评估期间的有关事项或情况对被审计单位的持续经营能力具有重大影响时，注册会计师才有必要采取进一步措施。在实务中，注册会计师可以提请管理层对超出评估期间的有关事项或情况的潜在重大影响作出说明。管理层对持续经营能力作出评估时考虑的信息，应当包括A注册会计师实施审计程序获取的信息。

六、审计结论（第三能力等级）

七、对审计报告的影响（第三能力等级）

不同情况	对审计报告的影响
1. 被审计单位编制财务报表时运用持续经营假设适当但存在重大不确定性	（1）被审计单位财务报表披露——注册会计师发表无保留意见，并在审计报告中增加以“与持续经营相关的重大不确定性”为标题的单独部分，以提醒财务报表使用者关注财务报表附注中的披露；说明这些事项或情况表明存在可能导致对被审计单位持续经营能力产生重大疑虑的重大不确定性，并说明该事项并不影响发表的审计意见； （2）被审计单位财务报表不披露——注册会计师发表保留或否定意见
2. 运用持续经营假设不适当	（1）如果财务报表仍然按照持续经营假设编制——注册会计师发表否定意见。 （2）如果在具体情况下运用持续经营假设是不适当的，但管理层被要求或自愿选择编制财务报表，则可以采用替代基础（如清算基础）编制财务报表。如果财务报表对此作出了充分披露——注册会计师发表带强调事项段的无保留意见

续表

不同情况	对审计报告的影响
3. 严重拖延对财务报表的批准	（1）注册会计师应当询问拖延的原因； （2）如果认为拖延可能涉及与持续经营评估相关的事项或情况，注册会计师有必要实施前述识别出可能导致对持续经营能力产生重大疑虑的事项或情况时追加的审计程序，并就存在的重大不确定性考虑对审计结论的影响

【例题24·简答题】（2018年试题）

ABC会计师事务所的A注册会计师负责审计甲公司2017年度的财务报表。与会计估计审计相关的部分事项如下：

（1）2017年末甲公司某项重大未决诉讼的结果极不确定，管理层无法作出合理估计，但在财务报表附注中披露了该事项。因该事项不影响财务报表的确认与计量，A注册会计师认为不存在特别风险。

（2）A注册会计师评估认为商誉减值存在特别风险，在了解了与商誉减值测试相关的内部控制后，认为其设计合理并得到了执行。为提高效率，A注册会计师采用了实质性方案。

（3）甲公司的会计政策规定，按照成本与可变现净值孰低计提存货跌价准备。A注册会计师将2016年末的存货跌价准备与相关存货在2017年实际发生的损失进行了比较，未发现重大差异，认为管理层的估计合理，据此认可了2017年末的存货跌价准备余额。

（4）甲公司对其产品提供一年的保修义务，根据以往经验，保修费用占销售收入的比例为5%至10%，管理层按5%确认了2017年度的保修费用。A注册会计师认为可能存在管理层偏向，要求管理层调整计提比例。

（5）管理层在实施固定资产减值测试时编制了未来5年的现金流量预测，假设年收入增长率为10%。A注册会计师将其与经董事会批准的未来5年的销售规划及预算进行了核对，结果满意，据此认为年收入增长率假设合理。

要求：

针对上述第（1）至（5）项，逐项指出A注册会计师的做法是否恰当。如不恰当，简要说明理由。

【答案】

事项（1）不恰当。还应当考虑会计估计披露的充分性。

事项（2）不恰当。应当采用综合性方案。

事项（3）不恰当。复核上期财务报表中会计估计的结果不足以得出“认可2017年末的存货跌价准备余额”的结论。

事项（4）不恰当。应复核管理层在作出会计估计时的判断和决策，以识别是否可能存在管理层偏向的迹象。

事项（5）不恰当。内部资料核对得出的证据不可靠。

【例题25·多选题】（2012年试题）

根据对被审计单位持续经营能力的审计结论，注册会计师在判断应出具何种类型的审计报告时，下列说法中，正确的有（　　）。

A. 如果被审计单位运用持续经营假设适当但存在重大不确定性，且财务报表附注已作充分披露，应当发表无保留意见，并在审计报告中增加强调事项段

B. 如果存在多项对财务报表整体具有重要影响的重大不确定性，且财务报表附注已作充分披露，在极少数情况下，可能认为发表无法表示意见是适当的

C. 如果存在可能导致对被审计单位持续经营能力产生重大疑虑的事项和情况，且财务报表附注未作充分披露，应当发表保留意见

D. 如果管理层编制财务报表时运用持续经营假设不适当，应当发表否定意见

【答案】ABD

【解析】如果存在可能导致对被审计单位持续经营能力产生重大疑虑的事项和情况，且财务报表附注未作充分披露，应当发表保留意见或否定意见。

第四节　首次接受委托时对期初余额的审计

一、期初余额的含义（第一能力等级）

【提示】所谓首次审计业务，是指在上期财务报表未经审计，或上期财务报表由前任注册会计师审计的情况下承接的审计业务。

二、期初余额的审计目标（第二能力等级）

三、审计程序（第三能力等级）

（一）确定上期期末余额是否已正确结转至本期，或在适当的情况下已作出重新表述

（二）确定期初余额是否反映对恰当会计政策的运用

（三）实施一项或多项审计程序

1. 如果上期财务报表已经审计，查阅前任注册会计师的审计工作底稿，以获取有关期初余额的审计证据。

（1）查阅前任注册会计师的工作底稿。

①查阅前任注册会计师工作底稿中的所有重要审计领域；

②考虑前任注册会计师是否已实施下列审计程序，评价资产负债表重要账户期初余额的合理性；

③复核前任注册会计师建议的调整分录和未更正错报汇总表，并评价其对当期审计的影响。

（2）考虑前任注册会计师的独立性和专业胜任能力。

（3）与前任注册会计师沟通时的考虑。

2. 评价本期实施的审计程序是否提供了有关期初余额的审计证据。

3. 实施其他专门的审计程序，以获取有关期初余额的审计证据。

（1）对流动资产和流动负债的审计程序。

对流动资产和流动负债，注册会计师通常可以通过本期实施的审计程序获取部分审计证据。

【提示】存货期初存货余额审计：

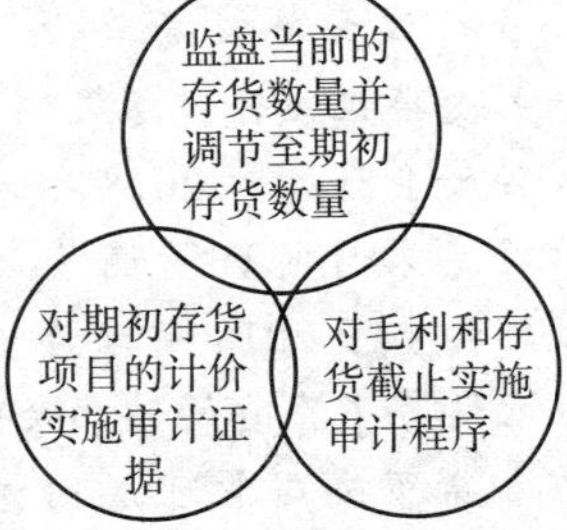

（2）对非流动资产和非流动负债的审计程序。

①检查形成期初余额的会计记录和其他信息；

②在某些情况下，注册会计师可向第三方函证；

③实施追加的审计程序。

【例题 26·单选题】（2014 年试题）

甲公司 2012 年度财务报表已经 XYZ 会计师事务所的 X 注册会计师审计。ABC 会计师事务所的 A 注册会计师负责审计甲公司 2013 年度财务报表。下列有关期初余额审计的说法中，错误的是（　　）。

A. A 注册会计师应当阅读甲公司 2012 年度财务报表和相关披露，以及 X 注册会计师出具的审计报告

B. 为确定期初余额是否含有对本期财务报表产生重大影响的错报，A 注册会计师需要确定适用于期初余额的重要性水平

C. A 注册会计师评估认为 X 注册会计师具备审计甲公司需要的独立性和专业胜任能力，因此，可能通过查阅 2012 年度审计工作底稿，获取关于非流动资产期初余额的充分、适当的审计证据

D. A 注册会计师未能对 2012 年 12 月 31 日的存货实施监盘，因此，除对存货的期末余额实施审计程序，有必要对存货期初余额实施追加的审计程序

【答案】B

【解析】注册会计师无须专门针对期初余额确定重要性水平。

四、审计结论和报告（第三能力等级）

（一）审计后不能获取有关期初余额充分、适当的审计证据

1. 发表适合具体情况的保留意见或无法表示意见。

2. 除非法律法规禁止，对经营成果和现金流量发表保留意见或无法表示意见，而对财务状况发表无保留意见。

（二）期初余额存在重大错报对审计报告的影响

1. 如果期初余额存在对本期财务报表产生重大影响的错报，注册会计师应当告知管理层；

2. 如果上期财务报表由前任注册会计师审计，注册会计师还应当考虑提请管理层告知前任注册会计师。

3. 如果错报的影响未能得到正确的会计处理和恰当的列报，注册会计师应当发表保留意见或否定意见。

（三）会计政策变更对审计报告的影响

如果与期初余额相关的会计政策未能在本期得到一贯运用，并且会计政策的变更未能得到正确的会计处理和恰当的列报，注册会计师应当发表保留意见或否定意见。

（四）前任注册会计师对上期财务报表出具了非无保留意见

1. 如果导致发表非无保留意见的事项对本期财务报表仍然相关和重大，注册会计师应当对本期财务报表发表非无保留意见。

2. 如果导致发表非无保留意见的事项可能与对本期财务报表发表的意见既不相关也不重大，本期审计注册会计师就无须因此发表非无保留意见。

【例题27·单选题】（2018年试题）

首次接受委托对期初余额进行审计，注册会计师首先要考虑的是（　　）。

A. 为期初余额确定财务报表整体的重要性和实际执行的重要性

B. 期初余额反映的恰当的会计政策是否在本期财务报表中得到一贯运用

C. 查阅前任注册会计师的工作底稿

D. 评价期初余额是否含有对上期财务报表产生重大影响的错报

【答案】B

【解析】《中国注册会计师审计准则第1331号——首次接受委托时对期初余额的审计》规定：注册会计师对被审计单位财务报表期初余额进行审计，首先应当关注其所选择的会计政策是否恰当和是否被一贯运用，这也是为了使企业会计信息质量达到口径一致、相互可比的要求。

【例题28·单选题】（2016年试题）

下列有关期初余额审计的说法中，正确的是（　　）。

A. 如果上期财务报表已经前任注册会计师审计，或未经审计，注册会计师可以在审计报告中增加其他事项段说明相关情况

B. 如果不能针对期初余额获取充分、适当的审计证据，注册会计师应当发表保留意见

C. 如果按照适用的财务报告编制基础确定的与期初余额相关的会计政策未能在本期得到一贯运用，注册会计师应当发表保留意见或否定意见

D. 如果期初余额存在对本期财务报表产生重大影响的错报，且错报的影响未能得到正确的会计处理和恰当的列报，注册会计师应当发表保留意见

【答案】C

【解析】如果与期初余额相关的会计政策未能在本期得到一贯运用，并且会计政策的变更未能得到正确的会计处理和恰当的列报，注册会计师应当发表保留意见或否定意见。

【例题29·简答题】（2019年试题）

ABC会计师事务所首次接受委托审计甲公司2018年度财务报表，委派A注册会计师担任项目合伙人。与首次承接审计业务相关的部分事项如下：

（1）DEF会计师事务所审计了甲公司2017年度财务报表。XYZ会计师事务所接受委托审计甲公司2018年度财务报表，但未完成审计工作。A注册会计师将DEF会计师事务所确定为前任注册会计师，与其进行了沟通。

（2）A注册会计师在与甲公司签署审计业务约定书并征得管理层同意后，与前任注册会计师进行了口头沟通，沟通内容包括：是否发现甲公司管理层存在诚信方面的问题，前任注册会计师与甲公司管理层在重大会计、审计等问题上存在的意见分歧；向甲公司治理层通报的管理层舞弊、违反法律法规行为以及值得关注的内部控制缺陷；甲公司变更会计师事务所的原因。

（3）对于长期股权投资的期初余额，A注册会计师检查了形成期初余额的会计记录，以及包括投资协议和被投资单位工商登记信息在内的相关支持性文件，结果满意。

（4）A注册会计师对2018年末的存货实施了监盘，将年末存货数量调节至期初存货数量，并抽样检查了2018年度存货数量的变动情况，据此认可了存货的期初余额。

（5）在征得甲公司管理层同意，并向前任注册会计师承诺不对任何人作出关于其是否遵循审计准则的任何评论后，A注册会计师通过查阅前任注册会计师的审计工作底稿，获取了有关甲公司固定资产期初余额的审计

证据，并在审计报告的其他事项段中提及部分依赖了前任注册会计师的工作。

要求：

针对上述第（1）至（5）项，逐项指出A注册会计师的做法是否恰当。如不恰当，简要说明理由。

【答案】

事项（1）不恰当。应当将DEF会计师事务所以及XYZ会计师事务所均确定为前任注册会计师。

事项（2）不恰当。注册会计师应当在接受委托前与前任注册会计师沟通此部分内容。

事项（3）恰当。

事项（4）不恰当。应当对期初存货项目的计价实施审计程序。

事项（5）不恰当。后任注册会计师不应在审计报告中表明其审计意见全部或部分地依赖前任注册会计师的审计报告或工作。

通关演练

一、单项选择题

1. 注册会计师应当评价管理层对持续经营能力作出的评估。下列说法中，错误的是(　　)。

A. 纠正管理层对持续经营能力作出评估时缺乏分析的错误并不是注册会计师的责任

B. 注册会计师应当考虑管理层作出的评估是否已经考虑所有相关信息，包括注册会计师实施审计程序时获取的信息

C. 注册会计师评价管理层对持续经营能力作出评估期间通常为自审计报告日起的12个月

D. 注册会计师应当询问管理层是否知悉超出评估期间的、可能导致对持续经营产生重大疑虑的事项或情况

2. 注册会计师在2018年度财务报表审计中发现的，属于第二类期后事项是（　　）。

A. 对资产负债表日存在的未决诉讼的估计金额，在审计工作完成前，相关事项已经作出判决或取得了新的证据，重新考虑资产负债表日会计估计的合理性，必要时予以调整

B. 2018年12月31日，被审计单位应收某企业账款100万元，账龄在2年以上，被审计单位按照10%的比例提取坏账准备。债务人因发生火灾被迫破产，清算后被审计单位仍然收回债权20万元

C. 对资产负债表日存在的未决索赔的估计金额，在审计工作完成前，相关事项已经作出判决或取得了新的证据，重新考虑资产负债表日会计估计的合理性，必要时予以调整

D. 2018年12月31日，被审计单位应收某企业账款100万元，账龄在2年以上，被审计单位按照10%的比例提取坏账准备。2019年2月10日，该企业因长期经营不善破产，被审计单位收回20万元。注册会计师在审计工作完成前获知此信息，该事项说明被审计单位对坏账准备的估计没有充分反映实际的损失风险，注册会计师应提请被审计单位调增资产负债表日的坏账准备70万元

3. A注册会计师负责审计星火机电股份有限公司2018年度财务报表。在确认坏账准备时，A注册会计师遇到下列事项，请代为作出正确的专业判断。星火机电股份有限公司在2018年10月20日与B公司达成销售意向，约定在2018年1月20日按照每台50万元交付AJ2型机床10台。2018年12月31日，AJ2型机床账面成本为400万元，数量为10台，同期市场价格为36万元/台。在不考虑销售费用和相关税费情况下，估计不确定性相对较低的会计估计，AJ2型机床在2018年12月31日应计提的存货跌价损失准备为（　　）元。

A. 360 000　　B. 400 000

C. 500 000　　D. 1 400 000

4. 如果适用的财务报告编制基础对关联方作出规定，注册会计师应当向管理层和治理层（如适用）获取下列书面声明，这些声明不包括（　　）。

A. 已经向注册会计师披露了部分已知的关联方名称和特征、关联方关系及其交易

B. 已经向注册会计师披露了全部已知的关联方名称和特征

C. 已经按照适用的财务报告编制基础的规定，对关联方关系及其交易进行恰当的会计处理和披露

D. 已经向注册会计师披露了全部已知的关联方关系及其交易

5. 关于注册会计师对持续经营假设的审计责任，下列说法中，错误的是(　　)。

A. 在执行财务报表审计业务时，注册会计师的有责任就持续经营能力是否存在重大不确定性得出结论

B. 即使编制财务报表时采用的财务报告编制基础没有明确要求管理层对持续经营能力作出专门评估，注册会计师的这种责任仍然存在

C. 如果存在可能导致被审计单位不再持续经营的未来事项或情况，审计的固有限制对注册会计师发现重大错报能力的潜在影响会加大，注册会计师应当对这些未来事项或情况作出预测

D. 注册会计师未在审计报告中提及持续经营的不确定性，不能被视为对被审计单位持续经营能力的保证

6. 下列有关期初余额审计的说法中，错误的是(　　)。

A. 前任注册会计师对上期财务报表出具了非标准审计报告，如果该重大事项在本期仍然存在并且对本期财务报表的影响仍然重大，而被审计单位继续坚持不在本期财务报表附注中予以披露，则注册会计师在本期审计时因此而发表非无保留意见

B. 前任注册会计师对上期财务报表出具了非标准审计报告，导致前任注册会计师发表非无保留意见的事项可能与对本期财务报表发表的意见既不相关也不重大，则注册会计师在本期审计时无须因此而发表非无保留意见

C. 如果期初余额存在重大错报，注册会计师应当考虑对本期财务报表出具非无保留意见

D. 如果前任注册会计师对上期财务报表发表了非无保留意见，导致出具非标准审计报告的事项对本期财务报表仍然相关和重大，注册会计师应当对本期财务报表发表非无保留意见

7. 针对注册会计师首次接受委托对期初余额审计需要获取的审计证据，下列说法中，不恰当的是(　　)。

A. 如果上期财务报表已经前任注册会计师审计，注册会计师可以直接查阅前任注册会计师的审计工作底稿获取有关期初余额的审计证据

B. 对流动资产和流动负债，注册会计师可以通过本期实施的审计程序获取有关期初余额的审计证据

C. 对非流动资产和非流动负债，注册会计师可以通过检查形成期初余额的会计记录和其他信息获取有关期初余额的审计证据

D. 注册会计师可以通过向第三方函证获取有关期初余额的审计证据

8. 针对会计估计，注册会计师在实施风险评估程序和相关活动时，应当了解的事项不包括(　　)。

A. 适用的财务报告编制基础对会计估计的要求

B. 管理层如何识别是否需要作出会计估计

C. 管理层如何作出会计估计

D. 与管理层作出会计估计相关的控制运行是否有效

9. 注册会计师首次接受委托对被审计单位财务报表进行审计时，下列说法中，正确的是（　　）。

A. 应当实施必要的审计程序，获取充分、适当的审计证据，对本期财务报表中的对应数据发表审计意见

B. 可以不与前任注册会计师沟通

C. 如果期初余额存在明显微小的错报，无须对此提出审计调整或披露建议

D. 如果前任注册会计师对上期财务报表发表了无保留意见，即使上期运用的会计政策不恰当，也无须提请被审计单位调整上期财务报表

10. 下列与会计估计审计相关的程序中，注册会计师应当在风险评估阶段实施的是(　　)。

A. 确定管理层是否恰当运用与会计估计相关的财务报告编制基础

B. 复核上期财务报表中会计估计的结果

C. 确定管理层作出会计估计的方法是否恰当

D. 评价会计估计的合理性

11. 如果甲公司未能按照适用的会计准则的要求在财务报表中对关联方和关联方交易

进行充分披露，则 A 注册会计师应当发表的审计意见类型是（　　）。

A. 无保留意见加强调事项段

B. 保留意见或无法表示意见

C. 保留意见或否定意见

D. 保留意见或无法表示意见

12. 针对评估的与关联方关系及其交易相关的重大错报风险，A 注册会计师应设计和实施进一步的审计程序，下列说法中，不正确的是（　　）

A. 如果识别出可能表明存在管理层以前未识别或未向注册会计师披露的关联方关系或关联方交易的安排或信息，注册会计师应当确定相关情况是否能够证实关联方关系或关联方交易的存在

B. 对于识别出的超出正常经营过程的重大关联方交易，注册会计师应当检查相关合同或协议

C. 如果管理层在财务报表中作出认定，声明关联方交易是按照等同于公平交易中通行的条款执行的，注册会计师应当就该项认定获取充分、适当的审计证据

D. 如果识别出管理层以前未识别出或未向注册会计师披露的关联方关系或重大关联方交易，注册会计师不应当实施追加的审计程序

13. 如果认为甲公司在编制财务报表时运用持续经营假设是适当的，但可能导致对持续经营能力产生重大疑虑的事项存在重大不确定性，虽财务报表以充分披露，但 A 注册会计师应当考虑对财务报表应出具（　　）的审计报告。

A. 无保留意见

B. 保留意见

C. 无法表示意见

D. 无保留意见加强调事项段

14. 下列关于注册会计师在财务报表审计中与管理层编制财务报表时运用持续经营假设相关的责任的陈述中，错误的是（　　）

A. 针对管理层在编制和列报财务报表时运用持续经营假设的适当性获取充分、适当的审计证据

B. 就持续经营能力是否存在重大不确定性得出结论

C. 如果编制财务报表时运用的财务报告框架没有明确要求管理层对持续经营能力作出专门评估，注册会计师的这种责任仍然存在

D. 如果编制财务报表时运用的财务报告框架没有明确要求管理层对持续经营能力作出专门评估，注册会计师的这种责任就不存在

15. 如果前任注册会计师对上期财务报表发表了非无保留意见，并且导致发表非无保留意见的事项对本期财务报表仍然相关和重大，A 注册会计师应当对财务报表发表（　　）。

A. 非无保留意见

B. 保留意见

C. 无法表示意见

D. 否定意见

16. 下列有关期初余额审计的说法中，正确的是（　　）。

A. 如果上期财务报表已经前任注册会计师审计，或未经审计，注册会计师可以在审计报告中增加其他事项段说明相关情况

B. 如果不能针对期初余额获取充分、适当的审计证据，注册会计师应当发表保留意见

C. 如果按照适用的财务报告编制基础确定的与期初余额相关的会计政策未能在本期得到一贯运用，注册会计师应当发表保留意见或否定意见

D. 如果期初余额存在对本期财务报表产生重大影响的错报，且错报的影响未能得到正确的会计处理和恰当的列报，注册会计师应当发表保留意见

17. 下列有关期初余额审计的说法中，不正确的是（　　）。

A. 注册会计师对财务报表进行审计，无须对期初余额发表审计意见

B. 注册会计师对财务报表进行审计，应当对期初余额实施适当的审计程序

C. 注册会计师应合理运用职业判断，以确定对期初余额的审计范围

D. 注册会计师首次接受被审计单位的委托时才需要考虑期初余额审计问题

18. 下列与持续经营假设相关的说法中，正确的是（　　）

A. 如果财务报告编制基础没有要求管理

层对持续经营能力作出专门评估，注册会计师就没有责任对持续经营能力是否存在重大不确定性得出结论

B. 如果存在可能导致被审计单位不再持续经营的未来事项或情况，审计的固有限制对注册会计师发现重大错报能力的潜在影响会有所降低

C. 如果注册会计师没有在审计报告中提及持续经营的不确定性，就意味着默认被审计单位对其未来12个月的持续经营能力具有合理保证

D. 注册会计师应当从被审计单位的财务、经营以及其他方面存在的某些事项或情况判断是否可能导致经营风险，进而导致对持续经营假设产生重大疑虑

19. 应对评估的与会计估计相关的重大错报风险时，下列说法中，错误的是（　　）

A. 管理层是否恰当运用与会计估计相关的财务报告编制基础的规定

B. 管理层作出会计估计的方法是否恰当，并得到普遍运用

C. 会计估计存在的不同于上期的变化是否适合于具体情况

D. 管理层作出会计估计的方法不同于上期是否适合于具体情况

20. 注册会计师发现2018年度甲公司向乙公司支付大额咨询费，乙公司是甲公司总经理的弟弟开设的一家管理咨询公司，并未包括在管理层提供的关联方清单内。下列各项应对措施中，注册会计师通常首先采取的是(　　)。

A. 向甲公司董事会通报

B. 向项目质量控制复核人员通报

C. 要求甲公司管理层在财务报表中披露该交易是否为公平交易

D. 要求甲公司管理层识别与乙公司之间发生的所有交易，并询问与关联方相关的控制为何未能识别出该关联方

21. 下列有关超出被审计单位正常经营过程的重大关联方交易的说法中，错误的是(　　)。

A. 此类交易导致的风险可能不是特别风险

B. 注册会计师应当检查与此类交易相关的合同或协议，以评价交易的商业理由

C. 此类交易经过恰当授权和批准，不足以就其不存在由于舞弊或错误导致的重大错报风险得出结论

D. 注册会计师应当评价此类交易是否已按照适用的财务报告编制基础得到恰当会计处理和披露

22. 甲公司2014年度财务报表已经XYZ会计师事务所的X注册会计师审计。ABC会计师事务所的A注册会计师负责审计甲公司2015年度财务报表。下列有关期初余额审计的说法中，错误的是(　　)。

A. 如果不能获取有关期初余额的充分、适当的审计证据，A注册会计师可能发表保留意见或无法表示意见

B. 为确定期初余额是否含有对本期财务报表产生重大影响的错报，A注册会计师需要确定适用于期初余额的重要性水平

C. A注册会计师评估认为X注册会计师具备审计甲公司需要的独立性和专业胜任能力，因此，可能通过查阅2014年度审计工作底稿，获取关于非流动资产期初余额的充分、适当的审计证据

D. A注册会计师未能对2014年12月31日的存货实施监盘，因此，除对存货的期末余额实施审计程序，有必要对存货期初余额实施追加的审计程序

23. 注册会计师首次接受委托对被审计单位财务报表进行审计时，下列说法中，不正确的是(　　)。

A. 应当实施必要的审计程序，获取充分、适当的审计证据，对本期财务报表中的对应数据实施审计程序

B. 接受委托前，必须与前任注册会计师沟通

C. 注册会计师一般无须专门对期初余额发表审计意见

D. 如果前任注册会计师对上期财务报表发表了无保留意见，即使发现上期报表存在重大错报，也无须提请被审计单位调整上期财务报表

24. 下列关于会计估计审计的说法中，正确的是(　　)。

A. 由于会计估计的主观性、复杂性和不确定性，注册会计师应当确定会计估计的重大错报风险都属于特别风险

B. 如果注册会计师认为管理层作出的会

计估计不合理，管理层的会计估计和注册会计师认为合理的会计估计的差异金额构成了事实错报

C. 被审计单位的会计估计为500万元，审计项目组作出的区间估计为550万元至650万元，据此认为存在50万元的判断错报

D. 被审计单位的会计估计为500万元，审计项目组作出的点估计为550万元，据此认为存在50万元的判断错报

25. 下列与会计估计有关的说法中，错误的是(　　)。

A. 注册会计师审计本期财务报表时，发现期初预计负债金额与本期预计负债实际发生金额存在小额差异，注册会计师认为期初预计负债金额存在错报，应当调整

B. 注册会计师应当复核上期财务报表中会计估计的结果，或者复核管理层在本期财务报表中对上期会计估计作出的后续重新估计，但注册会计师复核的目的不是质疑上期依据当时可获得的信息作出的判断

C. 如果审计证据支持注册会计师作出的点估计，那么管理层的点估计与注册会计师点估计之间的差异构成错报

D. 如果管理层作出重大假设以产生有利于管理层目标的点估计，那么该点估计具有管理层偏向

26. 在评估和应对与关联方交易相关的重大错报风险时，下列说法中，注册会计师认为正确的是(　　)。

A. 所有的关联方交易和余额都存在重大错报风险

B. 实施实质性程序应对与关联方交易相关的重大错报风险更有效，因此无须了解和评价与关联方关系和交易相关的内部控制

C. 对外提供厂房租赁或管理服务，而没有收取对价，金额重大，属于超出正常经营过程的重大交易，存在特别风险

D. 注册会计师应当评价所有关联方交易的商业理由

27. 注册会计师在执行首次审计业务时，下列关于对期初余额获取充分、适当的审计证据的目的的表述，不恰当的是(　　)。

A. 确定期初余额是否含有对上期财务报表产生重大影响的错报

B. 确定期初余额反映的恰当的会计政策是否在本期财务报表中得到一贯运用

C. 确定会计政策的变更是否已按照适用的财务报告编制基础作出恰当的会计处理和充分的列报与披露

D. 确定期初余额是否含有对本期财务报表产生重大影响的错报

28. 在评价会计估计的合理性时，下列表述中，错误的是（　　）。

A. 注册会计师在作出区间估计或点估计时，应对考虑使用的假设或方法是否有别于管理层的假设或方法

B. 注册会计师作出区间估计应当小于实际执行的重要性

C. 与会计估计相关的错报可能是由于事实错报、判断错报和推断错报导致的

D. 管理层作出的点估计小于注册会计师作出的区间估计的最小值时将形成错报

29. 在确定管理层评估持续经营能力的适当性时，下列判断中，不正确的是（　　）。

A. 如果存在超出评估期间但可能对持续经营能力产生疑虑的事项，管理层有义务确定其潜在的影响

B. 对于超出管理层评估期间的事项或情况，注册会计师应当实施询问程序

C. 如果被审计单位具有良好的盈利能力，无须要求管理层对持续经营能力作出评估

D. 管理层评估的期间应当自财务报告日后12个月

30. 下列关于特殊项目审计的说法中，正确的是（　　）。

A. 管理层对持续经营能力作出评估的期间未能涵盖自财务报表日起12个月，注册会计师应当发表保留意见或无法表示意见

B. 会计估计的重大错报风险属于特别风险

C. 关联方交易比非关联方交易可能具有更高的财务报表重大错报风险

D. 注册会计师需要对期初余额发表审计意见

二、多项选择题

1. 就审计会计估计而言，注册会计师的目标是获取充分、适当的审计证据，以确定(　　)。

A. 根据适用的财务报告编制基础，财务报表中确认或披露的会计估计（包括公允价值会计估计）是否合理

B. 根据适用的财务报告编制基础，财务报表中的相关披露是否充分

C. 会计估计是否含有对本期财务报表产生重大影响的错报

D. 会计估计反映的恰当的会计政策是否在本期财务报表中得到一贯运用

2. 在审计会计估计时，注册会计师应当采用下列一种或多种审计程序的有（　　）。

A. 复核和测试管理层作出会计估计的过程

B. 查阅股东会和董事会的会议纪要

C. 运用独立估计与管理层作出的会计估计进行比较

D. 复核能够证实会计估计合理性的期后事项

3. 对于识别出的超出正常经营过程的重大关联方交易，如果检查相关合同或协议，注册会计师应当评价（　　）。

A. 交易的商业理由（或缺乏商业理由）是否表明被审计单位从事交易的目的可能是为了对财务信息作出虚假报告或为了隐瞒侵占资产的行为

B. 交易条款是否与管理层的解释一致

C. 交易已经恰当授权和批准的审计证据

D. 关联方交易是否已按照适用的财务报告编制基础得到恰当会计处理和披露

4. 对于期初余额的审计，下列说法中，正确的有（　　）。

A. 如果不能获取有关期初余额的充分、适当的审计证据，注册会计师应当按照规定，对财务报表发表保留意见或无法表示意见

B. 如果认为期初余额存在对本期财务报表产生重大影响的错报，且错报的影响未能得到恰当的会计处理或者适当的列报与披露，注册会计师应当按照规定，发表保留意见

C. 如果认为按照适用的财务报告编制基础与期初余额相关的会计政策未能在本期得到一贯运用，或者会计政策的变更未能得到恰当的会计处理或者适当的列报与披露，注册会计师应当按照规定，发表保留意见或否定意见

D. 如果前任注册会计师对上期财务报表发表了非无保留意见，并且导致发表非无保留意见的事项对本期财务报表仍然相关和重大，注册会计师应当按照规定，对本期财务报表发表保留意见或否定意见

5. 注册会计师应对下列（　　）交易保持警惕，以考虑是否存在以前尚未识别出的关联方。

A. 借款利率明显高于同期银行贷款利率

B. 大量购入并不需要的材料或滞销的商品

C. 收取大量的货款却迟迟不发货

D. 定期向第三方支付预付款

6. 对于识别出的超出正常经营过程的重大关联方交易，如有相关合同或协议，注册会计师应当予以检查。下列各项中，注册会计师在检查时应当评估的有（　　）。

A. 交易的商业理由

B. 交易条款是否与管理层的解释一致

C. 关联方交易是否已按照适用的财务报告编制基础得到恰当会计处理

D. 关联方交易是否已按照适用的财务报告编制基础得到恰当披露

7. 在应对与会计估计相关的重大错报风险时，下列各项程序中，A注册会计师认为适当的有（　　）。

A. 确定截至审计报告日发生的事项是否提供有关的会计估计的审计证据

B. 测试甲公司管理层如何作出会计估计以及会计估计所依据的数据

C. 测试与甲公司管理层如何作出会计估计相关的控制的运行有效性，并实施恰当的实质性程序

D. 作出点估计或区间估计，以评价甲公司管理层的点估计

8. 下列有关注册会计师首次接受委托时就期初余额获取审计证据的说法中，正确的有（　　）。

A. 对非流动资产和非流动负债，注册会计师可以通过检查形成期初余额的会计记录和其他信息获取有关期初余额的审计证据

B. 对流动资产和流动负债，注册会计师可以通过本期实施的审计过程获取有关期初余额的审计证据

C. 注册会计师可以通过向第三方函证获取有关期初余额的审计证据

D. 如果上期财务报表已经审计，注册会计师可以通过审阅前任注册会计师的审计工作底稿获取有关期初余额的审计证据

9. 在适用的财务报告框架对关联方作出很少规定或没有作出规定的情况下，关联方是指符合（　　）条件之一的人员或实体。

A. 直接或间接控制报告实体或对报告实体施加重大影响的人员或其他实体

B. 报告实体直接或间接控制的或施加重大影响的另一实体

C. 与报告实体受同一方控制的另一实体

D. 受国家控制而不存在其他关联方关系的实体

10. 下列注册会计师可以自行作出独立估计或从其他渠道获取独立估计的情况有（　　）。

A. 甲公司未建立与会计估计相关的控制政策和程序，且不存在能够印证会计估计的期后事项

B. 对于涉及特殊技术的复杂会计估计过程或某些不熟知的领域

C. 复核和测试管理层作出会计估计的过程以及复核期后事项不足以为注册会计师提供充分、适当的审计证据

D. 注册会计师具备专业胜任能力

11. 如果注册会计师基于甲公司的持续经营能力决定出具无法表示意见的审计报告，应当提请管理层在财务报表中适当披露（　　）。

A. 导致对甲公司持续经营能力产生重大疑虑的主要事项或情况，以及管理层拟采取的改善措施

B. 有关法律、法规或政策的变化可能造成重大不利影响

C. 甲公司持续经营能力存在的重大不确定性，可能无法在正常的经营过程中变现资产、清偿债务

D. 投资者未履行协议、合同、章程规定的义务，并有可能造成重大不利影响

12. 如果注册会计师提请甲公司管理层在财务报表中披露导致对持续经营能力产生重大疑虑的主要事项或情况以及管理层拟采取的改善措施，然后依据披露情况决定其发表的审计意见的类型，意味着注册会计师可能发表（　　）审计报告。

A. 无法表示意见

B. 带有强调事项段的无保留意见

C. 保留意见

D. 否定意见

13. 注册会计师与治理层就会计估计相关事项进行沟通的内容有（　　）。

A. 管理层对会计估计的识别

B. 管理层作出会计估计的过程

C. 重大错报风险

D. 管理层作出的会计估计结果

14. 由于下列（　　）原因，审计的固有限制增加了注册会计师发现关联方及其交易的重大错报的难度。

A. 管理层可能未能识别出所有关联方关系及其交易

B. 关联方关系可能为管理层的串通舞弊、隐瞒或操纵行为提供更多机会

C. 管理层可能未按规定对关联方及其交易进行披露

D. 关联方的特殊关系可能使关联交易更可能导致财务报表产生重大错报

15. 下列各项审计工作中，可以应对与会计估计相关的重大错报风险的有（　　）。

A. 测试与管理层作出会计估计相关的控制的运行有效性

B. 作出注册会计师的点估计或区间估计，以评价管理层的点估计

C. 确定截至审计报告日发生的事项是否提供有关会计估计的审计证据

D. 测试管理层如何作出会计估计以及会计估计所依据的数据

16. 如果识别出管理层以前未识别出或未向注册会计师披露的关联方关系或重大关联方交易，注册会计师应当（　　）。

A. 立即将相关信息向项目组其他成员通报

B. 如果管理层不披露关联方关系或交易看似是有意的，因而显示可能存在由于舞弊导致的重大错报风险，评价这一情况对审计的影响

C. 对新识别出的关联方或重大关联方交易实施恰当的实质性程序

D. 在适用的财务报告编制基础对关联方作出规定的情况下，要求管理层识别与新识别出的关联方之间发生的所有交易，以便注册会计师作出进一步评价，并询问与关联方关系及其交易相关的控制为何未能识别或披

露该关联方关系或交易

17. 在运用区间估计评价甲公司管理层点估计的合理性时，下列说法中，注册会计师认为正确的有(　　)。

A. A注册会计师的区间估计应当采用与甲公司管理层一致的假设和方法

B. 应当缩小区间估计，直至该区间估计范围内的所有结果均被视为是可能的

C. 应当从区间估计中剔除不可能发生的极端结果

D. 当区间估计的区间缩小至等于或小于实际执行的重要性时，该区间估计对于评价甲公司管理层的点估计通常是适当的

18. 在下列事项中，可能引起注册会计师对被审计单位持续经营能力产生疑虑的有(　　)。

A. 债权人撤销财务支持

B. 以股票股利替代现金股利

C. 定期债务到期，预期不能展期或偿还

D. 净资产为负

三、简答题

1. ABC会计师事务所负责审计上市公司甲公司2018年度财务报表。审计项目组在审计工作底稿中记录了与会计估计相关的审计情况，部分内容摘录如下：

（1）在实施风险评估程序和相关活动，以了解被审计单位及其环境时，项目组成员拟了解使用的财务报告编制基础的要求等内容，作为识别和评估会计估计重大错报风险的基础。

（2）在与会计估计相关的情况没有发生变化或没有出现新的信息时，项目组成员认为考虑会计估计或其估计方法自上期以来发生的变化不是必要的。

（3）项目组对甲公司某项在建工程减值准备作出的区间估计为100万元至120万元之间，且认为使用区间估计能够获取充分、适当的审计证据。由于管理层的点估计为110万元，项目组成员认为错报不小于10万元。

（4）由于甲公司管理层已按照适用的财务报告编制基础对具有特别风险的会计估计进行了披露，项目组成员认为没有必要评价甲公司对估计不确定的披露是否充分。

（5）针对某项公允价值会计估计，甲公司使用的自有假设与可观察到的市场假设不一致。项目组成员拟将其视为与会计估计相关的管理层偏向的迹象记录于审计工作底稿。

要求：

（1）针对上述事项（1），指出项目组成员还需要了解哪些内容。

（2）针对上述事项（2）至（5），逐项指出审计项目组的做法是否恰当。如不恰当，提出改进建议。

2. ABC会计师事务所负责审计上市公司甲公司2018年度财务报表。审计项目组在审计工作底稿中记录了与关联方关系及其交易相关的审计情况，部分内容摘录如下：

（1）项目合伙人为审计项目组成员列示了非常规交易的识别特征，包括：①与处于公司法制不健全的国家或地区的境外实体之间的交易；②有折扣或退货的销售业务；③在合同期限届满之前变更条款的交易。

（2）审计项目组发现甲公司与其控股股东之间发生大额采购交易的标的对甲公司不具有合理用途，拟将该交易列入重大非常规交易，并拟获取进一步证据以确认该交易是否可能导致特别风险。

（3）为确定重大非常规交易相关的内部控制的有效性，审计项目组拟对甲公司常规控制的运行进行重点测试。

（4）A注册会计师要求项目组成员不仅在工作底稿中记录发现的与关联方之间发生的所有重大非常规交易以及针对重大非常规交易形成审计结论的基础，而且将此类交易汇总在审计工作底稿的重大事项概要中。

（5）对于识别出的超出正常经营过程的重大关联方交易，注册会计师拟对相关的合同或协议实施检查，并根据检查结果评价交易条款是否与管理层的解释一致。

要求：

（1）针对上述事项（1）至（4），逐项指出审计项目组的做法是否恰当。如不恰当，提出改进建议。

（2）针对上述事项（5），指出审计项目组还应当评价哪些方面。

3. ABC会计师事务所负责审计上市公司甲公司2018年度财务报表。审计项目组在审计工作底稿中记录了与会计估计相关的审计情况，部分内容摘录如下：

（1）项目组成员虽然认为甲公司会计估计发生重大错报的可能性较大，但不需要专门考虑是否存在特别风险。

（2）2018年末存货滞销，甲公司依据对现有销售数据的分析，针对滞销存货计提了存货跌价准备。项目组成员检查后认可甲公司的处理。

（3）根据评估的与会计估计相关的重大错报风险，项目合伙人决定针对会计估计的性质，设计和实施进一步审计程序，以应对评估的重大错报风险。

（4）在运用区间估计评价管理层的点估计时，项目合伙人拟基于审计证据来缩小区间估计，直至该区间估计范围内的所有结果均可被视为可能。

（5）审计报告日，项目合伙人拟向甲公司管理层和治理层获取书面声明，以确定其是否认为在作出会计估计时使用的所有假设是合理的。

要求：

（1）针对上述事项（1）至（5），逐项指出审计项目组的做法是否恰当。如不恰当，简要说明理由；

（2）针对上述事项（3），请代项目合伙人设计可供实施的进一步审计程序。

4. 甲公司是ABC会计师事务所的常年审计客户，A注册会计师负责审计甲公司2018年度财务报表，确定财务报表整体的重要性为200万元，审计工作底稿中与会计估计审计相关的部分事项摘录如下：

（1）因甲公司2018年度经营情况较上年度没有发生重大变化，A注册会计师通过实施分析程序对上年会计估计在本年的结果进行了复核，以评估与会计估计相关的重大错报风险。

（2）甲公司管理层实施固定资产减值测试时采用的重大假设具有高度估计不确定性，导致特别风险。A注册会计师评价了管理层采用的计量方法，测试了基础数据，并将重大假设与相关历史数据进行了比较，并未发现重大差异，据此认为管理层的减值测试结果合理。

（3）2018年甲公司聘请XYZ咨询公司提供精算服务，并根据精算结果进行了会计处理，A注册会计师评价了XYZ咨询公司的胜任能力和专业素质，了解和评价了其工作，认为可以将其工作结果作为审计证据。

（4）2017年12月，甲公司厂房发生重大火灾，管理层根据保险合同和损失情况估计和确认了应收理赔款1 000万元，A注册会计师检查了保险合同和甲公司管理层编制的损失情况说明，据此认为管理层的会计估计合理。

（5）因2017年末少计无形资产减值准备300万元，A注册会计师对甲公司2017年度财务报表发表了保留意见，甲公司于2018年处置了相关无形资产并在2018年度财务报表中确认了处置损益，A注册会计师认为导致对上期财务报表发表保留意见的事项已经解决，不影响2018年度审计报告。

要求：

针对上述事项（1）至（5），逐项指出A注册会计师做法是否恰当。如不恰当，简要说明理由。

5. ABC会计师事务所负责审计甲公司2018年度财务报表，审计项目组在审计工作底稿中记录了与公允价值和会计估计审计相关的情况，部分内容摘录如下：

（1）审计项目组复核了甲公司2017年期末确认的部分资产的公允价值，发现与本期结果存在重大差异，审计项目组认为甲公司2017年度财务报表中作出的会计估计不恰当。

（2）在识别和评估重大错报风险时，审计项目组直接将识别出的具有高度不确定性的会计估计事项确定为特别风险。

（3）在评估认定层次重大错报风险时，预期针对会计估计流程的控制有效运行，审计项目组认为应当实施控制测试。

（4）项目组在作出点估计时，认为当区间估计的区间缩小至等于或低于财务报表整体的重要性时，该区间估计对于评价管理层的点估计是适当的。

（5）在得出某项会计估计是否合理的结论时，审计项目组对存在管理层偏向迹象的项目确定为错报。

（6）针对存在特别风险的预计负债项目，注册会计师作出区间估计来评价管理层的点估计，应从区间中剔除不可能发生的极端结果。

要求：

针对上述事项（1）至（6），逐项指出审计项目组的做法是否恰当。如不恰当，简要说明理由。

6. ABC会计师事务所的A注册会计师负责审计甲公司2018年度财务报表。与会计估计审计相关的部分事项如下：

（1）2018年末甲公司某项重大未决诉讼的结果极不确定，管理层无法作出合理估计，但在财务报表附注中披露了该事项。因该事项不影响财务报表的确认与计量，A注册会计师认为不存在特别风险

（2）A注册会计师评估认为商誉减值存在特别风险，在了解了与商誉减值测试相关的内部控制后，认为其设计合理并得到了执行。为提高效率，A注册会计师采用了实质性方案。

（3）甲公司的会计政策规定，按照成本与可变现净值孰低计提存货跌价准备。A注册会计师将2016年末的存货跌价准备与相关存货在2017年实际发生的损失进行了比较，未发现重大差异，认为管理层的估计合理，据此认可了2017年末的存货跌价准备余额。

（4）甲公司对其产品提供一年的保修义务，根据以往经验，保修费用占销售收入的比例为5%至10%，管理层按5%确认了2017年度的保修费用。A注册会计师认为可能存在管理层偏向，要求管理层调整计提比例。

（5）管理层在实施固定资产减值测试时编制了未来5年的现金流量预测，假设年收入增长率为10%。A注册会计师将其与经董事会批准的未来5年的销售规划及预算进行了核对，结果满意，据此认为年收入增长率假设合理。

要求：

针对上述事项（1）至（5），逐项指出A注册会计师的做法是否恰当。如不恰当，简要说明理由。

答案及解析

一、单项选择题

1.【答案】C

【解析】注册会计师要求甲公司管理层对持续经营能力的合理评估期间应是自财务报表日起的下一个会计期间（至少12个月）。

2.【答案】B

【解析】第二类期后事项是指被审计单位资产负债表日后至审计工作完成前发生的不影响被审计单位资产负债表日会计估计的事项。

3.【答案】B

【解析】在不考虑销售费用和相关税费情况下，AJ2型机床在2018年12月31日应计提的存货跌价损失准备 =（400 000 - 360 000）×10 =400 000（元）。

4.【答案】A

【解析】如果适用的财务报告编制基础对关联方作出规定，注册会计师应当向管理层和治理层（如适用）获取下列书面声明，这些声明包括已经向注册会计师披露了全部已知的关联方名称和特征；已经按照适用的财务报告编制基础的规定，对关联方关系及其交易进行恰当的会计处理和披露；已经向注册会计师披露了全部已知的关联方关系及其交易。

5.【答案】C

【解析】如果存在可能导致被审计单位不再持续经营的未来事项或情况，审计的固有限制对注册会计师发现重大错报能力的潜在影响会加大，注册会计师不能对这些未来事项或情况作出预测。

6.【答案】C

【解析】选项C错误。即使期初余额存在重大错报，只要不影响本期财务报表，注册会计师也可以不关注。

7.【答案】A

【解析】如果上期财务报表已经前任注册会计师审计，注册会计师在得到被审计单位授权的情况下，可以采取与前任注册会计师联系方式，查阅前任注册会计师的审计工作底稿，以获取有关期初余额的审计证据（选项A不恰当）。对流动资产和流动负债，注册会计师通常可以通过本期实施的审计程序获取部分审计证据（选项B正确）。对非流动资产和非流动负债，注册会计师通常检查形成期初余额的会计记录和其他信息（选项C正确）。在某些情况下，注册会计师还可以通过向第三方函证获取有关期初余额（如长期借款和长期股权投资的期初余额）的部分审计

证据（选项D正确）。

8.【答案】D

【解析】识别和评估会计估计重大错报风险应当了解的内容：（1）了解适用的财务报告编制基础的要求（选项A）；（2）了解管理层如何识别是否需要作出会计估计（选项B）；（3）了解管理层如何作出会计估计（选项C）；选项D是测试与会计估计相关的内部控制后得出的结论，属于风险应对的程序。

9.【答案】C

【解析】选项C正确，注册会计师可能将低于某一金额的错报界定为明显微小的错报，对这类错报不需要累积，因为注册会计师认为这些错报的汇总数明显不会对财务报表产生重大影响；选项A错误，注册会计师是对本期财务报表进行审计，不需要专门对对应数据发表审计意见；选项B错误，在接受委托前，必须与前任进行沟通；选项D错误，如果被审计单位上期运用的会计政策不恰当或与本期不一致，注册会计师在实施期初余额审计时应提请被审计单位进行调整或予以披露。

10.【答案】B

【解析】注册会计师应当复核上期财务报表中会计估计的结果，其他三个选项均是风险应对阶段实施的。

11.【答案】C

【解析】题干部分涉及违反财务报表的合法性，因此可能发表否定意见或者保留意见。

12.【答案】D

【解析】如果识别出管理层以前未识别出或未向注册会计师披露的关联方关系或重大关联方交易，注册会计师应当重新考虑可能存在管理层以前未识别出或未向注册会计师披露的其他关联方或重大关联方交易的风险，如有必要，实施追加的审计程序。

13.【答案】D

【解析】当被审计单位持续经营假设合理，影响事项存在但被审计单位已披露时，注册会计师应当发表无保留意见但应增加强调事项段。

14.【答案】D

【解析】注册会计师的责任是，针对管理层在编制和列报财务报表时运用持续经营假设的适当性获取充分、适当的审计证据，并就持续经营能力是否存在重大不确定性得出结论。即使在编制财务报表时运用的财务报告框架没有明确要求管理层对持续经营能力作出专门评估，注册会计师的这种责任仍然存在。

15.【答案】A

【解析】如果前任注册会计师对上期财务报表发表了非无保留意见，并且导致发表非无保留意见的事项对本期财务报表仍然相关和重大，注册会计师应当按照《中国注册会计师审计准则第1502号——在审计报告中发表非无保留意见》和《中国注册会计师审计准则第1511号——比较信息：对应数据和比较财务报表》的规定，对本期财务报表发表非无保留意见。

16.【答案】C

【解析】如果与期初余额相关的会计政策未能在本期得到一贯运用，并且会计政策的变更未能得到正确的会计处理和恰当的列报，注册会计师应当发表保留意见或否定意见。

17.【答案】A

【解析】注册会计师对财务报表进行审计，无须专门对期初余额发表审计意见（即，无论期初余额是否存在错报，都不针对期初余额发表审计意见），这并不意味着不对期初余额发表意见。如果期初余额存在影响本期财务报表的重大错报，管理层拒绝调整，则可能因为期初余额发表非无保留意见。

18.【答案】D

【解析】选项A即使编制基础没有明确要求管理层对持续经营能力作出专门评估，注册会计师的责任仍然存在；选项B恰恰相反，“降低”应为“增加”；选项C注册会计师未在审计报告中提及持续经营的不确定性，不能被视为对持续经营能力的保证。

19.【答案】B

【解析】管理层作出会计估计的方法是否恰当，并得到一贯运用。

20.【答案】D

【解析】选项D恰当。识别出管理层以前未识别出或未披露的关联方关系或重大关联方交易，应采取的措施：（1）立即将相关信息向项目组其他成员通报；（2）在适用的财务报告编制基础对关联方作出规定的情况下，要求管理层识别与新识别出的关联方之间发生的所有交易，以便注册会计师作出进一步评价，并询问与关联方关系及其交易相关的控制为何未能识别或披露该关联方关系或交易；（3）对新识别出的关联方或重大关联方交易实施恰当的实质性程序；（4）重新考虑可能存在管理层以前未识别出或未向注册会计师披露的其他关联方或重大关联方交易的风险，如有必要，实施追加的审计程序；（5）如果管理层不披露关联方关系或交易看似是有意的，因而显示可能存在由于舞弊导致的重大错报风险，评价这一情况对审计的影响。注册会计师因此还可能考虑是否有必要重新评价管理层对询问的答复以及管理层声明的可靠性。

21.【答案】A

【解析】选项A错误，注册会计师应当将识别出的、超出被审计单位正常经营过程的重大关联方交易导致的风险确定为特别风险。

22.【答案】B

【解析】选项B不正确，要确定期初余额是否存在对本期财务报表产生重大影响的错报，主要是判断期初余额的错报对本期财务报表使用者进行决策的影响程度，因而无须确定适用于期初余额的重要性水平，即期初余额、本期发生额和期末余额都是用统一的重要性，无须再为期初余额确定重要性水平了。

23.【答案】D

【解析】选项D不正确，如果发现上期报表存在重大错报，应该提请被审计单位调整上期财务报表。

24.【答案】D

【解析】选项A不正确，不能直接认为会计估计存在特别风险，需要实施程序确定是否存在特别风险。选项B不正确，应该是判断错报。选项C不正确，不能据此认为存在50万元的判断错报，错报至少是50万元。

25.【答案】A

【解析】会计估计的结果与财务报表中原来已确认或披露的金额存在差异，并不必然表明财务报表存在错报，选项A错误。

26.【答案】C

【解析】选项A错误，有些关联方交易是在正常经营过程中发生的，可能并不具有更高的财务报表重大错报风险；选项B错误，了解内控是必须实施的程序；选项D不正确，应当评价超出正常经营过程的重大关联方交易的商业理由，并不是所有的关联方交易。

27.【答案】A

【解析】注册会计师只需要确定期初余额不存在对本期财务报表产生重大影响的错报，不需要考虑对上期财务报表的影响，选项A错误。

28.【答案】B

【解析】通常情况下，当区间估计的区间已缩小至等于或低于实际执行的重要性时，该区间估计对于评价管理层的点估计是适当的。

29.【答案】C

【解析】管理层对持续经营能力作出评估，是注册会计师判断被审计单位以持续经营假设为基础编制财务报表是否适当的依据，所以必须要求管理层作出评估。

30.【答案】C

【解析】如果管理层评估持续经营能力涵盖的期间短于自财务报表日起的12个月，注册会计师应当提请管理层将其至少延长至财务报表日起的12个月；注册会计师应当依据准则的规定，运用职业判断确定会计估计的重大错报风险是否属于特别风险；注册会计师一般无须对期初余额发表审计意见。

二、多项选择题

1.【答案】AB

【解析】注册会计师审计会计估计的目标是，获取充分、适当的审计证据以确定根据适用的财务报告编制基础，财务报表中确认或披露的会计估计（包括公允价值会计估计）是否合理；根据适用的财务报告编制基础，财务报表中的相关披露是否充分。

2.【答案】ACD

【解析】在审计会计估计时，注册会计师应当采用的审计程序不考虑查阅股东会和董事会的会议纪要。

3.【答案】ABD

【解析】对于识别出的超出正常经营过程的重大关联方交易，检查相关合同或协议注册会计师应当评价：（1）交易的商业理由是否表明审计单位从事交易的目的可能是为了对财务信息作出虚假报告或为了隐瞒侵占资产的行为；（2）交易条款是否与管理层的解释一致；（3）关联方交易是否已按照适用的财务报告编制基础得到恰当会计处理和披露。

4.【答案】AC

【解析】如果不能获取有关期初余额的充分、适当的审计证据，注册会计师应当按照规定，对财务报表发表保留意见或无法表示意见；如果认为按照适用的财务报告编制基础与期初余额相关的会计政策未能在本期得到一贯运用，或者会计政策的变更未能得到恰当的会计处理或者适当的列报与披露，注册会计师应当按照规定，发表保留意见或否定意见。

5.【答案】ABCD

【解析】所列交易均"显得异常"。注册会计师应当对"显得异常"的交易保持警惕，考虑是否存在以前尚未识别出的关联方。

6.【答案】ABCD

【解析】对于识别出的超出正常经营过程的重大关联方交易，如果检查相关合同或协议，注册会计师应当评价：（1）交易的商业理由（或缺乏商业理由）是否表明被审计单位从事交易的目的可能是为了对财务信息作出虚假报告或为了隐瞒侵占资产的行为；（2）交易条款是否与管理层的解释一致；（3）关联方交易是否已按照适用的财务报告编制基础得到恰当会计处理和披露。

7.【答案】ABCD

【解析】在应对评估的重大错报风险时，注册会计师应当考虑会计估计的性质，并实施下列一项或多项程序：（1）确定截至审计报告日发生的事项是否提供有关会计估计的审计证据；（2）测试管理层如何作出会计估计以及会计估计所依据的数据；（3）测试与管理层如何作出会计估计相关的控制的运行有效性，并实施恰当的实质性程序；（4）作出注册会计师的点估计或区间估计，以评价管理层的点估计。

8.【答案】ABCD

【解析】有关注册会计师首次接受委托时就期初余额获取审计证据的说法选项A、B、C、D均正确。

9.【答案】ABC

【解析】在适用的财务报告框架对关联方作出规定的情况下，关联方是指财务报告框架定义的关联方。在适用的财务报告框架对关联方作出很少规定或没有作出规定的情况下，关联方是指符合下列条件之一的人员或实体：（1）直接或间接（通过一家或多家中间机构）控制报告实体或对报告实体施加重大影响的人员或其他实体；（2）报告实体直接或间接（通过一家或多家中间机构）控制的或施加重大影响的另一实体；（3）与报告实体受同一方控制的另一实体（受同一方控制是指报告实体与另一实体具有共同的控股股东、所有者为关系密切的家庭成员或具有共同的关键管理人员）。仅同受国家控制而不存在其他关联方关系的实体，不构成关联方。

10.【答案】ABCD

【解析】四个选项都属于会计估计事项，因此注册会计师都能够作出独立估计。

11.【答案】AC

【解析】审计准则的规定。

12.【答案】BCD

【解析】选项A，根据持续经营准则的规定，注册会计师发表无法表示意见的依据中并不包括被审计单位的披露是否充分，恰恰相反，注册会计师是在决定了出具无法表示意见的类型之后，进一步要求被审计单位披露；选项B、C明显正确；选项D的可能性并不大，只是不能排除。

13.【答案】ABC

【解析】会计估计的结果是否恰当属于细节测试的范围，与治理层沟通的事项不宜过于具体。

14.【答案】AB

【解析】本题探讨的是关联方及其交易导致注册会计师难以发现重大错报的原因（选项A、B），而不是管理层在关联方及其交易方面的可能错报（选项C）或者关联方及其交易如何导致重大错报（选项D）。

15.【答案】ABCD

【解析】在应对评估的重大错报风险时，注册会计师应当考虑会计估计的性质，并实施下列一项或多项程序：（1）确定截至审计报告日发生的事项是否提供有关会计估计的审计证据（选项C）；（2）测试管理层如何作出会计估计以及会计估计所依据的数据（选项D)；(3) 测试与管理层如何作出会计估计相关的控制的运行有效性，并实施恰当的实质性程序（选项A)；(4) 作出注册会计师的点估计或区间估计，以评价管理层的点估计（选项B)。

16.【答案】ABCD

【解析】四个选项都是注册会计师应当采取的措施。

17.【答案】CD

【解析】选项B不正确，选项C、D恰当。下列方法可以将区间估计的区间缩小至某一区域，使得在该区域内的所有结果视为是合理的：(1) 从区间估计中剔除注册会计师认为不可能发生的极端结果；(2) 根据可获得的审计证据，继续缩小区间估计直至注册会计师认为该区间估计内的所有结果均视为是合理的。选项A不正确，注册会计师的区间估计可以采用与甲公司管理不同的假设和方法。

18.【答案】ACD

【解析】以股票股利替代现金股利可能属于正常的股利分配方案，不会对持续经营假设的合理性产生影响。

三、简答题

1.【答案】

(1) 项目组成员还应当了解管理层如何识别是否需要作出会计估计以及管理层如何作出会计估计。

(2) 事项（2）不恰当。在情况没有发生变化或没有出现新的信息时，对会计估计或估计方法作出改变是武断的。考虑会计估计或其估计方法自上期以来发生的变化是非常重要的。

事项（3）不恰当。管理层的点估计落入注册会计师的区间估计范围内，表明管理层的点估计得到审计证据的支持，不构成错报。

事项（4）不恰当。对具有特别风险的会计估计，即使已按适用的财务报告编制基础进行了披露，注册会计师仍可能根据所涉及的情况和事实认为对估计不确定性的披露不充分。

事项（5）恰当。与会计估计相关的、可能存在管理层偏向迹象的例子包括：针对公允价值会计估计，被审计单位的自由假设与可观察到的市场假设不一致，但仍使用被审计单位的自有假设。注册会计师应当将识别出的可能存在管理层偏向的迹象形成审计工作底稿。

2.【答案】

(1) 事项（1）不恰当。列示的②应为“有异常大额折扣或退货的销售业务”。

事项（2）不恰当。注册会计师直接依据“超出被审计单位正常经营过程的重大关联方交易”这一特征即可确定该交易存在特别风险。

事项（3）不恰当。重大非常规交易通常很少受到日常控制的约束。审计项目组应当测试甲公司针对重大非常规交易制定和实施的针对性内部控制。

事项（4）不恰当。项目组成员还应在审计工作底稿中记载针对重大非常规交易所采取的措施。【注：与关联方之间发生的重大非常规交易存在特别风险，引起特别风险的事项属于审计工作底稿中的重大事项。】

(2) 交易的商业理由（或缺乏商业理由）是否表明交易的目的可能是为了对财务信息作出虚假报告或为了隐瞒侵占资产的行为；关联方交易是否已按照适用的财务报告编制基础得到恰当会计处理和披露。

3.【答案】

(1) 事项（1）不恰当。由于会计估计的主观性，复杂性和不确定性，注册会计师应确定会计估计的重大错报风险是否属于特别风险。

事项（2）不恰当。对滞销或过剩存货跌价准备的估计不仅包括对现有数据的详细分析，还应包括对未来销售的预测。

事项（3）恰当。

事项（4）不恰当。注册会计师应基于可获得的审计证据来缩小区间估计，直至该区间估计范围内的所有结果均可被视为合理。

事项（5）不恰当。注册会计师应当向管理层和治理层获取书面声明，以确定其是否认为在作出会计估计时使用的重大假设是合理的。

(2) 在应对评估的重大错报风险时，应当实施下列一项或多项程序：

①确定截至审计报告日发生的事项是否提供有关会计估计的审计证据；

②测试管理层如何作出会计估计以及会

计估计所依据的数据；

③测试与管理层如何作出会计估计相关的控制的运行有效性，并实施恰当的实质性程序；

④作出注册会计师的点估计或区间估计，以评价管理层的点估计。

4.【答案】

事项（1）不恰当。具有高估估计不确定性的会计估计仅实施分析程序不够。

事项（2）不恰当。对存在特别风险的会计估计，应评价管理层如何考虑替代性假设，应评价管理层在作出会计估计时如何处理估计不确定性。

事项（3）不恰当。应评价管理层专家的客观性。

事项（4）不恰当。应当考虑从保险公司获取相关证据，应当考虑利用专家工作对损失情况进行评估。

事项（5）不恰当。该事项对本期报表影响重大，A注册会计师应当考虑该事项对2018年审计意见的影响。

5.【答案】

事项（1）不恰当。上年重大会计估计与本期结果存在重大差异，是为了识别和评估与会计估计相关的重大错报风险，而不是为了证实上期会计估计的不恰当。

事项（2）不恰当。审计项目组应当根据职业判断确定识别出的具有高度估计不确定性的会计估计是否会导致特别风险。

事项（3）恰当。

事项（4）不恰当。通常情况下，当区间估计的区间已缩小至等于或低于实际执行的重要性时，该区间估计对于评价管理层的点估计是适当的。

事项（5）不恰当。管理层偏向的迹象可能影响注册会计师对财务报表整体是否不存在重大错报的评估，但不能就此确定其存在错报。

事项（6）恰当。

6.【答案】

事项（1）不恰当。A注册会计师还应当考虑披露的充分性。

事项（2）不恰当。预期控制运行有效应当实施控制测试，A注册会计师应采用综合性方案。

事项（3）不恰当。注册会计师复核上期财务报表中会计估计的结果是为了了解管理层如何作出会计估计，属于风险评估程序，不足以得出认可2017年末的存货跌价准备余额的结论。

事项（4）不恰当。注册会计师应复核管理层在作出会计估计时的判断和决策。

事项（5）不恰当。注册会计师应将现金流量预测信息与截至目前的现金流量情况相比较，确定预测所基于的假设是否具有充分的支持。

第五编　完成审计工作与出具审计报告

第十八章　完成审计工作

本章考情分析

本章属于比较重要的章节。本章涉及中国注册会计师审计准则——期后事项和书面声明准则。其均属于第二能力等级内容。本章考点主要围绕审计过程中发现的错报、期后事项对审计报告意见的影响等相关内容，考生应予以关注。近年本章试题所占区间2分至3分，题型会涉及客观题。

要求考生：

1. 关注评价审计过程中发现的错报。
2. 掌握期后事项审计。
3. 关注书面声明。

本章教材变化

本章删除了“所有审计工作底稿至少要经过一级复核”的表述，其他内容无变动。

基本内容框架

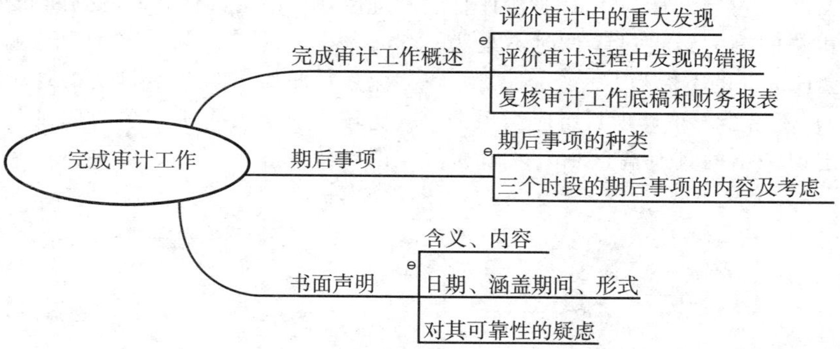

通关重难点例题解析

第一节　完成审计工作概述

一、评价审计中的重大发现（第二能力等级）

二、评价审计过程中发现的错报（第二能力等级）

（一）错报的沟通和更正

除非法律法规禁止，注册会计师应当及时将审计过程中累积的所有错报与适当层级的管理层进行沟通。注册会计师还应当要求管理层更正这些错报。

（1）沟通。及时与适当层级的管理层沟通错报事项是重要的，因为这能使管理层评价这些事项是否为错报，并采取必要行动，如有异议则告知注册会计师（提高财务报表质量）。

（2）更正。管理层更正所有累积的错报（包括注册会计师通报的错报），能够保持会计账簿和记录的准确性，降低由于与本期相关的、非重大的且尚未更正的错报的累积影响而导致未来期间财务报表出现重大错报的风险。

（二）评价未更正错报的影响

1. 在评价未更正错报的影响之前，修改重要性。

（1）注册会计师在确定重要性时，通常依据对被审计单位财务结果的估计，因为此时可能尚不知道实际的财务结果；

（2）在评价未更正错报的影响之前，注册会计师可能有必要依据实际的财务结果对重要性作出修改；

（3）如果在审计过程中获知了某项信息，而该信息可能导致注册会计师确定与原来不同的财务报表整体重要性或者特定类别交易、账户余额或披露的一个或多个重要性水平（如适用），注册会计师应当予以修改。

【提示】如果对重要性或重要性水平的重新评价导致需要确定较低的金额，则应重新考虑：

①实际执行的重要性；

②进一步审计程序的性质、时间安排和范围的适当性。

2. 考虑每一单项错报。

注册会计师需要考虑每一单项错报，以评价其对相关类别的交易、账户余额或披露的影响，包括评价该项错报是否超过特定类别的交易、账户余额或披露的重要性水平（如适用）。如果注册会计师认为某一单项错报是重大的，则该项错报不太可能被其他错报抵销。

3. 分类错报。

确定一项分类错报是否重大，需要进行定性评估。

例如，注册会计师识别出某项应付账款误计入其他应付款的错报，金额超过财务报表整体的重要性。由于该错报不影响经营业绩和关键财务指标，注册会计师认为该项错报不重大。

4. 某些错报低于财务报表整体的重要性，但对被审计单位的盈亏状况有决定性的影响，注册会计师将该错报评价为重大错报。

除非法律法规禁止，注册会计师应当与治理层沟通未更正错报，以及这些错报单独或汇总起来可能对审计意见产生的影响。在沟通时，注册会计师应当逐项指明重大的未更正错报。注册会计师应当要求被审计单位更正未更正错报。

【例题1·多选题】（2011年试题）

在评价未更正错报的影响时，下列说法中，A注册会计师认为正确的有（　　）。

A. 未更正错报的金额不得超过明显微小错报的临界值

B. A注册会计师应当从金额和性质两方面确定未更正错报是否重大

C. A注册会计师应当要求甲公司更正未更正错报

D. A注册会计师应当考虑与以前期间相关的未更正错报对相关类别的交易、账户余额或披露以及财务报表整体的影响

【答案】BD

【解析】未更正错报是指注册会计师在审计过程中累积的且被审计单位未予更正的错报。所以其金额的大小有可能超过明显微小错报的临界值，所以选项A错误；注册会计师应当首先评价重要性水平对未更正错报的影响，进而确定进一步审计程序，所以选项C错误。

三、复核审计工作底稿和财务报表（第二能力等级）

（一）对财务报表总体合理性实施分析程序（结合教材第三章第四节分析程序）

（二）复核审计工作底稿（同第二十一章第五节）

1. 项目组内部复核。

（1）复核人员。由项目组内经验较多的人员复核经验较少的人员执行的工作。

（2）复核范围。

（3）复核时间。

（4）项目合伙人复核。项目合伙人应当对会计师事务所分派的每项审计业务的总体质量负责；项目合伙人应当对项目组按照会计师事务所复核政策和程序实施的复核负责。

【提示】项目合伙人复核的内容。

①对关键领域所作的判断，尤其是执行业务过程中识别出的疑难问题或争议事项；

②特别风险；

③项目合伙人认为重要的其他领域。

2. 项目质量控制复核。

（1）项目质量控制复核人员。

（2）项目质量控制复核范围。

（3）项目质量控制复核时间。

【例题2·单选题】（2019年试题）

下列有关审计工作底稿复核的说法中，错误的是（　　）。

A. 审计工作底稿中应当记录复核人员姓名和复核时间

B. 项目合伙人应当复核所有审计工作底稿

C. 项目质量控制复核人员应当在审计报告出具前复核审计工作底稿

D. 应当由项目组内经验较多的人员复核经验较少的人员编制的审计工作底稿

【答案】B

【解析】项目合伙人无须复核所有审计工作底稿。项目合伙人复核的内容包括：（1）对关键领域所作的判断，尤其是执行业务过程中识别出的疑难问题或争议事项；（2）特别风险；（3）项目合伙人认为重要的其他领域。

【例题3·单选题】（2016年试题）

下列有关项目合伙人复核的说法中，错误的是（　　）。

A. 项目合伙人无须复核所有审计工作底稿

B. 项目合伙人通常需要复核项目组对关键领域所作的判断

C. 项目合伙人应当复核与重大错报风险相关的所有审计工作底稿

D. 项目合伙人应当在审计工作底稿中记录复核的范围和时间

【答案】C

【解析】项目合伙人应当对会计师事务所分派的每项审计业务的总体质量负责，项目合伙人应当复核与重大错报风险相关的所有审计工作底稿。项目合伙人复核的内容包括：（1）对关键领域所作的判断，尤其是执行业务过程中识别出的疑难问题或争议事项；（2）特别风险；（3）项目合伙人认为重要的其他领域。

第二节　期后事项

一、期后事项的种类（第二能力等级）

期后事项——财务报表日至审计报告日之间发生的事项以及审计报告日后发现的事实。

两类期后事项需要被审计单位管理层考虑，并需要注册会计师审计：	
1. 财务报表日后调整事项	2. 财务报表日后非调整事项

【提示】

时段起止日期	所在区间	注册会计师责任
财务报表日——审计报告日	第一时段	主动识别
审计报告日——财务报表报出日	第二时段	被动识别
财务报表报出日后	第三时段	没有义务识别

二、财务报表日至审计报告日之间发生的事项（第二能力等级）

第一时段期后事项	注册会计师责任
1. 主动识别第一时段期后事项	（1）注册会计师应当设计和实施审计程序，获取充分、适当的审计证据，以确定所有在财务报表日至审计报告日之间发生的、需要在财务报表中调整或披露的事项均已得到识别。 ①了解管理层为确保识别期后事项而建立的程序； ②询问管理层和治理层（如适用），确定是否已发生可能影响财务报表的期后事项； ③查阅被审计单位的所有者、管理层和治理层在财务报表日后举行的会议的纪要，在不能获取会议纪要的情况下，询问此类会议讨论的事项； ④查阅被审计单位最近的中期财务报表（如有）。 （2）除这些审计程序外，注册会计师可能认为实施以下一项或多项审计程序是适当的和必要的。 ①查阅被审计单位在财务报表日后最近期间内的预算、现金流量预测和其他相关的管理报告； ②就诉讼和索赔事项询问被审计单位的法律顾问，或扩大之前口头或书面查询的范围； ③考虑是否有必要获取涵盖特定期后事项的书面声明以支持其他审计证据，从而获取充分、适当的审计证据

续表

第一时段期后事项	注册会计师责任
2. 知悉对财务报表有重大影响的期后事项时的考虑	(1) 如果所知悉的期后事项属于调整事项——注册会计师应当考虑被审计单位是否已对财务报表作出适当的调整； (2) 如果所知悉的期后事项属于非调整事项——注册会计师应当考虑被审计单位是否在财务报表附注中予以充分披露

关注：对财务报表有重大影响的期后事项，被审计单位不调整，不披露，注册会计师应当发表保留或否定意见。

【例题4·多选题】

注册会计师负责对乙公司2017年度财务报表进行审计，注册会计师出具审计报告的日期为2018年3月15日，财务报表报出日为2018年3月20日。在审计过程中，注册会计师遇到下列事项，请代为作出正确的专业判断。

对于截至2018年3月15日发生的期后事项，B注册会计师的下列做法正确的有(　　)。

A. 设计专门的审计程序识别这些期后事项

B. 尽量在接近资产负债表日时实施针对期后事项的专门审计程序

C. 尽量在接近审计报告日时实施针对期后事项的专门审计程序

D. 不专门设计审计程序识别这些期后事项

【答案】AC

【解析】资产负债表日至审计报告日之间发生的期后事项属于第一时段期后事项。对于这一时段的期后事项，注册会计师负有主动识别的义务，应当设计专门的审计程序来识别这些期后事项，并根据这些事项的性质判断其对财务报表的影响，进而确定是进行调整，还是披露。注册会计师应当尽量在接近审计报告日时，实施旨在识别需要在财务报表中调整或披露事项的审计程序。

三、注册会计师在审计报告日后至财务报表报出日前知悉的事实（第二能力等级）

第二时段期后事项	注册会计师责任
1. 被动识别第二时段期后事项	(1) 在审计报告日后，注册会计师没有义务针对财务报表实施审计程序； (2) 管理层有责任将发现的可能影响财务报表的事实告知注册会计师； (3) 注册会计师还可能从媒体报道、举报信或者证券监管部门告知等途径获悉影响财务报表的期后事项
2. 知悉第二时段期后事项时的考虑	(1) 管理层修改财务报表时的处理。 ①如果管理层修改财务报表，注册会计师应当根据具体情况对有关修改实施必要的审计程序； ②注册会计师应当将用以识别期后事项的上述审计程序延伸至新的审计报告日，并针对修改后的财务报表出具新的审计报告； ③新的审计报告日期不应早于董事会或类似机构批准修改后的财务报表的日期； ④特殊情况。如果管理层对财务报表的修改仅限于反映导致修改的期后事项的影响，被审计单位的董事会、管理层或类似机构也仅对有关修改进行批准，注册会计师可以仅针对有关修改用以识别期后事项的上述审计程序延伸至新的审计报告日。 注册会计师应当选用下列处理方式之一： ①修改审计报告，针对财务报表修改部分增加补充报告日期，从而表明注册会计师对期后事项实施的审计程序仅限于财务报表相关附注所述的修改； ②出具新的或经修改的审计报告，在强调事项段或其他事项段中说明注册会计师对期后事项实施的审计程序仅限于财务报表相关附注所述的修改。 (2) 管理层不修改财务报表。 ①审计报告未提交时的处理——注册会计师应当发表非无保留意见； ②审计报告已提交时的处理。 第一，注册会计师应当通知管理层和治理层在财务报表作出必要修改前不要向第三方报出； 第二，如果财务报表在未经必要修改的情况下仍被报出，注册会计师应当采取措施，以设法防止财务报表使用者信赖该审计报告； 第三，注册会计师采取的措施取决于自身的权利和义务以及所征询的法律意见

四、注册会计师在财务报表报出日后知悉的事实（第二能力等级）

第三时段期后事项	注册会计师责任
1. 没有义务识别第三时段的期后事项	财务报表报出日后知悉的事实属于第三时段期后事项，注册会计师没有义务针对财务报表实施任何审计程序
2. 知悉第三时段期后事项时的考虑 【提示】只有同时满足两个条件，注册会计师才需要采取行动。 ①这类期后事项应当是在审计报告日已经存在的事实。 ②该事实如果被注册会计师在审计报告日前获知，可能影响审计报告	（1）管理层修改财务报表时的处理。 注册会计师应当采取如下必要的措施： ①根据具体情况对有关修改实施必要的审计程序，确定管理层对财务报表的修改是否恰当； ②复核管理层采取的措施能否确保所有收到原财务报表和审计报告的人士了解这一情况； ③延伸实质性程序，并针对修改后的财务报表出具新的审计报告； 除非上文所述的特殊情形适用，将用以识别期后事项的上述审计程序延伸至新的审计报告日，并针对修改后的财务报表出具新的审计报告，新的审计报告日期不应早于修改后的财务报表被批准的日期； ④在特殊情况下，修改审计报告或提供新的审计报告； 注册会计师应当在新的或经修改的审计报告中增加强调事项段或其他事项段，提醒财务报表使用者关注财务报表附注中有关修改原财务报表的详细原因和注册会计师提供的原审计报告。 （2）管理层未采取任何行动时的处理。 ①注册会计师应当通知管理层和治理层（除非治理层全部成员参与管理被审计单位），注册会计师将设法防止财务报表使用者信赖该审计报告； ②如果注册会计师已经通知管理层和治理层，而管理层或治理层没有采取必要措施，注册会计师应当采取适当措施，以设法防止财务报表使用者信赖该审计报告； ③注册会计师可能认为寻求法律意见是适当的

【例题5·单选题】（2013年试题）

下列有关期后事项审计的说法中，错误的是（　　）。

A. 在财务报表报出后，如果被审计单位管理层修改了财务报表，且注册会计师提供了新的审计报告或修改了原审计报告，注册会计师应当在新的或经修改的审计报告中增加强调事项段或其他事项段予以说明

B. 如果组成部分注册会计师对某组成部分实施审阅，集团项目组可以不要求该组成部分注册会计师实施审计程序以识别可能需要在集团财务报表中调整或披露的期后事项

C. 在设计用以识别期后事项的审计程序时，注册会计师应当考虑风险评估的结果，但无须考虑对之前已实施审计程序并已得出满意结论的事项执行追加的审计程序

D. 注册计师应当设计和实施审计程序，以确定所有在财务报表日至审计报告日之间发生的事项均已得到识别

【答案】D

【解析】注册会计师应当设计和实施审计程序，以确定所有在财务报表日至审计报告日之间发生的、需要在财务报表中调整或披露的事项均已得到识别，并不需要对之前已实施审计程序并已得出满意结论的事项执行追加的审计程序。

第三节　书面声明

一、针对管理层责任的书面声明（第二能力等级）

1. 针对提供的信息和交易的完整性，注册会计师应当要求管理层就下列事项提供书面声明：

（1）按照设计业务约定条款，已向注册会计师提供所有相关信息，并允许注册会计师不受限制地接触所有相关信息以及被审计单位内部人员和其他相关人员。

（2）所有交易均已记录并反映在财务报表中。

2. 注册会计师可能还要求管理层在书面声明中再次确认其对自身责任的认可与理解。

二、其他书面声明（第二能力等级）

（一）关于财务报表的额外书面声明

（二）与向注册会计师提供信息有关的额外

（三）关于特定认定的书面声明

【例题6·多选题】（2013年试题）

下列各项中，注册会计师应当要求被审计单位管理层提供书面声明的有（　　）。

A. 管理层是否认为在作出会计估计时使用的重大假设是合理的

B. 管理层是否已向注册会计师披露了从现任和前任员工、分析师、监管机构等方面获知的、影响财务报表的舞弊指控或舞弊嫌疑

C. 管理层是否已向注册会计师披露了所有知悉的且在编制财务报表时应当考虑其影响的违反法律法规行为或怀疑存在的违反法律法规行为

D. 管理层是否认为未更正错报单独或汇总起来对财务报表整体的影响不重大

【答案】ABCD

【解析】四个选项都正确。

三、书面声明书的日期和涵盖的期间（第二能力等级）

1. 书面声明的日期应当尽量接近对财务报表出具审计报告的日期，但不得在审计报告日后。

2. 由于书面声明是必要的审计证据，在管理层签署书面声明前，注册会计师不能发表审计意见，也不能签署审计报告。

【例题7·单选题】（2018年试题）

下列有关书面声明日期的说法中，错误的是（　　）。

A. 书面声明的日期不得晚于审计报告日

B. 书面声明的日期不得早于财务报表报出日

C. 书面声明的日期可以早于审计报告日

D. 书面声明的日期可以和审计报告日是同一天

【答案】B

【解析】书面声明的日期不得晚于审计报告日，在财务报表报出日之前。

【例题8·多选题】（2014年试题）

A注册会计师负责审计甲公司2013年度财务报表，现场审计工作完成日为2014年2月28日，财务报表批准日为2014年3月20日，审计报告日为2014年3月29日，财务报表报出日为2014年3月31日。下列有关书面声明日期的做法中，正确的有（　　）。

A. A注册会计师取得日期为2014年3月29日的书面声明

B. A注册会计师取得日期为2014年3月31日的书面声明

C. A注册会计师取得日期为2014年2月28日的书面声明，并于2014年3月29日就2014年2月28日至2014年3月29日之间的变化获取管理层的更新声明

D. A注册会计师取得日期为2014年3月20日的书面声明，并于2014年3月31日就2014年3月20日至2014年3月31日之间的变化获取管理层的更新声明

【答案】AC

【解析】通常获取书面声明的日期为审计报告日。

四、书面声明的形式（第二能力等级）

书面声明应当以声明书的形式致送注册会计师。

五、对书面声明可靠性的疑虑以及管理层不提供要求的书面声明（第二能力等级）

（一）对书面声明可靠性的疑虑

1. 对管理层的胜任能力、诚信、道德价值观或勤勉尽责存在疑虑。

注册会计师应当确定这些疑虑对书面或口头声明和审计证据总体的可靠性可能产生的影响。除非治理层采取适当的纠正措施，否则注册会计师可能需要考虑解除业务约定（如果法律法规允许）。

2. 书面声明与其他审计证据不一致——注册会计师应当实施审计程序以设法解决这些问题。

（二）管理层不提供要求的书面声明

1. 与管理层讨论该事项。

2. 重新评价管理层的诚信，并评价该事项对书面或口头声明和审计证据总体的可靠性可能产生的影响。

3. 采取适当措施，包括确定该事项对审计意见可能产生的影响。

【提示】如果存在下列情形之一，注册会计师应当对财务报表发表无法表示意见：

（1）注册会计师对管理层的诚信产生重大疑虑，以至于认为其作出的书面声明不可靠；

（2）管理层不提供下列书面声明：

①针对财务报表的编制，管理层确认其根据审计业务约定条款，履行了按照适用的财务报告编制基础编制财务报表并使其实现

公允反映的责任。

②针对提供的信息和交易的完整性，管理层就下列事项提供书面声明：

第一，按照审计业务约定条款，已向注册会计师提供所有相关信息，并容许注册会计师不受限制地接触所有相关信息以及被审计单位内部人员和其他人员。

第二，所有交易均已记录并反映在财务报表中。

【例题9·多选题】(2015年试题)

下列有关书面声明的说法中，正确的是(　　)。

A. 书面声明的日期应当和审计报告日在同一天，且应当涵盖审计报告针对的所有财务报表期间

B. 管理层已提供可靠书面声明的事实，影响注册会计师就管理层责任履行情况或具体认定获取的其他审计证据的性质和范围

C. 如果对管理层的诚信产生了重大疑虑，以至于认为其作出的书面声明不可靠，注册会计师在出具审计报告时应当对财务报表发表无法表示意见

D. 如果书面声明与其他审计证据不一致，注册会计师应当要求管理层修改书面声明

【答案】C

【解析】选项A，书面声明的日期不一定与审计报告为同一天，书面声明的日期不能晚于审计报告日，选项B，尽管书面声明提供了必要的审计证据，但是其本身并不为所涉及的任何事项提供充分、适当的审计证据，而且管理层已提供可靠书面声明的事实，并不影响注册会计师就管理层责任履行情况或具体认定获取的其他审计证据的性质和范围，选项D，首先应该调查原因，之后再确定修改哪类审计证据。

【例题10·综合题】(2015年试题部分内容——针对特殊事项章节)

甲集团公司是ABC会计师事务所的常年审计客户，主要从事化妆品的生产、批发和零售。A注册会计师负责审计甲集团公司2014年度财务报表，确定集团财务报表整体的重要性为600万元。

资料一：(略)。

资料二：(略)。

资料三：A注册会计师在审计工作底稿中记录了风险应对的情况，部分内容摘录如下：

(1) A注册会计师在实施会计分录测试时，将甲集团公司全年的标准会计分录和非标准会计分录作为待测试总体，在测试其完整性后，对选取的样本实施了细节测试，未发现异常。

(2) A注册会计师认为甲集团公司存在低估负债的特别风险，在了解相关控制后，未信赖这些控制，直接实施了细节测试。

(3) 甲集团公司使用存货库龄等信息测算产成品的可变现净值。A注册会计师拟信赖与库龄记录相关的内部控制，通过穿行测试确定了相关内部控制运行有效。

(4) 甲集团公司的存货存放在多个地点。A注册会计师基于管理层提供的存货存放地点清单，并根据不同地点所存放存货的重要性及评估的重大错报风险确定了监盘地点。

资料四：A注册会计师在审计工作底稿中记录了重大事项的处理情况，部分内容摘录如下：

(1) 因审计中利用的外部专家并非注册会计师，A注册会计师未要求其遵守注册会计师职业道德守则的相关规定。

(2) 化妆品行业将于2016年执行更严格的化学成分限量标准，甲集团公司的主要产品可能因此被淘汰。管理层提供了其对该事项的评估及相关书面声明，A注册会计师据此认为该事项不影响甲集团公司的持续经营能力。

(3) 在审计过程中，A注册会计师与甲集团公司管理层讨论了值得管理层关注的内部控制缺陷，并在审计报告日后、审计工作底稿归档日前以书面形式向集团管理层和治理层通报了值得关注的内部控制缺陷。

(4) A注册会计师认为甲集团公司2014年某新增主要客户很可能是甲集团公司的关联方，在询问管理层和实施追加的进一步审计程序后仍无法确定，拟因此发表保留意见。

资料五：A注册会计师在审计工作底稿中记录了处理错报的相关情况，部分内容摘录如下：

(1) 2014年，甲集团公司推出销售返利制度，并在ERP系统中开发了返利管理模块。

A注册会计师在对某组成部分执行审计时发现，因系统参数设置有误，导致选取的测试项目少计返利2万元。A注册会计师认为该错报低于集团财务报表明显微小错报的临界值，可忽略不计。

（2）A注册会计师发现甲集团公司销售副总经理挪用客户回款50万元，就该事项与总经理和治理层进行了沟通。因管理层已同意调整该错报并对相关内部控制缺陷进行整改，A注册会计师未再执行其他审计工作。

（3）A注册会计师使用审计抽样对管理费用进行了测试，发现测试样本存在20万元错报。A注册会计师认为该错报不重大，同意管理层不予调整。

（4）2014年10月，甲集团公司账面余额1 200万元的一条新建生产线达到预定可使用状态。截至2014年末，因未办理竣工决算，该生产线尚未转入固定资产。A注册会计师认为该错报为分类错误，涉及折旧金额很小，不构成重大错报，同意管理层不予调整。

要求：

（1）（略）。

（2）针对资料三第（1）至（4）项，假定不考虑其他条件，逐项指出A注册会计师的做法是否恰当。如不恰当，简要说明理由。请将答案直接填入下方表格内。

事项序号	是否恰当（是/否）	理由
（1）		
（2）		
（3）		
（4）		

（3）针对资料四第（1）至（4）项，假定不考虑其他条件，逐项指出A注册会计师的做法是否恰当。如不恰当，简要说明理由。请将答案直接填入下方表格内。

事项序号	是否恰当（是/否）	理由
（1）		
（2）		
（3）		
（4）		

（4）针对资料五第（1）至（4）项，假定不考虑其他条件，逐项指出A注册会计师的做法是否恰当。如不恰当，简要说明理由并提出改进建议。请将答案直接填入下方表格内。

事项序号	是否恰当（是/否）	理由及改进建议
（1）		
（2）		
（3）		
（4）		

【答案】

（1）（略）。

（2）

事项序号	是否恰当（是/否）	理由
（1）	否	会计分录测试的总体应当包括在报告期末作出的其他调整
（2）	是	—
（3）	否	穿行测试不能为控制运行的有效性提供充分证据。穿行测试用于了解内部控制，还应当实施控制测试
（4）	否	注册会计师应当考虑存货存放地点清单的完整性

（3）

事项序号	是否恰当（是/否）	理由
（1）	否	外部专家应当遵守职业道德要求中的保密条款
（2）	否	如果识别出可能导致对持续经营能力产生重大疑虑的事项，注册会计师应当通过实施追加的审计程序，获取充分、适当的审计证据，以确定是否存在重大不确定性，未对管理层的评估实施进一步审计程序，书面声明本身并不为所涉及的任何事项提供充分、适当的审计证据
（3）	是	—
（4）	否	注册会计师应当考虑将该事项作为审计中的重大困难与治理层进行沟通，要求治理层提供进一步的信息

（4）

事项序号	是否恰当（是/否）	理由及改进建议
（1）	否	理由：该错报为系统性错报，可能发生于其他组成部分。 改进建议：集团项目组应当关注并汇总其他组成部分的这类错报，汇总考虑该类错报对集团财务报表的影响

续表

事项序号	是否恰当（是/否）	理由及改进建议
（2）	否	理由：该错报涉及较高层级的管理层舞弊。 改进建议：注册会计师应当采取下列措施： ①重新评估舞弊导致的重大错报风险； ②考虑重新评估的结果，对审计程序的性质、时间安排和范围的影响； ③重新考虑此前获取的审计证据的可靠性
（3）	否	理由：没有推断总体错报。 改进建议：注册会计师应当使用在抽样中发现的样本错报去推断总体的错报金额，应针对推断的总体错报金额评价其是否重大
（4）	是	注：集团财务报表整体的重要性为600万元

通关演练

一、单项选择题

1. 在确定重要性水平和评估错报是否重大时，下列做法中，注册会计师认为错误的是（　　）。

A. 在确定重要性水平时，考虑与具体项目计量相关的固有不确定性

B. 尽管某一错报低于重要性水平，但考虑到错报发生的环境，仍可能将其评估为重大

C. 在评价未更正错报对财务报表的影响时，同时考虑错报的金额和性质

D. 在评估未更正错报是否重大时，考虑所有错报对财务报表的累积影响及其形成原因

2. 在下列审计程序中，注册会计师最有可能获取期后事项审计证据的是（　　）。

A. 调查期后发生的长期负债的变化

B. 重新计算在期后处置的固定资产的折旧费

C. 确定期后人工费用率的变化是否已被授权

D. 询问在资产负债表日前记录但在期后支付的预计负债

3. 在向管理层询问可能影响财务报表的期后事项时，下列事项中，不相关的是（　　）。

A. 是否发生新的担保

B. 是否发生重要人事变动

C. 是否签订或计划签订合并或清算协议

D. 是否计划发行新的债券

4. 下列有关期后事项审计的说法中，错误的是（　　）。

A. 在财务报表报出后，如果被审计单位管理层修改了财务报表，且注册会计师提供了新的审计报告或修改了原审计报告，注册会计师应当在新的或经修改的审计报告中增加强调事项段或其他事项段予以说明

B. 如果组成部分注册会计师对某组成部分实施审阅，集团项目组可以不要求该组成部分注册会计师实施审计程序以识别可能需要在集团财务报表中调整或披露的期后事项

C. 在设计用以识别期后事项的审计程序时，注册会计师应当考虑风险评估的结果，但无须考虑对之前已实施审计程序并已得出满意结论的事项执行追加的审计程序

D. 注册会计师应当设计和实施审计程序，以确定所有在财务报表日至审计报告日之间发生的事项均已得到识别

5. 下列有关书面声明日期的说法中，正确的是（　　）。

A. 审计业务开始后的任何日期

B. 尽量接近审计报告日，但不得在其之后

C. 所审计会计期间截止日

D. 注册会计师离开审计现场的日期

6. 注册会计师负责审计甲公司2018年度财务报表，审计报告日为2019年3月31日，财务报表批准报出日为2019年4月1日。下列有关书面声明日期的说法中，正确的是（　　）。

A. 应当为2018年12月31日

B. 应当尽量接近2019年3月31日，但不得晚于2019年3月31日

C. 应当为2019年4月1日

D. 应当为2019年4月1日以后

7. 下列书面文件中，注册会计师认为可以作为书面声明的是（　　）。

A. 董事会会议纪要

B. 财务报表副本

C. A注册会计师列示管理层负责并经甲公司管理层确认的信函

D. 内部法律顾问出具的法律意见书

8. 下列有关书面声明的日期和涵盖期间的说法中，注册会计师认为错误的是（　　）。

A. 就某些交易获取的单独书面声明可以晚于审计报告日

B. 书面声明应当涵盖审计报告针对的所有财务报表和期间

C. 书面声明的日期应当尽量接近对财务报表出具审计报告的日期

D. 书面声明的日期可以与审计报告日一致

9. 下列有关书面声明作用的说法中，注册会计师认为正确的是（　　）。

A. 如果注册会计师不能获取充分、适当的审计证据，可获取书面声明作为审计意见的基础

B. 如果甲公司管理层已就某事项提供书面声明，可在一定程度上减轻注册会计师的责任

C. 书面声明提供的审计证据需要其他审计证据予以佐证

D. 书面声明提供的审计证据可减少注册会计师应当获取的其他审计证据

10. 在审计甲公司某项重要的金融资产时，注册会计师就管理层持有该金融资产的意图向甲公司管理层获取了书面声明，但发现该书面声明与其他审计证据不一致，注册会计师通常首先采取的措施是（　　）。

A. 提请甲公司管理层修改其对持有该金融资产意图的书面声明

B. 实施审计程序解决书面声明与其他审计证据不一致的问题

C. 考虑对审计证据总体可靠性和审计意见的影响

D. 修改进一步审计程序的性质、时间安排和范围

11. 如果甲公司管理层拒绝就其责任的履行情况提供书面声明，下列做法中，注册会计师认为错误的是（　　）。

A. 重新评价甲公司管理层的诚信情况

B. 重新评价获取审计证据的总体可靠性

C. 对财务报表出具无法表示意见的审计报告

D. 对财务报表出具保留意见的审计报告

12. 下列有关注册会计师对错报进行沟通的说法中，错误的是（　　）。

A. 除非法律法规禁止，注册会计师应当及时将审计过程中发现的所有错报与适当层级的管理层进行沟通

B. 注册会计师应当要求管理层更正审计过程中发现的超过明显微小错报临界值的错报

C. 除非法律法规禁止，注册会计师应当与治理层沟通未更正错报

D. 注册会计师应当与治理层沟通与以前期间相关的未更正错报对相关类别的交易、账户余额或披露以及财务报表整体的影响

13. 下列有关书面声明的说法中，正确的是（　　）。

A. 管理层对注册会计师所要求的书面声明内容进行了调整，表明管理层没有提供可靠的书面声明

B. 注册会计师应当要求管理层在书面声明中确认为作出所要求的书面声明，管理层已进行了适当询问

C. 如果管理层在书面声明中使用限定性语言，注册会计师不应当接受该书面声明

D. 如果在审计报告中提及的所有期间内，现任管理层均未就任，注册会计师仍然需要向现任管理层获取涵盖整个相关期间的书面声明

14. 下列有关书面声明的说法中，错误的是（　　）。

A. 如果管理层的意图对收入的计价基础非常重要，但若不能从管理层获取有关收入意图的书面声明，注册会计师就不可能获取充分、适当的审计证据

B. 如果收入意图等书面声明能够提供必要的审计证据，注册会计师获得收入意图等书面声明能为财务报表特定认定提供充分、适当的审计证据

C 为了获取所要求的书面声明，注册会

计师可能认为向管理层通报临界值以确定明显微小的错报是必要的

D. 管理层书面声明的日期应当尽量接近对财务报告的出具审计报告的日期，但不得在其之后

15. 甲企业2020年1月20日向乙企业销售一批商品，并已进行了收入确认的有关财务处理，同年2月1日，乙企业收到货物后验收不合格要求退货，2月10日甲企业收到退货。甲企业2019年度财务报表批准报出日是4月30日。甲企业对此业务的处理是(　　)。

A. 作为2019年财务报表日后事项的调整事项

B. 作为2019年财务报表日后事项的非调整事项

C. 作为2020年财务报表日后事项的调整事项

D. 作为2020年当期正常事项，作销售退回处理

二、多项选择题

1. 注册会计师在审计报告日前对期后事项实施的审计程序可能包括（　　）。

A. 查阅资产负债表日后董事会会议记录，确定有无企业合并或处置子公司的情形

B. 抽查计算资产负债表日后日常销售业务的账务处理

C. 检查资产负债表日后诉讼案件的结案情况

D. 检查财务报表日前销售的产品是否被顾客退回

2. 下列有关期后事项审计的说法中，正确的有（　　）。

A. 期后事项是指财务报表日至财务报表报出日之间发生的事项

B. 期后事项是指财务报表日至审计报告日之间发生的事项，以及注册会计师在审计报告日后知悉的事实

C. 注册会计师仅需主动识别财务报表日至审计报告日之间发生的期后事项

D. 审计报告日后，如果注册会计师知悉某项若在审计报告日知悉将导致修改审计报告的事实，且管理层已就此修改了财务报表，应当对修改后的财务报表实施必要的审计程序，出具新的或经修改的审计报告

3. A注册会计师负责审计甲公司2017年度财务报表。如果A注册会计师在财务报表报出日后获知甲公司审计报告日已经存在但尚未发现的期后事项，则可能采取的措施恰当的有（　　）。

A. 与甲公司管理层讨论如何处理

B. 采取措施防止甲公司财务报表使用者信赖该审计报告

C. 提请甲公司管理层修改财务报表

D. 重新出具审计报告

4. 下列关于注册会计师对期后事项责任的表述中，正确的有（　　）。

A. 财务报表日至审计报告日之间，注册会计师负有主动识别的义务

B. 在审计报告日后，注册会计师没有义务针对财务报表实施任何审计程序

C. 在审计报告日至财务报表公布日之间知悉了某事实，注册会计师应当与管理层和治理层讨论该事项

D. 在财务报表报出日后知悉的事实，注册会计师没有义务针对财务报表实施任何审计程序

5. 在财务报表报出后，如果知悉甲公司在审计报告日已存在的、可能导致修改审计报告的事实，注册会计师应当考虑是否需要修改财务报表，并与管理层进行讨论，然后根据具体情况采取相应的措施。下列措施中，适当的有（　　）。

A. 如果管理层对财务报表作了适当修改，并采取适当措施使所有收到原财务报表和审计报告的人士了解这一情况，可以出具标准的无保留意见审计报告

B. 应要求甲公司在公司注册地的新闻媒体上公布相关的事实，以保证财务报表使用者知悉相关情况

C. 在新的或经修改的审计报告中增加强调事项段或其他事项段，提醒财务报表使用者关注财务报表附注中有关修改原财务报表的详细原因和注册会计师提供的原审计报告

D. 如果管理层没有采取必要措施确保所有收到原财务报表的人士了解这一情况，也没有在注册会计师认为需要修改的情况下修

改财务报表，注册会计师应当通知管理层和治理层（除非治理层全部成员参与管理被审计单位），注册会计师将设法防止财务报表使用者信赖该审计报告

6. 下列有关期后事项审计的说法中，正确的有（　　）。

A. 注册会计师应当要求管理层提供书面声明，确认所有在财务报表日后发生的、按照适用的财务报告编制基础的规定应予调整或披露的事项均已得到调整或披露

B. 注册会计师应当设计和实施审计程序，获取充分、适当的审计证据，以确定所有在财务报表日至财务报表报出日之间发生的、需要在财务报表中调整或披露的事项均已得到识别

C. 审计报告日后，如果注册会计师知悉某项若在审计报告日知悉将导致修改审计报告的事实，且管理层已就此修改了财务报表，应当对修改后的财务报表实施必要的审计程序，出具新的或经修改的审计报告

D. 在财务报表报出后，即使知悉可能对财务报表产生重大影响的事实，注册会计师没有责任采取措施

7. 下列有关期后事项审计的说法中，正确的有（　　）。

A. 期后事项是指财务报表日至财务报表报出日之间发生的事项

B. 期后事项是指财务报表日至审计报告日之间发生的事项，以及注册会计师在审计报告日后知悉的事实

C. 注册会计师仅需主动识别财务报表日至审计报告日之间发生的期后事项

D. 审计报告日后，如果注册会计师知悉某项若在审计报告日知悉将导致修改审计报告的事实，且管理层已就此修改了财务报表，应当对修改后的财务报表实施必要的审计程序，出具新的或经修改的审计报告

8. 注册会计师负责对乙公司2019年度财务报表进行审计，注册会计师出具审计报告的日期为2020年3月15日，财务报表报出日为2020年3月20日。在审计过程中，注册会计师了解到的下列资产负债表日后事项中，属于非调整事项的有（　　）。

A. 2020年2月1日，乙公司2019年末的某项交易性金融资产发生大幅贬值

B. 2020年2月10日，乙公司发生重大诉讼

C. 2020年2月15日，乙公司于2019年确认的一笔大额销售被退回

D. 2020年3月16日，乙公司发生企业合并

9. A注册会计师负责审计甲公司2019年度财务报表，现场审计工作完成日为2020年2月28日，财务报表批准日为2020年3月20日，审计报告日为2020年3月29日，财务报表报出日为2020年3月31日。下列有关书面声明日期的说法中，正确的有（　　）。

A. A注册会计师取得日期为2020年3月29日的书面声明

B. A注册会计师取得日期为2020年3月31日的书面声明

C. A注册会计师取得日期为2020年2月28日的书面声明，并于2020年3月29日就2020年2月28日至2020年3月29日之间的变化获取管理层的更新声明

D. A注册会计师取得日期为2020年3月20日的书面声明，并于2020年3月31日就2020年3月20日至2020年3月31日之间的变化获取管理层的更新声明

10. 对于审计过程中累积的错报，下列做法中，错误的是(　　)。

A. 如果错报单独或汇总起来未超过实际执行的重要性，注册会计师可以不要求管理层更正

B. 如果错报不影响确定财务报表整体的重要性时选定的基准，注册会计师可以不要求管理层更正

C. 如果错报单独或汇总起来未超过财务报表整体的重要性，注册会计师可以不要求管理层更正

D. 注册会计师应当要求管理层更正审计过程中累积的所有错报

三、简答题

1. 2018年1月20日ABC会计师事务所承接XYZ公司2017年度财务报表的审计业务，事务所指派X和Y注册会计师为XYZ公司管理层按照企业会计准则编制的整套通

用目的财务报表执行审计。假设A和B注册会计师出具审计报告的日期为2018年2月15日，XYZ公司对外报出财务报表的日期为2018年2月20日。A和B注册会计师在2018年2月16日阅读XYZ公司其他信息时，发现与XYZ公司2017年度已审计财务报表存在重大不一致。假定不考虑其他因素。

要求：

（1）如果A和B注册会计师确定需要修改已审计财务报表而XYZ公司同意，注册会计师应当采取何种措施？

（2）如果A和B注册会计师确定需要修改已审计财务报表而XYZ公司拒绝，应当采取何种措施？

（3）如果A和B注册会计师确定需要修改其他信息而XYZ公司拒绝，应当采取何种措施？

2. 甲公司是ABC会计师事务所的常年审计客户。A注册会计师担任甲公司2019年度财务报表审计项目合伙人，B注册会计师担任项目质量控制复核人，2020年2月20日A注册会计师出具了审计报告，2020年2月25日甲公司对外报出2019年度财务报表。在审计工作完成阶段，注册会计师遇到以下相关事项：

（1）根据复核计划，审计项目经理复核了审计工作底稿，A注册会计师复核了财务报表和拟出具的审计报告，确信获取了充分、适当的审计证据。

（2）在审计过程中，A注册会计师要求项目组成员之间相互复核工作底稿。

（3）2020年2月22日，B注册会计师随机选取若干份工作底稿进行了复核，没有发现重大问题。

（4）在财务报表报出前，A注册会计师获悉甲公司2020年1月10日发生了一笔大额销售退回，因此，要求管理层修改财务报表，并于2020年2月25日重新出具了审计报告。管理层于2020年2月26日批准并报出修改后的财务报表。

（5）2020年2月28日，A注册会计师通过证监会获知，2020年2月20日甲公司上年度的未决诉讼已经判决，并且支付了大额赔偿款，A注册会计师与管理层和治理层讨论了该事项，并且确定财务报表需要修改。

（6）2019年7月，甲公司更换了主要管理层成员。由于现任管理层仅就其任职期间提供书面声明，A注册会计师向前任管理层获取了其在任时相关期间的书面声明。

要求：

针对上述事项（1）至（6），假定不考虑其他条件，逐项指出A注册会计师或B注册会计师的处理是否恰当。如不恰当，请说明理由。

答案及解析

一、单项选择题

1. 【答案】A

【解析】注册会计师在确定重要性水平时，不需考虑与具体项目计量相关的固有不确定性。

2. 【答案】D

【解析】本题考核期后事项的审计程序。选项A、B、C均属于期后发生的正常的业务，选项D属于期后调整事项。

3. 【答案】B

【解析】本题考核注册会计师向管理层询问可能影响期后事项的内容。

4. 【答案】D

【解析】注册会计师应当设计和实施审计程序，以确定所有在财务报表日至审计报告日之间发生的、需要在财务报表中调整或披露的事项均已得到识别，并不需要对之前已实施审计程序并已得出满意结论的事项执行追加的审计程序。

5. 【答案】B

【解析】书面声明日期应当尽量接近对财务报表出具审计报告的日期，但不得在其之后。

6. 【答案】B

【解析】书面声明的日期应当尽量接近对财务报表出具审计报告的日期，但不得在审计报告日后。

7. 【答案】C

【解析】书面声明应当以声明书的形式致送注册会计师，只有选项 C 符合要求。

8.【答案】A

【解析】书面声明的日期应当尽量接近对财务报表出具审计报告的日期，但不得在审计报告日后。书面声明应当涵盖审计报告针对的所有财务报表和期间。

9.【答案】C

【解析】尽管书面声明提供必要的审计证据，但其本身并不为所涉及的任何事项提供充分、适当的审计证据，而且，管理层已提供可靠书面声明的事实，并不影响注册会计师就管理层责任履行情况或具体认定获取的其他审计证据的性质和范围。

10.【答案】B

【解析】如果书面声明与其他审计证据不一致，注册会计师应当实施审计程序以设法解决这些问题。

11.【答案】D

【解析】如果管理层不提供要求的一项或多项书面声明，注册会计师应当：与管理层讨论该事项；重新评价管理层的诚信，并评价该事项对书面或口头声明和审计证据总体的可靠性可能产生的影响；采取适当措施，包括确定该事项对审计意见可能产生的影响。如果存在下列情形之一，注册会计师应当对财务报表发表无法表示意见：（1）注册会计师对管理层的诚信产生重大疑虑，以至于认为其作出的书面声明不可靠；（2）管理层不提供审计准则要求的书面声明。管理层责任的履行情况属于审计准则要求的书面声明，应当发表无法表示意见。

12.【答案】C

【解析】并不是所有的未更正错报均需要与治理层进行沟通。

13.【答案】D

【解析】选项 A 不正确，管理层对注册会计师所要求的书面声明内容进行了调整，并不一定意味着管理层不提供书面声明，且注册会计师仍可能认为管理层已提供可靠的书面声明；选项 B 不正确，注册会计师可能要求管理层在书面声明中确认为作出所要求的书面声明，管理层已经进行了适当的询问；选项 C 不正确，在某些情况下，管理层可能在书面声明中使用限定性语言，以表明该声明是根据其已知的全部事项作出的。如果注册会计师确信声明是由承担适当责任并了解声明所涉及事项的人员作出的，则注册会计师可以接受对这些限定性语言的使用。

14.【答案】B

【解析】选项 B 错误，尽管书面声明能够提供必要的审计证据，但其本身并不能为财务报表特定认定提供充分、适当的审计证据。

15.【答案】D

【解析】该项销售业务发生于 2020 年，退货于 2020 年，所以属于 2020 年当期事项，不符合财务报表日后事项的定义。

二、多项选择题

1.【答案】ACD

【解析】注册会计师针对期后事项实施的审计程序，主要围绕“跨期”事项和资产负债表日后发生的“重大”事项，对于前者，可能需要被审计单位调整报表，对于后者，则需要被审计单位在报表中进行披露。选项 B，属于资产负债表日后发生的普通业务，与所审计的财务报表无关。

2.【答案】BCD

【解析】期后事项是指财务报表日至审计报告日之间发生的事项，以及注册会计师在审计报告日后知悉的事实，所以选项 A 错误。

3.【答案】ABCD

【解析】注册会计师应当考虑是否需要提请甲公司修改报表，并与管理层讨论，如果管理层修改了财务报表，注册会计师应针对修改后的财务报表出具新的审计报告，如果管理层未采取任何行动，注册会计师应当采取措施防止财务报表使用者信赖该审计报告，并将拟采取的措施通知管理层。

4.【答案】ABCD

【解析】财务报表日至审计报告日之间，注册会计师负有主动识别的义务；在审计报告日后，注册会计师没有义务针对财务报表实施任何审计程序；在审计报告日至财务报表公布日之间知悉了某事实，注册会计师应当与管理层和治理层讨论该事项；在财务报表报出日后知悉的事实，注册会计师没有义务针对财务报表实施任何审计程序。

5. 【答案】BCD

【解析】选项B、C、D均为审计准则的规定，选项A与C矛盾。在新的或经修改的审计报告中增加强调事项段或其他事项段，提醒财务报表使用者关注财务报表附注中有关修改原财务报表的详细原因和注册会计师提供的原审计报告；如果管理层没有采取必要措施确保所有收到原财务报表的人士了解这一情况，也没有在注册会计师认为需要修改的情况下修改财务报表，注册会计师应当通知管理层和治理层（除非治理层全部成员参与管理被审计单位），注册会计师将设法防止财务报表使用者信赖该审计报告。

6. 【答案】AC

【解析】选项B，注册会计师应当设计和实施审计程序，获取充分、适当的审计证据，以确定所有在财务报表日至审计报告日之间发生的、需要在财务报表中调整或披露的事项均已得到识别。

7. 【答案】BCD

【解析】期后事项是指财务报表日至审计报告日之间发生的事项，以及注册会计师在审计报告日后知悉的事实，选项A错误。

8. 【答案】ABD

【解析】选项C属于资产负债表日后调整事项。

9. 【答案】AC

【解析】书面声明的日期应当尽量接近对财务报表出具审计报告的日期，但不得在审计报告日后，所以选项A正确，选项B、D错误；在某些情况下，在审计过程中获取有关财务报表特定认定的书面声明可能是适当的，此时，可能有必要要求管理层更新书面声明，所以选项C正确。

10. 【答案】ABC

【解析】选项D正确。注册会计师应当累积审计过程中识别出的错报，除非错报明显微小。除非法律法规禁止，注册会计师应当要求管理层更正累积的所有错报。

三、简答题

1. 【答案】

（1）如果A和B注册会计师确定需要修改已审计财务报表而XYZ公司同意，对XYZ公司2014年度财务报表注册会计师应当采取的措施：

如果XYZ公司管理层修改财务报表，注册会计师应当根据具体情况对有关修改实施必要的审计程序。注册会计师应当将用以识别期后事项的上述审计程序延伸至新的审计报告日，并针对修改后的财务报表出具新的审计报告。新的审计报告日期不应早于董事会或类似机构批准修改后的财务报表的日期。

【解析】注册会计师在审计报告日后至财务报表报出日前知悉的事实。

①修改审计报告，针对财务报表修改部分增加补充报告日期，从而表明注册会计师对期后事项实施的审计程序仅限于财务报表相关附注所述的修改。

②出具新的或经修改的审计报告，在强调事项段或其他事项段中说明注册会计师对期后事项实施的审计程序仅限于财务报表相关附注所述的修改。

（2）如果A和B注册会计师确定需要修改已审计财务报表而XYZ公司拒绝，应当采取的措施：

管理层不修改财务报表且审计报告未提交时的处理：

注册会计师应当发表非无保留意见，然后再提交审计报告。

管理层不修改财务报表且审计报告已提交时的处理：

注册会计师应当通知管理层和治理层在财务报表作出必要修改前不要向第三方报出。如果财务报表在未经必要修改的情况下仍被报出，注册会计师应当采取措施，以设法防止财务报表使用者信赖该审计报告。例如，注册会计师可以利用证券传媒等刊登必要的声明，防止使用者信赖审计报告。注册会计师采取的措施取决于自身的权利和义务以及所征询的法律意见。

【解析】注册会计师在审计报告日后至财务报表报出日前知悉的事实。

（3）如果A和B注册会计师确定需要修改其他信息而XYZ公司拒绝，应当采取何种措施？

注册会计师认为审计报告日后获取的其他信息存在重大错报，应当采取以下措施：

如果其他信息得以更正，注册会计师应

当根据具体情形实施必要的程序，包括确定更正已经完成，也可能包括复核管理层为与收到其他信息（如果之前已经公告）的人士沟通并告知其修改而采取的步骤。

如果与治理层沟通后其他信息未得到更正，注册会计师应当考虑其法律权利和义务，并采取恰当的措施，以提醒审计报告使用者恰当关注未更正的重大错报。

提醒审计报告使用者适当关注未更正错报的措施包括：向管理层提供一份新的或修改后的审计报告，其中指出其他信息的重大错报。同时要求管理层将该新的或修改后的审计报告提供给审计报告使用者。提醒审计报告使用者关注其他信息的重大错报。与监管机构或相关职业团体沟通未更正的重大错报。考虑对持续承接业务的影响。

（结合教材第十八章第二时段期后事项；教材第十九章第八节其他信息）

2. 【答案】

事项（1）不恰当。A注册会计师还应当复核审计工作底稿并与项目组讨论。

事项（2）不恰当。根据质量控制准则的规定，应当由项目组内经验较多的人员复核经验较少的人员的工作。

事项（3）不恰当。根据质量控制准则的规定，项目质量控制复核人员应当选取与项目组作出重大判断和得出的结论相关的业务工作底稿，并且项目质量控制复核时间应当在出具审计报告前。

事项（4）不恰当。新的审计报告日不应早于修改后的财务报表批准日。在出具新的审计报告前应当获取经批准的修改后的财务报表。

事项（5）不恰当。在确认财务报表需要修改后，A注册会计师还应当询问管理层将如何在财务报表中处理该事项。

事项（6）不恰当。A注册会计师应向现任管理层获取涵盖审计报告提及的所有期间的书面声明。

第十九章　审计报告

本章考情分析

本章属于重点章节。2016 年 12 月，财政部颁布和修订了有关审计报告的 5 个准则，2017 年 2 月，中国注册会计师协会印发相关内容的应用指南。其中：“在审计报告中沟通关键审计事项”应用指南为新制定的；“对财务报表形成审计意见和出具审计报告”“在审计报告中发表非无保留意见”“在审计报告中增加强调事项段和其他事项段”“与治理层的沟通”“持续经营”“注册会计师对其他信息的责任”等 6 项应用指南，属于实质性修订。按照考试大纲的要求，非无保留意见审计报告、在审计报告中沟通关键审计事项、比较信息和注册会计师对其他信息的责任均属于第三能力等级内容。考点主要围绕在审计报告中沟通关键审计事项、非无保留意见审计报告和在审计报告中增加强调事项段。近年本章试题所占区间 6 分至 10 分，题型会涉及简答题和综合题。

要求考生：

1. 理解审计报告基本内容。
2. 理解在审计报告中沟通关键审计事项。
3. 掌握非无保留意见审计报告。
4. 理解比较信息。
5. 理解其他信息。

本章教材变化

本章对注册会计师审计意见形成中评价内容方面进行了修改，并对财务报表错报来源进行了内容完善，还对部分文字进行了修改和调整。

基本内容框架

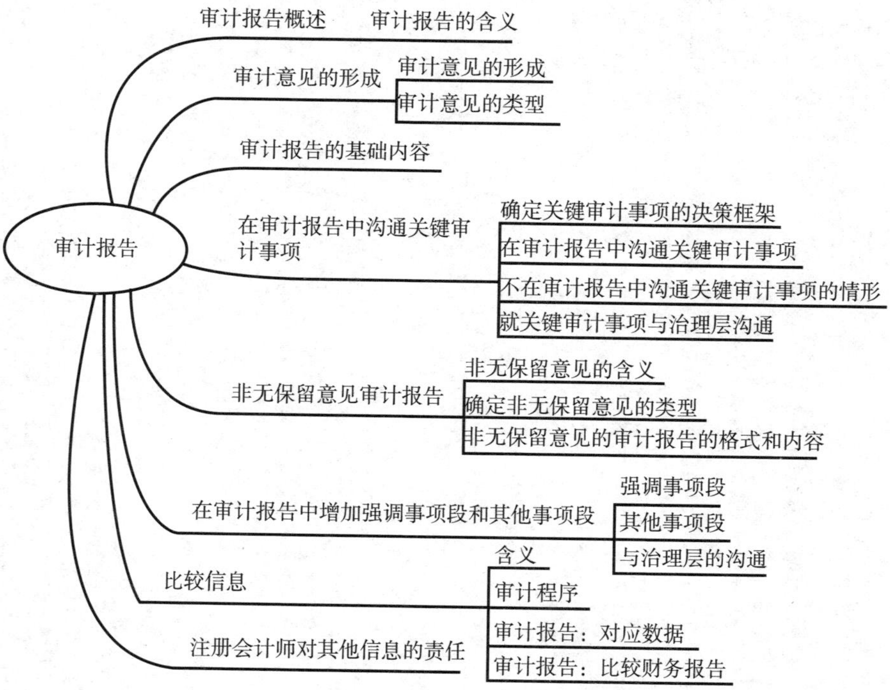

通关重难点例题解析

第一节　审计报告概述（第一能力等级）

第二节　审计意见的形成

一、得出审计结论时考虑的领域（第二能力等级）

二、审计意见的类型（第二能力等级）

类型
- 无保留意见的审计报告
- 非无保留意见的审计报告
  - 保留意见的审计报告
  - 否定意见的审计报告
  - 无法表示意见的审计报告

第三节　审计报告的基本内容

【提示】审计报告的要素。

一、标题（第二能力等级）

审计报告的标题应当统一规范为“审计报告”。

二、收件人（第二能力等级）

审计报告的收件人——指注册会计师按照业务约定书的要求致送审计报告的对象，一般是指审计业务的委托人。

【提示】针对整套通用目的财务报表出具的审计报告，审计报告的致送对象通常为被审计单位的股东或治理层。

三、审计意见（第二能力等级）

（一）指出已审计财务报表

1. 指出被审计单位的名称。
2. 说明财务报表已经审计。
3. 指出构成整套财务报表的每一财务报表的名称。
4. 提及财务报表附注。
5. 指明构成整套财务报表的每一财务报表的日期或涵盖的期间。

（二）说明注册会计师发表的审计意见

如果对财务报表发表无保留意见，除非法律法规另有规定，审计意见应当使用“财务报表在所有重大方面按照适用的财务报告编制基础（如企业会计准则等）编制，公允反映了……”的措辞。

四、形成审计意见的基础（第二能力等级）

1. 说明注册会计师按照审计准则的规定执行了审计工作。
2. 提及审计报告中用于描述审计准则规定的注册会计师责任的部分。
3. 声明注册会计师按照与审计相关的职业道德要求独立于被审计单位，并履行了职业道德方面的其他责任。声明中应当指明适用的职业道德要求，如中国注册会计师职业道德守则。
4. 说明注册会计师是否相信获取的审计证据是充分、适当的，为发表审计意见提供了基础。

五、管理层对财务报表的责任段（第二能力等级）

1. 按照适用的财务报告编制基础编制财务报表，并使其实现公允反映，并设计、执行和维护必要的内部控制，以使财务报表不存在由于舞弊或错误形成的重大错报。
2. 评估被审计单位的持续经营能力和使用持续经营假设是否适当，并披露与持续经营相关的事项（如适用）。

【提示】对管理层评估责任的说明应当包括描述在何种情况下使用持续经营假设是适当的。

六、注册会计师的责任段（第二能力等级）

（一）注册会计师对财务报表审计的责任

1. 说明注册会计师的目标是对财务报表整体是否不存在由于舞弊或错误形成的重大错报获取合理保证，并出具包含审计意见的审计报告。
2. 说明合理保证是高水平的保证，但按照审计准则执行的审计并不能保证一定会发现存在的重大错报。
3. 说明错报可能由于舞弊或错误形成。

（二）注册会计师对财务报表审计的责任部分还应当包括下列内容：

1. 说明在按照审计准则执行审计工作的过程中，注册会计师运用职业判断，并保持职业怀疑。

2. 通过说明注册会计师的责任，对审计工作进行描述。这些责任包括：

（1）识别和评估由于舞弊或错误形成的财务报表重大错报风险，设计和实施审计程序以应对这些风险，并获取充分、适当的审计证据，作为发表审计意见的基础。由于舞弊可能涉及串通、伪造、故意遗漏、虚假陈述或凌驾于内部控制之上，未能发现由于舞弊形成的重大错报的风险高于未能发现由于错误形成的重大错报的风险。

（2）了解与审计相关的内部控制，以设计恰当的审计程序，但目的并非对内部控制的有效性发表意见。当注册会计师有责任在财务报表审计的同时对内部控制的有效性发表意见时，应当略去上述“目的并非对内部控制的有效性发表意见”的表述。

（3）评价管理层选用会计政策的恰当性和作出会计估计及相关披露的合理性。

（4）对管理层使用持续经营假设的恰当性得出结论。同时，根据获取的审计证据，就可能形成对被审计单位持续经营能力产生重大疑虑的事项或情况是否存在重大不确定性得出结论。如果注册会计师得出结论认为存在重大不确定性，审计准则要求注册会计师在审计报告中提请报表使用者关注财务报表中的相关披露；如果披露不充分，注册会计师应当发表非无保留意见。注册会计师的结论基于截至审计报告日可获得的信息。然而，未来的事项或情况可能形成被审计单位不能持续经营。

（5）评价财务报表的总体列报、结构和内容（包括披露），并评价财务报表是否公允反映相关交易和事项。

（三）注册会计师对财务报表审计的责任部分还应当包括下列内容：

1. 说明注册会计师与治理层就计划的审计范围、时间安排和重大审计发现等事项进行沟通，包括沟通注册会计师在审计中识别的值得关注的内部控制缺陷。

2. 对于上市实体财务报表审计，指出注册会计师就已遵守与独立性相关的职业道德要求向治理层提供声明，并与治理层沟通可能被合理认为影响注册会计师独立性的所有关系和其他事项，以及相关的防范措施（如适用）。

3. 对于上市实体财务报表审计，以及决定按照《中国注册会计师审计准则第1504号——在审计报告中沟通关键审计事项》的规定沟通关键审计事项的其他情况，说明注册会计师从与治理层沟通过的事项中确定哪些事项对本期财务报表审计最为重要，因而构成关键审计事项。

七、按照相关法律法规的要求报告的事项（如适用）（第二能力等级）

八、注册会计师的签名和盖章（第二能力等级）

审计报告应当由项目合伙人和另一名负责该项目的注册会计师签名和盖章。

九、会计师事务所的名称、地址和盖章（第二能力等级）

审计报告应当载明会计师事务所的名称和地址，并加盖会计师事务所公章。

十、报告日期（第二能力等级）

【提示】审计报告日不应早于注册会计师获取充分、适当的审计证据，并在此基础上对财务报表形成审计意见的日期。

在确定审计报告日时，注册会计师应当确信已获取下列两方面的审计证据：

（1）构成整套财务报表的所有报表（包括相关附注）已编制完成；

（2）被审计单位的董事会、管理层或类似机构已经认可其对财务报表负责。

【例题1·单选题】（2016年试题）

下列有关审计报告日的说法中，错误的是（　　）。

A. 审计报告日可以晚于管理层签署已审计财务报表的日期

B. 审计报告日不应早于管理层书面声明的日期

C. 在特殊情况下，注册会计师可以出具

双重日期的审计报告

D. 审计报告日应当是注册会计师获取充分、适当的审计证据，并在此基础上对财务报表形成审计意见的日期

【答案】D

【解析】审计报告日不应早于注册会计师获取充分、适当的审计证据，并在此基础上对财务报表形成审计意见的日期。

第四节　在审计报告中沟通关键审计事项

一、确定关键审计事项的决策框架（第三能力等级）

（一）以“与治理层沟通的事项”为起点选择关键审计事项

（二）从“与治理层沟通的事项”中选出“在执行审计工作时重点关注过的事项”

（三）从“在执行审计工作时重点关注过的事项”中选出“最为重要的事项”，从而构成关键审计事项

在确定某一与治理层沟通过的事项的相对重要程度以及该事项是否构成关键审计时，考虑：

1. 该事项对预期使用者理解财务报表整体的重要程度，尤其是对财务报表的重要性。

2. 与该事项相关的会计政策的性质或者与同行业其他实体相比，管理层在选择适当的会计政策时涉及的复杂程度或主观程度。

3. 从定性和定量方面而考虑，与该事项相关的由于舞弊或错误导致的已更正错报和累积未更正错报（如有）的性质和重要程度。

4. 为应对该事项所需要付出的审计努力的性质和程度。

5. 在实施审计程序、评价实施审计程序的结果、获取相关和可靠的审计证据以作为发表审计意见的基础时，注册会计师遇到的困难的性质和严重程度，尤其是当注册会计师的判断变得更加主观时。

6. 识别出的与该事项相关的控制缺陷的严重程度。

7. 该事项是否涉及数项可区分但又相互关联的审计考虑。

二、在审计报告中沟通关键审计事项（第三能力等级）

（一）在审计报告中单设关键审计事项部分

关键审计事项部分的引言应当同时说明下列事项：

（1）关键审计事项是注册会计师根据职业判断，认为对本期财务报表审计最为重要的事项；

（2）关键审计事项的应对以对财务报表整体进行审计并形成审计意见为背景，注册会计师对财务报表整体形成审计意见，而不对关键审计事项单独发表意见。

（二）描述单一关键审计事项

注册会计师应当在审计报告中逐项描述每一关键审计事项，并同时说明下列方面：

（1）该事项被认定为审计中最为重要的事项之一，因而被确定为关键审计事项的原因。

（2）该事项在审计中是如何应对的。

描述要素：

（1）审计应对措施或审计方法中，与该事项最为相关或对评估的重大错报风险最有针对性的方面；

（2）对已实施审计程序的简要概述；

（3）实施审计程序的结果；

（4）对该事项作出的主要看法。

三、不在审计报告中沟通关键审计事项的情形（第三能力等级）

【提示】除非法律法规禁止公开披露某事项，或者在极其罕见的情况下，如果合理预期在审计报告中沟通某事项造成的负面后果超过产生的公众利益方面的益处，注册会计师确定不应在审计报告中沟通该事项，则注册会计师应当在审计报告中逐项描述关键审计事项。

【提示】除非法律法规另有规定，当对财务报表发表无法表示意见时，注册会计师不得在审计报告中包含关键审计事项部分。

四、就关键审计事项与治理层沟通（第三能力等级）

1. 注册会计师确定的关键审计事项。

2. 根据被审计单位和审计业务的具体情况，注册会计师确定不存在需要在审计报告中沟通的关键审计事项（如适用）。

【例题2·简答题】（2019年试题节选）

ABC会计师事务所的A注册会计师负责审计多家上市公司2018年度财务报表，遇到下列与审计报告相关的事项：

因无法就甲公司2018年财务报表的多个项目获取充分、适当的审计证据，A注册会计师发表了无法表示意见，并在审计报告的关键审计事项部分说明：除形成无法表示意见的基础部分所述事项外，不存在其他需要在审计报告中沟通的关键审计事项。

要求：

针对上述事项，指出A注册会计师的做法是否恰当。如不恰当，简要说明理由。

【答案】

不恰当。除非法律法规另有规定，注册会计师对财务报表发表无法表示意见时，不得在审计报告中沟通关键审计事项。

第五节　非无保留意见审计报告

一、非无保留意见的含义——保留意见、否定意见或无法表示意见（第三能力等级）

当存在下列情形之一时，注册会计师应当在审计报告中发表非无保留意见：

1. 根据获取的审计证据，得出财务报表整体存在重大错报的结论。

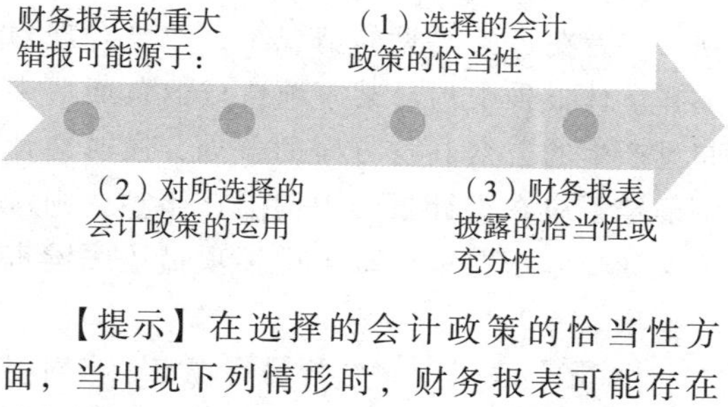

【提示】在选择的会计政策的恰当性方面，当出现下列情形时，财务报表可能存在错报：

（1）选择的会计政策与适用的财务报告编制基础不一致；

（2）财务报表没有正确的描述与资产负债表、利润表、所有者权益变动表或现金流量表中的重大项目相关的会计政策；

（3）财务报表没有按照公允反映的方式列报交易和事项。

2. 无法获取充分、适当的审计证据，不能得出财务报表整体不存在重大错报的结论。

下列情形可能形成注册会计师无法获取充分、适当的审计证据：

（1）超出被审计单位控制的情形；

（2）与注册会计师工作的性质或时间安排相关的情形；

（3）管理层施加限制的情形。

二、确定非无保留意见的类型（第三能力等级）

【提示】广泛性。

根据注册会计师的判断，对财务报表的影响具有广泛性的情形包括：

（1）不限于对财务报表的特定要素、账户或项目产生影响

（2）虽然仅对财务报表的特定要素、账户或项目产生影响，但这些要素、账户或项目是或可能是财务报表的主要组成部分

（3）当与披露相关时，产生的影响对财务报表使用者理解财务报表至关重要

【例题3·多选题】（2014年试题）

下列各项错报中，通常对财务报表具有广泛影响的有（　　）。

A. 被审计单位没有披露关键管理人员薪酬

B. 信息系统缺陷形成的应收账款、存货等多个财务报表项目的错报

C. 被审计单位没有将年内收购的一家重要子公司纳入合并范围

D. 被审计单位没有按照成本与可变现净值孰低原则对存货进行计量

【答案】BC

【解析】选项A，仅影响披露的完整性，

并不对财务报表具有广泛影响；选项D，仅影响存货项目的计价和分摊。

1. 发表保留意见。

当存在下列情形之一时，注册会计师应当发表保留意见：

（1）在获取充分、适当的审计证据后，注册会计师认为错报单独或汇总起来对财务报表影响重大，但不具有广泛性

（2）注册会计师无法获取充分、适当的审计证据以作为形成审计意见的基础，但认为未发现的错报（如存在）对财务报表可能产生的影响重大，但不具有广泛性

2. 发表否定意见。

在获取充分、适当的审计证据后，如果认为错报单独或汇总起来对财务报表的影响重大且具有广泛性，注册会计师应当发表否定意见。

3. 发表无法表示意见。

如果无法获取充分、适当的审计证据以作为形成审计意见的基础，但认为未发现的错报（如存在）对财务报表可能产生的影响重大且具有广泛性，注册会计师应当发表无法表示意见。

【例题4·多选题】（2012年试题）

承接审计业务后，如果注意到被审计单位管理层对审计范围施加了限制，且认为这些限制可能形成对财务报表发表保留意见或无法表示意见，注册会计师采取的下列措施中，正确的有（　　）。

A. 要求管理层消除这些限制，如果管理层拒绝消除限制，应当与治理层沟通

B. 如果无法获取充分、适当的审计证据，且未发现的错报（如存在）对财务报表的影响重大且具有广泛性，应当在可行时解除业务约定

C. 如果无法获取充分、适当的审计证据，且未发现的错报（如存在）对财务报表的影响重大且具有广泛性，若解除业务约定不可行，应当发表无法表示意见

D. 如果无法获取充分、适当的审计证据，且未发现的错报（如存在）可能对财务报表的影响重大，但不具有广泛性，应当发表保留意见

【答案】ABCD

【解析】如果注意到管理层对审计范围施加了限制，且认为这些限制可能形成对财务报表发表保留意见或无法表示意见，注册会计师应当要求管理层消除这些限制。如果管理层拒绝消除限制，除非治理层全部成员参与管理被审计单位，注册会计师应当就此事项与治理层沟通，并确定能否实施替代程序以获取充分、适当的审计证据。如果无法获取充分、适当的审计证据，注册会计师应当通过下列方式确定其影响：（1）如果未发现的错报（如存在）可能对财务报表产生的影响重大，但不具有广泛性，应当发表保留意见；（2）如果未发现的错报（如存在）可能对财务报表产生的影响重大且具有广泛性，以至于发表保留意见不足以反映情况的严重性，应当在可行时解除业务约定（除非法律法规禁止）。当然，注册会计师应当在解除业务约定前，与治理层沟通在审计过程中发现的、将会形成发表非无保留意见的所有错报事项；如果在出具审计报告之前解除业务约定被禁止或不可行，应当发表无法表示意见，因此选项A、B、C、D均正确。

三、非无保留意见的审计报告的格式和内容（第三能力等级）

1. 形成非无保留意见的事项段。

（1）审计报告格式和内容的一致性。注册会计师应当直接在审计意见段之前增加该段落，并使用恰当的标题，如“形成保留意见的基础”“形成否定意见的基础”或“形成无法表示意见的基础”。

（2）量化财务影响。如果财务报表中存在与具体金额（包括定量披露）相关的重大错报，注册会计师应当在形成非无保留意见的基础部分说明并量化该错报的财务影响。

（3）存在于定性披露相关的重大错报。如果财务报表中存在与定性披露相关的重大错报，注册会计师应当在形成非无保留意见的基础部分解释该错报错在何处。

（4）存在与应披露而未披露信息相关的

重大错报。如果财务报表中存在与应披露而未披露信息相关的重大错报，注册会计师应当：

①与治理层讨论未披露信息的情况；

②在形成非无保留意见的基础部分描述未披露信息的性质；

③如果可行并且已针对未披露信息获取了充分、适当的审计证据，在形成非无保留意见的基础部分包含对未披露信息的披露，除非法律法规禁止。

（5）无法获取充分、适当的审计证据。如果无法获取充分、适当的审计证据而形成发表非无保留意见，注册会计师应当在形成非无保留意见的基础部分说明无法获取审计证据的原因。

（6）披露其他事项。

【例题5·单选题】（2012年试题）

下列有关披露错报的说法中，正确的是（　　）。

A. 由于叙述性披露错报无法量化，通常不会构成重大错报

B. 与应披露未披露信息相关的重大错报可能形成保留意见或否定意见

C. 如果注册会计师由于与应披露未披露信息相关的重大错报发表非无保留意见，应当在审计报告中包含对未披露信息的披露

D. 与披露相关的错报属于判断错报

【答案】B

【解析】如果财务报表中存在与应披露而未披露信息相关的重大错报，注册会计师应当：（1）与治理层讨论未披露信息的情况；（2）在形成非无保留意见的基础部分描述未披露信息的性质；（3）如果可行并且已针对未披露信息获取了充分、适当的审计证据，在形成非无保留意见的基础部分包含对未披露信息的披露，除非法律法规禁止，所以选项B正确。选项C不正确，如果法律法规禁止则不应当在审计报告中包含对未披露信息的披露。选项A叙述性披露也会构成重大错报；选项D与披露相关的错报属于事实错报。

2. 审计意见段。

（1）标题。在发表非无保留意见时，注册会计师应当对审计意见段使用恰当的标题，如“保留意见”“否定意见”或“无法表示意见”。

（2）发表保留意见。当由于财务报表存在重大错报而发表保留意见时，注册会计师应当根据适用的财务报告编制基础在审计意见段中说明：

“注册会计师认为，除了形成保留意见的基础部分所述事项产生的影响外，财务报表在所有重大方面按照适用的财务报告编制基础编制，并实现公允反映。”

当无法获取充分、适当的审计证据而形成发表保留意见时，注册会计师应当在审计意见段中使用“除……可能产生的影响外”等措辞。

（3）发表否定意见。当发表否定意见时，注册会计师应当根据适用的财务报告编制基础在审计意见段中说明：

“注册会计师认为，由于形成否定意见的基础部分所述事项的重要性，财务报表没有在所有重大方面按照适用的财务报告编制基础编制，未能实现公允反映。”

（4）发表无法表示意见。当由于无法获取充分、适当的审计证据而发表无法表示意见时，注册会计师应当在审计意见段中说明：

“由于形成无法表示意见的基础部分所述的事项重要性，我们无法获取充分、适当的审计证据以为发表审计意见提供基础，因此，注册会计师不对这些财务报表发表审计意见。”

四、非无保留意见对审计要素内容的修改（第三能力等级）

【例题6·综合题】（2012年A试题部分内容）

甲公司是ABC会计师事务所的常年审计客户，主要从事a、b和c三类石化产品的生产和销售。A注册会计师负责审计甲公司2011年度财务报表，按照税前利润的5%确定财务报表整体的重要性为60万元。

（本题资料包括：资料一；资料二；资料三；资料四）

资料一：（略）。

资料三：（略）。

资料四：2011年12月31日，甲公司存货的账面余额为2 000万元，未计提存货跌价准备。A注册会计师结合销售合同等因素确

定了b产品和相关原材料的可变现净值，认为应计提跌价准备70万元，并向管理层提出调整建议。管理层以该金额不重大为由拒绝调整。

要求：

（1）（略）、（2）（略）。

（3）针对资料四，假定不考虑其他因素（如所得税），代A注册会计师判断应出具何种类型的审计报告，并续编审计报告。

【答案】

（1）（略）。

（2）（略）。

（3）审计报告意见类型：保留意见。

续编审计报告如下：

审计报告

甲公司全体股东：

（一）保留意见

我们审计了甲股份有限公司（以下简称甲公司）财务报表，包括2011年12月31日的资产负债表，2011年度的利润表、现金流量表和股东权益变动表以及财务报表附注（包括重大会计政策和会计估计）。

我们认为，除“形成保留意见的基础”部分所述事项产生的影响外，甲公司的财务报表在所有重大方面按照企业会计准则的规定编制，公允反映了甲公司2011年12月31日的财务状况以及2011年度的经营成果和现金流量。

（二）形成保留意见的基础

甲公司2011年12月31日资产负债表中列示的存货余额为2 000万元。管理层未按照企业会计准则的规定对存货按成本与可变现净值孰低计量。如果按成本与可变现净值孰低计量，存货账面价值将减少70万元。相应地，资产减值损失将增加70万元，净利润和股东权益将分别减少70万元。

我们按照中国注册会计师审计准则的规定执行了审计工作。审计报告的“注册会计师对财务报表审计的责任”部分进一步阐述了我们在这些准则下的责任。按照中国注册会计师职业道德守则，我们独立于甲公司，并履行了职业道德方面的其他责任。我们相信，我们获取的审计证据是充分、适当的，为发表保留意见提供了基础。

（三）关键审计事项（略）

（四）管理层对财务报表的责任（略）

（五）注册会计师对财务报表审计的责任（略）

ABC会计师事务所

（盖章）

中国注册会计师：×××

（签名并盖章）

中国注册会计师：×××

（签名并盖章）

中国××市　　二〇一二年×月×日

【例题7·综合题】（2013年试题）

甲公司是ABC会计师事务所的常年审计客户，拥有乙公司和丙公司两家联营公司。甲公司主要从事建材的生产、销售以及建筑安装工程。A注册会计师负责审计甲公司2012年度财务报表，拟于2013年4月1日出具审计报告。财务报表整体的重要性为25万元。

资料一：A注册会计师在审计工作底稿中记录了所了解的甲公司情况及其环境，部分内容摘录如下：

（1）甲公司采用经销商买断方式销售a产品和b产品。2012年度，a产品的建议市场零售价、出厂价和单位生产成本较2011年基本没有变化。b产品是甲公司2012年2月推出的新产品，其建议市场零售价比a产品高20%。a产品和b产品的单位生产成本接近，其出厂价分别低于各自建议市场零售价的10%和20%。

（2）a产品于2012年11月停产。2012年末，某经销商采用交款方式购买最后一批a产品。甲公司已收到货款200万元，并已开具发票和发运凭单。经销商在验收时发现该批产品质量不符合合同要求，双方尚未就解决方案达成一致意见。

（3）甲公司的记账本位币为人民币。2012年9月，甲公司与某德国客户签订合同，按固定销售价格定制10 000件c产品，以欧元计价和结算。甲公司一次性投料生产该批产品，并于2012年10月1日销售1 000件，其余9 000件按合同约定于2013年1月销售。甲公司未生产其他批次c产品。（假定2012年10月1日即期汇率为1欧元=8.4元人民

币，2012 年 12 月 31 日即期汇率为 1 欧元 =8 元人民币）

（4）甲公司于 2012 年 3 月 1 日借入 2 000 万元、年利率为 8% 的专门借款，用于已开工建设并预计于 2013 年末完工的新生产线。甲公司无其他带息债务。因甲公司与施工方对工程质量存在纠纷，该工程于 2012 年 5 月 1 日至 2012 年 8 月 31 日中断。

（5）甲公司于 2011 年起从事建筑安装工程，截至 2012 年末仅承揽一项业务。建造合同约定，工程建设期为 18 个月，工程总价为 500 万元；如果工程提前 3 个月完工，并且质量符合设计要求，客户另付 100 万元奖励款。工程于 2011 年 10 月 1 日开工，于 2012 年 12 月末基本完工。经监理人员认定，工程质量未达到设计要求，还需进一步施工。

（6）甲公司持有乙公司 40% 股权，目前无处置计划。乙公司多年亏损，2012 年度亏损 500 万元，预期其经营状况在未来 5 年内不会发生改变。2012 年 5 月，乙公司因资金短缺，由甲公司为其代垫采购款 200 万元，并约定 2 年后还款。

资料二：A 注册会计师在审计工作底稿中记录了甲公司的财务数据，部分内容摘录如下：

金额单位：万元

项目	2012 年（未审数）				2011 年（已审数）			
	产品销售			建造合同	产品销售			建造合同
	a 产品	b 产品	c 产品		a 产品	b 产品	c 产品	
营业收入	1 000	5 000	840	500	2 000	0	0	100
营业成本	905	4 600	820	320	1 800	0	0	75
投资收益	（100）				（200）			
税前利润	500				400			

	2012 年 a 产品	2012 年 b 产品	2012 年 c 产品	2011 年 a 产品	2011 年 b 产品	2011 年 c 产品
存货——产成品	0	1 000	7 380	400	0	0
存货跌价准备	0	0	0	0	0	0

	2012 年	2011 年
在建工程——借款利息	80	0

长期股权投资	乙公司	丙公司	乙公司	丙公司
初始投资成本	800	500	800	0
加：损益调整	（600）	100	（400）	0
长期股权投资账面价值	200	600	400	0

	2012 年	2011 年
长期应收款——乙公司	200	0

资料三：A 注册会计师在审计工作底稿中记录了甲公司销售与收款循环的内部控制，部分内容摘录如下：

序号	风险	控制
(1)	向客户提供过长信用期而增加坏账损失风险	客户的信用期由信用管理部审核批准。如长期客户临时申请延长信用期，由销售部经理批准
(2)	已记账的收入未发生或不准确	财务人员将经批准的销售订单、客户签字确认的发运凭单及发票所载信息相互核对无误后，编制记账凭证（附上述单据），经财务部经理审核后入账
(3)	应收账款记录不准确	每季度末，财务部向客户寄送对账单。如客户未及时回复，销售人员需要跟进；如客户回复表明差异超过该客户欠款余额的5%，则进行调查

资料四：A注册会计师在审计工作底稿中记录了实施的控制测试和实质性程序及其结果，部分内容摘录如下：

序号	控制	控制测试和实质性程序及其结果
(1)	产品送达后，甲公司要求客户的经办人员在发运凭单上签字。财务部将客户签字确认的发运凭单作为收入确认的依据之一	A注册会计师对控制的预期偏差率为零，从收入明细账中抽取25笔交易，检查发运凭单是否经客户签字确认。经检查，有2张发运凭单未经客户签字。 销售人员解释，这2批货物在运抵客户时，客户的经办人员出差。由于以往未发生过客户拒绝签收的情况，经财务部经理批准后确认收入。 A注册会计师对上述客户的应收账款实施函证，回函结果表明不存在差异
(2)	如需对ERP系统中设定的生产成本计算方法和公式进行变更，财务部将系统变更申请在当月提交至信息技术部，由其在月末前完成变更	在检查信息技术部是否及时、恰当处理收到的申请时，A注册会计师发现2012年11月财务部提交的系统变更申请未在当月处理。信息技术部解释当月由于工作繁忙，未及时更改，已通知财务部。财务人员解释，2012年11月起，生产过程中新添加了某种辅料。因ERP系统尚未变更，财务人员通过手工计算调整生产成本。A注册会计师进行了相关测试，未发现生产成本计算错误
(3)	现金销售通过收银机集中收款，并自动生成销售小票和每日现金销售汇总表。财务人员将每日现金销售汇总表金额和收到的现金核对一致。除财务部经理批准外，出纳应在当日将收到的现金存入指定银行	A注册会计师对控制的预期偏差率为零，抽取25张银行现金缴款单回单与每日现金销售汇总表进行核对，发现有3张银行现金缴款单回单的日期比每日现金销售汇总表的日期晚一天。 财务人员解释，由于当日核对工作结束较晚，银行已结束营业，经财务部经理批准，出纳将现金存入公司保险柜，并于次日存入银行。 A注册会计师检查了财务部经理签字批准的记录，未发现异常

资料五：甲公司持有丙公司30%股权，因能够对其施加重大影响，采用权益法核算。A注册会计师将丙公司识别为具有财务重大性的重要组成部分，提出对其实施审计。丙公司董事会予以拒绝，但提供了经其他会计师事务所审阅的2012年度财务报表。

要求：

(1) 针对资料一第（1）至（6）项，结合资料二，假定不考虑其他条件，逐项指出资料一所列事项是否可能表明存在重大错报风险。如果认为存在重大错报风险，简要说明理由，并说明该风险主要与哪些财务报表项目（仅限于营业收入、营业成本、资产减值损失、财务费用、存货、长期应收款、长期股权投资和在建工程）的哪些认定相关。将答案直接填入答题区的相应表格内。

事项序号	是否可能表明存在重大错报风险（是/否）	理由	财务报表项目名称及认定
(1)			
(2)			
(3)			
(4)			
(5)			
(6)			

（2）针对资料三第（1）至（3）项，假定不考虑其他条件，逐项指出资料三所列控制的设计是否存在缺陷。如认为存在缺陷，简要说明理由。请将答案直接填入下方表格内。

事项序号	控制设计是否存在缺陷（是/否）	理由
（1）		
（2）		
（3）		

（3）针对资料四第（1）至（3）项，假定这些控制的设计有效并得到执行，根据控制测试和实质性程序及其结果，逐项指出资料四所列控制运行是否有效。如认为运行无效，简要说明理由。请将答案直接填入下方表格内。

事项序号	控制运行是否有效（是/否）	理由
（1）		
（2）		
（3）		

（4）针对资料五，结合资料二，假定不考虑其他因素（如所得税），代A注册会计师判断应出具何种类型的审计报告，并续编审计报告。

审计报告

（一）

（二）

（三）关键审计事项（略）

（四）管理层对财务报表的责任（略）

（五）注册会计师对财务报表审计的责任（略）

ABC会计师事务所
（盖章）

中国注册会计师：×××
（签名并盖章）

中国注册会计师：×××
（签名并盖章）

中国××市　　二〇一三年×月×日

【答案】

（1）

事项序号	是否可能表明存在重大错报风险（是/否）	理由	财务报表项目名称及认定
（1）	是	2012年度，a产品的建议市场零售价和单位生产成本比2011年度基本没有变化，a产品的毛利率为10%是合理的；b产品的出厂价比a产品高约6.7%，在两种产品的单位生产成本基本接近的情况下，b产品的毛利率为8%，明显不合理，存在少计营业收入或多计营业成本的风险	营业收入（完整性/准确性） 营业成本（发生/准确性） 存货（完整性/计价和分摊）
（2）	是	经销商提出产品质量不符合合同规定，产品可能被退回。a产品年末存货余额为零，表明甲公司已确认该笔销售收入并结转存货成本，存在可能多计营业收入和成本的风险	营业收入（发生） 营业成本（发生） 存货（完整性）
（3）	是	c产品的单位成本为820万元÷1 000件＝8 200元/件，折算为人民币的销售价格为840万元÷1 000÷8.4×8＝8 000元，c产品期末存货余额差额为（8 200－8 000）×9 000＝180 000元，存在减值风险	资产减值损失（完整性） 存货（计价和分摊）
（4）	否	—	—

续表

事项序号	是否可能表明存在重大错报风险（是/否）	理由	财务报表项目名称及认定
(5)	是	由于工程质量未达到设计要求，还需进一步施工，在2012年不满足将奖励款100万元确认为收入的条件，也不满足全额确认合同收入的条件，存在多计收入的风险	营业收入（发生）
(6)	是	甲公司没有计划处置乙公司，乙公司发生多年亏损，预期经营状况在可预见的将来不会发生改变，且资金短缺，甲公司的长期股权投资和长期应收款存在减值风险	长期股权投资（计价和分摊） 长期应收款（计价和分摊） 资产减值损失（完整性）

（2）

事项序号	控制设计是否存在缺陷（是/否）	理由
(1)	是	未实现职责分离目标，长期客户临时申请延长信用期，应经信用管理部审核，会存在可能由于销售人员追求更大销售量而不恰当延长信用期，导致坏账损失风险
(2)	否	—
(3)	是	应调查所有差异，即使差异未超过甲公司对该客户应收账款余额的5%，也应当调查，也可能是重大的

（3）

事项序号	控制运行是否有效（是/否）	理由
(1)	否	抽取的25个样本中有2个样本没有经客户签字确认，该控制未得到一贯执行
(2)	否	信息技术部未及时处理系统变更申请，该控制未得到及时执行
(3)	是	—

（4）审计报告类型：保留意见。

续编审计报告如下：

审计报告

（一）保留意见

我们审计了甲股份有限公司（以下简称甲公司）财务报表，包括20×2年12月31日的资产负债表，20×2年度的利润表、现金流量表和股东权益变动表以及财务报表附注（包括重大会计政策和会计估计）。

我们认为，除"形成保留意见的基础"部分所述事项产生的影响外，甲公司的财务报表在所有重大方面按照企业会计准则的规定编制，公允反映了甲公司2012年12月31日的财务状况以及2012年度的经营成果和现金流量。

（二）形成保留意见的基础

如财务报表附注X所述，甲公司持有丙公司30%股权，因能够对其施加重大影响，采用权益法核算。2012年12月31日，甲公司对丙公司的股权投资账面价值为600万元，2012年度确认对丙公司的投资收益100万元。我们未能对丙公司实施审计，无法就该项股权投资的账面价值和投资收益获取充分、适当的审计证据，也无法确定是否有必要对这些金额进行调整/也无法确定该事项对财务报表的影响。

我们按照中国注册会计师审计准则的规定执行了审计工作。审计报告的"注册会计师对财务报表审计的责任"部分进一步阐述了我们在这些准则下的责任。按照中国注册会计师职业道德守则，我们独立于甲公司，并履行了职业道德方面的其他责任。我们相信，我们获取的审计证据是充分、适当的，为发表保留意见提供了基础。

（三）关键审计事项（略）

（四）管理层对财务报表的责任（略）

（五）注册会计师对财务报表审计的责任（略）

ABC 会计师事务所

（盖章）

中国注册会计师：×××

（签名并盖章）

中国注册会计师：×××

（签名并盖章）

中国××市　　二〇一三年×月×日

第六节 在审计报告中增加强调事项段和其他事项段

一、强调事项段（第三能力等级）

（一）强调事项段的含义

强调事项段——指审计报告中含有的一个段落，该段落提及已在财务报表中恰当列报或披露的事项，根据注册会计师的职业判断，该事项对财务报表使用者理解财务报表至关重要。

（二）增加强调事项段的情形

1. 如果认为有必要提醒财务报表使用者关注已在财务报表中列报或披露，且根据职业判断认为对财务报表使用者理解财务报表至关重要的事项，在同时满足下列条件时，注册会计师应当在审计报告中增加强调事项段：

（1）按照《中国注册会计师审计准则第1502号——在审计报告中发表非无保留意见》的规定，该事项不会导致注册会计师发表非无保留意见；

（2）当《中国注册会计师审计准则第1504号——在审计报告中沟通关键审计事项》适用时，该事项未被确定为在审计报告中沟通的关键审计事项。

2. 具体要求

（1）法律法规规定的财务报告编制基础不可接受，但其是由法律或法规作出的规定；

（2）提醒财务报表使用者注意财务报表按照特殊目的编制基础编制；

（3）注册会计师在审计报告日后知悉了某些事实（即期后事项），并且，出具了新的审计报告或修改了审计报告。

3. 注册会计师可能认为需要增加强调事项段的情形。

（1）异常诉讼或监管行动的未来结果存在不确定性。（结合教材第二十二章）

（2）提前应用（在允许的情况下）对财务报表有广泛影响的新会计准则。

（3）存在已经或持续对被审计单位财务状况产生重大影响的特大灾难。

（三）在审计报告中增加强调事项段时注册会计师采取的措施

1. 将强调事项段作为单独的一部分置于审计报告中，并使用包含“强调事项”这一术语的适当标题。

2. 明确提及被强调事项以及相关披露的位置，以便能够在财务报表中找到对该事项的详细描述。强调事项段应当仅提及已在财务报表中列报或披露的信息。

3. 指出审计意见没有因该强调事项而改变。

【例题8·单选题】（2012年试题）

下列事项中，不会形成注册会计师在审计报告中增加强调事项段的是（　　）。

A. 在允许的情况下，提前应用对财务报表有广泛影响的新会计准则

B. 所审计财务报表采用特殊编制基础编制

C. 含有已审计财务报表的文件中的其他信息与财务报表存在重大不一致，并且需要对其他信息作出修改，但管理层拒绝修改

D. 存在已经或持续对被审计单位财务状况产生重大影响的特大灾难

【答案】C

【解析】选项C中的事项不会形成注册会计师在审计报告中增加强调事项段正确。注册会计师可能认为需要增加强调事项段的情形：异常诉讼或监管行动的未来结果存在不确定性；提前应用（在允许的情况下）对财务报表有广泛影响的新会计准则；存在已经或持续对被审计单位财务状况产生重大影响的特大灾难。

二、其他事项段（第三能力等级）

（一）其他事项段的含义

其他事项段——指审计报告中含有的一个段落，该段落提及未在财务报表中列报或

披露的事项，根据注册会计师的职业判断，该事项与财务报表使用者理解审计工作、注册会计师的责任或审计报告相关。

（二）需要增加其他事项段的情形

1. 在同时满足下列条件时，注册会计师应当在审计报告中增加其他事项段：

（1）未被法律法规禁止；

（2）当《中国注册会计师审计准则第1504号——在审计报告中沟通关键审计事项》适用时，该事项未被确定为在审计报告中沟通的关键审计事项。

2. 增加其他事项段的情形：

（1）与使用者理解审计工作相关的情形

（2）与使用者理解注册会计师的责任或审计报告相关的情形

（3）对两套以上财务报表出具审计报告的情形

（4）限制审计报告分发和使用的情形

三、与治理层的沟通（第三能力等级）

如果拟在审计报告中增加强调事项段或其他事项段，注册会计师应当就该事项和拟使用的措辞与治理层沟通。

【例题9·单选题】（2012年试题）

下列事项中，不会形成注册会计师在审计报告中增加其他事项段的是（　　）。

A. 注册会计师决定在审计报告中提及前任注册会计师对对应数据出具的审计报告

B. 当财务报表列报对应数据时，上期财务报表未经审计

C. 对审计报告使用和分发的限制

D. 含有已审计财务报表的文件中的其他信息与财务报表存在重大不一致，并且需要对财务报表作出修改，但管理层拒绝修改

【答案】D

【解析】选项D正确。注册会计师需要在审计报告中增加其他事项段的情形包括：（1）与使用者理解审计工作相关的情形；（2）与使用者理解注册会计师的责任或审计报告相关的情形；（3）对两套以上财务报表出具审计报告的情形；（4）限制审计报告分发和使用的情形。

【例题10·多选题】

如果认为有必要，注册会计师可以在审计报告中提供补充信息，在审计报告中增加强调事项段和其他事项段。下列关于强调事项段和其他事项段的表述中，不恰当的是（　　）。

A. 强调事项段，是指审计报告中含有的一个段落，该段落提及已在财务报表中恰当列报或披露的事项，根据注册会计师的职业判断，该事项对财务报表使用者理解财务报表至关重要

B. 如果在审计报告中增加强调事项段，注册会计师应当明确提及被强调事项以及相关披露的位置，以便能够在财务报表中找到对该事项的详细描述

C. 其他事项段，是指审计报告中含有的一个段落，该段落提及未在财务报表中列报或披露的事项，根据注册会计师的职业判断，该事项与财务报表使用者理解审计工作、注册会计师的责任或审计报告相关

D. 如果认为有必要提醒财务报表使用者关注已在财务报表中列报或披露，且根据职业判断认为对财务报表使用者理解财务报表至关重要的事项，注册会计师在已获取充分、适当的审计证据证明该事项在财务报表中不存在重大错报的条件下，应当在审计报告中增加其他事项段

【答案】D

【解析】如果认为有必要提醒财务报表使用者关注已在财务报表中列报或披露，且根据职业判断认为对财务报表使用者理解财务报表至关重要的事项，注册会计师在已获取充分、适当的审计证据证明该事项在财务报表中不存在重大错报的条件下，应当在审计报告中增加强调事项段。

【例题11·简答题】（2019年试题）

ABC会计师事务所的A注册会计师负责审计多家上市公司2018年度财务报表，遇到下列与审计报告相关的事项：

（1）A注册会计师无法就乙公司2018年末存放在第三方的存货获取充分、适当的审计证据，对财务报表发表了保留意见。A注册会计师认为除这一事项外，不存在其他关键审计事项，因此，未在审计报告中包含关键审计事项部分。

（2）丙公司某子公司于2019年1月1日起停止营业并开始清算，债权人申报的债权金额比该子公司2018年末相应的账面余额多5亿

元，占丙公司2018年末合并财务报表净资产的15%。丙公司管理层解释系该子公司与债权人就工程款存在争议，最终需要支付的金额尚不确定，故未在财务报表中予以确认。A注册会计师认为该事项对财务报表使用者理解财务报表至关重要，在无保留意见的审计报告中增加了强调事项段提醒报表使用者关注。

（3）丁公司的某重要子公司2018年末处于停产状态，其核心技术人员已离职成立新公司，与丁公司竞争并占据主要市场份额。管理层拟在3年内自主研发替代性技术，基于该假设编制的预计未来现金流量现值显示，收购该子公司形成的大额商誉不存在减值。A注册会计师认为技术研发成功的可能性存在重大不确定性，在无保留意见的审计报告中增加了强调事项段提醒报表使用者关注。

（4）戊公司2016年度和2017年度连续亏损，2018年度实现净利润1.4亿元，其中包括控股股东债务豁免收益2亿元。A注册会计师认为该交易不具有商业实质，对2018年度财务报表发表了保留意见。

要求：

针对上述第（1）至（4）项，逐项指出A注册会计师的做法是否恰当。如不恰当，简要说明理由。

【答案】

事项（1）不恰当。A注册会计师应当在关键审计事项部分提及形成保留意见的基础部分。

事项（2）不恰当。A注册会计师应当发表非无保留意见，而不是增加强调事项段。

事项（3）不恰当。丁公司的持续经营假设适当，但是存在重大不确定性，A注册会计师应当在无保留意见的审计报告中增加“与持续经营相关的重大不确定性”的单独部分，而不是增加强调事项段。

事项（4）不恰当。应出具否定意见的审计报告。

【例题12·综合题】（2016年试题）

甲公司是ABC会计师事务所的常年审计客户，主要从事肉制品的加工和销售。A注册会计师负责审计甲公司2015年度财务报表，确定财务报表整体的重要性为100万元。审计报告日为2016年4月30日。

资料一：2015年3月15日，媒体曝光甲公司的某批次产品存在严重的食品安全问题。在计划审计阶段，A注册会计师就此事项及相关影响与管理层进行了沟通，部分内容摘录如下：

（1）受食品安全事件影响，甲公司产品出现滞销。为恢复市场占有率，甲公司未因本年度成本大幅上涨而提高售价，销量逐步回升。

（2）甲公司每年向母公司支付商标使用费300万元，2015年度母公司豁免了该项费用。

（3）2015年，甲公司多名关键员工离职。管理层正在考虑一项员工激励计划，向服务至2018年末的员工发放特别奖金。因计划未确定，管理层未在2015年度财务报表中确认。

（4）为对产品进行升级，2015年末，甲公司以其持有的账面价值为500万元的长期股权投资从非关联方换入账面价值为400万元的专利权，并收到补价100万元。换入资产和换出资产的公允价值均不能可靠计量。

（5）为增收节支，甲公司董事会决定将管理人员迁至厂区办公，并自2015年12月1日起将二号办公楼出租给乙公司，租期10年。管理层在起租日将该办公楼转为投资性房地产，采用公允价值模式进行计量。

资料二：A注册会计师在审计工作底稿中记录了甲公司的财务数据，部分内容摘录如下：

金额单位：万元

项目	未审数	已审数
	2015年	2014年
营业收入	7 200	7 500
营业成本	4 900	5 000
管理费用——商标使用费	300	300
营业外收入——母公司豁免商标使用费	300	0
投资收益——非货币性资产交换收益	100	0
公允价值变动收益——投资性房地产（二号办公楼）	4 000	0
投资性房地产——成本（二号办公楼）	10 000	0
无形资产——非货币性资产交换换入专利权	500	0

资料三：A注册会计师在审计工作底稿中记录了审计计划，部分内容摘录如下：

（1）拟实施的进一步审计程序的范围是：金额高于实际执行的重要性的财务报表项目；金额低于实际执行的重要性但存在舞弊风险的财务报表项目。

（2）A注册会计师拟复核和评价甲公司内部审计人员编制的内部控制说明和流程图，以了解内部控制是否发生变化，并对拟信赖的控制实施测试。

（3）A注册会计师和项目组成员就甲公司财务报表存在重大错报的可能性等事项进行了讨论。因项目组某关键成员无法参加会议，拟由项目组其他成员选取相关事项向其通报。

（4）2015年有多名消费者起诉甲公司，管理层聘请外部律师担任诉讼代理人。A注册会计师拟亲自向律师寄发由管理层编制的询证函，并要求与律师进行直接沟通。

资料四：甲公司部分原材料系向农户采购。财务人员办理结算时应当查验农户身份证，并将身份证复印件及农户签字的收据作为付款凭证附件。2 000元以上的付款应当通过银行转账。A注册会计师在审计工作底稿中记录了与采购与付款交易相关的审计工作，部分内容摘录如下：

（1）2015年10月，A注册会计师在观察原材料验收流程时发现某农户向验收员支付回扣，以提高核定的品质等级。A注册会计师认为该事项不重大，在审计完成阶段向管理层通报了该事项。

（2）A注册会计师在实施控制测试时，发现1笔8 000元的采购交易被拆分成8笔，以现金支付。财务经理解释该农户无银行卡。A注册会计师询问了该农户，对控制测试结果满意。

（3）A注册会计师在实施细节测试时，发现有1笔付款凭证后未附农户身份证复印件。财务经理解释付款时已查验原件，忘记索要复印件。A注册会计师询问了该农户，验证了签字的真实性，并扩大了样本规模，未发现其他例外事项，结果满意。

资料五：A注册会计师在审计工作底稿中记录了重大事项的处理情况，部分内容摘录如下：

（1）2016年2月，甲公司因2015年的食品安全事件向主管部门缴纳罚款300万元，管理层在2015年度财务报表中将其确认为营业外支出。A注册会计师检查了处罚文件和付款单据，认可了管理层的处理。

（2）审计过程中累积的错报合计数为200万元。因管理层已全部更正，A注册会计师认为错报对审计工作和审计报告均无影响。

（3）甲公司2015年末营运资金为负数，大额银行借款将于2016年到期，存在导致对持续经营能力产生重大疑虑的事项。A注册会计师评估后认为管理层的应对计划可行，甲公司持续经营能力不存在重大不确定性，无须与治理层沟通。

（4）因甲公司2015年末多项诉讼的未来结果具有重大不确定性，A注册会计师拟在审计报告中增加强调事项段，与治理层就该事项和拟使用的报告措辞进行了沟通。

要求：

（1）针对资料一第（1）至（5）项，结合资料二，假定不考虑其他条件，逐项指出资料一所列事项是否可能表明存在重大错报风险。如果认为可能表明存在重大错报风险，简要说明理由，并说明该风险主要与哪些财务报表项目（仅限于应收账款、存货、投资性房地产、无形资产、应付职工薪酬、资本公积、营业收入、营业成本、销售费用、管理费用、公允价值变动收益、投资收益、营业外收入）的哪些认定相关（不考虑税务影响）。请将答案直接填入下方表格内。

事项序号	是否可能表明存在重大错报风险（是/否）	理由	财务报表项目名称及认定
（1）			
（2）			
（3）			
（4）			
（5）			

（2）针对资料三第（1）至（4）项，假定不考虑其他条件，逐项指出审计计划的内容是否恰当。如不恰当，简要说明理由。请将答案直接填入下方表格内。

事项序号	是否恰当（是/否）	理由
(1)		
(2)		
(3)		
(4)		

（3）针对资料四第（1）至（3）项，假定不考虑其他条件，逐项指出A注册会计师的做法是否恰当。如不恰当，简要说明理由。请将答案直接填入下方表格内。

事项序号	是否恰当（是/否）	理由
(1)		
(2)		
(3)		

（4）针对资料五第（1）至（4）项，假定不考虑其他条件，逐项指出A注册会计师的做法是否恰当。如不恰当，简要说明理由。请将答案直接填入下方相应表格内。

事项序号	是否恰当（是/否）	理由
(1)		
(2)		
(3)		
(4)		

【答案】

（1）

事项序号	是否可能表明存在重大错报风险（是/否）	理由	财务报表项目名称及认定
(1)	是	甲公司2015年毛利率为32%，2014年为33%，与成本大幅上涨不符，可能存在少计营业成本、多计营业收入的风险	营业成本（完整性） 存货（存在） 应收账款（存在） 营业收入（发生/准确性）
(2)	是	豁免的商标使用费应计入资本公积，存在多计营业外收入、少计资本公积的风险	营业外收入（发生） 资本公积（完整性）
(3)	否	—	—
(4)	是	换入资产和换出资产的公允价值不能可靠计量，应以换出资产的账面价值为基础确认换入资产成本，补价不能确认收益，存在多计投资收益、多计无形资产的风险	投资收益（发生） 无形资产（准确性）
(5)	是	该项投资性房地产的公允价值在1个月内上涨40%，可能存在多计公允价值变动收益的风险	公允价值变动收益（准确性） 投资性房地产（计价和分摊）

（2）

事项序号	是否恰当（是/否）	理由
(1)	否	单个金额低于实际执行的重要性的项目汇总起来金额可能重大，需要考虑汇总后的潜在风险；对存在低估风险的财务报表项目，不能因为其金额低于实际执行的重要性而不实施进一步审计程序
(2)	是	—

续表

事项序号	是否恰当（是/否）	理由
(3)	否	不应由项目组其他成员确定通报内容，需由项目合伙人确定通报内容
(4)	是	—

（3）

事项序号	是否恰当（是/否）	理由
(1)	否	应当尽快与管理层进行沟通
(2)	否	控制未得到执行
(3)	是	—

（4）

事项序号	是否恰当（是/否）	理由
(1)	是	—
(2)	否	累积的错报合计数200万元超过财务报表整体的重要性，没有考虑对审计工作的影响，应当确定是否需要考虑修改审计计划
(3)	否	存在导致对持续经营能力产生重大疑虑的事项，应当与治理层进行沟通
(4)	是	—

第七节　比较信息

一、比较信息的含义（第一能力等级）

比较信息是指包含于财务报表中的，符合适用的财务报告编制基础的、与一个或多个以前期间相关的金额和披露。比较信息包括对应数据和比较财务报表。

（1）对应数据是指作为本期财务报表组成部分的上期金额和相关披露，这些金额和披露只能和与本期相关的金额和披露（称为"本期数据"）联系起来阅读。对应数据列报的详细程度主要取决于其与本期数据的相关程度。

（2）比较财务报表是指为了与本期财务报表相比较而包含的上期金额和相关披露。比较财务报表包含信息的详细程度与本期财务报表包含信息的详细程度相似。

二、审计程序（第三能力等级）

三、审计报告——对应数据（第三能力等级）

对应数据（属于比较信息）——指作为本期财务报表组成部分的上期金额和相关披露，这些金额和披露只能和与本期相关的金额和披露（称为"本期数据"）联系起来阅读。

【提示】特定情形：

（1）形成对上期财务报表发表非无保留意见的事项在本期尚未解决——非无保留意见。

（2）上期财务报表存在重大错报，而

以前对该财务报表发表了无保留意见，且对应数据未经适当重述或恰当披露；该财务报表未经更正，也未重新出具审计报告，并且本期财务报表中的对应数据未经恰当重述和充分披露——发表保留意见或否定意见。

（3）上期财务报表未经审计——其他事项段。

特定情形	注册会计师处理
1. 上期形成非无保留意见的事项仍未解决的处理	在审计报告的导致非无保留意见的事项段中，注册会计师应当分下列两种情况予以处理： （1）如果未解决事项对本期数据的影响或可能的影响是重大的，注册会计师应当在导致非无保留意见事项段中同时提及本期数据和对应数据； （2）如果未解决事项对本期数据的影响或可能的影响不重大，注册会计师应当说明，由于未解决事项对本期数据和对应数据可比性的影响或可能的影响，因此发表了非无保留意见。 【提示】 ①如果以前针对上期财务报表发表了非无保留意见，且导致非无保留意见的事项已经解决，并已按照适用的财务报告编制基础进行恰当的会计处理，或在财务报表中作出适当的披露，则针对本期财务报表发表的审计意见无须提及之前发表的非无保留意见； ②如果以前针对上期财务报表发表了非无保留意见，且导致非无保留意见的事项尚未解决，该尚未解决的事项可能与本期数据无关。尽管如此，由于尚未解决的事项对本期数据和对应数据的可比性存在影响或可能存在影响，需要对本期财务报表发表保留意见、无法表示意见或否定意见（如适用）
2. 上期财务报表存在重大错报时的报告要求	（1）如果注册会计师已经获取上期财务报表存在重大错报的审计证据，而以前对该财务报表发表了无保留意见，且对应数据未经适当重述或恰当披露——发表保留意见或否定意见； （2）如果存在错报的上期财务报表尚未更正，并且没有重新出具审计报告，但对应数据已在本期财务报表中得到适当重述或恰当披露——增加强调事项段
3. 上期财务报表已由前任注册会计师审计时的报告要求	如果上期财务报表已由前任注册会计师审计，注册会计师在审计报告中可以提及前任注册会计师对对应数据出具的审计报告，当注册会计师决定提及时，应当在审计报告的其他基础部分说明： （1）上期财务报表已由前任注册会计师审计； （2）前任注册会计师发表的意见的类型（如果是非无保留意见，还应当说明发表非无保留意见的理由）； （3）前任注册会计师出具的审计报告的日期
4. 上期财务报表未经审计时的报告要求	如果上期财务报表未经审计，注册会计师应当在审计报告的其他事项段中说明对应数据未经审计。 【提示】这种说明并不减轻注册会计师获取充分、适当的审计证据，以确定期初余额不含有严重影响本期财务报表的错报的责任

【例题13·单选题】（2015年试题）

下列有关在审计报告中提及相关人员的说法中，错误的是（　　）。

A. 如果上期财务报表已由前任注册会计师审计，注册会计师不应在无保留意见的审计报告中提及前任注册会计师的工作，除非法律法规另有规定

B. 注册会计师不应在无保留意见的审计报告中提及专家的相关工作，除非法律法规另有规定

C. 注册会计师不应在无保留意见的审计报告中提及服务机构注册会计师的相关工作，除非法律法规另有规定

D. 注册会计师对集团财务报表出具的审计报告不应提及组成部分注册会计师，除非法律法规另有规定

【答案】A

【解析】如果上期财务报表已经由前任注册会计师审计，注册会计师在审计报告中可以提及前任注册会计师对对应数据出具的审

计报告。

【例题14·简答题】（2013年试题）

ABC会计师事务所首次接受委托，对甲公司2012年度财务报表进行审计，委派A注册会计师担任项目合伙人。甲公司2011年度财务报表由XYZ会计师事务所的X注册会计师负责审计。相关事项如下：

（1）A注册会计师在接受委托前与X注册会计师进行电话沟通，询问其是否发现甲公司管理层存在正直诚信方面的问题以及与甲公司管理层在重大会计审计问题上是否存在意见分歧，并在沟通之后告知甲公司管理层。

（2）X注册会计师拒绝A注册会计师查阅其2011年度审计工作底稿，A注册会计师据此认为无法对存货的期初余额获取充分、适当的审计证据。

（3）由于无法获得甲公司持有的某联营企业相关财务信息，无法就年末长期股权投资的账面价值以及当年确认的投资收益获取充分、适当的审计证据，X注册会计师对甲公司2011年度财务报表发表了保留意见。甲公司于2012年处置了该项投资。A注册会计师认为，导致对上期财务报表发表保留意见的事项已经解决，该事项对2012年度审计意见无影响。

（4）A注册会计师发现甲公司2011年度财务报表存在一项重大错报。甲公司管理层调整了2012年度财务报表对应数据，在财务报表附注中作了充分披露，并将该事项告知X注册会计师。A注册会计师认为该问题已解决，无须实施其他程序。

要求：

假定上述第（1）至（4）项均为独立事项，并且不考虑其他因素，逐项指出A注册会计师的处理是否恰当。如不恰当，简要说明理由。

【答案】

第（1）项不恰当。与前任注册会计师的沟通需要事先征得被审计单位的同意。还应当与前任注册会计师沟通：向被审计单位治理层通报的管理层舞弊、违反法律法规行为和值得关注的内部控制缺陷，以及前任注册会计师认为导致被审计单位变更会计师事务所的原因。（结合教材第十四章）

第（2）项不恰当。除查阅前任注册会计师的审计工作底稿外，可以实施其他追加的审计程序以获得期初存货的相关证据。（结合教材第十七章）

第（3）项不恰当。由于无法获取该项股权投资的财务信息，无法知悉其对2012年度年初未分配利润和2012年度投资收益的影响，因此该事项属于导致对上期财务报表发表保留意见的事项对本期仍有重大影响，且对对应数据的可比性存在影响，应当发表保留意见。（结合教材第十九章）

第（4）项恰当。（结合教材第十九章）

四、审计报告——比较财务报表（第三能力等级）

（一）总体要求

（二）对上期财务报表发表的意见与以前发表的意见不同——其他事项段

（三）上期财务报表已由前任注册会计师审计——其他事项段

注册会计师除对本期财务报表发表意见外，还应当在其他事项段说明：

（1）上期财务报表已由前任注册会计师审计；

（2）前任注册会计师发表的意见的类型（如果发表非无保留意见，还应当说明发表非无保留意见的理由）；

（3）前任注册会计师出具审计报告的日期。

（四）认为存在影响上期财务报表的重大错报——其他事项段

（五）上期财务报表未经审计——其他事项段

【例题15·简答题】（2018年试题）

ABC会计师事务所的A注册会计师负责审计多家上市公司2017年度财务报表，遇到下列与审计报告相关的事项：

（1）2017年10月，甲公司因严重破坏环境被环保部门责令停产并对居民进行赔偿，管理层确认了大额预计负债并在财务报表附注中予以披露。A注册会计师将其作为审计中最为重要的事项与治理层进行了沟通，拟在审计报告的关键审计事项部分沟通该事项。同时，A注册会计师认为该事项对财务报表使用者理解财务报表至关重要，拟在审计报告中增加强调事项段予以说明。

（2）乙公司2017年末商誉、固定资产、长期股权投资等多项资产存在减值迹象。因管理层未提供相关资料，A注册会计师无法就上述资产的减值准备获取充分、适当的审计证据，拟对财务报表发表无法表示意见，并在审计报告的其他信息部分说明注册会计师无法确定与资产减值准备相关的其他信息是否存在重大错报。

（3）由于丙公司与关联方交易相关的内部控制存在重大缺陷，A注册会计师拟对丙公司2017年12月31日的财务报告内部控制发表否定意见。因丙公司管理层未在财务报表附注中披露该情况，A注册会计师拟在对财务报表出具的审计报告中增加强调事项段，提请财务报表使用者关注这一个情况。

（4）因某具有财务重大性的子公司连续2年亏损，丁公司管理层在合并财务报表中就与该子公司相关的商誉计提了大额减值准备。A注册会计师发现该子公司业务数据与财务数据存在无法解释的重大差异，因此认为无法对与该子公司相关的商誉减值准备获取充分、适当的审计证据，拟对丁公司合并财务报表发表保留意见。

（5）戊公司管理层2017年确认了一笔大额长期职工福利，未将其折现，并拒绝了A注册会计师的审计调整建议。A注册会计师认为该项未更正错报对财务报表整体没有重大影响。因将长期职工福利作为审计中最为重要的事项并与治理层沟通过，A注册会计师拟将其作为关键审计事项在审计报告中进行沟通。

要求：

针对上述第（1）至（5）项，逐项指出A注册会计师的做法是否恰当。如不恰当，简要说明理由。

【答案】

第（1）项不恰当。被确定为在审计报告中沟通的关键审计事项无须在强调事项段中再次说明。

第（2）项不恰当。应当在形成无法表示意见的基础部分对无法确定与资产减值准备相关的信息是否存在重大错报进行说明。

第（3）项不恰当。不应增加强调事项段，应当确定对内部控制有效性发表否定意见对财务报表审计意见的影响。

第（4）项恰当。

第（5）项不恰当。该事项未得到满意解决，不应在关键审计事项部分沟通。

【例题16·简答题】（2014年试题A）

ABC会计师事务所的A注册会计师担任多家被审计单位2013年度财务报表审计的项目合伙人，遇到下列导致出具非无保留审计报告的事项：

（1）甲公司为ABC会计师事务所2013年度承接的新客户。前任注册会计师由于未就2011年12月31日存货余额获取充分，适当的审计证据，对甲公司2012年度财务报表发表了保留意见。审计项目组认为，导致保留意见的事项对本期数据本身没有影响。

（2）2013年10月，上市公司乙公司因涉嫌信息披露违规被证券监管机构立案稽查。截至审计报告日，尚无稽查结论。管理层在财务报表附注中披露了上述事项。

（3）丙公司管理层对固定资产实施减值测试，按照未来现金流量现值与固定资产账面净值的差额确认了重大减值损失。管理层无法提供相关信息以支持现金流量预测中假设的未来5年营业收入，审计项目组也无法作出估计。

（4）2014年2月，丁公司由于生产活动产生严重污染，被当地政府部门责令无限期停业整改。截至审计报告日，管理层的整改计划尚待董事会批准。管理层按照持续经营假设编制了2013年度财务报表，并在财务报表附注中披露了上述情况。审计项目组认为管理层运用持续经营假设符合丁公司的具体情况。

（5）戊公司于2013年9月起停止经营活动，董事会拟于2014年内清算戊公司。2013年12月31日，戊公司账面资产余额主要为货币资金，其他应收款以及办公家具等固定资产，账面负债余额主要为其他应付款和应付工资。管理层认为，如采用非持续经营编制基础，对上述资产和负债的计量并无重大影响。因此，仍以持续经营假设编制2013年度财务报表，并在财务报表附注中披露了清算计划。

（6）2013年1月1日，己公司通过收购取得子公司庚公司。由于庚公司账目混乱，己公司管理层决定在编制2013年度合并财务报表时不将其纳入合并范围。庚公司2013年度的营业收入和税前利润约占己公司未审合并财务报表相应项目的30%。

要求：

针对上述第（1）至（6）项，假定不考虑其他条件，逐项指出A注册会计师应当出具何种类型的非无保留审计报告，并简要说明理由。

【答案】

事项（1），出具保留意见审计报告。2012年度审计报告中导致保留意见的事项对本期数据和对应数据的可比性仍有影响。

事项（2），出具带强调事项段的无保留意见审计报告。证券监管机构的稽查结果存在不确定性。

事项（3），出具保留意见/无法表示意见审计报告。无法获取充分适当的审计证据，审计范围受到限制。

事项（4），被审计单位财务报表披露了该事项，注册会计师发表无保留意见，并在审计报告中增加以“与持续经营相关的重大不确定性”为标题的单独部分，以提醒财务报表使用者关注财务报表附注中的披露；说明这些事项或情况表明存在可能导致对被审计单位持续经营能力产生重大疑虑的重大不确定性，并说明该事项并不影响发表的审计意见。

事项（5），出具否定意见审计报告。运用持续经营假设不适当。

事项（6），出具否定意见审计报告。重要子公司未合并，导致合并财务报表重大而广泛的错报。

第八节　注册会计师对其他信息的责任

一、获取其他信息（第三能力等级）

在被审计单位年度报告中（界定其他信息的范畴），除包含财务报表和审计报告外，还通常包括实体的发展，未来前景、风险和不确定事项，治理层声明，以及包含治理事项的报告等信息，这些财务信息和非财务信息称为其他信息。

二、阅读并考虑其他信息（第三能力等级）

三、当似乎存在重大不一致或者其他信息似乎存在重大错报时的应对（第三能力等级）

注册会计师应当与管理层讨论该事项，必要时，实施其他程序以确定：

（1）其他信息是否存在重大错报；

（2）财务报表是否存在重大错报；

（3）注册会计师对被审计单位及其环境的了解是否需要更新。

四、当注册会计师认为其他信息存在重大错报时的应对（第三能力等级）

（一）如果注册会计师认为其他信息存在重大错报，应当要求管理层更正其他信息：

（1）如果管理层同意作出更正，注册会计师应当确定更正已经完成；

（2）如果管理层拒绝作出更正，注册会计师应当就该事项与治理层进行沟通，并要求作出更正。

（二）如果注册会计师认为审计报告日前获取的其他信息存在重大错报，且在与治理层沟通后其他信息仍未得到更正，注册会计师应当采取恰当措施，包括：

（1）考虑对审计报告的影响，并就注册会计师计划如何在审计报告中处理重大错报与治理层进行沟通；

（2）在相关法律法规允许的情况下，解除业务约定。

（三）注册会计师认为审计报告日后获取的其他信息存在重大错报，应当采取以下措施：

（1）如果其他信息得以更正，注册会计师应当根据具体情形实施必要的程序，包括确定更正已经完成，也可能包括复核管理层为与收到其他信息（如果之前已经公告）的人士沟通并告知其修改而采取的步骤；

（2）如果与治理层沟通后其他信息未得到更正，注册会计师应当考虑其法律权利和义务，并采取恰当的措施，以提醒审计报告使用者恰当关注未更正的重大错报。

五、当财务报表存在重大错报或注册会计师对被审计单位及其环境的了解需要更新时的应对（第三能力等级）

如果注册会计师认为财务报表存在重大错报，或者注册会计师对被审计单位及其环境的了解需要更新，注册会计师应当作出恰当应对，包括修改注册会计师对风险的评估、评估错报、考虑注册会计师关于期后事项的责任。

六、报告（第三能力等级）

（一）如果在审计报告日存在下列两种情况之一，审计报告应当包括一个单独部分，以“其他信息”为标题：

（1）对于上市实体财务报表审计，注册会计师已获取或预期将获取其他信息；

（2）对于上市实体以外其他被审计单位的财务报表审计，注册会计师已获取部分或全部其他信息。

（二）审计报告应当包含其他信息部分，该部分应当包括：

1. 管理层对其他信息负责的说明。

2. 指明：

（1）注册会计师于审计报告日前已获取的其他信息（如有）；

（2）对于上市实体财务报表审计，预期将于审计报告日后获取的其他信息（如有）。

（3）说明注册会计师的审计意见未涵盖其他信息，因此，注册会计师对其他信息不发表（或不会发表）审计意见或任何形式的鉴证结论。

（4）描述注册会计师根据本准则的要求，对其他信息进行阅读、考虑和报告的责任。

（5）如果审计报告日前已经获取其他信息，则选择下列两者之一进行说明：

①说明注册会计师无任何需要报告的事项；

②如果注册会计师认为其他信息存在未更正的重大错报，说明其他信息中的未更正重大错报。

【例题17·简答题】（2012年试题A卷）A注册会计师负责审计上市公司甲公司2011年度财务报表，审计完成阶段的部分工作底稿内容摘录如下：

（1）甲公司持续经营假设适当但存在重大不确定性，财务报表附注中对此未作充分披露，拟在审计报告中增加强调事项段。

（2）发现含有已审计财务报表的公司年度报告中披露的年度营业收入总额与已审计财务报表中列示的营业收入金额存在重大不一致，并确定需要修改公司年度报告而非已审计财务报表，管理层拒绝修改公司年度报告。A注册会计师认为，上述情形不会影响审计意见，因此无须采取任何行动。

（3）甲公司2010年度财务报表经其他会计师事务所审计并发表了无保留意见。A注册会计师拟在审计报告中增加其他事项段说明该事项。

要求：

（1）针对上述第（1）和（2）项，分别指出A注册会计师采取的应对措施是否恰当。如不恰当，简要说明正确的应对措施。

（2）针对上述第（3）项，指出A注册会计师应在其他事项段中说明的内容。

【答案】

（1）事项（1）不恰当。财务报表附注未作充分披露，应当发表保留或否定意见。

事项（2）不恰当。如果注册会计师认为其他信息存在重大错报，应当要求管理层更正其他信息，如果管理层拒绝作出更正，注册会计师应当就该事项与治理层进行沟通，并要求作出更正。

（2）上期财务报表已由其他会计师事务所审计；前任注册会计师发表的意见类型；前任注册会计师出具审计报告的日期。

通关演练

一、单项选择题

A和B注册会计师是审计ABC公司2017年度财务报表项目合伙人。A和B注册会计师在出具审计报告时，在审计结论的底稿中草拟了下列表述，假设只存在这一情形，请代为作出专业判断（第1题至第5题），应出具何种类型的审计意见。

1. 公司2017年12月31日资产负债表中存货的列示金额为×元。管理层根据成本对存货进行计量，而没有根据成本与可变现净值孰低的原则进行计量，这不符合企业会计准则的规定。公司的会计记录显示，如果管理层以成本与可变现净值孰低来计量存货，存货列示金额将减少×元。相应地，资产减值损失将增加×元，所得税、净利润和股东权益将分别减少×元、×元和×元。A 和 B 注册会计师出具的审计报告最有可能的是（　　）。

A. 保留意见　　B. 否定意见

C. 无保留意见　　D. 强调事项

2. 如财务报表附注×所述，2017 年 ABC 公司通过非同一控制下的企业合并获得对 XYZ 公司的控制权，因未能取得购买日 XYZ 公司某些重要资产和负债的公允价值，故未将 XYZ 公司纳入合并财务报表的范围，而是按成本法核算对 XYZ 公司的股权投资。ABC 公司的这项会计处理不符合企业会计准则的规定。如果将 XYZ 公司纳入合并财务报表的范围，ABC 公司合并财务报表的多个报表项目将受到重大影响。但我们无法确定未将 XYZ 公司纳入合并范围对财务报表产生的影响。A 和 B 注册会计师出具的审计报告最有可能的是（　　）。

A. 保留意见　　B. 否定意见

C. 无保留意见　　D. 强调事项

3. 如财务报表附注×所述，ABC 公司于 2017 年取得了 XYZ 公司 30% 的股权，因能够对 XYZ 公司施加重大影响，故采用权益法核算该项股权投资，于 2017 年度确认对 XYZ 公司的投资收益×元，截至 2017 年 12 月 31 日该项股权投资的账面价值为×元。由于我们未被允许接触 XYZ 公司的财务信息、管理层和执行 XYZ 公司审计的注册会计师，我们无法就该项股权投资的账面价值以及 ABC 公司确认的 2017 年度对 XYZ 公司的投资收益获取充分、适当的审计证据，也无法确定是否有必要对这些金额进行调整。A 和 B 注册会计师出具的审计报告最有可能的是（　　）。

A. 保留意见　　B. 否定意见

C. 无保留意见　　D. 强调事项

4. 我们于 2018 年 1 月接受 ABC 公司的审计委托，因而未能对 ABC 公司 2017 年初金额为×元的存货和年末金额为×元的存货实施监盘程序。此外，我们也无法实施替代审计程序获取充分、适当的审计证据。并且，ABC 公司于 2017 年 9 月采用新的应收账款电算化系统，由于存在系统缺陷导致应收账款出现大量错误。截至审计报告日，管理层仍在纠正系统缺陷并更正错误，我们也无法实施替代审计程序，以对截至 2017 年 12 月 31 日的应收账款总额×元获取充分、适当的审计证据。因此，我们无法确定是否有必要对存货、应收账款以及财务报表其他项目作出调整，也无法确定应调整的金额。A 和 B 注册会计师出具的审计报告最有可能的是（　　）。

A. 保留意见　　B. 否定意见

C. 无保留意见　　D. 无法表示意见

5. 我们提醒财务报表使用者关注，如财务报表附注×所述，截至财务报表批准日。XYZ 公司对 ABC 公司提出的诉讼尚在审理当中，其结果具有不确定性。本段内容不影响已发表的审计意见。A 和 B 注册会计师出具的审计报告最有可能的是（　　）。

A. 保留意见　　B. 否定意见

C. 无法表示意见　　D. 强调事项

6. 审计报告可以不包括的要素是（　　）。

A. 收件人

B. 审计意见

C. 管理层对审计报告的责任

D. 形成审计意见的基础

7. 如果注册会计师在审计报告中增加强调事项段，则下列关于强调事项段的表述中，不恰当的是（　　）。

A. 使用"强调事项"或其他适当标题

B. 强调事项段应当仅提及已在财务报表中列报或披露的信息

C. 将强调事项段紧接在审计意见段之前

D. 明确提及被强调事项以及相关披露的位置，以便能够在财务报表中找到对该事项的详细描述

8. 下列有关注册会计师对其他信息的责任的说法中，错误的是（　　）。

A. 注册会计师无须阅读与财务报表或注册会计师在审计中了解到的情况不相关的其他信息

B. 当其他信息和财务报表之间存在重大不一致时，注册会计师应当要求管理层更正其他信息

C. 当拒绝更正其他信息的重大错报导致对管理层和治理层的诚信产生怀疑并质疑审计证据总体上的可靠性时，注册会计师应当发表否定意见

D. 对于上市实体财务报表审计和上市实体以外其他被审计单位的财务报表审计，注册会计师对其他信息均不发表审计意见

9. 除非法律法规要求沟通，如果注册会计师在对财务报表发表的审计意见类型为(　　)，则审计报告不得包含关键审计事项部分。

A. 无保留意见　　B. 保留意见

C. 否定意见　　D. 无法表示意见

10. 下列情形出现时，注册会计师不必在审计报告中提及对应数据（　　）。

A. 导致对上期财务报表发表非无保留意见的事项在本期尚未解决

B. 导致对上期财务报表发表非无保留意见的事项在本期已经得到恰当处理

C. 上期财务报表存在重大错报，而以前对该财务报表发表了无保留意见，且对应数据未经适当重述或恰当披露；该财务报表未经更正，也未重新出具审计报告，并且本期财务报表中的对应数据未经恰当重述和充分披露

D. 上期财务报表未经审计

11. 下列各项错报中，通常不会对财务报表具有广泛影响的是（　　）。

A. 被审计单位没有披露关键管理人员薪酬

B. 信息系统缺陷导致的存货、长期股权投资、固定资产等多个财务报表项目的错报

C. 被审计单位没有将年内收购的一家重要子公司纳入合并范围

D. 被审计单位没有按财政部新修订的合并财务报表准则规定编制合并财务报表

12. 下列事项中，属于增加其他事项段的是(　　)。

A. 注册会计师可能被要求实施额外的规定的程序并予以报告

B. 如果上期财务报表未经审计，说明对应数据未经审计

C. 注册会计师除对审计准则规定的有责任对财务报表出具审计报告外，还有其他报告责任

D. 对特定事项发表审计意见

13. 下列事项中，不会导致注册会计师在审计报告中增加其他事项段的是(　　)。

A. 注册会计师决定在审计报告中提及前任注册会计师对对应数据出具的审计报告

B. 当财务报表列报对应数据时，上期财务报表未经审计

C. 对审计报告使用和分发的限制

D. 含有已审计财务报表的文件中的其他信息与财务报表存在重大不一致，并且需要对财务报表作出修改，但管理层拒绝修改

14. 下列关于审计报告日期的说法中，正确的是(　　)。

A. 注册会计师签署审计报告的日期必须与管理层签署已审计的财务报表为同一天

B. 注册会计师签署审计报告的日期通常与财务报表报出日为同一天

C. 注册会计师签署审计报告的日期可以晚于财务报表报出日

D. 注册会计师签署审计报告的日期通常与管理层签署已审计财务报表的日期为同一天，也可以晚于管理层签署已审计财务报表的日期

15. 下列有关审计报告日的说法中，错误的是（　　）。

A. 审计报告日可以晚于管理层签署已审计财务报表的日期

B. 注册会计师签署审计报告的日期通常与管理层签署已审计财务报表的日期为同一天，也可以晚于管理层签署已审计财务报表的日期

C. 注册会计师签署审计报告的日期可以晚于财务报表报出日

D. 在特殊情况下，注册会计师可以出具双重日期的审计报告

16. 下列关于注册会计师对其他信息的责任的表述中，错误的是（　　）。

A. 如果没有法定或约定的义务对其他信息出具鉴证报告，注册会计师在对财务报表出具审计报告时就没有必要考虑其他信息

B. 如果有法定或约定的义务对某些其他信息实施特别程序，当这些其他信息存在遗漏或缺陷时，注册会计师应当考虑是否在审计报告中提及该事项

C. 注册会计师没有专门的责任来确定其

他信息是否得到适当陈述

D. 如果有法定或约定的义务对其他信息出具专项鉴证报告，注册会计师的责任取决于该业务的性质、法律法规和相关执业准则的规定

二、多项选择题

1. 在（　　）情况下，注册会计师应当在审计报告的意见段后增加强调事项段。

A. 存在可能导致对持续经营能力产生重大疑虑的事项或情况

B. 存在可能对财务报表产生重大影响的或有事项

C. 会计政策、会计估计发生变更且对财务报表产生重大影响

D. 存在重大关联方交易、期后事项及会计差错更正

2. 注册会计师在确定某一与治理层沟通过的事项的相对重要程度以及该事项是否构成关键审计事项时，考虑内容包括（　　）。

A. 从定性和定量方面考虑，与该事项相关的由于舞弊或错误导致的已更正错报和累积未更正错报（如有）的性质和重要程度

B. 识别出的与该事项相关的控制缺陷的严重程度

C. 与该事项相关的会计政策的性质或者与同行业其他实体相比，注册会计师在选择适当的会计政策时涉及的复杂程度或主观程度

D. 在实施审计程序、评价实施审计程序的结果、获取相关和可靠的审计证据以作为发表审计意见的基础时，注册会计师遇到的困难的性质和严重程度

3. 在审计报告中沟通关键审计事项能够帮助（　　）。

A. 财务报表预期使用者了解被审计单位

B. 已审计财务报表中涉及重大管理层判断的领域

C. 注册会计师根据职业判断认为对当期财务报表审计最为重要的事项

D. 还能够为财务报表预期使用者就与被审计单位已审计财务报表或已执行审计工作相关的事项进一步与管理层和治理层沟通提供基础

4. 在审计报告中沟通关键审计事项以注册会计师已就财务报表整体形成审计意见为背景。在审计报告中沟通关键审计事项不能代替下列（　　）事项。

A. 管理层按照适用的财务报告编制基础在财务报表中作出的披露

B. 为使财务报表实现公允反映而作出的披露（如适用）

C. 根据审计业务的具体情况发表非无保留意见

D. 当可能导致对被审计单位持续经营能力产生重大疑虑的事项或情况存在重大不确定性时，注册会计师按照《中国注册会计师审计准则第 1324 号——持续经营》的规定进行报告

5. 在审计报告中沟通关键审计事项时，注册会计师应当从与治理层沟通过的事项中确定在执行审计工作时重点关注过的事项。在确定时，注册会计师应当考虑（　　）方面。

A. 按照《中国注册会计师审计准则第 1211 号——通过了解被审计单位及其环境识别和评估重大错报风险》的规定，评估的重大错报风险较高的领域或识别出的一般风险

B. 按照《中国注册会计师审计准则第 1211 号——通过了解被审计单位及其环境识别和评估重大错报风险》的规定，评估的重大错报风险较高的领域或识别出的特别风险

C. 与财务报表中涉及重大管理层判断（包括被认为具有高度估计不确定性的会计估计）的领域相关的重大审计判断

D. 本期重大交易或事项对审计的影响

6. 除非存在下列（　　）情形之一，注册会计师应当在审计报告中描述每项关键审计事项。

A. 法律法规禁止公开披露某事项

B. 在极少数情形下，如果合理预期在审计报告中沟通某事项

C. 文件规定不能公开披露某事项

D. 在一些情形下，如果合理预期在审计报告中沟通某事项

7. 下列情形中，注册会计师应在审计报告形成意见的基础段之后增加强调事项段的有（　　）。

A. 甲公司存在可能形成对持续经营能力产生重大疑虑的事项或情况，但未在财务报

表中披露

B. 甲公司存在可能形成对持续经营能力产生重大疑虑的事项或情况，已在财务报表中披露，且不影响已发表的意见

C. 甲公司所持股票作为交易性金融资产，股票市价在资产负债表日后大幅下跌，但未在财务报表中披露

D. 由于违约在资产负债表日前已被起诉，对此甲公司已在财务报表附注中披露

8. 下列情形中，注册会计师应在审计报告意见段之后增加强调事项段的有（　　）。

A. 提醒财务报表使用者注意财务报表按照特殊目的编制基础编制

B. 被审计单位编制财务报表时运用持续经营假设适当但存在重大不确定性，被审计单位财务报表披露

C. 被审计单位所持股票作为公允价值计量且变动计入当期损益的金融资产，股票市价在资产负债表日后大幅下跌，但未在财务报表中披露

D. 由于违约在资产负债表日前已被起诉，对此被审计单位已在财务报表附注中披露

9. 注册会计师在审计报告中单设关键审计事项部分，关键审计事项部分的引言应当说明的事项有（　　）。

A. 该事项被认定为审计中最为重要的事项之一，因而被确定为关键审计事项的原因

B. 关键审计事项是注册会计师根据职业判断，认为对本期财务报表审计最为重要的事项

C. 关键审计事项的应对以对财务报表整体进行审计并形成审计意见为背景，注册会计师对财务报表整体形成审计意见，而不对关键审计事项单独发表意见

D. 实施审计程序的结果

10. 如果注册会计师在审计报告中增加强调事项段，则下列选项中关于强调事项段的表述，恰当的有（　　）。

A. 使用“强调事项”标题

B. 强调事项段应当仅提及已在财务报表中列报或披露的信息

C. 将强调事项段紧接在审计意见段之前

D. 明确提及被强调事项以及相关披露的位置，以便能够在财务报表中找到对该事项的详细描述

11. 下列事项中，导致注册会计师在审计报告中增加其他事项段的有（　　）。

A. 注册会计师决定在审计报告中提及前任注册会计师对对应数据出具的审计报告

B. 当财务报表列报对应数据时，上期财务报表未经审计

C. 对审计报告使用和分发的限制

D. 在审计报告前识别含有已审计财务报表的文件中的其他信息与财务报表存在重大不一致，并且需要对财务报表作出修改，但管理层拒绝修改

12. 注册会计师发表无保留意见的审计报告中，对财务报表审计的责任段撰写内容包括（　　）。

A. 了解与审计相关的内部控制，以设计恰当的审计程序，但目的并非对内部控制的有效性发表意见

B. 评价管理层选用会计政策的恰当性和作出会计估计及相关披露的合理性

C. 对管理层使用持续经营假设的恰当性得出结论

D. 就遵守关于独立性的相关职业道德要求向治理层提供声明

13. 注册会计师在审计报告中单设关键审计事项部分，关键审计事项部分的引言段应当的事项包括（　　）。

A. 关键审计事项是注册会计师根据职业判断，认为对本期财务报表审计最为重要的事项

B. 注册会计师对财务报表整体形成审计意见，而不对关键审计事项单独发表意见

C. 逐项描述每一关键审计事项，并说明该事项在审计中是如何应对的

D. 在审计报告中说明实施审计程序的结果

14. 下列关于关键审计事项的说法中，正确的有（　　）。

A. 除非法律法规另有规定，当对财务报表发表无法表示意见时，注册会计师不得在审计报告中包含关键审计事项部分

B. 关键审计事项的选择以“与治理层沟通的事项”为起点

C. 关键审计事项是注册会计师根据职业判断，认为对本期财务报表审计最为重要的

事项

D. 一般而言，在审计报告中沟通关键审计事项，通常有助于提高审计的透明度，是符合公众利益的

15. W注册会计师在对丙公司2018年度财务报表审计时，遇到有关比较信息的问题，下列表述中，不正确的有(　　)。

A. W注册会计师针对比较信息实施的审计程序的范围和针对本期数据实施的审计程序的范围相同

B. 当存在上期财务报表未经审计的情形时，W注册会计师应当在审计报告的其他事项段中提及

C. 如果导致上期出具非无保留意见的事项仍未解决，仅对比较信息产生重大影响，而对本期数据没有重大影响，则W注册会计师可以对本期财务报表整体发表无保留意见的审计报告

D. 如果上期财务报表已经前任注册会计师审计，W注册会计师应当按照准则的规定对本期期初余额实施审计程序，必须在审计报告中提及前任注册会计师

16. 当被审计单位变更会计政策时，注册会计师检查的内容通常包括(　　)。

A. 会计政策变更是否符合会计准则和会计制度的规定

B. 会计政策变更是否经过被审计单位有权限机构的批准

C. 会计政策变更的会计处理是否恰当，如是否对比较信息进行了适当的调整

D. 会计政策变更，包括会计政策变更的性质、内容和原因，比较信息中受影响的项目名称和调整金额，无法进行追溯调整的事实和原因，是否已充分披露

三、简答题

1. 甲公司是ABC会计师事务所的常年审计客户，主要从事日用消费品的生产和销售。A注册会计师负责审计甲公司2017年度财务报表。2017年度甲公司财务报表整体重要性为税前利润的5%，即500万元。相关审计资料如下：

A注册会计师在审计过程中发现，甲公司管理层将2017年度发生的材料采购运输费用直接计入当年营业成本，未纳入存货采购成本进行核算，形成2017年度营业成本高估600万元，2017年12月31日的存货余额低估600万元。A注册会计师提出审计调整建议，甲公司管理层拒绝作出调整。

要求：

针对资料，假定不考虑其他条件，代A注册会计师判断应出具何种类型的审计报告，并撰写审计报告。

2. ABC会计师事务所的A注册会计师担任多家被审计单位2017年度财务报表审计的项目合伙人，遇到下列事项：

（1）A注册会计师认为，导致对甲公司持续经营能力产生重大疑虑的事项和情况存在重大不确定性。管理层不同意A注册会计师的结论，因此，未在财务报表附注中作出与其持续经营能力有关的披露。A注册会计师拟在审计报告中增加其他事项段。

（2）因持续经营能力存在重大不确定性，组成部分注册会计师对乙公司的子公司出具了带强调事项段的无保留意见审计报告。乙公司管理层认为该事项不会对乙公司财务报表产生重大影响。A注册会计师同意乙公司管理层的判断，拟在无保留意见审计报告中增加其他事项段，提及组成部分注册会计师对子公司出具的审计报告类型，日期和组成部分注册会计师名称。

（3）丙公司大部分采购和销售交易为关联方交易，管理层在2017年度财务报表附注中披露关联方交易价格公允。由于缺乏公开市场数据，A注册会计师无法对该披露作出评估。鉴于关联方交易对丙公司的经营活动至关重要，A注册会计师拟在审计报告中增加强调事项段，提请财务报表使用者关注附注中披露的关联方交易价格的公允性。

（4）A注册会计师在阅读丁公司年度报告草稿时，注意到其他信息存在对事实的重大错报，且其他信息需要修改，但管理层拒绝作出修改，因此，A注册会计师拟在审计报告中增加其他事项段说明这一事项。

（5）戊公司2017年度某项重大交易的交易对方很可能是管理层未披露的关联方，A注册会计师实施了追加审计程序并与治理层沟通后，仍无法证实。A注册会计师认为，交易对方是否为关联方存在重大不确定性，拟在审计报告中增加强调事项段。

（6）庚公司管理层在财务报表附注中披露了某项重大会计估计存在高度估计不确定性，A注册会计师认为该项披露不充分，拟在审计报告中增加强调事项段。

要求：

针对上述事项（1）至（6），假定不考虑其他条件，逐项指出A注册会计师的做法是否恰当。如不恰当，简要说明理由。

3. ABC会计师事务所的A注册会计师担任多家被审计单位2017年度财务报表审计的项目合伙人，遇到下列形成出具非无保留意见审计报告的事项：

（1）甲公司2017年初开始使用新的ERP系统，因系统缺陷形成2017年度成本核算混乱，审计项目组无法对营业成本、存货等项目实施审计程序。

（2）2017年，因采用新发布的企业会计准则，乙公司对以前年度投资形成的部分长期股权投资改按公允价值计量，并确认了大额公允价值变动收益，未对比较数据进行追溯调整。

（3）因丙公司严重亏损，董事会拟于2018年对其进行清算。管理层运用持续经营假设编制了2017年度财务报表，并在财务报表附注中充分披露了清算计划。

（4）丁公司是金融机构，在风险管理中运用大量复杂金融工具。因风险管理负责人离职，人事部暂未招聘到合适的人员，管理层未能在财务报表附注中披露与金融工具相关的风险。

（5）戊公司2016年度财务报表未经审计。管理层将一项应当在2017年度确认的大额长期资产减值损失作为前期差错，重述了比较数据。

要求：

针对上述事项（1）至第（5），逐项指出A注册会计师应当出具何种类型的非无保留意见审计报告，并简要说明理由。

4. ABC会计师事务所的A注册会计师首次担任甲公司2018年度财务报表审计的项目合伙人，截至审计报告日2019年3月5日，汇总的部分导致出具非标准审计报告的事项如下：

（1）审计项目组在审计报告日前识别重大不一致，需要修改已审计财务报表而管理层拒绝修改，如果该事项对财务报表虽影响重大，但不至于出具否定意见的审计报告，A注册会计师拟发表带其他事项段的保留意见，并在其他事项段中指出该事项对甲公司财务报表可能产生的影响。

（2）审计项目组发现甲公司2018年11月20日行业监管部门通报将予以处罚，一旦处罚裁定将对财务报表产生重大影响。但管理层阻挠导致注册会计师无法获取充分、适当的审计证据，以评价是否存在或可能存在对财务报表产生重大影响的违反法律法规行为，A注册会计师拟发表否定意见。

（3）审计项目组针对甲公司管理层不提供“其提供的信息和交易的完整性”事项的书面声明，A注册会计师拟发表保留意见。

（4）审计项目组发现甲公司为关联方向银行借款提供信用担保，未在财务报表附注中披露。审计项目组认为该事项对财务报表使用者理解财务报表有重大影响，拟在审计报告中增加其他事项段予以说明。

（5）审计项目组发现甲公司于2018年1月起停止经营活动，董事会拟于2018年内清算甲公司。2018年12月31日，甲公司账面资产余额主要为货币资金、其他应收款以及办公家具等固定资产，账面负债余额主要为其他应付款和应付职工薪酬。甲公司管理层继续采用持续经营假设编制2017年度财务报表，并在财务报表附注中披露了清算方案。

（6）甲公司2018年初开始使用新的ERP系统，因系统缺陷导致2018年度营业收入和营业成本等核算混乱，审计项目组无法对营业收入、营业成本、应收账款、存货等项目实施审计程序，因此针对2018年财务报表出具否定意见审计报告。

要求：

针对上述事项（1）至（6），假定不考虑其他条件，事项（1）至（6）中某一个事项发生时，假定其他事项均不存在，分别逐项指出A注册会计师拟发表的审计意见是否恰当，如果不恰当，请指出A注册会计师应当出具审计报告类型，并简要说明理由。

5. ABC会计师事务所的A注册会计师首次担任甲公司2018年度财务报表审计的项目合伙人，截至审计报告日2019年2月10日，汇总的部分导致出具非标准审计报告的事项如下：

（1）审计项目组发现甲公司2018年12月1日被行业监管部门通报并予以处罚，处罚裁定将对财务报表产生重大影响。A注册会计师要求管理层在财务报表中予以恰当反映，但管理层予以拒绝，由于该事项属于违反法律法规行为，A注册会计师拟发表带强调事项段的无保留意见。

（2）截至2019年1月5日，审计项目组发现甲公司的全资子公司乙公司于2018年12月1日被当地政府部门责令无限期停业整改，以解决对附近水源的污染问题。截至2019年2月10日，管理层的整改计划尚待董事会批准。管理层按照持续经营假设编制了2018年度财务报表，但未在财务报表附注中对此事项进行任何程度的披露。A注册会计师认为甲公司持续经营假设是适当的，拟对甲公司2018年度财务报表发表带持续经营存在不确定性单独段落的无保留意见。

（3）审计项目组发现前任注册会计师对甲公司2017年度财务报表发表了非无保留意见，导致出具非标准审计报告的事项对本期财务报表仍然相关和重大，A注册会计师拟对2018年财务报表发表保留意见。

（4）审计项目组发现甲公司2018年通过非同一控制下的企业合并获得对乙公司的控制权，因未能取得购买日乙公司某些重要资产和负债的公允价值，故未将乙公司纳入合并财务报表的范围，而是按成本法核算对乙公司的股权投资。甲公司的这项会计处理不符合企业会计准则的规定。如果将乙公司纳入合并财务报表的范围，甲公司合并财务报表的多个报表项目将受到重大影响，但审计项目组无法确定未将乙公司纳入合并范围对财务报表产生的影响，A注册会计师拟对2018年甲公司财务报表出具无法表示意见审计报告。

要求：

针对上述事项（1）至（4），假定不考虑其他条件，事项（1）至（4）中某一个事项发生时，假定其他事项均不存在，分别逐项指出A注册会计师拟发表的审计意见是否恰当，如果不恰当，请指出A注册会计师应当出具的审计报告类型，并简要说明理由。

四、综合题

上市公司甲集团公司是ABC会计师事务所的常年审计客户，主要从事化工产品的生产和销售。A注册会计师负责审计甲集团公司2017年度财务报表，确定集团财务报表整体的重要性为200万元。（本题资料包括：资料一；资料二；资料三；资料四；资料五）

资料一：甲集团公司拥有一家子公司和一家联营企业，与集团审计相关的部分信息摘录如下：

组成部分	组成部分类型	执行工作的类型	组成部分注册会计师
子公司乙公司	重要	审计	XYZ会计师事务所的X注册会计师
持有20%股权的联营企业丙公司	不重要	集团层面分析程序	不适用

资料二：A注册会计师制定了甲集团公司总体审计策略，部分内容摘录如下：

（1）A注册会计师拟在审计计划阶段与治理层沟通，主要内容为：注册会计师与财务报表审计相关的责任，注册会计师的独立性，计划的审计范围以及具体审计程序的性质和时间安排。

（2）X注册会计师未能参与集团项目组对集团财务报表重大错报风险的讨论。A注册会计师拟另行安排时间与X注册会计师进行沟通，并向其通报集团项目组讨论的情况。

（3）甲集团公司内部审计部门于2017年测试了集团层面控制的运行有效性。A注册会计师拟信赖集团层面控制，通过与人员讨论和阅读内部审计报告，评价了内部审计人员的测试工作，拟利用其测试结果，并认为该工作足以实现审计目的。

资料三：A注册会计师在审计工作底稿中记录了具体审计计划，部分内容摘录如下：

（1）A注册会计师参与X注册会计师实施的风险评估程序的性质和范围包括：①与X注册会计师讨论对集团而言重要的乙公司业务活动；②复核X注册会计师对识别出的导致集团财务报表发生重大错报的特别风险形成的审计工作底稿。

（2）2017年，甲集团公司以500万元向具有支配性影响的母公司购买一项资产。A注册会计师了解到该交易已经董事会授权和批准，因此，认为不存在重大错报风险，拟通过检查合同等相关支持性文件获取审计证据。

（3）甲集团公司将经批准的合格供应商信息录入信息系统形成供应商主文档，生产部员工在信息系统中填制连续编号的请购单时只能选择该主文档中的供应商。供应商的变动需由采购部经理批准，并由其在系统中更新供应商主文档。A注册会计师认为该内部控制设计合理，拟予以信赖。

（4）甲集团公司采用账龄分析法对部分应收账款计提坏账准备，财务人员根据信息系统生成的账龄信息计算坏账准备金额，由财务经理复核并报财务总监批准。A注册会计师拟询问财务经理和财务总监，检查复核与批准记录，以测试该控制的运行有效性。

（5）甲集团公司在发货时开具出库单，在客户验收后确认销售收入。出库单按出库顺序连续编号。A注册会计师拟选取2017年12月最后若干张和2018年1月最前若干张出库单，检查其对应的销售收入是否分别记录在2017年度和2018年度。

（6）2017年，甲集团公司以非同一控制下企业合并的方式吸收合并了丁公司。因丁公司不是ABC会计师事务所的审计客户，且固定资产价值高，A注册会计师拟测试丁公司设立以来至合并日的固定资产和累计折旧账户中的所有重要记录，以核实甲集团公司在合并日确认的固定资产公允价值的准确性。

资料四：A注册会计师在审计工作底稿中记录了审计程序的执行情况，部分内容摘录如下：

（1）甲集团公司的销售费用存在低估风险，预计错报率低于10%，总体规模在2 000以上。A注册会计师采用货币单元抽样方法对销售费用实施了细节测试。

（2）甲集团公司2017年发生一起员工虚领工资事件，金额180万元。考虑到相关控制存在缺陷，A注册会计师未予以信赖，通过实施实质性分析程序获取了与职工薪酬相关的审计证据。

（3）A注册会计师在测试甲集团公司临近2017年末的会计分录和其他调整时，选取了35笔符合预定特征的样本项目，检查这些会计分录和其他调整是否获得管理层批准，入账金额是否准确，未发现错报。

资料五：A注册会计师在审计工作底稿中记录了评估错报及处理重大事项的情况，部分内容摘录如下：

（1）丙公司的控股股东拒绝A注册会计师接触丙公司的治理层、管理层和前任注册会计师。A注册会计师获取了甲集团公司管理层拥有的丙公司财务报表、审计报告及与丙公司相关的信息，在集团层面实施了分析程序，未发现异常，决定不再对丙公司财务信息执行进一步工作。

（2）A注册会计师在审计过程中与甲集团公司管理层讨论了值得关注的内部控制缺陷和内部控制的其他缺陷，因此，不再以书面形式向管理层正式通报。

（3）2017年7月，甲集团公司更换了主要管理层成员。由于现任管理层仅就其任职期间提供书面声明，A注册会计师向前任管理层获取了其在任时相关期间的书面声明。

（4）2017年12月，丙公司为提高产能向甲集团公司购入一条生产线。甲集团公司取得300万元的处置净收益，在按权益法确认对丙公司的投资收益时，未作抵销处理，并拒绝接受审计调整建议。A注册会计师认为该错报金额重大，拟因此发表保留意见。

（5）2018年2月20日，A注册会计师出具了集团审计报告。在财务报表报出前，A注册会计师获悉甲集团公司2018年1月10日发生了一笔大额销售退回，因此，要求管理层修改财务报表，并于2018年2月25日重新出具了审计报告。管理层于2018年2月26日批准并报出修改后的财务报表。

（6）审计报告日后，A注册会计师发现甲集团公司已公告的年度报告中部分信息与已审计财务报表存在重大不一致，要求管理层修改年度报告，管理层拒绝作出修改。A注册会计师认为该事项不影响已审计财务报表，无须采取进一步措施。

要求：

（1）针对资料二事项（1）至（3），结

合资料一，假定不考虑其他条件，逐项指出A注册会计师的处理是否恰当。如不恰当，简要说明理由。

（2）针对资料三事项（1）至（6），结合资料一，假定不考虑其他条件，逐项指出A注册会计师的处理是否恰当。如不恰当，简要说明理由。

（3）针对资料四，分析A注册会计师处理是否恰当，如果不恰当并说明理由。

（4）针对资料五，分析A注册会计师处理是否恰当，如果不恰当并说明理由。

答案及解析

一、单项选择题

1.【答案】A

【解析】由于财务报表存在重大错报而出具保留意见的审计报告。

2.【答案】B

【解析】由于财务报表存在重大错报而出具否定意见的审计报告。

3.【答案】A

【解析】由于注册会计师无法获取充分、适当的审计证据而出具保留意见的审计报告。

4.【答案】D

【解析】由于注册会计师无法针对财务报表多个要素获取充分、适当的审计证据而出具无法表示意见的审计报告。

5.【答案】D

【解析】由于增加强调事项段是为了提醒财务报表使用者关注某些事项，并不影响注册会计师的审计意见。

6.【答案】C

【解析】审计报告应当包括下列要素：（1）标题；（2）收件人；（3）审计意见；（4）形成审计意见的基础；（5）管理层对财务报表的责任；（6）注册会计师对财务报表审计的责任；（7）按照相关法律法规的要求报告的事项（如适用）；（8）注册会计师的签名和盖章；（9）会计师事务所的名称、地址和盖章；（10）报告日期。

7.【答案】C

【解析】如果注册会计师发表带强调事项段的审计报告，那么应当将强调事项段紧接在形成意见的基础段之后。

8.【答案】ABC

【解析】选项A，注册会计师应当对与财务报表或注册会计师在审计中了解到的情况不相关的其他信息中似乎存在重大错报的迹象保持警觉；选项B，如果注册会计师识别出似乎存在重大不一致，注册会计师应当与管理层讨论该事项，必要时，实施其他程序以确定其他信息是否存在重大错报；选项C，在少数情况下，当拒绝更正其他信息的重大错报导致对管理层和治理层的诚信产生怀疑，进而质疑审计证据总体上的可靠性时，对财务报表发表无法表示意见可能是恰当的。

9.【答案】D

【解析】按规定，注册会计师在对财务报表发表无法表示意见时，不得在审计报告中沟通关键审计事项，除非法律法规要求沟通。

10.【答案】B

【解析】当财务报表中列报对应数据时，由于审计意见是针对包括对应数据的本期财务报表整体的，审计意见通常不提及对应数据。除了以下特定情形：（1）导致对上期财务报表发表非无保留意见的事项在本期尚未解决；（2）上期财务报表存在重大错报，而以前对该财务报表发表了无保留意见，且对应数据未经适当重述或恰当披露；该财务报表未经更正，也未重新出具审计报告，并且本期财务报表中的对应数据未经恰当重述和充分披露；（3）上期财务报表未经审计。

11.【答案】A

【解析】广泛性——描述错报影响的术语，用以说明错报对财务报表的影响，或者由于无法获取充分、适当的审计证据而未发现的错报（如存在）对财务报表可能产生的影响。根据注册会计师的判断，对财务报表的影响具有广泛性的情形包括：（1）不限于对财务报表的特定要素、账户或项目产生影响；（2）虽然仅对财务报表的特定要素、账户或项目产生影响，但这些要素、账户或项目是或可能是财务报表的主要组成部分；（3）当与披露相关时，产生的影响对财务报表使用者理解财务报表至关重要。选项A，仅影响披露的完整性，并不对财务报表具有广泛影响。

12.【答案】B

【解析】选项A、C、D属于增加其他事项段不涉及的情形。增加其他事项段不涉及以下两种情形：（1）除根据审计准则的规定有责任对财务报表出具审计报告外，注册会计师还有其他报告责任（选项C）；（2）注册会计师可能被要求实施额外的规定的程序并予以报告（选项A），或对特定事项发表意见（选项D）。

13.【答案】D

【解析】选项D不会增加其他事项段，而是发表保留意见或否定意见。

14.【答案】D

【解析】注册会计师签署审计报告的日期通常与管理层签署已审计财务报表的日期为同一天，也可以晚于管理层签署已审计财务报表的日期，选项D正确。

15.【答案】C

【解析】注册会计师签署审计报告的日期通常与管理层签署已审计财务报表的日期为同一天，也可以晚于管理层签署已审计财务报表的日期，选项C不正确。

16.【答案】A

【解析】无论是否有法定或约定的义务对其他信息出具鉴证报告，注册会计师出具审计报告时都应该考虑其他信息。

二、多项选择题

1.【答案】AB

【解析】对于选项C和D，要么在说明段中说明，要么不说明，无须在强调事项段中说明。

2.【答案】ABD

【解析】选项C，注册会计师在确定某一与治理层沟通过的事项的相对重要程度以及该事项是否构成关键审计事项时，考虑与该事项相关的会计政策的性质或者与同行业其他实体相比，管理层在选择适当的会计政策时涉及的复杂程度或主观程度。

3.【答案】ABCD

【解析】本题考察沟通关键审计事项的意义。

4.【答案】ABCD

【解析】本题考察在审计报告中沟通关键审计事项不能代替的事项。

5.【答案】BCD

【解析】本题考察注册会计师应当从与治理层沟通过的事项中确定在执行审计工作时重点关注过的事项考虑的方面。

6.【答案】AB

【解析】本题考察注册会计师应当在审计报告中描述每项关键审计事项的情形。

7.【答案】BD

【解析】注册会计师可能认为需要增加强调事项段的情形：异常诉讼或监管行动的未来结果存在不确定性；提前应用（在允许的情况下）对财务报表有广泛影响的新会计准则；存在已经或持续对被审计单位财务状况产生重大影响的特大灾难。

8.【答案】AD

【解析】除上述审计准则要求增加强调事项的情形外，注册会计师可能认为需要增加强调事项段的情形举例如下：（1）异常诉讼或监管行动的未来结果存在不确定性；（2）提前应用（在允许的情况下）对财务报表有广泛影响的新会计准则；（3）存在已经或持续对被审计单位财务状况产生重大影响的特大灾难。结合第十七章第三节考虑持续经营审计：被审计单位财务报表披露——注册会计师发表无保留意见，并在审计报告中增加以“与持续经营相关的重大不确定性”为标题的单独部分；被审计单位财务报表不披露——注册会计师发表保留或否定意见。

9.【答案】BC

【解析】在审计报告中单设关键审计事项部分，关键审计事项部分的引言应当同时说明下列事项：关键审计事项是注册会计师根据职业判断，认为对本期财务报表审计最为重要的事项；关键审计事项的应对以对财务报表整体进行审计并形成审计意见为背景，注册会计师对财务报表整体形成审计意见，而不对关键审计事项单独发表意见。选项A和D属于注册会计师应当在审计报告中逐项描述每一关键审计事项，并同时说明下列方面：该事项被认定为审计中最为重要的事项之一，因而被确定为关键审计事项的原因；该事项在审计中是如何应对的。描述要素包括：（1）审计应对措施或审计方法中，与该事项最为相关或对评估的重大错报风险最有针对性的方面；（2）对已实施审计程序的简要概述；（3）实施审计程序的结果；（4）对该事项作出的主要看法。

10.【答案】ABD

【解析】如果注册会计师发表带强调事项段的审计报告，那么应当将强调事项段在审计意见段之后。

11.【答案】ABC

【解析】注册会计师需要在审计报告中增加其他事项段的情形包括：（1）与使用者理解审计工作相关的情形；（2）与使用者理解注册会计师的责任或审计报告相关的情形；（3）对两套以上财务报表出具审计报告的情形；（4）限制审计报告分发和使用的情形。

12.【答案】ABCD

【解析】四个选项均属于注册会计师的责任段应包括的内容。

13.【答案】AB

【解析】选项C、D属于描述单一关键审计事项的内容。

14.【答案】ABCD

【解析】四个选项均正确。

15.【答案】ACD

【解析】注册会计师针对比较信息实施的审计程序的范围小于针对本期数据实施的审计程序的范围，通常限于评价比较信息是否正确列报和适当分类，所以选项A错误；如果导致上期出具非无保留意见的事项仍未解决，仅对比较信息产生重大影响，而对本期数据没有重大影响，则注册会计师应当对本期财务报表整体发表非无保留意见，在说明段中说明未解决事项对比较信息的重大影响，所以选项C错误；如果上期财务报表已经前任注册会计师审计，后任注册会计师应当按照准则的规定对本期期初余额实施审计程序，在审计报告中可以提及前任注册会计师，不是“必须”提及，所以选项D错误。

16.【答案】ABCD

【解析】当被审计单位变更会计政策时，注册会计师检查的内容通常包括：（1）会计政策变更是否符合会计准则和会计制度的规定（选项A）；（2）会计政策变更是否经过被审计单位有权限机构的批准（选项B）；（3）会计政策变更的会计处理是否恰当，如是否对比较信息进行了适当的调整（选项C）；（4）会计政策变更，包括会计政策变更的性质、内容和原因，比较信息中受影响的项目名称和调整金额，无法进行追溯调整的事实和原因，是否已充分披露（选项D）。

三、简答题

1.【答案】

审计报告意见类型：A注册会计师应出具保留意见的审计报告。

续编审计报告如下：

审计报告

甲公司全体股东：

（一）保留意见

我们审计了甲股份有限公司（以下简称甲公司）财务报表，包括2017年12月31日的资产负债表，2017年度的利润表、现金流量表和股东权益变动表以及财务报表附注（包括重大会计政策和会计估计）。

我们认为，除“形成保留意见的基础”部分所述事项产生的影响外，甲公司的财务报表在所有重大方面按照企业会计准则的规定编制，公允反映了甲公司2017年12月31日的财务状况以及2011年度的经营成果和现金流量。

（二）形成保留意见的基础

将材料采购运输费用直接计入当年营业成本，不符合企业会计准则的规定。如计入存货采购成本，存货将增加600万元，营业成本将减少600万元，净利润和所有者权益将增加600万元。

我们按照中国注册会计师审计准则的规定执行了审计工作。审计报告的“注册会计师对财务报表审计的责任”部分进一步阐述了我们在这些准则下的责任。按照中国注册会计师职业道德守则，我们独立于甲公司，并履行了职业道德方面的其他责任。我们相信，我们获取的审计证据是充分、适当的，为发表保留意见提供了基础。

（三）关键审计事项（略）

（四）管理层对财务报表的责任（略）

（五）注册会计师对财务报表审计的责任（略）

ABC 会计师事务所

（盖章）

中国注册会计师：×××

（签名并盖章）

中国注册会计师：×××

（签名并盖章）

中国××市　　二〇一八年×月×日

2.【答案】

事项（1）不恰当。管理层未披露持续经营能力存在重大不确定性，应当发表非无保留意见/保留意见/否定意见。

事项（2）不恰当。不应在审计报告中提及组成部分注册会计师，如果提及组成部分注册会计师，应指明这种提及并不减轻 ABC 会计师事务所，A 注册会计师对乙公司审计意见承担的责任。

事项（3）不恰当。审计范围受到限制，应当发表保留意见/无法表示意见。

事项（4）不恰当。如果管理层拒绝作出更正，注册会计师应当就该事项与治理层进行沟通，并要求作出更正。

事项（5）不恰当。审计范围受到限制，应当发表保留意见/无法表示意见。

事项（6）不恰当。披露不充分属于错报，应当发表保留意见。

3.【答案】

事项（1），保留意见/无法表示意见审计报告。无法获取充分、适当的审计证据，对财务报表影响重大/重大而广泛。

事项（2），保留意见审计报告。比较数据存在重大错报但不广泛，当期数据存在重大错报但不广泛。

事项（3），否定意见审计报告。被审计单位运用持续经营假设不适当。

事项（4），保留意见审计报告。存在影响重大但不具有广泛性的披露错报。

事项（5），带其他事项段的保留意见审计报告。应当在其他基础部分说明对应数据未经审计，且存在影响重大但不广泛的错报。

4.【答案】

事项（1）不恰当。应当出具保留意见审计报告，不能在保留意见段后增加其他事项段。理由：该事项对财务报表虽影响重大，但不至于出具否定意见的审计报告，注册会计师应当出具保留意见的审计报告。

事项（2）不恰当。应当出具保留意见或无法表示意见的审计报告。理由：管理层阻挠而无法获取充分、适当的审计证据，以评价是否存在或可能存在对财务报表产生重大影响的违反法律法规行为，注册会计师应当根据审计范围受到限制的程度，发表保留意见或无法表示意见。

事项（3）不恰当。应当出具无法表示意见的审计报告。理由：管理层应当针对“其提供的信息和交易的完整性”事项提供书面声明，否则注册会计师应当对财务报表发表无法表示意见。

事项（4）不恰当。应当出具保留或否定意见的审计报告。理由：甲公司财务报表存在应披露而未披露的重大事项时，应发表保留或否定意见，而不是在审计报告的其他事项段中说明。

事项（5）不恰当。应当出具否定意见审计报告。理由：甲公司持续经营假设不适当。

事项（6）不恰当。应当出具无法表示意见审计报告。理由：无法获取充分、适当的审计证据，对财务报表影响重大且广泛。

5.【答案】

事项（1）不恰当。应当出具保留意见或否定意见的审计报告。理由：违反法律法规行为对财务报表有重大影响，且未能在财务报表中得到恰当反映，注册会计师应当出具保留意见或否定意见的审计报告。

事项（2）不恰当。应当出具保留意见或否定意见的审计报告。理由：甲公司运用的持续经营假设是合理的，但是没有对重大不确定事项进行披露。

事项（3）不恰当。应当出具非无保留意见审计报告。理由：注册会计师应当在评价导致上期非无保留意见事项对本期财务报表的重大性和广泛性基础上，考虑对本期具体出具的非无保留意见审计报告。

事项（4）不恰当。应当出具否定意见审计报告。理由：甲公司 2018 年度合并财务报表没有在所有重大方面按照企业会计准则的规定编制，未能公允反映甲公司及其子公司 2018 年 12 月 31 日的财务状况以及 2018 年度的经营成果和现金流量。

四、综合题

【答案】

(1)

事项序号	是否恰当（是/否）	理由
(1)	否	与治理层沟通具体审计程序的性质和时间安排，可能因这些程序易于被预见而降低其有效性
(2)	是	—
(3)	否	A注册会计师还应当实施审计程序以确定该内部审计工作是否足以实现审计目的

(2)

事项序号	是否恰当（是/否）	理由
(1)	否	A注册会计师没有与X注册会计师讨论由于舞弊或错误导致乙公司财务信息发生重大错报的可能性，工作不充分
(2)	否	母公司对甲集团公司具有支配性影响，甲集团公司与授权和批准相关的控制可能是无效的，因此授权和批准本身不足以就是否不存在重大错报风险得出结论
(3)	否	对供应商信息修改的批准和录入是两项不相容职责，均由采购部经理执行，未设置适当的职责分离，该控制设计不合理，不应当信赖
(4)	否	由于该人工控制依赖信息系统生成的信息，A注册会计师还应当验证相关的信息系统控制（如答“信息技术一般控制”或“信息技术应用控制”也可得分）。A注册会计师还应当验证账龄信息的准确性
(5)	否	甲集团公司在客户验收时确认收入，按照产品出库时间选取样本项目，核对财务报表日前后连续编号的出库单并不足以有效测试收入截止
(6)	否	对于非同一控制下的吸收合并，甲集团公司取得的丁公司的固定资产应当按合并日的公允价值进行初始确认，审计丁公司固定资产的账面记录不能为公允价值的准确性提供审计证据

(3)

事项序号	是否恰当（是/否）	理由
(1)	否	在货币单元抽样中，被低估的实物单元被选取的概率更低，未入账的交易未包括在总体中，因此货币单元抽样不适用于测试总体的低估
(2)	否	虚领工资是舞弊行为，且金额重大，表明可能存在舞弊导致的特别风险。如果针对特别风险实施的程序仅为实质性程序，应当包括细节测试
(3)	否	测试报告期末的会计分录和其他调整的目的是应对管理层凌驾于控制之上的风险。仅检查管理层的批准和入账金额准确不足以实现测试目标

(4)

事项序号	是否恰当（是/否）	改进建议
(1)	是	—

续表

事项序号	是否恰当（是/否）	改进建议
（2）	否	A注册会计师向管理层通报值得关注的内部控制缺陷应当采取书面形式
（3）	否	A注册会计师应向现任管理层获取涵盖审计报告提及的所有期间的书面声明
（4）	否	甲集团公司应当按持股比例抵销与联营企业之间发生的内部交易损益，应当抵销的错报金额为60万元，应判断为金额不重大的错报，不应因此发表保留意见
（5）	否	新的审计报告日不应早于修改后的财务报表批准日。在出具新的审计报告前应当获取经批准的修改后的财务报表
（6）	否	如果注册会计师认为其他信息存在重大错报，应当要求管理层更正其他信息，如果管理层拒绝作出更正，注册会计师应当就该事项与治理层进行沟通，并要求作出更正。 【提示】如果注册会计师认为审计报告日前获取的其他信息存在重大错报，且在与治理层沟通后其他信息仍未得到更正，注册会计师应当采取恰当措施，包括：考虑对审计报告的影响，并就注册会计师计划如何在审计报告中处理重大错报与治理层进行沟通；在相关法律法规允许的情况下，解除业务约定。 【提示】注册会计师认为审计报告日后获取的其他信息存在重大错报，应当采取以下措施：如果其他信息得以更正，注册会计师应当根据具体情形实施必要的程序，包括确定更正已经完成，也可能包括复核管理层为与收到其他信息（如果之前已经公告）的人士沟通并告知其修改而采取的步骤；如果与治理层沟通后其他信息未得到更正，注册会计师应当考虑其法律权利和义务，并采取恰当的措施，以提醒审计报告使用者恰当关注未更正的重大错报

第六编 企业内部控制审计

第二十章 企业内部控制审计

本章考情分析

本章属于重点章节。按照考试大纲的要求，第二节至第九节均属于第三能力等级内容。考点主要围绕测试控制的有效性；企业层面、业务流程、应用系统或交易层面和信息系统控制的测试；评价内部控制缺陷以及撰写内部控制审计报告。本章试题所占区间3分至6分，题型会涉及选择题和简答题。

要求考生：

1. 理解测试控制的有效性。
2. 理解企业层面、业务流程、应用系统或交易层面和信息系统控制的测试。
3. 理解如何评价内部控制缺陷。
4. 掌握内部控制审计报告。

本章教材变化

本章内容无实质性变化。

基本内容框架

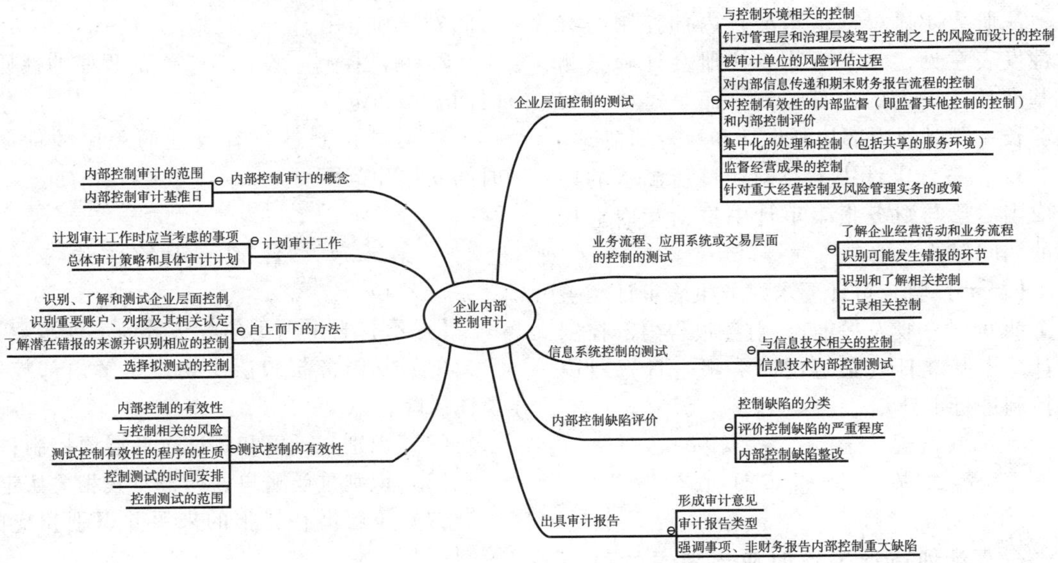

通关重难点例题解析

第一节 内部控制审计的概念

一、内部控制审计的范围（第二能力等级）

（一）内部控制审计的相关概念

（二）财务报告内部控制内容

1. 企业层面的内部控制。

2. 业务流程、应用系统或交易层面的内部控制。例如：

（1）授权与审批；

（2）信息技术应用控制；

（3）实物控制；

（4）复核和调节。

二、内部控制审计基准日（第一能力等级）

1. 内部控制审计基准日。

内部控制审计基准日，是指注册会计师评价内部控制在某一时日是否有效所涉及的基准日，也是被审计单位评价基准日，即最近一个会计期间截止日。

2. 对控制有效性的测试涵盖的期间越长，提供的控制有效性的审计证据越多。

注册会计师对特定基准日内部控制的有效性发表意见，并不意味着注册会计师只测试基准日这一天的内部控制，而是需要考察足够长一段时间内部控制设计和运行的情况。

3. 在整合审计中，控制测试所涵盖的期间应当尽量与财务报表审计中拟信赖内部控制的期间保持一致。

【提示】整合审计要求财务报表审计涵盖整个期间（一般为一年），财务报告内部控制审计基于基准日（最近的财务报告日）对内部控制进行审计。

第二节 计划审计工作

一、计划审计工作时应当考虑的事项（第三能力等级）

（一）与企业相关的风险

（二）相关法律法规和行业概况

（三）企业组织结构、经营特点和资本结构等相关重要事项

（四）企业内部控制最近发生变化的程度

（五）与企业沟通过的内部控制缺陷

（六）重要性、风险等与确定内部控制重大缺陷相关的因素

（七）对内部控制有效性的初步判断

（八）可获取的、与内部控制有效性相关的证据的类型和范围

二、总体审计策略和具体审计计划（第三能力等级）

（一）总体审计策略——范围、时间和方向

总体审计策略
1. 确定审计业务的特征，以界定审计范围
2. 明确审计业务的报告目标，以计划审计的时间安排和所需沟通的性质
3. 根据职业判断，考虑用以指导项目组工作方向的重要因素
4. 考虑初步业务活动的结果，并考虑对被审计单位执行其他业务时获得的经验是否与内部控制审计业务相关
5. 确定执行业务所需资源的性质、时间安排和范围

（二）具体审计计划

1. 了解和识别内部控制的程序的性质、时间安排和范围。

2. 测试控制—设计有效性的程序的性质、时间安排和范围。

3. 测试控制运行有效性的程序的性质、时间安排和范围。

第三节 自上而下的方法

【提示】自上而下的方法分为下列步骤：

（1）从财务报表层次初步了解内部控制整体风险；

（2）识别、了解和测试企业层面控制；

（3）识别重要账户、列报及其相关认定；

（4）了解潜在错报的来源并识别相应的控制；

（5）选择拟测试的控制。

一、识别、了解和测试企业层面控制（第三能力等级）

（一）企业层面控制的内涵

1. 企业层面控制。

（1）与控制环境（即内部环境）相关的控制；

（2）针对管理层和治理层凌驾于控制之上的风险而设计的控制；

（3）被审计单位的风险评估过程；

（4）对内部信息传递和期末财务报告流程的控制；

（5）对控制有效性的内部监督（即监督其他控制的控制）和内部控制评价。

2. 业务流程、应用系统或交易层面的控制。

（1）业务流程、应用系统或交易层面的控制为应对交易和账户余额认定的重大错报风险而设计，通常在业务流程内的交易或账户余额层面上运行，其作用通常能够对应到具体某类交易和账户余额的具体认定。

（2）业务流程、应用系统或交易层面的控制主要针对交易的生成、记录、处理和报告等环节，内部控制要素中的"控制活动"要素中除业绩评价控制外的绝大部分可归于业务流程、应用系统或交易层面的控制。

（二）企业层面控制对其他控制及其测试的影响

1. 某些企业层面控制，例如，某些与控制环境相关的控制，对重大错报是否能够被及时防止或发现的可能性有重要影响，虽然这种影响是间接的，但这些控制可能影响注册会计师拟测试的其他控制及其对其他控制所执行程序的性质、时间安排和范围。

2. 某些企业层面控制能够监督其他控制的有效性。

3. 某些企业层面控制本身能精确到足以及时防止或发现一个或多个相关认定中存在的重大错报。

【提示】注册会计师可以考虑在执行业务的早期阶段对企业层面控制进行测试。在完成对企业层面控制的测试后，注册会计师可以根据测试结果评价被审计单位的企业层面控制是否有效，并且计划需要测试的其他控制及对其他控制所执行程序的性质、时间安排和范围。

二、识别重要账户、列报及其相关认定（第三能力等级）

1. 注册会计师在确定重要性水平之后，应当识别重要账户、列报及其相关认定。

2. 在识别重要账户、列报及其相关认定时，注册会计师应当从定性和定量两个方面作出评价，包括考虑舞弊的影响。

【例题1·单选题】（2019年试题）

注册会计师执行内部控制审计时，下列有关识别重要账户、列报及其相关认定的说法中，错误的是（　　）。

A. 在识别重要账户、列报及其相关认定时，注册会计师不需要确定重大错报的可能来源

B. 超过财务报表整体重要性的账户未必是重要账户

C. 低于实际执行重要性，但存在舞弊风险的账户，应当确定为重要账户

D. 在识别重要账户、列报及其相关认定时，注册会计师不应考虑控制的影响

【答案】A

【解析】在识别重要账户、列报及其相关认定时，注册会计师应当确定重大错报的可能来源。注册会计师可以通过考虑在特定的重要账户或列报中错报可能发生的领域和原因，确定重大错报的可能来源。

【例题2·多选题】（2019年试题）

对于内部控制审计，下列有关重要账户的说法中，正确的有（　　）。

A. 超过财务报表整体重要性的账户未必是重要账户

B. 在识别重要账户时，注册会计师不应考虑控制的影响

C. 在识别重要账户时，注册会计师无须确定重大错报的可能来源

D. 存在舞弊风险的账户，即使其金额小于财务报表整体重要性，仍是重要账户

【答案】ABD

【解析】在识别重要账户、列报及其相关认定时，注册会计师应当确定重大错报的可能来源。注册会计师可以通过考虑在特定的重要账户或列报中错报可能发生的领域和原因，确定重大错报的可能来源。

三、了解潜在错报的来源并识别相应的控制（第三能力等级）

（一）了解潜在错报的来源

（二）实施穿行测试

1. 穿行测试——指追踪某笔交易从发生到最终被反映在财务报表中的整个处理过程。

2. 某些特定情况下，注册会计师实施穿行测试，包括：

（1）存在较高固有风险的复杂领域；

（2）以前年度审计中识别出的缺陷（需要考虑缺陷的严重程度）；

（3）由于引入新的人员、新的系统、收购和采取新的会计政策而导致流程发生重大变化。

3. 穿行测试涵盖交易生成、授权、记录、处理和报告整个过程，以及识别的重要流程中的控制，包括针对舞弊风险的控制。

4. 注册会计师在实施穿行测试时往往综合运用询问、观察、检查相关文件记录和重新执行。

四、选择拟测试的控制（第三能力等级）

（一）选择拟测试控制的基本要求

注册会计师应当针对每一相关认定获取控制有效性的审计证据，以便对内部控制整体的有效性发表意见，但没有责任对单项控制的有效性发表意见。

（二）选择拟测试的控制的考虑因素

选择关键控制时，注册会计师考虑：

1. 哪些控制是不可缺少的？

2. 哪些控制直接针对相关认定？

3. 哪些控制可以应对错误或舞弊导致的重大错报风险？

4. 控制的运行是否足够精确。

第四节　测试控制的有效性

一、内部控制的有效性——设计的有效性和运行的有效性（第三能力等级）

1. 注册会计师应当测试控制设计的有效性

2. 注册会计师应当测试控制运行的有效性

（1）控制在所审计期间的相关时点是如何运行的；

（2）控制是否得到一贯执行；

（3）控制由谁或以何种方式执行。

二、与控制相关的风险（第三能力等级）

【提示】与控制相关的风险越高，注册会计师需要获得的审计证据就越多。

1. 考虑哪些因素影响与某项控制相关的风险。

2. 在连续审计中，影响与控制相关的风险的因素除上述因素外，还包括哪些因素。

三、测试控制有效性的程序的性质——询问、观察、检查和重新执行（第三能力等级）

四、控制测试的时间安排（第三能力等级）

【提示】对于内部控制审计业务，注册会计师应当获取内部控制在基准日之前一段足够长的期间内有效运行的审计证据。在整合审计中，注册会计师控制测试所涵盖的期间应尽量与财务报表审计中拟信赖内部控制的期间保持一致。对控制有效性测试的实施时间越接近基准日，提供的控制有效性的审计证据越有力。

1. 为了获取充分、适当的审计证据，注册会计师应当在下列两个因素之间作出平衡，以确定测试的时间：

（1）尽量在接近基准日实施测试；

（2）实施的测试需要涵盖足够长的期间。

2. 在整合审计中测试控制在整个会计年度的运行有效性时，注册会计师可以进行期中测试，然后对剩余期间实施前推测试，或将样本分成两部分，一部分在期中测试，剩余部分在临近年末的期间测试。

在将期中测试结果前推至基准日时，注册会计师应当考虑下列因素以确定需获取的补充审计证据：

（1）基准日之前测试的特定控制，包括与控制相关的风险、控制的性质和测试的结果；

（2）期中获取的有关审计证据的充分性和适当性；

（3）剩余期间的长短；

（4）期中测试之后，内部控制发生重大变化的可能性；

（5）注册会计师基于对一控制的依赖程度拟减少进一步实质性程序的程度（仅适用于整合审计）；

（6）控制环境。

3. 自动化控制测试。

(1) 自动化控制一旦被证明其运行有效，注册会计师就不需要对该自动化控制实施前推测试。

(2) 重要的信息技术一般控制无效，注册会计师需要评估其对总体信息技术环境以及对任何依赖这些信息技术一般控制的自动化控制的持续有效性的影响。

(3) 如果重要的信息技术一般控制无效，且无法获得其他替代证据以证实关键的自动化控制自其上次被测试后未发生变化，注册会计师在执行内部控制审计时，通常就需要获取有关该自动化控制在接近基准日的期间内是否有效运行的证据。

【例题 3 · 单选题】(2019 年试题)

对于内部控制审计业务，下列有关控制测试的时间安排的说法中，错误的是（　　）。

A. 注册会计师应当获取内部控制在基准日之前一段足够长的期间内有效运行的审计证据

B. 注册会计师对控制有效性测试的实施越接近基准日，提供的控制有效性的审计证据越有力

C. 如果被审计单位在所审计年度内对控制作出改变，注册会计师应当对新的控制和被取代的控制分别实施控制测试

D. 如果已获取有关控制在期中运行有效性的审计证据，注册会计师应当获取补充证据，将期中测试结果前推至基准日

【答案】C

【解析】如果被审计单位为了提高控制效果和效率或整改控制缺陷而对控制作出改变，注册会计师应当考虑这些变化并适当予以记录。如果注册会计师认为新的控制能够满足控制的相关目标，而且新控制已运行足够长的时间，足以使注册会计师通过实施控制测试评估其设计和运行的有效性，则注册会计师不再需要测试被取代的控制的设计和运行有效性，但是如果被取代的控制的运行有效性对注册会计师执行财务报表审计时的控制风险评估具有重要影响，注册会计师应当适当地测试这些被取代的控制的设计和运行的有效性。

五、控制测试的范围（第三能力等级）

(一) 测试人工控制的最小样本规模

1. 在测试人工控制时。

如果采用检查或重新执行程序，注册会计师测试的最小样本规模区间参见教材表 20－1。

2. 在运用教材表 20－1 时，注册会计师应注意：

(1) 测试的最小样本规模是指所需测试的控制运行次数；

(2) 注册会计师应当根据与控制相关的风险，基于最小样本规模区间确定具体的样本规模；

(3) 教材表 20－1 假设控制的运行偏差率预期为零。如果预期偏差率不为零，注册会计师应当扩大样本规模；

(4) 如果注册会计师不能确定控制运行的频率，但是知道控制运行的总次数，仍可根据“控制运行的总次数”一列确定测试的最小样本规模。

3. 在下列情况下，注册会计师可以使用教材表 20－1 中测试的最小样本规模区间的最低值（如对于每天运行多次的控制，选择 25 个样本规模）：

(1) 与账户及其认定相关的固有风险和舞弊风险为低水平；

(2) 是日常控制，执行时需要的判断很少；

(3) 从穿行测试得出的结论和以前年度审计的结果表明未发现控制缺陷；

(4) 管理层针对该项控制的测试结果表明未发现控制缺陷；

(5) 存在有效的补偿性控制，且管理层针对补偿性控制的测试结果为运行有效；

(6) 根据对控制的性质以及内部审计人员客观性和胜任能力的考虑，注册会计师拟更多地利用他人的工作。

(二) 测试自动化应用控制的最小样本规模

对于一项自动化应用控制，一旦确定被审计单位正在执行该控制，注册会计师通常无须扩大控制测试的范围，但需要考虑执行下列测试以确定该控制持续有效运行：

(1) 测试与该应用控制有关的一般控制的运行有效性；

(2) 确定系统是否发生变动，如果发生变动，是否存在适当的系统变动控制；

(3) 确定对交易的处理是否使用授权批准的软件版本。

（三）发现偏差时的处理

1. 如果发现控制偏差，注册会计师应当确定对下列事项的影响：

（1）与所测试控制相关的风险的评估；

（2）需要获取的审计证据；

（3）控制运行有效性的结论。

2. 在评价控制测试中所发现的某项控制偏差是否为控制缺陷时，注册会计师可以考虑的因素包括：

（1）该偏差是如何被发现的；

（2）该偏差是与某一特定的地点、流程或应用系统相关，还是对被审计单位有广泛影响；

（3）就被审计单位的内部政策而言，该控制出现偏差的严重程度；

（4）与控制运行频率相比，偏差发生的频率大小。

【例题4·单选题】（2018年试题）

在执行内部控制审计时，下列有关注册会计师选择拟测试的控制的说法中，错误的是（　　）。

A. 注册会计师应当选择测试对形成内部控制审计意见有重大影响的控制

B. 注册会计师无须测试即使有缺陷也合理预期不会导致财务报表重大错报的控制

C. 注册会计师通常选择能够为一个或多个重要账户或列报的一个或多个相关认定提供最有效果或最有效率的证据进行测试

D. 注册会计师选择拟测试的控制，应当涵盖企业管理层在执行内部控制自我评价时测试的控制

【答案】D

【解析】选项A，注册会计师应当选择测试那些对形成内部控制审计意见有重大影响的控制。选项B，注册会计师无须测试那些即使有缺陷也合理预期不会导致财务报表重大错报的控制。选项C，注册会计师在选取拟测试的控制时，通常不会选取整个流程中的所有控制，而是选择关键控制，即能够为一个或多个重要账户或列报的一个或多个相关认定提供最有效果或最有效率的证据的控制。选项D，企业管理层在执行内部控制自我评价时选择测试的控制的范围是可能多于注册会计师认为为了评价内部控制的有效性有必要测试的控制。

第五节　企业层面控制的测试

一、与控制环境相关的控制（第三能力等级）

在了解和测试控制环境时，注册会计师需要考虑：

（1）管理层的理念和经营风格是否促进了有效的财务报告内部控制；

（2）管理层在治理层的监督下，是否营造并保持了诚信和合乎道德的文化；

（3）治理层是否了解并监督财务报告过程和内部控制。

二、针对管理层和治理层凌驾于控制之上的风险而设计的控制（第三能力等级）

针对凌驾风险采用的控制可以包括但不限于：

（1）针对重大的异常交易（尤其是那些导致会计分录延迟或异常的交易）的控制。

（2）针对关联方交易的控制。

（3）与管理层的重大估计相关的控制。

（4）能够减弱管理层伪造或不恰当操纵财务结果的动机及压力的控制。

【提示】对于能够减弱管理层伪造或不恰当操纵财务结果的动机及压力的控制，注册会计师一般可以（但不限于）考虑下列流程及相关控制：

（1）薪酬委员会（或类似机构）在公司制定薪酬及激励过程中的角色，以及其薪酬激励是否通过该委员会的研究及审批，以确保激励部分不会过高从而增加人为错报的风险；

（2）管理层每年制定的预算是否是基于实际经营状况，并且是否通过合理的分析而编制，以确保年度预算不会过于进取或保守，从而增加人为错报的风险；

（3）内部审计部门是否会关注因管理层动机或压力而导致的错报风险，并且定期进行检查，查找被审计单位是否存在人为调整财务业绩的情况。

5. 建立内部举报投诉制度。

三、被审计单位的风险评估过程（第三能力等级）

1. 被审计单位是否根据设定的控制目标，

有计划地全面、系统、持续地收集内外部相关信息，并结合实际情况，及时进行风险评估。

2. 被审计单位是否在目标设定的基础上，密切关注内外部主要风险因素，通过日常或定期的评估程序与方法对各种主要风险加以识别，并将各类风险进行分类整理，形成企业的风险清单。

3. 被审计单位是否在风险识别的基础上，采用定性和定量相结合的方法，按照风险发生的可能性及其影响程度等，对识别的风险进行分析和排序，确定关注重点和优先控制的风险。被审计单位在进行风险分析时，是否充分吸收专业人员，组成风险分析团队，按照严格规范的程序开展工作，确保风险分析结果的准确性。

4. 被审计单位是否根据内部控制目标，结合风险评估结果和风险应对策略，综合运用控制措施，将风险控制在可承受范围之内。

四、对内部信息传递和期末财务报告流程的控制（第三能力等级）

1. 期末财务报告流程。

2. 注册会计师应当从下列方面评价期末财务报告流程：

（1）被审计单位财务报表的编制流程，包括输入、处理及输出；

（2）期末财务报告流程中运用信息技术的程度；

（3）管理层中参与期末财务报告流程的人员；

（4）纳入财务报表编制范围的组成部分；

（5）调整分录及合并分录的类型；

（6）管理层和治理层对期末财务报告流程进行监督的性质及范围。

五、对控制有效性的内部监督（即监督其他控制的控制）和内部控制评价（第三能力等级）

1. 管理层是否定期地将会计系统中一记录的数额与实物资产进行核对。

2. 管理层是否为保证内部审计活动的有效性而建立了相应的控制。

3. 管理层是否建立了相关的控制以保证自我评价或定期的系统评价的有效性。

4. 管理层是否建立了相关的控制以保证监督性控制能够在一个集中的地点有效进行。

六、集中化的处理和控制（包括共享的服务环境）（第三能力等级）

1. 注册会计师在对共享服务中心执行审计程序时，可以先了解共享服务中心的服务对象以及服务范围，并分析其服务对象的重大财务报表错报风险。

2. 特定服务对象单位与财务报表相关的风险越大，注册会计师在进行内控测试过程中可能更需要到共享服务中心或其服务对象单位测试与特定服务对象单位相关的内部控制。

3. 由于共享服务中心的内部控制的影响较大，注册会计师可以考虑在内部控制审计工作初期就开始分析其内部控制的性质、对被审计单位的影响等，并且考虑在较早的阶段执行对共享服务中心内部控制的有效性测试，以确定其对进一步审计程序性质、时间安排以及范围的影响。

4. 在对共享服务中心的内部控制进行了解或测试时，注册会计师还可以关注共享服务中心与财务报表相关的信息技术系统，特别是系统的复杂程度、使用的软件等因素，以选择合适的内部控制进行测试，其中包括集中处理环境下的信息技术一般控制是否有效。

七、监督经营成果的控制（第三能力等级）

1. 注册会计师在了解和测试与监督经营成果相关的企业层面的内部控制时可以考虑的因素包括（但不限于）：

（1）管理层是否定期将经营成果与预算进行对比分析及复核，以分析财务资料是否存在异常情况；

（2）是否定期编制主要经营指标并对这些指标进行审阅及分析，以分析财务资料是否存在异常情况；

（3）是否定期更新经营预测，并且与期末的实际经营结果进行对比分析。

2. 监督经营成果的控制还可能包括在控制环境以及风险评估流程方面的监控，具体包括（但不限于）：

（1）对客户投诉报告的复核及分析，以查找被审计单位的各个下属单位或业务部门是否存在违规、不合法或管理不善的情况；

（2）对违反被审计单位政策或守则行为的处理的复核；

（3）对与员工报酬或晋升相关的员工业

绩评价流程的复核，以确定企业内部公平及平衡的奖惩制度的执行；

（4）对企业记录的财务报表编制流程中存在的主要风险的复核，以考虑企业内部及外部存在的可能导致财务报表错报的重大风险是否已经被清楚地反映。

八、针对重大经营控制及风险管理实务的政策（第三能力等级）

在对内部控制进行审计时，注册会计师在这方面可以考虑的主要因素包括（但不限于）：

（1）企业是否建立了重大风险预警机制，明确界定哪些风险是重大风险，哪些事项一旦出现必须启动应急处理机制。

（2）企业是否建立了突发事件应急处理机制，确保突发事件得到及时妥善处理。

第六节 业务流程、应用系统或交易层面的控制的测试

一、了解企业经营活动和业务流程（第三能力等级）

二、识别可能发生错报的环节（第三能力等级）

三、识别和了解相关控制（第三能力等级）

1. 预防性控制。

关注教材表 20－4 列示的预防性控制示例。

2. 检查性控制。

关注教材表 20－5 列示的检查性控制示例。

四、记录相关控制（第三能力等级）

第七节 信息系统控制的测试

一、与信息技术相关的控制（第三能力等级）

二、信息技术内部控制测试（第三能力等级）

（一）信息技术一般控制测试

信息技术一般控制包括程序开发、程序变更、程序和数据访问以及计算机运行四个方面。

（二）信息技术应用控制测试

关注信息处理目标的四个要素：完整性、准确性、经过授权和访问限制。

（三）信息技术应用控制与信息技术一般控制之间的关系

1. 应用控制是设计在计算机应用系统中的、有助于达到信息处理目标的控制。

2. 如果带有关键的编辑检查功能的应用系统所依赖的计算机环境存在信息技术一般控制的缺陷，注册会计师可能就不能信赖上述编辑检查功能按设计发挥作用。

第八节 内部控制缺陷评价

一、控制缺陷的分类（第三能力等级）

分类	含义
1. 内部控制存在的缺陷包括设计缺陷和运行缺陷	（1）设计缺陷。指缺少为实现控制目标所必需的控制，或现有控制设计不适当、即使正常运行也难以实现预期的控制目标
	（2）运行缺陷。指现存设计适当的控制设计没有按设计意图运行，或执行人员没有获得必要授权或缺乏胜任能力，无法有效地实施内部控制
2. 内部控制存在的缺陷，按其严重程度分为重大缺陷、重要缺陷和一般缺陷	（1）重大缺陷。内部控制中存在的、可能导致不能及时防止或发现并纠正财务报表出现重大错报的一项控制缺陷或多项控制缺陷的组合
	（2）重要缺陷。内部控制中存在的、其严重程度不如重大缺陷但足以引起负责监督被审计单位财务报告的人员（如审计委员会或类似机构）关注的一项控制缺陷或多项控制缺陷的组合
	（3）一般缺陷。内部控制中存在的、除重大缺陷和重要缺陷之外的控制缺陷

二、评价控制缺陷的严重程度（第三能力等级）

1. 控制缺陷的严重程度取决于：

（1）控制不能防止或发现并纠正账户或列报发生错报的可能性的大小；

（2）因一项或多项控制缺陷导致的潜在错报的金额大小。

【提示】控制缺陷的严重程度与错报是否发生无关，而取决于控制不能防止或发现并纠正错报的可能性的大小。

2. 评价一项控制缺陷或多项控制缺陷的组合是否可能导致账户或列报发生错报时，了解注册会计师应当考虑的风险因素。

3. 评价因一项或多项控制缺陷导致的潜在错报的金额大小时，注册会计师应当考虑的因素包括：

（1）受控制缺陷影响的财务报表金额或交易总额；

（2）在本期或预计的未来期间受控制缺陷影响的账户余额或各类交易涉及的交易量。

【提示】小金额错报比大金额错报发生的概率更高。

参照教材案例一：重要缺陷；案例二：重大缺陷。

三、内部控制缺陷整改（第三能力等级）

1. 注册会计师应当根据控制的性质和与控制有关的风险，合理运用职业判断，确定整改后控制运行的最短期间（或整改后控制的最少运行次数）以及最少测试数量。

2. 如果被审计单位在基准日前对存在重大缺陷的内部控制进行了整改，但新控制尚没有运行足够长的时间，注册会计师应当将其视为内部控制在基准日存在重大缺陷。

【例题5·单选题】（2019年试题）

在执行内部控制审计时，下列有关注册会计师评价控制缺陷的说法中，错误的是（ ）。

A. 在评价控制缺陷的严重程度时，注册会计师无须考虑错报是否发生

B. 在评价一项控制缺陷或多项控制缺陷组合是否构成重大缺陷时，注册会计师应当考虑补偿性控制的影响

C. 在评价控制缺陷是否可能导致错报时，注册会计师无须量化错报发生的概率

D. 如果被审计单位在基准日完成了对所有存在缺陷的内部控制的整改，注册会计师可以评价认为内部控制在基准日运行有效

【答案】D

【解析】如果被审计单位在基准日前对存在缺陷的控制进行了整改，整改后的控制需要运行足够长的时间，才能使注册会计师得出其是否有效的审计结论。

【例题6·多选题】（2019年试题）

在执行集团公司内部控制审计时，对于内部控制可能存在重大缺陷的业务流程，下列各项中，正确的有（ ）。

A. 在接近评价基准日的时间测试内部控制

B. 选择更多的子公司进行控制测试

C. 增加相关内部控制测试量

D. 亲自进行相关测试而非利用他人的工作

【答案】ABCD

【解析】在内部控制审计中，对于内部控制可能存在重大缺陷的领域，注册会计师应给予充分的关注，具体表现在：对相关的内部控制亲自进行测试而非利用他人工作；在接近内部控制评价基准日的时间测试内部控制；选择更多的子公司或业务部门进行测试；增加相关内部控制的控制测试量等。

第九节 出具审计报告

一、形成审计意见（第三能力等级）

二、审计报告类型（第三能力等级）

（一）无保留意见内部控制审计报告

1. 如果符合下列所有条件，注册会计师应当对内部控制出具无保留意见的内部控制审计报告：

（1）在基准日，被审计单位按照适用的内部控制标准的要求，在所有重大方面保持了有效的内部控制；

（2）注册会计师已经按照《企业内部控

制审计指引》的要求计划和实施审计工作，在审计过程中未受到限制。

2. 内部控制审计报告包括下列要素：

内部控制审计报告要素	具体内容
（1）标题	内部控制审计报告的标题统一规范为“内部控制审计报告”
（2）收件人	内部控制审计报告的收件人是指注册会计师按照业务约定书的要求致送内部控制审计报告的对象，一般是指审计业务的委托人。内部控制审计报告需要载明收件人的全称
（3）引言段	内部控制审计报告的引言段说明企业的名称和内部控制已经过审计
（4）企业对内部控制的责任段	企业对内部控制的责任段说明，按照《企业内部控制基本规范》《企业内部控制应用指引》《企业内部控制评价指引》的规定，建立健全和有效实施内部控制，并评价其有效性是企业董事会的责任
（5）注册会计师的责任段	注册会计师的责任段说明，在实施审计工作的基础上，对财务报告内部控制的有效性发表审计意见，并对注意到的非财务报告内部控制的重大缺陷进行披露是注册会计师的责任
（6）内部控制固有局限性的说明段	注册会计师需要在内部控制固有局限性的说明段说明，内部控制具有固有局限性，存在不能防止和发现错报的可能性。此外，由于情况的变化可能导致内部控制变得不恰当，或对控制政策和程序遵循的程度降低，根据内部控制审计结果推测未来内部控制的有效性具有一定风险
（7）财务报告内部控制审计意见段	审计意见段应当说明企业是否按照《企业内部控制基本规范》和相关规定在所有重大方面保持了有效的财务报告内部控制
（8）注册会计师的签名和盖章	—
（9）会计师事务所的名称、地址及盖章	—

续表

内部控制审计报告要素	具体内容
（10）报告日期	审计报告的日期不应早于注册会计师获取充分、适当的审计证据（包括董事会认可对内部控制及评价报告的责任且已批准评价报告的证据），并在此基础上对内部控制的有效性形成审计意见的日期。如果内部控制审计和财务报表审计整合进行，注册会计师对内部控制审计报告和财务报表审计报告需要签署相同的日期

（二）非无保留意见的内部控制审计报告

1. 内部控制存在重大缺陷时的处理。

（1）如果认为内部控制存在一项或多项重大缺陷，除非审计范围受到限制，注册会计师应当对内部控制发表否定意见。

（2）否定意见的内部控制审计报告还应当包括重大缺陷的定义、重大缺陷的性质及其对内部控制的影响程度。

【提示】注册会计师还应当就这些情况以书面形式与治理层沟通。

2. 审计范围受到限制时的处理。如果审计范围受到限制，注册会计师应当解除业务约定或出具无法表示意见的内部控制审计报告。

【提示】在因审计范围受到限制而无法表示意见时，注册会计师应当就未能完成整个内部控制审计工作的情况，以书面形式与管理层和治理层进行沟通。

三、强调事项、非财务报告内部控制重大缺陷（第三能力等级）

（一）强调事项

1. 如果认为内部控制虽然不存在重大缺陷，但仍有一项或多项重大事项需要提请内部控制审计报告使用者注意，注册会计师应当在内部控制审计报告中增加强调事项段予以说明。

2. 注册会计师应当在强调事项段中指明，该段内容仅用于提醒内部控制审计报告使用者关注，并不影响对内部控制发表的审计意见。

3. 如果存在下列情况，注册会计师应当考虑在内部控制审计报告中增加强调事项段：

（1）如果确定企业内部控制评价报告对要素的列报不完整或不恰当，注册会计师应当在内部控制审计报告中增加强调事项段，说明这一情况并解释得出该结论的理由。

（2）如果注册会计师知悉在基准日并不存在、但在期后期间发生的事项，且这类期后事项对内部控制有重大影响，注册会计师应当在内部控制审计报告中增加强调事项段，描述该事项及其影响，或提醒内部控制审计报告使用者关注企业内部控制评价报告中披露的该事项及其影响。

（二）非财务报告内部控制重大缺陷

1. 对于审计过程中注意到的非财务报告内部控制缺陷，如果发现某项或某些控制对企业发展战略、法规遵循、经营的效率效果等控制目标的实现有重大不利影响，确定该项非财务报告内部控制缺陷为重大缺陷的，注册会计师应当以书面形式与企业董事会和经理层沟通，提醒企业加以改进。

2. 在内部控制审计报告中增加非财务报告内部控制重大缺陷描述段，对重大缺陷的性质及其对实现相关控制目标的影响程度进行披露，提示内部控制审计报告使用者注意相关风险，但无须对其发表审计意见。

【例题7·多选题】（2018年试题）

在执行内部控制审计时，如果审计范围受到限制，导致注册会计师无法获取充分、适当的审计证据，下列做法中，正确的有（　　）。

A. 在内部控制审计报告中指明已执行的有限程序

B. 出具无法表示意见的内部控制审计报告

C. 在内部控制审计报告中对在已执行的有限程序中发现的内部控制重大缺陷进行详细说明

D. 在内部控制审计报告中指明审计范围受到限制

【答案】BCD

【解析】选项A，注册会计师不应在内部控制审计报告中指明所执行的程序，也不应描述内部控制审计的特征，以避免对无法表示意见的误解，如果在已执行的有限程序中发现内部控制存在重大缺陷，注册会计师应当在内部控制审计报告中对重大缺陷作出详细说明。

通关演练

一、单项选择题

1. 企业业务流程、应用系统或交易层面的内部控制内容包括（　　）。

A. 与控制环境相关的控制

B. 对内部信息传递和期末财务报告流程的控制

C. 针对管理层和治理层凌驾于内部控制之上的风险而设计的内部控制

D. 实物控制

2. 下列关于企业内部控制审计的表述中，错误的是（　　）。

A. 注册会计师应当采用自上而下的方法选择拟测试的控制

B. 自上而下的方法始于企业层面的控制上

C. 自上而下的方法的最后步骤是选择拟测试的控制

D. 与控制环境相关的控制属于企业层面控制

3. 对于能够减弱管理层伪造或不恰当操纵财务结果的动机及压力的控制，下列流程及相关控制中，注册会计师一般不考虑的是（　　）。

A. 治理层每年制定的预算是否是基于未来经营状况

B. 管理层每年制定的预算是否是基于实际经营状况

C. 薪酬委员会在公司制定薪酬及激励过程中的角色

D. 内部审计部门是否会关注因管理层动机或压力而导致的错报风险因素

4. 内部控制审计报告要素不包括（　　）。

A. 限制审计报告分发和使用的情形

B. 注册会计师的责任段

C. 内部控制固有局限性的说明段

D. 企业对内部控制的责任段

5. 审计过程中发现某项或某些控制对企业发展战略、法规遵循、经营的效率效果等控制目标的实现有重大不利影响，确定该项非财务报告内部控制缺陷为重大缺陷的，注册会计师应当出具的内部控制审计报告为（　　）。

A. 否定意见的内部控制审计报告

B. 在内部控制审计报告中增加非财务报告内部控制重大缺陷描述段

C. 无法表示意见的内部控制审计报告

D. 在内部控制审计报告中增加强调事项段

6. 如果被审计单位内部控制中存在的、其严重程度不如重大缺陷但足以引起负责监督被审计单位财务报告的人员关注的一项控制缺陷或多项控制缺陷的组合，按控制缺陷的分类，其属于（　　）。

A. 内部控制存在重大缺陷

B. 内部控制存在一般缺陷

C. 内部控制存在重要缺陷

D. 内部控制存在运行缺陷

7. 注册会计师评价因一项或多项控制缺陷导致的潜在错报的金额大小时，应当考虑的因素不包括（　　）。

A. 控制缺陷在未来可能产生的影响

B. 相关资产或负债易于发生损失或舞弊的可能性

C. 确定相关金额时所需判断的客观程度

D. 所涉及的账户、列报及其相关认定的性质

8. 注册会计师选择拟测试的控制时，下列说法中，不正确的是（　　）。

A. 注册会计师必须测试每一重要领域的所有控制

B. 注册会计师不必测试非重要领域的控制

C. 有效且精确执行的企业层面控制有助于缩小控制测试的范围

D. 注册会计师应当测试每一相关认定控制的有效性

9. 下列各项中，与控制缺陷严重程度无关的是（　　）。

A. 控制缺陷已经导致财务信息发生的错报金额或性质

B. 控制不能防止或发现并纠正列报发生错报的可能性高低

C. 控制不能防止或发现并纠正账户发生错报的可能性大小

D. 因一项或多项控制缺陷导致的潜在错报的金额大小

10. 下列各项中，不属于属于整体层面控制的是（　　）。

A. 控制环境

B. 控制活动

C. 对控制的监督

D. 信息技术一般控制

11. 注册会计师在评价一项控制缺陷是否可能导致错报时，下列说法中，正确的是（　　）。

A. 注册会计师需要将错报发生的概率量化为某特定的百分比或区间

B. 控制缺陷之间的相互作用不影响对控制缺陷的评价

C. 如果多项控制缺陷影响财务报表的同一账户或列报，错报发生的概率会增加

D. 在存在多项控制缺陷时，这些缺陷从单项看不重要，组合起来可能构成重大缺陷，也可能相互抵销

12. 下列关于内部控制缺陷整改的说法中，正确的是（　　）。

A. 如果被审计单位在基准日后对存在缺陷的控制进行了整改，整改后的控制运行了足够长的时间，注册会计师即可将其视为内部控制在基准日不存在重大缺陷

B. 注册会计师确定整改后控制运行的最短期间需要根据控制的性质和与控制相关的风险，无须运用职业判断

C. 只要被审计单位在基准日前对存在重大缺陷的内部控制进行了整改，注册会计师即可得出整改内部控制有效的审计结论

D. 如果被审计单位在基准日前对存在重大缺陷的内部控制进行了整改，但新控制尚没有运行足够长的时间，注册会计师应当将其视为内部控制在基准日存在重大缺陷

13. 下列对企业内部控制审计的理解中，错误的是（　　）。

A. 企业内部控制审计是注册会计师针对特定基准日内部控制设计与运行有效性发表意见，而不是针对财务报表涵盖的整个期间内部控制设计与运行有效性发表意见

B. 企业内部控制审计不仅仅只测试特定基准日当天的内部控制设计与运行的有效性，

而是需要考察足够长的运行时间，才能得出是否有效的结论

C. 企业内部控制审计是指会计师事务所接受委托，对企业某一期间内部控制设计与运行的有效性进行审计

D. 企业内部控制审计是指会计师事务所接受委托，对特定基准日内部控制设计与运行的有效性进行审计

14. 下列关于公司层面信息技术控制、信息技术一般控制和信息技术应用控制的说法中，不正确的是（　　）。

A. 注册会计师在执行信息技术一般控制和信息技术应用控制审计之前，会首先执行配套的公司层面信息技术控制审计

B. 审计项目组测试公司层面信息技术控制前应当先测试信息技术一般控制

C. 信息技术一般控制的有效与否会直接关系到信息技术应用控制的有效性是否能够信任

D. 无论被审计单位运用信息技术的程度如何，均需了解与审计相关的信息技术一般控制和应用控制

15. 在执行内部控制审计时，下列有关注册会计师选择拟测试的控制的说法中，错误的是(　　)。

A. 注册会计师应当选择测试对形成内部控制审计意见有重大影响的控制

B. 注册会计师无须测试即使有缺陷也合理预期不会导致财务报表重大错报的控制

C. 注册会计师选择拟测试的控制，应当涵盖企业管理层在执行内部控制自我评价时测试的控制

D. 注册会计师通常选择能够为一个或多个重要账户或列报的一个或多个相关认定提供最有效果或最有效率的证据进行测试

16. 下列各项中，不属于实物控制的有(　　)。

A. 对接触计算机程序和数据文档设置授权

B. 保护资产的实物安全

C. 将交易授权、记录交易以及资产保管分配给不同的员工

D. 定期盘点存货并将盘点记录与控制记录相核对

17. 下列选项中，不属于注册会计师应当在具体审计计划中体现的内容的是(　　)。

A. 测试控制设计有效性的程序的性质、时间安排和范围

B. 测试控制运行有效性的程序的性质、时间安排和范围

C. 了解和识别内部控制的程序的性质、时间安排和范围

D. 确定执行业务所需资源的性质、时间安排和范围

18. 如果注册会计师在审计过程中注意到非财务报告内部控制重大缺陷，则应当(　　)。

A. 增加非财务报告内部控制重大缺陷描述段

B. 发表无法表示审计意见

C. 发表否定审计意见

D. 口头形式与企业董事会和经理层沟通

二、多项选择题

1. 制定总体审计策略的过程有助于注册会计师结合风险评估程序的结果确定（　　）事项。

A. 向具体审计领域分配资源的类别和数量

B. 何时分配这些资源

C. 预期何时召开项目组预备会和总结会

D. 重要性、风险等与确定内部控制市人缺陷相关的因素

2. 注册会计师应当测试控制的有效性，下列因素中，影响与某项控制相关的风险的有(　　)。

A. 相关账户或列报是否曾经出现错报

B. 该项控制的性质及其执行频率

C. 以前审计所执行的审计程序的性质、时间安排和范围

D. 该项控制是人工控制还是自动化控制因素

3. 注册会计师应当考虑在内部控制审计报告中增加强调事项段的情形包括（　　）。

A. 如果发现某项或某些控制对企业发展战略、法规遵循、经营的效率效果等控制目标的实现有重大不利影响

B. 如果认为内部控制存在一项或多项重

大缺陷

C. 如果确定企业内部控制评价报告对要素的列报不完整或不恰当

D. 如果注册会计师知悉在基准日并不存在、但在期后期间发生的事项，且这类期后事项对内部控制有重大影响

4. 内部控制无论如何有效，都只能为企业实现控制目标提供合理保证。内部控制实现目标的可能性受其固有限制的影响，包括（　　）。

A. 在决策时人为判断可能出现错误和因人为失误而导致内部控制失效

B. 控制的运行无效

C. 控制可能由于两个或更多的人员进行串通舞弊或管理层不当地凌驾于内部控制之上而被规避

D. 在设计和执行控制时，如果存在选择执行的控制以及选择承担的风险，管理层在确定控制的性质和范围时需要作出主观判断

5. 如果审计范围受到限制，注册会计师已执行的有限程序使其认为内部控制存在重大缺陷，拟出具无法表示意见的审计报告时，审计报告应当包括的内容有（　　）。

A. 重大缺陷的定义

B. 对识别出的重大缺陷的描述，该描述应当包括重大缺陷的性质

C. 描述应当包括重大缺陷的性质以及重大缺陷在存在期间对企业编制的财务报表产生的实际和潜在影响

D. 描述应当包括对注册会计师编制的内部控制审计报告产生的实际和潜在影响

6. 注册会计师应当评价其识别的被审计单位各项控制缺陷的严重程度，其控制缺陷的严重程度取决于（　　）。

A. 控制不能防止或发现并纠正账户或列报发生错报的可能性的大小

B. 控制不能防止或发现并纠正相关资产或负债易于发生损失或舞弊的可能性

C. 因一项或多项控制缺陷导致的潜在错报的金额大小

D. 因一项或多项控制缺陷导致的所需判断的主观程度、复杂程度

7. 在实施内部控制审计时，针对内部控制可能存在重大缺陷的领域，注册会计师的下列做法中，不恰当的有（　　）。

A. 亲自测试或利用他人的工作

B. 选择最重要的子公司进行测试

C. 在接近内部控制评价基准日的时间测试内部控制

D. 增加对相关内部控制的测试

8. 下列特定情况中，注册会计师在执行内部控制审计时一般会实施穿行测试的有（　　）。

A. 存在较高控制风险的复杂领域

B. 以前年度审计中识别出的控制缺陷

C. 由于引入新的系统导致流程发生重大变化

D. 首次接受委托执行内部控制审计

9. 下列有关财务报表审计与内部控制审计的相同点的说法中，正确的有（　　）。

A. 两者识别的重要账户、列报及其相关认定相同

B. 两者的审计报告意见类型相同

C. 两者都采用风险导向审计方法。

D. 两者了解和测试内部控制设计和运行有效性的审计程序类型相同

10. 注册会计师撰写内部控制审计报告的段落包括（　　）。

A. 限制审计报告分发和使用的情形

B. 强调事项段

C. 内部控制固有局限性的说明段

D. 非财务报告内部控制重大缺陷描述段

11. 下列关于内部控制审计报告的说法中，正确的有（　　）。

A. 注册会计师在完成内部控制审计和财务报表审计后，应当分别对内部控制和财务报表出具审计报告，并签署相同的日期

B. 如果认为内部控制存在一项或多项重大缺陷，注册会计师应当对内部控制发表否定意见

C. 只要认为审计范围受到限制将导致无法获取发表审计意见所需的充分、适当的审计证据，注册会计师不必执行任何其他工作即可对内部控制出具否定意见的内部控制审计报告

D. 如果对内部控制的有效性发表否定意见，注册会计师应当确定该意见对财务报表

审计意见的影响，并在内部控制审计报告中予以说明

12. 注册会计师在完成内部控制审计工作后，应当出具内部控制审计报告，下列相关表述中，正确的有（　　）。

A. 在基准日，被审计单位按照适用的内部控制标准的要求，在所有重大方面保持了有效的内部控制，且注册会计师在审计过程中未受到限制，应当发表无保留意见

B. 内部控制存在一项或多项重大缺陷，除非审计范围受到限制，注册会计师应当对内部控制发表否定意见

C. 如果审计范围受到限制，注册会计师应当解除业务约定或出具否定意见的内部控制审计报告

D. 在出具无法表示意见的内部控制审计报告时，注册会计师应当在内部控制审计报告中指明审计范围受到限制

13. 在执行内部控制审计时，如果审计范围受到限制，导致注册会计师无法获取充分、适当的审计证据，下列做法中，正确的有（　　）。

A. 在内部控制审计报告中指明已执行的有限程序

B. 出具无法表示意见的内部控制审计报告

C. 在内部控制审计报告中对在已执行的有限程序中发现的内部控制重大缺陷进行详细说明

D. 在内部控制审计报告中指明审计范围受到限制

14. 下列各项中，属于业务流程、应用系统或交易层面的内部控制的有（　　）。

A. 对内部信息传递和期末财务报告流程的控制

B. 对接触计算机程序和数据文档设置授权

C. 复核和调节

D. 授权与审批

三、简答题

1. ABC会计师事务所的注册会计师A和B于2018年3月10日完成对甲股份有限公司2017年度内部控制有效性的审计工作后，出具一份内部控制审计报告。

内部控制有效性审计报告

甲公司：

按照《企业内部控制审计指引》及中国注册会计师执业准则的相关要求，我们审计了甲公司2017年12月31日的资产负债表，2017年度的利润表、现金流量表、股东权益变动表以及合并财务报表附注等内部控制的有效性。

一、企业对内部控制的责任

按照《企业内部控制基本规范》《企业内部控制应用指引》《企业内部控制评价指引》的规定，建立健全和有效实施内部控制，并评价其有效性是甲公司董事会的责任。

二、注册会计师的责任

我们的责任是在实施审计工作的基础上，对财务报告内部控制的有效性发表审计意见，并对注意到的非财务报告内部控制的重大缺陷进行披露。

三、内部控制的固有局限性

内部控制具有固有局限性，存在不能防止和发现错报的可能性。此外，由于情况的变化可能导致内部控制变得不恰当，根据内部控制审计结果推测未来内部控制的有效性具有一定风险。

四、财务报告内部控制审计意见

我们认为，甲公司于2017年12月31日按照《企业会计准则》和相关规定在所有重大方面保持了有效的财务报告内部控制。

××会计师事务所

（盖章）

中国注册会计师：A

（签名并盖章）

中国注册会计师：B

（签名并盖章）

中国××市

二〇一七年十二月三十一日

要求：

根据《企业内部控制审计指引》要求，请指出A和B注册会计师撰写的甲股份有限公司内部控制审计报告的不当之处，并予以修订。

2. ABC会计师事务所的A和B注册会计师接受委派，对X上市公司（以下简称X公司）2017年度内部控制设计与运行的有效性进行审计。执行甲公司内部控制审计，财务

报表整体重要性确定为2 000万元，实际执行的重要性水平为1 000万元。A和B注册会计师在审计工作底稿中摘录与内部控制审计相关的部分事项如下：

（1）在计划审计工作时，注册会计师应当考虑对内部控制有效性进行初步判断，充分的关注X公司内部控制可能存在重大缺陷的领域。

（2）制定总体审计策略时，注册会计师根据职业判断，考虑用以指导项目组工作方向的重要因素，包括需要考虑财务报表整体的重要性和实际执行的重要性和初步识别的可能存在较高重大错报风险的领域，项目组成员的选择以及对项目组成员审计工作的分派，项目时间预算等。

（3）注册会计师应当采用自上而下的方法选择拟测试的控制，在选取关键控制需要注册会计师作出职业判断，测试那些即使有缺陷也合理预期不会导致财务报表重大错报的控制。

（4）对于X公司内部控制审计业务，注册会计师控制测试所涵盖的期间应尽量与财务报表审计中拟信赖内部控制的期间保持一致。

（5）如果确信X公司相关内部控制对于发现重大错报足够敏感情况存在，那么注册会计师就可以将检查性控制作为一个主要的手段，来合理保证某特定认定发生重大错报的可能性较小。

（6）注册会计师在对X公司月度银行对账进行控制测试时，其中一项程序是检查公司每月是否对其付款账户与银行进行对账，这项控制活动与6 000万元现金收据以及付款相关，选择2笔对账并且确定是否每笔对账都已完成以及是否对所有重大或异常事件进行了调查并及时解决，理想状态下应没有例外。但测试结果表明这2笔银行对账都没有完全完成，存在重大的未对账差异（共计200万元）且差异存在已超过1年。注册会计师在对X公司月度银行对账进行控制测试时，发现的缺陷涉及银行存款和付款的问题，直接影响财务报认定；对账没有完成，有可能导致错误不能及时发现；这项控制与交易相关且所涉及金额大于6 000万元，超过了判定指标；会计经理会对每次银行对账进行审核并签字确认，由于经理没有能够发现这些重大的对账错误，因此补偿性控制失效。注册会计师判断该缺陷为一般缺陷。

要求：

（1）针对上述事项（1），指出注册会计师对于内部控制可能存在重大缺陷的领域，应给予充分的关注，具体表现在哪些方面？

（2）针对上述事项（2）至（6），逐项指出A和B注册会计师的做法是否恰当。如不恰当，简要说明理由。

答案及解析

一、单项选择题

1.【答案】D

【解析】企业层面的内部控制：（1）与控制环境相关的控制；（2）针对管理层和治理层凌驾于内部控制之上的风险而设计的内部控制；（3）被审计单位的风险评估过程；（4）对内部信息传递和期末财务报告流程的控制；（5）对控制有效性的内部监督（即监督其他控制的控制）和内部控制评价；（6）集中化的处理和控制、监控经营成果的控制，以及重大经营控制和风险管理实务的政策。业务流程、应用系统或交易层面的内部控制：（1）授权与审批；（2）信息技术应用控制；（3）实物控制；（4）复核和调节。

2.【答案】B

【解析】选项B，自上而下的方法始于财务报表层次，以注册会计师对财务报告内部控制整体风险的了解开始，然后，将关注重点放在企业层面的控制上，并将工作逐渐下移至重要账户、列报及其相关认定。随后，确认其对被审计单位业务流程中风险的了解，并选择能足以应对评估的每个相关认定的重大错报风险的控制进行测试。自上而下的方法分为下列步骤：（1）从财务报表层次初步了解内部控制整体风险；（2）识别、了解和测试企业层面控制；（3）识别重要账户、列报及其相关认定；（4）了解潜在错报的来源并识别相应的控制；（5）选择拟测试的控制。

3.【答案】A

【解析】对于能够减弱管理层伪造或不恰当操纵财务结果的动机及压力的控制，注册会计师一般可以（但不限于）考虑下列流程及相关控制：（1）薪酬委员会（或类似机构）在公司制定薪酬及激励过程中的角色，以及其薪酬激励是否通过该委员会的研究及审批，以确保激励部分不会过高从而增加人为错报的风险；（2）管理层每年制定的预算是否是基于实际经营状况，并且通过合理的分析而编制的，以确保年度预算不会过于进取或保守从而增加人为错报的风险；（3）内部审计部门是否会关注因管理层动机或压力而导致的错报风险，并且定期进行检查，查找被审计单位是否存在人为调整财务业绩的情况。

4. 【答案】A

【解析】内部控制审计报告包括下列要素：标题；收件人；引言段；企业对内部控制的责任段；注册会计师的责任段；内部控制固有局限性的说明段；财务报告内部控制审计意见段；注册会计师的签名和盖章；会计师事务所的名称、地址及盖章；报告日期。

5. 【答案】B

【解析】对于审计过程中注意到的非财务报告内部控制缺陷，如果发现某项或某些控制对企业发展战略、法规遵循、经营的效率效果等控制目标的实现有重大不利影响，确定该项非财务报告内部控制缺陷为重大缺陷的，注册会计师应当以书面形式与企业董事会和经理层沟通，提醒企业加以改进；在内部控制审计报告中增加非财务报告内部控制重大缺陷描述段，对重大缺陷的性质及其对实现相关控制目标的影响程度进行披露，提示内部控制审计报告使用者注意相关风险，但无须对其发表审计意见。

6. 【答案】C

【解析】被审计单位内部控制重要缺陷是内部控制中存在的、其严重程度不如重大缺陷但足以引起负责监督被审计单位财务报告的人员（如审计委员会或类似机构）关注的一项控制缺陷或多项控制缺陷的组合。

7. 【答案】C

【解析】注册会计师评价一项控制缺陷或多项控制缺陷的组合是否可能导致账户或列撤发生错报时，注册会计师应当考虑的风险因素包括：（1）所涉及的账户、列报及其相关认定的性质；（2）相关资产或负债易于发生损失或舞弊的可能性；（3）确定相关金额时所需判断的主观程度、复杂程度和范围；（4）该项控制与其他控制的相互作用或关系；（5）控制缺陷之间的相互作用；（6）控制缺陷在未来可能产生的影响。

8. 【答案】A

【解析】选项A，对于每个重要账户和列报相关的所有相关认定，至少应当有一个对应的关键控制。测试所有控制并非必须的。

9. 【答案】A

【解析】控制缺陷的严重程度与错报是否发生无关。

10. 【答案】B

【解析】选项B不正确，控制活动属于业务流程层面的控制。

11. 【答案】C

【解析】评价控制缺陷是否可能导致错报时，注册会计师无须将错报发生的概率量化为某特定的百分比或区间，所以选项A错误；注册会计师在评价一项控制缺陷是否可能导致错报时，需要考虑控制缺陷之间的相互作用，所以选项B错误；在存在多项控制缺陷时，即使这些缺陷从单项看不重要，但组合起来也可能构成重大缺陷，通常不会相互抵销，所以选项D错误。

12. 【答案】D

【解析】如果被审计单位在基准日前对存在重大缺陷的内部控制进行了整改，整改后的内部控制尚需要时间来验证其有效性，所以如果新控制尚没有运行足够长的时间，注册会计师应当将其视为内部控制在基准日存在重大缺陷。

13. 【答案】C

【解析】选项C，企业内部控制审计针对的是特定基准日内部控制设计与运行有效性，而非财务报表涵盖的整个期间内部控制设计与运行有效性。

14. 【答案】B

【解析】注册会计师测试信息技术一般控制和信息技术应用控制前，应当先测试公司层面信息技术控制，所以选项B错误。

15. 【答案】C

【解析】注册会计师应当选择测试那些对形成内部控制审计意见有重大影响的控制，所以选项A正确。注册会计师无须测试那些即使有缺陷也合理预期不会导致财务报表重大错报的控制，所以选项B正确。注册会计师在选取拟测试的控制时，通常不会选取整个流程中的所有控制而是选择关键控制，即能够为一个或多个重要账户或列报的一个或多个相关认定提供最有效果或最有效率的证据的控制，所以选项D正确。企业管理层在执行内部控制自我评价时选择测试的控制，可能多于注册会计师认为为了评价内部控制的有效性有必要测试的控制，所以选项C错误。

16. 【答案】C

【解析】将交易授权、记录交易以及资产保管分配给不同的员工属于职责分离。

17. 【答案】D

【解析】选项D属于注册会计师应当在总体审计策略中体现的内容。

18. 【答案】A

【解析】确定识别出的非财务报告内部控制缺陷为重大缺陷的，注册会计师应当以书面形式与企业董事会和经理层沟通，提醒企业加以改进；同时在内部控制审计报告中增加非财务报告内部控制重大缺陷描述段，对重大缺陷的性质及其对实现相关控制目标的影响程度进行披露，提示内部控制审计报告使用者注意相关风险，但无须对其发表审计意见。

二、多项选择题

1. 【答案】ABC

【解析】制定总体审计策略的过程有助于注册会计师结合风险评估程序的结果确定下列事项：（1）向具体审计领域分配资源的类别和数量，包括向高风险领域分派经验丰富的项目组成员，向高风险领域分配的审计时间预算等；（2）何时分配这些资源，包括是在期中审计阶段还是在关键日期调配资源等；（3）如何管理、指导和监督这些资源，包括预期何时召开项目组预备会和总结会，预期项目合伙人和经理如何进行复核，是否需要实施项目质量控制复核等。重要性、风险等与确定内部控制市人缺陷相关的因素属于计划审计工作时应当考虑的事项。

2. 【答案】ABCD

【解析】下列因素影响与某项控制相关的风险：（1）该项控制拟防止或发现并纠正的错报的性质和重要程度；（2）相关账户、列报及其认定的固有风险；（3）交易的数量和性质是否发生变化，进而可能对该项控制设计或运行的有效性产生不利影响；（4）相关账户或列报是否曾经出现错报；（5）企业层面控制（特别是监督其他控制的控制）的有效性；（6）该项控制的性质及其执行频率；（7）该项控制对其他控制（如控制环境或信息技术一般控制）有效性的依赖程度；（8）执行该项控制或监督该项控制执行的人员的专业胜任能力，以及其中的关键人员是否发生变化；（9）该项控制是人工控制还是自动化控制；（10）该项控制的复杂程度，以及在运行过程中依赖判断的程度。在连续审计中，影响与控制相关的风险的因素除上述因素外，还包括：（1）以前审计所执行的审计程序的性质、时间安排和范围；（2）以前审计控制测试的结果；（3）自上次审计以来控制或流程是否发生变化。

3. 【答案】CD

【解析】如果存在下列情况，注册会计师应当考虑在内部控制审计报告中增加强调事项段：（1）如果确定企业内部控制评价报告对要素的列报不完整或不恰当，注册会计师应当在内部控制审计报告中增加强调事项段，说明这一情况并解释得出该结论的理由；（2）如果注册会计师知悉在基准日并不存在、但在期后期间发生的事项，且这类期后事项对内部控制有重大影响，注册会计师应当在内部控制审计报告中增加强调事项段，描述故事项及其影响，或提醒内部控制审计报告使用者关注企业内部控制评价报告中披露的该事项及其影响。选项A，对于审计过程中注意到的非财务报告内部控制缺陷，如果发现某项或某些控制对企业发展战略、法规遵循、经营的效率效果等控制目标的实现有重大不利影响，确定该项非财务报告内部控制缺陷为重大缺陷的，注册会计师应当以书面形式与企业董事会和经理层沟通，提醒企业加以改进；同时在内部控制审计报告中增加非财务报告内部控制重大缺陷描述段，对重大缺陷的性质及其对实现相关控制目标的影响程度进行披露，提示内部控制审计报告使用者注意相关风险，但无须对其发表审计意见。选项B，如果认为内部控制存在一项或多项重大缺陷，除非审计范围受到限制，注册会计师应当对内部控制发表否定意见。

4.【答案】ACD

【解析】内部控制无论如何有效，都只能为企业实现控制目标提供合理保证。内部控制实现目标的可能性受其固有限制的影响，包括：在决策时人为判断可能出现错误和因人为失误而导致内部控制失效；控制的运行也可能无效；控制可能由于两个或更多的人员进行串通舞弊或管理层不当地凌驾于内部控制之上而被规避；在设计和执行控制时，如果存在选择执行的控制以及选择承担的风险，管理层在确定控制的性质和范围时需要作出主观判断。

5.【答案】ABC

【解析】当注册会计师拟出具无法表示意见的审计报告时，如果已执行的有限程序使其认为内部控制存在重大缺陷，审计报告还应当包括下列内容：（1）重大缺陷的定义；（2）对识别出的重大缺陷的描述，该描述应当包括重大缺陷的性质以及重大缺陷在存在期间对企业编制的财务报表产生的实际和潜在影响等信息。

6.【答案】AC

【解析】控制缺陷的严重程度取决于：（1）控制不能防止或发现并纠正账户或列报发生错报的可能性的大小；（2）因一项或多项控制缺陷导致的潜在错报的金额大小。

7.【答案】AB

【解析】对于内部控制可能存在重大缺陷的领域，注册会计师应当对相关的内部控制亲自进行测试，所以选项A错误；选择更多的子公司或业务部门进行测试而非选择重要的子公司进行测试，所以选项B错误。

8.【答案】BCD

【解析】选项A中“控制风险”应为“固有风险”。控制风险的高低最终取决于控制测试的结果。在穿行测试时，尚无法确定控制风险的高低。

9.【答案】ACD

【解析】选项B错误，企业内部控制审计意见包括无保留意见、否定意见和无法表示意见三种类型，没有保留意见。

10.【答案】BCD

【解析】内部控制审计报告包括下列要素：标题；收件人；引言段；企业对内部控制的责任段；注册会计师的责任段；内部控制固有局限性的说明段；财务报告内部控制审计意见段；注册会计师的签名和盖章；会计师事务所的名称、地址及盖章；报告日期。

11.【答案】AD

【解析】选项B，如果认为内部控制存在一项或多项重大缺陷，除非审计范围受到限制，注册会计师应当对内部控制发表否定意见；选项C，应出具无法表示意见的内部控制审计报告。

12.【答案】ABD

【解析】选项C错误，如果审计范围受到限制，注册会计师应当解除业务约定或出具无法表示意见的内部控制审计报告。

13.【答案】BCD

【解析】注册会计师不应在内部控制审计报告中指明所执行的程序，也不应描述内部控制审计的特征，以避免对无法表示意见的误解，如果在已执行的有限程序中发现内部控制存在重大缺陷，注册会计师应当在内部控制审计报告中对重大缺陷作出详细说明，所以选项A错误，选项C正确。如果审计范围受到限制，注册会计师应当解除业务约定或出具无法表示意见的内部控制审计报告，所以选项B正确。在出具无法表示意见的内部控制审计报告时，注册会计师应当在内部控制审计报告中指明审计范围受到限制，无法对内部控制的有效性发表意见，并单设段落说明无法表示意见的实质性理由，所以选项D正确。

14.【答案】BCD

【解析】对内部信息传递和期末财务报告流程的控制属于企业层面的内部控制。

三、简答题

1.【答案】

A和B注册会计师出具的内部控制审计报告存在的不当之处：

（1）内部控制审计报告的标题不当。修订为：“内部控制审计报告”。

（2）内部控制审计报告的收件人不当。注册会计师应当按照业务约定书的要求致送内部控制审计报告的对象，一般是指审计业务的委托人。内部控制审计报告需要载明收件人的全称。修订为："甲股份有限公司全体股东"。

(3) 内部控制审计报告的引言段不当。应当说明企业的名称和内部控制已经过审计，而不是针对甲公司 2017 年 12 月 31 日的资产负债表，2017 年度的利润表、现金流量表、股东权益变动表以及合并财务报表附注等内部控制的有效性予以说明。

修订为："按照《企业内部控制审计指引》及中国注册会计师执业准则的相关要求，我们审计了甲股份有限公司（以下简称甲公司）2017 年 12 月 31 日的财务报告内部控制的有效性。"。

(4) 内部控制固有局限性的说明段表述不完整。应当表述为"内部控制具有固有局限性，存在不能防止和发现错报的可能性。此外，由于情况的变化可能导致内部控制变得不恰当，或对控制政策和程序遵循的程度降低，根据内部控制审计结果推测未来内部控制的有效性具有一定风险"。

(5) 财务报告内部控制审计意见段表述不当。甲公司应按照《企业内部控制基本规范》和相关规定在所有重大方面保持了有效的财务报告内部控制。

修订为："我们认为，甲公司于 2017 年 12 月 31 日按照《企业内部控制基本规范》和相关规定在所有重大方面保持了有效的财务报告内部控制。"

(6) 报告日期不当。审计报告的日期不应早于注册会计师获取充分、适当的审计证据（包括董事会认可对内部控制及评价报告的责任且已批准评价报告的证据），并在此基础上对内部控制的有效性形成审计意见的日期。如果内部控制审计和财务报表审计整合进行，注册会计师对内部控制审计报告和财务报表审计报告需要签署相同的日期。

修订为：二〇一八年三月十日。

2. 【答案】

(1) 在计划审计工作时，注册会计师应当考虑对内部控制有效性进行初步判断，充分的关注 X 公司内部控制可能存在重大缺陷的领域。注册会计师应当关注：对相关的内部控制亲自进行测试而非利用他人工作；在接近内部控制评价基准日的时间测试内部控制；选择更多的子公司或业务部门进行测试；增加相关内部控制的控制测试量等。

(2) 事项 (2) 不恰当。项目组成员的选择以及对项目组成员审计工作的分派，项目时间预算等属于确定执行业务所需资源的性质、时间安排和范围需考虑的事项。

事项 (3) 不恰当。注册会计师应当采用自上而下的方法选择拟测试的控制，在选取关键控制需要注册会计师作出职业判断，无须测试那些即使有缺陷也合理预期不会导致财务报表重大错报的控制。

事项 (4) 不恰当。对于内部控制审计业务，注册会计师应当获取内部控制在基准日之前一段足够长的期间内有效运行的审计证据。在整合审计中，注册会计师控制测试所涵盖的期间应尽量与财务报表审计中拟信赖内部控制的期间保持一致。

【提示】对控制有效性测试的实施时间越接近基准日，提供的控制有效性的审计证据越有力。为了获取充分、适当的审计证据，注册会计师应当在下列两个因素之间作出平衡，以确定测试的时间：尽量在接近基准日实施测试；实施的测试需要涵盖足够长的期间。

事项 (5) 不恰当，表述不全面。如果确信存在以下情况，注册会计师可以将检查性控制作为一个主要的手段，来合理保证某特定认定发生重大错报的可能性较小：(1) 控制所检查的数据是完整、可靠的；(2) 控制对于发现重大错报足够敏感；(3) 发现的所有重大错报都将被纠正。

事项 (6) 不恰当。注册会计师应判断该缺陷为重大缺陷。

第七编 质量控制

第二十一章 会计师事务所业务质量控制

本章考情分析

本章属于重点章节。本章属于会计师事务所质量控制准则。按照考试大纲的要求，客户关系和具体业务的接受、人力资源和业务执行章节均属于第三能力等级内容。考生重点掌握业务质量控制准则中客户关系和具体业务的接受和保持、人力资源和业务执行中的若干要求。近年本章试题占卷面6分，题型为简答题。

要求考生：

1. 理解质量控制制度的目标和对业务质量承担的领导责任。
2. 理解相关职业道德要求。
3. 掌握客户关系和具体业务的接受和保持。
4. 掌握人力资源。
5. 掌握业务执行。
6. 理解监控。

本章教材变化

本章就针对上市实体执行财务报表审计的项目质量控制复核需要考虑的事项进行了调整，其他内容无变化。

基本内容框架

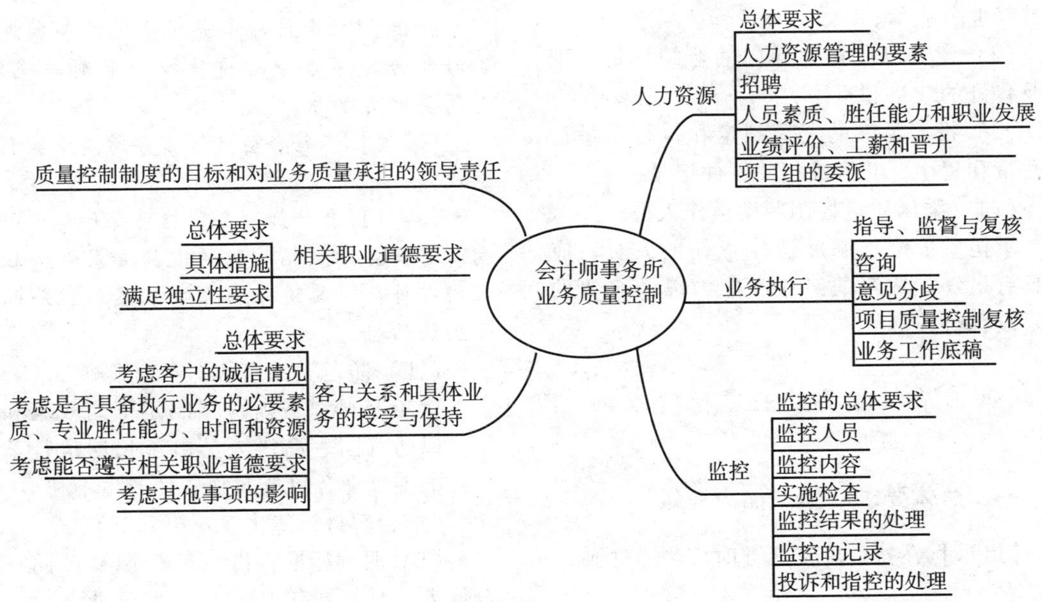

通关重难点例题解析

第一节 质量控制制度的目标和对业务质量承担的领导责任

一、质量控制制度的目标和要素（第二能力等级）

（一）质量控制制度的目标

（二）质量控制制度的要素

二、对业务质量承担的领导责任（第二能力等级）

（一）对主任会计师的总体要求

会计师事务所应当制定政策和程序，培育以质量为导向的内部文化。

这些政策和程序应当要求会计师事务所主任会计师对质量控制制度承担最终责任。

（二）行动示范和信息传达

会计师事务所培育以质量为导向的内部文化，就是要在会计师事务所内形成和传播质量至上的内部文化。

（三）树立质量至上的意识

会计师事务所应当通过下列措施实现质量控制的目标：

（1）合理确定管理责任，以避免重商业利益轻业务质量；

（2）建立以质量为导向的业绩评价、工薪及晋升的政策和程序；

（3）投入足够的资源制定和执行质量控制政策和程序，并形成相关文件记录。

（四）委派质量控制制度运作人员

承担质量控制制度运作责任的人员，应当具有足够、适当的经验和能力以及必要的权限以履行其责任。

第二节 相关职业道德要求

一、总体要求（第二能力等级）

【提示】在执行鉴证业务时应当遵守独立性要求。

二、遵守相关职业道德要求的具体措施（第二能力等级）

三、满足独立性要求（第二能力等级）

（一）总体要求

会计师事务所应当制定政策和程序，以合理保证会计师事务所及其人员，包括聘用的专家和其他需要满足独立性要求的人员，保持职业道德规范要求的独立性。

（二）具体要求

1. 会计师事务所内部不同层级人员之间相互沟通信息。

2. 会计师事务所应当制定政策和程序，以合理保证能够获知违反独立性要求的情况，并采取适当行动予以解决。

（三）获取书面确认函

会计师事务所应当每年至少一次向所有需要按照相关职业道德要求保持独立性的人员获取其遵守独立性政策和程序的书面确认函。

【例题1·简答题】

ABC会计师事务所是一家新成立的事务所，最近制定了质量控制制度，有关内容摘录如下：

独立性政策规定，每年需要保持独立性的人员提供关于独立性要求的培训，并要求高级经理以上（含高级经理）的人员每年签署遵守独立性要求的书面确认函。

要求：

指出ABC会计师事务所质量控制制度是否符合会计师事务所质量控制准则的规定，并简要说明理由。

【答案】不符合会计师事务所质量控制准则规定。

【解析】会计师事务所应当每年至少一次向所有需要按照相关职业道德要求保持独立性的人员获取其遵守独立性政策和程序的书面确认函。

（四）防范关系密切的不利影响

1. 会计师事务所应当制定下列政策和程序，以防范同一高级人员由于长期执行某一客户的鉴证业务可能对独立性产生不利影响：

（结合教材第二十三章第五节）

（1）明确标准，以确定长期委派同一名合伙人或高级员工执行某项鉴证业务时，是否需要采取防范措施，将因密切关系产生的不利影响降至可接受的水平；

（2）对所有上市实体财务报表审计业务，按照相关职业道德要求和法律法规的规定，在规定期限届满时轮换合伙人、项目质量控制复核人员，以及受轮换要求约束的其他人员。

【提示】如果审计客户属于公众利益实体，执行其审计业务的关键审计合伙人任职时间不得超过5年。

2. 会计师事务所在建立适当的标准时，应当考虑：

（1）鉴证业务的性质，包括涉及公众利益的范围；

（2）高级管理人员提供该项鉴证业务的服务年限。

防护措施——轮换高级人员或要求进行项目质量控制复核。

【提示】所有的上市公司财务报表审计，定期轮换项目合伙人。

【例题2·单选题】

ABC会计师事务所为防止同一主任会计师或者经授权签字的注册会计师，由于长期执行某一被审计单位的鉴证业务可能对独立性产生不利影响，应当制定（　　）政策和程序，将由于关系密切造成的产生不利影响降至可接受的低水平。

A. 对所有实体财务报表审计，按照国家有关规定定期轮换项目合伙人

B. 对所有实体财务报表审计，按照国家有关规定定期轮换注册会计师

C. 对所有的上市实体财务报表审计，按照国家有关规定定期轮换项目合伙人

D. 对所有的上市实体财务报表审计，按照国家有关规定定期轮换鉴证小组成员

【答案】C

【解析】本题的考点是业务质量控制准则。将会计师事务所应当制定下列政策和程序，以防范同一高级人员由于长期执行某一客户的鉴证业务可能对独立性产生不利影响：（1）建立适当的标准，以便确定是否需要采取防护措施，将由于关系密切造成的威胁降至可接受的水平；（2）对所有的上市实体财务报表审计，按照国家有关规定定期轮换项目合伙人。

第三节　客户关系和具体业务的接受与保持

一、总体要求（第三能力等级）

二、考虑客户的诚信情况（第三能力等级）

1. 考虑的主要事项。

2. 获取相关信息的途径。

三、考虑是否具备执行业务必要的素质、专业胜任能力、时间和资源（第三能力等级）

1. 会计师事务所人员是否熟悉相关行业或业务对象（素质）
2. 会计师事务所人员是否了解相关监管要求或报告要求，或具备有效获取必要技能和知识的能力（能力）
3. 会计师事务所是否拥有足够的具有必要胜任能力和素质的人员（能力）
4. 需要时是否能够得到专家的帮助（资源）
5. 如果需要项目质量控制复核，是否具备符合标准和资格要求的项目质量控制复核人员（资源）
6. 会计师事务所是否能够在提交报告的最后期限内完成业务（时间）

四、考虑能否遵守职业道德规范（第三能力等级）

五、考虑其他事项的影响（第三能力等级）

【例题3·多选题】（2018年试题）

下列各项，会计师事务所在执行客户接受与保持程序时应当获取相关信息的有（　　）。

A. 没有信息表明客户缺乏诚信

B. 具有执行业务必要的素质和专业胜任能力

C. 具有执行业务必要的时间和资源

D. 能够遵守相关职业道德要求

【答案】ABCD

【解析】在接受新客户的业务前，或决定是否保持现有业务或考虑接受现有客户的新业务时，会计师事务所应当执行有关客户接

受与保持的程序，以获取如下信息：(1) 考虑客户的诚信，没有信息表明客户缺乏诚信；(2) 具有执行业务必要的素质、专业胜任能力、时间和资源；(3) 能够遵守相关职业道德要求。

【例题4·多选题】

会计师事务所应当制定有关客户关系和具体业务的接受与保持的政策和程序，以合理保证没有信息表明客户缺乏诚信。对于影响客户诚信的因素，会计师事务所应当考虑（　　）。

A. 客户主要股东、关键管理人员、关联方及治理层的身份和商业信誉

B. 客户的经营性质

C. 变更会计师事务所的原因

D. 工作范围受到不适当限制的迹象

【答案】ABCD

【解析】针对有关客户的诚信，会计师事务所应当考虑下列主要事项：(1) 客户主要所有者、关键管理人员、关联方及治理层的身份和商业信誉；(2) 客户的经营性质；(3) 有关客户主要所有者、关键管理人员及治理层对内部控制环境和会计准则等态度的信息；(4) 客户是否过分考虑将会计师事务所的收费维持在尽可能低的水平；(5) 工作范围受到不适当限制的迹象；(6) 客户可能涉嫌洗钱或其他刑事犯罪行为的迹象；(7) 变更会计师事务所的原因；(8) 关联方。

第四节　人力资源

一、总体要求（第三能力等级）

二、人力资源管理的要素（第三能力等级）

1. 招聘
2. 业绩评价
3. 人员素质和胜任能力，包括完成所分派任务的时间是否足够
4. 职业发展
5. 晋升
6. 薪酬
7. 人员需求预测

三、招聘（第三能力等级）

1. 选择正直的、通过发展能够具备执行业务所需的必要素质和胜任能力，并且有胜任工作的需要的适当特征的人员。

2. 在招聘有经验的从业人员尤其是高级业务人员时，会计师事务所可执行额外的程序。

例如，进行背景检查、询问是否存在未决的法律问题等。

四、人员素质、胜任能力和职业发展（第三个能力等级）

通过下列途径提高人员素质和胜任能力：

1. 职业教育
2. 持续职业发展，包括培训
3. 工作经验
4. 由经验更丰富的员工（如项目组的其他成员）提供辅导
5. 针对受独立性要求约束的人员进行的独立性教育

五、业绩评价、工薪和晋升（第三能力等级）

会计师事务所制定的业绩评价、工薪及晋升程序应当强调：

(1) 使人员知晓会计师事务所对业绩的期望和对遵守职业道德基本原则的要求；

(2) 向人员提供业绩、晋升和职业发展方面的评价和辅导；

(3) 帮助人员了解提高业务质量及遵守职业道德基本原则是晋升更高职位的主要途径，不遵守会计师事务所的政策和程序可能招致惩戒。

【例题5·简答题】

ABC会计师事务所是一家新成立的事务所，最近制定了质量控制制度，有关内容摘录如下：

合伙人考核和晋升制度规定，连续3年业务收入额排名前3位的高级经理晋级为合伙人，连续3年业务收入额排名后3位的合伙人降级为高级经理。

要求：

指出ABC会计师事务所质量控制制度是否符合会计师事务所质量控制准则的规定，并简要说明理由。

【答案】不符合会计师事务所质量控制准则规定。

【解析】会计师事务所制定的业绩评价、工薪及晋升程序应当强调，提高业务质量及遵守职业道德基本原则是晋升更高职位的主要途径，而不应当以业务收入额作为标准和途径。

六、项目组的委派（第三能力等级）

1. 项目合伙人的委派要求。

【提示】会计师事务所应当对每项业务委派至少一名项目合伙人。

2. 项目组其他成员的委派要求。

【提示】对于复杂或规模大、风险高的项目——会计师事务所应当在人员安排上保证这些项目有足够的人员；对于高风险的审计项目——会计师事务所可以规定委派具有丰富经验的审计人员担任第二项目合伙人或质量控制复核负责人加强风险控制。

第五节　业务执行

一、指导、监督与复核（第三能力等级）

会计师事务所应当要求项目合伙人负责组织对业务执行实施指导、监督与复核。

（一）指导、监督与复核的总体要求

（二）指导的具体要求

（1）使项目组了解工作目标。

（2）提供适当的团队工作和培训。

（三）监督的具体要求

（1）跟进审计业务的进程。

（2）考虑项目组各成员的素质和专业胜任能力。

（3）解决在执行业务过程中发现的重大问题。

（4）识别在执行业务过程中需要咨询的事项，或需要由经验丰富的项目组成员考虑的事项。

（四）复核的具体要求

（1）工作是否已按照职业准则和适用的法律法规的规定执行。

（2）重大事项是否已提请进一步考虑。

（3）相关事项是否已进行适当咨询，由此形成的结论是否得到记录和执行。

（4）是否需要修改已执行工作的性质、时间安排和范围。

（5）已执行的工作是否支持形成的结论，并得以适当记录。

（6）获取的证据是否充分、适当以支持报告。

（7）业务程序的目标是否实现。

【提示】由项目组内经验较多的人员复核经验较少的人员执行的工作。

二、咨询（第三能力等级）

（一）咨询的总体要求

（二）咨询的具体要求

（1）形成良好咨询文化。

（2）合理确定咨询事项。

（3）适当确定被咨询者。

（4）充分提供相关事实。

（5）考虑利用外部咨询。

（6）完整记录咨询情况。

【提示】项目组就疑难问题或争议事项向其他专业人士咨询所形成的记录，应当经被咨询者认可。

三、意见分歧（第三能力等级）

（一）处理意见分歧的总体要求

（二）对出具报告的影响

【提示】只有意见分歧问题得到解决，项目合伙人才能出具报告。

四、项目质量控制复核（第三能力等级）

（一）项目质量控制复核总体要求

项目质量控制复核——会计师事务所挑选不参与该业务的人员，在出具报告前，对项目组作出重大判断和形成的结论进行客观评价的过程。

【提示】项目质量控制复核并不减轻项目合伙人的责任，更不能替代项目合伙人的责任。

【例题6·简答题】

ABC会计师事务所是一家新成立的事务所，最近制定了质量控制制度，有关内容摘录如下：

项目质量控制复核制度规定，除上市公司审计业务外，其他需要实施质量控制复核的审计业务由审计项目组负责人执行项目质量控制复核。

要求：

指出ABC会计师事务所质量控制制度是否符合会计师事务所质量控制准则的规定，并简要说明理由。

【答案】不符合会计师事务所质量控制准则规定。

【解析】项目质量控制复核，是指会计师事务所挑选不参与该业务的人员，在出具报告前，对项目组作出的重大判断和在准备报告时形成的结论作出客观评价的过程。因此审计项目组负责人不能作为复核人员执行本项目的质量控制复核工作。

（二）项目质量控制复核对象的确定

（1）对所有上市实体财务报表的审计。

（2）规定适当的标准，对除上市公司财务报表审计以外的其他业务，实施项目质量控制复核。

（3）对符合适当标准的所有业务实施项目质量控制复核。

（三）项目质量控制复核的具体要求

（1）项目质量控制复核的性质、时间安排和范围。

（2）项目质量控制复核人员的资格标准。

（3）对项目质量控制复核的记录要求。

要求	具体内容
1. 项目质量控制复核的性质	会计师事务所通常采用的项目质量控制复核方法包括： （1）与项目合伙人进行讨论； （2）复核财务报表或其他业务对象信息及报告，尤其考虑报告是否适当； （3）选取与项目组作出重大判断及形成结论有关的工作底稿进行复核。 【提示】项目质量控制复核并不减轻项目合伙人的责任
2. 项目质量控制复核的范围	针对上市实体财务报表审计，会计师事务所应当制定政策和程序，要求实施的项目质量控制复核包括对下列事项的考虑： （1）项目组就具体业务对会计师事务所独立性作出的评价； （2）项目组是否已就涉及意见分歧的事项，或者其他疑难问题或争议事项进行适当咨询以及咨询得出的结论； （3）选取的用于复核的业务工作底稿，是否反映项目组针对重大判断执行的工作，以及是否支持得出的结论。 【提示】复杂程度很高和出具不恰当报告风险很大的特定业务，可以确定更大的项目质量控制复核范围
3. 项目质量控制复核的时间	出具报告前完成项目质量控制复核
4. 项目质量控制复核人员资格标准	项目质量控制复核人员应符合的下列要求： （1）履行职责需要的技术资格，包括必要的经验和权限； （2）在不损害其客观性的前提下提供业务咨询的程度
5. 项目质量控制复核的客观性	项目质量控制复核人员符合下列规定： （1）如果可行，不由项目合伙人挑选； （2）在复核期间不以其他方式参与该业务； （3）不代替项目组进行决策； （4）不存在可能损害复核人员客观性的其他情形
6. 项目质量控制复核人员的权威性	项目质量控制复核人员需要具备履行职责所需的充分、适当的技术专长、经验和权限
7. 项目质量控制复核人员所能承担的总体复核工作量	【提示】当一名复核人员在一定时间内承担过多的项目质量控制复核任务时，可能对实现项目质量控制复核目标产生不利影响

续表

要求	具体内容
8. 对属于公众利益实体的被审计单位的特别要求	如果被审计单位属于公众利益实体，相关关键审计合伙人任职时间不得超过 5 年，在任期结束后的 2 年内，不得为该被审计单位的审计业务实施质量控制复核
9. 项目质量控制复核的记录	记录项目质量控制复核情况，包括： （1）有关项目质量控制复核的政策所要求的程序已得到执行； （2）项目质量控制复核在出具报告前业已完成； （3）复核人员没有发现任何尚未解决的事项，使其认为项目组作出的重大判断及形成的结论不适当
10. 会计师事务所可以考虑采取以下措施，持续改进项目质量控制复核	（1）开发广泛应用的项目质量控制复核培训课程，使项目质量控制复核人员在如何履行职责方面接受充分培训，并使项目组了解项目质量控制复核人员如何履行职责及其对项目组的期望，以及在项目质量控制复核过程中咨询的可能类型； （2）根据会计师事务所的相关政策和程序，对项目质量控制复核人员的工作进行考核； （3）定期召开项目质量控制复核人员会议，讨论如何加强复核工作，并在设计培训课程及相关政策和程序时考虑相关意见和建议； （4）汇编形成项目质量控制复核问题案例，以帮助项目质量控制复核人员向项目组提出适合具体情况的问题，评价项目组在具体业务中作出的重大判断和结论

【例题 7·单选题】

下列关于项目质量控制复核的相关表述中，不恰当的是（　　）。

A. 项目质量控制复核过程适用于上市实体财务报表审计，以及会计师事务所确定需要实施项目质量控制复核的其他审计业务

B. 项目质量控制复核人员，是指项目组成员以外的，具有足够、适当的经验和权限，对项目组作出的重大判断和在准备审计报告时得出的结论进行客观评价的合伙人、会计师事务所其他人员、具有适当资格的外部人员或由这类人员组成的小组

C. 建立和保持质量控制制度（包括政策和程序）是会计师事务所的责任

D. 项目组依赖会计师事务所质量控制制度对审计业务实施质量控制复核

【答案】D

【解析】根据审计准则的相关规定，在会计师事务所质量控制制度框架下，项目组有责任实施适用于审计业务的质量控制程序，并向会计师事务所提供相关信息，以使质量控制制度中有关独立性的部分发挥作用。项目质量控制复核——会计师事务所挑选不参与该业务的人员，在出具报告前，对项目组作出重大判断和形成的结论进行客观评价的过程。

五、业务工作底稿（第三能力等级）

（一）业务工作底稿的归档要求

1. 遵守及时性原则。

2. 确定适当的归档期限。

鉴证业务的工作底稿，包括历史财务信息审计和审阅业务、其他鉴证业务的工作底稿的归档期限为业务报告日 60 天内。

3. 针对客户的同一财务信息执行不同业务归档要求。

如果针对客户的同一财务信息执行不同的委托业务，出具两个或多个不同的报告，会计师事务所应当将其视为不同的业务，根据制定的政策和程序，在规定的归档期限内分别将业务工作底稿归整为最终业务档案。

（二）业务工作底稿的管理要求

1. 安全保管业务工作底稿并对业务工作底稿保密。

2. 保证业务工作底稿的完整性。

3. 便于使用和检索业务工作底稿。

4. 按照规定的期限保存业务工作底稿。

【例题 8·单选题】

ABC 会计师事务所完成对 H 股份有限公司 2017 年度财务报表的审计业务，出具审计报告后，应当对其年度财务报表的审计业务工作底稿的进行归档，对业务底稿的归档期限为（　　）。

A. 业务报告日后60天内
B. 业务报告日后30天内
C. 结束审计业务后60天内
D. 结束审计业务后30天内

【答案】A

【解析】本题的考核点为会计师事务所对审计工作底稿的规档期限。会计师事务所应当根据业务的具体情况，确定适当的业务工作底稿归档期限。对历史财务信息审计和审阅业务、其他鉴证业务，业务工作底稿的归档期限为业务报告日后60天内。

（三）业务工作底稿的保密

除特殊情况外，会计师事务所应当对业务工作底稿包含的信息予以保密。

特定情况：

1. 取得客户的授权
2. 根据法律法规的规定，会计师事务所为法律诉讼准备文件或提供证据，以及向监管机构报告发现的违反法规行为
3. 接受注册会计师协会和监管机构依法进行的质量检查

（四）业务工作底稿的完整性、使用与检索

1. 无论业务工作底稿存在于纸质、电子还是其他介质，会计师事务所都应当针对业务工作底稿设计和实施适当的控制，以实现下列目的：

（1）使业务工作底稿清晰地显示其生成、修改及复核的时间和人员；

（2）在业务的所有阶段，尤其使在项目组成员共享信息或通过互联网将信息传递给其他人员时，保护信息的完整性；

（3）防止未经过授权改动业务工作底稿；

（4）仅允许项目组和其他经授权的人员为适当履行职责而接触业务工作底稿。

2. 如果原纸质记录经电子扫描后存入业务档案，会计师事务所应当实施适当的控制程序，以保证：

（1）生成与纸质记录的形式和内容完全相同的扫描复制件，包括人工签名、交叉索引和有关注释。

（2）将扫描复制件，包括必要时对扫描复制件的索引和签字，归整到业务档案中。

（3）能够检索和打印扫描复制件。

【提示】会计师事务所应当保留已扫描的原纸质记录。

【例题9·简答题】

ABC会计师事务所是一家新成立的事务所，最近制定了质量控制制度，有关内容摘录如下：

工作底稿保管制度规定，推行业务档案电子化，将纸质工作底稿经电子扫描后，存为业务电子档案，同时，销毁纸质工作底稿。

要求：

指出ABC会计师事务所质量控制制度是否符合会计师事务所质量控制准则的规定，并简要说明理由。

【答案】不符合会计师事务所质量控制准则规定。

【解析】如果原纸质记录经电子扫描后存入业务档案，会计师事务所应当保留已扫描的原纸质记录。

（五）业务工作底稿的保存期限

对鉴证业务，包括历史财务信息审计和审阅业务、其他鉴证业务，会计师事务所应当自业务报告日起，对业务工作底稿至少保存10年。

（六）业务工作底稿的所有权

业务工作底稿的所有权属于会计师事务所。

第六节　监控

一、监控的总体要求（第二能力等级）

二、监控人员（第二能力等级）

会计师事务所委派主任会计师、副主任会计师或具有足够、适当经验和权限的其他人员履行监控责任。

三、监控内容（第二能力等级）

1. 质量控制制度设计的适当性。
2. 质量控制制度运行的有效性。

四、实施检查（第二能力等级）

1. 检查的周期。

会计师事务所应当周期性地选取已完成

的业务进行检查，周期最长不得超过3年。

在每个周期内，应对每个项目合伙人的业务至少选取一项进行检查。

2. 检查的组织方式。

3. 确定检查的时间、人员与范围。

【提示】检查时可以不事先告知相关项目组；参与业务执行或项目质量控制复核的人员不应承担该项业务的检查工作。

【例题10·简答题】

ABC会计师事务所是一家新成立的事务所，最近制定了质量控制制度，有关内容摘录如下：

内部业务检查制度规定，以每3年为一个周期，选取已完成业务进行检查，如果事务所当年接受相关部门的外部检查，则当年暂停对所有业务的内部检查。

要求：

指出ABC会计师事务所质量控制制度是否符合会计师事务所质量控制准则的规定，并简要说明理由。

【答案】不符合会计师事务所质量控制准则规定。

【解析】会计师事务所应当周期性地选取已完成的业务进行检查，周期最长不得超过3年。在确定检查范围时，会计师事务所可以考虑外部独立检查的范围或结论，但这些检查不能替代自身的内部监控。

【例题11·多选题】

会计师事务所应当周期性地选取已完成的业务进行检查，评价实施监控程序发现的缺陷的影响，采取的适当补救措施。选取单项业务进行检查时，（　　）不应承担该项业务的检查工作。

A. 未参与业务的项目合伙人

B. 项目质量控制复核的人员

C. 其他会计师事务所执行业务检查的人员

D. 参与业务执行的人员

【答案】BD

【解析】会计师事务所在选取单项业务进行检查时，可以不事先告知相关项目组。参与业务执行或项目质量控制复核的人员不应承担该项业务的检查工作。

五、监控结果的处理（第二能力等级）

【提示】第一，适时将缺陷及补救措施告知相关人员；第二，如果实施监控程序的结果表明出具的报告可能不适当，或在执行业务过程中遗漏了应有的程序，会计师事务所应当确定采取适当的进一步行动，以遵守法律法规、职业道德规范和相关业务准则的规定。同时，会计师事务所应当考虑征询法律意见。

六、监控的记录（第二能力等级）

1. 制定的监控程序，包括选取已完成的业务进行检查的程序。

2. 对监控程序实施情况的评价。

3. 识别出的缺陷，对其影响的评价，是否采取行动及采取何种行动的依据。

七、投诉和指控的处理（第三能力等级）

1. 总体要求。

2. 设立投诉和指控渠道。

3. 调查记录投诉和指控事项。

4. 采取适当的行动。

【例题12·简答题】（2019年试题）

ABC会计师事务所的质量控制制度部分内容摘录如下：

（1）会计师事务所每年对业务收入考核排名前10位的合伙人奖励50万元，对业务质量考核排名后10位的合伙人罚款5万元。

（2）会计师事务所每3年至少一次对所有需按照相关职业道德需求保持独立性的人员获取其遵守独立性政策和程序的书面确认函。

（3）对新晋升的合伙人，每年会计师事务所对其已完成的一项业务进行业务质量检查，若连续5年合格，若连续两个周期合格，以后以5年为周期进行质量检查。

（4）如果审计业务工作底稿中的纸质信息被扫描为电子形式归档，则应当将纸质信息毁损，以确保客户信息的保密性。

要求：

针对上述第（1）至（4）项，逐项指出审计项目组的做法是否恰当。如不恰当，简要说明理由。

【答案】

事项（1）不恰当。会计师事务所应建立以质量为导向的业务评价政策。

事项（2）不恰当。会计师事务所应当每年至少一次向所有需要按照相关职业道德要求保持独立性的人员获取其遵守独立性政策和程序的书面确认函。

事项（3）不恰当。会计师事务所应当周期性地选取已完成的业务进行检查，周期最长不得超过3年。在每个周期内，应对每个项目合伙人的业务至少选取一项进行检查。

事项（4）不恰当。根据质量控制准则的规定，会计师事务所应当按照规定的保存期限保存纸质工作底稿。

【例题13·简答题】（2019年试题）

ABC会计师事务所的质量控制制度部分内容摘录如下：

（1）质量控制部负责对会计师事务所的质量控制制度进行监控，监控的内容为质量控制制度运行的有效性。

（2）经理级以上级别人员须每年签署其遵守会计师事务所独立性政策和程序的书面确认函，其他人员签署该书面确认函的具体要求由其所在部门的主管合伙人决定。

（3）上市实体审计业务的项目质量控制复核人员由质量控制部委派，其他业务的项目质量控制复核人员由项目合伙人推荐，向质量控制部备案。

（4）审计过程中项目合伙人与项目质量控制复核人员出现意见分歧时，应咨询会计师事务所专业技术委员会，如分歧仍不能解决，经首席合伙人和质量控制主管合伙人批准方可出具审计报告。

（5）审计工作底稿应当自财务报表日起至少保存10年。

要求：

针对上述第（1）至（5）项，逐项指出ABC会计师事务所的质量控制制度的内容是否恰当。如不恰当，简要说明理由。

【答案】

事项（1）不恰当。质量控制制度监控的内容还应当包括质量控制制度设计的适当性。

事项（2）不恰当。会计师事务所应当每年至少一次向所有需要按照相关职业道德要求保持独立性的人员获取其遵守独立性政策和程序的书面确认函。

事项（3）不恰当。为保持项目质量控制复核人员的客观性，在可行的情况下，不由项目合伙人挑选。

事项（4）不恰当。只有意见分歧得到解决，项目合伙人才能出具报告。

事项（5）不恰当。会计师事务所的审计工作底稿应当自审计报告日起至少保存10年。

【例题14·简答题】（2018年试题）

ABC会计师事务所的质量控制制度部分内容摘录如下：

（1）项目合伙人对会计师事务所分派的审计业务的总体质量负责，项目质量控制复核人对项目组按照事务所复核政策和程序实施的复核负责。

（2）审计业务的项目合伙人在保证审计质量的前提下，可以向其负责的审计客户推销非鉴证服务，并按该非鉴证服务收入的5%提取奖金。

（3）对违反会计师事务所质量控制制度的合伙人和员工，根据其违规的严重程度采用口头警告或书面警告方式予以惩戒。

（4）上市实体财务报表审计及非上市实体的高风险业务应当实施项目质量控制复核，高风险业务的标准由事务所统一制定。

（5）历史财务信息审计和审阅业务的工作底稿应自业务报告日起至少保存10年，除此之外的其他业务工作底稿应自业务报告日起至少保存8年。

要求：

针对上列第（1）至（5）项，逐项指出ABC会计师事务所业务质量控制制度是否符合会计师事务所质量控制准则的规定。如不符合，简要说明理由。

【答案】

事项（1）不符合。项目合伙人应当对项目组按照会计师事务所复核政策和程序实施的复核负责。

事项（2）不符合。关键审计合伙人的薪酬或业绩评价不得与其向审计客户推销的非鉴证服务直接挂钩。

事项（3）不符合。并非仅以口头警告或

书面警告方式予以惩戒。

事项（4）符合。

事项（5）不符合。对鉴证业务，包括历史财务信息审计和审阅业务、其他鉴证业务，会计师事务所应当按照规定，自业务报告日起，对业务工作底稿至少保存10年。如果法律法规有更高的要求，还应保存更长的时间。

【例题15·简答题】（2016年试题）

ABC会计师事务所的质量控制制度部分内容摘录如下：

（1）合伙人考核的主要指标依次为业务收入指标的完成情况、参与会计师事务所管理的程度、职业道德遵守情况及业务质量评价结果。

（2）会计师事务所所有员工须每年签署其遵守相关职业道德要求的书面确认函。对参与业务的会计师事务所外部专家或其他会计师事务所的注册会计师，由项目组自行决定是否向其获取有关独立性的书面确认函。

（3）在执行业务过程中遇到难以解决的重大问题时，由项目合伙人和项目质量控制复核人共同决定是否需要调整工作程序以及如何调整，由项目合伙人执行调整后的业务计划。

（4）会计师事务所质量控制部门每3年进行一次业务检查，每次检查选取每位合伙人已完成的一个项目。

（5）所有项目组应当在每年4月30日之前将上一年度的业务约定书交给事务所行政管理部门集中保存。

（6）会计师事务所应当自业务报告日起，对鉴证业务工作底稿至少保存12年。

要求：

针对上述第（1）至（6）项，逐项指出ABC会计师事务所的质量控制制度的内容是否恰当。如不恰当，简要说明理由。

【答案】

事项（1）不恰当。会计师事务所应建立以质量为导向的业绩评价政策，应将业务质量放在第一位。

事项（2）恰当。

事项（3）不恰当。应由项目合伙人决定是否需要调整工作程序及如何调整，项目质量控制复核人不应参与决策，否则影响其客观性。

事项（4）恰当。

事项（5）不恰当。业务约定书应当纳入业务工作底稿。

事项（6）恰当。

通关演练

一、单项选择题

1. 会计师事务所应当周期性地选取已完成的业务进行检查，周期最长不得超过（　　）年。在每个周期内，应对每个项目合伙人的业务至少选取（　　）项进行检查。

A. 3；1　　　　B. 1；3

C. 1；1　　　　D. 2；2

2. 下列关于业务执行的说法中，不正确的是（　　）。

A. 会计师事务所应当要求项目合伙人对业务执行实施指导、监督与复核

B. 项目组内部复核确定复核人员的原则是，由项目组内经验较多的人员复核经验较少的人员执行的工作

C. 项目组在业务执行中对疑难问题或争议事项进行适当咨询

D. 为了保证按时出具报告，对于需要实施项目质量控制复核的业务，可以在出具报告后进行项目质量控制复核

3. 会计师事务所（　　）对质量控制制度承担最终责任。

A. 注册会计师　　　　B. 项目合伙人

C. 副主任会计师　　　　D. 主任会计师

4. 下列关于业务工作底稿归档要求的说法中，不正确的是（　　）。

A. 会计师事务所在出具业务报告后，对于工作底稿要及时归档

B. 审计业务工作底稿的归档期限是业务报告日后60天内

C. 对于客户的同一财务信息执行不同的委托业务，出具的不同报告，会计师事务所应当将不同业务的工作底稿要分别归档

D. 对于客户的同一财务信息执行不同的委托业务，出具的不同报告，会计师事务所应当将不同业务的工作底稿要按照最晚完成

的归档期限统一归档

5. 会计师事务所应当每年至少（ ）次向所有受独立性要求约束的人员获取其遵守独立性政策和程序的书面确认函。

A. 1　　B. 2

C. 3　　D. 4

6. 下列关于监控的说法中，正确的是（ ）。

A. 会计师事务所应当周期性地选取已完成的业务进行检查，周期最长不得超过3年

B. 在每个周期内，应对每个项目合伙人的业务至少选取三项进行检查

C. 在选取单项业务进行检查时，必须事先告知相关项目组

D. 参与项目质量控制复核的人员可以承担该项业务的检查工作

7. ABC会计师事务所为防止同一主任会计师或者经授权签字的注册会计师，由于长期执行某一被审计单位的鉴证业务可能对独立性产生不利影响，应当制定（ ）政策和程序，将由于关系密切造成的产生不利影响降至可接受的水平。

A. 对所有公司财务报表审计，按照国家有关规定定期轮换项目合伙人

B. 对所有公司财务报表审计，按照国家有关规定定期轮换注册会计师

C. 对所有的上市公司财务报表审计，按照国家有关规定定期轮换项目合伙人

D. 对所有的上市公司财务报表审计，按照国家有关规定定期轮换鉴证小组成员

8. ABC会计师事务所完成对H股份有限公司2014年度财务报表的审计业务，出具审计报告后，应当对其年度财务报表的审计业务工作底稿的进行归档，对业务底稿的归档期限为（ ）。

A. 业务报告日后60天内

B. 业务报告日后30天内

C. 结束审计业务后60天内

D. 结束审计业务后30天内

9. 项目合伙人在复核审计工作底稿的过程中，不属于复核内容的是( )。

A. 特别风险

B. 对所有领域所作的判断

C. 执行业务过程中识别出的疑难问题或争议事项

D. 项目合伙人认为重要的其他领域

10. 在业务执行中，针对项目组内部、项目组与被咨询者之间及项目合伙人与项目质量控制复核人员之间的意见分歧。下列说法中，不恰当的是( )。

A. 会计师事务所应当制定政策和程序以处理和解决意见分歧

B. 形成的结论应当记录和执行

C. 出现意见分歧是不正常现象，影响审计效果及效率

D. 只有意见分歧问题得到解决，项目合伙人才能出具审计报告

二、多项选择题

1. 在项目组的委派中，对于大型会计师事务所，由于项目数量众多，往往会产生人员和项目的矛盾。对于复杂或规模大、风险高的项目，应当在人员安排上保证这些项目有足够的人员；对于高风险的审计项目，会计师事务所可以规定委派具有丰富经验的审计人员担任（ ），加强风险控制。

A. 第二项目合伙人

B. 助理人员

C. 质量控制复核负责人

D. 项目负责合伙人

2. 事务所的领导层应当树立质量至上的意识。会计师事务所应当通过下列（ ）措施实现质量控制的目标。

A. 合理确定管理责任，以避免重商业利益轻业务质量

B. 建立以质量为导向的业绩评价、薪酬及晋升的政策和程序

C. 遵守相关职业道德要求

D. 投入足够的资源制定和执行质量控制政策和程序，并形成相关文件记录

3. 会计师事务所可通过（ ）形式，传达以质量为导向的内部文化行动和信息。

A. 培训研讨班　　B. 非正式的谈话

C. 职责说明书　　D. 新闻通讯

4. 在会计师事务所的业务中，委派项目组是否得当，直接关系到业务完成的质量。以下关于项目合伙人委派的说法中，错误的有（ ）。

A. 会计师事务所应当对每项业务委派至少一名项目合伙人

B. 一个审计项目中只能有一名项目合伙人

C. 一个审计项目可能有第二项目合伙人

D. 一个审计项目中必须有两个项目合伙人

5. 会计师事务所应当建立质量控制制度以规范事务所的业务质量。下列关于质量控制制度的目标和要素的陈述中，恰当的有（　　）。

A. 注册会计师执行鉴证业务应当制定质量控制制度，如果执行相关服务则不需提出质量控制要求

B. 会计师事务所制定质量控制制度不能绝对保证业务质量，只能合理保证业务质量

C. 会计师事务所的主任会计师对业务质量承担最终责任

D. 会计师事务所的质量控制不仅对接受客户关系而且对保持具体业务提出要求

6. 会计师事务所应当周期性地选取已完成的业务进行检查，评价实施监控程序发现的缺陷的影响，采取的适当补救措施。选取单项业务进行检查时，（　　）不应承担该项业务的检查工作。

A. 未参与业务的项目合伙人

B. 项目质量控制复核的人员

C. 其他会计师事务所执行业务检查的人员

D. 参与业务执行的人员

7. 会计师事务所应当制定有关客户关系和具体业务的接受与保持的政策和程序，以合理保证没有信息表明客户缺乏诚信。对于影响客户诚信的因素，会计师事务所应当考虑（　　）。

A. 客户主要股东、关键管理人员、关联方及治理层的身份和商业信誉

B. 客户的经营性质

C. 变更会计师事务所的原因

D. 工作范围受到不适当限制的迹象

8. 下列各项中，会计师事务所在执行客户接受与保持程序时应当获取相关信息的有（　　）。

A. 没有信息表明客户缺乏诚信

B. 具有执行业务必要的素质和专业胜任能力

C. 具有执行业务必要的时间和资源

D. 能够遵守相关职业道德要求

9. 会计师事务所对所有上市实体财务报表审计应实施项目质量控制复核，在制定除上市实体以外的其他业务是否要实施项目质量控制时，注册会计师需要考虑的事项包括（　　）。

A. 业务的性质

B. 在某项业务或某类业务中识别出的异常情况或风险

C. 法律法规是否要求实施项目质量控制复核

D. 会计师事务所的业务能力

10. 下列关于业务质量控制的说法中，不正确的有（　　）。

A. 业务质量控制仅仅适用于会计师事务所执行的财务报表审计业务

B. 会计师事务所的项目经理对质量控制制度承担最终领导责任

C. 会计师事务所的主任会计师对质量控制制度承担最终领导责任

D. 质量控制准则是每个注册会计师都必须遵守的技术标准

三、简答题

1. 上市公司甲公司是 ABC 会计师事务所的常年审计客户，相关事项如下：

（1）ABC 会计师事务所在对甲公司 2017 年度财务报表审计时，委派已经连续 5 年担任甲公司的签字注册会计师 A 继续担任项目负责人。

（2）A 注册会计师与上市公司审计部副经理 B 注册会计师共同担任审计报告的签字注册会计师。

（3）在计划审计工作时，受到审计资源的限制，A 注册会计师认为，自己过去 5 年一直担任甲公司的审计项目负责人和签字注册会计师，非常熟悉甲公司情况，因此要求项目组不再了解甲公司及其环境，直接实施进一步审计程序。

（4）为了保证审计质量，A 注册会计师作为项目负责人和项目质量控制复核人，对整个审计业务的重大事项进行复核。

(5) ABC会计师事务所工作底稿保管制度规定，推行业务档案电子化，将纸质工作底稿经电子扫描后，存为业务电子档案，同时销毁纸质工作底稿。

(6) 会计师事务所应当制定项目质量控制复核政策和程序，以规定：项目质量控制复核的性质、时间安排和范围；项目质量控制复核人员的资格标准；对项目质量控制复核的记录要求。

要求：

(1) 针对上述事项 (1) 至 (5)，逐项指出ABC会计师事务所或其注册会计师的做法是否恰当。如不恰当，简要说明理由。

(2) 针对上述事项 (6)，指出会计师事务所应当制定项目质量控制复核政策和程序时，还应当考虑哪些事项。

2. ABC会计师事务所首次接受委托，负责审计上市公司甲公司2016年度财务报表，并委派A注册会计师担任审计项目合伙人，B注册会计师担任项目质量控制复核人。审计工作完成日2017年3月15日。相关事项如下：

(1) 在接受委托后，A注册会计师针对建筑领域专业问题，利用具有业务专长的外部工程师的工作，同时，要求外部专家遵守会计师事务所制定的质量控制政策和程序。

(2) 在接受委托后，A注册会计师向甲公司前任注册会计师询问甲公司变更会计师事务所的原因，得知原因是甲公司在某一重大会计问题上与前任注册会计师存在分歧。

(3) 在审计过程中，A注册会计师要求审计项目组成员相互复核所执行的工作，并在工作底稿的复核人员栏签字。

(4) 在工作底稿复核过程中，审计项目组成员之间在某个专业问题上存在分歧，A注册会计师就此问题专门致函有关部门进行咨询，但直至审计报告日，始终没有得到回复。A注册会计师出具了审计报告。

(5) B注册会计师在2016年3月18日完成了项目质量控制复核。

(6) 项目组应当自审计报告日起六十日内将业务工作底稿归档。归档后，项目组需要删除或增加业务工作底稿，须经项目合伙人批准。

要求：

针对上述事项 (1) 至 (6)，逐项指出ABC会计师事务所及其人员是否违反中国注册会计师审计准则和质量控制准则，并简要说明理由。

3. 2019年1月，W会计师事务所与V会计师事务所合并成立ABC会计师事务所，相关事项摘录如下：

(1) ABC会计师事务所以"做大做强，特技服务，行业龙头老大"为主题在国内多家媒体发布广告，宣传两家会计师事务所的合并事宜。

(2) 原W、V两家会计师事务所的质量控制制度，针对非上市公司审计存在差异较大。ABC会计师事务所拟逐步进行整合，确保3年后建立统一的质量控制制度。

(3) ABC会计师事务所规定，经主任会计师指派，副主任会计师可以分管会计师事务所质量控制工作，并对会计师事务所质量控制制度承担最终责任；项目合伙人对事务所分派的每项审计业务的总体质量负责。

(4) ABC会计师事务所规定，客户承接过程，尽可能展现给客户年轻活力的精气神，安排助理人员执行此工作。

(5) ABC会计师事务所规定，项目组在业务执行中遇到疑难问题，项目组内部不能解决时，可向组外的适当人员咨询，同时，需完整记录咨询情况，形成咨询的记录，并取得项目合伙人认可。

(6) ABC会计师事务所设立了投诉和举报热线，并制定了相关调查、处理的政策和程序。对所有举报事项的调查和处理过程均需执行监督，该项工作由具有适当经验和权限的业务部门的B合伙人兼任。

要求：

针对上述事项 (1) 至 (6)，逐项指出ABC会计师事务所的做法是否恰当。如不恰当，简要说明理由。

4. ABC会计师事务所是一家新成立的事务所，最近制定了业务质量控制制度，有关内容摘录如下：

(1) 独立性政策规定，每年需要为保持独立性的人员提供关于独立性要求的培训，并要求高级经理以上（含高级经理）的人员每年签署遵守独立性要求的书面确认函。

(2) 内部业务检查制度规定，以每3年为一个周期，选取已完成业务进行检查，如果会计师事务所当年接受相关部门的外部检查，则当年暂停对所有业务的内部检查。

(3) 项目质量控制复核制度规定，除上市公司审计业务外，其他需要实施质量控制复核的审计业务由审计项目组负责人执行项目质量控制复核。

(4) 工作底稿保管制度规定，推行业务档案电子化，将纸质工作底稿经电子扫描后，存为业务电子档案，同时销毁纸质工作底稿。

(5) 合伙人考核和晋升制度规定，连续3年业务收入额排名前3位的高级经理晋级为合伙人，连续3年业务收入额排名后3位的合伙人降级为高级经理。

(6) 分所管理制度规定，分所可以根据自身的实际情况，自行制定业务质量控制制度。

要求：

针对上述事项 (1) 至 (6)，分别指出ABC会计师事务所业务质量控制制度是否符合会计师事务所质量控制准则的规定，并简要说明理由。

答案及解析

一、单项选择题

1. 【答案】A

【解析】事务所应当周期性地选取已完成的业务进行检查，周期最长不得超过3年。在每个周期内，应对每个项目合伙人的业务至少选取一项进行检查。

2. 【答案】D

【解析】对于需要实施项目质量控制复核的业务，没有完成项目质量控制复核，不能出具报告。

3. 【答案】D

【解析】会计师事务所主任会计师对质量控制制度承担最终责任。

4. 【答案】D

【解析】如果针对客户的同一财务信息执行不同的委托业务，出具两个或多个不同的报告，会计师事务所应当将其视为不同的业务，根据制定的政策和程序，在规定的归档期限内分别将业务工作底稿归整为最终业务档案，选项D不正确。

5. 【答案】A

【解析】事务所应当每年至少一次向所有受独立性要求约束的人员获取其遵守独立性政策和程序的书面确认函。

6. 【答案】A

【解析】在每个周期内，应对每个项目合伙人的业务至少选取一项进行检查，所以选项B错误。在选取单项业务进行检查时，可以不事先告知相关项目组，所以选项C错误。参与业务执行或项目质量控制复核的人员不应承担这项业务的检查工作，所以选项D错误。

7. 【答案】C

【解析】本题的考点是业务质量控制准则。将会计师事务所应当制定下列政策和程序，以防范同一高级人员由于长期执行某一客户的鉴证业务可能对独立性产生不利影响：(1) 建立适当的标准，以便确定是否需要采取防护措施，将由于关系密切造成的威胁降至可接受的水平；(2) 对所有的上市公司财务报表审计，按照国家有关规定定期轮换项目合伙人。

8. 【答案】A

【解析】本题的考核点为会计师事务所对审计工作底稿的规档期限。会计师事务所应当根据业务的具体情况，确定适当的业务工作底稿归档期限。对历史财务信息审计和审阅业务、其他鉴证业务，业务工作底稿的归档期限为业务报告日后60天内。

9. 【答案】B

【解析】项目合伙人复核的是对关键领域所作的判断，选项B错误。

10. 【答案】C

【解析】对业务问题的意见出现分歧是正常现象，只有经过充分的讨论，才有利于意见分歧的解决。

二、多项选择题

1. 【答案】AC

【解析】会计师事务所可以规定委派具有丰富经验的审计人员担任第二项目合伙人或

质量控制复核负责人加强风险控制。

2. 【答案】ABD

【解析】会计师事务所的领导层应当树立质量至上的意识。会计师事务所应当通过下列措施实现质量控制的目标：（1）合理确定管理责任，以避免重商业利益轻业务质量；（2）建立以质量为导向的业绩评价、薪酬及晋升的政策和程序；（3）投入足够的资源制定和执行质量控制政策和程序，并形成相关文件记录。

3. 【答案】ABCD

【解析】会计师事务所各级管理层特别是领导层对形成和传播以质量为导向的内部文化的重要作用，并强调各级管理层的有关行动示范和信息传达要做到清晰、一致及经常化。会计师事务所可通过培训研讨班、会议、正式或非正式的谈话、职责说明书、新闻通讯或简要备忘录，传达这些行动和信息。

4. 【答案】BD

【解析】选项B、D错误。会计师事务所应当对每项业务委派至少一名项目合伙人，这样规定对于明确每项业务的质量控制责任，确保业务质量有特别重要的作用；对于高风险的审计项目，会计师事务所可以规定委派具有丰富经验的审计人员担任第二项目合伙人或质量控制复核负责人加强风险控制。

5. 【答案】BCD

【解析】选项A不恰当。质量控制准则不仅规范事务所这个执业主体，而且规范其执业客体，即对注册会计师承接的所有业务都要求进行质量控制，包括执行相关服务业务。

6. 【答案】BD

【解析】本题的考点是业务质量控制准则。会计师事务所在选取单项业务进行检查时，可以不事先告知相关项目组。参与业务执行或项目质量控制复核的人员不应承担该项业务的检查工作。

7. 【答案】ABCD

【解析】本题的考点是业务质量控制准则。针对有关客户的诚信，会计师事务所应当考虑下列主要事项：（1）客户主要所有者、关键管理人员、关联方及治理层的身份和商业信誉；（2）客户的经营性质；（3）有关客户主要所有者、关键管理人员及治理层对内部控制环境和会计准则等态度的信息；（4）客户是否过分考虑将会计师事务所的收费维持在尽可能低的水平；（5）工作范围受到不适当限制的迹象；（6）客户可能涉嫌洗钱或其他刑事犯罪行为的迹象；（7）变更会计师事务所的原因。

8. 【答案】ABCD

【解析】在接受新客户的业务前，或决定是否保持现有业务或考虑接受现有客户的新业务时，会计师事务所应当执行有关客户接受与保持的程序，以获取如下信息：（1）考虑客户的诚信，没有信息表明客户缺乏诚信；（2）具有执行业务必要的素质、专业胜任能力、时间和资源；（3）能够遵守相关职业道德要求。

9. 【答案】ABC

【解析】在制定除上市实体以外的其他业务是否要实施项目质量控制复核的标准时，不需要考虑会计师事务所的业务能力问题，所以选项D错误。

10. 【答案】ABD

【解析】选项A，业务质量控制适用于会计师事务所执行的所有业务；选项B，会计师事务所的主任会计师对业务质量控制制度承担最终领导责任；选项C，质量控制准则是会计师事务所必须遵循的管理标准，不是每个注册会计师都必须遵守的技术标准。

三、简答题

1. 【答案】

（1）事项（1）不恰当。没有按照有关规定定期轮换签字注册会计师。会计师事务所签字注册会计师与鉴证客户长期交往，会产生关联关系对独立性产生不利影响，A注册会计师已经连续5年担任甲公司的签字注册会计师，应当予以轮换。

事项（2）不恰当。签字注册会计师不符合要求。会计师事务所出具的审计报告，应当由会计师事务所主任会计师或其授权的副主任会计师和一名负责该项目的注册会计师签名盖章。担任签字注册会计师的A和B都不是会计师事务所的主任会计师或其授权的副主任会计师。

事项（3）不恰当。审计业务执行方面存在问题。风险评估程序（了解被审计单位及其环境）是必须执行的程序，不得省略而直接实施进一步审计程序。

事项（4）不恰当。项目质量控制复核人不符合规定。项目质量控制复核人员应该挑选不参与该业务的人员进行，保持客观性。A注册会计师既是项目负责人和签字注册会计师，又履行项目质量控制复核责任，缺乏客观性。

事项（5）不恰当。不符合事务所质量控制准则规定。如果原纸质记录经电子扫描后存入业务档案，会计师事务所应当保留已扫描的原纸质记录。

（2）会计师事务所应当制定项目质量控制复核政策和程序，以规定：项目质量控制复核的性质、时间安排和范围；项目质量控制复核人员的资格标准；对项目质量控制复核的记录要求；还应考虑项目质量控制复核人员的客观性、项目质量控制复核人员的权威性、项目质量控制复核人员所能承担的总体复核工作量、对属于公众利益实体的被审计单位的特别要求、项目质量控制复核的记录和会计师事务所考虑采取措施，持续改进项目质量控制复核。

2.【答案】

事项（1）违反利用专家工作和违反质量控制准则。外部专家不是项目组成员，不受会计师事务所制定的质量控制政策和程序的约束。

事项（2）违反审计准则。A注册会计师应在接受委托前与前任注册会计师沟通变更事务所的原因，判断是否适宜接受委托。

事项（3）违反质量控制准则。项目组成员互相复核工作无法达到要求。复核工作应当由项目组内经验较多的人员复核经验较少的人员执行的工作。

事项（4）违反质量控制准则。项目组意见分歧未得到解决不能出具报告。只有在审计项目组意见分歧得到解决后，才能出具报告。

事项（5）违反质量控制准则。项目质量控制复核应在报告日（2016年3月15日）或之前完成。

事项（6）违反审计工作底稿和质量控制准则。归档后，可以增加和修改、但不能删除或废弃审计工作底稿。

3.【答案】

事项（1）不恰当。违反职业道德守则中有关专业服务营销的要求。

事项（2）不恰当。3年内ABC会计师事务所没有使用统一的质量控制制度不符合质量控制准则的规定。

事项（3）不恰当。会计师事务所主任会计师对质量控制制度承担最终责任。

事项（4）不恰当。客户承接需要较高的职业判断能力、高度的职业敏感性和丰富的执业经验，应安排职位较高的人士执行此工作。

事项（5）不恰当。审计项目组应完整记录咨询情况，形成咨询的记录，并取得被咨询者认可。

事项（6）不恰当。投诉或指控所涉项目可能涉及B合伙人负责的项目，由其执行监督不具有客观性。

4.【答案】

事项（1）独立性政策不符合规定。根据质量控制准则的规定，会计师事务所应当每年至少一次向所有受独立性要求约束的人员获取其遵守独立性政策和程序的书面确认函。

事项（2）内部业务检查制度不符合规定。根据质量控制准则的规定，在确定检查的范围时，会计师事务所可以考虑外部独立检查的范围或结论，但这些检查并不能替代内部业务检查。

事项（3）项目质量控制复核制度不符合规定。根据质量控制准则的规定，项目质量控制复核人员应当由会计师事务所统一指派未参与该项目的人员担任，而不应由审计项目组负责人执行。

事项（4）工作底稿的保管制度不符合规定。根据质量控制准则的规定，会计师事务所应当按照规定的保存期限保存纸质工作底稿和电子工作底稿。

事项（5）合伙人的考核和晋升制度不符合规定。根据质量控制准则的规定，会计师事务所应当建立以质量为导向的业绩评价、薪酬及晋升的政策和程序，提高业务质量和遵守职业道德要求是晋升的主要途径。

事项（6）分所管理制度不符合规定。根据质量控制准则的规定，会计师事务所应当制定统一的质量控制制度。

第八编 职业道德

第二十二章 职业道德基本原则和概念框架

本章考情分析

本章属于比较重要的章节。本章属于《中国注册会计师职业道德守则》。本章系统介绍了中国注册会计师职业道德的基本原则和职业道德概念框架及其运用，其是职业道德的核心内容。按照考试大纲的要求，职业道德概念框架和注册会计师对职业道德概念框架的具体运用章节属于第二能力等级内容。近年本章试题占卷面6分，题型为简答题。（结合第二十三章）

要求考生：

1. 理解职业道德基本原则。
2. 理解职业道德概念框架。
3. 掌握注册会计师对职业道德概念框架的具体运用。

本章教材变化

本章内容较往年无变化。

基本内容框架

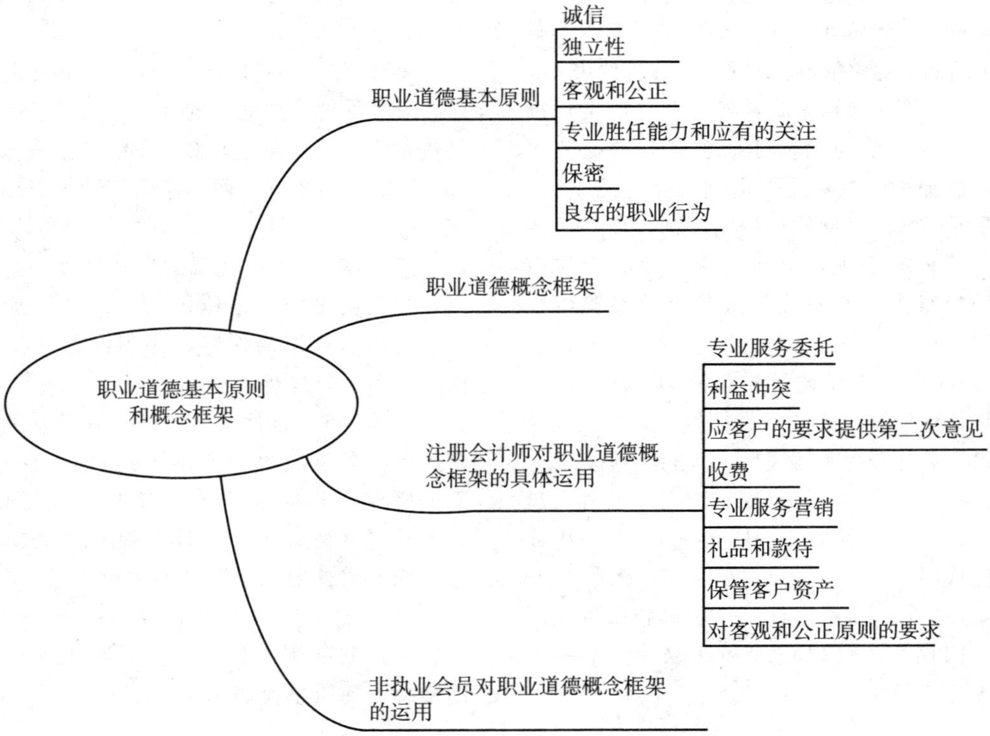

通关重难点例题解析

第一节 职业道德基本原则

职业道德基本原则包括：

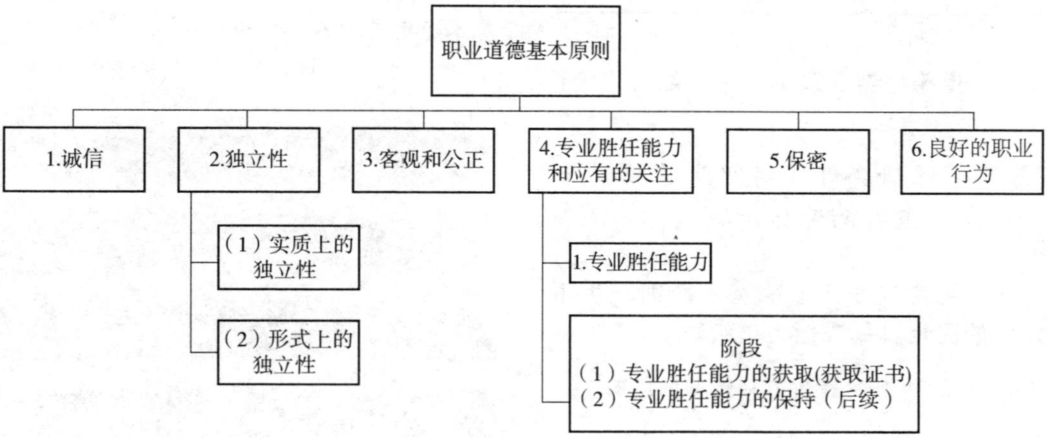

一、诚信（第一能力等级）

二、独立性（第一能力等级）

三、客观和公正（第一能力等级）

四、专业胜任能力和应有的关注（第一能力等级）

五、保密（第一能力等级）

	保密原则基本要求
1. 保密原则	客户信息，通常是指涉密信息。一旦涉密信息被泄露或被利用，往往会给客户造成损失。 保密原则要求会员应当对在职业活动中获知的涉密信息予以保密，不得有下列行为： （1）未经客户授权或法律法规允许，向会计师事务所以外的第三方披露其所获知的涉密信息； （2）利用所获知的涉密信息为自己或第三方谋取利益。 会员应当警惕无意泄密的可能性，特别是警惕无意中向近亲属或关系密切的人员泄密的可能性。 【提示】近亲属——指配偶、父母、子女、兄弟姐妹、祖父母、外祖父母、孙子女、外孙子女
2. 可以披露客户的涉密信息	（1）法律法规允许披露，并且取得客户或工作单位的授权； （2）根据法律法规的要求，为法律诉讼、仲裁准备文件或提供证据，以及向有关监管机构报告发现的违法行为； （3）法律法规允许的情况下，在法律诉讼、仲裁中维护自己的合法权益； （4）接受注册会计师协会或监管机构的执业质量检查，答复其询问和调查； （5）法律法规、执业准则和职业道德规范规定的其他情形

六、良好的职业行为（第一能力等级）

第二节 职业道德概念框架

一、职业道德概念框架的内涵（第二能力等级）

二、对遵循职业道德基本原则产生不利影响的因素及防范措施（第二能力等级）

产生不利影响的因素的种类	1. 自身利益导致的不利影响
	2. 自我评价导致的不利影响
	3. 过度推介导致的不利影响
	4. 密切关系导致的不利影响
	5. 外在压力导致的不利影响

三、道德冲突的解决（第二能力等级）

第三节 注册会计师对职业道德概念框架的具体运用

一、可能对职业道德基本原则产生不利影响的因素（第二能力等级）

（一）自身利益导致不利影响的情形

1.鉴证业务项目组成员在鉴证客户中拥有直接经济利益

2.会计师事务所过分依赖向某一客户

3.鉴证业务项目组成员与鉴证客户存在重要且密切商业关系

4.会计师事务所担心可能失去某一重要客户

5.鉴证业务项目组成员正在与鉴证客户协商受雇于该客户

6.会计师事务所与客户就鉴证业务达成或有收费的协议

7.注册会计师在评价其所在会计师事务所的人员以前提供专业服务的结果时，发现重大错误

【例题1·简答题】

ABC会计事务所接受委托，承办V商业银行2017年度财务报表审计业务，并于2017年底与V商业银行签订了审计业务约定书。ABC会计师事务所指派A和B注册会计师为该审计项目合伙人。假定存在以下情况：

A注册会计师持有V商业银行的股票1 000股，市值约6 000元。由于数额较小，A注册会计师未将该股票售出，也未予以回避。

要求：

判断A注册会计师是否存在对职业道德基本原则产生不利影响的情形，并简要说明理由。

【答案】存在对职业道德基本原则产生不利影响的情形。A注册会计师持有V商业银行的股票，与V商业银行存在直接经济利益，产生自身利益不利影响情形，会对职业道德基本原则产生不利影响。

（二）自我评价导致不利影响的情形

1.会计师事务所在对客户提供财务系统的设计或操作服务后，又对系统的运行有效性出具鉴证报告

2.会计师事务所为客户编制原始数据，这些数据构成鉴证业务的对象

3.鉴证业务项目组成员担任或最近曾经担任客户的董事或高级管理人员

4.鉴证业务项目组成员目前或最近曾受雇于客户，并且所处职位能够对鉴证对象施加重大影响

5.会计师事务所为鉴证客户提供直接影响鉴证对象信息的其他服务

【例题2·简答题】

×银行拟申请公开发行股票，委托ABC会计师事务所审计其2015年度、2016年度和2017年度财务报表，双方于2017年底签订审计业务约定书。假定ABC会计师事务所及其审计小组成员与×银行存在以下情况：

（1）ABC会计师事务所的合伙人A注册会计师目前担任×银行的独立董事。

（2）审计项目组成员B注册会计师2014年曾担任×银行的审计部经理。

（3）审计项目组成员C注册会计师自2016年以来一直协助×银行编制财务报表。

要求：

请分别上述情况，判断是否存在对职业道德基本原则产生不利影响的情形，并简要说明理由。

【答案】事项（1）存在对职业道德基本原则导致不利影响的情形。

因为会计师事务所的合伙人A注册会计师担任×银行的独立董事，鉴证业务项目组成员担任客户的董事，属于产生自我评价不利影响的情形。

事项（2）存在对职业道德基本原则产生不利影响的情形。

因为B注册会计师2014年受雇于×银行，会计师事务所审计×银行2015年度、2016年度和2017年度财务报表，B注册会计师作为鉴证业务项目组成员担任或最近曾经担任客户的高级管理人员，属于产生自我评价不利影响的情形。

事项（3）存在对职业道德基本原则产生不利影响的情形。

因为C注册会计师自2016年以来一直协助×银行编制财务报表，会计师事务所为客户编制原始数据，这些数据构成鉴证业务的对象，产生自我评价不利影响的情形。

（三）过度推介导致不利影响的情形

1. 会计师事务所推介审计客户的股份。

2. 在审计客户与第三方发生诉讼或纠纷时，注册会计师担任该客户的辩护人。

（四）密切关系导致不利影响的情形

1.项目组成员的近亲属担任客户的董事或高级管理人员

2.项目组成员的近亲属是客户的员工，其所处职位能够对业务对象施加重大影响

3.客户的董事、高级管理人员或所处职位能够对业务对象施加重大影响的员工，最近曾担任会计师事务所的项目合伙人

4.注册会计师接受客户的礼品或款待

5.会计师事务所的合伙人或高级员工与鉴证客户存在长期业务关系

【例题3·简答题】

ABC会计事务所接受委托，承办V商业银行2017年度财务报表审计业务，并于2016年底与V商业银行签订了审计业务约定书。ABC会计师事务所指派B注册会计师为该审计项目合伙人。假定存在以下情况：

B注册会计师的妹妹在V商业银行财务部从事会计核算工作，但非财务部负责人。B注册会计师未予以回避。

要求：

针对上面情况，判断是否存在对职业道德基本原则产生不利影响的情形，并简要说明理由。

【答案】存在对职业道德基本原则产生不利影响的情形。B注册会计师是审计项目合伙人，与其在财务部从事会计核算工作的妹妹属于近亲属。她是客户的员工，其所处职位能够对业务对象施加重大影响，产生密切关系导致的不利影响。

（五）外在压力导致不利影响的情形

1. 会计师事务所受到客户解除业务关系的威胁。

2. 审计客户表示，如果会计师事务所不同意对某项交易的会计处理，则不再委托其承办拟议中的非鉴证业务。

3. 客户威胁将起诉会计师事务所。

4. 会计师事务所受到降低收费的影响而不恰当地缩小工作范围。

5. 由于客户员工对所讨论的事项更具有专长，注册会计师面临服从其判断的压力。

6. 会计师事务所合伙人告知注册会计师，除非同意审计客户不恰当的会计处理，否则将影响晋升。

【例题4·简答题】

V公司系ABC会计师事务所的常年审计客户。2018年11月，ABC会计师事务所与V公司续签了审计业务约定书，审计V公司2016年度财务报表。假定存在以下情形：

由于V公司降低2018年度财务报表审计费用近1/3，导致ABC会计师事务所审计收入不能弥补审计成本，ABC会计师事务所决定不再对V公司下属的2个重要的销售分公司进行审计，并以审计范围受限为由出具了保留意见的审计报告。

要求：

判断上述情形是否存在对职业道德基本原则产生不利影响的情形，并简要说明理由。

【答案】存在对职业道德基本原则产生不利影响的情形。ABC会计师事务所受到降低收费的压力而不恰当地缩小工作范围，产生外在压力导致不利影响的情形。

二、应对不利影响的防范措施（第二能力等级）

三、专业服务委托（第二能力等级）

（一）接受客户关系（知彼）

（二）承接业务（知己）

（三）客户变更委托

1. 如果应客户要求或考虑以投标方式接替前任注册会计师，注册会计师应当从专业角度或其他方面确定应否承接该业务。

2. 注册会计师应当在必要时采取防范措施，消除因客户变更委托产生的不利影响或将其降低至可接受的水平。

防范措施：

（1）当应邀投标时，在投标书中说明，在承接业务前需要与前任注册会计师沟通，以了解是否存在不应接受委托的理由；

（2）要求前任注册会计师提供已知悉的相关事实或情况，即前任注册会计师认为，后任注册会计师在作出承接业务的决定前，需要了解的事实或情况；

（3）从其他渠道获取必要的信息。

【提示】如果采取的防范措施不能消除不利影响或将其降低至可接受的水平，注册会计师不得承接该业务。

【例题5·简答题】

ABC会计师事务所通过招投标程序接受委托，负责审计上市公司甲公司2017年度财务报表，并委派A注册会计师为审计项目合伙人，在招投标阶段和审计过程中，ABC会计师事务所遇到下列与职业道德有关的事项：

应邀投标时，ABC会计师事务所在其投标书中说明，如果中标，需与前任注册会计师沟通后，才能与甲公司签订审计业务约定书。

要求：

指出ABC会计师事务所是否违反中国注册会计师职业道德守则，并简要说明理由。

【答案】不违反职业道德守则。

【解析】在应邀投标时，在投标书中说明，在承接业务前需要与前任注册会计师沟通，以了解是否存在不应接受委托的理由。

四、利益冲突（第二能力等级）

1. 注册会计师为两个以上客户提供服务，而这些客户之间存在利益冲突或者对某一事项或交易存在争议，可能对客观和公正原则或保密原则产生不利影响。

防范措施：

（1）如果会计师事务所的商业利益或业务活动可能与客户存在利益冲突，注册会计师应当告知客户，并在征得其同意的情况下执行业务。

（2）如果为存在利益冲突的两个以上客户服务，注册会计师应当告知所有已知相关方，并在征得他们同意的情况下执行业务。

（3）如果为某一特定行业或领域中的两个以上客户提供服务，注册会计师应当告知客户，并在征得他们同意的情况下执行业务。

【提示】如果客户不同意注册会计师为存在利益冲突的其他客户提供服务，注册会计师应当终止为其中一方或多方提供服务。

2. 除采取上述防范措施外，注册会计师还应当采取下列一种或多种防范措施：

（1）分派不同的项目组为相关客户提供服务；

（2）实施必要的保密程序，防止未经授权接触信息。

（3）向项目组成员提供有关安全和保密问题的指引；

（4）要求会计师事务所的合伙人和员工签订保密协议；

（5）由未参与执行相关业务的高级员工定期复核防范措施的执行情况。

【例题6·简答题】

ABC会计师事务所通过招投标程序接受委托，负责审计上市公司甲公司2017年度财务报表，并委派A注册会计师为审计项目合伙人，在招投标阶段和审计过程中，ABC会计师事务所遇到下列与职业道德有关的事项：

签订审计业务约定书后，ABC会计师事务所发现甲公司与本事务所另一常年审计客户乙公司存在直接竞争关系。ABC会计师事务所未将这一情况告知甲公司和乙公司。

要求：

指出ABC会计师事务所是否违反中国注册会计师职业道德守则，并简要说明理由。

【答案】违反职业道德守则。

【解析】会计师事务所要同时为两个存在竞争关系的审计客户提供审计，需要告知客户，并征得他们的同意才能执行业务。

五、应客户的要求提供第二次意见（第二能力等级）

在某客户运用会计准则对特定交易和事项进行处理，且已由前任注册会计师发表意见的情况下，如果注册会计师应客户的要求提供第二次意见，可能对职业道德基本原则产生不利影响。

1. 如果第二次意见不是以前任注册会计师所获得的相同事实为基础，或依据的证据不充分。可能对职业道德基本原则产生不利影响。

2. 如果被要求提供第二次意见，注册会计师应当评价不利影响的严重程度，并在必要时采取防范措施消除不利影响或将其降低至可接受的水平。

防范措施：

（1）征得客户同意与前任注册会计师沟通；

（2）在与客户沟通中说明注册会计师发表专业意见的局限性；

（3）向前任注册会计师提供第二次意见的副本。

【提示】如果客户不允许与前任注册会计师沟通，注册会计师应当在考虑所有情况后决定是否适宜提供第二次意见。

六、收费（第二能力等级）

1. 会计师事务所在确定收费时考虑的因素。

（1）专业服务所需的知识和技能；

（2）所需专业人员的水平和经验；

（3）各级别专业人员提供服务所需的时间；

（4）提供专业服务所需承担的责任。

防范措施：

让客户了解业务约定条款，特别是确定收费的基础以及在收费报价内所能提供的服务，安排恰当的时间和具有胜任能力的员工执行任务。

2. 如果收费报价明显低于前任注册会计师或其他会计师事务所的相应报价。

（1）会计师事务所应当确保在提供专业服务时，遵守执业准则和职业道德规范的要求，使工作质量不受损害；

（2）使客户了解专业服务的范围和收费基础。

3. 或有收费可能对职业道德基本原则产生不利影响。

（1）除法律法规允许外，注册会计师不得以或有收费方式提供鉴证服务，收费与否或收费多少不得以鉴证工作结果或实现特定目的为条件。

（2）注册会计师应当评价或有收费产生不利影响的严重程度，并在必要时采取防范措施消除不利影响或将其降低至可接受的水平。

防范措施：

（1）预先就收费的基础与客户达成书面协议；

（2）向预期的报告使用者披露注册会计师所执行的工作及收费的基础；

（3）实施质量控制政策和程序；

（4）由独立第三方复核注册会计师已执行的工作。

【提示】注册会计师不得收取与客户相关的介绍费或佣金；注册会计师不得向客户或其他方支付业务介绍费。

【例题 7 · 简答题】

×银行拟申请公开发行股票，委托 ABC 会计师事务所审计其 2015 年度、2016 年度和 2017 年度财务报表，双方于 2017 年底签订审计业务约定书。假定 ABC 会计师事务所与×银行存在以下情况：

ABC 会计师事务所与×银行签订的审计业务约定书约定：审计费用为 1 500 000 元，×银行在 ABC 会计师事务所提交审计报告时支付 50% 的审计费用，剩余 50% 视股票能否发行上市决定是否支付；

要求：

判断 ABC 会计师事务所是否存在对职业道德基本原则产生不利影响的情形，并简要说明理由。

【答案】存在职业道德基本原则产生不利影响的情形。因为审计费用的 50% 取决于客户的股票是否能上市，即产生自身利益导致不利影响的情形。会计师事务所不得以或有收费方式提供鉴证服务。

七、专业服务营销（第二能力等级）

注册会计师在营销专业服务时，不得有下列行为：

（1）夸大宣传提供的服务、拥有的资质或获得的经验；

（2）贬低或无根据地比较其他注册会计师的工作；

（3）暗示有能力影响有关主管部门、监管机构或类似机构；

（4）作出其他欺骗性的或可能导致误解的声明；

（5）注册会计师不得采用强迫、欺诈、利诱或骚扰等方式招揽业务；

（6）注册会计师不得对其能力进行广告宣传以招揽业务，但可以利用媒体刊登设立、合并、分立、解散、迁址、名称变更和招聘员工等信息。

八、礼品和款待（第二能力等级）

注册会计师不得向客户索取、收受委托合同约定以外的酬金或其他财物，或者利用执行业务之便，谋取其他不正当的利益。

九、保管客户资产（第二能力等级）

【提示】除非法律法规允许或要求，注册会计师不得提供保管客户资金或其他资产的服务。

十、对客观和公正原则的要求（第二能力等级）

【例题8·单选题】

下列各项中，属于注册会计师违反职业道德基本原则的是（　　）。

A. 注册会计师应按照业务约定和专业准则的要求完成委托业务

B. 注册会计师对审计过程中知悉的商业秘密应当保密，并不得利用其为自己或他人谋取利益

C. 除法律法规允许外，会计师事务所不得以或有收费形式为客户提供各种鉴证服务

D. 注册会计师可以对其能力进行广告宣传，但不得诋毁同行

【答案】D

【解析】注册会计师应按照业务约定和专业准则的要求完成委托业务，对审计过程中知悉的商业秘密应当保密，并不得利用其为自己或他人谋取利益和除有关法规许可的情形下，会计师事务所不得以或有收费形式为客户提供各种鉴证服务符合注册会计师职业道德规范的要求。注册会计师不得对其能力进行广告宣传以招揽业务。

第四节　非执业会员对职业道德概念框架的运用（第一能力等级）

通关演练

一、单项选择题

1. 根据专业胜任能力和应有的关注原则，下列对注册会计师要求的陈述中，不恰当的是（　　）。

A. 注册会计师应当通过教育、培训和执业实践获取和保持专业胜任能力

B. 注册会计师应用专业知识和技能应当依据审计准则条款规范，不能依据职业判断

C. 注册会计师应当采取适当措施确保在其领导下工作的人员得到应有的培训和督导

D. 注册会计师在必要时应当使客户以及业务报告的其他使用者了解专业服务的固有局限性

2. 由于会计师事务所之间竞争激烈，某会计师事务所在承接业务时，收费的报价很低，那么最可能对（　　）原则产生不利影响。

A. 自身利益

B. 自我评价

C. 专业胜任能力和应有的关注

D. 外在压力

3. 应客户的要求提供第二次意见时，注册会计师最应当关注的是（　　）。

A. 提供第二次意见是否符合良好职业行为的原则

B. 前任注册会计师是否介意客户要求提供第二次意见

C. 形成的第二次意见是否与前任注册会计师一致

D. 是否以前任注册会计师获得的相同事实为基础

4. ABC会计师事务所与W客户的主要竞争对手乙公司存在合资或类似关系，可能对（　　）职业道德基本原则产生不利影响。

A. 保密

B. 客观和公正

C. 诚信

D. 专业胜任能力和应有的关注

5. 注册会计师可以根据业务的性质考虑依赖客户采取的防范措施，但是仅依赖客户的防范措施，不可能将不利影响减低至可接受的水平。下列防范措施中，不属于客户通过制定政策和程序采取的防范措施的是（　　）。

A. 要求由管理层以外的人员批准聘请会计师事务所

B. 聘任具备足够经验和资历的员工，确保其能够作出恰当的管理决策

C. 对已执行的鉴证业务，由鉴证业务项目组以外的注册会计师进行复核，或在必要时提供建议

D. 执行相关政策和程序，确保在委托非鉴证业务时作出客观选择

6. 在提供专业服务时，会员应当保持应有关注。下列行为中，不符合应有关注的原则的是（　　）。

A. 采取措施让雇用单位了解专业服务的固有局限性

B. 在审计过程中，会员应当保持职业怀疑态度

C. 要求执行业务的人员签订职业道德承诺书

D. 对助手人员进行适当的培训

7. 长江公司是 XYZ 会计师事务所的常年审计客户。下列情形中，不会导致对遵循职业道德基本原则产生不利影响的情形是（　　）。

A. 项目组成员 A 的校友是长江公司销售部门职员，经手了全部销售业务的 50%

B. 项目组成员 B 持有长江公司发行的市值约 5 000 元的股票

C. 项目组成员 C 将私有房屋出租给长江公司，年租金 30 万元

D. 项目组成员 D 在查阅审计档案时发现上年度工作底稿中存在错误的结论

8. 下列情况中，属于对自身利益产生不利影响的情形的是（　　）。

A. 在评价其所在会计师事务所的人员以前提供专业服务的结果时，注册会计师发现重大错误

B. 在鉴证客户与第三方发生诉讼或纠纷时，注册会计师担任该客户的辩护人

C. 会计师事务所设计或运行财务系统后，对该财务系统运行的有效性出具鉴证报告

D. 鉴证业务项目组成员最近曾是客户的董事或高级管理人员

二、多项选择题

1. 产生过度推介导致的不利影响的情形包括（　　）。

A. 会计师事务所推介审计客户的股份

B. 会计师事务所推介审计客户的债券

C. 在鉴证客户与第三方发生诉讼或纠纷时，注册会计师担任该客户的辩护人

D. 在鉴证客户与第三方发生诉讼或纠纷时，注册会计师担任该客户的首席法律顾问

2. 下列描述中，符合注册会计师应有关注要求的有（　　）。

A. 会员应当勤勉尽责

B. 会员应当保持职业怀疑态度，运用专业知识、技能和经验，获取和评价审计证据

C. 会员应当采取措施以确保在其授权下工作的人员得到适当的培训和督导

D. 在适当情况下，会员应当使客户、雇佣单位和专业服务的其他使用者了解专业服务的固有局限性

3. 当非执业会员、其直系亲属或近亲属存在（　　）情况时，可能产生自身利益导致的不利影响。

A. 在雇佣单位拥有直接或间接的经济利益

B. 有资格获得与利润有关的奖金

C. 直接或间接持有雇佣单位的股票期权

D. 直接或间接持有现在可行权或即将可行权的雇佣单位的股票期权

4. 下列事项中，对注册会计师职业道德基本原则会产生不利影响的有（　　）。

A. 审计期间恰逢春节，被审计单位赠送购物卡给审计项目组成员用于采购年货

B. 会计师事务所接受了被审计单位在审计结束后提供的出国游服务

C. 被审计单位报销了审计项目组成员往返机票

D. 审计客户承诺如果出具无保留意见的审计报告，下一年的审计业务也由该会计师事务所负责

5. 下列防范措施中，属于会计师事务所层面的有（　　）。

A. 向合伙人和专业人员提供鉴证客户及其关联实体的名单，并要求合伙人和专业人员与之保持独立

B. 制定有关政策和程序，鼓励员工就遵循职业道德基本原则方面的问题与领导层沟通

C. 由其他会计师事务所执行或重新执行部分业务

D. 轮换鉴证业务项目组合伙人和高级员工

6. 注册会计师应当对职业活动中获知的涉密信息保密，下列行为中，不被允许的有（　　）。

A. 未经客户授权或法律法规允许，向会计师事务所以外的第三方披露其所获知的涉密信息

B. 利用所获知的涉密信息为自己谋取利益

C. 利用所获知的涉密信息为第三方谋取利益

D. 向会计师事务所以外的第三方披露拟介绍的客户或拟受雇的工作单位向其披露的涉密信息

7. 注册会计师对职业道德基本原则的遵循所受到的不利影响的性质和严重程度因注册会计师提供服务的类型的不同而不同。下列情形中，属于外在压力导致不利影响的情形有（　　）。

A. 会计师事务所受到降低收费的影响而不恰当地缩小工作范围

B. 由于客户员工对所讨论的事项具有专长，注册会计师面临服从其判断的压力

C. 会计师事务所合伙人告知注册会计师，除非同意审计客户不恰当的会计处理，否则将影响晋升

D. 会计师事务所推介审计客户的股份

8. 会计师事务所按法律法规的要求保管客户资产时，应同时符合（　　）要求。

A. 将客户资产与事务所资产分开

B. 按照临时用途使用客户资金或其他资产

C. 随时准备向相关人员报告资产状况

D. 遵守与保管资产相关的法律法规

9. 注册会计师应当对所在会计师事务所的涉密信息保密，但在某些情形下，注册会计师可以披露涉密信息，在决定是否披露涉密信息时，注册会计师应当考虑（　　）因素。

A. 客户同意披露的涉密信息，是否为法律法规所禁止

B. 如果客户同意披露涉密信息，是否会损害利害关系人的利益

C. 是否了解和证实所有相关信息

D. 信息披露的方式和对象以及可能承担的法律责任和后果

10. 承接业务时，下列可能对职业道德基本原则产生不利影响的有（　　）。

A. 根据会计师事务所的规定，向接受本业务的个人支付10%的业务中介费

B. 在推介自身和工作时，将自己的工作和其他会员的工作进行比较

C. 在审计过程中客户委托注册会计师开展信息服务，由于专业有限，注册会计师将该业务介绍给一家专业机构，并向此专业机构收取了少量的业务提供费用

D. 会计师事务所的商业利益与客户存在利益冲突，注册会计师应告知客户

11. 下列不利影响的情形中，属于由于密切关系导致不利影响的情形的有（　　）。

A. 项目组成员的近亲属担任客户的董事或高级管理人员

B. 客户的董事、高级管理人员或所处职位能够对业务对象施加重大影响

C. 注册会计师接受客户的礼品或款待

D. 会计师事务所的合伙人或高级员工与鉴证客户存在长期业务关系

12. 注册会计师在营销专业服务时，不得有的行为包括（　　）。

A. 夸大宣传提供的服务、拥有的资质或获得的经验

B. 贬低或无根据地比较其他注册会计师的工作

C. 暗示有能力影响有关主管部门、监管机构或类似机构

D. 作出其他欺骗性的或可能导致误解的声明

三、简答题

上市公司甲公司系 ABC 会计师事务所的常年审计客户。在对甲公司 2018 年度财务报表审计中，ABC 会计师事务所遇到下列与职业道德相关的事项：

（1）A 注册会计师与甲公司副总经理 X 同为剧社票友，经 X 介绍，A 注册会计师从其他企业筹得款项，成功举办个人专场演出。

（2）B 注册会计师与甲公司基建处处长 I 是战友，I 将甲公司职工集资建房的指标转让给 B，B 按照甲公司职工的付款标准交付了集资款。

（3）项目组成员 E 利用审计中获知的信息进行投资获取利益；

（4）项目组成员 G 的父亲是甲公司的董事。

（5）审计项目组成员 D 的多年未见的普通朋友于 2018 年 2 月购买了甲公司发行的公司债券 20 万元。

（6）甲公司系乙上市公司的子公司。2018 年末，审计项目组成员 F 的父亲拥有乙上市公司 300 股流股股票，该股票每股市值为 12 元。

要求：

针对上述事项（1）至（6），分别指出是否违反中国注册会计师职业道德守则，并简要说明理由。

答案及解析

一、单项选择题

1. 【答案】B

【解析】选项 B 不恰当。注册会计师在应用专业知识和技能时应当合理运用职业判断。

2. 【答案】C

【解析】在承接业务时，如果收费报价过低，可能导致难以按照执业准则和相关职业道德要求执行业务，从而对专业胜任能力和应有的关注原则产生不利影响。

3. 【答案】D

【解析】不论前任注册会计师是否介意，无论第二次意见是否与前任注册会计师的一致，提供第二次意见都不得违背职业道德（选项 B、C 错误，选项 A 是基础，而不是最应当关注的）。需要注意的是，如果客户提供的信息或资料与给前任注册会计师提供的不同，可能导致错误的第二次意见。

4. 【答案】B

【解析】注册会计师与客户存在直接竞争关系，或与客户的主要竞争者存在合资或类似关系，可能对客观和公正原则产生不利影响。

5. 【答案】C

【解析】本题的考点是具体业务层面的防范措施。选项 A、B、D 是属于客户通过制定政策和程序采取的防范措施，选项 C 是属于具体业务层面的防范措施。

6. 【答案】C

【解析】本题的考点是会员应有的关注。要求执行业务的人员签订职业道德承诺书不符合应有关注的原则。

7. 【答案】A

【解析】因校友不属于近亲属，故选项 A 中情形对职业道德的影响尚在可接受范围之内；选项 B、C、D 中情形属于自身利益因素所包含的主要情形。

8. 【答案】A

【解析】选项 A 会产生自身利益的不利影响；选项 B 会产生过度推介的不利影响；选项 C、D 会产生自我评价的不利影响。

二、多项选择题

1. 【答案】ABCD

【解析】选项 A、B、C、D 均属于产生过度推介导致的不利影响的情形。

2. 【答案】ABCD

3. 【答案】ABCD

【解析】在雇佣单位拥有直接或间接的经济利益，经济利益的价值可能直接受到非执业会员决策的影响；有资格获得与利润有关的奖金，奖金的价值可能直接受到非执业会员决策的影响；直接或间接持有雇佣单位的股票期权，其价值可能直接受到非执业会员决策的影响；直接或间接持有现在可行权或即将可行权的雇佣单位的股票期权。

4. 【答案】ABD

【解析】选项 A、B，被审计单位赠送礼

品和提供超出业务活动中正常往来的款待，将对职业道德基本原则产生不利影响。选项D，将因外在压力对注册会计师职业道德基本原则产生。

5.【答案】AB

【解析】选项C和D，属于具体业务层面的防范措施。

6.【答案】ABCD

【解析】本题的考点是职业道德基本原则。注册会计师应当对职业活动中获知的涉密信息保密，不得有以下行为：（1）未经客户授权或法律法规允许，向会计师事务所以外的第三方披露其所获知的涉密信息；（2）利用所获知的涉密信息为自己或第三方谋取利益；注册会计师应当对拟介绍的客户或拟受雇的工作单位向其披露的涉密信息保密。

7.【答案】ABC

【解析】本题的考点是导致不利影响的情形。选项ABC是属于外在压力导致不利影响的情形，选项D是过度推介导致不利影响的情形。

8.【答案】ACD

【解析】保管是按法律法规进行的，被保管资产的动用应经过委托人（而不是客户）的同意。

9.【答案】ABCD

【解析】本题的考点是在决定是否披露涉密信息时，注册会计师应当考虑因素。在决定是否披露涉密信息时，注册会计师应当考虑下列因素。（1）客户同意披露的涉密信息，是否为法律法规所禁止；（2）如果客户同意披露涉密信息，是否会损害利害关系人的利益；（3）是否了解和证实所有相关信息；（4）信息披露的方式和对象；（5）可能承担的法律责任和后果。

10.【答案】ABC

【解析】本题的考点是注册会计师对职业道德概念框架的具体运用——收费及其他类型的报酬。注册会计师不应向客户或第三方收取介绍费或佣金，也不应向客户或其他第三方支付介绍费。推介自身和工作时，不应贬低其他会员或与其进行工作比较。会计师事务所的商业利益或活动可能与客户存在利益冲突时，注册会计师应告知客户这一情况，并在获得客户同意的情况下执行业务。

11.【答案】ABCD

【解析】本题的考点是导致不利影响的情形。除了ABCD四项属于由密切关系导致不利影响的情形外，项目组成员的近亲属是客户的员工，其所处职位能够对业务对象施加重大影响的情形也是属于由密切关系导致不利影响的情形。

12.【答案】ABCD

【解析】本题的考点是注册会计师对职业道德概念框架的具体运用——专业服务营销。注册会计师在营销专业服务时，不得有下列行为：夸大宣传提供的服务、拥有的资质或获得的经验；贬低或无根据地比较其他注册会计师的工作；暗示有能力影响有关主管部门、监管机构或类似机构；作出其他欺骗性的或可能导致误解的声明。

三、简答题

【答案】

事项（1）违反。A注册会计师与甲公司副总经理X存在密切关系，并通过X筹得演出款项，会对审计项目组的独立性产生不利影响。

事项（2）违反。B注册会计师参加甲公司的职工集资建房，与甲公司存在直接经济利益关系，会对审计项目组的独立性产生不利影响。

事项（3）违反。利用所获知的涉密信息为自己或第三方谋取利益违反了保密原则。

事项（4）违反。项目组成员的近亲属担任客户的董事或高级管理人员，将因自身利益、密切关系和外在压力对职业道德产生不利影响。

事项（5）不违反。审计项目组成员D的多年未见的普通朋友在甲公司的经济利益不会影响D，因此不会对审计项目组的独立性产生不利影响。

事项（6）违反。审计项目组成员F的直系亲属在可以对审计客户施加控制的实体中拥有直接经济利益，将产生重大的自身利益威胁，没有任何防范措施可以消除这种威胁，因此会对审计项目组的独立性产生不利影响。

第二十三章　审计业务对独立性的要求

本章考情分析

本章为重点章。本章属于《中国注册会计师职业道德守则》。按照考试大纲的要求，审计业务对独立性的要求属于第三能力等级内容。考点围绕对独立性产生不利影响的情形，包括：贷款和担保以及商业关系、家庭和私人关系、与审计客户发生人员交流、与审计客户长期存在业务关系、为审计客户提供非鉴证服务、收费等有关内容。近年本章试题占卷面6分，题型为简答题。

要求考生：

1. 掌握经济利益。
2. 掌握贷款和担保以及商业关系、家庭和私人关系。
3. 掌握与审计客户发生人员交流。
4. 掌握与审计客户长期存在业务关系。
5. 掌握为审计客户提供非鉴证服务。
6. 掌握收费对独立性的不利影响及其防范措施。

本章教材变化

本章内容无明显变化。

基本内容框架

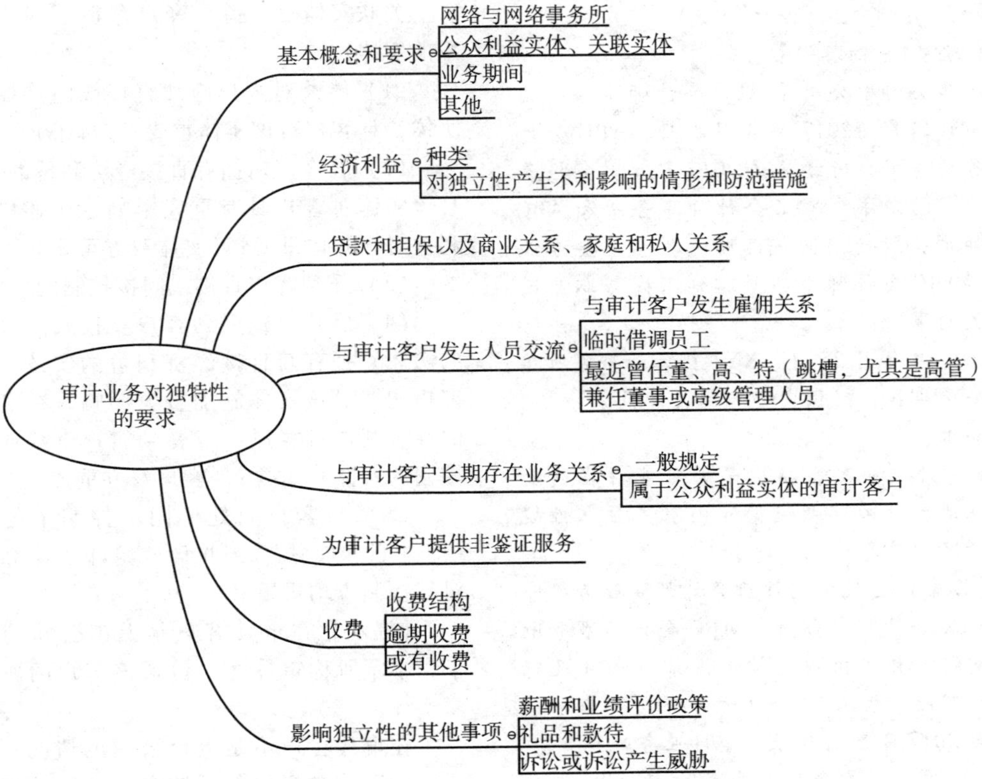

通关重难点例题解析

第一节　基本要求

一、独立性的概念框架（第一能力等级）

二、网络与网络事务所（第一能力等级）

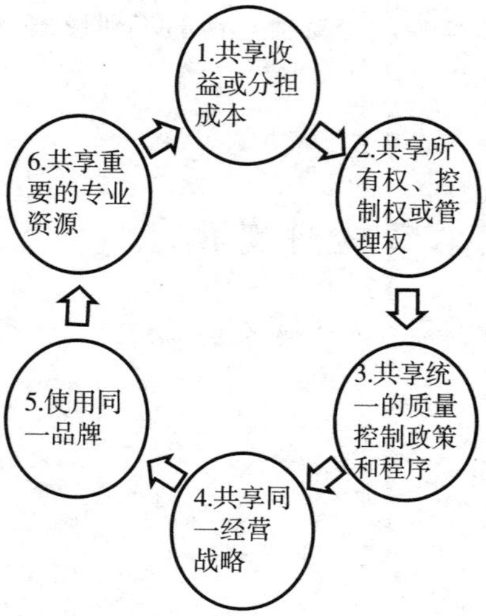

【例题1·简答题】

上市公司甲公司系ABC会计师事务所的常年审计客户。2017年4月1日，ABC会计师事务所与甲公司续签了2017年度财务报表审计业务约定书。XYZ会计师事务所和ABC会计师事务所使用同一品牌，共享重要专业资源。ABC会计师事务所遇到下列与职业道德有关的事项：

2017年2月25日，XYZ会计师事务所接受甲公司委托，提供内部控制设计服务。

要求：

针对上述事项，指出是否可能存在违反中国注册会计师职业道德守则有关独立性规定的情况，并简要说明理由。

【答案】违反中国注册会计师职业道德守则。XYZ会计师事务所与ABC会计师事务所构成网络，且提供内部控制设计服务涉及行使管理职能，故ABC会计师事务所不应承接甲公司2017年度财务报表审计业务。

【解析】XYZ会计师事务所与ABC会计师事务所属于同一网络事务所，如果某一会计师事务所被视为网络事务所，应当对网络中其他会计师事务所的审计客户保持独立。XYZ会计师事务所提供内部控制设计属于承担管理层职责的内部审计服务，将产生严重的不利影响，导致没有防范措施能够将其降低至可接受的水平。

三、公众利益实体（第一能力等级）

公众利益实体包括上市公司和下列实体：

（1）法律法规界定的公众利益实体；

（2）法律法规规定按照上市公司审计独立性的要求接受审计的实体。

考虑因素：

（1）实体业务的性质（如金融业务、保险业务等）；

（2）实体的规模；

（3）员工的数量。

【提示】如果公众利益实体以外的其他实体拥有数量众多且分布广泛的利益相关者，注册会计师应当考虑将其作为公众利益实体对待。

四、关联实体（第一能力等级）

关联实体——指与客户存在下列任一关系的实体：

（1）能够对客户施加直接或间接控制的实体，且客户对该实体重要；（母子）

（2）在客户内拥有直接经济利益的实体，且该实体对客户具有重大影响，在客户内的利益对该实体重要；（实体双方重要）

（3）受到客户直接或间接控制的实体；

（4）客户（或受到客户直接或间接控制的实体）拥有其直接经济利益的实体，并且客户能够对该实体施加重大影响，在实体内的经济利益对客户（或受到客户直接或间接控制的实体）重要；（客户双方重要）

（5）与客户同处于同一控制下的实体（即“姐妹实体”），并且该姐妹实体和客户对其控制方均重要。

【提示】在审计客户是上市公司的情况下，本章所称审计客户包括该客户的所有关联实体。

在审计客户不是上市公司的情况下，本章所称审计客户仅包括该客户直接或间接控制的关联实体。

【例题2·简答题】

甲银行是A股上市公司，系ABC会计师事务所的常年审计客户。XYZ咨询公司是ABC会计师事务所的网络事务所。在对甲银行2017年度财务报表执行审计的过程中存在下列事项：

乙保险公司与甲银行均为丙公司的重要子公司。乙保险公司于2017年2月聘请XYZ咨询公司为其提供与财务会计系统相关的内部审计服务，并由乙保险公司承担管理层职责。乙保险公司及丙公司不是ABC会计师事务所的审计客户。

要求：

针对上述事项，指出是否存在违反中国注册会计师职业道德守则的情况，并简要说明理由。

【答案】不违反中国注册会计师职业道德守则。乙保险公司是甲银行的关联实体（即"姐妹实体"），但因其不是ABC会计师事务所的审计客户，且XYZ咨询公司为其提供内部审计服务结果不会构成ABC会计师事务所对甲银行实施审计程序的对象，因此不会因自我评价产生不利影响。鉴于由乙保险公司承担管理层职责，因此该服务也不存在其他对独立性的不利影响。（须同时答出因乙保险公司承担管理层职责，所以不存在其他对独立性的不利影响）

五、治理层（第一能力等级）

六、工作记录（第一能力等级）

七、业务期间（第一能力等级）

业务期间——自审计项目组开始执行审计业务之日起，至出具审计报告之日止。

业务期间——连续审计，业务期间结束日应以其中一方通知解除业务关系或出具最终审计报告两者时间孰晚为准。

关注教材图23－2业务期间和财务报表涵盖期间示例。

【提示】如果一个实体委托会计师事务所对其财务报表发表意见，并且在该财务报表涵盖的期间或之后成为审计客户，会计师事务所应当确定下列因素是否对独立性产生不利影响：

（1）在财务报表涵盖的期间或之后、接受审计业务委托之前，与审计客户之间存在的经济利益或商业关系；

（2）以往向审计客户提供的服务。

【提示】防范措施：

（1）不允许提供非鉴证服务的人员担任审计项目组成员；

（2）必要时由其他的注册会计师复核审计和非鉴证工作；

（3）由其他会计师事务所评价非鉴证业务的结果，或由其他会计师事务所重新执行非鉴证业务，并且所执行工作的范围能够使其承担责任。

八、合并与收购（第一能力等级）

如果由于合并或收购，某一实体成为审计客户的关联实体，会计师事务所应当识别和评价其与该关联实体以往和目前存在的利益或关系，并在考虑可能的防范措施后确定是否影响独立性，以及在合并或收购生效日后能否继续执行审计业务。

九、其他方面的考虑（第一能力等级）

第二节　经济利益

一、经济利益的种类（第三能力等级）

定义	分类	内容
经济利益——因持有某一实体的股权、债券和其他证券以及其他债务性的工具而拥有的利益，包括为取得这种利益享有的权利和承担的义务	1. 直接经济利益	（1）个人或实体直接拥有并控制的经济利益（包括授权他人管理的经济利益）； （2）个人或实体通过投资工具拥有的经济利益，并且有能力控制这些投资工具，或影响其投资决策
	2. 间接经济利益	间接经济利益——指个人或实体通过投资工具拥有的经济利益，但没有能力控制这些投资工具，或影响其投资决策

【提示】在审计客户中拥有经济利益，可能因自身利益导致不利影响。

【例题3·简答题】

甲银行是A股上市公司，系ABC会计师事务所的常年审计客户。XYZ咨询公司是ABC会计师事务所的网络事务所。在对甲银行2017年度财务报表执行审计的过程中存在下列事项：

A注册会计师担任甲银行2017年度财务报表审计项目合伙人。其于2017年10月按正常商业条件在甲银行开立账户，并购买10 000元甲银行公开发行的3个月期非保本浮动收益型人民币理财产品。该理财产品主要投资于各类债券基金。

要求：

针对上述事项，指出是否存在违反中国注册会计师职业道德守则的情况，并简要说明理由。

【答案】

是否存在违反职业道德守则的情况（是/否）	理由
否	A注册会计师按正常商业条件在甲银行开立账户并购买甲银行的产品，且交易金额不大。该理财产品投资的各类债券基金也属于不重大的间接经济利益。因此，上述事项不会对独立性产生不利影响

二、对独立性产生不利影响的情形和防范措施（第三能力等级）

（一）在审计客户中不被允许拥有的经济利益

1. 会计师事务所、审计项目组成员或其主要近亲属不得在审计客户中拥有直接经济利益或重大间接经济利益。

2. 当一个实体在审计客户中拥有控制性的权益，并且审计客户对该实体重要时，会计师事务所、审计项目组成员或其主要近亲属不得在该实体中拥有直接经济利益或重大间接经济利益。

3. 当其他合伙人与执行审计业务的项目合伙人同处一个分部时，其他合伙人或其主要近亲属不得在审计客户中拥有直接经济利益或重大间接经济利益。

4. 为审计客户提供非审计服务的其他合伙人、管理人员或其主要近亲属不得在审计客户中拥有直接经济利益或重大间接经济利益。

【例题4·简答题】

上市公司甲公司系ABC会计师事务所的常年审计客户。2017年4月1日，ABC会计师事务所与甲公司续签了2017年度财务报表审计业务约定书。XYZ会计师事务所和ABC会计师事务所使用同一品牌，共享重要专业资源。ABC会计师事务所遇到下列与职业道德有关的事项：

B注册会计师系ABC会计师事务所的合伙人，与A注册会计师同处一个业务部门。2017年3月1日，B注册会计师购买了甲公司股票5 000股，每股10元，由于尚未出售该股票，ABC会计师事务所未委派B注册会计师担任甲公司审计项目组成员。

要求：

针对上述事项，请指出ABC会计师事务所及其人员是否违反中国注册会计师职业道德守则，并简要说明理由。

【答案】违反中国注册会计师职业道德守则。B注册会计师为ABC会计师事务所的合伙人，与A注册会计师同处一个业务部门，在A注册会计师的审计客户中拥有直接经济利益。

【解析】当其他合伙人与执行审计业务的项目合伙人同处一个分部时，如果其他合伙人或其主要近亲属在审计客户中拥有直接经济利益或重大间接经济利益，将因自身利益产生非常严重的不利影响，导致没有防范措施能够将其降低至可接受的水平。

【例题5·简答题】

甲银行是A股上市公司，系ABC会计师事务所的常年审计客户。XYZ咨询公司是ABC会计师事务所的网络事务所。在对甲银行2017年度财务报表执行审计的过程中存在下列事项：

XYZ咨询公司的合伙人C的父亲持有甲银行少量股票。截至2017年12月31日，这些股票市值为6 000元。

要求：

针对上述事项，指出是否存在违反中国注册会计师职业道德守则的情况，并简要说明理由。

【答案】存在违反中国注册会计师职业道

德守则。为甲银行的关联实体提供非审计服务的合伙人C及其主要近亲属不得在甲银行中拥有任何直接经济利益，否则将因自身利益对独立性产生严重不利影响。

（二）对审计项目组成员其他近亲属的要求

1. 如果审计项目组某一成员的其他近亲属在审计客户中拥有直接经济利益或重大间接经济利益，将因自身利益产生非常严重的不利影响。

其他近亲属指兄弟姐妹、祖父母、外祖父母、孙子女、外孙子女。

2. 防范措施。

（1）其他近亲属尽快处置全部经济利益，或处置全部直接经济利益并处置足够数量的间接经济利益，以使剩余经济利益不再重大；

（2）由审计项目组以外的注册会计师复核该成员已执行的工作；

（3）将该成员调离审计项目组。

（三）会计师事务所的退休金计划

（四）主要近亲属因受雇于审计客户而产生的经济利益

（五）在非审计客户中拥有经济利益

1. 审计客户也在该实体拥有经济利益。

会计师事务所、审计项目组成员或其主要近亲属在某一实体拥有经济利益，并且审计客户也在该实体拥有经济利益，可能因自身利益产生不利影响。

（1）如果经济利益并不重大，而且审计客户不能对该实体施加重大影响，则不被视为损害独立性。

（2）如果经济利益重大，并且审计客户能够对该实体施加重大影响，则没有防范措施能够将不利影响降低至可接受的水平。

2. 审计客户的利益相关者同时在该实体拥有经济利益。

会计师事务所、审计项目组成员或其主要近亲属在某一实体拥有经济利益，并且知悉审计客户的董事、高级管理人员或具有控制权的所有者也在该实体拥有经济利益，很可能因自身利益、密切关系或外在压力产生不利影响。

不利影响存在与否极其严重程度主要取决于下列因素：

（1）该项目组成员在审计项目组中的角色，例如，项目合伙人、负责执行项目或对项目进度及质量进行汇报或能直接影响审计业务结果的其他人员，都被视为重要的角色；

（2）实体的所有权是有少数人持有还是多数人持有；

（3）经济利益是否使得投资者能够控制该实体，或对其施加重大影响；

（4）经济利益的重要性。

3. 防范措施。

（1）将拥有该经济利益的审计项目组成员调离审计项目组；

（2）由审计项目组以外的注册会计师复核该成员已执行的工作。

【例题6·简答题】

甲银行是A股上市公司，系ABC会计师事务所的常年审计客户。XYZ咨询公司是ABC会计师事务所的网络事务所。在对甲银行2017年度财务报表执行审计的过程中存在下列事项：

甲银行持有上市公司丁公司3%的股份，对丁公司不具有重大影响。该投资对甲银行也不重大。甲银行2017年度审计项目经理D注册会计师于2017年11月购买500股丁公司股票。截至2017年12月31日，这些股票市值为3 000元。

要求：

针对上述事项，指出是否存在违反中国注册会计师职业道德守则的情况，并简要说明理由。

【答案】不违反中国注册会计师职业道德守则。虽然D注册会计师与甲银行均拥有丁公司的股票，但因其持有的经济利益并不重大，且甲银行不能对丁公司施加重大影响，上述投资不被视为损害独立性。

（六）受托管理人

（七）其他相关人员拥有经济利益

（八）通过继承、馈赠或因合并而获得经济利益

如果会计师事务所、合伙人或其主要近亲属、员工或其主要近亲属，通过继承、馈赠或合并从审计客户取得直接经济利益或重大间接经济利益，则应当采取下列措施：

（1）如果会计师事务所获得经济利益，应当立即处置全部经济利益，或处置全部直接经济利益并处置足够数量的间接经济利益，

以使剩余经济利益不再重大；

（2）如果审计项目组成员或其主要近亲属获得经济利益，应当立即处置全部经济利益并处置足够数量的间接经济利益，以使剩余经济利益不再重大；

（3）如果审计项目组以外的人员或其主要近亲属获得经济利益，应当在合理期限内尽快处置全部经济利益，或处置全部直接经济利益并处置足够数量的间接经济利益，以使剩余经济利益不再重大。

【例题7·简答题】

ABC会计师事务所接受委托，对甲公司2017年度财务报表进行审计。A注册会计师作为项目合伙人，根据审计业务的要求，组建了甲公司审计项目组。假定存在下列情形：

ABC会计师事务所合伙人C不属于项目组成员，其妻子继承父亲遗产，其中包括甲公司内部职工股20 000股。

要求：

针对上述情形，判断是否对审计独立性产生不利影响，并简要说明理由。

【答案】对独立性产生不利影响。如果会计师事务所合伙人的主要近亲属通过继承方式从审计客户获得直接经济利益，会对独立性产生不利影响，拥有这些利益是不允许的。

第三节　贷款和担保以及商业关系、家庭和私人关系

一、贷款和担保（第三能力等级）

出现情形	防范措施
1. 从银行或类似金融机构等审计客户取得贷款或获得贷款担保	（1）如果审计客户不按照正常的程序、条款和条件提供贷款或担保，将因自身利益产生非常严重的不利影响，导致没有防范措施能够将其降低至可接受的水平； （2）按照正常的贷款程序、条款和条件，从银行或类似金融机构等审计客户取得贷款。 【提示】如果会计师事务所按照正常的贷款程序、条款和条件，从银行或类似金融机构等审计客户取得贷款，即使该贷款对审计客户或会计师事务所影响重大，也可能通过采取防范措施将因自身利益产生的不利影响降低至可接受的水平。 防范措施： 由网络中未参与执行审计业务并且未接受该贷款的会计师事务所复核已执行的工作等
2. 从不属于银行或类似金融机构等审计客户取得贷款或由其提供担保	会计师事务所、审计项目组成员或其主要近亲属从不属于银行或类似金融机构的审计客户取得贷款，或由审计客户提供贷款担保，将因自身利益产生非常严重的不利影响，导致没有防范措施能够将其降低至可接受的水平

【例题8·简答题】

甲银行是A股上市公司，系ABC会计师事务所的常年审计客户。XYZ咨询公司是ABC会计师事务所的网络事务所。在对甲银行2017年度财务报表执行审计的过程中存在下列事项：

A注册会计师担任甲银行2017年度财务报表审计项目合伙人。其于2017年10月按正常商业条件在甲银行开立账户，并购买10 000元甲银行公开发行的三个月期非保本浮动收益型人民币理财产品。该理财产品主要投资于各类债券基金。

要求：

针对上述事项，指出是否存在违反中国注册会计师职业道德守则的情况，并简要说明理由。

【答案】不违反中国注册会计师职业道德守则。A注册会计师按正常商业条件在甲银行开立账户并购买甲银行的产品，且交易金额不大。该理财产品投资的各类债券基金也属于不重大的间接经济利益。因此，上述事项不会对独立性产生不利影响。

二、商业关系（第三能力等级）

商业关系的种类及防范措施：

种类	防范措施
1. 商业关系的种类及防范措施	会计师事务所、审计项目组成员或其主要近亲属与审计客户或其高级管理人员存在的商业关系包括： (1) 在与客户或其控股股东、董事、高级管理人员共同开办的企业中拥有经济利益； (2) 按照协议，将会计师事务所的产品或服务与客户的产品或服务结合在一起，并以双方名义捆绑销售； (3) 按照协议，会计师事务所销售或推广客户的产品或服务，或者客户销售或推广会计师事务所的产品或服务
	防范措施： (1) 会计师事务所不得介入此类商业关系；如果存在此类商业关系，应当予以终止； (2) 如果此类商业关系涉及审计项目组成员，会计师事务所应当将该成员调离审计项目组； (3) 如果审计项目组成员的主要近亲属与审计客户或其高级管理人员存在此类商业关系，注册会计师应当评价不利影响的严重程度，并在必要时采取防范措施消除不利影响或将其降低至可接受的水平
2. 与审计客户或利益相关者一同在某股东人数有限的实体中拥有利益	如果会计师事务所、审计项目组成员或其主要近亲属，在某股东人数有限的实体中拥有经济利益，而审计客户或其董事、高级管理人员也在该实体拥有经济利益，在同时满足下列条件时，这种商业关系不会对独立性产生不利影响： (1) 这种商业关系对于会计师事务所、审计项目组成员或其主要近亲属以及审计客户均不重要； (2) 该经济利益对一个或几个投资者并不重大； (3) 该经济利益不能使一个或几个投资者控制该实体
3. 从审计客户购买商品或服务	(1) 如果按照正常的商业程序公平交易，通常不会对独立性产生不利影响； (2) 如果交易性质特殊或金额较大，可能因自身利益产生不利影响。 防范措施： (1) 取消交易或降低交易规模； (2) 将相关审计项目组成员调离审计项目组

【例题 9·简答题】

ABC 会计师事务所接受委托，对甲公司 2017 年度财务报表进行审计。A 注册会计师作为项目合伙人，根据审计业务的要求，组建了甲公司审计项目组。假定存在下列情形：

A 注册会计师以市场价格购买甲公司开发的房产一套，并一次性支付房款 150 万元。

要求：

针对上述情形，判断是否对审计独立性产生不利影响，并简要说明理由。

【答案】对独立性不产生不利影响。A 注册会计师按照市场价格从甲公司购买商品，交易公平，不对审计独立性产生不利影响。

【例题 10·简答题】

甲银行是 A 股上市公司，系 ABC 会计师事务所的常年审计客户。XYZ 咨询公司是 ABC 会计师事务所的网络事务所。在对甲银行 2017 年度财务报表执行审计的过程中存在下列事项：

甲银行持有上市公司丁公司 3% 的股份，对丁公司不具有重大影响。该投资对甲银行也不重大。甲银行 2017 年度审计项目经理 D 注册会计师于 2017 年 11 月购买 500 股丁公司股票。截至 2017 年 12 月 31 日，这些股票市值为 3 000 元。

要求：

针对上述事项，指出是否存在违反中国注册会计师职业道德守则的情况，并简要说明理由。

【答案】

是否存在违反职业道德守则的情况（是/否）	理由
否	虽然 D 注册会计师与甲银行均拥有丁公司的股票，但因其持有的经济利益并不重大，且甲银行不能对丁公司施加重大影响，上述投资不被视为损害独立性

三、家庭和私人关系（第三能力等级）

家庭和个人关系	防范措施
1. 审计项目组成员的主要近亲属——处在重要职位	如果审计项目组成员的主要近亲属是审计客户的董事、高级管理人员或特定员工，或者在业务期间或财务报表涵盖的期间曾担任重要职务，只有把该成员调离审计项目组，才能将对独立性的不利影响降低至可接受的水平
2. 审计项目组成员的主要近亲属——可以对财务报表施加重大影响	（1）将该成员调离审计项目组； （2）合理安排审计项目组成员的职责，使该成员的工作不涉及其主要近亲属的职责范围

【例题11·简答题】

ABC会计师事务所接受委托，对甲公司2017年度财务报表进行审计。A注册会计师作为项目合伙人，根据审计业务的要求，组建了甲公司审计项目组。假定存在下列情形：

项目组成员D的堂兄在甲公司担任后勤部副主任。

要求：

针对上述情形，判断是否对审计独立性产生不利影响，并简要说明理由。

【答案】对独立性不产生不利影响。项目组成员D的堂兄不属于主要近亲属，且堂兄的工作与财务报表的编制没有直接的关系，所以对项目组成员D不产生审计独立性的不利影响。（审计项目组成员的其他近亲属——处在重要职位或可以对财务报表施加重大影响。）

【例题12·简答题】

上市公司甲公司系ABC会计师事务所的常年审计客户。2017年4月1日，ABC会计师事务所与甲公司续签了2017年度财务报表审计业务约定书。ABC会计师事务所遇到下列与职业道德有关的事项：

丙公司系甲公司的母公司，甲公司审计项目组成员C的妻子在丙公司担任财务总监。

要求：

针对上述事项，请指出ABC会计师事务所及其人员是否违反中国注册会计师职业道德守则，并简要说明理由。

【答案】违反中国注册会计师职业道德守则。项目组成员C的妻子作为其主要近亲属在审计客户关联公司中担任高级管理人员。

【解析】如果审计项目组成员的主要近亲属是审计客户的董事、高级管理人员或特定员工，或者在业务期间或财务报表涵盖的期间曾担任上述职务，只有把该成员调离审计项目组，才能将对独立性的不利影响降低至可接受的水平。上市公司的母公司属于上市公司的关联实体，应当包括在对独立性的影响范畴内。

第四节 与审计客户发生人员交流

一、与审计客户发生雇佣关系（第三能力等级）

（一）一般规定

（二）属于公众利益实体的审计客户

雇佣关系	不利影响的严重程度	防范措施
1. 关键审计合伙人——加入审计客户担任重要职位	关键审计合伙人——项目合伙人、实施项目质量控制复核的负责人，以及审计项目组中负责对财务报表审计所涉及的重大事项作出关键决策或判断的其他审计合伙人。 其他审计合伙人还包括负责审计重要子公司或分支机构的项目合伙人	除非该合伙人不再担任关键审计合伙人后，该公众利益实体发布了已审计财务报表，其涵盖期间不少于12个月，并且该合伙人不是该财务报表的审计项目组成员，否则独立性将视为受到损害。（见教材图23－5所示）
2. 前任高级合伙人——加入审计客户担任重要职位	如果会计师事务所前任高级合伙人（或管理合伙人，或同等职位的人员）加入属于公众利益实体的审计客户，担任董事、高级管理人员或特定员工，将因外在压力产生不利影响	除非该高级合伙人离职已超过12个月，否则独立性将被视为受到损害

【提示】从不再担任关键审计合伙人至最早可以加入客户的这一期间，称为“冷却期”。

【例题13·简答题】

上市公司甲公司系ABC会计师事务所的常年审计客户。2017年4月1日，ABC会计师事务所与甲公司续签了2017年度财务报表审计业务约定书。XYZ会计师事务所和ABC会计师事务所使用同一品牌，共享重要专业资源。ABC会计师事务所遇到下列与职业道德有关的事项：

甲公司审计项目组成员D曾在甲公司人力资源部负责员工培训工作，于2017年2月10日离开甲公司，加入ABC会计师事务所。

要求：

针对上述事项，指出ABC会计师事务所及其人员是否违反中国注册会计师职业道德守则，并简要说明理由。

【答案】不违反。项目组成员D在财务报表涵盖期间曾在审计客户工作，但负责员工培训工作，不对甲公司财务状况、经营成果和现金流量产生重大影响。

【解析】审计项目组成员虽然曾在被审计单位工作，但其在人力资源部负责员工的培训工作，不能对被审计单位的财务报表施加重大影响，因此不违反职业道德守则的规定。

【例题14·简答题】

甲银行是A股上市公司，系ABC会计师事务所的常年审计客户。XYZ咨询公司是ABC会计师事务所的网络事务所。在对甲银行2017年度财务报表执行审计的过程中存在下列事项：

B注册会计师曾担任甲银行2016年度财务报表审计项目经理，并签署该年度审计报告。B注册会计师于2017年4月30日辞职，于2017年末加入甲银行下属某分行担任财务负责人。

要求：

针对上述事项，指出是否存在违反中国注册会计师职业道德守则的情况，并简要说明理由。

【答案】违反中国注册会计师职业道德守则。作为甲银行2016年度审计报告签字注册会计师，B注册会计师适用职业道德守则对项目合伙人/审计关键合伙人的规定。其离职加入甲银行下属分行担任财务负责人的时间，早于甲银行发布2017年已审财务报表之日，尚在“冷却期”内，因此将因密切关系或外在压力对独立性产生严重不利影响。

二、临时借调员工（第三能力等级）

1. 会计师事务所只能短期向客户借出员工，并且借出的员工不得为审计客户提供中国注册会计师职业道德守则禁止提供的非鉴证服务，也不得承担审计客户的管理层职责。

2. 防范措施。

（1）对借出员工的工作进行额外复核；

（2）合理安排审计项目组成员的职责，使借出员工不对其在借调期间执行的工作进行审计；

（3）不安排借出员工作为审计项目组成员。

三、最近曾任审计客户的董事、高级管理人员或特定员工（第三能力等级）

（一）在财务报表涵盖的期间

如果在被审计财务报表涵盖的期间，审计项目组成员曾担任审计客户的董事、高级管理人员或特定员工，将产生非常严重的不利影响，导致没有防范措施能够将其降低至可接受的水平。

【提示】会计师事务所不得将此类人员分派到审计项目组。

（二）在财务报表涵盖的期间之前

如果在被审计财务报表涵盖的期间之前，审计项目组成员曾担任审计客户的董事、高级管理人员或特定员工，可能因自身利益、自我评价或密切关系产生不利影响。

1. 不利影响存在与否及其严重程度主要取决于下列因素：

（1）该成员在客户中曾担任的职务；

（2）该成员离开客户的时间长短；

（3）该成员在审计项目组中的角色。

2. 防范措施——复核该成员已执行的工作。

教材图23－6列示了受限制的时段。

四、兼任审计客户的董事或高级管理人员

1. 会计师事务所的合伙人或员工不得兼任审计客户的董事或高级管理人员。

2. 会计师事务所的合伙人或员工不得兼

任审计客户的公司秘书。

会计师事务所提供日常和行政事务性的服务以支持公司秘书职能，或提供与公司秘书行政事项有关的建议，只要所有相关决策均由审计客户管理层作出，通常不会损害独立性。

【例题15·简答题】

上市公司甲公司系ABC会计师事务所的常年审计客户。2017年4月1日，ABC会计师事务所与甲公司续签了2017年度财务报表审计业务约定书。ABC会计师事务所遇到下列与职业道德有关的事项：

2017年9月15日，甲公司收购了乙公司80%的股权，乙公司成为其控股子公司。A注册会计师自2016年1月1日起担任乙公司的独立董事，任期5年。

要求：

针对上述事项，请指出ABC会计师事务所及其人员是否违反中国注册会计师职业道德守则，并简要说明理由。

【答案】违反中国注册会计师职业道德守则。A注册会计师在财务报表涵盖期间担任审计客户关联公司的独立董事。

【解析】项目合伙人在财务报表涵盖期间内担任审计客户关联公司的独立董事，将因自我评价和自身利益产生非常严重的不利影响，导致没有任何防范措施能够将其降低至可接受的水平。

第五节 与审计客户长期存在业务关系

一、一般规定（第三能力等级）

二、属于公众利益实体的审计客户（第三能力等级）

业务关系	不利影响的严重程度
1. 关键审计合伙人任职时间（止5停2延1）	关键审计合伙人是指项目合伙人、实施项目质量控制符合的负责人，以及审计项目组中负责对财务报表审计所涉及的重大事项作出关键决策或判断的其他审计合伙人。其他审计合伙人还包括审计重要子公司或分支机构的项目合伙人。 防范措施： （1）如果审计客户属于公众利益实体，执行其审计业务的关键审计合伙人任职时间不得超过5年。 （2）在任期结束后的2年内，该关键审计合伙人也不得有下列行为： ①参与该客户的审计业务； ②为该客户的审计业务实施质量控制复核； ③就有关技术或行业特定问题、交易或事项向项目组或该客户提供咨询； ④以其他方式直接影响业务结果。 关注：如果关键审计合伙人的连任对审计质量特别重要，并且通过采取防范措施能够消除对独立性产生的不利影响或将其降低至可接受的水平，则在法律法规允许的情况下，该关键审计合伙人在审计项目组的时限可以延长1年
2. 属于公众利益实体的审计——其他合伙人任职时间	其他审计合伙人——负责审计重要子公司或分支机构的项目合伙人。 不利影响的严重程度主要取决于下列因素： （1）该合伙人与审计客户存在业务关系的时间长短； （2）该合伙人在审计项目组中的角色； （3）该合伙人与客户治理层或管理层交往的性质、频率和范围。 防范措施： （1）将该合伙人轮换出审计项目组，或终止其与审计客户存在的业务关系； （2）定期对该业务实施独立的质量控制复核
3. 属于公众利益实体的审计——确定轮换时间（满3缓2）	（1）在审计客户成为公众利益实体之前，如果关键审计合伙人已为该客户服务的时间不超过3年，则该合伙人还可以为该客户继续提供服务的年限为5年减去已经服务的年限； （2）如果关键审计合伙人为该客户服务了4年或更长的时间，在该客户成为公众利益实体之后，该合伙人还可以继续服务2年； （3）如果审计客户是首次公开发行证券的公司，关键审计合伙人在该公司上市后连续提供审计服务的期限，不得超过两个完整会计年度

【例题16·简答题】

上市公司甲公司系ABC会计师事务所的常年审计客户。2017年4月1日，ABC会计师事务所与甲公司续签了2017年度财务报表审计业务约定书。ABC会计师事务所遇到下列与职业道德有关的事项：

ABC会计师事务所委派A注册会计师担任甲公司2017年度财务报表审计项目合伙人。A注册会计师曾担任甲公司2011年度至2015年度财务报表审计项目合伙人，但未担任甲公司2016年度财务报表审计项目合伙人。

要求：

针对上述事项，请指出ABC会计师事务所及其人员是否违反中国注册会计师职业道德守则，并简要说明理由。

【答案】违反中国注册会计师职业道德守则。A注册会计师连续5年担任甲公司审计项目合伙人，虽然被轮换，但其轮换期间未满2年。

【解析】如果审计客户属于公众利益实体，执行其审计业务的关键审计合伙人任职时间不得超过5年。在任期结束后的2年内，该关键审计合伙人不得再次成为该客户的审计项目组成员或关键审计合伙人。A注册会计师在2015年任期结束后，未满2年，即再次担任审计合伙人，不符合职业道德守则的规定。

第六节　为审计客户提供非鉴证服务

一、一般规定（第三能力等级）

二、管理层职责（第三能力等级）

管理层职责：

（1）制定政策和战略方针；

（2）指导员工的行动并对其行动负责；

（3）对交易进行授权；

（4）确定采纳会计师事务所或其他第三方提出的建议；

（5）负责按照适用的会计准则编制财务报表；

（6）负责设计、实施和维护内部控制。

【提示】会计师事务所不得承担审计客户的管理层职责。

【例题17·简答题】

ABC会计师事务所通过招投标程序接受委托，负责审计上市公司甲公司2017年度财务报表，并委派A注册会计师为审计项目合伙人，在招投标阶段和审计过程中，ABC会计师事务所遇到下列与职业道德有关的事项：

审计过程中，A注册会计师应甲公司要求协助制定公司财务战略。

要求：

指出ABC会计师事务所是否违反中国注册会计师职业道德守则，并简要说明理由。

【答案】违反职业道德守则。协助制定公司的财务战略，属于承担公司的管理层职责，是职业道德所不允许的。

三、编制会计记录和财务报表（第三能力等级）

项目	内容
1. 编制财务报表是管理层的责任	（1）设计、实施和维护与编制财务报表相关的内部控制，以合理保证财务报表不存在由于舞弊或错误导致的重大错报； （2）编制或更改会计分录或者确定交易的账户分类； （3）编制或更改以电子形式或其他形式存在的、用以证明交易发生的原始凭证或原始数据（如采购订单、工时记录和销售订单）； （4）选择和运用恰当的会计政策； （5）作出恰当的会计估计
2. 不对独立性产生不利影响的活动	【提示】除非出现紧急或极其特殊的情况，并征得相关监管机构的同意，会计师事务所不得向属于公众利益实体的审计客户提供下列编制会计记录和财务报表的服务： （1）工资服务； （2）编制所审计的财务报表； （3）编制所审计财务报表依据的财务信息

【例题18·简答题】

ABC会计师事务所通过招投标程序接受委托，负责审计上市公司甲公司2017年度财务报表，并委派A注册会计师为审计项目合伙人，在招投标阶段和审计过程中，ABC会计师事务所遇到下列与职业道德有关的事项：

审计开始前，应甲公司要求，ABC会计师事务所指派一名审计项目组以外的员工根据甲公司编制的试算平衡表编制2017年度财务报表。

要求：

指出ABC会计师事务所是否违反中国注册会计师职业道德守则，并简要说明理由。

【答案】违反职业道德守则。根据规定不允许为属于公众利益实体的审计客户提供编制财务报表的服务，起码形式上会对独立性产生不利影响。

四、评估服务（第三能力等级）

项目	内容
1. 对独立性不产生不利影响的评估业务	如果审计客户要求会计师事务所提供评估服务，以帮助其履行纳税申报义务或满足税务筹划目的，并且评估的结果不对财务报表产生直接影响，则通常不对独立性产生不利影响
2. 对独立性产生不利影响的评估业务	（1）在审计客户不属于公众利益实体的情况下，如果评估服务对被审计财务报表具有重大影响，并且评估结果涉及高度的主观性，则没有防范措施能够将因自我评价产生的不利影响降低至可接受的水平。会计师事务所不得向审计客户提供这种评估服务； （2）在审计客户属于公众利益实体的情况下，如果评估结果单独或累积起来对被审计财务报表具有重大影响，则会计师事务所不得向该审计客户提供这种评估服务

五、税务服务（第三能力等级）

（一）税务服务种类

（二）决定不利影响严重程度的因素

（三）编制纳税申报表的服务

【提示】由于纳税申报表须经税务机关审查或批准，如果管理层对纳税申报表承担责任，会计师事务所提供此类服务通常不对独立性产生不利影响。

（四）计算当期所得税或递延所得税负债（或资产）

【提示】在审计客户属于公众利益实体的情况下，除非出现紧急或极其特殊的情况，并征得相关监管机构的同意，会计师事务所不得计算当期所得税或递延所得税负债（或资产），以用于编制对被审计财务报表具有重大影响的会计分录。

（五）税务筹划或其他税务咨询服务

（六）帮助解决税务纠纷

【提示】会计师事务所人员不得在为审计客户提供税务服务时担任辩护人。

六、内部审计服务（第三能力等级）

（一）内部审计活动

（二）内部审计服务对独立性的不利影响

【提示】会计师事务所人员在向审计客户提供内部审计服务时不得承担管理层职责。

（三）涉及承担管理层职责的内部审计服务

涉及承担管理层职责的内部审计服务主要包括：

（1）制定内部审计政策或内部审计活动的战略方针；

（2）指导该客户内部审计员工的工作并对其负责；

（3）决定应执行来源于内部审计活动的建议；

（4）代表管理层向治理层报告内部审计活动的结果；

（5）执行构成内部控制组成部分的程序；

（6）负责设计、执行和维护内部控制；

（7）提供内部审计外包服务，包括全部内部审计外包服务和重要内部审计外包服务，并且负责确定内部审计工作的范围。

（四）允许提供内部审计服务的情况

（五）利用自身提供内部审计服务的结果

（六）不得向属于公众利益实体的审计客户提供内部审计服务

在审计客户属于公众利益实体的情况下，会计师事务所不得提供与下列方面有关的内部审计服务：

1. 与财务报告相关的内部控制；
2. 财务会计系统；
3. 对被审计财务报表具有重大影响的金额或披露。

七、信息技术系统服务（第三能力等级）

（一）不对独立性产生不利影响的信息技术系统服务

如果会计师事务所人员不承担管理层职责，则提供下列信息技术系统服务不被视为对独立性产生不利影响：

（1）设计或操作与财务报告内部控制无关的信息技术系统；

（2）设计或操作信息技术系统，其生成的信息不构成会计记录或财务报表的重要组成部分；

（3）操作由第三方开发的会计或财务信息报告软件；

（4）对由其他服务提供商或审计客户自行设计并操作的系统进行评价和提出建议。

（二）向不属于公众利益实体的审计客户提供有关信息技术系统服务

（三）向属于公众利益实体的审计客户提供有关信息技术系统服务

在下列情况下，会计师事务所不得向属于公众利益实体的审计客户提供与设计或操作信息技术系统相关的服务：

（1）信息技术系统构成财务报告内部控制的重要组成部分；

（2）信息技术系统生成的信息对会计记录或被审计财务报表影响重大。

【例题19·简答题】

甲银行是A股上市公司，系ABC会计师事务所的常年审计客户。XYZ咨询公司是ABC会计师事务所的网络事务所。在对甲银行2017年度财务报表执行审计的过程中存在下列事项：

甲银行于2017年初收购戊银行，为将两个银行的财务信息系统进行整合，聘请XYZ咨询公司重新设计财务信息系统。

要求：

针对上述事项，指出是否存在违反中国注册会计师职业道德守则的情况，并简要说明理由。

【答案】违反中国注册会计师职业道德守则。重新设计后的财务信息系统所生成的信息对会计记录或被审计财务报表影响重大，因此，XYZ咨询公司不能为甲银行重新设计财务信息系统，否则将因自我评价对独立性产生严重不利影响。

八、诉讼支持服务（第三能力等级）

会计师事务所向审计客户提供诉讼支持服务，可能因自我评价或过度推介产生不利影响。

九、法律服务（第三能力等级）

在审计客户解决纠纷或法律诉讼时，如果会计师事务所人员担任辩护人，并且纠纷或法律诉讼所涉金额对被审计财务报表有重大影响，将因过度推介和自我评价产生非常严重的不利影响，导致没有防范措施能够将其降低至可接受的水平。

【提示】会计师事务所不得为审计客户提供此类服务。

十、招聘服务（第三能力等级）

【提示】任何情况下，会计师事务所都不得承担管理层职责，聘用决策应当由客户负责作出。如果属于公众利益实体的审计客户拟招聘董事、高级管理人员，或所处职位能够对客户会计记录或被审计财务报表的编制施加重大影响的高级管理人员，会计师事务所所不得提供下列招聘服务：

（1）寻找候选人，或从候选人中挑选出适合相应职位的人员；

（2）对可能录用的候选人的证明文件进行核查。

【例题20·简答题】

ABC会计师事务所通过招投标程序接受委托，负责审计上市公司甲公司2017年度财务报表，并委派A注册会计师为审计项目合伙人，在招投标阶段和审计过程中，ABC会计师事务所遇到下列与职业道德有关的事项：

审计过程中，适逢甲公司招聘高级管理人员，A注册会计师应甲公司的要求对可能录用人员的证明文件进行检查，并就是否录用形成书面意见。

要求：

指出ABC会计师事务所是否违反中国注册会计师职业道德守则，并简要说明理由。

【答案】违反职业道德守则。根据规定对于属于公众利益实体的审计客户而言，招聘董事、高级管理人员，或所处职位能够对客户会计记录或被审计财务报表的编制实施重大影响的高级管理人员，会计师事务所不能提供对可能录用的候选人的证明文件进行核查的服务。

十一、公司理财服务（第三能力等级）

【提示】如果财务建议的有效性取决于某一特定会计处理，并且同时存在下列情形，将因自我评价产生非常严重的不利影响：

（1）根据适用的会计准则，审计项目组对有关会计处理适当性存有疑问；

（2）财务建议的结果将对被审计财务报表产生重大影响。

在上述情况下，没有防范措施能够将不利影响降低至可接受的水平。会计师事务所不得提供此类财务服务。

第七节 收 费

一、收费结构（第三能力等级）

（一）收费总额对独立性的影响及防范措施

（二）从某一审计客户收取的全部费用比重很大

（三）连续两年从属于公众利益实体的某一审计客户收取全部费用比重较大

1. 在对第二年度财务报表发表审计意见之前，由其他会计师事务所对该业务再次实施项目质量控制复核（简称发表审计意见前复核）。

2. 在对第二年度财务报表发表审计意见之后、对第三年度财务报表发表审计意见之前，由其他会计师事务所对第二年度的审计工作再次实施项目质量控制复核（简称发表审计意见后复核）。

在上述收费比例明显超过15%的情况下，如果采用发表审计意见后复核无法将不利影响降低至可接受的水平，会计师事务所应当采用发表审计意见前复核。

如果两年后每年收费比例继续超过15%，则会计师事务所应当每年向治理层披露这一事实，并讨论选择采取上述哪种防范措施。在收费比例明显超过15%的情况下，如果采用发表审计意见后复核无法将不利影响降低至可接受的水平，会计师事务所应当采用发表审计意见前复核。

二、逾期收费（第三能力等级）

1. 会计师事务所通常要求审计客户在审计报告出具前付清上一年度的审计费用

如果审计客户长期未支付应付的审计费用，尤其是相当部分的审计费用在出具下一年度审计报告前仍未支付，可能因自身利益产生不利影响。

防范措施——由未参与执行审计业务的注册会计师提供建议，或复核已执行的工作等。

2. 会计师事务所还应当确定逾期收费是否可能被视同向客户贷款，并且根据逾期收费的重要程度确定是否继续执行审计业务。

三、或有收费（第三能力等级）

【提示】会计师事务所在提供审计服务时，以直接或间接形式取得或有收费，将因自身利益产生非常严重的不利影响，导致没有防范措施能够将其降低至可接受的水平。会计师事务所不得采用这种收费安排。

第八节 影响独立性的其他事项

一、薪酬和业绩评价政策（第三能力等级）

如果某一审计项目组成员的薪酬或业绩评价与其向审计客户推销的非鉴证服务挂钩，将因自身利益产生不利影响。

【提示】关键审计合伙人的薪酬或业绩评价不得与其向审计客户推销的非鉴证服务直接挂钩。

职业道德准则并不禁止会计师事务所合伙人之间正常的利润分享安排。

二、礼品和款待（第三能力等级）

会计师事务所或审计项目组成员不得接受礼品。

三、诉讼或诉讼产生威胁（第三能力等级）

如果会计师事务所或审计项目组成员与审计客户发生诉讼或很可能发生诉讼，将因自身利益和外在压力产生不利影响。

【例题21·简答题】（2019年试题）

上市公司甲公司是ABC会计师事务所的常年审计客户，与上市公司乙公司为同一母公司的重要子公司，乙公司不是该会计师事务所的审计客户。XYZ公司和ABC会计师事务所处于同一网络。甲公司审计项目组在2018年度财务报表审计中遇到下列事项：

（1）项目合伙人A注册会计师的父亲于

2018年5月买入乙公司股票20 000股，该股权对A注册会计师的父亲而言不属于重大经济利益。

（2）B注册会计师曾作为审计经理签署了甲公司2013年度至2017年度审计报告，之后调离甲公司审计项目组，加入事务所质量控制部，负责复核所有上市公司审计客户的财务报表。

（3）审计项目组成员D的妻子于2018年5月在网贷平台上购买了互联网金融产品10万元。根据其与网贷平台及资金使用方签署的三方协议，该资金用于补充甲公司某不重要子公司的短期流动资金。

（4）2018年9月，甲公司在海外设立子公司，聘请XYZ公司提供设立申请服务，以及业务流程和财务流程文档的编制服务。

（5）2018年10月，XYZ公司的合伙人E应邀参加了甲公司为其经销商举办的研讨会，介绍了数据保护相关的监督要求及XYZ公司的相关服务。

要求：

针对上述第（1）至（5）项，逐项指出是否可能存在违反中国注册会计师职业道德守则有关独立性规定的情况，并简要说明理由。将答案直接填入答题区相应的表格内。

事项序号	是否违反（违反/不违反）	理由
（1）		
（2）		
（3）		
（4）		
（5）		

【答案】

事项序号	是否违反（违反/不违反）	理由
（1）	不违反	乙公司是甲公司的姐妹实体，但因其不是ABC会计师事务所的审计客户，所以项目合伙人的主要近亲属在乙公司中拥有经济利益不会对独立性产生影响
（2）	违反	关键审计合伙人在2年的冷却期内不得为该客户的审计业务实施质量控制复核，否则将因密切关系和自身利益产生不利影响
（3）	违反	审计项目组成员的主要近亲属不得在审计客户中拥有重大间接经济利益，否则将因自身利益产生非常严重的不利影响
（4）	违反	ABC会计师事务所的网络所为审计客户的关联实体提供业务流程及财务流程文档的编制服务，涉及承担管理层职责，将因自我评价产生不利影响
（5）	违反	注册会计师通过广告或其他营销方式招揽业务，可能对独立性产生不利影响

【例题22·简答题】（2018年试题）

上市公司甲银行是ABC会计师事务所的常年审计客户。XYZ公司和ABC会计师事务所处于同一网络。审计项目组在甲银行2017年度财务报表审计中遇到下列事项：

（1）项目合伙人A注册会计师将其股票账户长期借给好友使用。2017年7月，好友通过该股票账户买入甲银行股票2 000股，2017年9月卖出，亏损1 000元。

（2）审计项目组成员B的父亲曾任甲银行负责信贷的副行长，于2017年5月退休。B于2017年7月1日加入甲银行审计项目组。

（3）甲银行计划于2018年5月处置一组金额重大的不良贷款，聘请XYZ公司对该组不良贷款2017年末的价值进行了评估，参考XYZ公司建议的价值区间计提了减值准备并确定了处置底价。

（4）2017年6月，为满足新金融工具相关会计准则的要求，甲银行聘请XYZ公司对信息系统中有关金融资产分类、估值和减值模型的设置提出修改建议并编写系统功能说明书。对信息系统的修改由第三方供应商负责实施。

(5) 甲银行和XYZ公司的合作协议约定，在甲银行牵头的债务重组项目中，XYZ公司向甲银行推介潜在重组方，甲银行优先推荐XYZ公司为重组项目提供税务咨询服务。

(6) 2017年12月，ABC会计师事务所按正常的贷款程序、条款和条件从甲银行获得短期贷款500万元，用于支付员工年终奖金。该笔贷款对ABC会计师事务所不重大。

要求：

针对上述第(1)至(6)项，逐项指出是否可能存在违反中国注册会计师职业道德守则有关独立性规定的情况，并简要说明理由。

【答案】

事项序号	是否违反（违反/不违反）	理由
(1)	违反	项目合伙人A没有在形式上保持独立性，在审计客户中拥有直接经济利益，将因自身利益产生非常严重的不利影响，导致没有防范措施能够将其降低至可接受的水平
(2)	违反	审计项目组成员B的父亲曾担任是审计客户的高级管理人员，会因自身利益、密切关系或外在压力产生不利影响
(3)	违反	XYZ公司作为ABC会计师事务所的网络所提供的评估服务的结果对被审计财务报表有重大影响，会因自我评价产生非常严重的不利影响，会计师事务所不得向审计客户提供这种评估服务
(4)	违反	XYZ公司提供的信息技术系统服务构成财务报告内部控制的重要组成部分，会因自我评价产生对独立性产生不利影响
(5)	违反	XYZ公司与审计客户存在不被允许的商业关系，会因自身利益或外在压力产生对独立性严重的不利影响
(6)	不违反	ABC会计师事务所按正常的贷款程序、条款和条件从甲银行取得贷款，不会对独立性产生不利影响

【例题23·简答题】(2016年试题)

ABC会计师事务所委派A注册会计师担任上市公司甲公司2015年度财务报表审计项目合伙人。ABC会计师事务所和XYZ公司处于同一网络。审计项目组在审计中遇到下列事项：

(1) 甲公司于2014年8月首次公开发行股票并上市。A注册会计师自2010年度起担任甲公司财务报表审计项目合伙人。

(2) 2015年10月，审计项目组就某重大会计问题咨询了事务所技术部的B注册会计师。B注册会计师的妻子于2015年6月购买了甲公司的股票，于2015年12月卖出。

(3) 审计项目组成员C曾任甲公司重要子公司的出纳，2014年10月加入ABC会计师事务所，2015年9月加入甲公司审计项目组，参与审计固定资产项目。

(4) A注册会计师受邀参加了甲公司年度股东大会。全体参会人员均获得甲公司生产的移动硬盘作为礼品。

(5) 甲公司聘请XYZ公司担任某合同纠纷的诉讼代理人。诉讼结果将对甲公司财务报表产生重大影响。

(6) 甲公司购买的成本核算软件由XYZ公司和一家软件公司共同开发和推广。该软件公司不是ABC会计师事务所的审计客户或其关联实体。

要求：

针对上述第(1)至(6)项，逐项指出是否存在违反中国注册会计师职业道德守则有关独立性规定的情况，并简要说明理由。

【答案】

事项序号	是否违反（违反/不违反）	理由
（1）	不违反	A注册会计师在甲公司首次公开发行股票后（上市后）担任关键审计合伙人的时间没有超过2年，不违反有关独立性规定
（2）	违反	B注册会计师属于审计项目组成员，B注册会计师的咨询意见直接影响审计结果，其妻子在审计期间拥有直接经济利益，将因自身利益对独立性产生严重不利影响
（3）	不违反	审计项目组成员C在财务报表涵盖期间之前加入事务所，且其在审计项目组中的工作，不涉及评价其就职于甲公司的子公司时所作的工作（出纳工作），因此，不会对独立性产生不利影响
（4）	违反	A注册会计师不得收受甲公司的任何礼品，收受甲公司礼品属于不当行为
（5）	违反	为审计客户担任诉讼代理人，且该纠纷所涉金额对被审计财务报表有重大影响，将因自我评价/过度推介对独立性产生严重不利影响
（6）	违反	ABC会计师事务所的网络所参与了甲公司重要财务系统的设计，参与设计的成本核算软件构成甲公司财务报表内部控制的重要组成部分，生成的信息对会计记录或被审计财务报表影响重大，将因自我评价对独立性产生严重不利影响

通关演练

一、单项选择题

1. 会计师事务所、注册会计师采取必要的措施以消除损害独立性因素的影响或将其降至可接受水平。当采取的措施不足以消除或将其降至可接受水平时，（　　）应拒绝承接业务，或解除业务约定。

A. 会计师事务所　　B. 注册会计师
C. 助理审计人员　　D. 主任会计师

2. 如果会计师事务所连续两年从属于公众利益实体的某一审计客户及其关联实体所收取的全部费用占其从所有客户收取全部费用的比重超过（　　），除非该会计师事务所向审计客户治理层披露这一事实，并与之讨论采取下列任一防范措施以将不利影响降至可接受水平，否则，所产生的自身利益不利影响将非常重大。

A. 10%　　B. 15%
C. 50%　　D. 60%

3. 下列情形中，可能产生自我评价不利影响的是（　　）。

A. 在审计过程中，客户可能要求会计师事务所提供技术支持，会计师事务所不承担客户管理层职责

B. 审计客户要求会计师事务所提供评估服务，以帮助其履行税务报告义务或满足税务筹划目的，其结果对财务报表没有直接影响

C. 会计师事务所承接了向审计客户提供内审服务的业务，该服务的结果不在外部审计中使用

D. 会计师事务所承接了向审计客户提供内审服务的业务，该服务的结果将在外部审计中使用

4. 由于计划接任的项目关键审计合伙人患病，但按照要求应进行轮换，则在法律法规允许的情况下，该合伙人可以在审计项目组中再延长（　　）年时间。

A. 5　　B. 4
C. 3　　D. 1

5. 如果审计项目组成员与审计客户的董事、高级管理人员，或所处职位能够对客户会计记录或被审计财务报表的编制施加重大影响的员工存在家庭和私人关系，对独立性产生的不利影响一般不可能包含（　　）。

A. 自身利益　　B. 自我评价
C. 密切关系　　D. 外在压力

6. 会计师事务所长期委派同一名合伙人或高级员工执行某一客户的审计业务，将因密切关系和自身利益产生不利影响。会计师事务所应当评价因密切关系和自身利益产生的不利影响的严重程度，并在必要时采取防范措施消除不利影响或将其降低至可接受的低水平。下列防范措施中，不正确的是（　　）。

A. 将该人员轮换出审计项目组

B. 分派不同的项目组为相关客户提供服务

C. 有审计项目组以外的注册会计师符合人员已执行的工作

D. 定期对该业务实施独立的质量复核

7. 会计师事务所于2017年3月1日开始执行A公司财务报表审计业务，这项工作将从2017年3月1日开始实施并持续到2018年4月6日。财务报表涵盖的期间是2017年1月1日至2017年12月31日。那么，业务期间为（　　）。

A. 2017年3月1日至2018年4月6日

B. 2017年1月1日至2018年12月31日

C. 2017年1月1日至2018年4月6日

D. 2018年1月1日至2018年12月31日

8. 在提供专业服务时，会员应当保持应有关注。下列行为中，不符合应有关注的原则的是（　　）。

A. 采取措施让雇用单位了解专业服务的固有局限性

B. 在审计过程中，会员应当保持职业怀疑态度

C. 要求执行业务的人员签订职业道德承诺书

D. 对助手人员进行适当的培训

9. 在会计师事务所指派项目组以外的职员向非公众利益实体审计客户提供的下列财务服务中，对独立性产生不利影响的是（　　）。

A. 将客户批准的会计分录过入试算平衡表

B. 在客户确定账户分类的基础上记录交易

C. 将记录的交易过入总分类账

D. 自行编制财务报表

10. 如果ABC和XYZ两个会计师事务所以合作为目的，仅存在（　　）关系，即使XYZ会计师事务所与会计师ABC事务所的审计客户之间存在金额重大的借贷关系，也不影响会计师ABC会计师事务所与该客户之间的独立性。

A. 共同分担制定审计方法的成本

B. 使用共同的名称、字号和标识

C. 拥有共同的经营战略和质量控制政策

D. 定期交流客户资料、收费等信息

11. 为将（　　）情形对独立性产生的不利影响降低到可接受水平，会计师事务所必须安排项目组以外的其他注册会计师复核所涉及的项目组成员的工作。

A. 甲项目组成员之子与被审计单位有密切的商业关系

B. 乙项目组成员本人半年前曾任被审计单位的财务经理

C. 丙项目组成员之兄将房屋出租给被审计单位办公

D. 丁项目组成员之妻现在是被审计单位财务负责人

12. 完成X公司2017年年报审计后，A注册会计师已连续2年担任该非上市的公众利益实体的项目合伙人。下列有关其续任项目合伙人的说法中，符合职业道德规范的是（　　）。

A. 不能继续续任该客户的项目合伙人

B. 还可以续任1年项目合伙人

C. 还可以续任3年项目合伙人

D. 从2018年起须停止参与该客户审计

13. 下列影响独立性的因素中，不属于外在压力对独立性产生不利影响的是(　　)。

A. 鉴证业务项目组成员在鉴证客户中拥有直接经济利益

B. 在重大会计、审计等问题上与鉴证客户存在意见分歧而受到解聘威胁

C. 受到有关单位或个人不恰当的干预

D. 受到鉴证客户降低收费压力而不恰当的缩小工作范围

14. 下列会计师事务所不应确定为A会计师事务所的网络事务所的是(　　)。

A. 基于合作，B会计师事务所的主任会计师是A事务所的合伙人之一

B. 基于合作，C会计师事务所与A会计师事务所共享管理权

C. 基于合作，D会计师事务所与A会计师事务所共享统一的质量控制政策和程序

D. 基于合作，E会计师事务所和A会计师事务所共享培训资源但不交流市场信息

15. 下列实体中，不属于关联实体的是(　　)。

A. 在客户内拥有直接经济利益的实体

B. 该客户直接或间接控制的关联实体

C. 能够对客户施加直接或间接控制的实体，并且客户对该实体重要

D. 与客户处于同一控制下的实体，且该实体和客户对其控制方均很重要

16. 甲注册会计师在审计乙公司期间从乙公司购买了大量的打折商品，下列说法中，正确的是(　　)。

A. 甲注册会计师的行为将会因为外在压力对独立性产生不利影响

B. 甲注册会计师的行为是正常、公平交易，不会对独立性产生不利影响

C. 甲注册会计师的行为相当于是变相收受审计客户的贿赂，对独立性产生了不利影响

D. 甲注册会计师将会因为自我评价对独立性产生不利影响

二、多项选择题

1. 如果 ABC 会计师事务所在 2017 年度对 J 公司提供编制会计报表，J 公司于 2018 年 1 月上市；ABC 事务所只有在采取下列（　　）防范措施消除不利影响或将其降至可接受水平的情况下才能接受 J 公司 2017 年度审计业务。

A. 审计项目组成员中不包括提供编制会计报表的人员

B. 如有必要，由项目组之外其他的注册会计师和专业人员复核审计和编制会计报表工作

C. 由另一会计师事务所评价编制会计报表的结果

D. 由另一会计师事务所重新编制会计报表，重新执行的程度应使其能够对这些服务承担责任

2. 乙会计师事务所承接了某建筑工程公司 2017 年度财务报表的审计业务后，为保证审计质量，决定通过向社会公开招聘的方式，为审计小组配备以下方面的专家，以弥补审计小组人员在相关知识、技能方面的不足。请指出，如果主审注册会计师因完全不了解以下（　　）方面知识而聘请专家弥补自己的不足，则其违背了职业道德对专业胜任能力的要求。

A. 基建工程决算会计

B. 基建工程技术人员

C. 工程增项图纸设计

D. 基建工程结算审计

3. ABC 会计师事务所对 V 银行 2017 年财务报表进行审计。下列情形中，不对独立性产生不利影响的有（　　）。

A. 2017 年 7 月，ABC 会计师事务所按照正常借款程序和条件，向 V 银行以抵押贷款方式借款 10 000 000 元，用于购置办公用房

B. 审计小组成员 D 注册会计师的妻子自 2015 年起一直担任 V 银行的统计员

C. ABC 会计师事务所聘用律师协助开展工作，要求该律师书面承诺按照中国注册会计师职业道德规范的要求提供服务

D. B 注册会计师是审计项目负责人之一，其妹妹在 V 商业银行财务部从事会计核算工作，但非财务部负责人，如出纳。B 注册会计师未予回避

4. 下列情形中，对独立性可能产生不利影响的有（　　）。

A. ABC 会计师事务所在对 V 银行出具审计报告的同时，针对审计过程中发现的问题，向 V 银行提出了会计政策选用和会计处理调整的建议，并协助其解决相关账户调整问题，另外还提供正式纳税鉴证意见。为此，双方另行签订了业务约定书

B. V 银行由于财务人员短缺，2017 年向 ABC 会计师事务所借用一名注册会计师，由该注册会计师将经会计主管审核的记账凭证录入计算机信息系统。ABC 会计师事务所将该注册会计师包括在 V 银行 2015 年度财务报表审计项目组

C. V 银行要求 ABC 会计师事务所在出具审计报告的同时编制财务报表。为此，另行签订了业务约定书

D. V 银行要求 ABC 会计师事务所在出具审计报告的同时提供内控审核报告。为此，另行签订了业务约定书

5. 下列行为中，注册会计师违反保密原则的有（　　）。

A. 利用获知的客户信息买卖客户的股票

B. 向监管机构报告发现的违反法规行为

C. 与客户发生意见分歧时，诉诸媒体

D. 接受同业复核提供底稿

6. 审计与其他鉴证业务之间对独立性要求存在差异，下列表述正确的有（　　）。

A. 其他鉴证业务对属于公众利益实体提出独立性要求

B. 审计业务要求会计师事务所和网络事务所与审计客户保持独立

C. 审计业务对关联实体提出独立性要求

D. 其他鉴证业务对分部独立性提出要求

7. 注册会计师应当在必要时采取防范措施，消除因客户变更委托产生的不利影响或将其降至可接受的水平，防范措施主要包括（　　）。

A. 当应邀投标时，在投标书中说明，在承接业务前需要与前任注册会计师沟通，以了解是否存在不应接受委托的理由

B. 要求前任注册会计师提供已知悉的相关事实或情况，即前任注册会计师认为，后人注册会计师在作出承接业务的决定前，需要了解的事实或情况

C. 从其他渠道获取必要的信息

D. 分派足够的具有胜任能力的员工

8. 注册会计师应当采取适当措施，识别可能产生利益冲突的情形。针对具体情形，应当采取的防范措施包括（　　）。

A. 如果会计师事务所的商业利益或业务活动可能与客户存在利益冲突，注册会计师应当告知客户，并在征得其同意的情况下执行业务

B. 如果为存在利益冲突的两个以上客户服务，注册会计师应当告知所有已知相关方，并在征得他们同意的情况下执行业务

C. 如果为某一特定行业或领域中的两个以上客户提供服务，注册会计师应该告知客户，并在征得他们同意的情况下执行业务

D. 就执行业务的时间安排和客户达成一致意见

9. 下列不利影响的情形当中，（　　）是由于密切关系导致不利影响的情形。

A. 项目组成员的近亲属担任客户的董事或高级管理人员

B. 客户的董事、高级管理人员或所处职位能够对业务对象施加重大影响

C. 注册会计师接受客户的礼品或款待

D. 会计师事务所的合伙人或高级员工与鉴证客户存在长期业务关系

10. 下列各项中，属于注册会计师在营销专业服务时，不得有的行为包括（　　）。

A. 夸大宣传提供的服务、拥有的资质或获得的经验

B. 贬低或无根据地比较其他注册会计师的工作

C. 暗示有能力影响有关主管部门、监管机构或类似机构

D. 作出其他欺骗性的或可能导致误解的声明

11. 审计项目组成员与审计客户同时在某一实体拥有经济利益时，如同时满足下列（　　）条件，则不被视为损害独立性。

A. 经济利益并不重大

B. 该实体不能对审计客户施加重大影响

C. 经济利益是间接的

D. 审计客户不能对该实体施加重大影响

12. 如果注册会计师与审计客户被审计单位之间存在下列（　　）情况，可能不会对独立性产生不利影响。

A. 审计项目组成员或其近亲属从银行或类似金融机构等审计客户取得贷款或由其提供担保

B. 会计师事务所向审计客户提供贷款或为其提供担保

C. 在被审计财务报表涵盖的期间，审计项目组成员曾担任审计客户的董事、高级管理人员或特定员工

D. 执行公众利益实体审计业务的审计项目经理任职时间超过五年

13. 关键审计合伙人包括（　　）。

A. 项目合伙人

B. 实施项目质量控制复核的负责人

C. 审计项目组中负责对财务报表审计所涉及的重大事项作出关键决策或判断的其他合伙人

D. 审计重要子公司或分支机构的项目合伙人

14. 下列关于会计师事务所向审计客户提供评估服务的说法中，不正确的有（　　）。

A. 如果审计客户要求会计师事务所提供评估服务，以帮助其履行纳税申报义务或满足税务筹划目的，并且评估的结果不对财务报表产生直接影响，通常也对独立性产生不利影响

B. 如果评估服务对会计师事务所发表意见的财务报表具有重大影响，且评估涉及高

度的主观性，可采取防范措施将自我评价不利影响降至可接受水平

C. 向审计客户提供评估服务可能会产生自我评价对独立性产生的不利影响

D. 在审计客户属于公众利益实体的情况下，如果评估服务单独或累积起来对会计师事务所发表意见的财务报表具有重大影响，可采取防范措施将自我评价不利影响降至可接受水平

15. 下列有关说法中，正确的有(　　)。

A. 对于公众利益实体，执行其审计业务的关键审计合伙人任职时间不得超过五年

B. 如果会计师事务所代客户从事日常和行政性的事务或不重要的活动，通常不被视为代行管理层职责

C. 会计师事务所不允许向属于公众利益实体的审计客户的分支机构或关联实体提供编制会计记录和财务报表的服务

D. 纳税申报表须经税务机关审查或批准，如果管理层对纳税申报表承担责任，会计师事务所提供此类服务通常不对独立性产生不利影响

16. 如果注册会计师被要求提供第二次意见，应当评价不利影响的重要程度并在必要时采取防范措施消除不利影响或将其降至可接受水平。下列防范措施中，恰当的有(　　)。

A. 征得被审计单位的同意后与前任注册会计师进行沟通

B. 在与被审计单位的沟通中阐述注册会计师意见的局限性

C. 向前任注册会计师提供第二次意见的副本

D. 直接与前任注册会计师进行沟通并向前任注册会计师提供第二次意见的副本

三、简答题

1. ABC会计师事务所承办XYZ上市公司2017年度财务报表审计业务，甲注册会计师为项目合伙人。审计过程中涉及审计业务对注册会计师独立性的要求，请代注册会计师作出正确的专业判断。

（1）乙注册会计师为ABC会计师事务所的合伙人，与执行审计业务的项目合伙人同处一个分部，但并未参与XYZ公司2017年度的财务报表审计，乙注册会计师个人出资持股100%成立Y顾问公司。在无担保的情形下，XYZ公司为Y顾问公司提供500万元的信用融资，XYZ公司属于非银行的金融机构。

（2）丙注册会计师为ABC会计师事务所的合伙人，2017年5月加入属于公众利益实体的审计客户，担任董事。丙注册会计师并不持有ABC会计师事务所的任何股份。

（3）假设XYZ公司为银行金融机构。丁注册会计师因购置新房，以其妻子名义向XYZ公司申办30年期，优惠利率5%的房屋贷款300万元。

（4）ABC会计师事务所非项目组的成员为XYZ公司提供编制纳税申报表。XYZ公司已确认对纳税申报表承担责任，且ABC会计师事务所未参与XYZ公司的管理营运决策。戊注册会计师执行了必要的审计程序。

（5）XYZ公司正办理增发股票股权，ABC会计师事务所向准备购买XYZ公司股票的Z公司推荐XYZ公司的股票。

（6）XYZ公司拥有一项占总资产价值1/3的专利权。此专利权经ABC会计师事务所评定其价值后，XYZ公司从V公司购买。

要求：

针对事项（1）至（6），逐项指出ABC会计师事务所及其人员是否违反中国注册会计师职业道德守则，并简要说明理由。

2. 上市公司甲公司是ABC会计师事务所的常年审计客户。乙公司是非公众利益实体，于2017年6月被甲公司收购，成为甲公司重要的全资子公司。XYZ公司和ABC会计师事务所处于同一网络。审计项目组在甲公司2017年度财务报表审计中遇到下列事项：

（1）A注册会计师自2017年度起担任甲公司财务报表审计项目合伙人，其父亲在2015年购买了乙公司股票3 000股，2017年度审计工作完成后卖出了这些股票。

（2）B注册会计师自2012年度起担任乙公司财务报表审计项目合伙人，在乙公司被甲公司收购后，继续担任乙公司2017年度财务报表审计项目合伙人，并成为甲公司的关键审计合伙人。

（3）在接受委托后，A注册会计师发现XYZ公司业务流程采用计算机信息系统控制，审计项目组成员均缺少这方面的专业技能。A

注册会计师了解到某软件公司王先生曾参与甲公司计算机信息系统的设计工作，因此聘请王先生加入审计项目组，测试该系统并出具测试报告。

（4）ABC 会计师事务所 2017 年初通过与乙公司共同组成服务团队的形式，向潜在客户提供审计、公司财务顾问等一揽子专业服务。

（5）C 注册会计师曾是 ABC 事务所的管理合伙人，2016 年 11 月离职后加入乙公司担任财务经理，2017 年 10 月从乙公司加入甲公司担任财务总监。

（6）审计开始前，应乙公司要求，ABC 会计师事务所指派一名审计项目组以外的员工根据乙公司编制的试算平衡表编制 2017 年度财务报表。

要求：

针对事项（1）至（6），逐项指出是否可能存在违反中国注册会计师职业道德守则有关独立性规定的情况，并简要说明理由。

3. ABC 会计师事务所接受委托，承办 V 公司 2017 年度财务报表审计业务，并于 2017 年底与 V 公司签订了审计业务约定书。ABC 会计师事务所指派 A 和 B 注册会计师为该审计项目负责人。假定存在以下事项：

（1）A 注册会计师持有 V 公司的股票 10 000 股，市值约 6 000 元。由于数额较小，A 注册会计师未将该股票售出，也未予以回避。

（2）ABC 会计师事务所与 V 公司签订的审计业务约定书约定：审计费用为 1 500 000 元，V 公司向 ABC 会计师事务所预付 50% 的审计费用，剩余 50% 视审计报告意见类型，决定是否支付；

（3）ABC 会计师事务所的合伙人 M 注册会计师目前担任 V 公司的独立董事；

（4）审计小组负责人 B 注册会计师 2016 年曾担任 V 公司的审计部经理；

（5）审计小组成员 C 注册会计师自 2015 年以来一直协助 V 公司编制财务报表；

（6）由于计算机专家李先生曾在 V 公司信息部工作，且参与了其现行计算机信息系统的设计、ABC 会计师事务所特聘李先生协助测试 V 公司的计算机信息系统。

（7）审计小组成员 D 注册会计师的妻子自 2016 年度起一直担任 V 公司的统计员。

（8）E 注册会计师的妹妹在 V 公司财务部从事会计核算工作，但非财务部负责人。E 注册会计师未予以回避。

（9）由于 V 公司降低 2017 年度财务报表审计费用近 1/3，导致 ABC 会计师事务所审计收入不能弥补审计成本，ABC 会计师事务所决定不再对 V 公司下属的 2 个重要的销售分公司进行审计，并以审计范围受限为由出具了保留意见的审计报告。

要求：

判断上述事项是否对职业道德基本原则产生不利影响，并简要说明理由。

4. ABC 会计师事务所承办 XYZ 公司 2017 年度财务报表审计业务，甲注册会计师为项目负责人。审计过程中涉及审计业务对注册会计师独立性的要求，请代注册会计师作出正确的专业判断。

（1）乙注册会计师为 ABC 会计师事务所的合伙人，但并未参与 XYZ 公司 2016 年度的财务报表审计，乙注册会计师个人出资持股 100% 成立 Y 顾问公司。在无担保的情形下，XYZ 公司为 Y 顾问公司提供 500 万元的信用融资，XYZ 公司属于非银行的金融机构。

（2）丙注册会计师为 ABC 会计师事务所的合伙人，退休至今 10 个月。丙注册会计师于退休后应 XYZ 公司之邀，担任高管工作，但丙注册会计师并不持有 ABC 会计师事务所的任何股份。

（3）假设 XYZ 公司为银行金融机构。丁注册会计师因购置新房，以其妻子名义向 XYZ 公司申办 30 年期，优惠利率 5% 的房屋贷款 300 万元。

（4）ABC 会计师事务所非项目组的成员为 XYZ 公司提供编制财务报表服务。XYZ 公司已确认会计记录为公司责任，且 ABC 会计师事务所未参与 XYZ 公司的管理营运决策。戊注册会计师执行了必要的审计程序。

（5）XYZ 公司正办理增发股票股权，承销券商为 Z 证券公司。ABC 会计师事务所持有 Z 证券公司 2/3 的股份。

（6）XYZ 公司拥有一项占总资产价值 1/3 的专利权。此专利权经 ABC 会计师事务所评定其价值后，XYZ 公司从 V 公司购买。

要求：

请填写下表，说明在承接 XYZ 公司 2017 年度财务报表审计委托中，对独立性产生不利影响，并简述理由。（若对独立性产生不利影响，请注明何种因素的不利影响；若不对独立性产生不利影响，则注明“无”）。

事项	对独立性产生不利影响	不利影响因素	理由

5. ABC 会计师事务所负责审计甲公司 2018 年度财务报表，并指派 A 和 B 注册会计师为该审计项目负责人。在审计过程中，审计项目组遇到下列与职业道德有关的事项：

（1）A 注册会计师的妹妹在甲公司财务部从事会计核算工作，但非财务部负责人。A 注册会计师认为无须回避。

（2）审计项目组成员 D 某的父亲，在甲公司担任董事。

（3）审计项目组负责人 B 在 2018 年 3 月曾担任甲公司财务部门主管。

（4）在审计过程中，甲公司要求审计小组成员协助调整会计分录。

要求：

针对事项（1）至（4），分别指出是否对审计项目组的独立性构成不利影响，并简要说明理由。

6. ABC 会计师事务所委派 A 注册会计师担任上市公司甲公司 2018 年度财务报表审计项目合伙人。ABC 会计师事务所与 XYZ 公司处于同一网络。审计项目组在审计中遇到下列事项：

（1）2018 年 10 月，审计项目组就重大会计问题咨询了事务所技术部的 B 注册会计师。B 注册会计师的妻子于 2018 年 6 月购买了甲公司的股票，于 2018 年 12 月卖出。

（2）A 注册会计师受邀参加了甲公司年度股东大会，全体参会人员均获得甲公司生产的移动硬盘作为礼品。

（3）甲公司聘请 XYZ 公司担任某合同纠纷的诉讼代理人，诉讼结果对财务报表产生重大影响。

（4）甲公司购买的成本核算软件由 XYZ 公司和一家软件公司共同开发和推广。该软件公司不是 ABC 会计师事务所的审计客户或其关联实体。

要求：

针对事项第（1）至（4），逐项指出是否存在违反中国注册会计师职业道德守则有关独立性规定的情况，并简要说明理由。

答案及解析

一、单项选择题

1.【答案】A

【解析】不能以个人名义承接业务。

2.【答案】B

【解析】如果会计师事务所连续两年从属于公众利益实体的某一审计客户及其关联实体所收取的全部费用占其从所有客户收取全部费用的比重超过 15%，除非该会计师事务所向审计客户治理层披露这一事实，并与之讨论采取下列任一防范措施以将不利影响降至可接受水平，否则，所产生的自身利益不利影响将非常重大。

3.【答案】D

【解析】选项 D 能产生自我评价不利影响。

4.【答案】D

【解析】由于会计师事务所无法预见和控制的情形导致不能按时轮换审计合伙人，如果关键审计合伙人的连续性对审计质量特别重要，并且对独立性产生的不利影响能够通过采取防范措施予以消除或降至可接受水平，在法律法规允许的情况下，该合伙人可以在审计项目组中再延长 1 年时间。

5.【答案】B

【解析】如果审计项目组成员与审计客户的董事、高级管理人员，或所处职位能够对客户会计记录或被审计财务报表的编制施加重大影响的员工存在家庭和私人关系，可能因自身利益、密切关系或外在压力产生不利影响。

6. 【答案】B

【解析】会计师事务所长期委派同一名合伙人或高级员工执行某一客户的审计业务，将因密切关系和自身利益产生不利影响。会计师事务所应当评价因密切关系和自身利益产生的不利影响的严重程度，并在必要时采取防范措施消除不利影响或将其降低至可接受的水平。防范措施主要包括：（1）将该人员轮换出审计项目组；（2）有审计项目组以外的注册会计师符合人员已执行的工作；（3）定期对该业务实施独立的质量复核。

7. 【答案】A

【解析】会计师事务所于 2017 年 3 月 1 日开始执行 A 公司财务报表审计业务，这项工作将从 2017 年 3 月 1 日开始实施并持续到 2018 年 4 月 6 日。财务报表涵盖的期间是 2017 年 1 月 1 日至 2017 年 12 月 31 日。那么，业务期间为 2017 年 3 月 1 日至最终审计报告出具之日，即 2018 年 4 月 6 日（如果会计师事务所继续为该企业提供审计服务，业务期间将会延伸至第二年）。

8. 【答案】C

【解析】本题的考点是会员应有的关注。要求执行业务的人员签订职业道德承诺书不符合应有关注的原则。

9. 【答案】D

【解析】由审计项目组以外的人员向非公众利益实体审计客户提供编制会计记录和财务报表相关的服务，只要属于日常性和机械性的工作（选项 A、B、C 都是，选项 D 不是），则不会损害其独立性。

10. 【答案】A

【解析】如存在选项 B、C、D 中所述关系，ABC 会计师事务所和 XYZ 会计师事务所属于同一网络事务所。如果 XYZ 会计师事务所与 ABC 会计师事务所的审计客户之间不独立（存在重大借贷关系的情况表明不独立），则 ABC 会计师事务所也被视为不独立。

11. 【答案】C

【解析】A 选项子女属于主要近亲属，子女的商业关系归属于本人，应要求甲同意，而非复核其工作；选项 B、D 董事、经理、财务负责人之职涉及全局，应要求乙、丁回避，而非复核其工作；选项 C 弟弟属于其他近亲属，出租房屋属于商业关系。安排他人复核后足以将对独立性的不利影响控制在可接受的范围之内。

12. 【答案】C

【解析】按规定，选项 A 还能继续担任 3 年（3 = 5 - 2）项目合伙人；选项 A、B、D 均错；选项 C 正确。

13. 【答案】A

【解析】选项 B、C、D 均属于外在压力对独立性可能产生不利影响的情形；A 属于自身利益产生不利影响的情形。

14. 【答案】D

【解析】E 会计师事务所和 A 会计师事务所共享培训资源但不交流市场信息，该项专业资源视为不重要，因此不应当被视为网络。

15. 【答案】A

【解析】在客户内拥有直接经济利益的实体只有在该实体对客户具有重大影响，在客户内的利益对该实体重要的情况下才属于关联实体。

16. 【答案】B

【解析】甲注册会计师购买了大量的打折商品属于正常的消费行为，不会对独立性产生不利影响。

二、多项选择题

1. 【答案】ABCD

【解析】防范措施主要包括：（1）审计项目组成员中不包括提供非鉴证服务的人员；（2）如有必要，由项目组之外其他的注册会计师和专业人员复核审计和非鉴证工作；（3）由另一会计师事务所评价非鉴证服务的结果，或由另一会计师事务所重新执行非鉴证服务，重新执行的程度应使其能够对这些服务承担责任。

2. 【答案】AD

【解析】选项 A、D 中提及的技能均属于“专业能力”，在这方面聘请专家说明审计人员的专业胜任能力不足；选项 B、D 是与会计、审计无关的方面，聘请这方面的专家是正常的。

3. 【答案】ABC

【解析】B 注册会计师是审计项目负责人之一，其妹妹属于关系密切的家庭成员，会对审计业务产生直接重大影响，损害审计独立性。

4.【答案】BC

【解析】选项 B 为自我评价不利影响；选项 C 为不相容业务。

5.【答案】AC

【解析】保密不仅仅涉及信息披露，还要求注册会计师不能出于个人或第三方的利益使用或被合理认为使用了在执业过程中获得的信息。

6.【答案】BC

【解析】本题的考点是审计、审阅与其他鉴证业务之间对独立性要求的差异。选项 A，审计业务对属于公众利益实体提出独立性要求，其他鉴证业务没有相关要求。选项 D，审计业务要对分部独立性提出要求，其他鉴证业没有相关要求。

7.【答案】ABC

【解析】中国注册会计师职业道德守则规定，选项 ABC 内容属于消除因客户变更委托产生的不利影响或将其降至可接受的水平采取的防范措施。

8.【答案】ABC

【解析】根据《中国注册会计师职业道德守则第 3 号——提供专业服务的具体要求》第 20 条规定，选项 A、B、C 属于针对可能产生利益冲突的情形的采取的防范措施。

9.【答案】ABCD

【解析】本题的考点是导致不利影响的情形。除了选项 A、B、C、D 属于由密切关系导致不利影响的情形外，项目组成员的近亲属是客户的员工，其所处职位能够对业务对象施加重大影响的情形也是属于由密切关系导致不利影响的情形。

10.【答案】ABCD

【解析】本题的考点是注册会计师对职业道德概念框架的具体运用——专业服务营销。注册会计师在营销专业服务时，不得有下列行为：夸大宣传提供的服务、拥有的资质或获得的经验；贬低或无根据地比较其他注册会计师的工作；暗示有能力影响有关主管部门、监管机构或类似机构；作出其他欺骗性的或可能导致误解的声明。

11.【答案】AD

【解析】按规定，如果经济利益并不重大，并且审计客户不能对该实体施加重大影响，则不被视为损害独立性。

12.【答案】AD

【解析】选项 A，如果按照正常程序、条款和条件取得贷款或担保，则不会对独立性产生不利影响；选项 D，审计项目经理不一定为关键审计合伙人，所以即使任职时间超过五年，也可能不会对独立性产生不利影响。

13.【答案】ABCD

【解析】关键审计合伙人是指项目合伙人、实施项目质量控制复核的负责人，以及审计项目组中负责对财务报表审计所涉及的重大事项作出关键决策或判断的其他审计合伙人。其他审计合伙人还包括审计重要子公司或分支机构的项目合伙人。

14.【答案】ABD

【解析】选项 A，如果审计客户要求会计师事务所提供评估服务，以帮助其履行纳税申报义务或满足税务筹划目的，并且评估的结果不对财务报表产生直接影响，则通常不对独立性产生不利影响；选项 B，如果评估服务对会计师事务所发表意见的财务报表具有重大影响，且评估涉及高度的主观性，没有防范措施可以将自我评价不利影响降至可接受水平；选项 D，在审计客户属于公众利益实体的情况下，如果评估服务单独或累积起来对会计师事务所发表意见的财务报表具有重大影响，则会计师事务所不应向其审计客户提供评估服务。

15.【答案】ABD

【解析】选项 C，如果会计师事务所向属于公众利益实体的审计客户的分支机构或关联实体提供编制会计记录和财务报表的服务，只要提供的服务属于日常性、机械性的工作，且提供服务的人员不是审计项目组的成员，在满足一定的条件下是不会损害独立性的。

16.【答案】ABC

【解析】如果被要求提供第二次意见，注册会计师应当评价不利影响的严重程度，并在必要时采取防范措施消除不利影响或将其降至可接受的低水平。防范措施主要包括：（1）征得客户同意与前任注册会计师沟通；（2）在与客户沟通中说明注册会计师发表专业意见的局限性；（3）向前任注册会计师提供第二次意见的副本。如果客户不允许与前任注册会计师沟通，注册会计师应当在考虑所有情况后决定是否适宜提供第二次意见。

三、简答题

1.【答案】

事项（1）违反。在审计客户中拥有直接经济利益。当其他合伙人与执行审计业务的项目合伙人同处一个分部时，其他合伙人不得在审计客户中拥有直接经济利益或重大间接经济利益。

事项（2）违反。丙注册会计师为事务所合伙人，2017 年 5 月加入属于公众利益实体的审计客户，担任董事，将因外在压力产生不利影响。

事项（3）违反。由于采用优惠利率取得贷款，且金额对注册会计师重要。

事项（4）不违反。ABC 会计师事务所非项目组的成员为 XYZ 公司提供编制纳税申报表，其由项目组以外的成员完成，客户确认对纳税申报表承担责任。执行审计时已执行必要的审计程序。

事项（5）违反。推介客户的股份会产生过度推介的不利影响。

事项（6）违反。专利权经 ABC 会计师事务所评定其价值后，评价结果对财务报表的影响重大，且该项评估具高度主观性，会对独立性产生不利影响。

2.【答案】

事项序号	是否违反（违反/不违反）	理由
（1）	违反	乙公司于 2017 年 6 月被甲公司收购，A 注册会计师的父亲 2017 年度持有乙公司的股票，属于直接经济利益，A 注册会计师因自身利益对独立性产生严重不利影响
（2）	不违反	B 注册会计师在成为公众利益实体的关键审计合伙人后还可以继续服务 2 年
（3）	违反	聘请专家王先生缺乏独立性。王先生曾是甲公司计算机信息系统设计者，又受聘参与该系统的测试，将导致自我评价，损害注册会计师的独立性

续表

事项序号	是否违反（违反/不违反）	理由
（4）	违反	会计师事务所和乙公司以双方的名义捆绑提供服务，属于商业关系。会计师事务所不得介入此类商业关系
（5）	违反	C 注册会计师曾是 ABC 会计师事务所的管理合伙人，从其离职到加入乙公司的时间间隔不足 12 个月，对独立性产生不利影响
（6）	违反	根据规定不允许为属于公众利益实体的审计客户提供编制财务报表的服务，起码形式上会对独立性产生不利影响

3.【答案】

事项（1）对职业道德基本原则产生不利影响。A 注册会计师持有 V 公司的股票，与 V 公司存在直接经济利益，产生对自身利益不利影响。

事项（2）对职业道德基本原则产生不利影响。因为审计费用的 50% 取决于审计报告意见类型，即产生对自身利益不利影响的情形。事务所不得以或有收费方式提供鉴证服务。

事项（3）对职业道德基本原则产生不利影响。因为事务所的合伙人 M 注册会计师担任 V 公司的独立董事，鉴证业务项目组成员现在是或最近曾是客户的董事或高级管理人员，属于产生对自我评价不利影响。

事项（4）对职业道德基本原则产生不利影响。因为 B 注册会计师 2016 年受雇于 V 公司，会计师事务所审计 V 公司 2017 年度财务报表，B 注册会计师距 2017 年度较近。鉴证业务项目组成员现在受雇于或最近曾受雇于客户，且在客户中担任能够对鉴证对象产生重大影响的职务，属于产生对自我评价不利影响。

事项（5）对职业道德基本原则产生不利影响。因为 C 注册会计师自 2013 年以来一直协助 V 公司编制财务报表，会计师事务所为鉴证客户提供的其他服务，直接影响鉴证业务中的鉴证对象信息，产生对自我评价不利影响。

事项（6）对职业道德基本原则产生不利影响。李先生协助测试V公司的计算机信息系统将会导致自我评价，会计师事务所为鉴证客户提供的其他服务，直接影响鉴证业务中的鉴证对象信息，产生对自我评价不利影响。

事项（7）不对职业道德基本原则产生不利影响。因为D注册会计师的妻子虽属于是鉴证小组成员主要近亲属，但其妻子担任职务不能够对鉴证对象产生重大影响，不产生对密切关系的不利影响。

事项（8）对职业道德基本原则产生不利影响。E注册会计师与其在财务部从事会计核算工作的妹妹属于主要近亲属，会对审计业务产生直接重大影响，产生对密切关系的不利影响。

事项（9）对职业道德基本原则产生不利影响。ABC会计师事务所受降低收费的压力，产生对外在压力不利影响。

【解析】考点是注册会计师对职业道德概念框架的具体运用，经济利益，贷款，与审计客户发生雇佣关系，高级职员与审计客户的长期关联，为审计客户提供非鉴证服务。

4.【答案】

事项	对独立性产生不利影响	不利影响因素	理由
（1）	是	自身利益	在审计客户中拥有直接经济利益
（2）	是	密切关系 外在压力	退休时间短，在会计师事务所的职位高，在客户中所处的职位也很高。 丙注册会计师为ABC会计师事务所的合伙人，退休至今10个月。丙注册会计师于退休后担任应XYZ公司高管工作
（3）	是	自身利益	由于采用优惠利率取得贷款，且金额对注册会计师重要
（4）	否	无	由项目组以外成员完成的且属机械性工作，客户确认会计记录为其责任，未参与客户管理营运决策。执行审计时已执行必要的审计程序
（5）	是	过度推介 自我评价	推介客户的股份会产生过度推介的不利影响；股票发行涉及财务报表重要项目，会产生自我评价的不利影响
（6）	是	自我评价	评价结果对财务报表的影响重大，且该项评估具高度主观性

【解析】考点是注册会计师对职业道德概念框架的具体运用，经济利益，贷款和担保，与审计客户发生雇佣关系和高级职员与审计客户的长期关联。

5.【答案】

事项（1）对独立性构成不利影响。A注册会计师是审计项目负责人之一，与其在财务部从事会计核算工作的妹妹属于其他近亲属，并且其所处职位能够对鉴证对象产生重大影响。

事项（2）对独立性构成不利影响。审计项目组成员D注册会计师的主要近亲属从事的工作对年报审计对象的财务报表有直接重大影响。

事项（3）对独立性构成不利影响。审计项目组负责人B在财务报表涵盖期间担任审计客户的高级管理人员，将产生自我评价导致的不利影响。

事项（4）不对独立性构成不利影响。向客户提供政策选用和会计处理建议的调整，协助客户解决相关账户的调整问题，均属于审计业务应提供的常规工作。

6.【答案】

事项（1）违反。B注册会计师属于项目组成员，B注册会计师的咨询意见直接影响审计结果。其妻子在审计期间拥有直接经济利益，将因自身利益对独立性产生严重不利影响。

事项（2）违反。注册会计师不得接受甲公司任何礼品。

事项（3）违反。为审计客户担任诉讼代理人，且涉讼金额对财务报表影响重大，将因过度推介对独立性产生严重不利影响。

事项（4）违反。ABC会计师事务所的网络所参与甲公司重要财务系统的设计，成本核算软件生成的信息对财务报表影响重大，将因自我评价对独立性产生严重不利影响。

第二部分

跨章节综合题演练

跨章节综合题考点概述

注册会计师全国统一考试划分为专业阶段和综合阶段。专业阶段主要测试考生是否具备注册会计师执业所需要的专业知识，是否掌握基本技能和职业道德规范。《审计》科目是注册会计师考试六科中难度最大的一科，其难度主要集中在跨章节综合题上。为此我们撰写了审计通关题库第二部分跨章节综合题演练，辅导考生朋友们应对综合题考点。

一、2020 年《审计》综合题考点

《审计》教材框架分八编五个部分：

第一编 审计基本原理（第一～六章）

第二编 审计测试流程（第七～八章）

第三编 各类交易和账户余额的审计（第九～十二章）

第四编 对特殊事项的考虑（第十三～十七章）

第五编 完成审计工作与出具审计报告（第十八～十九章）

第六编 企业内部控制审计（第二十章）

第七编 质量控制（第二十一章）

第八编 职业道德（第二十二～二十三章）

五部分	综合题考点	考试大纲要求
第一部分审计基本理论与方法（第一～八章）	1. 掌握审计基本原理。 包括：第一章认定、审计目标；第二章审计计划、重要性；第三章证据特征、函证、分析程序；第四章审计抽样；第六章审计工作底稿。 2. 掌握审计测试流程。 包括：第七章风险评估和第八章风险应对（控制测试及实质性程序），并将其运用于财务报表审计实务中。 审计综合题必考第七章的风险评估和第八章风险应对，要求考生站在注册会计师的角度，了解被审计单位及其环境，结合财务和非财务信息，评估认定层的重大错报风险。同时对注册会计师的审计计划或风险应对策略的合理性进行判断	第三章函证。 第七章了解被审计单位及其环境、了解被审计单位的内部控制、评估重大错报风险。 第八章针对财务报表层次重大错报风险的总体应对措施、针对认定层次重大错报风险的进一步审计程序属于第三能力等级。 第一部分综合题考题特点是将本部分审计基本理论与方法和财务报表审计实务章节的内容结合
第二部分财务报表审计实务（第九～十九章）	重点围绕供、产、销各交易循环的内部控制测试；重要账项的审计；重要审计程序的运用；特殊事项审计；审计报告。 1. 掌握各类交易和账户余额的审计（属于第三能力等级）——第九章销售与收款循环中营业收入、应收账款、坏账准备的审计；第十章采购与付款循环中应付账款审计；第十一章生产与存货循环中存货审计；第十二章货币资金审计中库存现金和银行存款的审计。 2. 掌握重要审计程序的应用——分析程序、函证、监盘、截止测试等。 3. 掌握对特殊事项的考虑——第十三章对舞弊和法律法规的考虑；第十四章注册会计师与治理层的沟通、前后任注册会计师的沟通；第十五章利用内部审计工作和利用专家工作；第十六章对集团财务报表审计的特殊考虑；第十七章审计会计估计、关联方审计、考虑持续经营假设、首次接受委托时对期初余额的审计。 4. 掌握审计报告——第十九章非无保留意见审计报告、比较信息、注册会计师对其他信息的责任等	全部第三编：第十七章财务报表审计中与舞弊相关的责任；第十六章对集团财务报表审计的特殊考虑；第十七章审计会计估计、关联方的审计、考虑持续经营假设、首次接受委托时对期初余额的审计；第十九章非无保留意见报告、比较信息、注册会计师对其他信息的责任属于第三能力等级。 第二部分涉及的综合题试题，既涉及站在注册会计师的角度，审计被审计单位特殊事项、又有以考核审计程序为主，还有以考核审计理论结合财务报表实务的考题。因此，题目主要是测试考生是否具备了执业所要求的处理信息能力、理解能力、分析能力、判断能力和表达能力等。建议考生学习时，应将本部分内容与第一部分内容结合复习
第三部分企业内部控制审计（第二十章）	掌握注册会计师测试内部控制相关理论，掌握内部控制审计报告的撰写。考题会以简答题等方式测试考生，近几年主要以客观题进行考察	第二十章第二、四、五、六、七、八节属于第三能力等级
第四部分质量控制（第二十一章）	掌握会计师事务所业务质量控制准则。考题会以简答题等方式测试考生	第二十一章客户关系和具体业务的接受和保持、人力资源、业务执行属于第三能力等级

续表

五部分	综合题考点	考试大纲要求
第五部分职业道德（第二十二～二十三章）	掌握注册会计师协会会员职业道德守则，包括职业道德基本原则和概念框架、审计业务对独立性的要求。考题会以简答题等方式测试考生	第二十三章审计业务对独立性的要求属于第三能力等级

二、《审计》综合题命题规律

（一）以“重点突出，理论结合实务”为命题原则

1.“重点突出”就是对教材中重点知识的考查，在考试中占大部分，特别是综合题主要来自重点知识。

例如，审计计划、函证、风险评估程序、控制测试、实质性程序、监盘、特殊事项、审计报告。

2.“理论结合实务”就是对在全面考核的基础上，对审计的理论和实务进行重点考查。审计本身的理论性和实务性都较强，所以综合题经常将审计理论和审计实务结合在一起命题。

例如，将管理层对财务报表的认定同注册会计师审计目标、实质性程序有机地结合起来；将审计重要性、审计意见类型和财务报表审计报告及相关的会计知识结合起来等等。

因此，考生就要在掌握好审计理论的基础上，将理论和实务融会贯通。

（二）掌握新拟订和修订的审计准则

为了提高注册会计师审计报告的信息含量，满足资本市场改革与发展对高质量会计信息的需求，保持我国审计准则与国际准则的持续全面趋同，2016 年 12 月，中国注册会计师协会修订了 12 项准则。2017 年 2 月 28 日，中国注册会计师协会印发新审计报告准则应用指南。2020 年初中国注册会计师协会印发了修订后的《中国注册会计师审计准则问题解答第 1 号——职业怀疑》《中国注册会计师审计准则问题解答第 2 号——函证》《中国注册会计师审计准则问题解答第 3 号——收入确认》《中国注册会计师审计准则问题解答第 6 号——关联方》《中国注册会计师审计准则问题解答第 12 号——货币资金审计》等五项审计准则问题解答。由于审计准则和应用指南修订和实施，审计教材相应章节内容有较大的变化。尤其第十九章在审计报告中沟通关键审计事项、对财务报表形成审计意见和出具审计报告、在审计报告中发表非无保留意见、在审计报告中增加强调事项段和其他事项段、注册会计师对其他信息的责任等准则的具体内容。近年新修订和实施的审计准则和应用指南，导致教材新变化的内容都是必考点。

（三）掌握财务报表项目审计和特殊事项审计

审计综合题命题围绕供、产、销各交易循环的内部控制测试和实质性程序；重要财务振表项目的审计；重要审计程序的运用；并考虑特殊事项的审计。

1. 财务报表项目的审计——营业收入、营业成本、应收账款、应付账款、存货、费用、相关资产减值准备等项目。

2. 重要审计程序——分析程序、函证、监盘、截止测试等。

3. 特殊事项——对集团财务报表审计的特殊考虑、审计会计估计、关联方的审计、考虑持续经营假设、首次接受委托时对期初余额的审计等。

（四）注重风险导向审计

中国注册会计师将风险导向审计理念全面彻底地贯彻到整套审计准则体系中。注重第二编审计测试流程（第七～八章）的学习。几乎每年综合题必考风险评估考点。

三、综合题应试技巧

《审计》试题真难！难在主观考题（简答题和综合题）的答案——在教材中绝大多数找不到！但是只要掌握了审计试题的出题思路，抓住考试大纲的要求，掌握学习要领，《审计》科目机考合格也就不那么难了。通过对近年来审计科目考题的分析，希望考生能够意识到审计科目跨章节综合题的命题思路和特点，以期为考生 2020 年的复习引领思路，提供方法指导。找对方法才能成功，找借口只会失败！因此，我们建议考生：千学不如一看，千看不如一练！

1. 做考题。

考生可以通过历年考题，把握出题专家的出题思路和考试重点，以指导考生在学习

和复习中应重点掌握的内容。

做历年综合考题；品味理解考题、样题的出题、解题思路。专业阶段主要测试考生是否具备注册会计师执业所需要的专业知识，是否掌握基本技能和职业道德规范。因此，复习专业阶段各科目，除了研读考试大纲和辅导教材外，尤其要重视基本理论和基础知识的学习，善于分析试题背后所要表达的经济关系和经济实质。考题是很任性的；考题不是叫考生哭的；考题也不是让考生吐槽的；考题是要求考生马上去做的而且是要考生写出准则原文（与标准答案一致）的！

2. 做练习。

强化应试练习，掌握答题技巧。转换角色，树立注册会计师的审计思路，站在注册会计师的角度分析问题、判断问题。作为注册会计师应当具备使用信息系统、应用信息技术控制的技能，熟练应用计算机是成为合格注册会计师的必要条件。同时，为了方便考生适应机考环境，中财传媒将在网站发布机考模拟试卷，供报名人员网上在线练习。

3. 针对试题要求，有的放矢。

考生根据试题要求，快速浏览题目，迅速找到相关部分，仔细推敲，学会“挑肥拣瘦”。整个题目可能未全部看懂，但不影响回答主观题中的某一问。

解题时，先从试题的要求读起，明确问题是什么类型的题型，标注问题的关键信息和数据，看问题有无陷阱、误区和盲区；然后，带着问题去读题干资料，阅读时要标注关键的有用信息，再对照问题与已知资料，一一作出分析、判断，解题时不要忽略或遗漏重要的关键步骤和中间结果，这样一方面考生能准确理解题意，不至于忙中出错；另一方面，还可能从试题中获取相关解题数据与信息。

4. 注意答题措辞。

主观题每题取分点较多，阅卷时，老师对题目按应答内容给分，最低取分为 0.25 分。措辞不当，得分不全。

总之，综合题考题既有要求考生站在注册会计师的角度，审计被审计单位财务报表会计处理错与弊的题目，又有以考核审计程序为主的题目，还会有以审计理论结合财务报表审计实务的综合考题。题目难度大，综合性强，主要测试考生是否具备了执业所要求的处理信息能力、理解能力、分析能力、判断能力和表达能力等。

一分耕耘，一分收获，通过学习我们的跨章节综合题演练，将《审计》各章节考点融会贯通地复习把握，提高考生综合题应试能力。衷心祝愿考生顺利通过 2019 年注册会计师《审计》考试！

跨章节综合题

1. ×公司主要从事家用电器的生产和销售，主要产品包括电视机、电冰箱、空调、洗衣机、热水器等。×公司为 ABC 会计师事务所的常年审计客户。ABC 会计师事务所委派 A 和 B 注册会计师担任×公司 2017 年度财务报表审计。确定财务报表整体的重要性为 300 万元。审计报告日为 2018 年 3 月 25 日。（本题资料包括：资料一；资料二；资料三；资料四；资料五；资料六）

资料一：A 和 B 注册会计师在审计工作底稿中记录了所了解的×公司及其环境的情况，部分内容摘录如下：

（1）×公司上市后营业收入保持稳定增长，每年增长 5% 左右。2017 年 4 月，×公司董事会向管理层下达 2017 年度经营目标，其中要求 2017 年度营业收入较 2016 年度至少增长 10%。2018 年 1 月，市场研究机构发布的报告显示，2017 年家用电器行业营业收入增长率为 6%。

（2）×公司原财务总监在×公司已供职 5 年，2017 年上半年辞职后任职于×公司的竞争对手，数名在×公司供职多年的会计人员也在 2017 年下半年相继辞职。×公司财务总监目前由负责人力资源的副总经理兼任。

（3）由于家电行业企业竞争激烈，×公司的竞争对手于 2017 年 6 月推出了以云平台为依托的智能电视产品，对公司电视机产品销售造成较大冲击。为保持市场占有率，×公司在 2017 下半年普遍降低了各类电视机产品销售价格。

（4）为应对竞争加剧和国内市场增长乏力的风险，×公司在 2017 年下半年采取了一系列措施，其中包括：投资并购了若干同行业其他企业，扩大业务规模；开拓海外市场，并在海外成立了若干分支机构提供售后服务；

在全国各地开展了专卖店加盟业务模式；扩大研发团队规模，增加研发费用的投入，开始研发多项新技术。

（5）P公司是×公司的母公司，向×公司提供部分原材料。2017年2月，×公司向P公司预付购买钢板款项5 000万元，截至2017年末P公司尚未交货。2018年1月31日，双方终止该采购合同，×公司收回该预付款项5 000万元。

（6）×公司及其子公司均使用ERP系统进行业务核算，ERP系统通过处理各模块交易数据自动生成会计分录，并在期末自动生成财务报表。ABC会计师事务所在审计×公司2016年度财务报表时测试了该ERP系统，注意到×公司信息技术一般控制存在重大缺陷。×公司根据ABC会计师事务所出具的管理建议书，在2017年对ERP系统相应的信息技术一般控制进行了改进，并且重新开发应用了部分与财务核算相关的模块。

资料二：A和B注册会计师在审计工作底稿中记录了所获取的×公司财务数据，部分内容摘录如下：

金额单位：万元

项目	2017年度（未审数）	2017年1～11月（未审数）	2016年度（已审数）
营业收入	2 772 100	2 425 500	2 520 000
净利润	162 000	148 400	163 000
项目	2017年12月31日（未审数）	2017年11月30日（未审数）	2016年12月31日（已审数）
预付款项	15 200	15 200	1 200
其中：P公司	15 000	14 500	1 000
应收账款	493 000	200 000	221 000
存货	300 700	310 000	200 000
减：存货跌价准备	100	100	100
开发支出	6 000	5 000	1 000

资料三：A和B注册会计师在审计工作底稿中记录了审计计划，部分内容摘录如下：

（1）A和B注册会计师认为，如果发生与具有高度不确定性的会计估计相关的财务报表项目和披露错报，即使其金额低于财务报表整体重要性，仍可能影响财务报表使用者依据财务报表作出的经济决策，因此，确定与会计估计相关的财务报表项目和披露的重要性水平为50万元。

（2）×公司在收入确认方面存在舞弊风险，A和B注册会计师拟将销售交易及其认定的重大错报风险评估为高水平，不再了解和评估相关控制设计的合理性并确定其是否已得到执行，直接实施细节测试。

（3）×公司2017年度管理费用为900万元。A和B注册会计师认为重大错报风险较低，拟仅实施控制测试。

资料四：A和B注册会计师在审计工作底稿中记录了实施的实质性程序，部分内容摘录如下：

（1）注册会计师在×公司员工的陪伴下亲自将×公司销货应收y公司的账款询证函送至被询证方y公司，并由×公司员工与y公司员工核对将回函带回。

（2）×公司存货存在多个地点，A和B注册会计师要求×公司提供一份完整的存货存放地点清单，询问×公司除管理层和财务部门以外的其他人员，比较×公司2016年度和2017年度不同时期的存货存放地点清单，以确定是否存在因仓库变动而未将存货纳入盘点范围的情况发生并考虑其完整性。

（3）A和B注册会计师了解并评价被审计单位开立账户的管理控制措施，询问办理货币资金业务的相关人员（如出纳），用以测试×公司银行账户的完整性。

资料五：A和B注册会计师分别从×公司销售账簿记录、发运凭证入手，对×公司实施销售截止测试。

资料六：鉴于2017年12月31日，×公司流动负债高于资产总额100万元，同时存在数额600万元的已到期未偿借款。截至审计报告日，×公司对于已经到期的借款协议难以展期。×公司编制财务报表所依据的持续经营假设是合理的，但存在可能导致对其持续经营能力产生重大疑虑的事项或情况，×公司未在财务报表中进行适当披露。A和B注册会计师发表带强调事项段的无保留意见的审计报告。

审计报告

X股份有限公司全体股东：

一、对财务报表出具的审计报告

（一）审计意见

我们审计了X股份有限公司（以下简称“×公司”）财务报表，包括2017年12月31日的资产负债表，2017年度的利润表、现金流量表、股东权益变动表以及财务报表附注。

我们认为，后附的财务报表在所有重大方面按照企业会计准则的规定编制，公允反映了×公司2017年12月31日的财务状况以及2016年度的经营成果和现金流量。

（二）形成审计意见的基础

我们按照中国注册会计师审计准则的规定执行了审计工作。审计报告的“注册会计师对财务报表审计的责任”部分进一步阐述了我们在这些准则下的责任。按照中国注册会计师职业道德守则，我们独立于×公司，并履行了职业道德方面的其他责任。我们相信，我们获取的审计证据是充分、适当的，为发表审计意见提供了基础。

（三）强调事项（略）

（四）管理层和治理层对财务报表的责任（略）

（五）注册会计师对财务报表审计的责任（略）

二、按照相关法律法规的要求报告的事项（略）

ABC会计师事务所

（盖章）

中国注册会计师：A

（签名并盖章）

中国注册会计师：B

（签名并盖章）

中国××市　二〇一八年三月二十五日

要求：

（1）针对资料一事项（1）至（6），结合资料二，假定不考虑其他条件，逐项指出资料一所列事项是否可能表明存在重大错报风险。如果认为可能表明存在重大错报风险，简要说明理由，并说明该风险主要与哪些财务报表项目的哪些认定相关（不考虑税务影响）。请将答案直接填入下方表格内。

事项序号	是否可能表明存在重大错报风险（是/否）	理由	重大错报风险属于财务报表层次还是认定层次（财务报表层次/认定层次）	报表项目和认定
（1）				
（2）				
（3）				
（4）				
（5）				
（6）				

（2）针对资料三事项（1）至（3），假定不考虑其他条件，逐项指出资料三中A和B注册会计师所列审计计划是否恰当。如不恰当，简要说明理由。请将答案直接填入下方表格内。

事项序号	审计计划是否恰当（是/否）	理由
（1）		
（2）		
（3）		

（3）针对资料四事项（1）至（3），假定不考虑其他条件，逐项指出资料四中A和B注册会计师所列实质性程序是否恰当。如不恰当，简要说明应实施的实质性程序。请将答案直接填入下方表格内。

序号	实质性程序是否恰当（是/否）	应实施的实质性程序
（1）		
（2）		
（3）		

（4）在资料五的基础上，请分别将A和B注册会计师实施销售截止测试的两条审计路线对比的内容填入下表。

起点	路线	目的
账簿记录		
发运凭证		

（5）在资料六的基础上，假定经A和B注册会计师审定，×公司2017年度财务报表未存在其他问题，根据上述情况，请指出：

①A和B注册会计师发表的审计意见是否适当？原因何在？

②A和B注册会计师发表什么意见类型的审计报告？

③请代A和B注册会计师修改上述列示的审计报告相关段落。

2. 甲公司是ABC会计师事务所的常年审计客户，甲公司从事陶瓷制品的生产和销售，主要原材料均在国内采购，产品部分自营出口到美国，部分在国内设多个销售网点自销。A注册会计师负责审计甲公司2017年度财务报表，确定财务报表整体的重要性为100万元。（本题资料包括：资料一；资料二；资料三；资料四；资料五）

资料一：A注册会计师在审计工作底稿中记录了所了解的甲公司情况及其环境，部分内容摘录如下：

（1）甲公司产品以美元定价，人民币对美元汇率由2017年初的6.5:1升值到2017年6月的6.2:1，之后基本保持稳定。甲公司产品销售自2016年初至2017年9月基本稳定。2017年10月起，甲公司的出口订单和销售收入均出现较大幅度减少，2017年第4季度与前3个季度相比，主要产品平均销售下降了约7%。但甲公司2017年未审计财务报表其依然完成了2017年度的经营目标。

（2）2016年初至2017年9月，甲公司主要原材料采购价格基本稳定。第4季度主要原材料价格平均下跌了约5%。

（3）甲公司在2016年末以每股12元购入100万股乙公司股票，购入时划归为可供出售金融资产。2017年末，乙公司发生巨额亏损而濒临破产，股价出现非暂时性的大幅持续下跌，由年初的每股12元跌至年末的每股2元。

（4）2017年7月，由于发生重大施工安全事故，甲公司2017年1月开工建设的×生产线被有关部门勒令停建整顿。2017年末，有关部门同意甲公司重新开工，但受宏观经济影响，×生产线拟生产产品的市场前景不佳，甲公司董事会决定暂不启动×生产线的建设，并于2017年末按期向银行归还了1年期、年利率为8%的1 000万元专项借款。

（5）2017年12月，甲公司决定淘汰账面价值为100万元的旧机械设备，并与受让方签订了不可撤销的转让协议，转让价格为15万元。2018年1月，甲公司向受让方移交该批机械设备，并收讫转让款。

（6）2017年12月，甲公司与乙公司签订销售合同，按每件150万元的价格为其定制20件陶瓷制品，约定2018年2月交货，如不能按期交货，甲公司需支付总价款的20%作为违约金。签订合同后，原材料价格上涨导致产品成本上升。截至2017年12月31日，甲公司尚未完成定制的20件陶瓷制品，预计单位成本为175万元。

资料二：A注册会计师在审计工作底稿中记录了所获取的甲公司财务数据，部分内容摘录如下（金额单位：人民币万元）：

摘录（1）：

项目	2017年（未审计）	2016年（已审计）
营业收入	65 030	55 320
营业成本	50 000	41 200
营业外支出	0	1 000

摘录（2）：

项目	2017年12月31日（未审计）	2016年（已审计）
可供出售金融资产		
——乙公司股票公允价值	200	1 200
——可供出售金融资产账面价值	200	1 200

摘录（3）：

项目	2017年初数（未审计）	本年增加（未审数）	本年减少（未审数）	2017年末数（未审数）
固定资产原价	14 282	500	290	14 492
减：累计折旧	6 398	1 071	191	7 278
减：固定资产减值准备	183	65	70	178
固定资产账面价值	7 701			7 036
在建工程——×生产线	0	1 200	0	1 200
减：在建工程减值准备	0	0	0	0
在建工程账面价值	0	1 200	0	1 200
其中：利息资本化	0	80	0	80
预计负债	0	0	0	0
其他综合收益（可供出售金融资产公允价值变动）	0	0	1 000	1 000

资料三：A注册会计师在审计工作底稿中记录了了解内部控制和实施的控制测试，部分内容摘录如下：

（1）甲公司规定，财务部门在对订购单、卖方发票的签字、盖章、日期、数量、金额等进行严格审核后才能登记入账。

（2）2017年10月份由供应商提交的原材料达不到规定质量要求，但由于当时该种材料供不应求，甲公司只能接收该批材料，并与其他合格材料混合使用。

（3）在审计2017年12月份购入的一辆轿车的授权批准文件时，注册会计师发现该项固定资产购置业务并未列入预算。甲公司相关人员给出的解释是，董事长的专用轿车因交通事故而报废，由于事发突然，董事长亲自特批了这项预算外的采购。

资料四：2017年12月31日，审计项目组对甲公司2017年度的存货进行了监盘，并按计划抽取若干存货样本实施了抽盘程序，相关审计工作底稿部分内容摘录如下：

序号	项目	账面结存数	盘点数	差异（1）	实际抽盘数	差异（2）	注释
		a	b	c = b − a	d	e = d − b	
1	存货M	100件	120件	20件	120件	—	1
2	存货N	80件	80件	—	60件	−20件	2
……	……	……	……	……	……	……	

审计说明：

①差异（1）对应的20件外购存货已于2017年12月31日验收入库，但甲公司于2018年1月才收到供应商开具的发票。甲公司已于2018年1月将上述20件存货M计入当月存货账簿记录。审计项目组核对了上述20件存货M的采购发票和2018年1月的入账记录，未发现差异。对差异（1）无须作进一步审计处理。

②差异（2）是由于甲公司在盘点时将

2017年末实际已毁损的20件存货N计入盘点数所致，已经要求甲公司按照实际抽盘结果加以更正，将20件已毁损的存货N转入2017年度损益。

除上述差异（2）外，其余按计划抽盘的样本均未发现差异。无须作进一步审计处理。

结论：除存货N存在上述差异（2）外，于2017年12月31日，甲公司其他存货账面结存数量不存在错报。

资料五：甲公司2017年12月31日资产负债表中列示的存货余额为2 000万元。按照“成本与可变现净值孰低”对期末存货进行计价。期末存货2017年11月末，甲公司持有的500公斤Z产品的账面成本总额为9 000 000元，由于市场价格下跌，预计可变现净值为8 000 000元，由此计提了存货跌价准备1 000 000元。

2017年12月，Z产品的数量未发生增减变动，但甲公司与乙公司于2017年12月5日签订了购销合同，约定于2018年1月以每公斤12 400元的价格（不含增值税，下同）向乙公司销售Z产品400公斤。2018年12月31日，由于市场价格上升，Z产品的单位可变现净值为每公斤18 500元。对此，甲公司未做任何会计处理，仍保留1 000 000元的存货跌价准备。

A注册会计师结合销售合同等因素确定了Z产品和相关原材料的可变现净值，认为应计提跌价准备，并向管理层提出调整建议。管理层以该金额不重大为由拒绝调整。

要求：

（1）针对资料一事项（1）至（6），结合资料二，假定不考虑其他条件，逐项指出资料一所列事项是否可能表明存在重大错报风险。如果认为存在重大错报风险，简要说明理由，并说明该风险主要与哪些财务报表项目的哪些认定相关。请将答案直接填入下方表格内。

事项序号	是否可能表明存在重大错报风险（是/否）	理由	财务报表项目名称及认定

（2）针对资料三事项（1）至（3），假定不考虑其他条件，逐项指出资料三所列事项是否表明甲公司相关内部控制存在缺陷。如认为存在缺陷，请指出存在缺陷的原因是相关内部控制设计和执行存在缺陷，还是相关内部控制未能得以有效执行，阐述理由，并指出该缺陷主要与哪些财务报表项目的哪些认定相关。请将答案直接填入下方表格内。

事项序号	内部控制审计设计和执行存在缺陷的理由	内部控制未能有效执行的理由	财务报表项目名称及认定

（3）针对资料四，假定不考虑其他条件，指出注册会计师在复核项目组成员的工作底稿时，针对项目组成员的审计处理，应当提出哪些质疑和改进建议。请将答案直接填入下方表格内。

差异	质疑	改进建议
（1）		
（2）		

（4）如果不考虑财务报表整体的重要性，针对资料五，请回答A注册会计师是否需要提出审计处理建议？若需提出审计调整建议，请直接列示审计调整分录（审计调整分录不考虑对甲公司2017年度的税费、递延所得税资产和负债、期末结转损益及利润分配的影响）。

（5）如果考虑审计重要性，假定甲公司只存在资料五的事项，并且拒绝接受注册会计师提出的审计处理建议（如果有），假定不考虑其他因素（如所得税），代注册会计师判断应出具何种类型的审计报告，并续编审计报告。

审计报告

甲股份有限公司全体股东：

（一）

（二）

（三）关键审计事项（略）

（四）管理层对财务报表的责任（略）

（五）注册会计师对财务报表审计的责任（略）

ABC会计师事务所

（盖章）

中国注册会计师：×××

（签名并盖章）

中国注册会计师：×××

（签名并盖章）

中国××市　　　二〇一八年×月×日

3. 甲集团公司是ABC会计师事务所的常年审计客户，主要从事化工产品生产和销售。A注册会计师负责审计甲集团公司2017年度财务报表，确定集团财务报表整体的重要性为600万元。（本题资料包括：资料一；资料二；资料三；资料四；资料五；资料六）

资料一：A注册会计师在审计工作底稿中记录了所了解的甲集团公司情况及其环境，部分内容摘录如下：

（1）子公司乙公司为重要组成部分，从事主要产品的生产和销售。集团项目组拟要求乙公司注册会计师运用集团财务报表的重要性600万元对乙公司财务报表实施审计。

（2）子公司丙公司利润总额占集团公司仅为5%，集团项目组将丙公司判断为不重要的组成部分，拟仅在集团层面对丙公司组成部分实施分析程序。

（3）子公司丁公司异常频繁变更高级管理人员，可能表明丁公司为关联方谋取利益而从事不道德或虚假的交易，集团项目组使用丁公司组成部分重要性对财务信息实施审计，并拟仅针对关联方及其交易相关的财务报表项目实施审计。

（4）集团项目组针对子公司戊公司注册会计师不符合与集团审计相关的独立性要求，拟通过参与该组成部分注册会计师的风险评估程序消除对其独立性的重大疑虑。

（5）子公司戊公司因连续多年亏损，财务报表披露其持续经营假设适当但存在重大不确定性，组成部分注册会计师对戊公司出具了带强调事项段的无保留意见审计报告。

（6）子公司庚公司从事的业务刚刚开始一年，规模较小，财务状况较为稳定。组成该部分注册会计师对组成部分财务信息执行审阅，无须确定组成部分重要性。

资料二：A注册会计师在审计工作底稿中记录了甲集团公司的财务数据，部分内容摘录如下：

金额单位：万元

集团/组成部分	2017年（未审数）		
	资产总额	营业收入	利润总额
甲集团公司（合并）	50 000	30 000	6 000
乙公司	22 000	21 000	4 600
丙公司	10 000	600	300
丁公司	10 700	6 700	1 130
戊公司	5 000	1 000	100
戊公司	2 000	500	-180
庚公司	300	200	50

资料三：

A注册会计师在审计工作底稿中记录了审计计划，部分内容摘录如下：

（1）拟确定财务报表整体的重要性时，注册会计师应当充分考虑甲集团公司的性质和重大错报风险，选取适当的基准。

（2）为应对甲集团公司管理层凌驾于控制之上的风险，A注册会计师修改了审计计划，通过实施实质性分析应对评估的重大错报风险。

（3）基于销售与收款循环的重大错报风险评估结果，A注册会计师制定实施进一步审计程序的总体方案，拟通过综合性方案应对甲集团公司期末收入交易可能未计入正确的期间的特别风险。

资料四：A注册会计师在审计工作底稿中记录了甲集团公司销售与收款循环的内部控制，部分内容摘录如下：

序号	风险	控制
（1）	可能向没获得赊销授权或超出了其信用额度的客户赊销	订购单上的客户代码与应收账款主文档记录的代码一致，才能生成销售单。对于超过信用额度的客户订购单，需要人工授权批准，才可生成销售单
（2）	可能在没有批准发货的情况下发出了商品	当客户销售单在系统中获得发货批准时，系统自动生成连续编号的发运凭证
（3）	商品发运可能未开具销售发票或已开出发票没有发运凭证的支持	发货以后系统根据发运凭证及相关信息自动生成连续编号的销售发票。核对经授权的有效的价格更改清单与计算机获得的价格更改清单是否一致

资料五：A注册会计师在审计工作底稿中记录了风险应对的情况，部分内容摘录如下：

（1）A注册会计师拟通过实施甲集团公司存货监盘程序应对存货存在认定与计价和分摊认定的重大错报风险，并拟针对存货完整性认定与权利和义务认定追加其他实质性程序。

（2）A注册会计师认为甲集团公司存在低估应付账款的特别风险，拟采用货币单元抽样方法对选取的客户以积极的方式实施函证程序。

（3）甲集团公司财务经理于2017年初调任内部审计部门经理，由于其比较熟悉注册会计师执行的审计程序，并已经带领内部审计人员实施了若干内部控制测试的检查。A注册会计师计划依赖并直接利用甲集团公司内部审计人员在2017年度开展上述检查工作的结果，并据以直接得出相关内部控制运行有效性的结论。

资料六：A注册会计师在审计工作底稿中记录了处理错报的相关情况，部分内容摘录如下：

（1）A注册会计师在检查甲集团公司产成品是否需要计提存货跌价准备时，复核了甲集团公司产成品于2017年末销售价格，发现销售价格略高于2017年末产品账面单位成本。A注册会计师认为A公司产品可变现净值高于成本，无须计提存货跌价准备。

（2）A注册会计师对2017年末甲集团公司应收某客户的应收账款余额实施了函证程序，没有收到回函。A注册会计师从2017年应收账款明细账中抽取构成该项应收账款余额的交易所对应的销售发票和发运凭证，经核对金额相符。A注册会计师认为于2017年12月31日，甲集团公司对该客户的应收账款余额是完整的。

（3）甲集团公司2017年12月31日库存现金分别存放于财务室和总经理办公室保险柜。A注册会计师在2017年12月31日对财务室库存现金进行了监盘。由于总经理2017年12月31日未在办公室，A注册会计师于2018年1月1日对存放于总经理办公室保险柜的库存现金进行了监盘，均未发现差异。

（4）甲集团公司费用报销制度规定，员工报销费用需经部门经理审核并签字。针对该项控制，A注册会计师按照计划的样本量抽取了25个费用报销单进行测试，测试后发现其中有3张报销单上没有部门经理签字，但部门经理随即在这3张报销单上作了补签，并表示是由于无意间漏签所致。A注册会计师据此得出抽取25个样本测试结果无异常，该控制运行有效的结论。

要求：

（1）针对资料一事项（1）至（5），结合资料二，假定不考虑其他条件，逐项指出资料一所列审计事项是否恰当，如不恰当，简要说明理由。请将答案直接填入下方表格内。

事项序号	是否恰当（是/否）	理由
（1）		
（2）		
（3）		
（4）		
（5）		
（6）		

（2）针对资料三事项（1）至（3），假定不考虑其他条件，逐项指出资料一所列审计计划是否恰当。如不恰当，简要说明理由。请将答案直接填入下方表格内。

事项序号	是否恰当（是/否）	理由
（1）		
（2）		
（3）		

（3）针对资料四事项（1）至（3），假定不考虑其他条件，逐项指出资料三所列控制的设计是否存在缺陷。如认为存在缺陷，简要说明理由。请将答案直接填入下方表格内。

事项序号	控制设计是否存在缺陷（是/否）	理由
（1）		
（2）		
（3）		

（4）针对资料五事项（1）至（3），假定不考虑其他条件，逐项指出A注册会计师的做法是否恰当。如不恰当，简要说明理由。请将答案直接填入下方表格内。

事项序号	是否恰当（是/否）	控制设计
（1）		
（2）		
（3）		

（5）针对资料六事项（1）至（4），假定不考虑其他条件，逐项指出A注册会计师的做法是否恰当。如不恰当，简要说明理由及改进建议。请将答案直接填入下方表格内。

事项序号	是否恰当（是/否）	理由	改进建议
（1）			
（2）			
（3）			
（4）			

4. ABC会计师事务所的A和B注册会计师负责审计甲公司2017年度财务报表。2017年11月，A和B注册会计师对甲公司的内部控制进行了初步了解和测试。（本题资料包括：资料一；资料二；资料三；资料四）

资料一：通过对甲公司内部控制的了解，A和B注册会计师注意到下列情况：

（1）甲公司主要生产和销售电视机。

（2）甲公司生产的电视机全部发往各地办事处和境外销售分公司销售。办事处除自行销售外，还将一部分电视机寄销在各商场。各月初，办事处将上月的收、发、存的数量汇总后报甲公司财务部门和销售部门，财务部门作相应会计处理；甲公司生产的电视机约有30%出口，出口的电视机先发往境外销售分公司，再分销到世界各地。

（3）鉴于各年末均处于电视机销售旺季，为保证各办事处和境外销售分公司货源，甲公司本部仓库在各年末不保留产成品。

资料二：通过对甲公司内部控制的测试，A和B注册会计师注意到，除下列情况表明存货相关内部控制可能存在缺陷外，其他内部控制均健全、有效：

（1）甲公司未定期对存货实施盘点，但有完整的存货会计记录和仓库记录。

（2）甲公司发出电视机时未全部按顺序记录。

（3）甲公司生产电视机所需的零星 C 材料由 XYZ 公司代管，但甲公司未对 C 材料的变动进行会计记录。

（4）甲公司每年 12 月 25 日后发出的存货在仓库的明细账上记录，但未在财务部门的会计账上反映。

（5）甲公司发出材料存在不按既定计价方法核算的现象。

（6）甲公司财务部门会计记录和仓库明细账均反映了代 XYZ 公司保管的 E 材料。

资料三：2017 年 12 月 27 日，甲公司编制了存货盘点计划，并与 A 和 B 注册会计师讨论。存货盘点计划的部分内容如下：

（1）甲公司本部的存货由采购、生产、销售、仓库和财务等部门相关人员组成的盘点小组，在 2017 年 12 月 31 日进行盘点。办事处及境外存货的盘点分别由各办事处和境外销售分公司负责，在 12 月 31 日前后进行。盘点结束后分别将盘点资料报送财务部门和仓库部门。

（2）限于人力，在各商场寄销的电视机以各办事处的账面记录为准，不进行盘点。

（3）由于年底前后是销售旺季，在 2017 年 12 月 31 日，生产 34 英寸背投彩电的生产线不停产，仓库除对外发出 34 英寸背投彩电之外，不再对外发出其他存货。

（4）各盘点单位按存货类别和相关明细记录填写盘点清单、摆放存货，并填写连续编号的盘点标签。

（5）由于 XYZ 公司寄存的 E 材料与公司自身的 E 材料并无区别，故未单独摆放。E 材料的库存数以盘点数扣除 XYZ 公司寄存 E 材料的账面数确定；由 XYZ 公司代管的 C 材料不安排盘点，库存数直接根据 XYZ 公司的记录确定。

（6）废品与毁损品不进行盘点。以财务部门和仓库部门的账面记录为准。

资料四：根据甲公司存货的内部控制情况和盘点计划，A 和 B 注册会计师决定实施的监盘计划部分内容如下：

（1）随机选择 1/3 的办事处进行存货监盘，其余直接审阅其盘点记录及账面记录。

（2）对在各商场寄销的电视机以经审阅的办事处的账面记录为准。

（3）对 XYZ 公司代管的 C 材料，采取向 XYZ 公司函证的方式确认。

（4）审计人员在检查结束后，与公司盘点人员分别在盘点清单上签字，并视情况考虑是否索取盘点前的最后一张验收报告单（或入库单）和最后一张货运单（或出库单）。

要求：

（1）根据资料一和资料二，A 和 B 注册会计师通过内部控制测试所注意到的各种情况是否实际构成存货内部控制缺陷？并简要说明理由。

（2）根据资料二，对于上述情况中确实存在内部控制缺陷的，为了证实其可能导致的财务报表错误，请代 A 和 B 注册会计师分别确定一项最主要的实质性程序，并分别说明实施各项程序能够实现的审计目标。

（3）根据资料三，甲公司编制的上述盘点计划的相关内容有无不妥当之处？若有，请予以更正？

（4）根据资料四，A 和 B 注册会计师编制的上述监盘计划的相关内容有无不妥当之处？若有，请予以更正？

5. T 公司设立于 2016 年 7 月，从事海洋捕捞和海产品销售业务。ABC 会计师事务所于 2017 年 11 月 30 日接受委托，承接了 T 公司 2017 年度财务报表审计业务。A 注册会计师接受 ABC 会计师事务所指派，负责该项审计业务。相关资料如下：（本题资料包括：资料一；资料二；资料三；资料四）

资料一：2017 年 12 月中旬，A 注册会计师在对 T 公司进行预审过程中，获知以下情况，并对存货监盘作出了相应安排：

（1）T 公司拥有 12 艘渔轮，其中 9 艘为近海渔轮，3 艘为远洋渔轮。由于远洋捕捞业务的季节性和特殊性，至 2017 年 12 月 31 日，3 艘远洋渔轮仍将在外海作业，并将于 2018 年 6 月 30 日全部返港。

（2）T 公司的 1 艘远洋渔轮捕捞的海产品委托 F 国的一家仓储公司代为存储，由 T 公司在 F 国设立的经销处组织销售。该艘远洋渔轮将在 2018 年 4 月 30 日到 F 国最后一次卸货，并于 6 月 30 日空载返回至国内休息。

（3）T 公司将于 2017 年 12 月 31 日分别对不同地点的存货数量采用不同的方法予以

核实；对于国内冷库库存存货，由公司组织相关人员进行盘点，填写盘点表，由财务部门核对确认；对于9艘近海渔轮，要求于2017年12月31日返港，由公司组织相关人员在卸货时采用磅秤测量的方法对其存货进行盘点并另库存放，由财务部门根据盘点表核对确认对于外海作业的3艘远洋渔轮，要求按照公司统一部署实施盘点，填写盘点表并传真回公司，经公司的生产部门审核后，由财务部门核对确认；对于存储于F国的海产品存货，要求其经销处组织盘点，并将存货盘点表传真回公司，由财务部门核对确认。

（4）A注册会计师决定对国内冷库库存存货以及返港的9艘渔轮的存货实施监盘；对存储于F国的海产品存货委托F国会计师事务所实施监盘。

（5）T公司向有关部门提交年度财务报表的截止时间为2018年4月30日，注册会计师无法在该截止日前对远洋渔轮的存货实施监盘程序。T公司希望A注册会计师理解公司存货存放位置的特殊性，要求通过检查公司生产计划与生产日志，存货收、发、存记录以及经财务部门核对确认的期末存货盘点表等，对远洋渔轮2017年12月31日的存货数量予以审计确认。

资料二：为了测试销售存储于F国的海产品存货所形成的应收账款，A注册会计师根据F国经销处提供的主要客户清单，随机抽取了5家客户进行积极式函证。函证结果显示：1封询证函因无法投递而退回，1封询证函未得到复函，其余3封均得到回函并核实无误。

资料三：ABC会计师事务所在2018年4月28日以“远洋渔轮存货的审计受到重大限制”为由出具了保留意见的审计报告，同时在审计报告意见段之后增加了如下强调事项段：

“我们提醒财务报表使用人关注，如财务报表附注×所述，截至2017年12月31日存储于F国的海产品存货，由G会计师事务所实施监盘并予以确认。我们对于上述存货的确认，主要以G会计师事务所的监盘结果为依据，可能存在对T公司财务报表中的相关信息产生重大影响的不确定事项。本段内容不影响已发表的审计意见。”

资料四：（1）T公司在收到ABC会计师事务所对其2017年度财务报表出具的审计报告后，要求A注册会计师在2018年6月30日对所有返港渔轮的存货进行监盘，重新对2017年度财务报表发表审计意见，并委托ABC会计师事务所对其2018年半年度财务报表进行审计。

（2）假定已有证据表明2018年6月30日存储于F国的海产品存货为零。A注册会计师在2018年6月30日指派助理人员对T公司所有存货实施监盘后认定，盘点结果与账面记录相符，但将盘点结果倒推至2017年12月31日的结果与T公司2017年12月31日所确认的存货数量存在较大差异。

（3）鉴于2018年6月30日存货盘点结果与账面记录相符，T公司要求A注册会计师对其2018年半年度财务报表出具无保留意见的审计报告。

要求：

（1）针对资料一事项（3），对于T公司使用磅秤测量方法进行的存货盘点，简要说明A注册会计师在监盘过程中应当考虑实施哪些审计程序。

（2）针对资料一事项（5），请回答A注册会计师能否同意T公司的要求，并简要说明理由。

（3）针对资料二，对于询证函被退回以及未得到复函的情形，请分别回答A注册会计师应当进一步实施哪些审计程序。

（4）针对资料三，请回答在审计报告意见段之后增加强调事项段是否恰当，并简要说明理由。

（5）针对资料四事项（2）所述差异，请分析形成差异的可能原因。

（6）针对资料四事项（3），在不考虑其他因素影响的前提下，请回答A注册会计师能否同意T公司的要求，并简要说明理由。

6. A和B注册会计师负责对×公司2017年度财务报表执行审计。A和B注册会计师确定财务报表整体重要性为1 200 000元。×公司2017年财务报告于2018年3月25日获董事会批准，并于同日报送证券交易所。其他相关资料如下：

资料一：公司未经审计的2017年度财务报表部分项目的年末余额或年度发生额如下：

项目	金额（万元）
资产总额	42 000
股本	15 000
资本公积	8 000
盈余公积	2 000
未分配利润	1 800
营业收入	36 000
利润总额	600
净利润	400

资料二：在对×公司审计过程中，A和B注册会计师注意到以下事项：

（1）×公司会计政策规定，对应收款项采用账龄分析法计提坏账准备。确定的坏账准备计提比例分别为：账龄1年以内的（含1年，以下类推），按其余额的15%计提；账龄1～2年的，按其余额的40%计提；账龄2～3年的，按其余额的60%计提；账龄3年以上的，按其余额的80%计提。

×公司2017年12月31日未经审计的预收款项账面余额为23 445 000元，明细情况如下：

账龄 客户名称	1年以内	1～2年	2～3年	3年以上
预收款项——a公司	30 150 000			
预收款项——b公司		2 100 000		
预收款项——c公司	600 000		25 000	
预收款项——d公司	-9 500 000			
预收款项——e公司				70 000
小　计	21 250 000	2 100 000	25 000	70 000

（2）×公司采用完工百分比法确认合同收入和合同费用，按累计实际发生的合同成本占合同预计总成本的比例确定合同完工程度。2017年1月，×公司作为建筑承包商与建设单位签订一项总金额为40 000 000元的固定造价合同，预计总成本为36 000 000元。2017年度实际发生成本25 200 000元。2017年末，预计为完成该项合同尚需在2018年发生成本16 800 000元，该合同的结果能够可靠估计，但×公司在2017年度尚未确认与该项合同相关的主营业务收入和主营业务成本。

（3）2017年1月起，×公司开始研发一项产品专利技术，董事会认为研发该项目具有可靠的技术和财务等资源的支持，并且一旦研发成功将显著降低×公司的产品成本，因此予以批准。2017年12月31日，该项专利技术达到预定用途，结转研发支出，确认无形资产。该无形资产的估计使用寿命为5年，净残值为零，并按直线法摊销。×公司在研发过程中发生材料费30 000 000元、工资费用6 000 000元、其他相关费用4 000 000元，共40 000 000元，其中符合资本化条件的支出为18 000 000元。×公司在2017年度作了如下会计处理：在发生研发支出时，借记"研发支出——费用化支出"22 000 000元、"研发支出——资本化支出"18 000 000元，贷记"原材料"30 000 000元、"应付职工薪酬"6 000 000元、"银行存款"4 000 000元；在结转研发支出——费用化支出时，借记"管理费用"22 000 000元，贷记"研发支出——费用化支出"22 000 000元；在确认无形资产时，借记"无形资产"18 000 000元，贷记"研发支出——资本化支出"18 000 000元；在摊销该项无形资产时，借记"制造费用——专利技术"300 000元，贷记"累计摊销"300 000元。

（4）2016年2月，×公司与某广告代理公司签订广告代理合同，委托该公司承办产品广告业务，采用机场广告牌方式。广告代理合同约定：机场广告牌费用为14 400 000元。展示时间为2016年2月至2018年1月共两年，若因故在展示期间中止广告，则代理方应退还中止广告期间所对应的广告费用。×公司于2016年7月一次全额支付该项广告费用，并全额记入2016年度销售费用。A和B注册会计师在审计×公司2016年度财务报表时认为，应自2016年2月起的两年内平均分摊该项广告费用，提出借记“长期待摊费用”7 800 000元，贷记“销售费用”7 800 000元的审计调整建议。×公司调整了2016年度财务报表，但未调整2017年度相关账户和财务报表。

（5）×公司于2017年8月取得了某外国上市公司18%的股权（不能实施控制，也无重大影响），投资成本8 000 000元。在编制2017年12月31日资产负债表时，×公司对该公司投资的账面价值按当日公允价值反映。2018年3月24日，该外国上市公司因所在地发生地震造成其股票市场价值与2017年12月31日相比下挫60%，从而导致×公司对该上市公司的股权投资遭受重大损失。

（6）2017年1月31日，×公司开发建成一栋商住两用楼盘，该商住楼所在地不存在活跃的房地产交易市场，2017年末未发生减值迹象。该商住楼的建造成本为30 000 000元，其中，一层商铺12 000 000元计划用于出租，其余楼层18 000 000元计划用于×公司办公。2017年3月31日，×公司就一层商铺与某超市签订经营租赁合同，租赁期为2017年3月31日至2019年3月30日，租赁费用总额1 440 000元，自2017年4月起按月结算。该商住楼预计使用年限为30年，预计净残值率为原值的10%，按平均年限法计提折旧。×公司于2017年1月31日作了增加固定资产——商住楼30 000 000元的会计处理；于2017年2月至12月计提了该商住楼折旧，作借记“管理费用——折旧费”825 000元，贷记“累计折旧”825 000元的会计处理；于2017年4月至12月对该商住楼的租赁业务作了借记“银行存款”540 000元，贷记“营业收入——其他业务收入”540 000元的会计处理。

要求：

（1）在资料一的基础上，如果不考虑审计重要性，针对资料二中事项（1）至（6），请分别回答A和B注册会计师是否需要提出审计处理建议？若需提出审计调整建议，请直接列示审计调整分录（审计调整分录均不考虑对×公司2017年度的税费、递延所得税资产和负债、期末结转损益及利润分配的影响，下同）。

（2）在资料一的基础上，如果考虑审计重要性，假定×公司分别只存在资料二中6个事项中的1个事项，并且拒绝接受A和B注册会计师针对事项（1）至（6）提出的审计处理建议（如果有），在不考虑其他条件的前提下，请指出A和B注册会计师应当针对该6个独立存在的事项分别出具何种意见类型的审计报告。

（3）在资料一的基础上，如果考虑审计重要性，假定×公司只存在资料二中的事项（4），并且拒绝接受A和B注册会计师提出的审计处理建议（如果有），在不考虑其他条件的前提下，请代为续编以下审计报告：

审计报告

×公司全体股东：

一、对财务报表出具的审计报告

（一）

（二）

（三）管理层和治理层对财务报表的责任（略）

（四）注册会计师对财务报表审计的责任（略）

二、按照相关法律法规的要求报告的事项（略）

××会计师事务所

（盖章）

中国注册会计师：A

（签名并盖章）

中国注册会计师：B

（签名并盖章）

中国××市　二〇一八年三月二十五日

（4）如果ABC会计师事务所对×公司2016年度财务报表出具了非无保留意见的审计报告，且导致该非无保留意见的事项在2017年度仍未解决，在这种情况下，假定不考虑其他因素，对×公司2017年度财务报表应当出具何种意见类型的审计报告？

（5）假定A和B注册会计师在2018年3月24日阅读×公司其他信息时，发现与×公司2017年度已审计财务报表存在重大不一致。假定不考虑其他因素：

①如果A和B注册会计师确定需要修改已审计财务报表而×公司拒绝，对×公司

2017年度财务报表应当出具何种意见类型的审计报告？

②如果A和B注册会计师确定需要修改其他信息而×公司拒绝，应当采取何种措施？

7. A和B注册会计师首次接受委托，负责审计上市公司甲公司2017年度财务报表。相关资料如下：

资料一：甲公司持有联营企业40%的股权，2017年度按权益法核算确认的投资收益占当年未审计利润总额的30%。联营企业2017年度财务报表由其他注册会计师审计。

资料二：A注册会计师从固定资产明细的期初余额中选取样本，检查采用合同和发票原始单证，以获取与固定资产原值的期初余额相关的各项认定的审计证据。

资料三：B注册会计师对主营业务收入的发生认定进行审计，编制了审计工作底稿，部分内容摘录如下（金额单位：万元）：

记账凭证日期	记账凭证编号	记账凭证金额	发票日期	出库单日期
2017年1月5日	转字10	12	2017年1月8日	2017年1月8日
2017年2月20日	转字30	-120	2017年2月20日	不适用
2017年2月28日	转字45	7	2017年2月27日	2017年2月27日
2017年3月20日	转字40	8	2017年3月19日	2017年3月19日
略				
2017年11月3日	转字4	10	2017年11月2日	2017年11月2日
2017年11月15日	转字28	200	2017年11月14日	2017年11月14日
2017年12月10日	转字50	250	2017年12月10日	2017年12月10日
略				

审计说明：

（1）根据销售合同约定，在客户收到货物、验收合格并签发收货通知后，甲公司取得收取货款的权利。审计中已检查销售合同。

（2）已检查记账凭证日期、发票日期和出库日期，未发现异常。发票和出库单中的其他信息与记账凭证一致。

（3）11月转字28号和12月转字50号记账凭证反映的销售额较高，财务经理解释系调整售价所致。

（4）2月转字30号记账凭证反映，甲公司在2017年度销售并确认收入的一笔交易，于2018年2月发生销货退回。甲公司未按规定调整2017年度财务报表，前任注册会计师于2018年3月对甲公司2017年度财务报表出具了无保留审计报告。

资料四：因主导产品不符合国家环保要求，政府部门于2017年12月要求甲公司在2018年9月30日前停止生产和销售该类产品。A和B注册会计师复核了管理层对持续经营能力作出的评估和拟采取的应对措施，认为在编制财务报表时运用持续经营假设是适当的，但可能导致对持续经营能力产生重大疑虑的事项或情况存在重大不确定性。甲公司已在财务报表附注中作出充分披露。

要求：

（1）针对资料一，如果A和B注册会计师拟参与其他注册会计师对联营企业的风险评估工作，指出通常应当实施哪些审计程序。

（2）针对资料二，假定不考虑其他条件，就答题卷给出的固定资产原值的期初余额相关的认定，逐项指出A注册会计师实施的审计程序是否可以获取充分、适当的审计证据；如果不能获取充分、适当的审计证据，指出针对这些认定应当实施的一项主要实质性程序和审计路径起点。请将答案直接填入下方表格内。

相关认定	是否可以获取充分、适当的审计证据（是/否）	主要实质性程序	审计路径起点
存在			
完整性			
权利和义务			
计价和分摊			

（3）针对资料三中的审计说明第（1）至（3）项，逐项指出B注册会计师实施的审计程序中存在的不当之处，并简要说明理由。

（4）针对资料三中的审计说明第（4）项，假定不考虑其他条件，如果拟对2017年度财务报表出具无保留意见审计报告，按照《中国注册会计师审计准则第1511号——比较信息：对应数据和比较财务报表》的要求，指出管理层和注册会计师分别应当采取哪些措施。

（5）假定只存在资料四所述情况，代为续编以下审计报告：

审计报告

甲公司全体股东：

一、对财务报表出具的审计报告

（一）

（二）

（三）

（四）管理层和治理层对财务报表的责任（略）

（五）注册会计师对财务报表审计的责任（略）

二、按照相关法律法规的要求报告的事项（略）

××会计师事务所

（盖章）

中国注册会计师：A

（签名并盖章）

中国注册会计师：B

（签名并盖章）

中国××市　　　二〇一八年×月×日

8. ×公司系甲会计师事务所的常年审计客户。×公司是一家生产和销售高端洗涤用品的上市公司，其产品主要用于星级酒店宾馆和大型饭店。除了在北京、上海直接向终端客户销售外，在全国其他地区均向省级或市场经销商销售。

资料一：×公司提供了2017年度财务报告显示，其2017年度税前利润为800万元。A和B注册会计师确定×公司财务报表整体重要性为40万元。

（1）×公司所属的行业近3年经营状况稳定，行业营业收入增长率为15%。×公司2017年度营业收入增长率与行业平均增长率持平。×公司董事会制定的2017年度预算目标要求营业收入比上年增长20%。

（2）×公司在2017年以外放宽授信额度来增加营业收入。2017年12月31日坏账准备余额为187万元。公司采用账龄分析法和个别认定法计提坏账准备，其中按账龄分析法计提坏账准备的比例为：

账龄6个月以上1年以下为10%；1年以上2年以下为50%；2年以上为100%。相关资料如下：

年龄	2017年（万元）	2016年（万元）
应收账款	3 956	2 776
坏账准备	（187）	（170）
营业收入	11 265	9 310
应收账款周转天数	108	92

资料二：×公司销售与收款环节相关的内部控制如下：

（1）业绩评价控制：营业收入和应收账款汇总表由财务系统自动生成并于当月财务报表的营业收入总额和应收账款余额一致。销售主管每月审核按客户分列的营业收入（包括与上月销售额和本月销售额比较）和应收账款（包括当月贷款回收金额和月末余额）汇总表，对其中的重大差异和异常情况进行跟进分析，编制分析报告并呈报销售经理和总经理。总经理和销售经理审阅后讨论解决措施。

（2）人工控制：×公司每天发生数笔销

售业务。对每一笔销售业务，销售部专职秘书将客户订单、客户已签收的送货单（所有货物由物流公司运送）以及发票（计算机发票由销售部开具）上的客户名称、货物品种、数量、价格进行核对，并在发票记账联盖"核对确认无误"章，交给财务部作为确认营业收入的凭证。对于数据不符的交易进行调查并调整。

（3）自动化应用控制：订单分为"待批准""已批准""已执行"3种状态。订单一经批准就会自动生成相应的送货单；已发货的订单在系统中被设置成"已执行"状态，每月末系统会自动配比当月的"已执行"订单、送货单和当月入账的销售收入（均有订单号索引），对未确认收入的订单生成"已执行订单为入账报告"。财务人员对该报告进行跟踪调查，补记、漏记的营业收入。

（4）针对特别风险的控制：为应对应收账款账龄变长及由此带来的坏账增加风险，×公司采取了与账款逾期一年以上的客户签订还款协议的方式，要求客户对归还旧账的时间和金额作出书面承诺。如果客户未按照协议执行，则暂停供货，并进而采取诉讼等法律手段。

要求：

（1）针对资料一，假定不考虑其他条件，A和B注册会计师运用分析程序识别×公司的营业收入与应收账款等项目是否存在重大错报风险和特别风险。根据分析结果，指出A和B注册会计师应分别将×公司的营业收入及应收账款项目的哪两个认定作为重点审计的内容，并指出×公司哪个项目的哪个认定很可能存在特别的风险，并列示分析过程和分析结果。

（2）针对资料二事项（1），如果注册会计师决定选取2017年10～12月的3个月份和2018年1～3月3个月份对销售业务内部控制进行测试，请判断是否恰当？并简要说明理由。

（3）针对资料二事项（2），A和B注册会计师决定采用统计抽样方式选取样本进行测试。为此确定的信赖过度风险为5%，可容忍偏差为5%，并且预期至多发现一例偏差（相应的风险系数为3.0），请代为确定应当抽取的样本量（写出计算公式）。如果注册会计师决定在每月抽取相等笔数的业务组成样本，请判断是否恰当？

（4）针对资料二事项（2），请回答，何为双重目的测试？测试的主要目的何在？简述注册会计师进行双重目的的测试的程序。

（5）针对资料二事项（3），回答下列问题：

①资料二事项（3）所述的内部控制与×公司财务报表中哪个项目的何种认定相关？

②假定注册会计师基于上年度审计中已经测试了该控制，并证明该控制的运行是有效的，本年度了解到该控制没有发生变化，决定不对该内部控制进行测试；本年度已经测试了信息技术一般控制的运行有效性，因而不必再测试该自动化控制，并决定依赖资料二事项（3）中所述的内部控制，请判断是否恰当？简要说明原因。

（6）假定资料二事项（4），回答下列问题：

①假定以前年度对所述内部控制进行的控制测试表明，该内部控制有效，并合理确信这种有效性能延伸到本期，是否可以直接利用以前的控制测试结论？

②假定注册会计师不信赖所述的内部控制，直接对年末坏账准备余额实施细节测试，是否恰当？

（7）根据资料二，假定控制测试表明资料二所述的各项内部控制均得以有效执行，注册会计师决定采用选取特定项目进行测试的方法选取函证样本是否恰当？

9. XYZ会计师事务所接受委托，委派A和B注册会计师负责对ABC股份有限公司（以下简称ABC公司）2017年度财务报表进行审计。ABC公司2017年财务报告于2018年3月25日获董事会批准，并于同日报送证券交易所。其他相关资料如下：

资料一：经初步了解，×公司为均衡生产企业，2017年度的经营形势、管理及经营机构与2016年度比较未发生重大变化，且未发生重大重组行为。A和B注册会计师已经对该公司财务报表（1～6月）进行了预审，有关简易的利润表的情况如下：

利润表

2017 年度　　单位：人民币元

项目	1～6月已审实际数	7～12月未审数	全年合计数	2016年审定数
一、营业收入	210 000 000	216 000 000	336 000 000	240 000 000
减：营业成本	100 000 000	162 000 000	262 000 000	204 000 000
税金及附加	720 000	1 000 000	1 720 000	1 200 000
减：销售费用	820 000	800 000	1 620 000	1 600 000
管理费用	4 550 000	6 000 000	10 550 000	9 000 000
财务费用	1 450 000	1 750 000	3 200 000	2 800 000
加：投资收益	400 000	300 000	700 000	686 000
加：公允价值变动收益（损失以"－"号填列）	—	5 000 000	5 000 000	—
营业外收入	60 000	940 000	1 000 000	800 000
减：营业外支出	400 000	550 000	950 000	900 000
二、利润总额	12 520 000	50 140 000	62 660 000	21 986 000
减：所得税费用（税率25%）	4 131 000	16 546 200	20 677 800	7 255 380
三、净利润	8 388 000	33 539 800	41 982 200	14 730 620

资料三：A和B注册会计师对ABC公司相关内部控制实施控制测试，注意到以下事项：

（1）2017年下半年业务增长迅速，因库房容量有限，部分原材料只能堆放在生产车间外临时搭建、未设围栏的大棚里，但仍由在库房内办公的人员负责管理。仓库人员解释，因大棚位于生产车间的出入口旁边，若加装围栏，将影响车间人员和运输工具的出入，但已在大棚四周悬挂了"仓库重地，闲人莫入"警示牌。

（2）C注册会计师检查验收部门在2017年10月28日至10月31日期间所开具的验收单，注意到其起讫号为10089至10134，但C注册会计师在验收部门留存的验收单里未能发现10116号验收单。验收部门解释，该验收单因填写错误而作废，未予留存。C注册会计师在仓库、采购部门和会计部门也未找到该验收单。会计部门解释，因经常有废票导致缺号，因此，在进行会计处理时并不检查验收单的顺序。

（3）根据B公司成本核算办法，人工费用和制造费用按产品实用工时比例分配计入产品成本。2017年9月的人工费用和制造费用分配表中，用以计算当月产品实用工时的主要产品产量使用的是预算数，会计部门的复核人员未对此提出异议。

（4）2017年10月人工费用和制造费用分配表的复核人员由原来的职员L变成了职员N。据介绍，职员L已于9月离职，而获授权接替相关复核工作的职员R又在10月和11月生病休假，因此，该分配表由虽未经授权但拥有丰富成本核算经验的职员N代为审核。

（5）2017年9月末，会计部门根据经核对无误的地址，向10家应收账款余额最大的顾客寄送了对账单。D注册会计师检查了回函档案，发现只收到1封回函。经调查，回函所反映的应收账款差异系顾客已经在9月30日开出付款票据，但B公司的开户银行在10月5日才收到款项所致。

（6）2017年9月末，仓库和会计部门明细账反映的H型产品结存数均为350台，A公司自10月起未生产H型产品。D注册会计师在仓库观察到400台H型产品。据仓库人员解释，9月销售给w公司的100件H型产品因该公司运输车辆调配原因只拉走50台，剩余50台被存于A公司库房的独立区域，并作简单标明。D注册会计师检查后未见异常。

（7）2017年7月产成品盘点表与会计部门账簿所列的产成品数量相符，但与仓库的账簿所列产成品数量不符。原因是部分产品在7月末签发发货单并完成装运，于8月初开具销售发票，会计部门于8月确认相应主营业务收入和成本。在编制盘点表时，仓库将该部分产品数列在7月末的结存数中。D注册会计师在8月份的主营业务收入和成本明细账中查到了相应记录。

（8）D注册会计师抽查了2017年7月至10月入账的30笔主营业务收入，其记账凭证均附有销售发票、发运单和销售单，但各月初入账的若干笔主营业务收入所附的销售发票日期虽均为入账当月，发运单日期却为上月最后几天。

要求：

（1）在资料一的基础上，为确定重点审计领域，A和B注册会计师拟实施分析程序。请对利润表进行分析后，指出利润表中的重点审计领域。（不要求列示分析过程）

（2）在资料一的基础上，请代A和B注册会计师指出利润表可能出现的异常，以及应采取审计程序。

（3）针对资料二事项（1）至（8），请分别指出这些事项主要与哪一个或者哪几个财务报表项目的何种认定相关（财务报表项目仅限于应收账款、存货、应付账款和营业收入）。请将答案直接填入下方表格内。

事项	财务报表项目	认定
（1）		
（2）		
（3）		
（4）		
（5）		
（6）		
（7）		
（8）		

（4）针对资料二事项（1）至（8），假定不考虑其他条件，请指出哪些事项表明相关内部控制存在并执行有效，并简要说明理由。

（5）针对资料二，假定不考虑其他条件，请分别判断与营业收入的发生认定和完整性认定相关的内部控制程序是否有效，请说明所作判断是以资料三事项（1）至第（8）中的哪一个或者哪几个事项为依据，并在此基础上，分别确定针对营业收入的发生认定和完整性认定的内部控制的重大错报风险水平。请将答案直接填入下方表格内。

	营业收入	
	发生认定	完整性认定
相关内部控制有效/无效		
判断所依据事项的编号		
相关内部控制的重大错报风险水平（高/中/低）		

10. MN公司是一家大型陶瓷制造和销售企业。MN公司2016年末未经审计的财务报表显示的资产总额为35 000万元，销售收入为12 000万元，利润总额为2 000万元。自2015年以来，MN公司历年的财务报表均由XYZ会计师事务所审计。2017年3月，在执行完MN公司2016年度财务报表审计业务、提交了无保留意见审计报告后，XYZ会计师事务所与MN公司签订了其2017年度财务报表的审计业务约定书，并委派执行2016年度财务报表审计的X和Y注册会计师继续负责该项审计业务。基于MN公司2017年度的经营计划，该公司在本年度将进行全方位的改革。新的管理层上任时，向公司治理层及股东大会作出了本年度销售收入比上年度增加20%，否则将扣发全体高层管理人员全年奖金的承诺。XYZ会计师事务所的业务负责人意识到这些情况将全面影响MN公司的环境，故特别要求X和Y注册会计师对MN公司及其环境进行全面、深入的了解，并根据了解的情况于2017年末制定MN公司2017年度财务报表审计计划。

资料一：在了解MN公司及其环境、评估重大的错报风险时，X和Y注册会计师发现MN公司2017年度主要发生了下列事项：

（1）为寻找新的生产原料，MN公司决定出资1 000万元建立Q研究基地，用于研究在当地泥土中添加化学原料，以改善泥土的品质的试验。该基地已于2017年2月开始运行。

（2）2017年初，为提高存货管理水平，MN公司出资300万元为各个仓储部门配置了计算机信息系统，该系统使 MN 公司各仓库之间实现了内部联网，出库单、入库单由原先的人工填写改为计算机打印。

(3) 2016 年以来，MN 公司所在地用于生产优质瓷器所需的特殊泥土初步显现出枯竭的迹象。为维持正常的经营，MN 公司自 2016 年 9 月起派出专家在全国各地寻找该种特殊泥土。2017 年 3 月，经专家建议，并经股东大会决定，MN 公司出资 5 000 万元在 X 省 Y 地区设立分公司，利用当地泥土生产瓷器。

(4) 为提高会计核算质量，预防重大差错的发生，2017 年 4 月 30 日，财务部门按公司分管财务的副总经理的指示，在财务部门内部进行了定期的人员轮换，此次轮换变更了所有财务人员的工作内容。为配合此次财务人员内部轮换，内部审计在轮换后的连续三个月内加大了复核与核查的力度。

(5) 2017 年 5 月，为充分利用闲置资金，降低公司的经营风险，MN 公司向 Z 省 K 地区某稀有玉石开采企业投资 4 000 万元，开展新玉开采与收藏、销售业务。

(6) 2017 年 6 月，为开展多种经营，MN 公司与 M、N 两家上市公司签订合作协议，联合开发新型卫浴产品。协议规定 M 公司出资 7 000 万元作为研发及宣传经费，N 公司出资 5 000 万元建立营销网络，而 MN 公司则以其拥有专利权的高新技术使用权出资，并派出 5 名工程师作为研发的主要人员。这 5 名工程师的工资仍由 MN 公司负责。开发成功后，MN 公司应获得税后利润的 30%。

(7) 2017 年 12 月 22 日，MN 公司将库存的 300 万元生产所需的 D 化学添加剂返销给该原料的供应商 L 公司，双方为此签订了相关的协议。但到 2017 年 12 月 31 日，该批材料仍存放在 MN 公司的仓库。注册会计师向销售部门负责人询问该笔材料转让业务时，相关人员出示了 L 公司提供的要求 MN 公司 2017 年前暂不发货的文件。

(8) 为实现 2017 年初向董事会作出的本年度销售收入比上年度增加 20%、否则扣发全体管理人员全年奖金的承诺，2017 年 12 月 15 ~ 20 日，MN 公司总经理亲自参与销售部门的工作，并以诱人的优惠条件吸引新、老客户于 2017 年年底之前签订销售合同、预付部分货款。部分客户受优惠条件的吸引，已提前预付了货款，并同意次年提货。对于这一阶段发生的新的销售业务，财务人员根据总经理的批示进行了特殊处理。

(9) MN 公司设在香港的销售分公司连续多年业绩不佳，2016 年全年亏损达到 130 万元。2017 年第 1 季度亏损额达到 86 万元。2017 年 5 月，公司股东大会决定出售该分公司。9 月，已同当地 S 公司办理出售该分公司的全部手续，由此取得的 3 500 万元款项已被直接用作 MN 公司的流动资金。

(10) 2017 年末，MN 公司 F 研究基地周边的居民联名向当地环保机构举报，要求查处该基地大面积污染当地土质、致使周边数十平方公里农作物大量枯死、地下水源受到污染的情况。当地环保部门已立案调查。

资料二：A 和 B 注册会计师计划从 MN 公司 40 个销售网点中选出 4 个销售网点进行盘点，于是他提前数月通知 MN 公司拟要参与盘点的销售网点，当 MN 公司盘点工作准备就绪后，注册会计师委派 4 名助理人员（都是新毕业的大学生）前去参与 A 公司 4 个销售网点的存货盘点，助理人员在广州等 4 个销售网点发现仓库里堆放着装着陶瓷制品的大箱子，箱子的外表贴着“数量：68 件，品质：一等品”的标识，他们清点了大箱子的数量，发现清点数量与销售网点报来的在途数量相加，与账面存货数量一致，就形成了存货监盘的工作底稿，交给注册会计师，注册会计师粗略地看了助理人员形成的存货监盘工作底稿，就据此确认 MN 公司存放在各个销售网点陶瓷制品 800 万元。

但事实上，MN 公司由于被所欠往来款项拖累，2017 年度现金流量严重不足，影响生产，致使各个销售网点缺乏存货，销售网点的仓库里只有 20 万元以往年度没有销售出去的等外品及残次品。MN 公司虚构存货 800 万元。

要求：

(1) 注册会计师逐一分析资料一中各种事项，指出每种事项是否表明或导致 MN 公司财务报表存在重大错报风险？对于导致或存在重大错报风险的事项，请进一步指出是否导致 MN 公司经营风险的增加。简要说明原因。

（2）资料一中哪些事项导致特别风险？如属于特别风险，请指出其最可能的原因。

（3）针对资料一，指出：

①在财务报表审计中，注册会计师通常最关心的舞弊类型及舞弊发生的因素；

②哪种事项最可能存在舞弊？该舞弊所属的类型？该舞弊最可能导致财务报表的哪一个项目产生重大错报？

（4）针对资料一，指出：

①要求（3）②中确定的财务报表项目，指出在循环审计体系下，注册会计师应结合哪个项目进行审计？

②注册会计师为应对确定的报表项目的重大错报风险，应采取哪些具有不可预见性的进一步审计程序。

（5）根据资料二，请问MN公司虚构存货的方法通常有哪些？

（6）根据资料二，请问注册会计师监盘方法不当主要表现有哪些？

11. ABC会计师事务所首次承接审计上市青麦公司2014年度财务报表，XYZ会计师事务所是连续多年审计青麦公司的前任注册会计师事务所。青麦公司主要从事煤炭的生产和销售。A注册会计师作为审计项目合伙人，了解青麦公司及其环境后，确定了财务报表整体重要性120万元。

资料一：A注册会计师在审计工作底稿中记录了所了解的青麦公司情况及其环境，部分内容摘录如下：

（1）青麦公司所在的煤炭行业受国家限电政策的影响，煤炭产量增加在传统的第4季度（旺季）未出现较大幅度的增长，青麦公司2014年度第四季度与前3个季度相比，保持了继续增长，2014年审计前财务报表显示其完成了15 000万元营业收入和3 800万元毛利的经营目标。2014年全国煤炭行业平均毛利率为5.7%。

（2）青麦公司某生产线在2014年6月试运行投产，9月停止资本化。

（3）随着煤炭价格的不断上涨，青麦公司主要原材料采购价格也一直在上升。青麦公司预计主要原材料价格在2014年底前很可能还要上升，因此在2014年11月进行大量采购，以满足2015年1月底前的生产需求。但2015年开始，相关原材料市场价格实际上开始下跌。

（4）2014年12月，由于煤炭生产带来的污染，给附近居民的鱼塘带来了不利的影响，同时，厂区粉尘污染严重，对此周边居民一直在政府门前静坐要求政府出面解决。附近居民已经对青麦公司提起诉讼，要求青麦公司进行巨额赔偿。青麦公司律师认为根据相关法规，青麦公司很可能赔偿的金额是150万元，青麦公司董事会决议淘汰一批旧设备，从德国进口一批低污染排放的生产设备来解决污染问题。

资料二：A注册会计师在审计工作底稿中记录了所获取的青麦公司财务数据，部分内容摘录如下：

项目	2014年（未审数）
营业收入	15 000
营业成本	11 200
资产减值损失	
其中：应收账款	0
存货	0
预计负债	0
存货账面余额	3 298
减：存货跌价准备	0
存货账面价值	3 289

项目	2014年1月1日（已审数）	本年增加（期末未审数）	本年减少（期末未审数）	2014年12月31日（期末未审数）
在建工程——生产线	331 910	3 830	100 000	235 740
减：在建工程减值准备	0	0	0	0
在建工程账面价值	331 910	3 830	10 000	235 740
其中：利息资本化	3 710	1 220		4 930

资料三：A注册会计师在审计工作底稿中记录了审计计划，部分内容摘录如下：

（1）A注册会计师认为，如果发生与关联方及其交易相关的财务报表项目和披露错报，即使其金额低于财务报表整体重要性，仍可能影响财务报表使用者依据财务报表作出的经济决策，因此，确定与关联方及其交易相关的财务报表项目和披露的重要性水平为100万元。

（2）2014年，青麦公司以8 000万元的价格向关联方购买一条生产线。A注册会计师认为该交易超出青麦公司正常经营过程，很可能不存在相关的内部控制，拟直接实施实质性程序。

（3）青麦公司2014年度销售费用为900万元。A注册会计师认为重大错报风险较低，拟仅实施控制测试。

资料四：A注册会计师在相关亩计工作底稿中记录了了解和测试的内部控制事项，部分事项摘录如下：

（1）发出煤炭产成品时，由销售部门填制一式四联的出库单。出库单第一联交仓库登记产成品卡片，第二联交发运部门，第三、四联交财务部老王，由老王负责登记产成品总账、明细账。

（2）会计老张负责开具销售发票。在开具销售发票之前，先核对装运凭证和销售单，然后根据销售单填写销售发票价格。

（3）财务部门审核付款凭单后、支付采购款项。出纳老李根据已批准的付款凭单，在确定支票收款人名称与付款凭单内容一致后签署支票，并在付款凭单上加盖“已支付”的印章。为了方便付款，公司签署支票所需的支票印章、财务经理个人名章由会计老田负责保管。

（4）生产计划部门根据已批准顾客订单，签发预先顺序编号的生产通知单。生产车间接到生产通知单，各生产小组编制原材料领用申请单，并经车间主任签字批准。仓库部门根据经审批的原材料领用申请单，填制预先编号的原材料发料单，发料单一式四联，其中一联留存，一联连同材料交给领料部门，一联留在仓储中心登记材料明细账，一联交财务部门进行材料收发核算和成本核算。

（5）青麦公司设立了内部审计部，并直接对总经理负责。每年对子公司和各业务部进行审计，将出具的内部审计报告提交总经理。

资料五：A注册会计师在审计工作底稿中记录了拟实施的控制测试和实质性程序，部分内容摘录如下：

（1）计算本年重要产品的毛利率，与同行业进行比较，检查是否存在异常，是否存在较大波动，查明原因。

（2）获取产品价格目录，抽查售价是否符合价格政策，并注意销售给关联方或关系密切的重要客户的产品价格是否合理，有无以低价或高价结算的方法相互之间转移利润的现象。

（3）抽取本年营业收入一定数量的记账凭证，检查相应的销售发票、销售合同是否与存货出库日期、品名、数量等一致。

（4）独立测算主要存货项目的年末可变现净值，将测算结果与青麦公司的计算结果进行比较，分析差异原因。

（5）依据借款和工程建设情况计算借款费用资本化金额，并与被审计单位实际的借款费用资本化情况进行比较。

（6）查阅资本支出预算、公司相关会议决议等，检查本年增加的在建工程是否全部得到记录。

要求：

（1）针对资料一事项（1）至（4），结合资料二，假定不考虑其他条件，逐项指出资料一所列事项是否可能表明存在重大错报风险。如果认为存在重大错报风险，简要说明理由，并说明该风险主要与哪些财务报表项目（仅限于营业收入、营业成本、存货、在建工程、固定资产、财务费用、资产减值损失、预计负债、营业外支出）的哪些认定相关。

（2）针对资料三事项（1）至（3），假定不考虑其他条件，逐项指出资料三所列审计计划是否恰当。如不恰当，简要说明理由。

（3）针对资料四事项（1）至（5），假定未描述的其他内部控制不存在缺陷，请指出甲公司以上事项的内部控制设计或运行中是否存在缺陷，如果存在缺陷，请分别说明理由并提出改进建议。

（4）针对资料五事项（1）至（6），假定不考虑其他条件，逐项指出审计程序与根据资料一（结合资料二）识别的重大错报风险是否直接相关。如直接相关，指出对应的是识别的哪一项重大错报风险，并简要说明理由。

12. 上市公司甲公司是ABC会计师事务所的常年审计客户，主要从事药品的研发、生产和销售。A注册会计师负责审计甲公司2017年度财务报表，确定财务报表整体的重要性为300万元，明显微小错报的临界值为15万元。

资料一：A注册会计师在审计工作底稿中记录了所了解的甲公司情况及其环境，部分内容摘录如下：

（1）2017年，甲公司产品a针剂被调整出国家医保目录，导致销量大幅下降。

（2）2017年，甲公司生产了每盒售价22元的b胶囊1 200万盒，该产品2016年末和2017年末的库存数量分别为100万盒和50万盒。

（3）2017年，甲公司开始研发c针剂，自该研发项目通过内部立项审批起，将相关研发支出资本化。

（4）甲公司自2016年起销售d片剂并在各大媒体发布广告。2017年，主管部门因该广告涉嫌夸大疗效对甲公司立案调查，并于2018年1月初对甲公司处以罚款500万元。

（5）2017年12月，甲公司召回了2017年11月销售的某批次存在安全隐患的e粉剂，因处理及时，该批次产品尚未被使用。

（6）2018年1月初，甲公司公开发行公司债券15亿元，仅获得5 000万元认购，由于募集资金不足，甲公司于2018年3月1日到期的短期融资券将极可能出现违约。

资料二：A注册会计师在审计工作底稿中记录了甲公司的财务数据，部分内容摘录如下：

金额单位：万元

项目	未审数	已审数
	2017年	2016年
营业收入——a针剂	11 000	36 000
营业收入——b胶囊	308 000	22 000
营业成本——a针剂	13 000	21 600
管理费用——c针剂研发	400	0
营业外支出——罚款支出	500	0
存货——a针剂	100	4 000
存货——召回的e粉剂	1 500	0
固定资产——a针剂生产线	25 000	30 000
开发支出——c针剂	2 000	0
其他流动负债——短期融资券	110 000	90 000

资料三：A注册会计师在审计工作底稿中记录了审计计划，部分内容摘录如下：

（1）2017年，甲公司变更了固定资产折旧年限，因预期与会计估计变更相关的内部控制运行有效，A注册会计师认为该事项不会导致特别风险，拟采用综合性方案。

（2）因2016年度财务报表审计时实施的会计分录测试未发现错报，A注册会计师拟将会计分录测试总体确定为甲公司于2017年末作出的会计分录和其他调整。

（3）A注册会计师确定对广告费交付审批控制的测试样本量为60个，拟在期中审计时测试从2017年4月至9月交易中选取的40个样本，期末审计时测试从2017年10月至12月交易中选取的20个样本。

（4）A注册会计师评估认为运输费不存在特别风险，考虑到运输费与销售存在较为稳定的预期关系，拟对其实施实质性分析程序，不再实施细节测试。

资料四：A注册会计师在审计工作底稿中记录了针对市场推广费实施的进一步审计程序，部分内容摘录如下：

（1）甲公司会计每月将服务商对账单与应付市场推广费明细账进行核对，并对差异进行调查处理，由财务经理复核。A注册会计师选取2017年12月的核对记录，询问了核对过程，检查了核对情况、差异调查处理情况以及财务经理签字，认为该控制运行有效。

（2）甲公司2017年度发生市场推广费2亿元。A注册会计师选取单笔金额100万元以上，合计1亿元的市场推广费实施了细节测试，发现错报250万元，采用比率法推断市场推广费的总体错报为500万元。

（3）A注册会计师对期末应付市场推广费余额实施了函证程序，有两份回函显示余额不符。经调查，系甲公司会计记账串户所致。因相关服务商为非关联方，A注册会计师将该不符事项认定为错报。

（4）乙公司于2017年3月设立，主要从事市场推广服务。2017年度，甲公司向乙公司购买市场推广服务5 000万元。A注册会计师检查了合同，采购审批记录以及支付单据，并就推广费用向乙公司实施了函证程序，结果满意。

资料五：A注册会计师的审计工作底稿中记录了重大事项的处理情况，部分内容摘录如下：

（1）甲公司将2017年发生的生产设备日常修理费1 000万元计入制造费用，导致年末存货余额及2017年度利润高估10万元，A注册会计师认为该项错报影响较小，未要求管理层作出更正。

（2）A注册会计师发现某业务员虚报业务费10万元，向甲公司管理层进行了通报。管理层追回了已支付的报销款，按内部规定对该业务员进行处罚，并作了相应的会计处理。A注册会计师对甲公司的处理实施了相关审计程序，结果满意。

（3）因甲公司2017年发生召回事件，A注册会计师认为甲公司对产品质量的控制存在重大缺陷，与治理层进行了书面沟通。

要求：

（1）针对资料事项（1）至（6），结合资料二，假定不考虑其他条件，逐项指出资料一所列事项是否可能表明存在重大错报风险。如果认为可能表明存在重大错报风险，简要说明理由，如果认为该风险为认定层次重大错报风险，说明该风险主要与哪些财务报表项目的哪些认定相关（不考虑税务影响）。请将答案直接填入下方表格内。

事项序号	是否可能表明存在重大错报风险（是/否）	理由	财务报表项目名称及认定
（1）			
（2）			
（3）			
（4）			
（5）			
（6）			

(2) 针对资料三事项 (1) 至 (4)，假定不考虑其他条件，逐项指出 A 注册会计师的做法是否恰当。如不恰当，简要说明理由。

事项序号	是否恰当（是/否）	理由
(1)		
(2)		
(3)		
(4)		

(3) 针对资料四事项 (1) 至 (4)，假定不考虑其他条件，逐项指出 A 注册会计师的做法是否恰当。如不恰当，简要说明理由。

事项序号	是否恰当（是/否）	理由
(1)		
(2)		
(3)		
(4)		

(4) 针对资料五事项 (1) 至 (3)，假定不考虑其他条件，逐项指出 A 注册会计师的做法是否恰当。如不恰当，简要说明理由。请将答案直接填入下方表格内。

事项序号	是否恰当（是/否）	理由
(1)		
(2)		
(3)		

13. 红星公司是 HBS 会计师事务所的常年审计客户，是一家集粮食收储、大米和油脂加工、保健品系列产品生产销售及科研开发为一体的股份有限公司。Z 注册会计师负责审计红星公司 2018 年度财务报表，拟于 2019 年 3 月 30 日出具审计报告。财务报表整体的重要性水平为 50 万元。

资料一：Z 注册会计师在审计工作底稿中记录了所了解的红星公司情况及其环境，部分内容摘录如下：

(1) 红星公司采用经销商买断方式销售 A 产品和 B 产品。B 产品为 2018 年 2 月推出的 A 产品的升级产品，售价高于 A 产品 20%，成本与 A 产品持平。2018 年度 A 产品售价和成本与 2017 年度相比基本没有变化。根据市场反馈，B 产品由于价格较高，并未受到消费者认可。

(2) 红星公司于 2018 年 3 月 1 日借入 2 000万元、年利率为 8% 的专门借款，用于已开工建设并预计于 2019 年末完工的新生产线。红星公司无其他带息债务。因红星公司与施工方对工程质量存在纠纷，该工程于 2018 年 4 月 1 日至 2018 年 7 月 31 日中断。

(3) 2018 年 8 月，出现消费者服用 B 产品过敏、轻度中毒反应且被省电视台曝光，红星公司被起诉，要求赔偿损失 100 万元，截至 2018 年度 12 月 31 日法院尚未作出终审判决，但是很可能赔偿 100 万元。同时该事件导致消费者拒绝购买 B 产品。

(4) 红星公司租用丙公司独立仓库储存

部分产成品。2018年12月31日，该部分产成品的账面价值为300万元。红星公司与丙公司在年末对账时发现80万元的差异，丙公司解释，该差异是由于红星公司客户于2018年12月30日已提货，而相关单据尚未传至红星公司所致。

（5）与以前年度相比，红星公司2018年度固定资产未大幅变动，与折旧相关的会计政策和会计估计未发生变更。

（6）为应对市场竞争，实现年初确定的销售目标，红星公司于2018年10月份降低了赊销门槛，放宽对部分客户的信用标准，发展了一批中、小企业客户。

（7）红星公司2018年度从银行取得1 000万元1年期借款，用于开发无形资产，预期2019年10月份可能开始小规模生产，至2018年底处于研究阶段。

（8）红星公司董事会2018年末通过决议，拟按照环保部门治理雾霾的强制性要求于2019年初提前淘汰高污染生产设备。

资料二：Z注册会计师在审计工作底稿中记录了红星公司财务数据，部分内容摘录如下：

单位：万元

项目	2018年（未审数）		2017年（已审数）	
	A产品	B产品	A产品	B产品
营业收入	1 000	1 500	900	0
营业成本	900	800	800	0
存货跌价准备	0	0	0	0
应收账款				
应收账款账面余额	600		650	
减：坏账准备	60		65	
应收账款账面价值	540		585	
预计负债	0	0	0	0
资产减值损失	0	0	0	0
固定资产——累计折旧	800		1 200	
固定资产减值准备	0		0	
在建工程——借款利息	80		0	
管理费用	1 960		950	
财务费用	530		640	

资料三：Z注册会计师对红星公司的相关内部控制实施测试，并在审计工作底稿中记录了测试情况，部分内容摘录如下：

（1）注册会计师观察了结算部门人员根据发货单在系统中开具发票的过程，并从2018年度主营业务收入明细账中选取销售记录实施测试，未发现异常。

（2）注册会计师询问每周进行采购订单、请购单的相关处理，红星公司员工E负责系统信息处理，F负责核对，F表示每期均按照要求进行核对，但如果F由于休假或请假，则会请E代为核对。应注册会计师要求，F生成了一个2018年度采购订单、请购单核对表，未发现异常。

（3）在抽样追踪2018年度11月20日主要产品的主营业务成本在系统中的结转过程时，注意到有8笔主营业务成本的金额存在手工录入修改痕迹。财务人员解释，由于新系统的相关数据模块运行不稳定，部分产品的加权平均单位成本的运算结果有时存在误差，因此采用手工录入方式予以修正，并且只有财务经理有权在系统中录入修正信息。审计检查了相关样本的手工修正后产品加权平均单位成本，没有发现差异。

（4）注册会计师利用抽样技术，抽取若干份不良存货明细表，检查是否附有支持性文件，询问采购和销售经理如何分析存货的可变现净值，检查会计主管对存货跌价准备计提的账务处理和披露是否恰当。检查过程中没有发现异常。

资料四：Z注册会计师在审计工作底稿中记录了实施的实质性程序，部分内容摘录如下：

（1）为测试收入确认，Z注册会计师从收入明细表中选取交易，将账簿记录与销售合同、销售单以及销售发票进行核对。由于没有发现差异，Z注册会计师认为没有必要实施其他实质性程序。

（2）针对红星公司适用车厢存储、运输某种存货这一特殊情况，项目组成员在监盘过程中先后两次清点了存货场地上车厢的数量，记录在审计工作底稿中，并与管理层提供的存货盘点记录进行核对，以确定红星公司期末存货记录是否准确地反映了该种存货的实际盘点结果。

（3）Z注册会计师根据对管理层凌驾于内部控制之上的风险评估结果，确定测试会计分录的范围：对于评估结果为高风险的领域，测试整个会计期间的会计分录和其他调整；对于评估为风险较低的领域，选择红星公司在报告期末作出的会计分录和其他调整进行测试。

资料五：Z注册会计师在审计过程中识别并累计了3笔报错，并认为这些报错均不重大，同意管理层不予调整。红星公司2018年度未更正错报列示如下（不考虑税务影响）：

序号	错报说明	借方科目	贷方科目	金额
①	将总经理在私人会所的消费计入管理费用	其他应收款	管理费用	5
②	少提12月份生产设备折旧	营业成本	固定资产	30
		存货	固定资产	40
③	将2018年度财务费用计入2019年度	财务费用	货币资金	25

红星公司为戊公司向银行借款1 000万元提供担保。2018年10月，戊公司因经营严重亏损，进行破产清算，无力偿还已到期的该笔银行借款。贷款银行因此向法院起诉，要求红星公司承担连带偿还责任，支付借款本息1 200万元。2019年1月20日，法院终审判决贷款银行胜诉，由红星公司支付借款本息1 200万元，并于2019年1月28日执行完毕。考虑到戊公司已宣告破产清算，无法向其追偿债务，红星公司在2018年度作了如下会计处理：借记“营业外支出”1 200万元，贷记“其他应付款”1 200万元。这一事项使得红星公司2018年末的营运资金和2019年1月的经营活动产生的现金流量净额均出现负数。针对可能导致对持续经营能力产生重大疑虑的上述事项，红星公司披露了拟采取的改善措施。A和B注册会计师实施了必要的审计程序，认为红星公司编制2018年度财务报表所依据的持续经营假设是合理的，但持续经营能力仍存在重大不确定性。

要求：

（1）针对资料一事项（1）至（8），结合资料二，假定不考虑其他条件，逐项指出资料一所列事项是否可能表明存在重大错报风险。如果认为存在重大错报风险，简要说明理由，并说明该风险主要与哪些财务报表项目（仅限于营业收入、营业成本、存货、预计负债、资产减值损失、应收账款、固定资产、财务费用）的哪些认定相关。

（2）针对资料三事项（1）至（4），假定不考虑其他条件，请逐项指出上述测试结果是否表明相关内部控制得到有效执行，如果表明相关内部控制未能得到有效执行，请简要说明理由。

（3）针对资料四事项（1）至（3），假定不考虑其他条件，逐项指出资料四所列实质性程序是否恰当。如不恰当，简要说明理由。

(4) 针对资料五，运用重要性水平，假定不考虑其他条件，指出Z注册会计师的判断存在哪些不当之处，并简要说明理由。

(5) 针对资料六，假定不考虑其他因素，代Z注册会计师判断应出具何种类型的审计报告，并编写审计报告。(仅写“一、对财务报表出具的审计报告”段的内容，不包括责任段)

14. 上市公司甲公司是ABC会计师事务所的常年审计客户，甲公司主要从事汽车零部件的研发、制造和销售，A注册会计师负责审计甲公司2018年度财务报表，确定财务报表整体的重要性为600万元，实际执行的重要性为450万元，明显微小错报的临界值为30万元。

资料一：A注册会计师在审计工作底稿中记录了所了解的甲公司情况及其环境，部分内容摘录如下：

(1) 因客户乙公司a型车销量和价格持续下降，甲公司同意将为其配套生产的a型车变速箱的2018年度售价由2017年度的3 100元调整为3 000元。

(2) 因全国多地自2019年7月起将实施新的汽车尾气排放标准，甲公司生产的用于降低排放的b产品2018年度产销量大幅上升，b产品售价、原材料价格和人工成本保持稳定。

(3) 甲公司年末货币资金余额中包括15亿元定期存款，财务经理解释，为提高闲置资本收益率，将部分活期存款转为定期存款。

(4) 2018年，财政部和国家税务总局出台规定，研发费用的税前加计扣除比例由50%提高至75%。

(5) 甲公司股东大会于2018年6月30日批准对高管人员实施股票期权激励计划，数量540万份，行权条件为自授予日开始在甲公司工作满36个月，甲公司采用期权定价模型确定的每份股票期权的公允价值为10元，预计授予对象在满足条件之前均不会离职。

资料二：A注册会计师在审计工作底稿中记录了甲公司的财务数据，部分内容摘录如下：

金额单位：万元

项目	未审数	已审数
	2018年	2017年
营业收入——a型变速箱	59 400	62 000
营业收入——b产品	45 000	30 000
营业成本——b产品	33 000	20 000
管理费用——股权激励费用	900	0
研发费用	9 000	4 000
财务费用——银行借款利息支出	10 000	1 200
货币资金	220 000	60 000
资本公积——股权激励	900	0

资料三：A注册会计师在审计工作底稿中记录了审计计划，部分内容摘录如下：

(1) 甲公司2018年度开始投资产业基金，A注册会计师通过询问、阅读内控手册和实施穿行测试了解了与该类投资活动相关的内部控制，认为其设计无效，拟采用实质性方案测试相关财务报表项目。

(2) A注册会计师拟采用实质性方案应对与收入确认相关的舞弊风险，为减少期末审计工作量，A注册会计师拟在期中审计时对甲公司2018年1月至11月的营业收入实施细节测试，在期末审计时对12月的营业收入实施实质性分析程序。

(3) 针对管理费用的发生认定，A注册会计师拟对余额50万元以上的项目全部实施细节测试，对10万元至50万元的项目采用审计抽样实施细节测试。因10万元以下项目的合计金额低于实际执行的重要性，A注册会计师拟不对其实施审计程序。

（4）甲公司没有对已发生未开票的运输费进行暂估，A注册会计师拟采用货币单元抽样方法选取样本，对运输费实施细节测试。

资料四：A注册会计师在审计工作底稿中记录了进一步审计程序的实施情况，部分内容记录如下：

（1）A注册会计师对销售费用中的差旅费实施细节测试，从差旅费明细账中选取样本，检查了费用审批记录，核对了报销金额与发票等原始凭证记载的金额，据此认为已就差旅费的发生认定获取了充分适当的审计证据。

（2）甲公司客户丙公司通过其自主开发的网上平台对供应商供货进行全程管理，并向供应商开放查询功能，在对甲公司2018年销售给丙公司的产品数量实施测试时，A注册会计师根据甲公司销售人员提供的网址账号和密码登录了丙公司网上平台，核对了销售数量，结果满意。

要求：

（1）针对资料一事项（1）至（5），结合资料二，假定不考虑其他条件，逐项指出资料一所列事项是否可能表明存在重大错报风险，如果认为可能表明存在重大风险，简要说明理由，并说明该风险主要与哪些财务报表项目的哪些认定相关（不考虑税务影响）。

事项序号	是否可能表明存在重大错报风险（是/否）	理由	错报项目及认定
（1）			
（2）			
（3）			
（4）			
（5）			

（2）针对资料三事项（1）至（4），假定不考虑其他条件，逐项指出A注册会计师的做法是否恰当。如不恰当，简要说明理由。

事项序号	是否恰当（是/否）	理由
（1）		
（2）		
（3）		
（4）		

（3）针对资料四事项（1）至（4），假定不考虑其他条件，逐项指出A注册会计师的做法是否恰当。如不恰当，简要说明理由。

事项序号	是否恰当（是/否）	理由
（1）		
（2）		

跨章节综合题参考答案及解析

1.【答案】

(1)

事项序号	是否可能表明存在重大错报风险（是/否）	理由	重大错报风险属于财务报表层次还是认定层次（财务报表层次/认定层次）	报表项目和认定
(1)	是	×公司2017年度营业收入的目标增长率为10%，既高于×公司历史增长率，又高于行业增长率，而×公司2017年末经审计的营业收入刚好增长10%。×公司可能为了实现经营目标而粉饰财务报表。 ×公司2017年1~11月的营业收入为2 425 500万元，平均每月的营业收入为220 500万元，而12月份的收入为346 600万元（2 772 100万元－2 425 500万元）［或2017年1~11月年化后的营业收入2 646 000万元（2 425 500万元/11×12）］，较2016年度增长5%，而12月份的收入使得2017年度营业收入较2016年度增长了10%，说明A公司在临近期末时销售额大幅增加，并致使恰好满足×公司的经营目标。另外，应收账款在12月份大幅增加，×公司的营业收入可能存在被高估的风险	认定层次	营业收入的“发生”认定 营业收入的“截止”认定 应收账款的“存在”认定
(2)	是	×公司原财务总监辞职，财务总监由负责人力资源的副总经理兼任，其可能缺乏企业财务管理方面的专业知识和经验；另外，拥有多年经验的会计人员流失，会导致×公司缺乏具有胜任能力的会计人员，对财务报表整体可能产生重大影响	财务报表层次	—
(3)	是	×公司的竞争对手推出了以云平台为依托的智能电视产品，对×公司电视机产品的销售造成较大冲击，×公司降低了各类电视机产品的销售价格。2017年末存货余额相比2016年末大幅上升，而存货跌价准备未发生变化，可能存在低估存货跌价准备的风险	认定层次	存货的“计价与分摊”认定 资产减值损失的“完整性”认定
(4)	是	×公司2017年对多项新技术进行研发，增加了研发费用的投入，开发支出余额大幅上升。会计准则对于研究开发支出资本化条件有较严格的规定，可能存在由于不满足资本化条件而高估资产、低估费用的风险	认定层次	开发支出的“存在”认定 管理费用的“完整性”认定
(5)	是	×公司于2017年2月向P公司预付购买钢板的款项5 000万元，但P公司长期未交货，2018年1月×公司收回了该预付款项。×公司可能为了实现大股东无偿占用上市公司资金的目的而与其串通舞弊进行虚假交易，存在虚构预付账款的风险	认定层次	预付账款的“存在”认定 关联方交易与列报和披露相关的认定
(6)	是	×公司2016年度ERP系统的信息技术一般控制存在重大缺陷，虽然×公司对ERP系统相应的信息技术一般控制2017年进行了改进，并且重新开发应用了部分与财务核算相关的模块，但仍可能对财务报表整体产生重大影响	财务报表层次	—

依据：《审计》教材第七章；第九章；第十章；第十一章。

（2）

事项序号	审计计划是否恰当（是/否）	理由
（1）	是	依据：《审计》教材第十七章
（2）	否	对于舞弊导致的财务报表重大错报风险，A 和 B 注册会计师应了解 × 公司相关控制的设计和情况，并确定是否得到执行。 对内部控制的了解是必须的，并不是可选择，判断收入确认方面存在舞弊风险，可以不执行控制测试，但是必须了解内部控制程序，根据评估的结果，直接执行细节测试。 依据：《审计》教材第十三章
（3）	否	针对重大类别的交易仅实施控制测试不足够，应实施实质性程序。 依据：《审计》教材第八章

（3）

序号	实质性程序是否恰当（是/否）	应实施的实质性程序
（3）	否	在整个跟函过程中，注册会计师应与 y 公司核对并确认回函后，亲自将回函带回。注册会计师应保持对询证函的控制，同时对 × 公司和 y 公司之间串通舞弊的风险保持警觉。 依据：《审计》教材第三章
（2）	否	A 和 B 注册会计师测试 × 公司存货存在多个地点的完整性时，应检查 × 公司存货的出、入库单，关注是否存在 × 公司尚未告知 A 和 B 注册会计师的仓库（如期末库存量为零的仓库）；检查费用支出明细账和租赁合同，关注 × 公司是否租赁仓库并支付租金，如果有，该仓库是否已包括在 × 公司提供的仓库清单中；检查 × 公司“固定资产——房屋建筑物”明细清单，了解 × 公司可用于存放存货的房屋建筑物。 依据：《审计》教材第十一章
（3）	否	A 和 B 注册会计师测试 × 公司银行账户的完整性时，应亲自到人民银行或基本存款账户开户行查询并打印《已开立银行结算账户清单》，以确认 × 公司账面记录的银行人民币结算账户是否完整；结合其他相关细节测试，关注原始单据中 × 公司的收（付）款银行账户是否包含在 A 和 B 注册会计师已获取的开立银行账户清单内。 依据：《审计》教材第十二章

（4）

起点	路线	目的
账簿记录	从资产负债表日前后若干天的账簿记录查至记账凭证和客户签发的发运凭证	证实已入账收入是否在同一期间已开具发票并发货并由客户签收，有无多计收入
发运凭证	以发运凭证为起点。从资产负债表日前后若干天的发运凭证查至发票开具情况与账簿记录，确定主营业务收入是否已计入恰当的会计期间	确定营业收入是否已计入恰当的会计期间，有无少计收入

依据：《审计》教材第九章。

（5）

①A 和 B 注册会计师发表的审计意见不适当。

原因：× 公司编制财务报表时运用持续经营假设适当但存在重大不确定性。

被审计单位财务报表披露——注册会计师发表无保留意见，并在审计报告中增加以“与持续经营相关的重大不确定性”为标题的单独部分，以：提醒财务报表使用者关注财务报表附注中的披露；说明这些事项或情况表明存在可能导致对被审计单位持续经营能力产生重大疑虑的重大不确定性，并说明该事项并不影响发表的审计意见。

被审计单位财务报表不披露——注册会计师发表保留或否定意见。

②A和B注册会计师发表保留意见的审计报告。

③修改后审计报告相关段落如下：

审计报告

ABC股份有限公司全体股东：

一、对财务报表出具的审计报告

（一）保留意见

我们审计了X股份有限公司（以下简称"×公司"）财务报表，包括2017年12月31日的资产负债表，2017年度的利润表、现金流量表、股东权益变动表以及合并财务报表附注。

我们认为，除"形成保留意见的基础"部分所述事项产生的影响外，后附的财务报表在所有重大方面按照企业会计准则的规定编制，公允反映了×公司2017年12月31日的财务状况以及2017年度的经营成果和现金流量。

（二）形成保留意见的基础

2017年12月31日，×公司流动负债高于资产总额100万元，同时存在数额600万元的已到期未偿借款。截至审计报告日，×公司对于已经到期的借款协议难以展期。除非能够获取财务支持，否则×公司的持续经营能力存在重大不确定性。×公司未在财务报表附注×中进行充分披露。×公司的持续经营能力存在重大不确定性，可能无法在正常的经营过程中变现资产、清偿债务。

我们按照中国注册会计师审计准则的规定执行了审计工作。审计报告的"注册会计师对财务报表审计的责任"部分进一步阐述了我们在这些准则下的责任。按照中国注册会计师职业道德守则，我们独立于×公司，并履行了职业道德方面的其他责任。我们相信，我们获取的审计证据是充分、适当的，为发表保留意见提供了基础。

（三）强调事项（删）

（四）管理层和治理层片财务报表的责任（略）

（五）注册会计师对财务报表审计的责任（略）

二、按照相关法律法规的要求报告的事项（略）

ABC会计师事务所

（盖章）

中国注册会计师：A

（签名并盖章）

中国注册会计师：B

（签名并盖章）

中国××市　　二〇一八年三月二十五日

【提示】本题考核点为审计计划、分析程序、评估重大错报风险、实质性程序、销售截止测试、持续经营假设审计、审计报告。

2.【答案】

（1）

事项序号	是否可能表明存在重大错报风险（是/否）	理由	财务报表项目名称及认定
（1）	是	甲公司在第4季度出口订单数量、销售价格和销售收入均出现较大幅度减少的情况下，仍完成经营目标，可能存在多计营业收入和应收账款的风险	营业收入/发生 应收账款/存在
（2）	是	原材料价格在第4季度下跌5%，但是在人民币大幅度升值和在第4季度销售价格下降7%的情况下，2017年毛利率23%只比2016年毛利率25%下降了不到2%，可能存在为实现毛利目标而人为少计营业成本的风险	营业成本/完整性 存货/存在
（3）	是	可供出售金融资产期末出现大幅持续下跌，应该计提相应的资产减值损失，但是甲公司确认为公允价值波动，计入其他综合收益，可能存在少计资产减值损失（可供出售金融资产减值损失）的风险	资产减值损失/完整性 其他综合收益/完整性

续表

事项序号	是否可能表明存在重大错报风险（是/否）	理由	财务报表项目名称及认定
（4）	是	在建工程因故停建，且暂不启动X生产线的建设，拟生产产品的市场前景不佳，可收回金额可能低于账面价值，但是甲公司在建工程减值准备却为零，存在少计提减值准备的风险；在建工程非正常间断超过3个月，应暂停借款费用资本化，但是利息资本化金额为80万元（1 000×8%），计算了12个月的专门借款利息，存在多计借款资本化金额的风险	资产减值损失/完整性 财务费用/完整性 在建工程/存在
（5）	是	甲公司决定淘汰一批旧设备，且签订不可撤销的转让协议，应该计提相应的减值85万元（100－15），但甲公司仅对于固定资产全部计提了65万元的减值，存在少计减值的风险	固定资产/计价和分摊 资产减值损失/完整性、准确性
（6）	是	该合同为待执行合同变为亏损合同，且满足预计负债的确认条件，但是甲公司没有对预计损失确认预计负债，存在少确认营业外支出和预计负债的风险	营业外支出/完整性 预计负债/完整性

（2）

事项序号	内部控制审计设计和执行存在缺陷的理由	内部控制未能有效执行的理由	财务报表项目名称及认定
（1）	内部控制存在设计缺陷。在登记入账前，应对订购单、卖方发票和验收单进行审核。甲公司没有规定对验收单进行审核	—	应付账款项目/存在
（2）	—	表明相关内部控制未能有效执行。企业接收了不符合质量要求的原材料	存货项目/计价和分摊
（3）	—	表明固定资产授权批准制度未能得以有效执行。董事长自用自批，不相容职务未能有效分离	固定资产项目/存在

（3）

差异	质疑	改进建议
（1）	差异（1）显示于2017年12月31日存货M存在错报，但未建议客户作出调整	应建议被审计单位将已于2017年12月31日验收入库的存货M在2017年度财务报表中予以暂估入账
（2）	差异（2）显示被审计单位的存货盘点在准确性方面存在错误，但未进一步考虑其对测试范围的影响	应进一步考虑错误的潜在范围和重大程度，在可能的情况下，扩大检查范围以减少错误的发生

（4）针对该事项，A注册会计师应提请甲公司作如下审计调整：

借：存货——存货跌价准备 200 000

贷：资产减值损失 200 000

注：(9 000 000÷500×100)＜18 500×100

借：资产减值损失 1 440 000

贷：存货——存货跌价准备 1 440 000

注：[（9 000 000÷500×400－800 000）－12 400×400]

（或：

借：资产减值损失　　1 240 000
　　贷：存货——存货跌价准备
　　　　　　　　　　1 240 000）

（5）审计报告意见类型：保留意见。

续编审计报告如下：

审计报告

甲股份有限公司全体股东：

（一）保留意见

我们审计了甲股份有限公司（以下简称甲公司）财务报表，包括2017年12月31日的资产负债表，2017年度的利润表、现金流量表和股东权益变动表以及财务报表附注。

我们认为，除"形成保留意见的基础"部分所述事项产生的影响外，甲公司的财务报表在所有重大方面按照企业会计准则的规定编制，公允反映了甲公司2017年12月31日的财务状况以及2017年度的经营成果和现金流量。

（二）形成保留意见的基础

甲公司2017年12月31日资产负债表中列示的存货余额为2 000万元。管理层未按照企业会计准则的规定对存货按成本与可变现净值孰低计量。如果按成本与可变现净值孰低计量，存货账面价值将减少124万元。相应地，资产减值损失将增加124万元，净利润和股东权益将分别减少124万元。

我们按照中国注册会计师审计准则的规定执行了审计工作。审计报告的"注册会计师对财务报表审计的责任"部分进一步阐述了我们在这些准则下的责任。按照中国注册会计师职业道德守则，我们独立于甲公司，并履行了职业道德方面的其他责任。我们相信，我们获取的审计证据是充分、适当的，为发表保留意见提供了基础。

（三）关键审计事项（略）

（四）管理层对财务报表的责任（略）

（五）注册会计师对财务报表审计的责任（略）

ABC会计师事务所
（盖章）
中国注册会计师：×××
（签名并盖章）
中国注册会计师：×××
（签名并盖章）

中国××市　　　　二〇一八年×月×日

3.【答案】

（1）

事项序号	是否恰当（是/否）	理由
（1）	否	应当要求乙公司注册会计师运用乙公司组成部分重要性对乙公司财务报表实施审计
（2）	否	丙公司资产总额总额在集团中所占的份额很大，具有财务重大性，因此作为重要组成部分仅在集团层面实施分析程序不当
（3）	是	对由于其特定性质或情况，可能存在丁公司导致集团财务报表发生重大错报的特别风险的重要组成部分，集团项目组或代表集团项目组的组成部分注册会计师应当执行一项或多项工作
（4）	否	如果戊公司组成部分注册会计师不符合与集团审计相关的独立性要求，集团项目组不能通过参与组成部分注册会计师的工作、实施追加的风险评估程序或对组成部分财务信息实施进一步审计程序，以消除组成部分注册会计师不具有独立性的影响
（5）	否	戊公司因持续经营假设适当但存在重大不确定性，财务报表披露了其重大不确定性，组成部分注册会计师发表无保留意见，并在审计报告中增加以"与持续经营相关的重大不确定性"为标题的单独部分，以：提醒财务报表使用者关注财务报表附注中的披露；说明这些事项或情况表明存在可能导致对被审计单位持续经营能力产生重大疑虑的重大不确定性，并说明该事项并不影响发表的审计意见
（6）	否	庚公司组成部分注册会计师对组成部分财务信息实施审阅，集团项目组应当基于集团审计目的，为组成部分确定组成部分重要性

依据：《审计》教材第十六章。

（2）

事项序号	是否恰当（是/否）	理由
（1）	否	在选择基准时，需要考虑的因素包括：①财务报表要素；②是否存在特定会计主体的财务报表使用者特别关注的项目；③被审计单位的性质、所处的生命周期阶段以及所处行业和经济环境；④被审计单位的所有权结构和融资方式；⑤基准的相对波动性
（2）	否	管理层凌驾于控制之上的风险属于特别风险。应对特别风险时，如不依赖内部控制，不能仅实施实质性分析，应当实施细节测试
（3）	否	针对期末收入交易可能未计入正确的期间，风险程度为特别风险，注册会计师实施实质性方案

依据：《审计》教材第二章；第八章；第九章。

（3）

事项序号	控制设计是否存在缺陷（是/否）	理由
（1）	是	订购单上的客户代码与应收账款主文档记录的代码一致，目前未偿付余额加上本次销售额在信用限额范围内。上述两项均满足才能生成销售单
（2）	是	保安人员只有当附有经批准的销售单和发运凭证时才能放行
（3）	是	核对经授权的有效的价格更改清单与计算机获得的价格更改清单是否一致属于防范由于定价或产品摘要不正确的错报以及销售单或发运凭证或销售发票代码输入错误，可能导致销售价格不正确。系统自动复核连续编号的发票和发运凭证的对应关系，并定期生成例外报告，人工复核例外报告并调查原因

依据：《审计》教材第九章；第十章。

（4）

事项序号	是否恰当（是/否）	理由
（1）	否	仅实施存货监盘程序不足以应对存货计价和分摊认定的重大错报风险，注册会计师还应当对存货实施计价测试
（2）	否	货币单元抽样不适用于测试总体的低估，因为账面金额小但被严重低估的项目被选中的概率低，如果在货币单元抽样中发现低估，注册会计师在评价样本时需要特别考虑
（3）	否	内部审计客观性有限，注册会计师不能在未对内审有关因素作出评价并对内部审计相关工作实施进一步审计程序的情况下，就直接据以得出内控有效性的结论。如果拟利用内部审计人员的特定工作，注册会计师应当评价内部审计的客观性和专业胜任能力等因素，并对内审部门的特定工作实施进一步审计程序，以确定其是否足以实现审计目的

依据：《审计》教材第四章；第十一章；第十五章。

（5）

事项序号	是否恰当（是/否）	理由议	改进建议
（1）	否	可变现净值不是简单地等于存货的售价。仅依据销售价格高于账面单位成本，不足以得出可变现净值高于成本的结论	产成品应当以估计的售价减去估计的销售费用和相关税费后的金额确定其可变现净值
（2）	否	以2017年应收账款账面记录为起点，检查至账面记录对应的应收账款相关的原始凭证不能得出2017年12月31日，甲集团公司对该客户的应收账款余额完整	应以2017年销售交易的原始单据（如产品发运凭证等）为起点，追查至应收账款账面记录，才能够应对与应收账款完整性认定相关的审计目标

续表

事项序号	是否恰当（是/否）	理由	改进建议
(3)	否	注册会计师不应当分2天对库存现金进行监盘	部分现金保管在总经理办公室（而非由财务部出纳统一保管）不符合内部控制要求，库存现金被挪用的风险较高，加之库存现金易转移，存放于两处或两处以上的，应同时进行盘点。注册会计师应重新对存放于财务室和总经理办公室的库存现金同时进行监盘，并调整至资产负债表日的金额
(4)	否	注册会计师在测试时发现3张报销单上没有部门经理的签字，不能依据部门经理“无意间漏签”的解释便得出测试结果无异常的结论	对发现偏差的样本分析偏差的性质和原因，判断其对财务报表重大错报风险的影响。3个样本出现偏差，可能得出该控制无效的结论，应当考虑其对进一步实质性程序的影响

依据：《审计》教材第四章；第九章；第十一章；第十二章。

4.【答案】

(1)

内部控制缺陷	理由
(1) 甲公司未定期对存货实施盘点，构成存货内部控制缺陷	定期盘点存货，合理确定存货的数量和状况是被审计单位存货内部控制制度的重要组成部分
(2) 甲公司发出电视机时未全部按顺序记录，构成存货内部控制缺陷	企业发出存货应按时间先后顺序进行明细账的登记工作，否则会影响甲公司销售业务的完整性
(3) 甲公司委托XYZ公司代管C材料变动未进行会计记录，构成存货内部控制缺陷	虽然C材料由XYZ公司代管，但其所有权属于甲公司，C材料变化情况甲公司应进行会计记录
(4) 存货明细账与财务部门的会计账记录不符，构成存货内部控制缺陷	在一定会计期间内，实物保管部门的明细账应与财务部门的会计账记录账账相符，否则会导致甲公司账账不符、账实不符。会计核算截止日为12月31日，12月25日后收发存货应及时进行会计处理
(5) 甲公司发出材料存在不按既定计价方法核算的现象，构成存货内部控制缺陷	不符合企业会计准则的要求，不利于会计信息使用者对会计信息的理解。发出存货使用的计价方法一旦确定，一般不得随意调整，否则会影响发出存货成本和期末结存存货成本的正确性
(6) 代XYZ公司保管的E材料，在甲公司财务部门会计记录和仓库明细账上反映，构成存货内部控制缺陷	代其他公司保管的存货，其所有权不属于企业，不能在会计账簿中进行记录，只能在备查账簿记录，否则会导致甲公司存货虚增

(2)

内部控制缺陷	实质性程序	涉及的主要审计目标
(1) 存货未定期实施盘点	监盘存货	存在性
(2) 发出存货时未全部按顺序记录	检查销货业务单证、存货账簿记录	完整性
(3) 甲公司委托XYZ公司代管C材料变动未进行会计记录	向XYZ公司函证代管的C材料	存在、权利和义务
(4) 甲公司每年12月25日后发出的存货在仓库的明细账上记录，但未在财务部门的会计账上	对期末存货进行截止测试	截止、存在、完整性
(5) 甲公司发出材料存在不按既定计价方法核算的现象	计价测试	计价和分摊
(6) 代XYZ公司保管的E材料也在甲公司财务部门会计记录和仓库明细账上反映	向XYZ公司函证	权利和义务

（3）计划（1）有不妥当之处。从了解的情况看，办事处的存货和境外销售分公司的存货所占的比例较高，对各个办事处和境外销售分公司的存货应同时进行盘点。

计划（2）有不妥当之处。寄销在各商场的电视机应进行盘点。

计划（3）无不妥当之处。

计划（4）无不妥当之处。

计划（5）有不妥当之处。XYZ公司寄存的E材料与公司自身的E材料应单独摆放并排除在盘点范围之外；E材料的库存数不能以盘点数扣除寄存E材料的账面数确定，应对公司自身的E材料实施存货盘点；委托XYZ公司代管C材料所有权属于企业，应询问管理层，审阅相关的合同与往来函件，并向XYZ公司函证。

计划（6）有不妥当之处。废品与毁损品必须安排盘点，盘点应当特别关注存货存在的状况，观察存货的残次冷背情况，确定其对损益的影响。

（4）在A和B注册会计师编制的监盘计划的相关内容有下列不妥当之处应予以更正：

计划（1）中，有不妥当之处。不能随机选择1/3的办事处进行存货监盘，具体监盘项目的选取十分重要。

计划（2）中，有不妥当之处。对在各商场寄销的电视机，可以派本所注册会计师或委托当地注册会计师实施监盘，也可以发函询证。

计划（3）中，无不妥当之处。

计划（4）中，有不妥当之处。审计人员在检查结束后，应当索取盘点前的最后一份验收报告单（或入库单）和最后一张货运单（或出库单），以便审计时作截止测试之用。

【解析】本题的考点为审计目标，存货监盘，存货计价测试。

5.【答案】

（1）在监盘前和监盘过程中均应检验磅秤的精准度，并留意磅秤的位置移动与重新调校程序，将检查和重新称量程序相结合，检查重量单位的换算问题。

（2）不应同意。理由：由于资产负债表日占比重的在途存货无法监盘，且不存在其他审计程序予以替代，难以获取充分、适当的审计证据。

（3）对于因无法投递而退回的信函应查明原因，对于地址错误的，找到正确地址再次发函，或实施替代审计程序，对于确实无真实地址的，应实施替代审计程序。

对于没有得到回函的，注册会计师应当考虑再次函证，或第三次函证，如仍得不到答复的，注册会计师应考虑实施替代审计程序。

替代审计程序：

①检查资产负债表日后收回的货款。提示：注册会计师不能仅查看应收账款的贷方发生额，而是要查看相关的收款单据，以证实付款方确为该客户且确与资产负债表日的应收账款相关；②检查相关的销售合同、销售单、发运凭证等文件。③检查被审计单位与客户之间的往来邮件，如有关发货、对账、催款等事宜邮件。

（4）增加强调事项段不恰当。理由：

因为利用其他注册会计师工作的事项不属于重大不确定事项。

（5）形成差异的可能原因包括：

2018年1月1日至2018年6月30日之间的存货收发记录存在差错；

2018年1月1日至2018年6月30日之间的存货实际收发存在差错；

2017年末的存货记录存在差错；

2017年末的存货实物存在差错。

（6）注册会计师不应同意。理由：

因为存货是T公司财务报表的重要项目；存货的期初余额无法确认；2018年度上半年的营业成本难以确认，所以注册会计师不应同意T公司的要求。

【解析】本题的考点为应收账款函证；存货监盘；审计报告。

6.【答案】

（1）判断审计处理意见，并编制调整分录：

①预收账款明细科目中存在借方余额，

应该重分类到应收账款项目中。

借：应收账款——d公司 9 500 000

贷：预收款项——d公司 9 500 000

补提坏账准备金额 =9 500 000×15% =1 425 000（元）

借：资产减值损失——坏账损失 1 425 000

贷：应收账款——坏账准备 1 425 000

②按照完工百分比法，应该确认的收入和成本没有确定，应该按照规定确认。

完工百分比 =25 200 000÷（25 200 000 + 16 800 000）×100% =60%

应确认的收入 =40 000 000×60% =24 000 000（元）

应确认的费用 =（25 200 000 +16 800 000）×60% =25 200 000（元）

应确认的合同毛利 =24 000 000 -25 200 000 = -1 200 000（元）

应确认的合同预计损失 =（25 200 000 + 16 800 000 - 40 000 000）×（1 - 60%）= 800 000（元）

应建议编制的调整分录：

借：营业成本 25 200 000

贷：营业收入 24 000 000

存货——工程施工——合同毛利 1 200 000

借：资产减值损失 800 000

贷：存货——存货跌价准备 800 000

③注册会计师无须提出任何审计处理建议。

④广告牌费用应该分期摊销计入损益中。

借：销售费用——广告费 7 200 000

贷：未分配利润 7 200 000

借：一年内到期的非流动资产 600 000

贷：未分配利润 600 000

⑤对于该事项，注册会计师应该建议被审计单位在2017年财务报表附注中作为资产负债表日后事项中的重大非调整事项予以披露。

⑥注册会计师提出任何审计处理建议。对于已出租的房产，应该转为投资性房地产核算，并将计提的折旧计入其他业务成本中核算。

借：投资性房地产 12 000 000

固定资产——累计折旧 330 000

贷：固定资产 12 000 000

投资性房地产——投资性房地产累计折旧 330 000

借：营业成本——其他业务成本 270 000

贷：管理费用——折旧费 270 000

（2）判断各事项的审计意见：

事项（1）应该出具保留意见的审计报告。

事项（2）应该出具保留意见的审计报告。

事项（3）应该出具标准无保留意见的审计报告。

事项（4）应该出具否定意见的审计报告。

事项（5）应该出具保留意见的审计报告。

事项（6）应该出具保留意见的审计报告。

（3）续写审计报告如下：

审计报告

×股份有限公司全体股东：

一、对财务报表出具的审计报告

（一）否定意见

我们审计了X股份有限公司（以下简称“×公司”）财务报表，包括2017年12月31日和2017年12月31日的资产负债表，2017年度的利润表、现金流量表、股东权益变动表以及财务报表附注。

我们认为，由于形成否定意见的基础部分所述的重要性，财务报表没有在所有重大方面按照企业会计准则的规定编制，未能实现公允。

（二）形成否定意见的基础

×公司应当在2017年度财务报表的销售费用项目中列支广告代理费用720万元。×公司未予列支，不符合企业会计准则的规定。如果按规定予以列支，×公司2017年度利润总额将减少720万元，从而使×公司由盈利变为亏损。

我们按照中国注册会计师审计准则的规定执行了审计工作。审计报告的"注册会计师对财务报表审计的责任"部分进一步阐述我们在这些准则下的责任。按照中国注册会计师职业道德守则，我们独立于×公司，并履行了职业道德方面的其他责任。我们相信，我们获取的审计证据是充分、适当的，为发表否定意见提供了基础。

（三）管理层和治理层对财务报表的责任（略）

（四）注册会计师对财务报表审计的责任（略）

二、按照相关法律法规的要求报告的事项（略）

ABC会计师事务所

（盖章）

中国注册会计师：A

（签名并盖章）

中国注册会计师：B

（签名并盖章）

中国××市　二〇一八年三月二十五日

（4）如果ABC会计师事务所对×公司2016年度财务报表出具了非无保留意见的审计报告，且导致该非无保留意见的事项在2017年度仍未解决，在这种情况下，不考虑其他因素。注册会计师应当区分两种不同情况予以处理：

①如果未解决事项对2017年度本期数据的影响或可能的影响是重大的，A和B注册会计师应当在导致非无保留意见事项段中同时提及2017年度本期数据和对应数据；

②如果未解决事项对2017年度本期数据的影响或可能的影响不重大，A和B注册会计师应当说明，由于未解决事项对2017年度本期数据和对应数据可比性的影响或可能的影响，因此发表了非无保留意见。

（5）其他信息对于审计报告的影响：

①需要修改已审计财务报表而×公司管理层拒绝修改时的措施

如果A和B注册会计师在审计报告日前获取的其他信息中识别出重大不一致，并且需要对已审计财务报表作出修改，但管理层拒绝作出修改，注册会计师在审计报告中发表非无保留意见。

②需要修改其他信息而×公司管理层拒绝修改时的措施

如果管理层拒绝作出更正，注册会计师应当就该事项与治理层进行沟通，并要求作出更正。

【提示】如果注册会计师认为审计报告日前获取的其他信息存在重大错报，且在与治理层沟通后其他信息仍未得到更正，注册会计师应当采取恰当措施，包括：考虑对审计报告的影响，并就注册会计师计划如何在审计报告中处理重大错报与治理层进行沟通；在相关法律法规允许的情况下，解除业务约定。

【提示】注册会计师认为审计报告日后获取的其他信息存在重大错报，应当采取以下措施：如果其他信息得以更正，注册会计师应当根据具体情形实施必要的程序，包括确定更正已经完成，也可能包括复核管理层为与收到其他信息（如果之前已经公告）的人士沟通并告知其修改而采取的步骤；如果与治理层沟通后其他信息未得到更正，注册会计师应当考虑其法律权利和义务，并采取恰当的措施，以提醒审计报告使用者恰当关注未更正的重大错报。

7.【答案】

（1）注册会计师通常可以实施下列程序参与其他注册会计师对联营企业的风险评估的工作：

①与其他注册会计师或联营企业的管理层讨论对甲公司有重要影响的联营企业的业务活动；

②与其他注册会计师讨论错误或舞弊导致的联营企业的财务信息发生重大错报的可能性；

③复核其他注册会计师对已识别的重大错报的特别风险形成的审计工作底稿。

（2）

相关认定	是否可以获取充分、适当的审计证据（是/否）	主要实质性程序	审计路径起点
存在	否	从固定资产明细账期初余额选取项目追查到实物	固定资产明细账的期初余额
完整性	否	选取固定资产实物，检查至固定资产明细账的期初余额	固定资产实物
权利和义务	否	从固定资产明细账的期初余额中选取样本，检查至产权证明文件等相关原始单证	固定资产明细账的期初余额
计价和分摊	是		

（3）审计程序设计恰当性分析：

事项（1）存在不当之处，未测试收货通知单。根据销售合同约定，应以获取客户签发的收货通知作为收入确认的时点，出库单并不足以就认定获取充分、适当的审计证据。

事项（2）存在不当之处，对1月转字10号记账凭证未实施进一步检查。该记账凭证的日期早于发票日期和出库日期。

事项（3）存在不当之处，对11月转字28号和12月转字50号记账凭证未实施进一步检查。上述2笔记账凭证反映的销售额明显高于其他测试项目，有可能表明存在舞弊，不应仅依赖管理层的解释。

（4）针对事项（4），属于注册会计师注意到的可能影响上期财务报表的重大错报，而以前未就该重大错报出具非无保留意见的审计报告，则这种情况下：

①管理层更正对应数据。

②如果管理层拒绝更正，注册会计师应当根据重大错报的程度，对本期财务报表出具恰当的非无保留意见的审计报告：

其一，如果比较数据的编制不符合适用的财务报告编制基础的规定，虽影响重大，但不至于发表否定意见，应当发表保留意见；

其二，如果比较数据的编制不符合适用的财务报告编制基础的规定，未能从整体上公允反映被审计单位的财务状况、经营成果和现金流量，应当发表否定意见。

（5）续写审计报告如下：

审计报告

甲公司全体股东：

一、对财务报表出具的审计报告

（一）审计意见

我们审计了甲股份有限公司（以下简称“甲公司”）财务报表，包括2017年12月31日的资产负债表，2017年度的利润表、现金流量表、股东权益变动表以及合并财务报表附注。

我们认为，后附的财务报表在所有重大方面按照企业会计准则的规定编制，公允反映了甲公司2017年12月31日的财务状况以及2008年度的经营成果和现金流量。

（二）形成审计意见的基础

我们按照中国注册会计师审计准则的规定执行了审计工作。审计报告的“注册会计师对财务报表审计的责任”部分进一步阐述了我们在这些准则下的责任。按照中国注册会计师职业道德守则，我们独立于甲公司，并履行了职业道德方面的其他责任。我们相信，我们获取的审计证据是充分、适当的，为发表审计意见提供了基础。

（三）与持续经营相关的重大不确定性

我们提醒财务报表使用者关注，如财务报表附注×所述，截至财务报表批准日，甲公司的主导产品不符合国家环保要求，应在2017年9月30日前停止生产和销售该类产品。甲公司管理层已在财务报表附注×中充分披露了拟采取的应对措施，但其持续经营能力仍然存在重大不确定性，可能无法在正常的经营过程中变现资产、清偿债务。本段内容不影响已发表的审计意见。

（四）管理层和治理层对财务报表的责任（略）

（五）注册会计师对财务报表审计的责任（略）

二、按照相关法律法规的要求报告的事项（略）

××会计师事务所
（盖章）

中国注册会计师：A
（签名并盖章）
中国注册会计师：B
（签名并盖章）

中国××市　　二〇一八年×月×日

8.【答案】

（1）根据资料一，A和B注册会计师实施分析程序，分析过程为：

①2017年营业收入比上年增长21%［(11 265－9 310)/9 310＝21%］。

②2017年末应收账款比上年增长42.51%［(3 956－2 776)/2 776＝42.51%］。

③2017年末应收账款周转天数/2016年末应收账款周转天数＝108/92＝117.4%。

④2017年末坏账准备比上年增长10%［(187－170)/170＝10%］。

分析结果表明：

①×公司2017年度营业收入比上年增长21%，略高于公司董事会制定的20%的目标，比同行业平均增长率15%高出6%，增长幅度异常，注册会计师应将销售收入的发生认定和准确性认定作为审计重点。

②×公司2017年末应收账款增长了42.5%，大大高于营业收入增长幅度，与此同时，×公司2017年度应收账款周转天数比2016年上升了17.4%。在本行业经营平稳的背景下，这些情况均与×公司放宽授信额度有密切的关系。注册会计师应将应收账款的存在和计价与分摊认定作为审计重点。

③在×公司2017年末应收账款余额比2016年末应收账款余额增长了42.5%的同时，2017年末坏账准备增长10%，大大低于应收账款增长幅度。增长幅度异常，意味着×公司的应收账款的计价和分摊认定存在着特别的风险，即坏账准备的计提很可能不充分。

（2）销售业务内部控制是月度控制，注册会计师选择若干月份进行控制测试是恰当的，但其选取的月份不恰当。销售业务涉及整个会计年度，任何一月份的内部控制失效都将导致重大错报风险的产生，因此注册会计师应当从全年各月中选择月份进行控制测试，测试结果才具代表性。注册会计师选择的2017年度3个月份过于接近年末，选择的2018年度3个月份与2017年度无关。

（3）注册会计师抽取样本量。

n＝可接受的信赖过度风险系数/可容忍偏差率＝3/0.05＝60（笔）

由于销售业务涉及全年各月，注册会计师从全年各月中均匀抽取样本是恰当的。

（4）双重目的测试是指注册会计师可以考虑针对同一交易同时采用实施控制测试和细节测试，以实现双重目的。

控制测试目的是评价控制是否有效运行；

细节测试目的是直接识别财务报表认定是否存在错报。

注册会计师进行双重目的测试的程序：

询问执行该控制的销售部专职秘书和负责记录销售收入的会计人员，确认该控制确实得到执行；从每月销售收入明细账中抽出5笔交易，核对客户订单、客户以签收的送货单和发票，以检查有关信息是否一致，发票记账联上是否有“核对确认无误”章，以及入账金额是否准确。

（5）①资料二事项（3）所述的内部控制与×公司财务报表中营业收入项目的完整性认定相关。

②不恰当。原因有二：一是注册会计师在利用上年内部控制测试结论时，应当合理确信这些结论能够延伸到本期；二是注册会计师在决定利用资料二事项（3）中所述的内部控制时，还应就其中“财务人员的跟进程序”这一人工控制程序进行测试。

（6）①不可以。与坏账相关的风险属于×公司的特别风险。鉴于特别风险的特殊性，不论该控制在本期是否发生变化，注册会计师都不应依赖以前的审计获取的证据。

②适当。坏账准备的计提不是×公司经常发生的重复性业务，注册会计师直接对其细节测试符合成本效益原则。

（7）由于从控制测试中获取了较高程度的信赖，注册会计师仅需从细节测试中获取较低程度的保证。因此，注册会计师可以采取选取特定项目进行测试的方法选取函证样本。

【解析】本题考核点为分析程序的运用和风险应对中控制测试、实质性程序在销售与收款循环中的应用。注册会计师运月分析程序，关注有关信息之间的关系：根据被审计单位的可比会计信息，并考虑已知的变化，估计期望值；根据正式的预算或预测，估计期望值；根据本期间内会计要素之间的关系估计期望值；根据同行业资料，估计期望值；根据会计信息同相关的非会计信息之间的关系，估计期望值。考生要理解风险应对章节中控制测试、实质性程序的基本理论，如控制测试的性质、时间、范围，实质性程序的性质，并熟悉销售与收款循环的特性，销售与收款循环的具体控制测试内容和交易实质性程序，将控制测试、实质性程序的基本理论应用于销售与收款循环审计实务中。

9.【答案】

（1）在审计计划阶段，A注册会计师实施分析程序，指出营业收入、营业成本、销售费用、公允价值变动收益和营业外收支应作为重点审计领域，根据具体情况需要设计出针对性的审计程序予以查证。

（2）注册会计师结合比率分析法和趋势分析法，发现×公司财务报表中可能出现以下异常，并相应采取针对性的审计程序：

①营业收入可能不合理。2017年报表未审数比2016年审定数增加了96 000 000元(336 000 000－240 000 000)，增长率为40%[(96 000 000/240 000 000)100%]，而上半年主营业务收入审定数120 000 000元与上年平均水平(240 000 000/2)持平，由于该公司为一均衡生产企业，2017年产供销形势与上年相当，且未发生资产与债务重组行为，据此可初步判断2017年7～12月主营业务收入明显不正常偏高。从真实性审计目标出发，注册会计师应将7～12月主营业务收入的高估作为重点审计内容，着重审核7～12月的销售量和销售价格。对销售量，应以前3年同期实际销售量的历史资料为依据，结合2017年的合同定货量、生产经营计划和1～6月份已实现的销售量，考虑销售量的变动趋势进行审核；对销售价格，应根据市场价格水平、供求关系及×公司的定价策略等来审核。

②营业成本可能不合理。一般情况下，均衡生产企业应具有比较稳定的销售毛利率，×公司2017年度销售毛利率仅为15%[(240 000 000－204 000 000)100%/240 000 000]，而2016年度销售毛利率则高达22.02%[(336 000 000－262 000 000)100%/336 000 000]，因上半年销售毛利率与上年几乎一致，主要是由于7～12月25%[(216 000 000－162 000 000)100%/216 000 000]的高销售毛利率的影响所致。对这一重点审计领域，从完整性审计目标出发，应着重审核2017年度7～12月的主要产品的单位成本和销售量。对主要产品的单位成本，应根据历史成本，考虑单位成本的变化趋势，并分直接材料成本、直接人工成本和制造费用三部分逐一审核。

③销售费用可能不合理。2017年度报表数与2016年度审定数基本相等，仅比上年增长1.25%[(1 620 000－1 600 000)100%/1 600 000]，在主营业务收入比上年增长40%的情况下，与之相应的销售用通常也应有一定程度的增加。对该项目的审计应根据历史资料和本年度的变化，分析销售费用的明细内容。

④公允价值变动收益可能存在问题。该项目并非经常性项目，×公司2016年度及2017年1～6月均无此项收入，但2017年下半年报表数却为5 000 000元，占2016年度未审净利润的11.91%[(5 000 000/41 982 200)100%]。为核实公允价值变动收益的真实性和正确性，注册会计师应取得公允价值变动收益的有关投资文件，并着重审核其合法性及其会计处理。

⑤营业外收支项目可能存在问题。由于营业外收支项目本身具有相当的偶然性和不可预见性，在审计实务中，注册会计师通常要将其列入重点审计内容，尤其是当其发生额较大时更是如此。为核实下半年940 000元的营业外收入发生额和550 000元的营业外支出发生额，注册会计师应取得相关授权和批准文件，着重审核其发生依据是否存在，是否合理。

(3)

事项	财务报表项目	认定
(1)	存货	存在
(2)	存货、应付账款	完整性
(3)	存货	计价与分摊
(4)	存货	存在或发生、计价与分摊
(5)	营业收入、应收账款	存在或发生、计价与分摊
(6)	营业收入、应收账款	存在或发生
	存货	完整性
(7)	存货 应收账款、营业收入	存在或发生 完整性
(8)	营业收入、应收账款	存在或发生、完整性

(4) 事项(5)可能表明相关控制执行有效。因为会计部门已经执行了寄发对账单的内部控制程序，并且对回函进行了调查处理。而顾客是否回函不在A公司的控制范围内。

事项(6)可能表明相关控制执行有效。因为注册会计师注意到的H型产品的数量差异是由于顾客没有及时提货造成的，相关收入确认的所有条件已经满足，不属于提前或者虚假确认收入。剩下的50台H型产品属于顾客寄存的存货，所有权属于顾客，并且A公司已经将其放在库房内专门设置的独立区域并加以标明。

(5)

	营业收入	
	发生认定	完整性认定
相关内部控制有效，无效	有效	无效
判断所依据事项的编号	(5)、(6)、(8)	(7)、(8)
相关内部控制的重大错报风险水平（高，中，低）	低	高

【解析】本题要求考生掌握分析程序的运用，关注利润表有关信息之间的关系：根据被审计单位利润表的可比会计信息，并考虑已知的变化，估计期望值；根据正式的预算或预测，估计期望值；根据本期间内会计要素之间的关系估计期望值；根据同行业资料，估计期望值；根据会计信息同相关的非会计信息之间的关系，估计期望值。考生要掌握销售与收款、购货与付款、存货与仓储循环内部控制测试，指出哪些事项表明相关内部控制存在并执行有效，并简要说明理由，判断与营业收入的发生认定和完整性认定相关的内部控制程序是否有效，并在此基础上，分别确定针对不同报表项目的发生认定和完整性认定的内部控制的重大错报风险水平。

10.【答案】

(1) 事项(1)表明MN公司在开发新的原材料。由于尚处于试验阶段，MN公司可能存在新的经营风险，进而导致财务报表产生重大错报，并将增加MN公司的经营风险。

事项(2)，虽然仓储部门安装了新的信息系统，但该系统并未与MN公司的财务报告工作直接发生联系，不会导致财务报表产生重大错报风险。

事项(3)，MN公司开辟了新的经营场所。尽管经过了专家的把关，但在新基地生产的产品能否得到市场的认可，仍有待观察。本情况可能影响公司的财务状况，进而导致财务报表产生重大错报，并将增加MN公司的经营风险。

事项(4)，正常的财务人员轮换有助于降低财务信息的重大错报风险。本情况不属于重大错报风险增加的情形。

事项(5)，稀有玉石的开采是一种风险极高、安全保障较低并严重污染环境的行业。MN公司在这种高风险、高波动的市场行业开展业务，将导致财务报表重大错报风险以及经营风险的增加。

事项(6)，通常情况下，开发新产品将导致重大经营风险的增加，但在本合作协议中，MN公司以无形资产的使用权出资，除了负责5名工程师的工资外，并未有任何资金投入，从而不会导致财务报表产生重大错报风险。

事项(7)，此交易属于重大的非常规交易，很可能直接导致财务报表中利润总额的重大错报，产生重大错报风险。

事项(8)，按照管理层的特定意图记录交易，很可能导致财务报表产生重大错报风险。

事项（9），出售分支机构属于导致重大错报风险增加的情况之一，预示着瑞佳公司市场的萎缩，可能导致重大的经营风险。

事项（10），经营活动受到监管机构的调查可能对经营状况产生严重影响，从而导致财务报表产生重大错报风险和经营风险。

（2）事项（1）导致的重大错报风险属于特别风险。化学试验的性质不仅表明了该情况很可能导致污染环境，而且超出本行业正常生产经营的范围。

事项（5）导致的重大错报风险属于特别风险。MN公司在高风险、高波动的市场行业开展业务，很可能导致难以有效控制的后果。

事项（7）导致的重大错报风险属于特别风险。具体来说，属于由重大的非常规交易导致的特别风险。

事项（8）导致的重大错报风险属于特别风险。按照管理层的特定意图记录交易，属于管理层过多地干预账户记录的特别风险。

事项（10）导致的重大错报风险属于特别风险。经营活动受到监管机构的调查属于重大的或有事项，可能导致MN公司难以实施有效控制的后果。

（3）①在财务报表审计中，X和Y注册会计师通常关心侵占资产和对财务信息作出虚假报告这两类舞弊。舞弊的发生一般都同时具备三个因素：动机或压力，机会和借口。

②资料一事项（8）最有可能存在对财务信息作出虚假报告这种舞弊，并且最有可能导致MN公司利润表的营业收入项目产生重大错报。

（4）①应结合应收账款项目进行审计。

②对应收账款项目，X和Y注册会计师采取的具有不可预见性的审计程序为：

A. 向以前审计过程中接触不多或未曾接触过的被审计单位员工询问，如负责大客户的销售部人员。

B. 改变实施实质性分析程序的对象，如对收入按细类进行分析。

C. 针对销售和销售退回延长截止测试期间。

D. 实施以前未曾考虑过的审计程序，例如：

a. 函证确认销售条款或者选定销售额较不重要、以前未曾关注的销售交易，如对出口销售实施实质性程序。

b. 实施更细致的分析程序，如使用计算机辅助审计技术审阅销售及客户账户。

c. 测试以前未曾函证过的账户余额，例如，金额为负或是零的账户，或者余额低于以前设定的重要性水平的账户。

d. 改变函证日期，即把所函证账户的截止日期提前或者推迟。

e. 对关联公司销售和相关账户余额，除了进行详细函证外，再实施其他审计程序进行验证。

（5）①装存货的容器或箱子是空的，或堆放时中间是空的。

②装存货的容器或箱子外表贴的是误导性的标识，里头装的是下脚料、呆滞品或低价品。

③把他人寄销、他人存放、租赁的存货以及已经销售出去但没有提货的商品计入盘点表中。

④移动存放不同处所的存货，重点盘点。

⑤更改计量单位或在存货计量工具和方法上弄虚造假。

⑥多计在制品的完工程度。

⑦虚构在途存货。

（6）注册会计师监盘方法不当主要表现在：

①存货监盘范围过小，40个销售网点只选择了4个实施监盘；抽点前预先通知客户，使客户有造假的时间和准备。

②对于陶瓷制品这种易碎的存货，没有实施特殊监盘程序。

③实地清点时没有开箱验证，清点数量和观察其品质状况。

④对于客户报来的在途存货，没有追加审验程序予以确认。

⑤项目经理没有认真指导和控制助理人员实施监盘。

【解析】本题考核点为识别和评估重大错报风险；舞弊风险因素；存货监盘。注册会计师通过了解被审计单位以及环境，如：行业状况、法律环境与监管环境以及其他外部因素；被审计单位的性质；被审计单位对会计政策的选择和运用；被审计单位的目标、战略以及相关经营风险；被审计单位财务业绩的衡量和评价，评估重大错报风险。针对评估的重大错报风险，确定进一步实施的审计程序；考虑舞弊发生具备的风险因素；掌握营业收入和应收账款审计程序；掌握存货监盘方法。

11.【答案】

（1）

事项序号	是否可能表明存在重大错报风险（是/否）	理由	财务报表项目及认定
（1）	是	青麦公司所在的行业第4季度（旺季）未出现较大幅度的增长，但是青麦公司第四季度继续增长且营业收入和利润指标均完成，毛利率（25.33%）高于行业平均毛利率（5.7%），青麦公司可能存在明显的虚增收入、虚减成本的重大错报风险	营业收入：发生 营业成本：完整性 存货：存在
（2）	是	青麦公司某生产线试运行在2014年6月，停止资本化时点在9月，可能存在少计财务费用，多计在建工程的错报风险；同时，青麦公司已经在6月份试运行投产，相当于青麦公司的生产线均已经达到预定可使用状态，但是青麦公司在建工程账面余额有2.36亿元，可能存在在建工程少结转固定资产的重大风险	财务费用：完整性 在建工程：存在 固定资产：完整性
（3）	是	青麦公司在2014年11月进行大量采购，储存了大量的原材料，但是从2015年开始，原材料价格开始下降，从而可以判断，青麦公司的原材料在2014年末存货有减值的风险。但资料二显示，青麦公司没有计提存货跌价准备	资产减值损失：完整性 存货：计价和分摊
（4）	是	青麦公司面临着被诉讼并赔偿的风险，但资料二显示预计负债的账面余额为零，可能存在没有计提预计负债的重大错报风险	营业外支出：完整性 预计负债：完整性

（2）事项（1）恰当。

事项（2）不恰当，超出正常经营过程的重大关联方交易应确定为特别风险，应了解相关的内部控制。

事项（3）不恰当，针对重大类别的交易仅实施控制测试不足够，应针对重大类别的交易实施实质性程序。

（3）

事项序号	相关内部控制设计或运行是否存在缺陷（是/否）	理由	改进建议
（1）	是	①销售部门不能同时填制出库单； ②一式四联的出库单没有交顾客； ③会计老王不能同时登记产成品总账和明细账	①应由仓储部门人员填制出库单； ②出库单其中一联应送交顾客； ③由不同会计人员登记产成品总账和明细账
（2）	是	①会计老张仅根据销售单填写销售发票价格不妥； ②会计老张未检查销售发票计价和计算的正确性	①会计老张应当核对装运凭证和销售单后，按照已授权标准的商品价目表计算填写销售发票的价格； ②会计老张应检查销售发票计价和计算的正确性，将装运凭证上的商品总数与相对应的销售发票上的商品总数进行比较

续表

事项序号	相关内部控制设计或运行是否存在缺陷（是/否）	理由	改进建议
(3)	是	资金支付过程中不能由一人保管支付款项全部印章，青麦公司财务经理个人名章和支票印章也不能同时交给会计老田一人负责保管	资金支付过程中严禁一人保管支付款项全部印章，青麦公司财务经理个人名章和支票印章不能同时交给会计老田负责保管
(4)	否	—	—
(5)	是	内部审计部不应对总经理负责	内部审计部应当对董事会负责，不是对总经理负责，内部审计报告应提交董事长

(4)

事项序号	是否与根据资料一（结合资料二）识别的重大错报风险直接相关（是/否）	与根据资料一哪一项（结合资料二）识别的重大错报风险直接相关（资料一序号）	理由
(1)	是	(1)	通过估算青麦公司的毛利率为25.33（3 800/15 000），高于行业的平均毛利率5.7%，能够识别收入高估
(2)	否	—	—
(3)	是	(1)	以财务报表日已经入账的营业收入记账凭证为起点，追查到相应的销售发票、销售合同是否与存货出库日期、品名、数量一致，可以获取营业收入提前入账或虚假记录
(4)	是	(3)	通过计算期末存货的可变现净值，并与存货账面价值进行比较，可以识别可能存在没有计提存货跌价准备的问题
(5)	是	(2)	青麦公司某生产线试运行在2014年6月，停止资本化时点应当在6月份而不是9月份，故可以识别可能存在的少计财务费用，多计在建工程的错报风险
(6)	否	—	—

12.【答案】

(1)

事项序号	是否可能表明存在重大错报风险（是/否）	理由	财务报表项目名称及认定
(1)	是	由于a针剂被调整出国家医保目录，销量大幅下降，收入下降了69.44%，但成本仅下降了39.81%，可能表明财务报表存在多计成本的重大错报风险。另外，a针剂的生产线因销量的下降存在减值风险，可能表明财务报表存在多计固定资产的重大错报风险	存货（完整性） 营业成本（发生） 固定资产（计价和分摊）
(2)	是	2016年末和2017年末b胶囊的库存数量分别为100万盒和50万盒，2017年生产了1 200万盒，可知2017年共销售1 250万盒，销售收入应为27 500万元，可能表明财务报表存在多计收入的重大错报风险	应收账款（存在） 营业收入（发生）

续表

事项序号	是否可能表明存在重大错报风险（是/否）	理由	财务报表项目名称及认定
（3）	是	研发项目通过内部立项审批，并不表明研究阶段结束，自此将相关研发支出资本化，可能表明少计费用，多计开发支出的重大错报风险	管理费用（准确性） 开发支出（存在）
（4）	否	—	—
（5）	是	e粉剂存在安全隐患，应全额计提减值准备，甲公司可能存在多计存货的重大错报风险	存货（计价和分摊）
（6）	是	甲公司募集资金不足，2018年3月到期的短期融资券极可能出现违约，面临赔付风险，可能因财务方面对持续经营假设产生重大疑虑，存在报表层次的重大错报风险	—

（2）

事项序号	是否恰当（是/否）	理由
（1）	否	在判断哪些风险是特别风险时，注册会计师不应考虑识别出的控制对相关风险的抵销效果
（2）	否	在确定待测试会计分录和其他调整的总体时，需要根据风险评估结果，并运用职业判断，因此注册会计师应考虑是否有必要测试整个会计期间的会计分录和其他调整
（3）	否	总体不完整，注册会计师还应考虑从2017年1月至3月的交易中选取样本进行测试
（4）	是	—

（3）

事项序号	是否恰当（是/否）	理由
（1）	否	针对每月执行一次的控制，测试的样本量最少为2个
（2）	否	选取特定项目并不是审计抽样，不能由此推断总体
（3）	否	会计记账串户并不会导致最终金额的错误，因此不属于错报
（4）	否	需要考虑乙公司是否为未披露的关联方

（4）

事项序号	是否恰当（是/否）	理由
（1）	否	生产设备的日常修理费1 000万元应当计入管理费用，因此对利润的影响将远远大于10万元
（2）	否	该事项属于舞弊，注册会计师应考虑该事项对其他事项的影响，并扩大审计范围
（3）	是	—

13.【答案】

（1）

事项序号	是否可能表明存在重大错报风险（是/否）	理由	财务报表项目名称及认定
（1）	是	2018年度A产品的毛利率与2017年度相比基本没有变化，A产品毛利率为10%，B产品售价高于A产品20%，成本与A产品基本接近，B产品的毛利率应为25%左右，而测算B产品毛利率为46.67%，且B产品市场销量不好，而营业收入高于A产品，存在多计营业收入或少计营业成本的风险	营业收入：发生 应收账款：存在 营业成本：完整性 存货：存在

续表

事项序号	是否可能表明存在重大错报风险（是/否）	理由	财务报表项目名称及认定
(2)	否		
(3)	是	2018年的诉讼案件很可能承担赔偿责任，且B产品存在滞销的可能性，存在少计预计负债、少计存跌价准备，资产减值损失的风险	预计负债：完整性 存货：计价和分摊 资产减值损失：完整性
(4)	是	存货对账差异可能表明存在收入截止错误	营业收入：截止、完整性 营业成本：截止、完整性 应收账款：完整性 存货：存在
(5)	是	其他因素没有明显变化的情况下，折旧费明显下降表明可能存在诸报	固定资产：计价和分摊 存货：计价和分摊 营业成本：准确性
(6)	是	放宽对部分客户的信用标准可能导致坏账损失的增加，但资料二显示红星公司2018年末坏账准备占应收账款比例与上年末相同，可能存在少提坏账准备的风险	应收账款：计价和分摊 资产减值损失：完整性
(7)	是	为开发无形资产借款1 000万元可能导致2018年管理费用大幅增加，同时导致财务费用上升。资料二表明2018年度财务费用反而下降。可能存在低估财务费用的风险	财务费用：完整性
(8)	是	提前淘汰生产设备可能导致固定资产在2019年初发生大额减值，但资料二表明红星公司没有固定资产计提减值准备。可能存在未提减值准备的风险	固定资产：计价和分摊 资产减值损失：完整性

（2）事项（1）有效。

事项（2）无效，在复核人员休息时，核对工作由编制人员负责，存在不相容岗位混岗现象。

事项（3）无效，自动控制的系统模块存在缺陷，需要手工调整的介入，财务经理有权直接输入，无人核对，产生直接篡改数据而凌驾于账户记录控制之上的风险。

事项（4）有效。

（3）事项（1）不恰当，还应当将账簿记录与发运凭证进行核对。

事项（2）不恰当，应当打开车厢查看，详细列出存货场地上满载和空载的车厢，并记录各自的存货状况。

事项（3）不恰当，无论对管理层凌驾于控制之上的风险评估结果如何，都应当选择在报告期末作出的会计分录和其他调整测试。

（4）①对第1笔未更正错报的判断不当。将总经理在私人会所的消费计入管理费用属于舞弊行为，错报性质严重，属于重大错报。

②对第2笔未更正错报的判断不当。错报导致固定资产高估70万元，超过了财务报表整体的重要性水平，属于重大错报。

③对第3笔未更正错报的判断恰当。未更正错报为25万元低于财务报表整体的重要性水平，但是影响利润总金额为50万元（30+25－5），等同于重要性，对影响资产的错报汇总也是重大错报，而且存在舞弊的重大错报，所以汇总错报为重大错报。

（5）注册会计师应当发表带与持续经营相关的重大不确定性段落的无保留意见的审计报告。

审计报告内容编写如下：

红星股份有限公司全体股东：

一、对财务报表出具的审计报告

（一）审计意见

我们审计了红星股份有限公司（以下简称“红星公司”）财务报表，包括2018年12月31日的资产负债表，2018年度的利润表、现金流量表、股东权益变动表以及相关财务报表附注。

我们认为，后附的财务报表在所有重大方面按照企业会计准则的规定编制，公允反映了红星公司2018年12月31日的财务状况以及2018年度的经营成果和现金流量。

（二）形成审计意见的基础

我们按照中国注册会计师审计准则的规定执行了审计工作。审计报告的“注册会计师对财务报表审计的责任”部分进一步阐述了我们在这些准则下的责任。按照中国注册会计师职业道德守则，我们独立于红星公司，并履行了职业道德方面的其他责任。我们相信，我们获取的审计证据是充分、适当的，为发表审计意见提供了基础。

（三）与持续经营相关的重大不确定性

我们提醒财务报表使用者关注，如财务报表附注×所述，红星公司为戊公司向银行借款1 000万元提供了信用担保。因戊公司未能偿还到期债务，银行起诉红星公司承担连带责任，考虑到戊公司已宣告破产清算，无法向其追偿债务。红星公司已在财务报表附注×中充分披露了拟采取的改善措施，但其持续经营能力仍然存在重大不确定性。本段内容并不影响已发表的审计意见。

14. 【答案】

（1）

事项序号	是否可能表明存在重大错报风险（是/否）	理由	财务报表项目名称及认定
（1）	是	在a型车销量和价格持续下降的背景下，甲公司对乙公司的a型车变速箱的销量没有明显变化，存在多计a型变速箱营业收入的风险	营业收入（发生） 应收账款（存在）
（2）	是	因b产品售价、原材料价格和人工成本保持稳定，故b产品的毛利率应当保持稳定，2017年b产品毛利率为33.3%，2018年为26.6%，存在毛利率低估的风险	营业收入（完整性）应收账款（完整性） 营业成本（发生） 存货（完整性）
（3）	是	活期存款转为定期存款属于货币资金内部的增减，不影响货币资金总额，货币资金存在高估风险	货币资金（存在、准确性、计价和分摊）
（4）	是	为了避税的目的，可能存在管理层高估研发费用的风险	研发费用（发生、准确性）
（5）	否	—	—

（2）

事项序号	是否恰当（是/否）	理由
（1）	是	
（2）	否	仅实施实质性分析程序不足以应对舞弊导致的特别风险
（3）	否	单个金额低于实际执行的重要性的财务报表项目汇总起来可能金额重大
（4）	否	货币单元抽样不适用于测试总体的低估

（3）

事项序号	是否恰当（是/否）	理由
（1）	是	
（2）	否	对于丙公司自主开发的网上平台系统，注册会计师需要了解并测试系统运行的有效性